下　目次

PROLOGUE

The Oldest Revolutionary War Widow

独立戦争を知る最高齢の未亡人

夫ハミルトンの死後、半世紀生きる

一八五〇年代初頭のワシントン。ホワイトハウス近くのHストリートに建つその家の前をそぞろ歩くと、その老未亡人が窓辺に腰掛け、編み物をしたり花を生けたりしているのが見えた。行き交う人々が気づくことはめったになかったが、彼女こそ、共和国初期の栄光の日々を知る最後の生き証人だった。

これより五〇年前のこと、ニュージャージー州ウィホーケンのハドソン川を見下ろす人目につかない岩棚で、米国の副大統領アーロン・バーは、自分の出世を阻む最大の障害を何としても排除しようと卑しむべき行為に及び、未亡人の夫アレグザンダー・ハミルトンを撃って致命傷を負わせた。その時ハミルトンはまだ四九歳だった。そして、運命の優しさゆえか、それとも残酷さゆえか、未亡人は夫より半世紀も長生きし、七人の子を必死の思いで育て上げ、南北戦争前夜まで生き続けることになった。

エリザベス・スカイラー・ハミルトン——このころにはもう目も耳も不自由になっていたが、最期まで凛としていた——は、自己憐憫に陥ることなどないストイックな女性だった。その柔らかな物腰、いかにもオランダ系らしい粘り強さ、控えめなユーモア、そしてしっかりと持ち続けてきた根強い信仰心で、尋常ならぬ不幸の数々も乗り越えてきた。九〇の齢を超えてもなお、家の中で祈りを捧げる時ですらひざまずいて祈った。未亡人の正装である黒いボンバジンのドレスとショールで身を包み、アメリカ人の生活がもっとシンプルだった時代をしのばせる、ぴんと糊つけした白い襞襟《ひだえり》とフリルのついた白いキャップも欠かしてはいなかった。そして、大きな金縁の眼鏡の奥で輝く黒い瞳――この黒い瞳こそ、かつてジョージ・ワシントン将軍配下の若き将校を魅了した瞳だった――が、鋭い知性と不屈の精神、過去を忘れ去ってしまうことを拒む記憶力を示していた。

当時娘と二人で住んでいた家の正面応接間は、今やはるか昔のこととなった結婚生活の色褪せた形見でいっぱいだった。訪問客があると、この背筋をぴんと伸ばした白髪の小柄な老婦人イライザは、杖を手に取り、自らデザインした花柄の刺繍を施してある黒いソファからしゃんと腰を上げ、自ら客を案内してギルバート・スチュアートの描いたジョージ・ワシントンの肖像画を見せた。そして、用心深くもセンターテーブルの下にしまい込んである銀のワインクーラーを誇らしげに指し示すのだった。これはワシントン本人からハミルトン家に贈られた家宝というだけではなく、イライザにとって秘密の意味を持っていた。夫がアメリカ史上初の大セックススキャンダルの渦中にあった時、ワシントンが味方であることを無言のうちにそれとなく示してくれた印でもあったのだ。

とはいえ、この見学ツアーのハイライトは、何と言っても一隅に鎮座する亡き夫の大理石の胸像だった。イタリア人彫刻家ジュゼッペ・チェラッキが、初代財務長官を務めていたハミルトンの絶頂期に制作したもので、片方の肩にトーガを纏ったローマの高貴な元老院議員に扮する古典様式の肖像だ。このハミルトン像ははつらつたる精力に溢れ、広い額が大いなる知性を感じさせた。そして、彼がよくしていたようにかすかな笑みを浮かべていた。これこそ、イライザが思い出したいと思うハミルトン、情熱的で希望に満ち、永遠に若々しいハミルトンだった。ある若い訪問客はこう述懐している。「あの像のことは決して忘れられないでしょう。夫人は家の中を案内して回る時必ずあの像の前で立ち止まり、杖にもたれかかって、いつまでもじっと見つめていました。見つめても見つめても飽き足りないみたいに」。

特別な客には、イライザはハミルトン自筆の文書も取り出して見せた。それはハミルトンが若いころに書いた賛歌であったり、セントクロイ島での貧しい少年時代に書いた手紙だったりしたが、どれもイライザにとっては聖典にも値するものだった。それでも、彼女はたびたび憂鬱になり、「私のハミルトン」と再び結ばれる日を待ち焦がれていた。「ある夜のことでした。彼女は悲しげで、心ここにあらずといった様子で、お客のいる応接間に出てくることができずにいました。それで、炉端に座ってしばらくバックギャモンをしたのです」と訪問客の一人は語る。「ゲームが終わると、彼女は椅子に背を預け、目を閉じてそのまま長いこと じっとしていました。まるで周りのことなどまったく気に留めなくなってしまったかのようでした。沈黙の時間が長いこと続いて、やがて不意にこう呟きました。『疲れました。長すぎます。ハミルトンに会いたい』」[*9]。

こうした日々の中、イライザ・ハミルトンが何よりも打ち込んでいたのは、彼女にとっての聖なる探求、つまり、ひどい中傷の数々によって傷つけられた夫の歴史的評価を正すことだった。あの決闘の後、トマス・ジェファーソンやジョン・アダムズをはじめとする政敵たちは、その弁舌と長命を存分に利用し、ハミルトンが永遠に沈黙を強いられることとなったのをよいことに、ハミルトンの名誉を汚すような話をあれこれといつまでも流し続けた。

激しい好悪をかき立てる人物

夫の遺産を守ろうと固く心に決めていたイライザは、三〇人ものアシスタントを雇い、夫の残した膨大な文書を丹念に調べてふるい分けを行った。残念ながら、彼女はあまりに控えめで、あまりに夫を尊敬していたため、夫の書いたものはどんな断片でも取っておいたが、自分の書いた手紙のほうはどうやら捨ててしまったらしい。この大仕事、彼女の人生で「もっとも大事な目標」の最大の成果は、建国の歴史の殿堂にハミルトンの座を確保することになる大部の公認伝記の出版だった。

この伝記は、伝記作家が次々と手を引いたり亡くなったりしたため、完成するまでに苛々するほど長い時がかかった。そして、彼女の四男のジョン・チャーチ・ハミルトンがほとんど自動的にこの巨大プロジェクトを引き継ぐことになり、遅ればせながら父親の業績を記した七巻からなる伝記を一挙に出した。しかしイライザ・ハミルトンは、この美化された聖人伝の完成を待たず、一八五四年一一月九日に九七歳で世を去った。

夫の人生に不朽の名声が与えられる日を何十年も待ち続けただけ。そんな母親を思って心をかき乱された娘のイライザ・ハミルトン・ホリーは、伝記の出版が遅れたことで兄弟のジョンをこう叱責した。「この悲しみの時、このごろ、天国のお母様の心を何よりも深く動かしていた事柄のことをまたつらつらと思うに（中略）お母様のお父様への愛、これ以上にたびたび思い出されるもの、おのずと思い出してしまうものはありません。幸いにも、お母様の優しいお顔や疲れを知らぬ魂が心に浮かび、そうして、義務にかなったひとつの大いなる美しい夢のことを思うと、私も同じように心で火花が発し（中略）『私のハミルトンの思い出が正当に評価される日が来る』というお母様の言葉をかなえてさしあげるようにと命じられていると感じます」[*2]。

イライザ・ハミルトン・ホリーが的確に指摘しているように、この「私のハミルトンの思い出が正当に評価される日が来る」ことこそ、イライザが子供たち全員に遺言した必ず果たすべき義務だった。

では、正当に評価される日は来たのか？　アメリカの歴史の中でも、アレグザンダー・ハミルトンほど激しい好悪を本能的にかき立てる人物はあまりいない。今日では、「ジェファーソン的民主主義」対「ハミルトン的貴族政治」などという構図の幼稚な歴史漫画に閉じ込められてしまっているように思われる。農民の楽園というビジョンにこだわるジェファーソンとその支持者にすれば、ハミルトンはいわばアメリカのメフィストフェレス、銀行や工場や証券取引所といった悪魔のような仕組みの仕掛け人だった。

彼らはハミルトンが英国王に盲従する手先、隠れ君主制主義者、マキアヴェリ流策謀家、カエサルになりたがっている男であるかのような悪魔的イメージを広めた。ノア・ウェブスターは、ハミルトンがその「野心、プライド、高慢な気質」ゆえに「この国に悪影響を及ぼす」ことになったとまで断じた。[*3] ハミルトンが描いたアメリカのナショナリズムの力強いビジョン、そして、各州は強力な中央政府に従属し、活発な行政機関によって率いられるべきであるというビジョンは、君主制の英国流に逆戻りするのではないかという不安を掻き立てた。

また、否定的な見方をする者の中には、ハミルトンが職業軍人による軍隊に揺るぎない信頼を置いていたために、彼はいつか独裁者になる恐れがあると考えた人々もいた。歴史家のヘンリー・アダムズは、「彼の著作は最初から最後まで、ナポレオン風冒険志向が一貫して読み取れる」と述べた。[*4] ハミルトンの称賛者でさえ、一部の者は、この西インド諸島から来た移民に異邦なものの匂いがかすかにあることには戸惑いを覚えていた。ウッドロー・ウィルソンはハミルトンについて、「非常に偉大な男だが、偉大なアメリカ人ではない」と歯切れの悪い賛辞を贈っている。[*5]

それでも、ハミルトンが正当に評価されていないというイライザ・ハミルトンの嘆きに同調する著名人も数多い。他の建国の父たちは、美辞麗句の煌めく大部の伝記によってその名声に磨きをかけられてきたのに、ハミルトンはそのような伝記には欠けるきらいがある。

波瀾万丈の人生

英国の政治家ブライス卿は、ハミルトン一人だけが後世から正当な扱いを受けたことのない建国の父だと指摘し、著書『アメリカ共和国』(*The American Commonwealth*)の中でこう述べている。「この異彩を放つ人物、欧州人にとっては共和国初期の歴史上もっとも興味深い人物の消失について触れるにあたっては、その素晴らしい才能を、生前も死後も、同国人が正当に認識したことがないように見受けられるという点を一言添えないわけにはいかない」[*6]。

頑強なナショナリズムと精力的な政府を特徴とする革新的共和主義が活発だった時期、セオドア・ローズヴェルトはハミルトンを果敢に擁護し、ハミルトンこそ「これまでもっとも優れたアメリカの政治家であり、当時ひときわ抜きんでた最高に鋭い知性の持ち主だった」と明言した[*7]。ローズヴェルトからホワイトハウスを継承したウィリアム・ハワード・タフトも同様に、ハミルトンを「わが国の最高に偉大な建設的政治家」だと認めている[*8]。

おそらくアレグザンダー・ハミルトンは、大統領の座に到達しなかった政治家のうち、アメリカ史上もっとも重要な人物だろう。しかも、大統領にはなれなかったけれども、大統領になった多くの政治家よりもはるかに大きな影響を長く与え続けたように思う。

建国の父たちの間では、ハミルトンは二重の意味で最大の脅威だった。思想家であると同時に実行力もあり、才気煥発の理論家であると同時に敏腕の行政官でもあった。憲法制定会議の招集にあたっては、ジェームズ・マディソンとともに背後で原動力となったし、国家憲章の古典的解説『ザ・フェデラリスト』（邦訳岩波文庫）も、この二人が中心執筆者となって、ハミルトンが監修したものだった。初代財務長官にして新政府建設の主導者として、ハミルトンは憲法の原理原則に発展的な生命を吹き込み、抽象概念を法制度として現実化した。

包括的なプログラムを造り出す実際的な考え方を持っていたばかりか、近代の国家を円滑に運営するための機構――予算制度、長期公債、税制、中央銀行、税関、沿岸警備隊など――を考案し、米国有数の重要な公文書でそれらを正当化し、比類なき行政手腕を発揮した。ジェファーソンが米国の政治論文に不可欠な詩趣を提示したのに対し、ハミルトンは米国の国政術の散文を確立した。いかな建国の父といえど、アメリカの政治的、軍事的、経済的未来像をハミルトンほど明確かつ先見的に理路整然と表現した者はおらず、国民統合のメカニズムをあれほど巧妙に編み出した者もいなかった。

その一方、ハミルトンの短い生涯は、財務長官としての多忙な日々だけで終わったわけではない。緊迫のドラマに溢れている。ネーヴィス島で私生児として生まれた時からウィホーケンで凶弾に倒れるまで、ハミルトンの人生は、独創的な小説家しかひねり出せないほど実に波瀾万丈だった。

しかも、名もない移民としてアメリカに渡り、自らを再生し、生まれ育ちのハンディにもかかわらず成功を収めるという、いつの世も変わらぬアメリカ人の典型を体現していた。セントクロイ島の苦悩に満ちた事務員からジョージ・ワシントン政権の中心人物へと変身を遂げたハミルトンの物語は、彼個人の興味をそそる物語であると同時に、共和国形成期を俯瞰的に一望させてくれる。

ワシントンを除けば、ハミルトンほど一七七六年から一八〇〇年までのアメリカ政治の中枢に近かった者は他におらず、彼ほど多くの転換点に顔を出した者もいない。八面六臂のハミルトンは、生まれたばかりの国家に誰よりも多くの活気とインスピレーションとスキャンダルを与え、階級、地勢、人種、宗教、イデオロギーをめぐる鬱積した対立に火をつけた。彼がふてぶてしい態度で何度も突きつける政治的挑戦にどう反応したか、これで考え方がわかるように思われる同時代人も多かった。

ハミルトンは有り余る天分を発揮して、途方もないペースで働き、およそ人間が四九年間にこれ以上書くことなど不可能なくらい大量の文章を記した。しかし、政治的意見についてはそれこそ手当たり次第だったが、私生活に関しては寡黙で有名で、特にカリブ海で送った惨めな少年時代のことは口を閉ざしていた。彼のように恥辱や困窮と格闘しなければならなかった建国の父はほかになく、その少年時代は、アメリカのどんな大物政治家にも増して謎に包まれている。

ハミルトンの精力的な知的生活を軽んじないようにしつつ、同時に私は、この知性的な人物を公人としても私人としても生き生きと甦らせてくれるような逸話を集めようと努めた。チャーミングな熱血漢、機知に富んだロマンチスト、さっそうとした頑固者だったハミルトンは、伝記作家にとってはその心理を探らずにはいられない人物だ。あれほどの頭脳を持っていながら、彼は過敏な自我ゆえに気難しく、致命的なほど闘争的だった。私生児の刻印を最後まで克服することができず、その卓越した機転もどこへやら、最高に熱烈な崇拝者ですら度を失ってしまうほどのひどい判断ミスを犯したこともよくあった。親友も多かったが、ジェファーソン、マディソン、アダムズ、モンロー、バーとは激しく反目した。

アメリカ資本主義革命の予言者

ハミルトンの人生は、財務長官としての業績があまりに大きいために、それ以外の側面は看過されがちだ。だが彼は、事務員だった時期も大学生だった時期もあった。若き詩人にしてエッセイストだった。独立戦争時には砲兵隊長となり、ワシントンの副官、戦場の英雄となった。連合会議代議員を務め、奴隷制度の廃止を唱え、ニューヨーク銀行を創設した。邦議会議員にして憲法制定会議とニューヨーク邦憲法承認会議の代議員を務めた。

演説家、弁護士、論客、教育者でもあり、ニュー＝ヨーク・イヴニング・ポスト紙の守護聖人、外交政策に関する理論家、軍の少将だった。頑として妥協を知らず、最初の政党結成のきっかけとなり、その一つである連邦派（フェデラリスト）の頭脳となった。そして、連続四度の大統領選挙で重要な役割を果たし、ワシントン政権とアダムズ政権の政治課題の多くを定め、当時の主要問題ほぼすべてについて詳細に解説した。

以前の伝記作家たちは、ハミルトンのおびただしい著作のうちのごくわずかだけに頼らざるをえなかった。だが、一九六一年から一九八七年にかけて、ハロルド・C・サイレットとコロンビア・ユニヴァーシティ・プレスの勇敢な編集チームが、ハミルトンの公私にわたる文書を集めた全二七巻という大部の著作集〔『アレグザンダー・ハミルトン文書』(*The Papers of Alexander Hamilton*)〕を出版した。そして、その壮観な書棚に、ジュリアス・ゲーベル・ジュニアとそのスタッフが、法的文書とビジネス関係文書を収めた五巻を加え、総計二万二〇〇〇ページにも及ぶ著作集とした。これらは実に行き届いたもので、ハミルトンの著作物をただ網羅してあるだけではない。専門家による解説ばかりか、当時の新聞の抜粋、手紙、日記も含まれており、これらのおかげでいっそう充実している。研究者にとってはまさにご馳走とも言うべきものだ。これほどの富を十分に利用した伝記作家はこれまでいない。

この研究に加え私は、保管されていた大量の文書にも当たった。これによって、特に、これまで未発見だったハミルトン自筆のエッセイ約五〇本が明らかになった。また、不可解なままに不明なことの多いハミルトンの少年時代を再現するため、国内にある多くの文書はもちろんのこと、スコットランド、イングランド、デンマーク、そしてカリブ海の八つの島にある記録も克明に調査した。こうして描いた肖像は、当時の文献に精通した人々の目にも新鮮な驚きとして映るのではないかと思う。

今こそハミルトンの人生を再検討するのに格好の時だ。彼はアメリカの資本主義革命の予言者だった。政治の民主主義については、ジェファーソンのほうが広い見解を述べたが、経済の機会については、ハミルトンのほうが鋭い感覚を持っていた。ハミルトンは私たちが今いる未来からのメッセンジャーだった。私たちはもはや、ジェファーソン流民主主義の楽観的農本的レトリックや奴隷所有を許す現実を捨て去り、ハミルトンが思い描いたような商工業と株式市場と銀行の目まぐるしい世界に住んでいる（ハミルトンの揺るぎない奴隷制度廃止論は、この経済的展望に不可欠の要素だった）。

また彼は、連邦政府の形態と権力を予測した点でも比類ない。ジェファーソンとマディソンが立法府の力を民意のきわめて純粋な表現だと称賛していた時代に、ハミルトンは活発な行政機関と独立した司法を主張し、さらに、職業軍人からなる軍、中央銀行、先進的な金融制度を唱えた。今日の私たちがハミルトンのアメリカを継承していることに議論の余地はない。そして、彼の遺産を拒否することは、多くの意味で、現代社会を拒否することだ。

CHAPTER

1

The Castaways

漂流

西インド諸島ネーヴィス島生まれ

アレグザンダー・ハミルトンは、英領西インド諸島のネーヴィス島生まれと自称していたが、これを裏付ける記録は残っていない。今日、この小さな島はカリブ海に浮かぶ色鮮やかな点景、エキゾチックな旅の隠れ家にすぎないように見える。ネーヴィス島は、一〇〇万年前に今のネーヴィス山が海底から隆起してできたもので、死火山となっている現在も、その円錐形の山は高さ九八〇メートルの地点で貿易風を遮り、のこぎり状の山頂が渦巻く厚い雲に覆われていることが多い。

そして、島のどこにいても目に入る、そびえ立つこの山の麓には、ジャングルが広がり、いくつもの険しい小峡谷が点在し、その緑の山裾が砂浜まで延びている。こうした地形のため、ネーヴィス島は英国人にとってまさに自然の要塞だった。しかも、自然の驚異と恐怖にあふれていた。一六九〇年には、地震と津波によって、最初の首都ジェームズタウン全体が海にのみ込まれている。

今の様子からでは、ネーヴィス島は時代に取り残された静かな島に見えるかもしれない。ハミルトンはここに閉じ込められていたが、やがてセントクロイ島へ、そして北米へと将来を左右するような大脱出を敢行したのだろうと思ってしまいがちだ。しかし、一八世紀の状況を見ると、実のところ、この西インド諸島という場所は辺境どころではなく、砂糖貿易というもうかる商売の支配をめぐって、欧州列強が海上で繰り広げた熾烈な競争の中心地だったことがわかる。

当時は、消費者の嗜好にちょっとした革命が起き、流行の先端を行く欧州諸都市でコーヒーや紅茶やココアを甘くして飲むようになったことから、カリブ海はサトウキビの栽培地として重視されるようになっていた。そして、カリブに散在する小さな島々は、北米の植民地すべてを合わせたよりも多くの富を英国にもたらしていた。

「西インド諸島は我々北部植民地よりもはるかに重要視されている」とベンジャミン・フランクリンは一七六〇年代にぼやいている。[*1] フレンチ・インディアン戦争後、英国はカナダ全土をグアドループ島と交換すべきかどうか迷ったほどだ——結局この時は、フランスが巧みな外交の勝利のおかげでこの砂糖の島を保有し続けることになった。また、「白い黄金」とも呼ばれたほど砂糖が急に流行したことは、一獲千金を狙う野蛮な世界をもたらし、そこでは奴隷が不可欠だった。カリブ海の現地人もヨーロッパ人も、蒸し暑いサトウキビ畑での重労働を嫌がったため、大勢の黒人が西アフリカの奴隷貿易拠点から送り込まれ、ネーヴィス島や近隣の島々で農作業に従事させられた。

同時に、英国当局は、ロンドン市街にたむろする浮浪者や犯罪者といった社会のクズを掻き集めて厄介払いするかのようにネーヴィス島へ入植させ、年季契約移民として奉公させたり農園の監督として働かせたりした。一七二七年、ある地区の英国国教会系教会の牧師は、神を敬う心をかすかなりとも抱いてもらいたいと願いつつ、奴隷は「怠けたり、盗んだり、強情を張ったり、不平を言ったり、不実だったり、嘘をついたり、泥酔したりといった愚行」の傾向があると嘆いた。

だが、彼がもっとも痛烈に酷評したのは無法な白人たち、「船で送られてくる大勢のスリ、売春婦、ゴロツキ、浮浪者、泥棒、男色者などの社会のクズや悪漢全部」だった。[*2] この美しくも不信心な場所に閉じ込められていた牧師は、そうした英国からの移民について、「絞首刑にするほどの悪党ではないけれども、母国の立派な同国人たちに混じって暮らすには悪すぎた」と嘆いている。[*3] 建国の父たちは大抵、ニューイングランドのこぎれいな村で育ったか、ヴァージニアの豪邸で大事にされていたかだが、ハミルトンは放埓な白人と手に負えない奴隷の住む南国の地獄で、しかも、溢れるほどの自然の美に囲まれて育ったのだ。

母方の家系

ハミルトンの家族は、母方も父方も、西インド諸島の不安定な中間階級で、上流のいわゆる農園貴族と、下層にいる町の庶民や御しがたい奴隷との間に割り込んだ存在だった。無理からぬことだが、私生児だという嘲りを死ぬまで受け続けたハミルトンは、子供時代のことについては話したがらず──「私の出生は、もっとも屈辱的な批判の的だ」と痛々しい告白の中で書いたこともある──幼少時の家族の話はタブーで、二、三通の謎めいた手紙でそれとなく触れたにすぎなかった。*4

彼によれば、母方の祖父はジョン・フォセットという医者で、「フランスのユグノー（新教徒）だったので、ナントの勅令が廃止されたために西インド諸島へ移り、ネーヴィス島に定住して財産を築いた。［ナントの勅令は、フランスの新教徒の信教の自由を保障するものだったが、一六八五年にルイ一四世によって廃止された］。祖父を知る人々から、祖父は筆も立ったいした紳士だったと聞いたことがある」。*5

ハミルトンは祖父の死から一〇年後に生まれたが、少しばかり上流の匂いを加えて祖父像を美化しているのかもしれない。というのも、奴隷を基盤とする経済では、医者が競りに立ち会って、奴隷の歯を調べたり、奴隷を走らせたり、飛んだり跳ねたりさせて、アフリカから西インド諸島まで過酷な中間航路で大西洋を渡ってきた後の奴隷に力がいくらかでも残っているかを見ることがよくあったからだ。この砂糖の島々では、蔓延した奴隷制度にまったく無縁な白人などいなかった。

ネーヴィス島の肥沃な山間地ジンジャーランドのセントジョージ行政教区には、ジョン・フォセットが英国人女性メアリー・アピングトンと一七一八年八月二一日に結婚したという記録が残っている。この時、二人にはすでに子供が二人いた。娘のアンと息子のジョンで、ジョンのほうは結婚の二ヶ月前に生まれた。

おそらく、この南国の緩やかな道徳規範でのんびりしていたのだろう、フォセット夫妻は第二子が誕生してから正式に結婚することに決めた。それまでは内縁関係のまま暮らしていたようだ――ちなみに、ハミルトン自身の両親もこの手を使った。結局、フォセット夫妻は子供を七人もうけ、うちハミルトンの母親のレイチェルは、第六子として一七二九年ごろ生まれた。

カリブ海にいまだに伝わる一説によれば、レイチェルには黒人の血が混じっており、そのためアレグザンダー・ハミルトンも黒人の血が四分の一か八分の一入った混血児だという。しかし、ここは極端に人種意識の強い社会であるのに、レイチェルは地方税課税台帳ではつねに白人として記載されている。彼女が混血だという説は、立証できる事実に基づいたものではない(下巻巻末の「謝辞」参照)。ハミルトンが白人と黒人の混血だという言い伝えは、おそらく、西インド諸島生まれの私生児は、大半とまではいかなくとも、その多くが混血だったという議論の余地ない事実から生じたものだろう。

レイチェルの生まれたころ、ネーヴィス島には四〇〇〇人もの奴隷がおり、白人の四倍も多かった。このため、黒人の奴隷と白人の主人の間で不公平な肉体関係が結ばれることも、うんざりするほどありふれたことだった。

フォセット家は、ネーヴィス島の南の山裾の丘陵に居を構えて、小さな砂糖農園を営み、奴隷を少なくとも七人持っていた。ここではきわめて典型的なプチブルだったと言える。ネーヴィス島では後にフォーセットという名の小さな黒人の村ができたが、これはフォセットというフランス系の姓が英語化した名前であり、この点も、一家が奴隷を所有し、その奴隷が後に一家の姓を用いたということを裏付けている。

砂糖の島々は当時、聖書に記された災いを想起させるほど大規模な伝染病にたびたび見舞われた。とりわけ、マラリア、赤痢、黄熱病が三大伝染病だった。そのためフォセット家でも、五人の子が幼くして亡くなり、レイチェルとずっと年上の姉アンだけが生き残った。また、奴隷の力を借りていたとはいえ、小農園主の暮らしは厳しいものだった。山裾に広がる丘陵は急勾配で岩が多く、台地でさえ砂糖栽培には骨が折れた。

しかも、ネーヴィス島は経済力を徐々に失っていた。特に、一七三七年に謎の病気が島全土の植物をじわじわと蝕んだところに日照りが追い討ちをかけ、青々と生い茂った草木の多くが枯れてしまった後はなおさらだった。これをきっかけに大勢の住民が島を離れた。当時ジェームズ・リットンという裕福な農園主と結婚していたアン・フォセットもその一人で、リットン夫妻はデンマーク領のセントクロイ島へ早々と逃げ出した。ハミルトンの両親も後にこの避難経路をたどることになる。

どうやら、フォセット夫妻の結婚生活は、口論が絶えなかったために損なわれていったようだ。一七三六年に子供二人が相次いで死亡し、その翌年に例の植物病害で島が干からびてしまったことも、夫婦の破綻に輪をかけたのかもしれない。メアリー・フォセットは社会的野心を抱いた美しい女性だった。

おそらく、活気のない島でぐずぐずしていることに満足できなかったのだろう。意志が強く、機転が利き、しかも力のある男性と近づきになるこつを心得ていたメアリーは、リーワード諸島のエクイティ裁判所に正式な離婚を求める訴えを出した。これは一七四〇年に和解が成立し、フォセット夫妻は「終生離れて別々に暮らす」ことに同意したが、メアリーは夫の財産に対する権利をすべて放棄する代わりに、五三ポンドというわずかばかりの年金を受け取ることになった。[*6]

メアリーとレイチェルはまず、三キロほどの狭い海峡を渡ってセントキッツ島へ移ったのではないかと思われる。もしかしたら、ジェームズ・ハミルトンという若いスコットランド貴族に初めて出会ったのはこのときかもしれない。母親のメアリーが父親のジョン・フォセットの財産に対する権利をすべて放棄したため、一七四五年に父親が死んで全財産をレイチェルに残すと、一六歳のレイチェル・フォセットは突然、未成年の女相続人という脚光を浴びる存在となった。レイチェルもまた聡明で美しく、意志の強い女性だった――こうした特徴は後の出来事から推定できる――ので、教養のある裕福なヨーロッパ人女性が慢性的に不足していた世界では、言い寄る男性が後を絶たなかったにちがいない。

レイチェルと母親はセントクロイ島で人生を再スタートすることに決めた。ここではすでに、ジェームズとアンのリットン夫妻が成功を収め、首都クリスチャンステッドの郊外にグレーンジという名の大邸宅を構えていた。リットン夫妻はレイチェルと母親をやはりネーヴィスから移ってきたばかりのデンマーク人に引き合わせた。

ヨハン・ミカエル・ラヴィーンという雑貨商で、農園主という地位に憧れている男だった。ラヴィーン（Lavien）という名は、ラヴィン（Lavine）のセファルディム（スペイン系ユダヤ人）系の異形の可能性があるが、もしユダヤ人だとしたら、彼はユダヤ人であることをうまく隠していたということになる。ユダヤ人だと名乗ったら、人種はむろん宗教の異なる相手との結婚にも眉をひそめた社会だけに、気位の高いメアリー・フォセットがこの縁談を潰したはずだ。

断片的な証拠から推し量るに、ラヴィーンという男は、新世界での一獲千金を夢見ていたものの、例によって例のごとく、幾度も失望させられたようだ。レイチェルに出会う前年、彼は微々たる資金の大半をセントクロイ島の小さな砂糖農園に注ぎ込んで無駄に使っていた。この大農園の島では、農園経営で利益を出すには五〇から一〇〇人の奴隷が必要だったが、そんなことは元手の乏しいラヴィーンには夢のまた夢だった。

そこで彼は、目標を大幅に下げ、安上がりで農園主になろうと、小さな綿花農園の株を五〇パーセント取得した。そして結局、デンマーク領西インド＝ギニア会社に大きな借金を作ってしまった。ラヴィーンにとっては、レイチェル・フォセットはその容姿以上に、現金の新たな調達先として魅力的に映ったにちがいない。

母レイチェルの「忌むべき結婚」と投獄

アレグザンダー・ハミルトンから見れば、ヨハン・ミカエル・ラヴィーンはハミルトン家の物語に登場する折り紙付きの悪者だった。彼はこう書いている。「ラヴィン［ハミルトンはLavineとつづっている］という名の財産目当ての結婚を目論んでいたデンマーク人は、金ぴかにめかしこんでネーヴィスへやってくると、当時そこそこの(snug)財産を持っていた美しい娘だった私の母に目を付けた」。一八世紀には、「そこそこの」財産というと、比較的楽な生活を送るのに十分な財産のことだった。

ラヴィーンは、ぴかぴか光る金のボタンが付いた黒い絹のガウンと青のチョッキを特に好んでいた派手な身なりの男だったから、そうした美しい服に金を注ぎ込んでぼろぼろの借金を隠し、金持ちの求婚者のふりをしてメアリー・フォセットに自分を売り込んだのだろう。ハミルトンは、祖母がラヴィーンの見た目の「華やかさに魅了され」、いわば最高値入札者に娘を売り払うような真似をしなければよかったのにと残念がっている。

ハミルトンによれば、「祖母の希望に従い（中略）母自身は不本意だったが」、一六歳のレイチェルは一二歳以上年上のラヴィーンと結婚することに同意した。[*7] ハミルトンの素っ気ない見方では、これは、不幸な結びつきをした娘をまた別の不幸な結びつきへと真っすぐに走らせてしまった「忌むべき結婚」だった。[*8]

この不幸な結婚は、一七四五年にグレーンジで式が行われた。新婚夫婦は自分たちのささやかな農園に家を建てた。ぞっとするほど皮肉なことに、その家はコンテントメント（満足）と名づけられた。翌年、まだ十代の花嫁は息子ピーターを産んだ。結局、この子だけが彼女の嫡出子となる。ラヴィーンとの結婚を甘んじて続けるつもりになったことなどレイチェルにあったのだろうか。たとえラヴィーンがハミルトンの孫の言うような「嫌な性格の下品な男」でなかったとしても、レイチェルが年の離れた夫に息が詰まる思いをし、夫のことを粗野で我慢のならない男だと考えていたのは明らかだ。[*9]

一七四八年、ラヴィーンは別の砂糖農園の株を半分買って借金を増やし、どんどん減っていくレイチェルの相続財産を浪費した。一七五〇年ごろには、夫婦仲は強情な妻が家を出てしまうまでに悪化していた。後の離婚判決の際、執念深いラヴィーンは、レイチェルが家を出る前から「夫婦の間柄として見て破廉恥かつきわめて不審な過ちを犯していた」と喚いている。[*10] 彼の辛辣な見方によれば、彼女は「恥知らずで、下品で、罪深い」のだという。[*11]

プライドを傷つけられて激怒したラヴィーンは、手に負えない妻に恥をかかせてやろうと決めた。デンマークの法律では、妻が姦通罪で二度有罪になり、もう夫と同居していない場合には、夫が妻を投獄することができたため、ラヴィーンはこの法律を利用して、当時監獄としても使われていたクリスチャンステッドの砦、恐ろしいクリスチャンスヴァーンにレイチェルを放り込んだ。[*12]

レイチェルは「娼婦」として描かれていることもある――ハミルトンの批判者の一人は、彼に「キャンプガールの息子」という烙印を押している――が、そうした当てこすりはばかげている。[*13] とはいえ、ラヴィーンがレイチェルの悪口を言いふらしていたのに、きっぱりとした反論がまったく出てこなかったことからすると、レイチェルは実際に社会の慣習を軽視し、夫以外の男の腕の中に慰めを見出していたのかもしれない。

ギャローズ湾の縁に立つ砦フォート・クリスチャンスヴァーンは、サンゴ礁の海を渡っていく海賊船や敵船に照準を合わせた大砲のほか、陸の方へぐるりと回して奴隷の反乱を抑えるために使うこともできる比較的小型の火砲も備えていた。この恐ろしい場所では、白人を殴る、サトウキビ畑に放火する、自由を求めて逃亡を企てる、といった不埒な犯罪を犯した反抗的な黒人に対し、言語に絶するような罰が与えられた。

黒人たちは鞭打たれ、焼き印を押され、去勢され、重い足枷で拘束されて、不潔な土牢に閉じ込められたのだ。残りの監房は、町の酔っ払いやこそ泥といった白人社会のクズを収容するのに使われていた。姦通の罪でここに収監された女性はレイチェル・ラヴィーンだけだったようだ。レイチェルは幅三メートル奥行き四メートルほどの狭苦しいじめじめした監房で数ヶ月を過ごした。恐怖と孤独の地獄のような苦しみを味わったにちがいない。小さなはめ殺し窓の外に目をやれば、外壁をぐるりと囲む鋭利な忍び返しと、ぎらぎらした熱帯の太陽の下できらめく青緑の海が見えたことだろう。

砂糖の大樽が積み上げられた波止場の喧騒に聞き耳を立てることもあったかもしれない――

やがて息子のアレグザンダーが貿易会社の若き事務員としてここに足繁く通うことになる。そしてこの間ずっと彼女は、塩漬けニシン、タラ、茹でたトウモロコシ粉のマッシュという吐き気を催すような食事を無理にでも飲み下さねばならなかった。

人の心理に精通していたとは言えないラヴィーンは、少しばかり読みが甘かったようだ。彼としては、レイチェルが三ヶ月から五ヶ月たって釈放された時には、すっかり弱り、横暴な夫にもおとなしく従うようになっているだろうと考えていた――そして、後の離婚判決の言葉を借りれば、「何もかも良くなり、彼女は本物の妻らしく罪深い生き方を変え、期待どおりに一緒に暮らすだろう」とばかり思っていた[14]。だが彼は、レイチェルの不屈の精神を見くびっていた。

孤独の日々は、自分の人生からラヴィーンを追い払うというレイチェルの決意を強めただけだった。別の状況下での思索だが、ハミルトンが後に述べたように、「自分自身の心に聞いてみさえすればわかることだが、個人同様国家も、外部から強制的に動かされるという考えに反感を抱くものなのだ[15]」。砦を出ると、レイチェルは母親の元に一週間身を寄せた。このころ母親は、セントクロイ島の大物の一人、タウン・キャプテンのバートラム・ピーター・ド・ヌリーと同棲しながら、針仕事をしたり、所有している三人の奴隷を貸し出したりして生計を立てていた。

その後レイチェルは、社会から除け者扱いされるという未来を決定づけてしまう勇敢だが無謀な行動に出た。ラヴィーンと一人息子のピーターを捨て、島から逃げたのだ。こうして彼女は、将来裁判によって正式に別居し、その恩恵を受けることを放棄したばかりか、意図したわけではないとはいえ、やがて生まれるアレグザンダーに私生児の運命を負わせた。

彼女が虐待をものともしなかったこと、その精神的な強さ、物議を醸すことを恐れなかったこと、これらは、息子が頑として我意を通そうとしたことを驚くほど予告していると思わずにはいられない。

一七五〇年にセントキッツ島へ向かった時、レイチェルは母親に付き添われていたようだ。母親は自分が出発することを新聞紙上で債権者に通知し、借金を清算している。レイチェルにすれば、セントクロイ島を目にすることはもう二度となく、執念深いラヴィーンに苦しめられることももうないと思っていたにちがいない。

後にアレグザンダー・ハミルトンは次のように書いているが、これは母親とラヴィーンの結婚について思いを巡らせてのことかもしれない。「ぴったり合うもの同士の二人、親交や感性の喜びを味わうことのできる魂の持ち主二人を星が結びつけるなら、それは非常に良いことだ。(中略)しかし、性格の合わない二人が出会ったら、ひどい人生になる」[*16]。妻を選ぶ時期になると、ハミルトンはことさら注意深く事を進めることになる。

父方はスコットランドの名家

ハミルトンのもう一人の星回りの悪い親、ジェームズ・ハミルトンもまた、西インド諸島で不運にも苦しめられた男だった。ジェームズは一七一八年ごろ、スコットランドのグラスゴーの南西にあるエアシャー州のスティーヴンストン行政区で生まれた。ここのグレーンジの地主アレグザンダー・ハミルトンの一一人の子供（息子九人と娘二人）のうちの第四子だった。

このアレグザンダー・ハミルトンは、いわゆるカンバスキース系ハミルトン家の第一四代当主で、一七一一年、准男爵の娘エリザベス・ポロックと結婚した。アレグザンダーも子供のころにうんざりするほど聞かされたにちがいないが、カンバスキース・ハミルトン家は家紋があり、何百年も前からキルマーノック近郊にグレーンジという名の城を構えている家柄だった。

実際、この家系は一四世紀まで系図を完璧に遡ることができる。後に彼は、自分がスコットランドの名門の末裔であることを誇ったこともある。「実は、両親は何者だったかという問いについては、私はこの国で家柄を鼻にかけている者の大半よりももっと自惚れている」[*17]。

一六八五年、カンバスキース・ハミルトン家は、小さな海辺の町スティーヴンストンを見下ろす吹きさらしの丘に立つ城、ツタのからまるケリロー・キャッスルを手に入れた。現在では絵のように美しい廃墟の丘にすぎないが、当時ここは堂々たる城で、優美なゴシック様式の窓がある大ホールを備え、付属の大荘園もあった。

「城は小さな川のほとり、かなり急勾配の樹木の生い茂る土手に立ち、美しい谷間を見下ろしている」とこの建物がまだもとのままの形に保たれていた時代の新聞は書いている。[*18] 城の住人は、霧に邪魔されることもよくあったとはいえ、クライド湾に浮かぶアラン島の素晴らしい眺めを楽しんだ。

当時も今と同じく、エアシャー北部の田園地方は、緩やかに起伏する草原に緑を潤す川と池が点在し、牛や馬が樹木のほとんどない丘の斜面で草をはんでいる土地だった。ジェームズ・ハミルトンがケリロー・キャッスルで子供時代を送っていたころ、ハミルトン家の地所は広大で、スティーヴンストンの町ばかりか行政区の耕地の半分も含んでいた。小さな織物工場や少数のジューズハープ職人を別にすれば、ここの住民の大半は寒々としたあばら家で身を寄せ合い、ぞっとするようなオートミールをすすって食いつなぎ、ハミルトン家の小作人として働きづめに働いてなんとか暮らしを立てていた。

名門に生まれ城で育つというおとぎ話のような生い立ちにもかかわらず、ジェームズ・ハミルトンの将来は不確実だった。四男の彼には、グレーンジの地主という歴史に名高い肩書きを相続できるチャンスはほとんどなく、この不安定な立場にいる弟たち全員と同じく、彼も家を出て自立せねばならなかった。息子のアレグザンダーによれば、ジェームズは「大家族の下の息子」として「商人になるよう育てられた」という。

ジェームズの兄弟姉妹について探り出すことのできた概略的な情報からすると、ジェームズは一家の厄介者で、凡庸な男だったようだ。ジェームズはこれと言って正規の学校教育を受けていないが、兄二人と弟二人はグラスゴー大学に入学したし、兄弟姉妹のほとんどが社会に快適な居場所を見つけた。兄のジョンは製造業と保険業のベンチャー事業に投資していた。兄のアレグザンダーは外科医になり、弟のウォルターも医師・薬剤師になった。弟ウィリアムはタバコの売買で成功を収め、妹のエリザベスはグラスゴー港の税関鑑定官に嫁いだ。意気盛んな息子アレグザンダーを駆り立てることになる野心もなく、のんきな怠け者だったジェームズ・ハミルトンは、勤勉や厳格な規律を重んじるグラスゴー人気質を身に付けることもなかったらしい。

どうやら、兄のジョンは、グレーンジの地主となってからもキツネ狩りにいそしむだけの地方の大地主に終わらなかったようだ。活動的で進取の気性に富んだ人間だったらしく、当時グラスゴーに大変革をもたらしていた銀行業、海運業、繊維業の事業に熱心に関与した。この大聖堂と大学の町グラスゴーは、一七二〇年代にダニエル・デフォーが「グレートブリテンで一番美しい小さな町」と称えた町で、後にアレグザンダー・ハミルトンの心に訴えたような生き生きした商売気質がこのころすでに息づいていた。[*19] 一七〇七年のイングランドとスコットランドの合同後、スコットランドでは北米や西インド諸島の植民地との貿易が急成長し、豪商が砂糖、タバコ、綿花の取引で大儲けしていたのだ。一七三七年一一月、ジョン・ハミルトンは、愛想は良いが無能な当時一九歳のジェームズをグラスゴーへ連れて行き、革新的な事業家リチャード・アランのもとで四年間の見習い奉公につかせた。当時アランは、大胆にもオランダの産業機密を盗み出し（後にアレグザンダー・ハミルトンがニュージャージー州パターソンに製造業を導入しようとして行なったことを見事に先取りしている）、自分のハールレム・リネン・アンド・ダイ・マニュファクトリーでスコットランドのリネン産業開拓に貢献していた。

一七四一年、ジョン・ハミルトンはアランやグラスゴーの大物三人――アーチボルド・イングラム、ジョン・グラスフォード、ジェームズ・デクマン――と手を組んでグラスゴー・インクル・ファクトリーを設立し、レース製造に使用する縁飾り用のリンネルテープ（インクル）の製造に乗り出した。ハミルトンのパートナーたちはグラスゴーの商業界のエリートで、美しい馬車に乗り、広大な土地を管理し、クライド川を独占するほどに多数の外洋航行船を所有していた。この後多年にわたり、これらの男たちは、幾度も経済的苦境に陥る不運なジェームズ・ハミルトンをそのたびに根気強く救い出してやることになる。

西インド諸島での運試し

一七三七年にジェームズ・ハミルトンがリチャード・アランと結んだ四年間の有償契約は、ジェームズが「見習い兼使用人」として働くことを義務付ける法的拘束の一種だった。[*20] ジョン・ハミルトンは弟に繊維貿易を仕込んでもらうためにアランへ英貨四五ポンドを支払った。その代わり、ジェームズはアランの家で部屋と食事と清潔なリネン類を提供してもらったが、休日や週末の自由時間は保証されていなかった。ジョン・ハミルトンとしては、わがまま者の弟を前途有望な新しい産業へ導いているつもりだったにちがいない。実際、リネン産業はやがて大きな利益を上げることになるが、この草創期には、まだ落胆させられることの多い、カネをドブに捨てているような事業だった。そこで、一七四一年に見習い奉公契約が終わると、ジェームズ・ハミルトンは西インド諸島で運試しをすることにした。

上流階級の若者が西インド諸島の砂糖の島々へ大挙して押し寄せたのは、よくある夢に誘われたからだった。農園主か商人になって手っ取り早く一儲けし、カネを抱えて欧州へ戻って、さっさと大邸宅を買う、という夢だ。グラスゴーの田園地方には、この大勝負に勝った者のカントリーハウスが点在していた。大量の砂糖が西インド諸島からグラスゴーの「ボイリングハウス」つまり精糖所に運び込まれ、その砂糖から蒸留酒製造所でブランデーが造られた。砂糖の貿易以外にも、勤勉なスコットランド人は、プランテーション向けの食料品、農産物や工業製品を売る店を経営していた。ある歴史家はこう書いている。「彼らの大商店にはヨーロッパ各地と北米から来るありとあらゆる商品――金物、織物、衣類、靴などなど――がぎっしり並び、まるで倉庫のようだった[*21]」。そして、カリブ海の島々の中でも、特にグラスゴーと密な関係を結んでいたのがリーワード諸島のセントクリストファー、通称セントキッツだった。この島で当初に下付された土地は、半分以上がスコットランド人に与えられた。

スコットランドの大地主の息子であっても、ジェームズ・ハミルトンはセントキッツ島では社会的にほとんど無名の状態でスタートしたはずだ。だがここでは、カネがあろうと事業に成功しようと、社会的名声が高くなることなどなかった。西インド諸島で砂糖や農園用品を売買することは、わずかな元手しかない者にはリスクの大きな仕事だった。顧客はこうした中間商人に信用を求め、中間商人は商品がヨーロッパで転売されるまで、商品に対しリスクを負わなければならず、しかも砂糖関税を払わなければならなかったからだ。少しでも計算ミスや支払遅延があれば、大損害をこうむりかねない。おそらく、ジェームズ・ハミルトンを襲ったのもそのような運命だったのだろう。

彼はあっという間に躓き、兄のジョンやそのグラスゴーの友人たちに何度も助けてもらわねばならなくなった。「彼は商人としてセントキッツへ行ったが、あまりに寛大で人が良いため、商売に失敗し、ついには暮らしにも困るほどになった」と息子のアレグザンダーは卒つなく記している。[*22] 父親のことを語る時には寛容な調子で、どちらかといえば、軽蔑よりもむしろ同情の色合いがある。「プライドが高すぎ、怠惰すぎるのが父の欠点だったが、それ以外の性格は非の打ちどころがなく、態度も紳士的だった」。[*23] つまり、ハミルトンは父親について、人当たりは良いが、ぐうたらゆえに無能だったと見ていたのだ。ハミルトンは父親のプライドは受け継いだが、怠惰とは無縁だった。そして、その並外れた有能さが、それ自体で父親の能力を無言のうちに物語っている。

ジェームズ・ハミルトン本人は、過保護な兄が「最後の貸手」機能を果たしていることにほとんど気づいていなかった。というのも、ジョンが自分の役割を隠してもらいたいとジェームズの債権者に強く求めていたからだ。ある債権者に一七四九年にこう注意している。「弟は私が弟のために関与しているのを知らない」[24]。ジョン・ハミルトンの手紙を読むと、ジェームズが家族と距離を置いていたばかりか、疎遠ですらあったことがわかる。「母が彼から受け取った最後の手紙はかなり前に来たもので、しかも、手形がいくつかあるが、まだ支払期日は来ていない、などと書いてあった」とジョンが仕事仲間に漏らしたこともある。[25]失敗ばかりしていることが恥ずかしかったのだろう、ジェームズはどのくらいカネに困っているのかは隠していたようだ。

有力な一七五五年誕生説

ジェームズ・ハミルトンの事業がレイチェル・フォセット・ラヴィーンの出現する前に完全につぶれていたらしいことは、一七四八年七月一五日のセントキッツ議会の議事録から推察できる。それによれば、ジェームズは島の首都バセテールの港の警備員（watchman）か計量係（weighman）のどちらかに正式に任命されているのだ（watchman か weighman かは、残念ながら真ん中の文字の部分が虫に食われてしまっていて不明）[26]。つまり、彼は金儲けのできる一時の腰掛け仕事のつもりでこの熱帯地方にやってきたものの、そうはいかず、この先ずっと身動きが取れなくなる方向へと向かい始めていた。一山当てて故郷へ錦を飾ろうとヨーロッパからやってきた若者の多くは、黒人かムラート（白人と黒人半々の混血）を一時の愛人にし、母国に無事戻るまで結婚を遅らせた。だがジェームズ・ハミルトンは、計画が大失敗に終わったため、近いうちにスコットランドに戻ることはないと自覚していた。そこで、別居中のヨーロッパ人女性との恋愛でも受け入れやすくなっていたのだろう。

一七五〇年代初頭にセントキッツでレイチェルがジェームズ・ハミルトンと出会うまで、二人は似たような人生を送っていた。二人とも若くして挫折を味わい心に傷を負った。二人とも社会の階段を転げ落ち、経済的に下降線をたどっていく恐怖と闘った。二人とも英領西インド諸島の上流社会から追放され、数少ない白人労働者階級から配偶者を選ぶ気になってもおかしくはない。こうした二人は、階級や地位に過敏で、社会のヒエラルキーが世界を支配していることを痛ましいほどに意識する息子が生まれやすいカップルだった。

一八世紀には、離婚は珍しいことだった。英国の直轄植民地で離婚しようとすると、何かと煩雑で費用もかかった。ジェームズとレイチェルが正式な夫婦になれなかったのはこのためだ。この厄介な状況を取り繕うため、アレグザンダーは両親が結婚していたように見せかけることもあった。レイチェルがセントクロイ島から逃げ出したことについて、彼はこう言ったことがある。「その後母はセントキッツ島へ行き、父と知り合って結婚し、長いこと一緒に暮らして数人の子供をもうけた[*27]」。二人の関係は一五年も続いたようなので、おそらく夫婦を装っていたのだろう。そのためアレグザンダーも、自分が庶子なのはただ法的手続きの問題にすぎず、両親が無頓着だったからでもなければ身持ちが悪かったからでもない、と言うことができたのだ。実際、ハミルトンの両親は内縁関係だったものの、ジェームズとレイチェルのハミルトン夫妻と自称していた。二人には息子が二人生まれた。まずジェームズ・ジュニア、そして二年後にアレグザンダーだ（ハミルトンは母親が「数人の子供」を産んだと言っているから、ほかにも幼少時に死亡した兄弟姉妹がいたのかもしれない）。

アレグザンダーの子孫が描くジェームズとレイチェルの人となりは、少しばかり真実味に欠けるばかりか、好ましくないところを省いているきらいがある。ハミルトンの息子ジョンはレイチェルについてこう述べている。「優秀な知性と高尚な情操の持ち主で、容姿も振る舞いも並外れて優雅だった。彼の非凡な才能は彼女のおかげだ[*28]」。だがおそらく、何よりも非現実的な描写は、ハミルトンの孫のアラン・マクレーン・ハミルトンがジェームズについて言ったことだろう。「ハミルトンの父親は何をしてもうまくいかなかったように見えるが、多くの点で多分に夢想家で学究肌だった。美しく才能に溢れる妻と一緒にいることが一番の幸福と思っていたようだ。おしなべて妻のほうが聡明だった[*29]」。この温かな家庭像は信用できる言い伝えに基づいているのか、それともハミルトン家のPRなのだろうか？　残念ながら、文書記録は答えてくれない。ハミルトンの頭脳や不屈の意志は母親譲りで、ふらふらとした怠惰な父親から受け継いだものではない、という印象をどうしても抱いてしまう。その一方、父親がスコットランドの名門の出であったおかげで、アレグザンダーは、自分は西インド諸島の最下層から永久に抜け出せない除け者などではない、それは仮の姿であり、真の姿を明らかにしてもっと大きな舞台で活躍する日を待っている上流の人間なのだ、と夢見ることができた。

ハミルトンの伝記作家にとって特に悩みの種だったことに、彼がいつ誕生したのかという問題がある。歴史家は一七五七年というハミルトン自身と家族が用いていた年を長いこと信じていたが、近年では、ハミルトンのカリブ時代の説得力ある証拠がいくつか出てきたことから、一七五五年と考えることが多い。たとえば一七六六年、ハミルトンは証人としてある法的文書に署名している。もしわずか九歳でのことだとしたら、これは合点がいかない。また一七六八年、セントクロイの検認裁判所は彼の年齢を一三歳と記している――これは彼の証言によるものではなく、彼の伯父が言ったことだけに非常に有力な証拠だ。

さらに、アレグザンダーが一七七一年にセントクロイの新聞で詩を発表した時、この向上心あふれる詩人は編集者に「私はまもなく一七歳の若輩」だと告げている――つまり、いかにも青年らしい言い方で一六歳だと言っているわけで、これも一七五五年誕生説に一致する。ハミルトンが北米に渡った以後の証拠は、一七五七年誕生を示すものが数多くあるが、回顧的証拠よりも同時代の証言を選んで、ここでは一七五五年一月一一日誕生説を採る。

レイチェルが父親から相続した遺産の一つに、ネーヴィス島の首都チャールズタウンの大通り沿い、海に面した土地があった。言い伝えでは、ここがアレグザンダーの生まれ育った場所だと言われている。もしそうなら、左手には、港と輝く広い水面、たくさんの奴隷と貨物船が、右手には、セントキッツ島の険しい山すそとぼんやり浮かぶ茶色の山々が見えたことだろう。いみじくも、やがてアメリカ一の英国びいきとなるこの子は、英国国民としてこの世に生まれ落ちた。英国領の島で、ジョージ二世の治世に生まれたのだ。

彼は華奢な体つきで、ばら色の頬に赤みがかった茶色の髪、きらきらした青紫の目と、外見は典型的なスコットランド人だった。西インド諸島時代の彼の恩師の一人は、ハミルトンのことを読書好きで「いささか繊細でひ弱」な子だったと記憶していたので、その彼がアメリカに渡ってからあれほど精力的に動いて、骨の折れる偉業を成し遂げたことに驚いている。[*30]

ネーヴィス島の歴史

また、西インド諸島の住民なら誰でもそうだったように、ハミルトンも早くから黒人と接することが多かった。このきわめて階層化された社会では、社会的地位と肌の色によって実に多くの階級に分かれており、貧しい白人でさえ奴隷を所有して、副収入を得るために奴隷を貸し出したりしていた。ハミルトンが生まれてから一年後の一七五六年、当時オランダ領セントユースタティウス島に住んでいたハミルトンの祖母メアリー・フォセットも、遺言書を作って「私の大事な三人の奴隷、レベッカ、フローラ、エスター」を娘のレイチェルに残した。[*31]

ハミルトンはネーヴィス島では正式の学校教育を受けなかったようだ――庶子であるために英国国教会系の学校に入れなかったのかもしれない――が、家庭教師についていたらしい。彼の息子が後にこう述べている。「昔の私的な話をしてくれることはごく稀だったが、ヘブライ語の十戒を繰り返すよう教えられたことがあった、とほほ笑みながら話してくれたことがある。ユダヤ女性から授業を受けていた時のことで、そのころはまだとても小さかったため、彼女の傍らのテーブルの上に立たされていたという」[*32]。この面白いエピソードは、二つの周知の事実と一致する。カリブ海では一般的に年配の女性が子供たちの家庭教師をしていたこと、そして、ネーヴィスにはスペイン系ユダヤ人が数多く住んでいたことだ。そうしたユダヤ人の多くは、ブラジルでの迫害から逃れてきて、ここの砂糖貿易に参入した者だった。

一七二〇年年代には、チャールズタウンの白人住民の四分の一がユダヤ系で、シナゴーグや学校を建てたり、今日まで残っている手入れの行き届いた墓地を造ったりしていた。また、フランスのユグノーだったハミルトンの母親も、息子の教師役を務めていたのかもしれない。というのも、彼はフランス語も堪能で、後には、フランクリン、アダムズ、ジェファーソンといった、パリで何年も苦労してフランス語をマスターしたアメリカの外交官よりも楽々とフランス語を操ったからだ。

多感な年頃にこうした接触があったからだろう、ハミルトンは生涯にわたってユダヤ人に敬意を抱いていた。後には、次のような私的なメモを書いたこともある。「ユダヤ人の発展は（中略）その最古の歴史から現在に至るまで、人間に関する事柄の普通のコースを完全に外れている。ならば、その目的も普通ではないと決め付けるのは——つまり、何らかの大いなる神の計画が実行に移されているのだと結論付けるのは、公正ではないのか？」[*33]。また、ある有名な訴訟事件のさなかに、相手方弁護士にこう異議を唱えたこともある。「なぜユダヤ人の証言を信じないのか？　これらを信用しないということは、キリスト教を否定するということだ。（中略）［ユダヤ人は］、あの純粋で神聖で幸福に満ちた、天によって認められた信仰の目撃者、その信仰への回心者ではなかったのか？」[*34]。

ハミルトンのように想像力豊かな少年にとっては、ネーヴィス島の短い歴史も素材の宝庫だったにちがいない。ここは、欧州列強の衝突を目撃するのに格好の場所で、フランス、スペイン、英国の艦船がひっきりなしに小競り合いを起こしていたし、海賊船や私掠船《しりゃくせん》が群れをなして荒らし回っていた。そして、ネーヴィスには海事裁判所があり、手錠をかけられた海賊が、それでも肩で風を切って裁判所へ引かれていき、その後ギャローズ湾で絞首刑に処せられていた。一部の海賊船はただの海賊だったが、その多くは、交戦中の欧州諸国が密かに後ろ盾になっていたので、おそらくハミルトンは、外国が国家の主権に干渉できる方法をここから学んだのだろう。

決闘による殺人

また、決闘による殺人もたびたびあった。一般的なピストルによる決闘もあったし、船乗りがよく使う重い短剣で斬り合うこともあった――いずれにせよ、少年なら誰でも興奮する事件だ。こうした血なまぐさい争いは、西インド諸島では日常茶飯事だった。プランテーション社会は封建的で、個人の名誉と尊厳が重んじられていたため、自分を高貴な人間だと自惚れる白人の間では、決闘がよくあったのだ。アメリカ南部と同じく、ロマンチックな名誉を過剰に意識するようになったのは、奴隷所有者たちが無意識のうちに、自分の道徳的優位性を誇示しよう、鬱積した罪悪感を払いのけよう、自分の職業の残忍性を覆い隠そうとしたせいかもしれない。

後にハミルトンが危険なまでに取り憑かれた決闘は、そもそも一七五〇年代にネーヴィスで起きた有名な事件が発端だったようだ。一七五二年、ジョン・バーボットというネーヴィス島の若い法律家と、マシュー・ミルズというセントキッツ島の裕福な農園主が、土地取引をめぐって口論となり、ミルズがバーボットに向かって「生意気な青二才」と罵った――これは決闘になっても仕方のない売り言葉だ。[*35] ある日の明け方、レースの飾りのついた銀の帽子に白いコートという粋な装いのバーボットは、一人の奴隷の少年に船を漕がせてセントキッツ島へ渡った。そして、決闘の場であるフリゲート湾に着くと、ミルズに相対し、銀のピストルを取り出して、至近距離で彼を撃ち殺した。

世間を騒がせたこの殺人事件の裁判では、ミルズがピストルをホルスターから取り出す前にバーボットがミルズを射殺したという主張がなされた。最重要証人はドクター・ウィリアム・ハミルトン（ジェームズ・ハミルトンの親戚かもしれない）で、ミルズは脇腹を撃たれているので、待ち伏せされて襲われたにちがいないと証言した。この裁判は、アレグザンダー・ハミルトンとアーロン・バーの致命的衝突をぞっとさせるほどに予示している点がいくつかある。育ちは良いが借金だらけのバーボットは、人望のあるミルズを殺害したという甘い考えを嘲笑い、「男なら当たり前の名誉の観念に正しく従って彼を殺した」と主張した。[*36] ミルズは弾を身に受けたその時、ピストルをこちらに向けていたというのだ。そしてアーロン・バーの場合と同様、地元の人間が、バーボットは紳士らしからぬことに、事件に先立つこと何週間も射撃の練習をしていた、と証言した。結局、バーボットは有罪となり、絞首台に送られた。この三年後に生まれたハミルトンのようなネーヴィスの子供たちは、この話を血なまぐさい細部に至るまで何もかも楽しんだことだろう。

奴隷の住む砂糖の島ならどこでもそうだったように、ネーヴィス島でも暴力はありふれたことだった。八〇〇〇人の黒人奴隷は、数では一〇〇〇人の白人を圧倒していた。ある旅行者はこう述べている。「年老いて弱っているために免除される者以外の白人男性全員で統率の取れた市民軍を組織する必要があるほど不均衡」[*37]。チャールズタウンは狭く曲がりくねった小路に木造家屋が立ち並ぶこぢんまりした町だったから、ハミルトンがマーケットショップやクロスイズアレーの奴隷競売台のそばを通り過ぎたり、広場での残酷な鞭打ちを目にしたりするのもいつものことだっただろう。カリブ海の砂糖経済は、他に類を見ないほど野蛮なシステムだった。アメリカ南部のタバコや綿花のプランテーションでさえ、これに比べれば上品に見えてしまうくらいだ。

容赦なく照り付ける熱帯の太陽の下でサトウキビを刈る奴隷の死亡率は、驚くほかないほど高く、五人に三人が到着後五年以内に死亡した。このため奴隷所有者は、新たな犠牲者をたえず補充する必要があった。たとえばエドワード・ハギンズというネーヴィス島の農園主は、鞭打ちを男性奴隷に三六五回、女性奴隷に二九二回加えるという邪悪な記録を打ち立てている。ただし、地元の陪審は、このサディズムにもまったく動じず、彼を無罪放免とした。また、セントキッツ島を訪れたある上品な英国人女性は、裸の男性奴隷と女性奴隷が、まるで奴隷であることをしきりに念押しされる必要があるかのように農園監督に繰り返し鞭打たれながら、砂ぼこりの舞う道を追い立てられていくのを見てぎょっとしたという。「ニグロ一〇人ごとに一人の監督が付き、短い鞭と長い鞭を手にニグロの後ろを歩く（中略）そして、鞭が加えられるところをひっきりなしに目にすることになる」[*38]。

別の英国人旅行者はこう述べている。「白人が黒人を殺しても、殺人罪で死刑になることはありえない。（中略）ニグロが白人男性を殴ったら、罰として手を切断され、万一流血ざたになったら、罰として死刑になる」[*39]。島の生活は血も凍るような光景に溢れていたため、ハミルトンは死ぬまで暗い見方をするようになった。こうして染み付いた人間性についての根深いペシミズムは、彼の著作すべてに注入されている。

こうした恐ろしい光景はみな、紺碧の海、燃えるような日没、物憂げに揺れるヤシの葉といった自然の美とそぐわないものだった。地質学的に活発な地域だけに、丘陵では、後に観光客のメッカとなる硫黄泉の温泉が湧き出ていたし、海はロブスター、フエダイ、ハタ、ホラガイの宝庫だった。ジャングルにはオウムやマングースが群れていたほか、たくさんのサル、一八世紀前半にアフリカから持ち込まれたグリーンベルベットモンキーも住んでいた。多くの旅行者にとって、この島は絶好の隠れ家だった。あまりに「魅惑的な」ため、男が妻を連れてここへ来たら、ネーヴィスの「甘美な奥の院」からいつまでも立ち去れないだろう、と断言した者もいる。[*40] 何もかも心地よくさわやかで、のんびりとした美しさに満ちていた。ただしそれも、白人の金持ちから見ればの話、しかもサトウキビ畑で死んでいく黒人に目をつぶればの話だった。

淫婦と私生児

ヨハン・ミカエル・ラヴィーンの復讐心がクリスチャンステッドで満たされたとレイチェルが考えていたとしたら、残念ながら、彼女は一七五九年にその思い違いに気づかされることになった。レイチェルがセントクロイ島を出てから九年後、ラヴィーンは最後の報復を与えるために姿を現した。借金に苦しんでいた彼は、最後のプランテーションも二人のユダヤ人高利貸しに譲る羽目になり、農園監督をするかたわら、少しばかり持っている奴隷を貸し出して生計を立てていた。この間、一人の女と同棲を始め、その女が家計の足しに洗濯の内職をしていたことからすると、ラヴィーンはこの女と結婚したいと思って突然離婚訴訟を起こす気になったのかもしれない。そして、一七五九年二月二六日付で正式な離婚訴訟の召喚状を手に入れた。

激しい怒りに満ち満ちた文書の中で、ラヴィーンはレイチェルに淫婦の烙印を押し、罪深い人生を送る定めを負った女だと決め付けている。裁判所の判決によれば、レイチェルは監獄に収監されても道を正そうとはせず、「九年もの間［ラヴィーンのもとを］離れてどこかよそへ行き、非嫡出子を数人もうけた。こうした行動は、彼が彼女と離婚できるに足る以上のものと思われる」[*41]。ラヴィーン自身はこう苦々しげに記している。自ら「ほとんど得るところのないものから生まれたレイチェルの嫡出子を世話してきた」のに、彼女は「義務を完全に忘れ、夫と子供を放り出したばかりか、自分は誰とでも淫らな行為に耽った。かようなことは周知の事実であり、彼女の家族や友人もそれゆえに彼女を嫌悪しているはずであると原告は申し上げる」[*42]。

この悪意に満ちた告発の後、ラヴィーンは、レイチェルが彼の財産に関する一切の権利を行使できないようにしてもらいたいと求めた。そして、もし彼が彼女より先に死んだら、レイチェルは「未亡人として、財産を手に入れようとするかもしれず、彼女が手にするべきではないものを得ようとするばかりか、かようにして彼の子供から取り上げて彼女の私生児（whore-children）に与えようとする恐れがある」と訴えた[*43]。私生児、これがラヴィーンのアレグザンダーと兄弟に対する呼び方だった。ラヴィーンは嫡出子である一人息子、当時一三歳のピーターのために財産を断固として守るつもりでいた。

この予期せぬ復讐、悪夢のような過去の再来に、レイチェルは愕然としたにちがいない。セントクロイ島の裁判所へ出頭するよう命じられたものの、ラヴィーンからこれ以上報復されるのを恐れたのだろう、彼女は出頭することも申し立てに反論することもしなかった。六月二五日、ラヴィーンは離婚を認められ、再婚もできることになったが、レイチェルのほうは再婚を厳しく禁じられた。デンマーク当局はこうした判決を重く受け止め、判決を無視して結婚式を執り行なった聖職者に対しては罰金や免職という刑罰を科していた。ラヴィーンはすばやく効果的な一撃で息子の相続財産を守り、レイチェルを罰したのだ。このため、彼女の無垢な息子二人は、庶出という刻印を消すことができなくなってしまった。

ただし、ラヴィーンの行動が唾棄すべきものだったとはいえ、彼のために述べておくべきことも二点ある。まず、レイチェルは確かにピーターに対する責任を放棄し、ラヴィーン一人に息子の養育を押し付けた。また、ラヴィーンはこの後、セントクロイにいるレイチェルの親戚リットン夫妻のために、レイチェル自身の家族は彼女の人生を潔白とはとても言えないものと見ていた、と思わせる内容の法的文書に証人として署名した。

こうした傷心の過去から考えると、レイチェルはよもやセントクロイ島へ戻ることがあろうとは思ってもいなかったはずだ。だが、いくつかの出来事が重なって事情が変わった。一七六〇年代初頭、ラヴィーンはセントクロイ島のクリスチャンステッドの反対側にあるフレデリックステッドへ引っ越し、不動産に手を出した。そして一七六四年ごろ、ピーターがサウスカロライナへ移った。そのため、ジェームズ・ハミルトンが一七六五年四月にクリスチャンステッドでの仕事を引き受けた時、彼はラヴィーンと分の悪い衝突をするかもしれないなどという心配をせずにレイチェルと息子二人を一緒に連れて行くことができた。当時、ジェームズ・ハミルトンはまだグラスゴーの兄の取引先に頼り続けていた。グラスゴーの「タバコ王」アーチボルド・イングラムの息子で、セントキッツ島にいるやはりアーチボルド・イングラムという名の人物の下で大番頭を務めていたのだ。イングラムはジェームズに、アレグザンダー・モイアという男から大口の期限到来貸金を回収してくるよう命じた。だが、モイアはヨーロッパへ戻っており、イングラムに借金があることも否定した。この結果起こした訴訟は一七六六年一月までだらだらと続き、この間、レイチェルと息子たちもクリスチャンステッドに住むことになった。

昔の恥辱を思い出させる世界に押し戻されたレイチェルは、かつて収監されていた砦から数ブロックのところで暮らし、もはや勝手に「ミセス・ハミルトン」と名乗る自由もなかった（セントクロイ島の課税台帳では、スペルの誤りはあるものの、ともかく彼女はフォセットとラヴィーンのところに記されている）。それまでは正式な夫婦のふりをして自分たちを守ってきたが、そうしたふりをできなくなったことから、アレグザンダーとジェームズ・ジュニアも、自分たちが「庶子」で、母親がかつて悪名高い女だったことを初めてはっきりと知ることになった。

父の出奔

ジェームズ・ハミルトンはモイアの訴訟事件に勝ったようだが、その後セントクロイ島を出て、家族も永遠に捨て去ってしまった。なぜ突然に出奔してしまったのだろう？　レイチェルの醜聞のせいで夫婦仲にひびが入ったのだろうか？　ラヴィーンがまた中傷キャンペーンを繰り広げ、当てこすりを世間に言いふらしたのだろうか？　だが、こうしたシナリオは考えにくい。というのも、ジェームズ・ハミルトンはセントクロイ島の課税台帳にまったく記載されておらず、これは、彼が最初から一時的な出張のつもりでここに来たことを示しているからだ。父親の出奔について、アレグザンダーは寛容ながらもっともらしい理由を挙げている。父親は家族を支えることがもうできなくなってしまったというのだ。当時ジェームズ・ジュニアは一二歳、アレグザンダーは一〇歳で、レイチェルを助けることのできる年齢に達していたため、ジェームズ・シニアは罪の意識をさして感じずに父親の義務と手を切ることができると思ったのかもしれない。

三〇年後、アレグザンダーは恨めしげというよりは悲しげに、こうスコットランドの親類に書き送っている。「ご存知のことだとは思いますが、私の父ははやばやと敗残者になり、人生の大半を望ましいとは言えない状態で過ごすことになってしまいました。この状態のせいで、父と私は、私がまだ幼い時に別れてしまったのです[*44]」。アレグザンダーが父親に会うことは二度となかったようだ。もっとも、南国ののんびりしたリズムが気に入ったためか、貧困にあえいでいたせいなのか、いずれにせよ父親はカリブ海にとどまってふらふらとしていた。父と子は連絡を完全に絶ってしまったわけではなかったが、二人の間には奇妙な距離が、つまり心理的にも地理的にも距離があった。ジェームズ・ハミルトンが息子に対しあまり父親らしい感情を抱かず、アレグザンダーが父親に対しあまり息子らしい感情を抱かなかったように思われるのはなぜか？　それについては、後述するように考えられる理由が一つある。

かつて面目を失ってセントクロイ島から追われるように逃げ出した女性でありながら、レイチェルは島に戻った際には驚くべき立ち直りを示してみせた。赤と白のスカートに黒いシルクの日よけ帽という姿でクリスチャンステッドの町をゆったりと歩きながらも、この「凛とした」自立した女性は、自らの正しさを証明しよう、口さがない世間を黙らせようという内に秘めた思いに駆られていたようだ。当時、彼女は見事に自立し、ジェームズ・ハミルトンに代わって一家の大黒柱となっていた。すでに一七六五年八月一日、裕福な義兄のジェームズ・リットンが、レイチェルから革張り座面のクルミ材のいす六脚を買ってくれたばかりか、彼女の家賃を払うことを承諾してくれてもいた。

後にアレグザンダーは、なくてはならなかったリットン夫妻の惜しみない援助について、父親の出奔で「母の身内の寛大さにすがることになりました。当時裕福な親類がいたのです」[*45]と述べている。

レイチェルがセントクロイ島へ戻ったこと自体、アンとジェームズのリットン夫妻に助けてもらうことが前提となっていたのだろう。だが、事は望みどおりには運ばなかった。リットン夫妻自身、立て続けに問題が起きたからだ。砂糖の大農園主だったリットン夫妻は、グレーンジで悠々たる生活を送り、磨きこまれた木の床、鎧窓に鎧戸、そしてシャンデリアといった石造りの「お屋敷」に住んでいた。多くの砂糖プランテーションと同じく、そこもいわば世界の縮図で、奴隷の住む区画、サトウキビ圧搾機のある製糖工場、糖蜜と赤砂糖を製造する精製所などもある複合住居施設だった。ところがこのころ、リットン夫妻の子供たちが一人また一人と、アレグザンダー・ハミルトンの周囲の人間みなが苦しんだと思われる災難に見舞われた。

また、これより数年前、リットン夫妻の次男ジェームズ・リットン・ジュニアは、ロバート・ホリデーという男とパートナーシップを結んだが、この共同事業が大失敗してしまい、そのため、破産したジェームズ・ジュニアと妻は、一七六四年のある夏の夜、自家用スクーナーに乗り込み、盗んだ奴隷二二人を積み込んでカロライナ植民地へ向かって出航した。そして、あまり機転の利かないホリデーは逮捕され、二年近く投獄された。この醜聞に打ちひしがれたアンとジェームズは、グレーンジを売却して一七六五年の末にネーヴィス島へ引っ越した。これはレイチェルと二人の息子がネーヴィス島からセントクロイ島へ移ってからほんの数ヶ月後のことだった。しかも、それから一年とたたないうちにアン・リットンが亡くなり、レイチェルはフォセット家の最後の一人となった。

レイチェルはカンパニーストリート三四番地にある二階建ての家を借りた。英国国教会系の教会兼学校のすぐ近くだった。そして、市街地によくあるように、木造の二階部分――おそらく道路に張り出していただろう――を住居に当て、石造りの一階部分を店舗にして、塩漬けの魚、牛肉、豚肉、リンゴ、バター、米、小麦粉などの農園向けの食料品を売っていた。当時、女性が店をやることはただでさえまれで、彼女ほど魅力的な、しかもまだ三六歳と比較的若い女性となるとなおさらだった。セントクロイ島を訪れてこう言った者もいる。「ここの白人女性がすべきことと言えば、お茶やコーヒーを飲むこと、食べること、よその家を訪問すること、トランプをすること、そして時々少しばかり縫い物をすることだけだ」[*46]。また彼女は、たぶん息子たちにミルクを飲ませるためだろう、庭でヤギを一頭飼っていた。店の商品は、大家から仕入れているものもあれば、貿易会社を始めたばかりのニューヨークの若い貿易商二人、デーヴィッド・ビークマンとニコラス・クリューガーから来るものもあった。この二人は後に、ハミルトンの不安定で息の詰まりそうな少年時代を一変させることになる。

野蛮で堕落した世界

ネーヴィス島に劣らず、このセントクロイ島でも奴隷はそこらじゅうにいた。平均すると、白人一人当たり一二人の黒人を所有していたし、奴隷は「市民誰もが日々のパンと富を得るための源」だと断言した同時代人もいる[*47]。これから一〇年後の調査でも、カンパニーストリートには五九軒の家があり、一八七人の白人と四二七人の奴隷が息苦しいほど接近して暮らしていたことが確認された。近隣は自由黒人とムラートも混在して住む地区となっていたため、アレグザンダーはいわば人種の坩堝のなかにいたと言える。レイチェル自身、母親の死によって今や五人の成人女性奴隷を所有し、彼女たちを貸し出して副収入を得ていた。また、その奴隷たちには四人の子供がおり、レイチェルはそのうちのエイジャクスという少年にアレグザンダーの世話をさせ、別の一人にジェームズの世話をさせた。こうして早くから奴隷の人間性に接したことが、ハミルトンにいつまでも残る影響を与えたのかもしれない。彼は奴隷制度廃止を強く唱えた点で、他の建国の父たちと一線を画すことになる。

セントクロイ島には絵のように美しい一面もあった。風車かロバを動力源にして、大きなローラーでサトウキビを搾っている円錐形の製糖工場だ。また収穫期には、夕闇の中、点在するボイリングハウスの火が煌めいていた。そしてクリスチャンステッド周辺の海岸は、ゆるやかな緑の丘が連なり、ところどころにひっそりとした入り江があった。この町の様子を理想化して描いた昔の版画を見ると、二つのまったく異なる雰囲気があったことがわかる。一つは、輸出を待つばかりの砂糖樽が積み上げられた砦と波止場近辺に見られる、軍隊のようにきびきびとした几帳面さ、もう一つは、頭に大きな荷物を載せて歩く黒人女性が象徴するような、内陸のゆったりとした官能的な雰囲気だ。家の中で家事をする奴隷（ハウススレーヴ）はシャツとスカートを身に着けていたが、蒸し暑い畑に聳えるサトウキビの茎の下、一〇〇人から二〇〇人もの裸の奴隷がせっせと働いているのは珍しい光景ではなかった。

　また、デンマーク当局によってきちんと碁盤目状に設計され、白塗りの家が立ち並ぶクリスチャンステッドの町は、夜になると突如として騒々しい放蕩の巷と化し、にぎやかな酒場やあけっぴろげな売春宿にさまざまな国から来た反逆者や船乗りや無法者が溢れんばかりに集まってきた。白人と黒人の性的接触も非常に多かったらしく、町の教会の記録簿には、私生児のムラートの子供の名がそこここにある。

　アレグザンダー・ハミルトンはこうしたきわめて野蛮で堕落した世界に触れる一方で、優雅な暮らしぶりを遠くから垣間見ることもあった。金持ちを味方に付けたいと願うようになったのはこのためかもしれない。島の雰囲気は、熱烈なポピュリストを生み出すようなものではなかった。奴隷の島では、貧乏人には尊厳などなかったのだ。大農園主は豪華な馬車を乗り回し、輸入された時計や宝石といったヨーロッパの美しい服飾品を買い求めた。野蛮な世界にも文化のオアシスは残っており、メヌエットを教えるダンス教室が二つあったし、リーワード諸島喜劇団がシェークスピアや王政復古時代の喜劇を驚くほどいろいろと上演していた。レイチェルも質素な暮らしをしながら、体裁だけは上品に整えようとしていたようだ。後の財産目録から、銀のスプーン六本、銀のティースプーン七本、角砂糖ばさみ一本、磁器の皿一四枚、磁器の深皿二枚、羽布団のベッド一台を持っていたことがわかっている。

　また、何よりも興味を引かれずにはいられないことに、二階の住居部分には三四冊の本があった——紛れもなく、ハミルトンの乱読ぶりを示す最初の証拠だ。セントクロイ島には彼の本好きを冷笑する者も多かっただろう。そのせいで、彼は異様に感じ、どうしても西インド諸島から逃げ出したいと思ったのかもしれない。彼の書棚にどのような本があったのかは、彼が初めて書いてみた散文と詩から、経験的に推測することができる。まず、アレグザンダー・ポープの詩集が一番良い場所に置かれていたはずだし、マキアヴェリの『君主論』のフランス語訳とプルタルコスの『対比列伝』（邦訳『プルターク英雄伝』）、そして説教集や祈祷書もあっただろう。ハミルトンがセントクロイ島のことを息苦しいほど田舎臭いと感じていたとしたら、文学は彼をもっと高尚な場所へと連れて行ってくれるものだったにちがいない。

母の死

彼の現実逃避願望も無理ないことだった。一七六七年の終わりごろ、三八歳になったレイチェルはカンパニーストリート二三番地へ引っ越した。年が明けるとすぐにまた三四番地に戻ったが、こうして家族を引きずり回したあげく高熱に倒れてしまった。アン・マクダネルという女性が一週間ほど看病し、二月一七日になってヒーリングという医者を呼んだ。この時点で、アレグザンダーも病気にかかっていた。

ヒーリング医師は、一八世紀の医療ではまだ一般的だった中世以来の浄化療法を母と子に施した。レイチェルは吐剤や、消化管からガスを抜くためのカノコソウという薬草を我慢して飲まねばならず、アレグザンダーも瀉血《しゃけつ》や浣腸に耐えた。母と子は、二階の一つのシングルベッドで熱に苦しみながら並んで横たわり、嘔吐、腹部膨満、排便といったぞっとする光景を二人して目にしたにちがいない。そして、おそらくはアレグザンダーが譫言《うわごと》を言いながらもだえ苦しむ中、その傍らで、母親は二月一九日の夜の九時に息を引き取った。すると深夜にもかかわらず、検認裁判所の役人がすぐさまやってきて、財産の一時差し押さえを行い、部屋の一つと屋根裏と庭の二つの物置を封鎖した。

ハミルトンは葬式の日までには体力をどうにか回復し、兄と並んで葬式に出た。茫然とした哀れな少年たちの姿は、さぞ痛ましい光景だったことだろう。わずか二年ほどの間に、父親が姿を消し、母親が死に、二人は孤児となって友人や親族や町の人々の慈悲にすがらなければならなくなった。町の判事が葬式用の靴を買う金をジェームズ・ジュニアに与え、二人のために黒いベールを買ってくれた。大家のトマス・ディプナルは、会葬者に出す白パン、卵、ケーキを差し入れてくれ、いとこのピーター・リットンも棺に掛ける黒い布を一〇メートルほど持ってきてくれた。私生児二人を抱えて離婚した女性だったため、レイチェルは最寄のセントジョンズ英国国教会に埋葬を拒否されたようだ。厚い信仰心を持っているにもかかわらず、ハミルトンが教会に欠かさず通うことについていつもためらいを感じていたという不可解な二面性は、このためかもしれない。結局、クリスチャンステッドの郊外にあるかつてのリットンの屋敷グレーンジで、教区の牧師が墓前葬を行い、レイチェルは丘の中腹にあるマホガニーの林の下に埋葬された。

この後も、打ち捨てられた二人の少年の苦労は終わらず、次々と危機が降りかかった。まず、請求書が山ほど届いた。母親を救えなかった医者の治療代も含まれていた。また、レイチェルの死後一週間としないうちに、また検認裁判所の役人がやってきて、財産評価を行った。その報告書の道徳を振りかざした調子からすると、またもやヨハン・ミカエル・ラヴィーンが、レイチェルの非嫡出子二人をだしにして彼女にさらに復讐しようと図ったようだ。裁判所は、三人の相続人候補を考慮せねばならないと判断した――父親が「(裁判所の得た情報によれば) 正当な理由で、最高権威筋によって」レイチェルと離婚したピーター・ラヴィーン、そして「故人の離婚後に誕生した公序良俗に反する子供」である非嫡出子のジェームズとアレグザンダーだ。*48

過去の醜聞すべてがまたぞろ掻き集められた。今となっては、アレグザンダーと兄はその意味を十分理解できる年齢に達しているというのにだ。検認審理では、ラヴィーンは一七五九年の離婚判決を楯に取って、アレグザンダーとジェームズを「密通」によって生まれた子供だと罵倒し、一八年間も母親とは会っていなくとも、ピーターこそ全財産を相続するに値すると主張した。当時、苦々しい思いを募らせるラヴィーンの人生は、少しも良くなってはいなかった。今も経済状態は急降下の一途をたどっており、フレデリックステッドにある病院の雑役夫をしている有り様だった。二人目の妻はレイチェルの死ぬちょうど一ヶ月前に死亡し、この結婚でもうけた子供二人もとうに亡くなっていた。

母親の死から一年間というもの、検認裁判所が判断を保留していたため、アレグザンダーは宙ぶらりんのつらい日々を送った。だが、社会で本当に権力を振るっているのは法律を操る人々だ、という有益な教訓を学んだことだろう。彼がささやかな財産――主としてレイチェルの奴隷と店の商品の在庫――の整理を待っている間に、裁判所はレイチェルの身の回りの遺品を競売にかけた。だがありがたいことに、アレグザンダーの本は、ジェームズ・リットンがアレグザンダーを思いやって買い戻してくれた。レイチェルのラヴィーンとの不幸な経緯に照らして考えれば、裁判所の最終判断は運命づけられていたようにも見える。アレグザンダーとジェームズ・ハミルトンは相続権を奪われ、全財産がピーター・ラヴィーンに与えられたのだ。一七六九年一一月、父親に負けず劣らず消しがたい復讐心を抱えていたピーター・ラヴィーンは、セントクロイ島へ戻ってささやかな遺産を手に入れた――この不公平な行為に、アレグザンダーは何年も苛立ちを抱き続けることになる。当時ピーターは、サウスカロライナのボーフォートで十分うまくやっており、この前年にはセントヘレナ教区の教区委員――教区の財務と運営の責任者――に指名されていたが、それでも、母親の死によって孤児となった貧しい異父兄弟二人に一銭たりとも分けてやる気にはなれなかった。

ピーター・ラヴィーンがセントクロイ島へ戻ったという側面的情報が注目に値するのは、二三歳の教区委員としては一見不可解な、驚くべきことを彼が行なったからだ――ひそかに洗礼を受けたのだ。それまで洗礼を受けていなかったのはなぜだろう？　一つ考えられるのは、ヨハン・ミカエル・ラヴィーンはユダヤ系であることを苦労して隠していたが、それでも息子に洗礼を受けさせる気にはならなかったということだ。まるで恥ずべきことでもあるかのようにピーターがこっそり洗礼を受けたことからすると、彼も秘密にする必要を強く感じていたのかもしれない。

茫然とする出来事の連続

レイチェルの死後、息子たちは、三二歳のいとこピーター・リットンが法定後見人となって面倒を見ることになった。すでに妻を亡くしていたピーターは、クリスチャンステッドでの食料品店を含めいくつもの事業に失敗していた。後に兄弟から「正気でない」と言われたこともある。[*49] こうしたピーター・リットンの後見を受けたことは、アレグザンダー・ハミルトンにとって、人生の卑俗な側面を学ぶもう一つの無情なレッスンとなった。リットンにはレジャという黒人の愛人がおり、彼女はドン・アルヴァレス・デ・ヴァレスコという強烈な名前のムラートの息子を産んでいた。一七六九年七月一六日、アレグザンダーも兄も、もうこれ以上恐ろしい運命は降りかからないだろうと思っていたにちがいないが、そんな願いを裏切るように、ピーター・リットンがベッドで死体となって発見された。血まみれだった。裁判所の記録によれば、彼は自殺で、「自らを刺したか撃ったかで死に至った」という。[*50]

いずれにせよ、ハミルトン兄弟にとっては、この結果は腹立たしいものだった。ピーターは愛人のレジャとその子供に配慮した遺書を書いていたが、アレグザンダーとジェームズのことは一顧だにせず、わずかな形見さえ残してくれなかった。がっくりとしながらも息子の財産の相続権を主張するためにやってきたジェームズ・リットンが、二人を助けようとしてくれたが、自殺であるがための法的障壁に阻まれてしまった。そして一七六九年八月一二日、ピーターの死からひと月とたたないうちに、ジェームズ・リットンも悲嘆に暮れながら死去した。亡くなる五日前、彼は新しい遺書を書いていたが、今度もおいのアレグザンダーとジェームズへの配慮はなかった。二人はつくづく運が悪いと思ったことだろう。

ここで少し立ち止まって、一七六五年から一七六九年までにこの二人の少年に降りかかった恐ろしい不幸をまとめてみよう。まず、父親が失踪し、母親が死亡した。保護者となるはずのいとこは、血まみれになって自殺し、伯母も伯父も祖母もみな亡くなった。一六歳のジェームズと一四歳のアレグザンダーは、今や二人きりで取り残され、友人もほとんどおらず、お金もほとんどない。根なし草のような、混乱した二人の人生はいつも、失敗し破綻し苦々しい思いを抱えた人々に囲まれていた。二人の短い人生は、破産、別居、死、醜聞、相続権剝奪といった、茫然とするような出来事の連続だった。そうしたショッキングなことが何度も起きたせいで、アレグザンダー・ハミルトンは、人生が公正なものだとは思えなくなってしまったのだろう。これでは、良い世界に生きていると感じられず、誰かの助けを当てにできると考えられないのも無理はない。このひどい子供時代から、あのような強く創造的で自信に満ちた人間が生まれたこと――この父のいない少年が、ついにはまだ見ぬ国家の建国の父となれたこと――は、まさに奇跡的だ。彼は言語に絶する過去については完全に沈黙を守り、後の成功をより大きく見せるために過去を利用しようとはしなかったので、当時の人々は、彼の個人的な成功がどれほど特別なことか理解できなかった。ハミルトンの少年時代について現在わかっていることは、ほぼすべて二〇世紀に入ってから判明したことだ。

兄弟の分岐点

ピーター・リットンの死は、アレグザンダーとジェームズにとって分岐点となった。以後、二人は別々の道を行くことになる。ジェームズはクリスチャンステッドに住むトマス・マクノベニーという年老いた大工の見習いになった。これで、ジェームズの能力が限られていたことがよくわかる。当時、たいていの白人は大工のような職人になることを避けていた。ムラートと仕事を張り合わなければならないばかりか、奴隷の熟練工と競うことさえあるからだ。ジェームズが何らかの将来性やビジネスの才を示していたとしたら、手仕事へ追いやられたとは思われない。対照的にアレグザンダーは、ピーター・リットンが死ぬ前から、母親の店に商品を卸していたニューヨークの貿易商、ビークマンとクリューガーの商社で事務員として働き始めていた。ハミルトンはその優れた頭脳を年上の経験豊かな人々に認められたことがその生涯で幾度もあったが、この仕事がその最初だった。

ハミルトンの最初のビジネス経験に話を進める前に、彼の少年時代にまつわるもう一つの驚くべき謎について考えておかなければならない。ジェームズが年老いた大工のもとで修業するために去ってしまったのに対し、ハミルトンは、まるでディケンズの小説かと思うほど夢のような変化が起き、広く尊敬を集めている商人トマス・スティーヴンズと妻アンのキングストリートの家にすぐさま引き取られた。そして、スティーヴンズ家の五人の子供のうち、アレグザンダーより一歳年上のエドワードがアレグザンダーの一番の親友になった。ハミルトン自身、二人の関係について「親密な付き合いは青年時代の初めに始まった」と述べている。[*51]しかも、成人した二人は、似たところが多かった。二人とも非常に聡明で、規律正しく忍耐強い。フランス語に堪能で、古典時代の歴史に精通し、奴隷制度に怒りを覚え、医学に夢中だった。後年になっても、エドワード・スティーヴンズは「あの幾度も交わした永遠の友情の誓い」を忘れないでくれと口癖のようにハミルトンに念押しし、病弱なハミルトンの身体をたびたび心配していた。[*52]

二人は性格が珍しいほど似ていただけではない。容姿も不可解と言えるほどそっくりで、二人を見た者がぎょっとして立ち竦んでしまうこともよくあった。三〇年後、ハミルトンの親友で当時国務長官だったティモシー・ピカリングは、エドワード・スティーヴンズに初めて会った時、あまりにそっくりなのに面食らったという。ピカリングはこう回想している。「一目見て、彼とハミルトン将軍の顔が尋常ならぬほど瓜二つであることにびっくりした。兄弟にちがいないと思った」。ピカリングがスティーヴンズの義理の兄弟であるセントクロイ島のジェームズ・ヤードにこの驚きを打ち明けると、ヤードは「そう言った人は数え切れないほどいると教えてくれた」[*53]。詮索好きなピカリングはこの不思議がやたら気になるようになり、ついには、ハミルトンとスティーヴンズは本当に兄弟なのだと断定した。

ハミルトンの伝記を書こうとして集めたメモの中でもピカリングは、「ハミルトンは」スティーヴンズという「名前の紳士の非嫡出子だと皆思っていた」と書いている[*54]。このゴシップは一九世紀の終わりまで消えず、一八八二年になっても、ヘンリー・カボット・ロッジがこう書いたほどだった。「当代の学生は誰もが口伝えにこの話をよく知っている。ハミルトンは西インド諸島の裕福な農園主だか商人だかの非嫡出子で、その父親というのは、ハミルトンの幼なじみでもある学友の父親、スティーヴンズ氏だと一般に考えられているという話だ」[*55]。

こうした突拍子もない憶測はどういうことだろう？　エドワード・スティーヴンズの肖像が現存していないため、何か血のつながりを思わせる類似点があるのか調べることはできない。それでも、直接証拠がないとはいえ、アレグザンダーの実父はジェームズ・ハミルトンではなくトマス・スティーヴンズだという説は、ハミルトンの伝記にある多くの奇妙な点をはっきりさせてくれる。ラヴィーンがレイチェルを監獄に放り込むことまでしたのは、彼女の不倫相手がわかって肝をつぶしたからだとすれば、その不倫相手を特定することになるかもしれない。また、トマス・スティーヴンズはレイチェルの死後すぐにハミルトンを引き取ったのに、兄のジェームズのほうには同じような救いの手を差し伸べなかったのはなぜか、その理由を説明してくれる（一八世紀には、非嫡出子はその家の主の孤児になった親戚だと偽ることがよくあった——こうした建前は他人から理解されていた）。

さらに、トマス・スティーヴンズが実父だとすれば、ハミルトンがエドワード・スティーヴンズと兄弟よりもはるかに長く強い絆を結んだ理由も説明がつく。そして、ジェームズ・ハミルトン・シニアが家族を置き去りにし、家族に対する責任を放棄したばかりか、後のアレグザンダーの成功にもあまり喜ばなかったわけもわかる。何より、後にハミルトンが父親からも兄弟からも奇妙な距離を置いたことの理由になる。これから見ていくように、アレグザンダー・ハミルトンはきわめて誠実な人間であり、家族に対する責任というものを重く受け止めていた。彼と父親と兄弟が関係を突然に断ってしまったこと、まるで共有する何らかのつらい秘密から一目散に逃げ出すかのような三人の振る舞いも、何かを物語る。

CHAPTER

2

Hurricane

ハリケーン

身寄りのない野心家の少年

のんびりとした南国にいても、ハミルトンはビークマン・アンド・クリューガー社で働きながら、ペースの速い近代社会、貿易船が行き交い市場がたえず変動する世界について仕込まれた。どのようなフラストレーションを抱えていたにせよ、ともかく彼は、名もなき世界の片隅で働いているわけではなかった。彼の初めての仕事は、国際通商と帝国の術策に対する貴重な洞察を与えてくれた。貿易会社の開発した島で働いていた彼は、ヨーロッパの経済を支配する重商主義的政策に若くして触れることになった。

ビークマン・アンド・クリューガー社の携わる輸出入業務は、ハミルトンにとって絶好の訓練の場だった。眩暈《めまい》がするほど多様な商品を管理しなければならなかったからだ。この会社では、農園経営に必要と思われる品なら何でも扱っていた。たとえば、材木、パン、小麦粉、米、ラード、豚肉、牛肉、魚、ササゲ、トウモロコシ、黒ビール、シードル、マツ材、オーク材、たが、こけら板、鉄板、石灰、ロープ、黒色顔料のランプブラック、レンガ、ラバ、牛などだ。ジョン・C・ハミルトンは父親についてこう述べている。「後にはさまざまなことに携わったが、父は「この時に」もっとも有益な教育を受けたと言っていた」[*1]。ハミルトンはわかりやすく流麗な筆跡で書くことを学んだ。費用を考慮し、海図に航路を記入し、船荷を追跡せねばならず、しかも、英国のポンド、デンマークのダカット、オランダのスタイヴァー他ポルトガルやスペインの通貨など、各国の通貨で価格を計算する必要があった。ハミルトンが若い割には非常にビジネスに通じているように見えたのは、一つには、この形成期のおかげと言える。

ビークマン・アンド・クリューガー社は、港を見下ろす丘の上、キングストリートとキングズクロスストリートの交差点に店舗と隣接する倉庫を構えていた。そして、すがすがしい海風を受けながら大通りの坂道をぶらぶらと下って行った先、騒々しい波止場地区に自前のドックと船があった。入荷した商品――その一部は密輸品だった――を点検している時、辺りは荷馬車に積まれた樽から漂ってくる砂糖、ラム酒、糖蜜の甘い香りにむせかえるほどだっただろう。そうした品が、穀物、小麦粉、材木といったさまざまな主要産物と交換に、北米へ向けて船積みを待っていた。また、中立を保っていたデンマーク領の島は、仏領西インド諸島への中継基地の役割を果たしていたため、ハミルトンがフランス語に堪能だったことは、仕事の上で非常に役立った。ただし、セントクロイ島の貿易商は概してイギリス諸島生まれで、ここではデンマーク語ではなく英語が商用の国際共通語となっていた。

またビークマン・アンド・クリューガー社は、将来ハミルトンの第二の故郷となるニューヨークとの直接的なつながりを彼に与えてくれた。ニューヨークはセントクロイ島との貿易が盛んで、マンハッタンにある多くの貿易会社が、家族の中の若者を現地駐在員として島へ派遣していた。ニコラス・クリューガーもその典型例だった。彼はニューヨーク植民地で有数の名門の出身で、父親のヘンリーは裕福な貿易商で船主だったばかりか、ニューヨーク植民地の総督補佐機関であるヒズ・マジェスティーズ・ロイヤル・カウンシルのメンバーも務めていた。叔父のジョン・クリューガーも、長年市長を務め、印紙税会議のメンバーだった。この名家はもともと大の英国贔屓だったが、時が経つにつれ、分裂が見られるようになっていった。ニコラスの兄弟のヘンリーは、英国を拠点にしており、ブリストル選出の下院議員に選ばれ、エドマンド・バークに勝るとも劣らない尊敬を勝ち得ていた名士だった。だがニコラスのほうは、反英派の植民地人に味方し、ジョージ・ワシントンを尊敬することになる。ハミルトンに政治について最初に教えたのはニコラスかもしれない。またニコラスは、公共心のある裕福なニューヨークの実業家たちをハミルトンに紹介した。こうした実業家が、後にハミルトンの信奉するエリート流フェデラリズム（連邦主義）のモデルとなった。

若きハミルトンは、最初から驚異的なスタミナで次々と仕事をこなしていった。身寄りのない野心家の少年というものは、遊んでなどいられないのだ。職に就く前でさえ、彼は一三歳という年齢に似合わぬ自立性を示していたにちがいないが、ビークマン・アンド・クリューガー社に勤めてから、彼の道徳心は一段と強くなったのだろう。ハミルトンはきびきびとした有能さと冷静な自制心を感じさせる雰囲気を漂わせていた。同僚たちがばか騒ぎをして時間を無駄にしているあいだも、ハミルトンは、セントクロイ島から解放される時を少しでも早く迎えるために奮闘の日々を送った。
彼は誇り高く感受性の鋭い少年だったが、社会的地位を上げるチャンスが少ない硬直した階級社会の下層階級に閉じ込められていた。友人のナサニエル・ペンドルトンが後に述べたところでは、事務員時代のハミルトンは「事務員の仕事が大嫌いで、貿易の仕事などすっぱりやめてしまいたくなるほどだった」という。[*2] ハミルトンの現存する手紙のうちもっとも古い部類の一七六九年一一月一一日付の手紙では、一四歳のハミルトン自身、鬱積した暗澹たる絶望を露わにしている。優美な筆跡で書かれたこの手紙を見ると、彼が社会的地位の低さを屈辱と感じ、有り余るエネルギーにじりじりしていたことがわかる。この時からすでに彼は、名声とははるかな栄光を身分不相応なほど夢見ることに心の安らぎを求めていた。手紙の受取人は瓜二つの親友エドワード・スティーヴンズだ。エドワードは当時、ニューヨークのキングズカレッジに入学したばかりだった。

僕の弱点を告白しよう、ネッド。野心が強すぎることだ。だから、事務員やその類の人間の卑屈な態度や境遇を軽蔑してしまう。運命が僕をその同類へ追いやるなら、柄にもないことを言うようだけれども、僕は命をかけても地位を高めようと思う。ネッド、僕はまだ若いから、すぐに高い地位に就く見込みがないのはよくわかっているし、僕自身そう望んではいないが、将来のために道を用意しておくつもりだ。むろん、哲学者ではないし、空中に城を築くがごとき絵空事だと言われるだけかもしれない。我ながら愚かさに恥ずかしくなる。頼むからこのことは内緒にしておいてほしい。だがネディ、そうした計画は、計画者が志操堅固なら成功するものだと僕らは知っている。最後に一言。戦争でも起これればよいのに。アレックス・ハミルトン。[*3]

この短い手紙の中にこれほど予言的な夢をまとめているとは！　ヒロイズムと軍功に憧れる少年は、まもなく自分の戦争を見出すことになるのだ。成人後のハミルトンなら虚勢を張って慎重に隠すことになる激しい羞恥心も、ここでは曝け出されている。特に興味深いのは、彼が大きすぎる野心に潰されてしまうかもしれないと直観的に恐れを抱いていることと、自分の倫理を犠牲にしてまで世界を征服するつもりなどないと断言していることだ。ぎこちないところもあるものの、彼は一四歳にしては驚くほど成熟しているように見える。歴史的文献に登場する彼はすっかり大人だ。

仕切り屋

彼は多彩な才能を発揮する機会がたっぷりあった。一七六九年、デーヴィッド・ビークマンが仕事をやめ、コーネリアス・コートライトが後を引き継いだ。コートライトもやはりニューヨークの名門の出身だった。そして、会社もコートライト・アンド・クリューガー社となった。

一七七一年一〇月、ニコラス・クリューガーが健康上の理由でニューヨークへ帰ることになり、その間の五ヶ月ほど、部下の早熟な事務員に仕事を任せた。

この時にハミルトンが書いたビジネスレターの数々は意味深い。後に彼の嵐のような生涯を特徴づける取り仕切り屋の彼が初めて見られるからだ。まず、彼はせっせと会社の売掛金を回収した。「信じてください」と彼は留守のクリューガーに請け合っている。「私は厳しくかつ適正に督促いたします」[*4]。

もっとも、通信文の大半は、サンダーボルト号というスループ型帆船に関するものだ。これはクリューガー家が共同船主となっている船で、一七七二年の初頭には、哀れなラバ数十頭を荒波を越えて運んでいた。ハミルトンは、この貨物を敵船だらけのスパニッシュ・メイン（南米の北西部沿岸）沿いに無事送り届けなければならなかった。そして、船に大砲四門を備えて武装すべきだ、と上司にためらうことなく助言した。キュラソー島で一家の事業を監督していたティルマン・クリューガーには、きっぱりとこう言っている。「大砲がないばかりにこうした船を失ってしまうのは、疑問の余地なく大変に残念なことです」[*5]。また、やせ細って弱ったラバ四一頭を載せた船がドックに入った時には、ハミルトンは、やがて大勢の忠実な部下にはおなじみとなる有無を言わせぬ口調で船長にこう説いた。「終えたばかりのこの不運な旅についてよく考え、そこから荷主が負った甚大な損失を埋め合わせるべく努めるように」[*6]。この若い事務員はすばやく判断することができ、ベテランの船長が相手でも何のためらいもなく叱責した。この非常に巧みで熱心な指揮ぶりからすると、ニコラス・クリューガーが一七七二年三月にセントクロイ島に戻ってきた時には、ハミルトンは少しばかり意気消沈したにちがいない。

ハミルトンの年季奉公は多くの利益をもたらしてくれた。貿易商や密輸業者について詳しく知ることができ、これが後の米国沿岸警備隊と税関の設立に役立った。また、現金や信用が不十分だと、ビジネスに支障を来すことが多いということや、貿易の促進には統一通貨が重要だということも知った。さらに、西インド諸島は肥沃な土地でありながら、砂糖生産だけに頼っているため、不利な立場で世界と貿易をしているという矛盾について考えさせられた――この難問に対し、後に彼は有名な『製造業に関する報告書』で答えを提示した。ハミルトンが製造業と農業による経済多角化を選んだのは、この若い時期に、カリブ海で目にした排除可能な貧困について考えたからかもしれない。

「極上の奴隷三〇〇人」

コートライト・アンド・クリューガー社は主に食品と織物の仲買をしていたが、少なくとも年に一度はもっとはるかに傷みやすい荷を大量に扱っていた。奴隷だ。奴隷船では、大勢のアフリカ人が鎖につながれ、悪臭漂う船倉に詰め込まれていた。船倉で窒息死する者も少なくなかった。こうした臭い船は劣悪きわまる状態で、数マイル沖の船でも、その胸のむかつくような悪臭が陸まで届くほどだった。ハミルトンがまだ勤めていた一七七一年一月二三日、彼の会社は、地元の二ヶ国語新聞ロイヤル・ダーニッシュ・アメリカン・ガゼット紙の一面上部に次のような広告を出している。「アフリカのウィンドワード・コーストより入荷。次の月曜日にコートライト&クリューガー社により販売。上記クリューガー社構内にて。極上の奴隷三〇〇人」[*7]。

翌年も、ニコラス・クリューガーはアフリカのゴールドコーストから二五〇人余りの奴隷を輸入し、「まったくひどい代物、病弱で痩せこけたのばかりだ」と愚痴をこぼしている[*8]。競りにかける奴隷を点検し、収容し、手入れし、値段を付けるのを手伝いながら、ハミルトンが目にした非人道的な場面については、想像するしかない。見栄えを良くするため、奴隷は体毛をそられ、筋肉が太陽の光を受けてつややかに光るまでパームオイルで磨かれた。購入者の中には、買ったばかりの所有物に自分のイニシャルを押すため、焼き印を持ってくる者もいた。ニコラス・クリューガーが逃亡した奴隷を捕まえようとたびたび新聞広告を出したことからすると、こうした人身売買は彼の事業で大きな位置を占めていたようだ。

ハミルトンがセントクロイ島へ来たころには、奴隷の人口はわずか一〇年で二倍に急増していた。そのため農園主たちは、奴隷が暴動を起こしたり、スペイン領であるため自由になれる近くのプエルトリコへ集団逃亡したりしないよう、団結して目を光らせていた。こうした恐ろしい環境下では、中立の傍観者を決め込むという贅沢を味わえる白人は一人もいなかった。奴隷制度の共犯者になるか、島を出て行くか、二つに一つだった。

この問題についてあいまいさを排除するため、コペンハーゲンのデンマーク政府は『セントクロイ島ポケットコンパニオン』という小冊子を発行し、島の白人全員の義務について詳しく説明した——この義務は一七七一年からハミルトンにも適用されることになっていた。一六歳以上の男性は全員市民軍に所属し、月一回の演習にいつでも使える状態の武器弾薬を持参して参加せねばならなかった。砦の大砲が二発続けて発射された場合には、白人男性全員がマスケット銃を手に、直ちに砦へ集合することになっていた。反抗した奴隷をフォート・クリスチャンスヴァーンで処刑する時には、白人男性が砦をぐるりと取り囲み、他の奴隷が邪魔するのを防いだ。白人を襲った奴隷は誰であれ絞首刑か斬首刑に処せられた——だが、これより先に、真っ赤に焼けた火かき棒で突かれたり去勢されたりしたことを思うと、死はありがたい救いだったのかもしれない。

刑罰は、残りの奴隷が恐がっておとなしく服従するよう、わざと残酷なものにしてあった。たとえば、奴隷が反抗して手を上げたら、即座にその手が切り落とされた。逃亡して三ヶ月以内に連れ戻された奴隷は、片足を切り落とされた。それでも二度目の逃亡をしたら、もう一方の足も切り落とされた。常習犯は、内側に鋭いスパイクのついた鉄の首枷をはめられるというむごたらしい目にあった。これは、密生する下草の中を這って逃げることができないようにするためだった。はって逃げようとすると、自分の喉が切り裂かれてしまうからだ。

後年のハミルトンの政治を把握するためには、彼が少年時代に目撃し、後には、アメリカという環境では非常に伝染しやすいはずの楽観主義を彼から奪ったこの野蛮な残虐行為について、考慮する必要がある。すぐにわかるのは、セントクロイ島の奴隷貿易が奴隷制度に対する深い憎悪を生み出し、後に奴隷制度廃止の努力へ向わせたということだ。しかし、彼の意識にもっと深くまで染み込んだものもあったのではなかろうか。

この階層社会では、臆病な農園主は、奴隷が暴動を起こすのではないかといつもびくびくしながら暮らし、暴動を防ぐために、この砦の島の守りを固めていた。アメリカへ向かった時でさえ、ハミルトンは自由を大いに愛しながらも、同時に、無政府状態や無秩序をひどく恐れ、つねにその葛藤を抱えていた。少年時代の真の遺産は、幾通りにも解釈できるだろう。彼は農園主やその権威主義的支配が体現していた専制政治を嫌悪するようになったが、その一方で、不満を抱く奴隷の暴動が起きるかもしれないことを恐れてもいた。専制政治と無政府状態という双子の亡霊は、彼に終生取りつくことになる。

詩人ハミルトン

ベンジャミン・フランクリン同様、ハミルトンもほとんど独学で学んだ。おそらく暇を見つけては本を読んでいたのだろう。この若い事務員は文筆家志望だった。文章力があれば、いつかこのつまらない職から自由になって、当代屈指の有力者とも対等な立場に立てる、とすでに予感していたのかもしれない。西インド諸島には本を売っている店はほとんどなく、本を買うには特別に注文する必要があった。そのため、一七七〇年にロイヤル・ダーニッシュ・アメリカン・ガゼット紙が創刊されたことは、文化に飢えたハミルトンにとっては天の賜物だったにちがいない。この新聞は、デンマーク王クリスティアン七世が英国王ジョージ三世のいとこで義理の兄弟だということを反映して、明らかに英国寄りだった。どの号にも、ロンドンの議会で繰り広げられた討論の抄録をうやうやしく掲載し、ウィリアム・ピット（大ピット）など著名な政治家を大々的に取り上げたほか、王室を持ち上げる断片的なゴシップを広めていた。

発表のチャンスができたことから、ハミルトンは詩を書き始めた。そして、いったん溢れ出した言葉の泉は、決して休むことのない間欠泉のようになった。アレグザンダー・ポープの洗練されたウィットと簡にして要を得た格言に魅了されていたためか、ポープが若いころ古典の詩を模倣していたのと同じように、ハミルトンもポープを模倣した。一七七一年四月六日、ハミルトンは二編の詩をガゼット紙で発表した。これは、次のような遠慮がちなメモを添えて編集者に持ち込んだものだった。「拝啓　私はまもなく一七歳の若輩であり、したがってこのような試みは僭越ではありますが、もし、ご一読の上、以下の作品を貴紙に載せる価値があるとお考えでしたら、なにとぞ掲載をお願い申し上げます。敬具　A・H」。

この後に続く二編の恋愛詩は、まったく対照的な愛の光景が描かれているという矛盾をはらんだものだ。一つ目の詩では、夢見心地の詩人が愛する乙女にそうっと近づく。乙女は小川のそばで横になり、彼女の周りでは「小さな子羊たち」が跳ね回っている。詩人はひざまずき、うっとりするようなキスで彼女を起こすと、さっと彼女を抱き上げ、結婚の至福へと彼女をさらっていきながらこう歌う。「僕を信じておくれ、愛は二倍甘い／結婚の聖なる絆があれば」。ところが二つ目の詩では、ハミルトンは突如放蕩者に変身する。出だしからして次のようにスウィフト風で衝撃的だ。「シーリアはずるくて可愛い尻軽女」。ここから、人を操るのがうまいネコのような女の肖像が始まり、最後はこう締めくくられる。

そこで、子ネコのビロードのような脚をなでてやると
このあばずれ女、まったくもって上手につめを隠し
ゴロゴロのどを鳴らすが、それでも結局
何かの拍子にちょっとばかりきつく抱き締めようものなら
背中を丸めてフーッとうなる――ご注意あれ
誠意なぞ、あっても与えてはくれぬ

一つ目の詩は、女性を理想化している世間知らずの青年が書いた詩であるかのようで、二つ目は、すでに幾度も愛の甘さを味わい、女性の美徳についての幻想などとうに捨てた厭世的な若いプレーボーイが書いた詩であるかのように見える。実際、ハミルトンは終生、こうした正反対のタイプの女性――清らかな天使のような乙女と俗っぽくな艶めかしい浮気女――両方に

心ひかれた。この矛盾は解決できず、これがスキャンダラスな結果をもたらすことになった。

牧師ノックスとの出会い

翌年も、ハミルトンはガゼット紙で二篇の詩を発表した。今度は陰気な宗教詩人になっていた。この心境の変化は、ヒュー・ノックスという長老派教会の牧師がセントクロイ島に到来したためであることはほぼ疑いない。ノックスは、北アイルランドで生まれたスコットランド系のハンサムな若者で、アメリカへ移住してデラウェアで教師となった。初めはあまり信心深くもない道楽者だったが、やがて、ある奇妙な出来事が彼の人生を一変した。ある土曜日のこと、地元のなじみの酒場で、ノックスは自分のパトロンであるジョン・ロジャーズ師の説教のものまねをして、ほろ酔いの飲み仲間を笑わせていた。その後、ノックスは腰を下ろしたが、自分の不信心さに動揺すると同時に、まだ心の中で響いているロジャーズ師の説教に感動した。そして、神学を勉強しようとニュージャージー大学（後のプリンストン大学）に入った。当時の学長は、著名な神学者アーロン・バー、ハミルトンの仇敵となる男の父親だった。アレグザンダー・ハミルトンが初めてアーロン・バーという名前を聞いたのは、このノックスからだったのはまず間違いない。

一七五五年、ノックスはバーの手で按手礼《あんしゅれい》を受けて牧師となり、伝道のためにオランダ領西インド諸島のサバ島へ派遣された。この島は、ネーヴィス島のそばにある面積一三平方キロメートルほどの小さな島で、砂浜もまったくなく、どれほど固い決意を抱いた伝道師であってもその精神力を試されることになるほど寂しい島だった。荒波が岩だらけの海岸を取り囲み、船の着岸ですら危険極まりなかった。だが、島で唯一の牧師として、ノックスはボトムという村に住み着いた。これは死火山の火口の底にある村で、村へ行くには石ころだらけの坂道を登っていくしかなかった。

ノックスは自分が救わなければならない無自覚な罪人について、こう暗澹とした調子で書き残している。「若者も妻帯者も、本気で信仰する兆しすらないどころか（中略）黒人女を囲う者や（中略）放蕩者、夜な夜などんちゃん騒ぐ者、飲んだくれ、ギャンブル狂、安息日を守らない者、教会など無視する者、不敬な言葉を吐く者、不正行為をする者、などなど」[*10]。古典の教育を受けた博識な人物だったノックスは、知的な話のできる相手にもカネにも飢えていた。一七七一年、彼はセントクロイ島を訪れ、そこの長老派教会員に温かく迎えられて、セントクロイ島へ移るよう誘われた。そして一七七二年五月、スコットランド長老派教会の牧師となった。ここの給料は、それまで火口の中でもらっていた額をはるかに超えていた。

サバ島での孤独な年月の後だけに、四五歳になったノックスはセントクロイ島で若返ったように感じた。思いやりがあり寛大で、政治的にはリベラル（後にはアメリカの独立を熱心に支持することになる）、奴隷制度に反対し（ただし、自分も何人か奴隷を所有していた）、後には説教集を数冊書くことになるノックスは、さまざまなことについて自分の意見というものを持っていた――

このことにハミルトンは引きつけられた。ノックスの現存する手紙を見ると、ごく早い時期から彼は、非嫡出子であっても洗礼を受けるべきだ、という信念の正当性を主張している。牧師はそうした子供たちを拒絶するのではなく、親から救い出してやるべきなのだという。予定説に関しても、厳格なカルヴァン主義からはそれていた。ノックスの神は、いかめしく罰を与える神ではなく、朗らかで公正な神だった。また彼は、人間というものは飽くなき好奇心を抱いていると考え、「真実のスキームやシステム」を創造する人間を絶賛していた。[*11]

そして、並々ならぬシステマチックな思考能力を持った非嫡出子の若い事務員が、ノックスの人生に出現した。ノックスはハミルトンを見出した時、この素晴らしい幸運にさぞ驚いたことだろう。二人がどのようにして出会ったのか、正確なところはわからないが、ノックスは自分の書斎をこの驚くべき若者に開放し、詩を書くように勧め、学問へといざなった。ひょうきんで優しいおじさんといった感じの男だったノックスは、ハミルトンが何かに取り憑かれたように働きすぎる傾向が強いこと、無駄にした時間を取り戻そうとしすぎることを心配した——ハミルトンのこうした点を欠点とするなら、彼はこの欠点を最後まで直せなかった。後年になっても、ノックスはたびたびハミルトンに、昔の君は「かなり繊細で身体が弱く」、「人より抜きんでようとする野心」[*12]があり、今やっていることで一番になろうと「全神経を注ぐ」傾向があったと諭している。この類い稀な青年は大きな偉業を成し遂げる運命にある、とノックスは直観で的確に悟った。そして実際のところ、後にノックスが言っているように、アレグザンダー・ハミルトンはノックスの最大の期待をも凌ぐほどの人物となった。

転機となった「ハリケーンの手紙」

ノックスは多芸多才な男で、教師の経験や牧師という職のほか、独学で医学と薬学を身に付けて医者や薬剤師の代わりを務めたり、パートタイムのジャーナリストとして時折ロイヤル・ダーニッシュ・アメリカン・ガゼット紙で仕事をしたりもしていた。初めてハミルトンに出会った場所も、教会ではなく、ガゼット紙のオフィスかもしれない。ノックスがジャーナリストとして夜間にアルバイトをしていたことは、一七七二年八月三一日の夜に巨大なハリケーンがセントクロイ島を襲い、付近の島々も大きく破壊した時、ハミルトンにとって非常に重大な意味を持つことになった。

このハリケーンは空前の猛威を振るったらしい。ガゼット紙は「人間の記憶にあるかぎりもっとも恐ろしいハリケーン」だったと報じている。日没時に吹き始めた強風は、「三〇分ほどの中休みがあったほかは、約六時間にわたって、さながら巨大な大砲のごとく吹き荒れた。(中略)かつては美しかったこの島は、今や悲惨なほど美観を傷つけられ、言語に絶するしかない」[*13]。吹きすさぶ風は、大きな木々を根こそぎなぎ倒し、家々を粉々に打ち砕き、泡立つ大波でボートを押し流して陸地のはるか奥まで放り投げた。

ネーヴィス島もやはり大きな被害を受けた。大きな砂糖の樽が四〇〇メートル近く飛ばされ、家具が三キロメートル以上離れたところで見つかった、などという詳細な報告は、このハリケーンのすさまじさを裏付けている。しかも、ネーヴィス島はその日の午後、大地震に見舞われていた。おそらく、ネーヴィス、セントキッツ、セントクロイはもちろん近隣の島々も、高いところで五メートル近くある津波に襲われたことだろう。被災地があまりに広範囲に及んだため、北米の植民地では、予想される飢饉を防ごうと、食糧援助の訴えも始まった。

九月六日、ヒュー・ノックスは落ち着きを失ったままの信者を教会に集め、慰めるように説教を行なった――この説教は数週間後に小冊子の形で出版された。ハミルトンもこのノックスの説教を聴き、元気づけられたらしい。というのも、ハミルトンは帰宅してから、父親に宛てて興奮した調子の長い手紙を書き、ハリケーンがどれほど恐ろしいものだったかを伝えようとしているからだ（父親がセントクロイ島を出てから六年以上たつのに、ハミルトンがまだ父親と連絡を取っていたことは注目に値する。ジェームズ・ハミルトンがハリケーン圏外に住んでいたということは、カリブ海南部、おそらくはグレナダ島かトバゴ島にいたのだろう）。

そのメロドラマ的なハリケーン描写からは、若きハミルトンが自分の言語能力に自信満々なのがわかる。彼はこの手紙をノックスに見せたようだ。ノックスは手紙をガゼット紙上で発表するよう勧め、手紙は一〇月三日に掲載された。ノックスが書いたと思われる前置きは次のようなものだ。「以下の手紙は、先のハリケーンの一週間後に、この島の若者が父親に宛てて書いたものである。その写しが偶然ある紳士の手に入り、彼自身この手紙を読んでうれしく思ったので、別の者にも見せたところ、別の者たちも同じように満足し、皆、これを公開したら心の慰めになるのではなかろうかと考えた」。木石漢《ぼくせきかん》のハミルトンが大きな不幸を利用しているのではないか、と思う者が出ないようにと、ノックスは、この匿名の筆者は最初発表を断った、とも書き添えている——おそらく、ハミルトンが何かの発表を遠慮したりためらったりしたのは、これが生涯最後だろう。

ハミルトンの有名な嵐の手紙が読者をびっくりさせるのには二つ理由がある。まず、大袈裟すぎるきらいはあるものの、あれほど気迫と風格のある文章を一七歳の独学の事務員が書けたことに驚かされる。ハミルトンが言語能力に長け、すでに語彙が非常に豊かだったのは明らかだ。「まるで自然の崩壊が起きているかのようだった。海と風は唸り、赤々と輝く流星が空を飛び交い、稲妻はほとんど絶え間なく禍々しい閃光を放ち続け、倒壊した家々が打ち砕かれ、嘆き苦しむ者の悲鳴が耳をつんざく。天使をも驚かせてしまうほどだった」。

そして、この手紙が注目に値するもう一つのわけは、ハミルトンがハリケーンを人間の虚栄と尊大さに対する神の叱責だと見ていることだ。悲劇の独白と地獄の責め苦を強調する説教を足して二で割ったような調子で、彼は人間を戒めている。

おお、卑しき虫けらよ、今となっては、汝の不屈の精神も強固な意志もどこで誇るというのか。汝の傲慢さもうぬぼれも何になろう。(中略)死は勝ち誇って襲いかかってくる。十重二十重の闇のマントに覆われて。死の仮借なき大鎌は、狙いを定め振り下ろされるばかりになっている。（中略）汝の悲惨で無力な有り様を見て己を思い知るがよい。（中略）己をさげすみ汝の神を崇めよ。（中略）おお汝、富に溺れる者よ、人類の苦しみを見て、苦しみを和らげるために余分を用いよ。（中略）悩み苦しむ者に救いの手を差し伸べ、天国の富を蓄えよ。[*14]

破壊的なハリケーンの後とはいえ、十代の少年にしては実に暗澹たる考え方だ。彼の呼び出した嵐の悪霊、世界の動揺と混乱についての黙示録的な認識は、暗い宇宙観を物語る。だが同時に、富を分け与えるよう裕福なものに勧告している点で、若者らしい理想主義的なところがあることも示している。

本人は自覚していなかったが、この時ハミルトンは、すでに貧しさから抜け出る道を書いていた。そして、この自然災害が彼を救うことになった。ハリケーンの手紙が大きな評判を呼び――島の総督までもが、この若い著者の正体を尋ねた――地元の実業家たちが、この前途有望な若者に北米で教育を受けさせようと、寄付基金をつくったのだ。島の惨状を考えると、この善意はなおさら注目に値する。ハリケーンは家々を押し潰し、サトウキビ畑を切り裂き、砂糖工場を破壊した。セントクロイ島はこの先長く経済的に困窮する恐れがあった。島の復興には、何ヶ月も、何年もかかりそうだった。

基金の主唱者は、親切なヒュー・ノックスだったのかもしれない。ノックスは後にハミルトンにこう言っている。「君にアメリカへ行くよう勧めたこと、あちらにいる私の古い友人何人かに君を推薦したことに、私はいつも正当かつ密かな誇りを感じている」[*15]。そして、主な寄付者は、おそらく過去と現在の上司――ニコラス・クリューガー、コーネリアス・コートライト、デーヴィッド・ビークマン――と、後見人のトマス・スティーヴンズ、いとこのアン・リットン・ヴェントンだろう。ハミルトンが医学に対し早くから（しかも変わらぬ）関心を抱いていることを知っていたのか、実業界は、いつか島へ戻って島特有の多くの熱帯病を治してくれる医者を育てたいと思っていたようだ。カリブ海では医者が慢性的に不足しており、すでにエドワード・スティーヴンズは医者になるためにニューヨークへ行っていた。

通説では、ハミルトンは一七七二年一〇月に乗船し、北米へ旅立って二度と帰ってこなかったことになっている。だが、ロイヤル・ダーニッシュ・アメリカン・ガゼット紙などの資料を詳細に調べると、この通説に疑問が生じる。一七七二年一〇月一一日のガゼット紙に『憂鬱な時間』という詩が掲載されているが、この詩の作者「ジュヴニス」がハミルトンかもしれないのだ。この陰気な詩――「この暗い影が私の心を覆うのはなぜ／私の胸が苦闘のため息に波打つのはなぜ」――は、例のハリケーンは堕落した世界に対する天罰だというテーマを繰り返している。また一〇月一七日付のガゼット紙にも、明らかにハミルトンの作だとわかるポープを真似た無署名の賛美歌が載っている。後に彼の妻が、夫の信仰心の証拠として大事にした歌だ。

『至福へと上る魂』と題されたこの賛美歌は、美しく神秘的な瞑想で、天へ向かって舞い上がっていく魂が描かれている。「聞けや聞け！　はるかかなたの空から響く声／私には、救い主の叫びが聞こえるような気がする（中略）参ります、おお主よ、昇ってゆきます、飛んでゆきます／速い翼で、空を切って飛んでゆきます」。

さらに、これまでは見落とされてきたが、一七七三年二月三日のガゼット紙にも、またハミルトンの詩が掲載されている。これは『クリスチャンステッド。ある人物。A・H作』という表題が付いており、この冷静な短い詩では、ユージニオという頭の切れる男が、不注意から友人全員を敵に回してしまう。詩の結びはこうだ。「ウィットもほどほどにしなければ、うずいて邪悪なものとなる／冗談のために、友人を犠牲にすることになる！」[*16]。モリエールの生涯の出来事がヒントになったのかもしれないこの詩の発見で、ハミルトンは一七七二年から七三年にかけての冬をセントクロイ島で過ごしたという推測が成り立つ。ただし、北米からヒュー・ノックスへ詩を郵送した可能性もある。

ボストン行きの船

このハミルトンの人生の転機を理解するためには、ここまでの複雑な物語にまたもう一人登場させねばならない。一番年長のいとこのアン・リットン・ヴェントン、後のアン・ミッチェルだ。ハミルトンはアンから計り知れないほどの恩義を受けていた。バーとの決闘の前夜、人生を振り返りながら、妻にこう伝えたほどだった。「ミッチェル夫人は、この世で私が友人として大きな義理のある人だ。だがこれまでは、彼女への［義理］を果たした［ことがなかった］」[*17]。歴史の片隅にひっそりと名を残しているだけの人物に対し、ハミルトンがこのような罪悪感の入り混じった敬意を抱いたのはなぜだろう？

ハミルトンより一二歳年上のアン・リットン・ヴェントンは、レイチェルの姉アンの長女だ。ハミルトンの一族にはありがちのことだったが、彼女も波瀾万丈の人生を送った。アンはまだローティーンの時にトマス・ホールウッドというクリスチャンステッドの貧しい食料雑貨店主と結婚し、すぐに息子をもうけた。ところが、結婚から一年後にホールウッドが死に、一七五九年、アンはもう少しだけ裕福なジョン・カーワン・ヴェントンと再婚した。その後、ヴェントンは小さな砂糖農園を買ったが、この事業は一七六二年まで持たず、家から身の回り品に至るまで全財産を債権者に差し押さえられた。ヴェントン夫妻は幼い娘をアンの両親に預け、ニューヨークへ逃げた。しかし、ニューヨークでも行き詰まり、結局、アンの兄弟のピーターが自殺し、父親のジェームズ・リットンが亡くなった後の一七七〇年、二人はセントクロイ島へ戻ってきた。

ジョン・カーワン・ヴェントンはアンの相続した遺産に手を付けたいと思ったが、この目論見は義理の父親の先見の明に阻まれた。ジェームズ・リットンは財産の七分の二をアンに残したが、ヴェントンについては「品行が遺憾」だとして、カネに手を付けられないよう明記してあったからだ。

この時点で、ヴェントン夫妻の結婚生活は刺々しいものとなった。そして、アンと娘はクリスチャンステッドのピーターの家に住み、ジョンはフレデリックステッドに身を寄せた。ハリケーンの後、ジョン・ヴェントンは再び破産申請を行い、債権者に破産告知を出した。しかも、ヨハン・ミカエル・ラヴィーンに負けるとも劣らず狭量な男だったヴェントンは、一七七三年五月一五日のガゼット紙に、次のような脅迫めいた広告まで載せた。「ジョン・カーワン・ヴェントンより全船長に申し上げる。アン・ヴェントンおよびその娘アン・リットン・ヴェントンをこの島の外へ運ばぬようにされたし」[*18]。だが、この警告を無視して、アン・ヴェントンと娘はニューヨークへと逃げた。この勇敢な行為に、ハミルトンは、あの忌まわしいラヴィーンに逆らった母親のことを思い出したことだろう。またアンは、自分の遺産を守るため、一八歳のハミルトンに代理人の権限をゆだね、一七七三年の五月三日と二六日、そして六月三日に支払期日が来る父親の地所からの支払金をハミルトンが回収できるようにした。

ハミルトンがボストン行きの船に乗り、西インド諸島を永久に後にしたのは、この金銭を受け取った後だったのかもしれない。ハミルトンの手助けに感謝してのことか、それとも抜群に聡明ないとこに対する純粋な愛情からか、アン・リットン・ヴェントンは、彼が北米へ行って教育を受けるための基金に寄付すること――しかも、最大の寄付をした可能性が高い――で彼に報いた。そうだとすれば、後にハミルトンは、アンを経済的に助けることでこの好意に恩返ししたことになる。ただし、彼が少年時代に知り合った他の誰にも増して、彼女に深い恩義をいつも感じていたことからすると、彼女が彼に対して行った重要な貢献については、今はまだほんの一部しかわかっていないのかもしれない。

傷ついた感情と秘めた悲しみ。アレグザンダー・ハミルトンは、そんな世界を背負ってボストン行きの船に乗り込んだ。だが、不幸な少年時代を心のクロゼットに押し込み、二度とその扉を開けはしなかった。忌まわしい記憶を別にしても、このエネルギッシュな若者は、南の島の奴隷所有者というテンポの遅い眠ったような生活になどまったく向いてはおらず、西インド諸島での少年時代に対する郷愁も、戻りたいという願望も、少しも抱いてはいなかった。二年後、彼はこう書いている。「普通、人は生まれ育った国に愛着を持ちすぎるため、必要に迫られでもしないかぎり、そこから離れられず、関係を完全に断ってしまうこともできない」[*19]。

彼の取った心の戦略は、多くの孤児や移民と同じようなものだった。過去を捨て、新しいアイデンティティをつくりだすことだ。彼が誰かではなく、彼が何をしたかで評価してくれる居場所を見つけることができれば、もはや非嫡出子という影に悩まされることもない。がむしゃらに突き進んでいく気力、辱められ見下されてきたという惨めな思い、そして早熟な自信、これらが相まって、飽くことを知らぬ成功への野心に燃える若者が生まれた。歴史を学んだ彼は、人間の運命がいかに無常かわかっていた。後にはこう述べている。「人間の境遇は、どう変わるかはっきりとわかるものではなく、しかもたびたび変わる。多くの場合、運命の女神が恩寵を与えるのは、もとをただせばあまり繁栄していない一族から出た人間だったりするし、今は無名の存在だが、その先祖を見ると裕福で身分が高いということもよくある」[*20]。ハミルトンは前者、その父親は間違いなく後者だろう。

アレグザンダーが華やかな冒険へ向かって北へ船出したとき、父親のほうは救いがたい貧困にますます深く沈んでいた。セントヴィンセント島で発見された文書によれば、ジェームズ・ハミルトンはカリブ海の南端、南米大陸沿岸近くまで流れていったようだ。セントヴィンセント島のすぐ南にあるベクエという小さな離島にたどり着き、落ちぶれた移民を立ち直らせるために英国王が設立したプログラムに参加している。ベクエ島はグレナディーン諸島の最北の島で、面積一八平方キロメートルほど、緩やかな丘とゴツゴツした崖、そして砂浜のある孤島だ。

一七七四年三月一四日、ジェームズ・ハミルトンはサウスイースト湾岸の森林地約一〇万平方メートルを無償でもらい受ける契約を結んだ。この美しくも恐ろしい島、先住民カリブ族と黒人が混交した土着のカリブ人や逃亡奴隷の砦で、ハミルトンが選んだのは、要塞建設予定地だった公有地の一角だった。当時のベクエは、万策尽きた者だけが引き寄せられる荒れ果てた辺境の地にすぎなかった。ジェームズ・ハミルトンの土地購入を示す不動産譲渡証書は、それ自体の悲しい身の上話を無言のうちに物語る。彼の入手した土地は「砂糖プランテーションには適さず」、それゆえ「貧しい移民の便宜のために」取り置かれた場所であることがわかるのだ[*21]。

この譲渡証書の条件では、ジェームズ・ハミルトンは最初の四年間は一文も払う必要がなかったが、少なくとも一年間は島に滞在せねばならなかった。一七七六年の調査によれば、彼はシンプルという男と二八万平方メートルほどを共有しており、この二人だけが貧しい住民の名簿に記載されている。自分がスコットランドの大地主の四男で、霧に閉ざされた城で育ったことなど、ジェームズ自身信じられないような気がする時もあったにちがいない。彼が呆然とするほど取り返しのつかぬ零落の人生を辿ったのと対照的に、アメリカに渡った息子は、まるで運命に祝福されているかのように出世していく。

CHAPTER

3

The Collegian

大学生

エリザベス・アカデミー

アレグザンダー・ハミルトンの場合、何事もない退屈な人生など心配する必要がなかった。ドラマのほうが彼の後をついてきた。北米へ向かう三週間の船旅の間も、船で火事が起きた。乗組員が大急ぎでロープを海へ垂らし、バケツで海水を汲み上げては消火に当たったが、火が消えるまでにかなり手間取った。それでも、黒焦げの船はどうにか無事にボストン港へたどり着き、ハミルトンはまっすぐニューヨークへ向かった。まずは、彼の留学費用をまかなう寄付基金の管理をしているコートライト・アンド・カンパニー社へ行き、仕送りを受け取らねばならなかったからだ。ニューヨークにあるコートライト社は、ニューヨークと西インド諸島を往復する船を七隻所有し、コートライト・アンド・クリューガー社をセントクロイ島の代理店として雇っていた。寄付基金の補充は、セントクロイ島から定期的に送られてくる砂糖の樽で行われた。その収益の一部をハミルトンがもらうことになっていたのだ。つまり、この未来の奴隷制度廃止論者の教育は、奴隷の収穫するサトウキビが費用の一部を負担していたことになる。

ニューヨークに到着した時、ハミルトンはヒュー・ノックスからの紹介状を携えていたものの、これを別にすれば、エドワード・スティーヴンズ以外知人はまったくいなかった。しかし、熱帯から来たこの若者は、オーバーコートを着たこともなければ季節の変化を体験したこともなかっただろうが、過去に苦しめられているようには見えず、野暮な田舎者にも見えなかった。粋でハンサムで社交的で、背筋をぴんと伸ばし、さっそうと胸を張って歩いていた。しかも、謎めいた外国人特有の魅力が十分にあった。

ほどなく、彼に初めての友人ができた。ハーキュリーズ・マリガンという立派な名前の上流階級御用達のテーラーだ。マリガンの兄弟がコートライト社でジュニア・パートナーを務めていた。一七四〇年にアイルランドで生まれたマリガンは、威勢のよい饒舌な男で、ハミルトンの数少ない商人の友人の一人だった。ウォーターストリートに店と自宅を構えていたから、ハミルトンがマリガン家にしばらく寄宿したこともあったかもしれない。そしてマリガンは、アイルランド流のお世辞をたっぷり添え、次のようにハミルトンをニューヨークの社交界に紹介してくれた。「H氏は、夜になると私の家族や私の兄弟の家族と一緒に過ごし、滑稽な詩など作っては楽しませてくれています。いつも人当たりがよく明るい方で、大変な本好きです」[*1]。

こうした夜の集まりでは、危険な政治の話なども出たかもしれない。というのも、ハーキュリーズ・マリガンは、暴動を起こしたボストン市民に対し駐留英国軍が発砲した一七七〇年のボストン虐殺事件の六週間前、ゴールデンヒル（ジョンストリート）で英国軍と小競り合いを起こした「リバティ・ボーイズ」の一人だったという世評があったからだ。実際、後に戦時のニューヨークを英国軍が占領していた時期、マリガンはジョージ・ワシントンのためにフリーランスのスパイもどきのことを少しばかりしている。めかし屋の得意客――大半がトーリー（英国支持者）や英国軍将校だった――にメジャーを当てながら、戦略情報をそれとなく聞き出したりしたのだ。

もっとも、ハミルトンがアメリカに着いたばかりのころの訪問先は、大抵ヒュー・ノックスと関係があるところだった。ニューヨークの著名な長老派教会牧師二人と知り合ったのも、ノックスのつてによる。ノックスのかつての師匠ジョン・ロジャーズ――実に印象的な人物で、ウォールストリートを通って教会へ行く時には、金の握りのついたステッキを持ち、あいさつする人々に軽く会釈をしながら、もったいぶって闊歩していた――と、ジョン・M・メーソン師だ――メーソンの息子は後に、ハミルトンの公認伝記に挑むことになる。また、やはりノックスの紹介状のおかげで、ハミルトンは、ハドソン川の向こうにある有名なプレパラトリースクール（一流大学進学のための準備教育をする私立中等学校）のエリザベスタウン・アカデミーに入学することになった。独学で学んだ者の常で、ハミルトンにも正さなければならない明らかな欠陥があり、大学へ入るためには、ラテン語とギリシャ語、高等数学の特訓が必要だった。

ニュージャージーのエリザベスタウン――現在のエリザベス――は、ジョージ二世によって設立を認可された自治体であり、アメリカの英国植民地のうちで最古のコミュニティーの一つだった。果樹園の広がるのどかな美しい小村で、教会が二つあり、エリザベス川には石橋がかかり、町の外側に広がる潮のさす海辺の草地には風車が点在していた。そしてエリザベスタウン・アカデミーは、長老派教会の構内、クーポラの付いた二階建ての建物だった。校長のフランシス・バーバーは、ニュージャージー大学（後のプリンストン。改名はかなり後のことだが、以後はプリンストンと呼ぶ）を卒業したばかりで、ハミルトンよりも五歳年上にすぎなかった。広い額に太い眉、取り澄ました小さな口をした威勢のいい男だった。古典に夢中なうえ政治的には改革派のバーバーは、多くの点でハミルトンにとって理想的な校長と言えた。それどころか、独立革命の際には愛国派に付いて戦い、ヨークタウンでは、なんとあべこべに、この西インド諸島出身の生徒の直接指揮下にあった。

エリザベス・アカデミーはプリンストンに多くの生徒を送り込んでいたため、プリンストンの入学資格から、ハミルトンがどのような受験勉強をしたのか推測することができる。プリンストンの入学志願者は、ウェルギリウス、キケロの演説、ラテン語文法を知っていなければならなかったうえ、「ギリシャ語で書かれた四福音書記者（マタイ、マルコ、ルカ、ヨハネ）のどの部分でもラテン語や英語に翻訳できるほどギリシャ語に精通している」必要があった。[*2]

新しいことにもためらわず取り組み、並外れた自信に支えられていたハミルトンは、信じられないほど習得も早かった。大抵は夜中すぎまで勉強し、毛布にくるまったかと思うと、夜明けにはもう起き出して、近くの墓地を散歩しながら、暗記するためにぶつぶつと呟いていた（呟きながら歩くのはハミルトンの終生変わらぬ癖で、そのため霊感を授かったか気がふれたかのように見えることがあった）。また、非常なメモ魔だった彼は、ギリシャ語の『イリアス』を細かな字でびっしりと抜き書きしたノートを残しているほか、地理と歴史も大量のノートを取っていた。創世記とヨハネの黙示録も、章ごとに詳細な要約を作った。しかも、寸暇を惜しむかのように、時間を見つけては詩を作ったり、地元にいる英国軍分遣隊の演じた題名不明の劇のプロローグとエピローグを書いたりしていた。

「ジャージーのドン・キホーテ」 リヴィングストン

ハミルトンがエリザベス・アカデミーで学んでいたということは、年下のアーロン・バーのすぐ近くにいたということになる。バーも数年前から同校で学んでいたからだ。バーの義理の兄弟で法律家のタッピング・リーヴは、アカデミーの参事の一人で、学校設立にも大きく関与した。驚くべき偶然ながら、バーは一七七三年の夏をエリザベスタウンで過ごしており、ちょうどそのころ、ハミルトンもここにやってきた。もしかしたら、このハンサムで陽気な若者が通りをぶらぶら歩いたり、入り江でボートを走らせたり、近くの森で狩りをしたりしているところを、ハミルトンが見かけたこともあったかもしれない。後述するように、おそらくは共通の友人の応接間で顔を合わせてもいるだろう。

ハミルトンはいつも、年上の有力者に強い印象を与えることができたが、エリザベスタウンでも、驚くほどすばやく社交界に地歩を得た。セントクロイ島ではありえない方法で見えない境界線を越え、特権的な上流社会に入り込んだ。ヒュー・ノックスの紹介状のおかげで、ニュージャージーの植民地社会の頂点にいる人々にすぐさま近づくことができたのだ。彼の会ったのは、ウィリアム・リヴィングストンとイライアス・ブードノー、ともに裕福な弁護士で、長老派の政治活動を先導する人物だった。この二人は、ハミルトンに当時はまだ少数派だった政治的立場について教えてくれた。二人とも、王権を制限し、議会の力を強め、市民の自由を守ろうとしているホイッグ党員だった。

こうした五〇歳のリヴィングストンが、ハミルトンの新しい人生でもっとも強烈な人物だったことは間違いない。リヴィングストンはニューヨーク政界での論争の日々を捨て、ニュージャージーの田舎の名士という静かな生活を送っていたが、根っからの改革運動家だった。五〇万平方メートル近くある邸宅リバティホールが工事中だったため、町に仮住まいしていた。この間に、ハミルトンが彼のところに滞在していた可能性もある。リヴィングストンは、若きハミルトン好みの矛盾に満ちた人物だった。ハドソン川沿いの地域を支配している有力な名家の出でありながら反体制派で、安楽な生活に背を向け、ロマンチックな詩を書くかと思えば、次々と持論を発表する論客でもあり、物議をかもしている問題に首を突っ込んでいた。「ムチ打ち刑の柱」(the whipping post)という渾名が付いた長身痩躯で口達者なリヴィングストンは、一人喜び勇んで王の権威に向かって槍を構えていたため、英国支持派の新聞から「ジャージーのドン・キホーテ」と呼ばれたこともあった。[*3]

多くの長老派教会の信徒同様、リヴィングストンも、トーリーがアメリカで英国国教会を守ろうとするのを阻んでいるうちに、政治的にも対立するようになった。二〇年前、彼は、ニューヨークに英国国教会系の大学が設立されるのを阻止するため、猛烈な反対運動の先頭に立った。彼によれば、そのような大学は「偏狭な信念の狭量な受け皿」となり、王の権力の道具となるからだ。[*4] そして、この運動が失敗に終わり、王の認可を受けて一七五四年にキングズカレッジが誕生すると、リヴィングストンとその同志たちは、学生に別の安全な書物を提供するためにニューヨーク・ソサエティ・ライブラリーを創設した（ハミルトンもここで本を借りることになる）。印紙税法を皮切りとして、植民地に過酷な税を課す諸政策に異を唱え続けたリヴィングストンは、この後も、大陸会議と憲法制定会議に出席したばかりか、一七七六年には独立したニュージャージーの初代知事となる。

また、社交的なウィリアム・リヴィングストンは、見たことのないほど華やかな社交界へハミルトンを案内してくれた。リヴィングストンから気前のよい援助をしてもらってはいたが、ハミルトンは使用人扱いされていたわけではなく、知的なブロックホルストを始めとするリヴィングストンの子供たちとも友人になった。ブロックホルストは後に有名な最高裁判所判事となった人物で、このころすでにアーロン・バーと親しくしていた。

またリヴィングストン家には、うっとりと見つめてしまうほど美しい娘たちもいた。バーの友人の一人は、当時のエリザベスタウンについてこう述べている。「確かに、空気そのものが何やら色っぽかった」。[*5] ハミルトンも、ジョン・ジェイという若い弁護士が、快活で美しいサラ・リヴィングストンに求婚するところを目にした（サラ・リヴィングストンはまるで王族であるかのような存在感があり、後にパリでオペラを見に行った際、一部の観客が彼女のことをフランス王妃と間違えたほどだった）。そしてハミルトン自身は、もう一人のリヴィングストンの娘キャサリン、通称キティと特別な関係になった。彼女はハミルトンが心惹かれずにはいられないタイプの女性だった。可愛らしくてコケティッシュ、少しばかりわがままで、いちゃつくような冗談にいつでも応じてくれた。独立革命期にハミルトンが彼女に書いた手紙からすると、彼がアメリカで最初に征服した女性はキティだったのかもしれない。

どこでもいい、あなたが出られる道で会ってほしい。そして、差し支えなければ、目先を変えて楽しむために、キューピッドの花咲く小道と薔薇色の木陰を逍遥しよう。僕は女性に優しいことで有名だし、考えられるかぎり最高にきれいなものをえり抜いてあなたを楽しませることがいつでもできるのだからね。（中略）あなたは三美神、あるいはディアナ、あるいはヴィーナス、あるいはこれらすべてにまさるもの。[*6]

アレグザンダー・ハミルトンがキティと一つ屋根の下で眠りながら、不純な思いを抱かなかった、とはまず考えられない。

穏健改革派のパトロンたち

この友好的な世界では、ハミルトンはリヴィングストンの義理の兄弟に当たるウィリアム・アレグザンダーとも親しくなった。ウィリアム・アレグザンダーは飾り気のない陽気な男で、スコットランドの伯爵だと自称しているためにロード・スターリングと呼ばれていた。途方もない浪費家の彼は、ハミルトンに会った時にはすでに借金だらけだった。一〇年前、ハンサムな丸顔のスターリングは、バスキングリッジに約四〇〇万平方メートルもの大邸宅を建て、英国貴族のカントリーハウスをまねて厩舎、庭、鹿猟園を整えた。リヴィングストンと同じく、ロード・スターリングも改革派でありながら貴族を自称しているという興味深い人物だ。スターリング家の紋章を飾った馬車に乗っていたし、ワードローブもコート類三一着、チョッキ五八着、ブリッチズ(膝下丈のパンツ)四三本、シャツ三〇枚、クラバット・タイ二七本、靴一四足という王侯貴族並みの衣装持ちだった。

アーロン・バーの言うとおりだとすると、ロード・スターリングは准将としてアメリカ革命に加わったものの、副官のジェームズ・モンローに酌をさせて終始酒ばかり飲んでいたという。「モンローの務めといえば、准将閣下のジョッキを一杯にし、感嘆の声を上げながら閣下の長い自慢話を聞くことだけだった」[*7]。だが、バーの辛辣な言葉は、いかに酒好きのロード・スターリングとはいえ正当な評価とは言えない。それどころか、ロード・スターリングはブルックリンの戦いで名声を得ている。また、彼は博学な男で、数学や占星術を始めとしてさまざまなことに興味を持っていた（金星の太陽面通過に関する研究論文を発表したこともある）だけでなく、ニューヨーク・ソサエティ・ライブラリーの設立にも参加した。

さらに、ハミルトンの将来に特別な関連性を持つこととして、ロード・スターリングはアメリカの製造業の主唱者だった。馬や牛を飼い、ブドウを栽培してワインを造り、銑鉄や麻の繊維を製造していた。そしてもう一つ、ハミルトンから見たロード・スターリングの魅力は、彼にもまた魅力的な娘たちがいたことだった。特に、チャーミングなキャサリンは、「レディ・キティ」と呼ばれるのが常だったほど魅惑的だった。彼女は後に、ハミルトンのもっとも悪名高い友人ウィリアム・デュアと結婚した。

三人目の、そしてもっとも強い結びつきをハミルトンが作った相手は、弁護士のイライアス・ブードノーだった。ブードノーは後に、大陸会議の議長となり、銅と硫黄の鉱山を所有した。禿げ頭に二重顎、温かい知性を感じさせる笑顔のブードノーは、宿屋の主人の息子で、ハミルトン同様、フランスのユグノーの子孫だった。非常に信心深く、後にはアメリカ聖書協会の初代会長も務めた。また、エリザベスタウン・アカデミーの設立者として、「この町の多くの自由な学生」の入学を促した彼は、ハミルトンのような貧しくとも優秀な若者を心から歓迎した。[*8]

ハミルトンはブードノーの屋敷であるボックスウッドホールをよく訪れ、本と政治論争と高い教養の洗練された世界に触れた。ブードノーの妻のアニーも、ジョージ・ワシントンが「優雅な詩」と称賛した詩を書いており、この本好きの一家は、夜ごと集まっては伝記や聖史の朗読に耳を傾けていた。[*9] ハミルトンとブードノー家の交際は非常に親密だった。一家の幼い娘アンナ・マリアが一七七四年九月に重病にかかった時には、ハミルトンは枕元で寝ずの看病をし、彼女の死後、心を打つ挽歌を作ったほどだ。この詩は、人の身になって考えられるというハミルトンの特筆すべき能力を浮き彫りにしている。ハミルトンはあえてこの詩を悲嘆に暮れる母親の声で書いているのだ。ハミルトンには幼くして亡くなった兄弟か姉妹が少なくとも一人いたので、この詩は自分の母親の苦しみを思い起こしたものかもしれない。

可愛いわが子、愛しいわが子に
母の愛は手を尽くし
気を配り、慈しみ
恐ろしい病から守ってきたのに

なのにああ！　私の心は無駄だったの？
死の無慈悲な手
親の祈りを無視し
愛するわが子の息を止めてしまうとは――[*10]

後にも、ハミルトンは苦境にある友人や身内にまるで母親のような気遣いを示した、と友人たちが語っている。

一息つくこともめったになく、ひたすら突進した若者ハミルトンは、エリザベスタウンにいつまでもぐずぐずしておらず、わずか半年で駆け抜けた。それでも、このつかのまの時期は、彼の政治観に影響を与えたようだ。彼が親しく付き合った男たちは、裕福で教養もある洗練された人々で、英国貴族のような暮らしをしていたが、同時に変革を訴えてもいた。社会秩序を覆すことまでは考えていなかったけれども、部分修正したいと思っていた――これこそまさに、ハミルトンの将来の政治観だった。この時期、ハミルトンのニュージャージーのパトロンたちは、国家としての独立については性急な選択肢だと見て否定し、和解を好み、英国臣民としての権利をたびたび引き合いに出した。大英帝国から離脱したがっていたわけではなく、大英帝国への統合が進むことを望んでいた。やや色褪せたとはいえ、英国は依然として彼らの理想だった。後にハミルトンは、エリザベスタウンにいた時には英国の立場に「強い贔屓目」を持っており、明らかに君主制に傾いていたと認めた。

師匠たちと同じくハミルトンも、革命に対してはつねに不安と躊躇を覚え、完全な反乱のために法的形式を投げ捨てることなどできないと思っていた。[*11] 長老派教会員との付き合いも、彼の政治観に影響したのかもしれない。英国国教会が大抵トーリー党寄りで、植民地や国教会に対する大英帝国の政策を支持することが多かったのに比べ、この長老派教会は英国王を批判していたホイッグ党に賛同していたからだ。

曲折を経てニューヨークのキングズカレッジに入学

ハミルトンは進学先を考えたが、当時の植民地には検討に値する大学は九つしかなかった。そしてウィリアム・リヴィングストンとイライアス・ブードノーがプリンストンの理事だった——リヴィングストンはアーロン・バー元学長の信頼する友人だったので、その追悼演説を行っている——ため、せめて大学を見に行くだけでもという二人の頼みをハミルトンが聞かないのは、無礼とは言わないまでも愚かなことと言えた。しかも、プリンストンはすでに西インド諸島出身の学生を受け入れていたし、学長のジョン・ウィザースプーンはそうした学生の数を増やすこと（つまり、教授陣のために金持ちの砂糖農園主からカネを引き出すこと）に熱心だった。この前年には、「ニュージャージー大学を代表し、ジャマイカ等西インド諸島にお住まいの方々へのごあいさつ」などという積極的な呼びかけを新聞に掲載し、「西インド諸島の若者の教育に資する当校の利点について」語っている。[*12]

プリンストンは英国国教会の影響に対抗するために一七四六年に設立された大学で、長老派教会・ホイッグ党寄りの人材を育てるために宗教の自由を説いていたから、ハミルトンには当然の選択に見えたかもしれない。ハーキュリーズ・マリガンによれば、ハミルトンは彼に「プリンストンのほうがキングズカレッジよりも共和主義的だから好ましい」と言ったという。[*13]実際、プリンストンは政治活動が盛んだったため、トーリーから政治的急進主義の温床だと非難されていた。ウィザースプーン学長も、プリンストンでは「自由の精神」が「激しく強く」なっていたと認めている。[*14]

当時のプリンストンは、ニューヨークとフィラデルフィアを結ぶ馬車の停車場にすぎず、周りを深い森に囲まれた田舎の小村だった。だが、勢力の急拡大に対応するため牧師の養成に熱心だった長老派教会からすれば、この辺鄙さこそが、学生を都市の誘惑から守ってくれるものに見えた。ハミルトンが入学を志願したのは、大学が宗教復興に必死に取り組んでいた時期だった。ハーキュリーズ・マリガンは、自分がハミルトンに付き添ってこの田舎の村へ出かけ、ウィザースプーンにハミルトンを紹介したと言っているが、ウィリアム・リヴィングストンとイライアス・ブードノーも、理事として何らかの必要な紹介をしたことだろう。

エディンバラ生まれの著名な神学者ウィザースプーンは、大柄なたくましい男だった。頭の形が少し変わっており、てっぺんが細くて真ん中あたりが出っ張っていた。ギャリー・ウィルズによれば、彼は「おそらくアメリカの教育史上もっとも影響力のあった教師」で、彼の指導の下、プリンストンは大勢の政治家を輩出した。米国大統領、副大統領各一名、上院議員二一名、下院議員二九名、州知事一二名に及ぶ。[*15]またウィザースプーンは、後には独立宣言に署名し、大陸会議の初代聖職者として務めを行った。プリンストンが他の大学を凌いで憲法制定会議に九人もの卒業生を送り込んだのは、偶然ではない。ウィザースプーンは初対面だと威圧的に見えることもあった。歯に衣を着せずまくし立てたかと思うと、いきなり妙にぶるぶる震えたりいらいらしたりして、相手を動揺させるのが常だった。だが、岩のように堅い自我を持ったハミルトンは、この学長を前にしてもまったく動じなかった。

ウィザースプーンはハミルトンに面接し、その十分成熟した知性に感心した。ところが、ここでハミルトンは異例の提案を申し出た。ハーキュリーズ・マリガンによれば、プリンストンにぜひとも入学し、「力の許すかぎりすばやく」進級したいと伝えたのだという。「ウィザースプーン教授は、これほど若い者がこれほど珍しい申し出をするのに注意深く耳を傾け、自分一人では決められないことだが、要望を理事会に伝えておくから、理事会で判断することになると答えた」[*16]。ここでも、ハミルトンの人生が人一倍駆け足なのが見て取れる。これも、人生のスタートが遅れたせいでいつも焦燥感に駆られていたためかもしれない。

これより数年前の学長就任時、ウィザースプーンは甘い入学資格を厳しくする方針を打ち出した。ハミルトンの特別扱いに難色を示したのは、これが理由かもしれない。マリガンはハミルトンの申し出を拒絶した理事会を非難し、ハミルトンが二週間後にウィザースプーンから受け取った手紙についてこう述べている。「大学の慣例に反するため申し出に応じることはできないと書いてあり、この若き紳士に教育を授けることはいかなる学校にとっても名誉なことであると信じるだけに残念だ、と遺憾の意を表明してあった」[*17]。だが実のところ、ハミルトンの厚かましい申し出には前例があった。アーロン・バーが一一歳でプリンストンに入学しようとして、若すぎると言われているのだ。バーはそれから二年間みっちり勉強し、ずうずうしくも一三歳で「三年生」クラスに入学を志願した。そして結局、妥協策として二年生に編入し、一七七二年に一六歳で卒業することができた。ハミルトンは、バー本人からこの体験を聞いたことがあったかもしれないし、共通の友人であるブロックホルスト・リヴィングストンから聞かされていたかもしれない。

ハミルトンの要望を検討するに当たって、ウィザースプーンと理事会が躊躇したのは、ごく最近の一七六九年に二年生へ編入したヴァージニア出身の若者の一件があったためだった。彼は学士号を取るのに三年かかるところを二年で済ませるほど猛勉強して、神経衰弱になってしまったのだ。その学生の名はジェームズ・マディソン、後にハミルトンと共同で有名な『ザ・フェデラリスト』を執筆する人物だ。マディソンはウィザースプーンが好きだったうえ、旅などできないほど弱っていたので、卒業後ももう一年プリンストンにとどまり、個人的に「老教授」の下で勉強した。[*18] そして一七七二年の春にようやくヴァージニアへ戻ったが、まだ衰弱がひどく、健康に不安を抱えていた。

ハミルトンはプリンストンに志願する際、本当の年齢を「修正」し、二、三年切り捨てることにしたようだ。もし一七五五年生まれなら、一八歳で大学に出願していたことになる。だが当時は、一四、五歳を基準の入学最低年齢にしているところが多かった。このようなことは、神童と呼ばれる者にとっては不愉快きわまる（後に合衆国憲法の起草に関わるグーヴァヌア・モリスはキングズカレッジに一二歳で入学した）。神童たるもの、年齢オーバーで一年生になることなど許されないのだ。確かに、マディソンは一八歳でプリンストンに入ったが、新入生としては少々年を取り過ぎていると見なされ、二年生に飛び級した。ハミルトンが二年少なくサバを読んだとしても、同情に値する。何と言っても、この前年、アーロン・バーがプリンストンで卒業式のスピーチをしていた時、一歳年上のハミルトンは、まだセントクロイ島にいて、クリューガーの会計課からどうやって脱出しようかと考えていたのだ。苦境にある早熟な若者にとっては、年齢を詐称することなど許される範囲のささいな過ちだったのだろう。

プリンストンに撥ね付けられたハミルトンは、結局キングズカレッジに入学した。保証人がいないわけではなかった。ロウアーマンハッタン（マンハッタン南端部）のブロードストリートのタウンハウスを相続していたロード・スターリングが、この大学の理事を長く務めており、運営資金の調達にも当たっていた。こうして、ハミルトンの人生は新たな方向へと動き始めた。この国籍のない流浪の少年は、未来の財務長官にとって最高の都市、商業がつねに名誉ある地位を占める都市に居場所を見つけたのだ。そして、ビジネスと法律と政治の目まぐるしい世界に浸り、商人たちと貴重な接触を重ねていった。

もしプリンストンに行っていたら、反英抗争に関して、ハミルトンはもっと早く急進派になっていたかもしれないが、それについては議論の余地がある。いずれにせよハミルトンは、ウィザースプーンの下ではなく、アメリカ植民地でも有数の熱烈なトーリー、キングズカレッジ学長のマイルズ・クーパーの下で学んだ。キングズカレッジに通うことになって、ハミルトンは英国支持を声高に唱える人々の町、植民地大国イギリスの牙城に身を置いた。同時に、ニューヨークにいたおかげで、革命の途方もない動乱の現場に立ち会い、植民地有数の雄弁なアジテーターや遠慮会釈ない新聞に接することにもなった。

ニューヨークでのトーリーとホイッグの激しい衝突は、ハミルトンの内にある相反する感情すべてを研ぎ澄まし、彼が愛国派の意見にも忠誠派の意見にも共感できるようにした。それどころか、アレグザンダー・ハミルトンを拒絶することによって、ウィザースプーン学長などプリンストン関係者は、意図せずしてこの西インド諸島出身の若者を一触即発の愛国的ドラマの真っ只中に送り込んだ。これは、ニュージャージーの静かな田舎町にいたらありえないことだった。

クーパー学長

キングズカレッジは、ニューヨークの北の端、一八世紀初頭にトリニティ教会がアン女王から拝領した広大な土地に置かれていた。そのクーポラの付いた堂々たる三階建ての建物から、丘の下に不規則に広がる草地の向こうに目をやると、ハドソン川の絶景を見渡すことができた。この丘の上のキャンパスは、現在のウェストブロードウェイ、マレーストリート、バークリーストリート、チャーチストリートに囲まれた一画に当たり、「世界一美しい大学用地」と絶賛した英国人訪問者もいたほどの場所だった。[*19]

クーパー学長は、外部の不健全な影響から学生を隔離しようと奮闘していた。「建物は高いフェンスで囲まれている」と彼は書いている。「広い中庭や庭園もフェンス内にあり、門は守衛が常駐して、夏は夜一〇時、冬は九時に閉められる。その後は、入ってきた者全員の名前が、毎週学長に報告されることになっている」。[*20] この閉ざされた環境は、オックスフォード大学をモデルにしており、学生も大学のガウンと角帽を身に着けて歩き回っていた。

クーパーが学生を俗世間から隔離しようとした理由の一つは、大学が悪名高い赤線地帯ホリーグラウンド（聖なる地）に隣接していたからだった。この名前は、ここの地主がセントポール教会だという事実を仄めかす皮肉だ。ここでは、夜ごと五〇〇人ものオランダ系や英国系の「快楽の婦人（売春婦）」（当時のニューヨークの全人口の二パーセントに相当した）が薄暗い路地をうろついていたため、このような歓楽街が多感な学生たちのすぐそばにあることに、町の古老たちは頭を悩ましていた。あるスコットランド人訪問者もこれに肝を潰して一七七四年にこう書いている。「一つ少々不運と思われることに（中略）［キングズカレッジへ］入るには、非常に有名な娼婦たちの住む通りの一つを抜けていかなければならない」。[*21] 大学には「生徒は何人といえど、悪名高き家（売春宿）に通ってはならず、周知の恥ずべき行為の者と交際してはならない」という規則があった。[*22] 大学構内は厳しい女人禁制で、トランプ、サイコロなど、油断のならない悪魔の誘惑もご法度だった。門限までに大学へ戻る途中、ハミルトンもホリーグラウンドをぶらぶらして冒瀆的な快楽を試してみたことがあったのだろうか？

外界の誘惑を退けるため、クーパー学長は付近で行われる政治的抗議行動にも目を光らせていた。このころのキングズカレッジは、ウィリアム・リヴィングストンを始めとする長老派の批判者が恐れる英国正統派の砦であり、ヒエラルキーと服従に対する英国国教会の敬意、王の権威に従属する意識をはぐくむ敬意の砦だった（アメリカ革命の間、英国軍は、長老派教会とバプテスト教会を家畜小屋やバラックに移転させ、意地の悪い喜びに浸ることになる）。だがクーパーの仰天したことに、キングズカレッジの一ブロック東にあるコモン（現在のシティホールパーク）は、今や急進派が好んで集まる場所となっていた。ハミルトンの在学中、この草の生い茂る広場には高さ約二五メートルの柱がそびえ、そのてっぺんでは、「自由」と一語だけ刻まれた金メッキの風見がくるくると回っていた。後にハミルトンが扇動演説家としてデビューしたのも、まさにこの広場だった。

学業と信仰

当時のニューヨークは、人口が二万五〇〇〇人に満たなかったが、アメリカ植民地の都市としてはすでにフィラデルフィアに次いで二番目に大きく、ボストンをわずかながら凌いでいた。一六二三年にオランダ西インド会社が商業の一事業として建設したニューヨークは、にぎやかな商業の中枢としての歴史を持ち、多くの文化と宗教が混じり合った騒々しい港町だった。ハミルトンがやってきた時には、一四もの言語が飛び交っていた。しかも、ただでさえ人の密集している波止場が、毎年のように大勢の新しい移民——大抵は英国人、スコットランド人、アイルランド人——を吸収した。新しい人生を切り開こうとしている新参者をニューヨークが受け入れてくれることに、ハミルトンもありがたく思ったことだろう。彼の友人のグーヴァヌア・モリスも後に、「アメリカ生まれかどうかなど、ニューヨークではどうでもいいことのように見える」と述べている。*23

一方、バッテリーからコモンにかけては、落ち着いた地域だった。ポプラとニレが木陰を作るブロードウェイがメインストリートで、その両側に曲がりくねった小路が迷路のように広がっていた。西インド諸島出身の若者をとりこにする光景もたくさんあった。魅力的な女性たちがブロードウェイをそぞろ歩き、美しい馬車がゆっくりと走ってゆく。そして、教会の優美な尖塔が早くもスカイラインを描き始めていた。裕福な商人は、ウォールストリートとハノーヴァースクエアに集まって住んでおり、彼らが週末を過ごす遊園地がハドソン川に沿って北のほうへ広がっていた。

ジョン・アダムズは、一七七四年にフィラデルフィアで開かれた大陸会議に向かう途中、ニューヨークでペンキを塗ったレンガ造りの建物を見て感嘆し、その街路は「ボストンよりもはるかに整然として優雅、家々はより堂々としてこぎれい」だと称賛した。*24 同時に、もう住人たちは、口がうまく駆け引き上手な金の亡者という人種の原型を形作っていた。「彼らは大声に、早口に、ともかくそんなふうにまくし立てる」とアダムズは言っている。「彼らが何か尋ねてくるとする。すると、こちらが三言も答えないうちに、またいきなり口を出してきてしゃべりまくる」[*25]。だが、豊かなだけに貧乏がいっそう目についた。寒さの厳しかった一七七二年から七三年にかけての冬、イースト川は凍りつき、市立病院は貧しい患者であふれた。犯罪も蔓延し、ブライドウェル刑務所の建設も始まっていた。

ハミルトンは一七七三年の終わりか一七七四年の初めにキングズカレッジに入学したようだ。というのも、セントクロイ島時代からの友人エドワード・スティーヴンズ、そしてロバート・トループと在学時期が重なっており、この二人が一七七四年の夏には卒業しているからだ。ただし、クーパー学長はハミルトンを一七七四年入学者一七名の名簿に記載している。キングズカレッジの平均的な学生は一五歳で入学していることからすれば、ここでもまた、一九歳のハミルトンは勝手に二歳少なくサバを読んだのではないかと思われる。早く進級したいという強い要望に応えるため、クーパーはハミルトンを聴講生とした。チューターの個別指導を受け、講義を聴講できるが、少なくとも最初はどのクラスにも所属しないという学生だ。

一七七四年九月、ハミルトンはロバート・ハーパ教授と契約を結び、数学の勉強を始めた。グラスゴーで学んだハーパは、この新入生にデイヴィッド・ヒュームを始めとするスコットランド啓蒙運動の名士の著作も紹介したことだろう。ハミルトンがハーパへの借金を返すのには九年もかかった。セントクロイ島からの援助があったとはいえ、ハミルトンは厳しい予算でやっていかねばならず、自分が慈善を受けている学生だということを完全に忘れてしまうことなどなかったのだろう。

この年のハミルトンの肖像は現存しない。しかし後の記述から、彼が身長約一七〇センチで、とび色の髪に白い肌、薔薇色の頬、くっきりとした大きな口だったことがわかっている。特に鼻は、膨らみのある小鼻と凹凸のあるラインが力強く印象的だった。そして顎は、輪郭がはっきりとして闘争的な感じがしたという。また、ほっそりした肩に形の良い脚、すらりとして優雅なハミルトンは、軽快な足取りで歩き回り、そのきらきらした鋭い目を楽しげにきょろきょろさせていた。後にフェデラリストの盟友となったフィッシャー・エームズは、ハミルトンの容貌について生き生きとした印象を書き残している。まず、彼の目は、「深い空色で、飛び切り美しく、厳しさや苦しさのかけらもなく、これまで会った他の誰よりも強く知性と眼識を表して輝いていた」。

また、エームズは日課の散歩でよくハミルトンと顔を合わせたが、そういう時、ハミルトンの「礼儀作法や物腰は、他の男では見たことがないほどに洗練されていて優雅だった。(中略)彼を親しく知る者ならば、彼は最高に優雅な人間だという私の意見に同意するはずだと大いに確信している。(中略)軽やかで優雅で洗練された身のこなしと言えば、彼以上に気品のある者を思い浮かべることはできない」[*26]。ハミルトンはこの後ますます都会風に垢抜けしていったが、島から来たばかりの若者の時ですら、元事務員にしては驚くべきほど落ち着きのある品位を備えていた。

最初、ハミルトンは医者を志し、ダブリン出身の先駆的な外科医サミュエル・クロシーの解剖学の講座に出席した。クロシーは一七六七年にニューヨークに来てまもなく、解剖のために地元の墓地から死体を失敬してくるという黒魔術使いの医者として悪名を馳せた（こうした死体の盗掘は一七八九年まで違法ではなかった。非合法化されたのは、これがきっかけで大きな暴動が起こった後のことだった）。クロシーの講義はハミルトンの優れた記憶にしっかりと刻み込まれた。後にハミルトンの主治医のデーヴィッド・ホーサックは、クロシーの下で「彼が解剖の研究に従事していた時に抱いていた関心と熱意については、彼からよく聞かされた」と述懐している。そしてハミルトンについても、「人体の構造と機能に関して彼以上によく知っている者はほとんどいなかった」とも述べている。[*27]

キングズカレッジは有名校ではなかったが、ギリシャ・ラテン語文学、修辞学、地理、歴史、哲学、数学、科学と、充実した一般教養カリキュラムを提供していた。ハミルトンは早速ずば抜けたエネルギーを発揮し、いかにも彼らしく猛烈なペースで履修していった。「皆を私と同じくらいすばやくさせることなど私にはできない」と後に彼は冗談めかして妻に書いている。「こんなこと君は経験から承知の上だろうけど」[*28]。大学の小論文からすると、彼は図書館をあさり回り、ロック、モンテスキュー、ホッブズ、ヒュームの著作や、ウィリアム・ブラックストン、グロティウス、ザムエル・フォン・プーフェンドルフといった法学の権威の著作を熟読したようだ。特に、法学者エメリック・ド・ヴァッテルに関心を持ったらしく、「国際法に関してもっとも的確で定評のある著述家」だと称賛している。[*29]

ハミルトンは貪《むさぼ》るような読書で知識を補っていったおかげで、少年時代の遅れを取り戻すことができた。卒業後の彼は、古典にさりげなく言及することがすらすらとでき、建国の父全員に共通する知的素養の一つである博識ぶりを示した。また、やがて彼は、ギリシャ・ローマ時代についての知識も自在に活用できるようになった。このことは、アメリカの共和政治の運命に関して果てしない論争が繰り広げられた際、議論に不可欠な材料を提供した。

ハミルトンは夜明け直後に姿を見かけられることがよくあった。まるで破裂しそうな頭の中身を抑えきれないかのように、ぶつぶつと独り言を言いながらハドソン川の土手を歩き、授業の復習をしたり、木陰のバトーストリート（後のディストリート）を散歩したりしていた。後にハミルトンが息子のために書いたスケジュールを基に推測すると、彼は厳しい日課を守り、毎朝六時には起床、自由になる時間はほとんど勉強に充てていたが、遊びの時間も取っていたようだ。彼の生活は、時間の有効利用のケーススタディだった。ハミルトンは学生らしいいたずらやふざけ合いにはあまり興味がなかった。クーパー学長の定めた校則に違反した学生はブラックリストに記録されたが、そこにもハミルトンの名前は出てこない。ちなみに校則違反者は罰としてホラティウスの一節を暗記するか、スペクテーター紙の文芸エッセイをラテン語に翻訳するか、いずれかをしなければならなかった。

大学時代のハミルトンは、友人たちが驚くほど信仰に忠実だった。ただし、これは大学の課していた義務も一因だったようだ。朝食前には礼拝に出席しなければならなかったし、夕食後には夕べの礼拝を知らせる鐘が鳴った。日曜日も、学生は二度礼拝に出席する必要があった。もっとも、学友のロバート・トループによれば、ハミルトンが宗教上のしきたりを守っていたのは、義務感からだけではなかったという。ハミルトンは「礼拝式にも熱心に出たし、朝晩跪《ひざまず》いて祈る習慣があった。（中略）彼が熱心に滔々と祈る姿に、私は強く感動したことが何度もあった。彼は宗教的テーマに関する論客の著作を数多く読んでおり、キリスト教の基本教義を熱烈に信じていた[*30]」。

快活なハミルトンには難なく友人ができた。なかでも、船長の息子だったトループがすぐに一番の親友となった。トループによれば、キングズカレッジでは「二人は寮が同室で、一つのベッドを分け合って眠り」、トループが卒業後もしばらく一緒に暮らし続けたという[*31]。一七五七年にエリザベスタウンで生まれたトループもまた、孤児だった。彼の父親は一七六八年（ハミルトンの母親が死亡した年）に死に、母親もその翌年に亡くなった。そしてハミルトン同様、何人かの友人がトループの生活の支援を引き受けていた。早くから苦労したせいで、懐具合についていつも不安感を抱えていたので、トループはハミルトンがカネのことなどあまり心配していないのに驚いた。「何度か言ったことだが、君の友人たちは自前で君を埋葬しなければならなくなるだろう」とトループは後にハミルトンに書き送っている。後年、この言葉は気持ち悪いほど予言的だったことがわかることになる。[*32]

トループとハミルトンが同室だったのは、まったくの偶然だったのだろうか、それとも、裕福な若者たちばかりの中で、この二人なら二人だけの絆を結ぶだろう、とクーパー学長が思ったのだろうか？　早くから悲しみと苦労を経験したため、ハミルトンはたくましくなり、自立心も強くなったが、トループのほうは逆に心配性になり、英雄崇拝の傾向があった。聡明で陽気、よく笑うトループは、才能豊かな友人たちを偶像視し、ハミルトンともバーとも親友になるという奇妙な特徴を持つことになった。バーはトループのことを愛情を込めて「あの偉大な太っちょ」と手紙に書いたことがあり、「彼は一トン分の薬よりも不機嫌によく効く」と言ったこともある。[*33]ハミルトンもバーも、ふさぎの虫に取り憑かれるたびに、トループの豊かなユーモアに元気づけられていたようだ。

ハミルトンがキングズカレッジに入学してから数ヶ月後、彼とトループは、討論術と文章技術と話術を磨くために週一回集まるクラブを作った。そのほかのメンバー——ニコラス・フィッシュ、エドワード・スティーヴンズ、サミュエル・ニコルとヘンリー・ニコル——がハミルトンの最初の親友だった。当時、小さな文芸クラブは大学生活に欠かせないもので、メンバーは書いたものを朗読して批評をし合った。ハミルトンは議論の余地なく花形だった。「クラブの活動すべてにおいて」ハミルトンは「豊かな天分と気力を並外れて示した」とトループは述べている。[*34]

英国との緊張が悪化するにつれ、討論は王と植民地の関係という問題に左右されることが多くなった。最初、ハミルトンはクーパー学長の支持する忠誠派の見解とあまり違わなかった。「もともとは君主制主義者」だったとトループも断言している。「彼は英国史に精通し、英国の憲法の基本原理もよく知っていて、それを称賛していた」。[*35] しかし、考え方が進化し、反英的な意見を遠慮なく発表し始め、これで有名になると、ハミルトンは大学の討論クラブを利用して自分の論文発表のリハーサルをするようになった。

ボストン茶会事件とハミルトンの熱弁

英国王に対する植民地の闘争が劇的な展開を見せたのは、一七七三年一二月一六日の月夜、ハミルトンがキングズカレッジに入学したころだった。顔に煤を塗り、モホーク・インディアンに変装した暴徒二〇〇人が、ボストン港に停泊中の三隻の船に忍び込み、トマホークで茶箱三四二箱をたたき割って開け、中の紅茶を海に投げ捨てたのだ。しかも、他に二〇〇〇人の市民が桟橋からこれを応援していた。「これこそ最高に素晴らしい瞬間だ」とジョン・アダムズもマサチューセッツのブレーントリーから喝采の声を上げた。[*36] このボストン茶会事件は、原則が破られたことと利益が蝕まれたことに対する愛国的な反感の表明だった。植民地人は茶税をしばらくの間は黙認していた。オランダから禁輸品の紅茶を密輸することができたからだった。

しかし、一七七三年に英国議会が関税を操作し、東インド会社に事実上の紅茶販売独占権を与えたことから、密輸が妨害され、金持ちのボストン商人たち——少なくとも代理店に選ばれなかった者たち——も急きょボストンの急進派と手を結んで議会の方策に反対することにしたのだ。

四日後、ポール・リヴィアがボストンの暴動のニュースを携えてニューヨークへ馬を飛ばしてきた。トループによれば、ハミルトンは現場で取材するためにボストンへ急行したという。新入生がこのようなことをするなどありそうもないようにも思われるが、もしかしたら大急ぎで印刷に回したのかもしれない。事務員の経験から輸入関税、禁輸品、ヨーロッパの貿易政策について熟知していたため、ハミルトンはまったく初めてというわけではないお誂え向きの問題を手に入れた。遠い西インド諸島でも、印紙税法に対する抗議を始めとして、植民地に課税している英国に妨害されたさまざまな企ての影響は感じられたのだ。

「[ハミルトンの]初めての政治的な著述は、ボストンでの茶の破壊に関するもので、そこで彼は、その破壊が必要かつ当を得たものであることを示そうとした」とトループは述べている。[*37]この時の匿名の拍手喝采が、ジョン・ホルトのニュー＝ヨーク・ジャーナル紙に掲載された『茶の保護と破壊』だったようだ。トループによれば、ハミルトンはあのような財産の侵害にびっくりした商人たちの大きな不安を和らげたという。そのように安心感を与えることは、一七七四年四月二二日にニューヨークでも「茶会」が行われた後だっただけに、特に時宜を得たものとなった。この日、アレグザンダー・マグドゥーガル率いる船長の一団が、モホーク族に仮装して英国船ロンドン号を襲い、積み荷の茶箱を海に投げ込んだのだ。

ボストン茶会事件後、激怒した英国はついに堪忍袋の緒が切れ、アメリカの同胞に対し懲罰的な法案を成立させた。とりわけ立腹していたチャールズ・ヴァン下院議員は、ボストンなどカルタゴのように消えてしまえとまで言った。「私の考えでは、かのイナゴの巣を壊滅しないかぎり、わが国の法律がかように適正に遵守されることなどありえない」[*38]。一七七四年五月には、英国が強圧諸法つまり「耐えがたい諸法」で報復に出たという知らせが届いた。これら過酷な法律は、植民地側が捨てられた茶の弁償をするまではボストン港を封鎖するというものだった。また、民衆の集会、陪審による裁判を制限し、マサチューセッツを粗野な軍の支配下に置き、ボストンの町を英国兵が埋め尽くして圧倒的な力を誇示することができるようになっていた。

五月一三日、新任の軍司令官トマス・ゲージ将軍が、これらの法律を施行するために四個連隊を伴ってボストンに到着し、この自由の精神に溢れる臨海都市に大打撃を与えた。だが英国の報復は、英国議会が一方的に課税できると考えて怯んでいた植民地人が、まだ脆弱とはいえ団結するきっかけとなった。この時まで、各植民地は別々の国に等しく、共通の使命やアイデンティティを持っているという感覚もほとんどなかった。しかし今や、各植民地の通信連絡委員会がたがいに連絡を取り始め、英国商品の通商停止を呼びかけ、九月にフィラデルフィアで大陸会議を開くことに決めた。

熱烈な親英派のニューヨークでさえ、春の終わるころには、「外国の軍隊に包囲されているかのような大騒動」になっていた。[*39] こうした日々はハミルトンにとってわくわくするものだった。集会、請願書、ポスター、ビラといったものに気を取られ、勉強に身が入らないこともしょっちゅうだったにちがいない。しかも、第一回大陸会議のニューヨーク代表を選ぶに当たって、英国商品のボイコットを支持する強硬な反英派と、そうした手段は挑発的・自滅的過ぎるとして反対する穏健な市民とが対立した。そして一七七四年七月六日の午後には、戦闘的な秘密結社「自由の息子」（そもそもは印紙税法に反対するために発足した組織）が大集会を開いた。集会の場所は、キングズカレッジのすぐそば、自由の柱が聳え立つ草地コモン、別名フィールズだった。

集会では、アレグザンダー・マグドゥーガルが議長を務め、マサチューセッツに対する英国の制裁を非難する決議案を提出した。ハミルトンの人生で重要な事件となるこの集会をめぐる言い伝えからすれば、彼のスピーチは自然発生的に起きたこと、おそらくは参加者の一人に促されてしたことだったらしい。そして演壇に上がると、このほっそりした少年のような演説者は、たどたどしく話し始めたものの、やがて火がついたように雄弁を振るいだした。

後年のスタイルのとおり、ハミルトンは話せば話すほど、どんどんエネルギッシュになっていった。ボストン茶会事件を是認し、ボストン港の封鎖を非難し、植民地が団結して不公正な課税に反対することを支持し、英国商品のボイコットに賛成を明言した。そして、意気揚々たる締めくくりにはこう言った。そうした行動は「やがて北アメリカとその自由の救済となるだろう」、さもなければ「詐欺、権力、そして最高に唾棄すべき圧制が、権利、正義、社会の幸福、そして自由に対して勝利を収めてしまうだろう」[*40]。

スピーチが終わると、群衆は魔法にかかったかのようにしんと静まり返って立ち竦み、この聴衆を魅了する若き雄弁家を見つめたが、次の瞬間、どっと歓声が上がり、拍手喝采はいつまでも続いた。「大学生だぞ！」と人々は囁き合った。「大学生だぞ！」[*41]。ハミルトンは一九歳だったが、もっと若く見えた。それだけに、彼のスピーチはいっそう見事なものに見えた。そしてこの時から、彼は大義の若き英雄として扱われ、アレグザンダー・マグドゥーガル、ジョン・ラム、マライナス・ウィレットといった自由の息子の幹部からもそのように見なされることになった。特筆すべきことに、これを転機としてハミルトンは、彼が後に率いることになる慎重派の商人層ではなく、職人や工員を主とする急進派に与した。ハミルトンは野心をかなえるために北米へ移住し、名を上げるチャンスを見事につかんだ。この時もこの後も、西インド諸島出身のこの貧しい若者は、言葉の力と熱情で注目を集めた。アメリカの自由という大義に身を投じるや否や、ハミルトンはさらに歩調を速め、決して歩を緩めることなく突き進んでいった。

大陸不買同盟

コモンでの先鋭的な決起集会の噂が大学まで流れ込んできた時、クーパー学長は、これまで寛大な目で見てきた孤児が今やいかがわしい連中と親しく交わっていることに愕然としたにちがいない。クーパーに言わせれば、自由の息子なぞ「無法と内紛と混乱の息子」にすぎなかった。[*42] こうした事態は、クーパーにとっては厄介だった。クーパーは王の権威におもねっているのに、ハミルトンは王に背いて侮辱しているのだ。これよりちょうど三ヶ月前のこと、学長はニューヨーク総督のウィリアム・トライオンに追従的な公開状を出した。これは典型的な美辞麗句のお世辞で、しかも結びはこうなっていた。「社会が存続するかぎり、その声が届くかぎりどこであれ、トライオンの名は最高の恩人として称えられるでありましょう」[*43]。

ハミルトンはクーパーのことが「大好き」だったと述べている。何事もなければ、愛弟子になっていたのかもしれない。[*44] クーパーは機知に富んだ詩を発表しており、ギリシャ語とラテン語の学者で、食い道楽の世知にたけた独身男だった。ジョン・シングルトン・コプリーの描いた肖像画のクーパーは、ひげのないふっくらとした顔の男で、自信に満ち、取り澄ました様子でこちらを横目で見ている。キングズカレッジの教職員は多くなかったから、ハミルトンにラテン語やギリシャ語、神学、道徳哲学を個人教授したのはクーパーだったのだろう。

クーパーはカンタベリー大主教の推薦でキングズカレッジの学長に就任した。これは多くの点で優れた抜擢だった。これまで一〇年そこそこの間に、クーパーは医学部を開設し、図書館を拡張し、教授の人数を増やしたうえ、美術品のコレクションまで始めていた。ジョン・ウィザースプーン同様クーパーも、ジョン・ジェイ、ロバート・R・リヴィングストン、グーヴァヌア・モリス、ベンジャミン・ムーア、そしてハミルトン等、優秀な学生を抱えていた。一七七四年、クーパーは学長としての最優先事項に力を入れた。キングズカレッジを王立大学にする認可を得ることだ。ところが、アメリカ革命が彼の夢を打ち砕いてしまった。当初、彼は反乱が自分の野心を邪魔しているることに苛立っているだけだったが、やがて憤慨し、ついにはこの反乱を致命的な脅威と見なすようになった。そのため、中立的な傍観者でいることなどとてもできず、辛辣な小論で反英派をこき下ろし始め、茶税など非常に軽い税だと主張した。「ボストンの人々は心の曲がったひねくれ者（中略）で、彼らの設立勅許状を没収されてしかるべきである」と彼は書いている。[*45] こうした反動的な考え方ゆえ、クーパーはニューヨークでもっとも嫌われる忠誠派の一人となり、自分の学生からも次第に攻撃されるようになった。サミュエル・クロシーも騒動にうんざりし、英国へ戻った。

植民地の抵抗運動は、より組織的なものになり始めた。一七七四年八月の終わりには、ジョージア以外の植民地全部が、第一回大陸会議の代表を選び終えていた。ジョン・ジェイとジェームズ・ドゥエーンを始めとするニューヨークの代表団も、勇ましいファンファーレに送られてフィラデルフィアへ出発した。新聞記事によれば、「彼らの出発地まで大勢の住民がついて行った。旗がはためき、音楽が演奏され、通りの端ごとに大きな歓声が上がった[*46]」。こうして、

大陸会議の会場、カーペンターズホールというレンガ造りの建物で六週間ウィンザーチェアに座り続けた人々は、独善的な過激派などではなかった。独立のために戦う決意を固めていたどころか、これら代表は順法精神に富み、戦争が回避されるようにと皆で祈りを捧げていた。英国臣民としての忠誠を確認し、ロンドンと平和裏に和解できるよう望み、法的形式をきちんと尊重していた。だが、彼らの我慢にも限界があった。

結局、大陸会議は大陸不買同盟を形成した。これは強圧諸法が廃止されるまで、全面的に通商断絶を実施するというものだった――輸出入の停止はもちろん、英国商品の消費も行わない。そして、この禁止令が守られているかどうかを監視するための委員会を結成するよう、各地に指示が出された。同年一一月にニューヨークがこの委員会のメンバーを選んだ時には、ハーキュリーズ・マリガンを始めとして、ハミルトンの友人の多くがメンバーに名を連ねた。

ジョン・アダムズから見れば、ジェイとドゥエーンはあまりに小心者だったとはいえ、大陸会議の行動にニューヨークのトーリーは衝撃を受けた。マイルズ・クーパーにとっては、会議は悪魔のような反政府的扇動の巣だった。彼はこの会議を広く読まれた論説二つで厳しく非難し、仰天している植民地人に「大英帝国の臣民こそこの世で一番幸福な人々だ」と告げた。[*47] そして英国議会を批判するどころか、「植民地人の行動は耐えがたい」と主張した。[*48] さらに、会議のイニシアチブをこう痛烈に皮肉った。「武力で成功しようとか、国民を飢えさせて服従させれば成功するとか考えること自体、恥ずべき無知と思い上がりと愚かさの証拠だ」。[*49] 多くの人々と同じく彼も、植民地が英国の無敵の軍隊を打ち負かせるなどという考えは一笑に付していた。「アメリカがイングランドに抵抗できると信じるなど、ひどいのぼせ上がりだ」[*50]。大陸会議を罵ったニューヨークの英国国教会系聖職者は、マイルズ・クーパーだけではなかった。忠誠派の知識人グループには、後にトリニティ教会の教会主管となったチャールズ・イングルズ、ウェストチェスターの町で教会主管を務めていたサミュエル・シーベリーなどがいた。シーベリーは巨大な体躯と博識な頭脳を持った恐るべき男だった。イェール大学とオックスフォード大学で学び、非常に尊大なばかりか、活発な知性溢れる文章を書いていた。ウェストチェスターは勅許状によって特権を与えられていたため、地元の農民たちは通商断絶にことさら脅威を感じた。

そこで、大陸会議が散会になると、マイルズ・クーパーのことを熟知していたシーベリーは、「ウェストチェスターの一農夫」という偽名で一連の論説を書き始めた（このタイトルは、ジョン・ディキンソンの有名な北米植民地課税反対論『ペンシルヴェニアの一農夫からの手紙』のもじりだった）。シーベリーはその辛辣《しんらつ》な論説で、今回の大陸不買同盟の役員を「我々を刺し殺す」ことになる「毒のあるサソリども」と罵倒し、堅いヒッコリーの鞭で迎えられるだろうと述べた[*51]。そして賢明にも、どんなものであれ英国に対する不買運動の最大の犠牲者になってしまう、と警告することによって農民たちにアピールした。商人が英国から輸入できなくなったら、農民向けの価格を引き上げるのではなかろうかというわけだ。しかも「この地方からの輸出が止まった日から、農民は破滅の始まりの時を見定めることになるだろう。収入なしで生きていけるのか?」[*52]。

愛国派の論客

シーベリーの毒舌連載の第一回がジェームズ・リヴィングトンのニュー=ヨーク・ガゼッティア紙に掲載された後、同紙は激怒した愛国派の反応、特にハミルトンの新しい仲間の反応を報じた。「自由の息子と称する外来種の先の集会の折」と「農夫」の論説は切り出している。「そして数ページ読んだ後、彼らは皆(中略)それを火にくべることにした。知識のおかげではない。多くの者が、実に多くの者が書くことも読むこともできないからだ」[*53]。また、彼らは反感をはっきりと示すため、新聞にタールを塗りつけ、羽根まみれにし、鞭打ち刑の柱に叩きつけたという。それでも、この論説は人々に強い印象を与えた。愛国派がトーリーの論客に論破されており、愛国派にも舌鋒鋭い闘士が必要であることは明らかだった。

シーベリーはハミルトンが最高に力を発揮するために不可欠なものを提供した。強硬な対決姿勢だ。この若者は論争に引きつけられる傾向があったばかりか、喜々として論争に身を置いた。シーベリーに挑戦するに当たり、もしかしたらハミルトンは、マイルズ・クーパーの取り巻きグループである英国国教会の牧師と一戦交えることになるという小さな秘密にうすうす気づいていたかもしれない——そして、この秘密を実は楽しんでいたかもしれない。彼はこっそりと事を運び、匿名を保たねばならなかった（いずれにせよ、当時の政治的論評は匿名がつねだった）。だが、名を上げたいと強く願うハミルトンは、一八世紀に重視されていた形の野心に突き動かされていた——この野心について、後に彼は、「名声を好むこと、崇高な精神を支配する情熱であり、これがあってこそ、人は公共のために大きく困難な事業を計画し引き受けようとするものだ」と褒め称えている。[*54] 利己的な動機しかなければ、野心は無謀なものだったが、偉大な原理原則にのっとっていれば、野心は称賛に値するものだった。この、ハミルトンが活字の世界で初めて成し遂げた偉業では、彼は野心を高い理想に役立つものと考えたのだ。

一七七四年一二月一五日、ニュー＝ヨーク・ガゼッティア紙に新刊の小冊子の広告が掲載された。『会議の方策の全面的擁護』と題したこの小冊子は、「ウェストチェスターの一農夫」への回答を約束していた。かの農夫の詭弁が「暴露され、彼のへ理屈が論破され、彼の策略が看破され、彼の機知が嘲笑される」だろうということだった。[*55] この三五ページの論説は、ハミルトンが二、三週間で書き上げたもので、持てる知識と大言壮語を駆使して論争を挑んでいた。ここでの彼は、格調高い侮辱、当時必須だった文学の才にたけ、歴史、哲学、政治、経済、法律に関する早熟な知識を持っている。振り返れば、恐れを知らぬ向こう見ずな知的戦士、素手で殴り合う喧嘩のような論戦に強い論客を、彼が天職と考えていたのは明らかだった。『全面的擁護』のころには、ハミルトンは明らかに周囲の影響を受けていた。いくら移民とはいえ、彼のように過去を完全に捨て去り、新しい国を心から受け入れた者はあまりいない。

「私は商人でもなければ農民でもない」。セントクロイ島を出てからまだ一年半しかたっていないのに、今や彼はこう書いていた。「私は私の国の幸福を祈るがゆえに申し上げる」[*56]。私の国とはつまりニューヨークだ。まずハミルトンは、ボストン茶会事件を振り返り、その後ボストンに対して英国軍による「住民殺害の許可」等の懲罰的方策が取られたことについて検討している[*57]。そして、茶会事件の犯人を支持したうえで、犯人だけでなくボストン全体を罰した英国を非難した。それから、代表なくして課税ありという状況に対して人々の不平不満が募っていると述べ、通商断絶を擁護し、英国は大きな損害を被るだろうと明言している。これは後のハミルトンというよりも後のジェファーソンに近い感じがする。彼の描き出したのは、債務と税金に悩み、奢侈によって腐敗した英国像だ。

『全面的擁護』は、多分に冗長でくどくどしい。ハミルトンの成熟した文体の兆しと言えば、論拠を自然法と植民地勅許状と英国憲法に置いているという弁護士的な手法だ。この時にはもう、問題を先延ばしにする中途半端な解決策には我慢ならず、はっきりした解決を求めている。「いかなる共同体であれ、政治的救済が懸案となっているのであれば、推奨するに足る正義と情熱と成功する公算を持つ方策を考え出すのは、共同体の守護者たる者の責務だ」[*58]。だがもっとも印象的なのは、ハミルトンが権力者の心理に対し鋭い洞察を示していることだ。英国の首相ノース卿について、彼は次のように並外れて鋭く述べている。

首相は進みすぎて無事に退くことができなくなった。だが、できれば目的を果たしたいと心底思っている。（中略）普段の生活でも、過ちを取り消すのは最初のうちでさえ容易なことではない。不屈の努力によって粘り強く取り組み続け、困難を克服するのだ。（中略）これにこう付け加えてもよい。失望と反発は人の心を刺激し、犯した過ちにいっそう固執させてしまうのだ。[*59]

ヒュームの影響

シーベリーが『全面的擁護』に反論すると、ハミルトンは『反駁された農夫』で反撃した。これは八〇ページの力作で、一七七五年二月二三日にリヴィングストンが出版した。前作の二倍以上長いこの第二の論説では、政治と経済が前以上にしっかりと把握されている。シーベリーはハミルトンの処女作を嘲笑したが、今やその報いを受けることになった。「貴殿の批評家としての能力を高く買っているだけに、私は貴殿の称賛よりも貴殿の非難のほうを大いに好ましく思う」とハミルトンは率直に呼びかけた。[*60]そして、まるでシーベリーのほうが若い成り上がり者であるかのように、彼の反論を「幼稚で不合理」だと罵り、「現在の論争が始まって以来、これほどばかげた意見が世間の目に提示されたことはあまりない、とあえて申し上げたい」と断言した。[*61]こうした一刀両断の攻撃スタイルによって、ハミルトンはアメリカで一番恐れられる論客となったが、崇拝者と同時に敵も作ってしまった。フランクリンやジェファーソンと異なり、軽妙に相手を屈服させること、つまり、ずる賢く巧みで控えめな言い回しで相手をおとなしくさせることが最後までできなかった。

大半の植民地人同様、ハミルトンも英国との友好をまだ望んでおり、植民地人が英国臣民としての自由を全面的に与えられていないことを不満に思っていた。英国の課税に対するアメリカ側の反抗を正当化するに当たっては、植民地人は英国王に忠誠心を抱いているのであって、英国議会にではないという時流に乗った議論を展開した。この点はきわめて重要だった。というのも、植民地が国王とだけ結ばれているのであれば、理論上は、議会の支配から自由になって、大英帝国内で何らかの形のコモンウェルスとなることができるからだ。

実際、ハミルトンは「立憲君主制の熱心な支持者にして現王室の幸福を心から祈る者」だと自称している。[*62] そして、トレードマークとなったスタイルで徹底した研究成果を披露し、北米への勅許状をエリザベス女王まで遡って調べ、英国議会には何の権限もないことを示した。ある熱烈な一節では、ハミルトンは植民地人の自然権を引き合いに出してこう述べている。「人類の聖なる権利は、古い羊皮紙やかび臭い記録を探しても見つからない。それらは陽光と同様、神ご自身の手によって人間性全体に書かれており、死すべき人間の力では消すことも覆い隠すこともできない」[*63]。この文章はジョン・ディキンソンを反映している。幸福の本質的権利は神によって授けられるもので、人によって与えられるものではない、とディキンソンは書いていた。「それらは羊皮紙や印章によって我々に付与されたものではない」[*64]。ハミルトンはこの言葉に美とリズムを加えている。

また、ハミルトンはスコットランドの懐疑論哲学者デイヴィッド・ヒュームを読んでいたのも明らかで、政府の設立においては、「あらゆる人間は悪人であると見なすべきであり、その行動はすべて、私的利害以外の目的を持たないと考えるべきである」という彼の見解を引用している。この場合、政府の仕事は、利己的な努力をやめさせることではなく――やめさせようとしても、それは達成不可能な仕事だ――公共善のためにそうした利己的努力を利用することだ。自らの思い描く政府の輪郭を述べるに当たって、ハミルトンは人間性に関するヒュームの悲観的見方に刺激された。ハミルトン自身の人間観に類似していたからだ。英国が植民地交易から得る利益について語っているところでは、ハミルトンはこう言っている。「では、こう言わせていただこう。この利己的で強欲な世界では、少しばかりの自由裁量は、最悪の場合でも軽微な罪にすぎない[*65]」。このクールな言葉――「利己的で強欲な世界」――は、ハミルトンの生い立ちがいかに暗いものだったかを物語る。

予言的な洞察

『反駁された農夫』では、この西インド諸島出身の学生は、自ら選んだ国の雄弁な推進者となり、英国の圧制に抵抗するために団結する必要があると主張した。「圧制の剣が何の抵抗も受けずに四肢の一つを切り落とすのを許してしまえば、すぐさま何度も執拗に剣が振り下ろされ、全身を切り刻まれることになる」[66]。すでにハミルトンはアメリカの運命を長い目で見て、いつか植民地のほうが経済力で本国を凌ぐことになると考えていた。「さほど遠くない将来を考えると、我が国の生産量は、大英帝国やその関連地域が持ちうる需要をはるかに超えるだろうということがわかる。そのころには、人口も大いに増加し、私たちが必要とするものもそれに比例して増えるだろう」[67]。これこそ、まだ萌芽ではあるけれども、独立後に現れることになる巨大で多様な経済についての彼の展望だ。

『反駁された農夫』は、予言的な洞察がきらりと光る力作だった。アメリカが独立戦争など起こしても勝てはしない、と英国は考えていたが、ハミルトンは、フランスとスペインが植民地の味方になるだろうと正確に予言した。そして、この二〇歳の学生は、英国を破ることになる断片的かつ日和見主義的な軍事戦略を次のように予想している。

この二つの軍隊には、会戦して占領すべき大平原がないことを思い出していただきたい。(中略)我が国の事情からすれば、全面衝突を避けることが我が方の力になる。何もない広々とした野で会戦するよりも、小競り合いや急襲を幾度も繰り返して兵隊を悩ませ疲弊させる作戦のほうが好ましい。前者の場合、彼らの優れた規律と技術を十分に活かすことになるからだ。アメリカ人は、この国にもっとも適した戦い方に関しては、正規軍よりも適している。[68]

これはまさにワシントンの戦略だった。きわめて手短に凝縮されているが、レキシントンの戦いもコンコードの戦いもまだ起きてはいないというのに明確に提示されている。これは早熟な知識というだけにとどまらない。第一級の直観的な判断だ。

ハミルトンが二本の「農夫」論の筆者だという噂が流れると、マイルズ・クーパーを含め多くのニューヨーカーは、ばかげた噂だと一蹴した。ロバート・トループはこう述べている。「あれはクーパー学長と話をしていたときのことだ。学長はジェイ氏が筆者にちがいないと言い張った」。ハミルトンのような「若い者」があれを書けたなど「思うだにばかばかしい」[*69]。また、ウィリアム・リヴィングストンのようなもっと定評のある人物が筆者だと考える者もいた。ハミルトンはこの空騒ぎを喜んだにちがいない。彼の文芸クラブは大いに楽しんだ。共和主義の論客が足りない町では、ハミルトンは重要な新戦力だった。彼は無類のスピード（二本の「農夫」論は合計六万語に及ぶ）と並外れた自信、問題をやすやすと高度に把握する力を示した。そして、アメリカ独立革命の申し子として、新しい母国とともに成長し、強さと知恵をますます身に付けていくと同時に、敵も増やしていくことになる。

CHAPTER

4

The Pen and the Sword

ペンと剣

レキシントンの戦い

ハミルトンが『反駁された農夫』を書いたときには、すでに英国議会はマサチューセッツが反乱状態にあると警戒宣言を発し、服従を強いるために必要な手段をすべて取るという国王の確固たる決意を承認していた。そして一七七五年四月一八日の夜、八〇〇人の英国兵が、コンコードのサミュエル・アダムズとジョン・ハンコックを逮捕し、愛国派の武器弾薬を押収するため、ボストンを出発した。ところが、レキシントンを過ぎたところで、ミニットマンと呼ばれる武装した雑多な農民の集団に遭遇して銃撃戦となった。英国軍は植民地人八名を殺し、さらにコンコードでも二名殺害したが、ボストンへあたふたと退却するときも、今度は生垣や石塀やフェンスの陰からさんざん狙撃された。結局、英国兵二七三名が犠牲となり、愛国派も九五名の死傷者を出した。

この知らせは四日後にはニューヨークに届いていた。反乱の気運がたちまちニューヨークの町を包んだ。人々は酒場や街角に集まって事の成り行きをあれこれと考え、英国支持派のトーリーたちは震えおののいた。トーリーの一人、トマス・ジョーンズ判事は、抵抗派が意気揚々と大騒ぎしながら街路を練り歩くのを見てこう述べている。「太鼓を打ち鳴らし、旗を振りながら、黒人や少年や水夫やスリの群れを引き連れ、『アメリカの傷つけられた権利と自由』を守るために武器を取ろうと男たち全員に呼びかけていた」[*1]。再び勇気づけられた「自由の息子」は、イースト川の波止場へ押しかけ、ボストンの英国軍のところへ向かうことになっていた船を盗み、さらにはシティホールの武器庫からマスケット銃と銃剣と弾薬箱を奪って、合計一〇〇〇もの武器を横取りした[*2]。

この武器弾薬で武装し、民兵の義勇軍が一夜にしていくつも誕生した。同じようなことが全植民地で起きた。寄せ集めの市民軍だと英国からどれほど嘲笑されようと、彼らは真剣だった。そしてハミルトンも、マサチューセッツからの驚くべき知らせに燃えた。いち早くペンと剣の両方を手にした知識人は、彼ただ一人だった。ニコラス・フィッシュはこう述懐している。「レキシントンの戦いの直後、［ハミルトンは］制服に身を包んだ市民軍の一つに入隊した。フレミング大尉の指揮の下、この町の愛国的な若者が国を守るために作っていた軍だった。彼は軍の活動にかなりの時間を割き、パレードには必ず出かけ、交替勤務時間になると敏速かつ熱心に務めていた」[*3]。

フィッシュとトループも、キングズカレッジ義勇軍の熱心な幹部で、毎朝授業前に近くのセントポール教会の庭で軍事教練を行っていた。この教練を指導していたのは、エドワード・フレミングという英国軍連隊勤務の経験がある男だった。彼は結婚してデパイスタ家という名門の一員となったが、それでもアメリカ側に味方していた。厳格な規律を断固として重んじるフレミングは、ハミルトンの理想的なタイプの男だった。ちなみに、ハミルトンの息子によれば、この出来たての義勇軍はハーツ・オブ・オークという名だったというが、軍の名簿ではコルシカンズとなっている。若い新兵たちは、その丸い革の帽子にぐるりと刺繍されたモットー「自由か死か」を胸に、墓石の脇をきびきびと行進していた。しかも、彼らがやはり身に着けているぴったりした緑の短いジャケットにも、「神と我らが権利」と宣言する赤いブリキのハートがあった。

クーパー学長を暴徒から救う

ハミルトンはこうした毎日の教練にも、勉学の場合と同じく完全主義者的な情熱で取り組んだ。ロバート・トループはハミルトンの「軍人魂」を強調し、ハミルトンが「欠かさず参加し、上達の意欲満々」だったと述べている。[*4] しかも、チャンスをつかみ損なうことなど決してなかったハミルトンは、軍事の総合的な勉強も始めた。飲み込みの早い彼は、歩兵教練をマスターし、戦術に関する書物を夢中になって読み、ベテランの砲兵から砲術や信号弾の打ち上げの基本を学んだ。ヒュー・ノックスが心配していたように身体は丈夫なほうではなかったものの、この若者は人一倍根気強かった。まるで、たかが歩兵にとどまらない、それ以上の務めに向けてもう訓練中であるかのようだった。

四月二四日、約八〇〇〇人にも及ぶ愛国派の大群衆がシティホールに集結した。急進派は興奮に舞い上がり、怯えた多くのトーリーの商人は英国行きの船を予約し始めた。翌日、マサチューセッツでの愛国者の死は、マイルズ・クーパーと四人の「唾棄すべき紳士」に責任がある、と非難する手書きのビラが出回った。そして、トーリーの人形を焼くなどという象徴的な行為にとどめる時期はもう過ぎ去ったと訴えた。「おまえらが国に与えた傷は回復の余地がない」とこれら五人の忠誠派は警告された。「命からがら逃げ出すか、さもなくば自らが自らの死刑執行人となって運命を覚悟せよ」。この露骨な死の脅迫には「三〇〇万」という署名が添えられていた。[*5] だが、大胆不敵なマイルズ・クーパーは大学にとどまった。

五月一〇日の夜、数百人のデモ隊が気勢を上げた後、手に棍棒を持ち、政治的なアジ演説と強い酒が回って興奮した状態でキングズカレッジに向かった。マイルズ・クーパーに荒っぽい正義を与えようとしたのだ。ハーキュリーズ・マリガンによれば、クーパーは「トーリーであり、唾棄すべき男だったので、暴徒は彼にタールと羽毛のリンチか横木に載せるリンチでもしてやろうと大学に行った」のだという。[*6] キングズカレッジの卒業生のニコラス・オグデンは、怒り狂った暴徒が大学に押し寄せてくるのを見てクーパーの私室に駆けつけ、急いで裏窓から逃げるようにと学長をせきたてた。また、ハミルトンとトループ二人の部屋がクーパーの部屋のそばにあったため、オグデンは二人にも暴徒が迫っていると警告した。後にトループが書いたところによれば、「そこで、すぐさまハミルトンは、クーパーのアパートメントの前にある外階段に出て大演説をぶつことに決めた。そうしてできるかぎり暴徒を引き留め、クーパーが逃げる時間を稼ごうとしたのだ」[*7]。

暴徒が門を打ち壊して寮のほうへなだれ込んでくると、ハミルトンは熱のこもった演説を始め、このような行為は大義のためになるどころか、「自由という輝かしい大義を汚し傷つける」ことになる、と怒号を上げる暴徒に語りかけた。[*8] 一説によれば、少し耳の遠いクーパーは、上の階の窓から頭を突き出し、ハミルトンが玄関先の階段で身ぶり手ぶりを交えて熱弁を振るうのを見下ろしていたという。そして、自分の弟子が群衆を静めるのではなく扇動していると思い込んだらしく、こう叫んだと言われている。「そいつの言うことなど気にするな。そいつは気が狂ってるんだ!」[*9]。また、クーパーは暴徒に向かって「ハミルトンの言うことなど信じるな! そいつは少々ばかなんだ!」[*10]と叫んだという説もある。ただし、信憑性の高そうなのは、クーパーはオグデンの警告を聞いてナイトガウンのまま慌てて走り去り、とっくの昔に姿を消していたという説だ。

ハミルトンは乱入者を止めることはできないとわかっていたようだが、それでも彼が貴重な時間を稼いだおかげで、クーパーは裏手のフェンスをよじ登って越え、ハドソン川へ走って逃げることができた。だが、まだ身の危険を感じ、一晩中川岸をうろうろしたすえ、翌日、軍艦に乗り込んで英国へ向かった。そして、英国に戻ったクーパーは、安全な書斎から植民地人に対する厳しい非難を再開した。

特に注目すべきは、彼がこの逃避行についてメロドラマ風の詩を発表したことだ。そこで彼は、暴徒――「殺人鬼の群れ」――が彼の私室に乱入したときの様子を書いている。「そしてのろいの言葉を私の頭に詰め込みながら／彼らは鋭い鉄の棒でベッドを探る／人の血に飢えて」[*11]。こうした、血に飢えた暴徒に襲われた学長というイメージのほうが、半裸でびくびくしながら夜の闇のなかに逃げ込んだなどという陳腐な事実よりもはるかに得心の行くものだった。この後、クーパーはハミルトンに会うことは二度となく、英国がアメリカ独立革命に敗れたときには大いに嘆いた。遺言の中でも、「この忌まわしい反乱のせいで何もかも台無しになってしまった」とこぼさずにはいられなかった。[*12]

ハミルトンがマイルズ・クーパーをつい守ってしまったことは、アメリカに来たばかりのころの出来事の中で特に意味深長な一件だった。これは、彼が個人の名誉と政治的信念を区別できたことを示すと同時に、以後の人生で何度も出てくるテーマの前触れとなる。つまり、革命による復讐よりも許しを優先することだ。ハミルトンはあっぱれな勇気を示した。ひどい暴行を受ける危険を冒しただけでなく、自由の息子から英雄視されている地位を犠牲にする危険も冒した。しかしハミルトンは、結果がどうなろうと率直に自分の考えを述べるのが常だった。

何より、このエピソードは、この複雑な若者の内部で葛藤する矛盾した衝動を活写している。革命に傾倒する一方で、一般大衆の感情が危険なほど沸騰しすぎることを心底恐れていたのだ。自ら支持する反乱の最中にあっても、既存の権威が傷つくことを心配し、暴徒の支配を懸念していた。他の建国の父たち同様、ハミルトンも風格のある革命を好んだ。法廷や立法府の議場で、かつらを着けて正装した優れた演説者が礼儀正しく遂行するような革命だ。アメリカ独立革命が成功したのは、専制政治を打倒した情熱が破滅的な結果をもたらすこともある、と知っている懐疑的な人々によって行なわれたからだった。この前年の不穏な一時期、ジョン・アダムズも、もし「民衆、庶民、大衆、烏合の衆」があれほどおおっぴらに権威に反抗したらどうなることだろうと懸念していた。[*13]

公然たる反乱

ハミルトンを始めとするニューヨークの愛国派にとっては、一七七五年の晩春は、プライドと不安と希望と混乱の季節だった。五月六日、第二回大陸会議に出席するニューイングランドの代表団がフィラデルフィアへの途上ニューヨークを通り抜けたときには、大勢の市民が屋根の上や玄関先に群がり、ひっきりなしに打ち鳴らされる教会の鐘の音にも負けないくらいの大声援を送った。ニューヨークでは、旧来の忠誠派の議会が第一回大陸会議に代表を送ることを拒否したため、かつての議会は解散され、ニューヨーク植民地会議がこれに取って代わっていた。この新しい議会は、大陸会議代表団候補の集合体で、ハミルトンの将来の舅《しゅうと》フィリップ・スカイラーや将来の政敵ジョージ・クリントンなどもその一員だった。

五月一〇日にペンシルヴェニア植民地議事堂（現在のインディペンデンス・ホール）で会議が開催されたときには、ほとんどの植民地人がまだ平和的解決を祈っていたものの、今や武力衝突は避けられないと見られていた。第二回大陸会議は、真の政府と言えるものに必要な条件の多くを備えていなかった――軍隊も通貨も徴税システムもなかった――が、合衆国初の政府へ向けて大急ぎで進化していた。なかでも一番の急務は、最高司令官の任命だった。そして全員が目を向けたのが、大柄で寡黙なヴァージニア人、つねに並々ならぬ落ち着きと威厳を保ち、フレンチ・インディアン戦争での軍歴を物語る大佐の制服に身を包んだ男だった。代議員の一人はジョージ・ワシントンについて、「軽率なところがなく、怒鳴ったり不敬な言葉で罵《ののし》ったりすることもなく、まじめで冷静沈着、泰然としている」と語っている。[*14]

六月一五日、四三歳のワシントンは、大陸軍の最高司令官に指名された。ただしこれには、彼の才能と経験以上に大きな理由もあった。ここまでのところ、戦闘はニューイングランドに限定されていたため、ヴァージニア人を選ぶことで、この戦争は地域的なつまらぬ小競り合いなどではなく、全植民地による聖戦なのだ、というシグナルを送ろうとしたのだ。また、全植民地の人口の五分の一を抱えるヴァージニアは、指導的役割を果たす資格があると感じており、ワシントンの選出は、南部側を喜ばせ懐柔しようとする北部側の多くの努力の皮切りだった。

二日後、ボストンの北のバンカーヒル――正確には隣接するブリーズヒル――で戦闘が起きた。この戦いは、最初は愛国派が勝てるようにはとても見えなかった。アメリカ人は丘の上の砦から駆逐され、四〇〇人以上の死傷者を出した。それでも、愛国派の兵士は砲火に晒されながらも非常な冷静さを示し、英国側も一〇〇〇人以上の犠牲者が出た。犠牲者のなかには将校も数多く含まれていた。「累々たる屍《しかばね》の重なりは、まるで囲いの中の羊のようだった」とジョン・スターク大佐は言っている。[*15] この独立革命最初の正規戦は、無敵の英国軍という神話を打ち砕いた。そして、本国は植民地を服従させるために、犠牲者の数をどこまで我慢できるか、という問題を初めて提起した。英国は、植民地側の型破りな戦闘スタイルに動揺し、紳士的な交戦ルールも守らないことにあきれ果てた。憤慨した英国兵の一人は、アメリカのライフル銃兵が「木の陰などに隠れて、こちらの前衛の歩哨を狙撃する機会を待ち、撃ったらすぐに退却してしまう」とこぼしている。「そんな戦争の仕方はフェアじゃない」[*16]。

この戦いのあと、ジョージ・ワシントンはマサチューセッツのケンブリッジへ向う途中でニューヨークに立ち寄り、正式に総司令官に就任した。そして六月二五日、ホーボーケンから船でハドソン川を渡り、次いで白馬の馬車でブロードウェイを進んだ。この凱旋の行進は、キングズカレッジの前も堂々と過ぎていった。その栄光に満ちた夏の午後、アレグザンダー・ハミルトンは、有頂天になった見物人たちに混じって、誰にも目を留められることなく立っていた。二年後には、今初めて目にした将軍の側近になっているのだが、そのようなことなど思いもしていなかった。おそらくフィリップ・スカイラー少将が付き従っていたことだろう、青い軍服に紫の肩帯《サッシュ》をかけ、羽根飾りのついた帽子をかぶったワシントンは、そこはかとなく威厳を漂わせながら、あっという間に通り過ぎていった。

もっとも、第二回大陸会議が協議を重ね、カナダの植民地にも参戦を促していた間、ハミルトンは遊んでいたわけではなかった。ワシントンが最高司令官に任命された日、ハミルトンは、前年に成立したケベック法を攻撃する公開書簡二通の一通目をリヴィングトンの新聞で発表した。二通目は、ワシントンの訪問のちょうど三日前に掲載された。ケベック法は、ケベックの境界線をオハイオ川まで南へ拡大し、フランス系カナダ人カトリック教徒に宗教の自由を完全に保障するというものだった。愛国派から見れば、これは英国の寛容さの表れなどではなく、近隣の辺境にフランスの民法とローマカトリックを力ずくで押しつけることでしかなかった。

ハミルトンは、英国がカナダのローマカトリック教会の支持を得ようという邪悪な意図を隠し持っていることを見抜いていた。「この法律は、現内閣の陰謀をこれまでのいかなる所業も及ばないほど十分に明るみに出し、彼らが絶対的権力の確立を組織的に企てたことを示している」[*17]。ここでのハミルトンは、まるで先祖がえりでもしたかのように、ローマカトリックに対するユグノー教徒の恐れを露わにしているが、同時に、独立革命の最中もそれ以後もずっと反響し続けることになるテーマを発してもいる。宗教に対する政府の最善の姿勢は、消極的容認であって、ある既存の教会の積極的促進ではない、というテーマだ。

七月五日、第二回大陸会議は、これ以上の戦闘を避けるため、最後の弱々しい努力を行い、「オリーブの枝請願」を採択して、英国との和議を求めた。この請願は、英国王への忠誠を表明し、王の「狡猾で残酷な」大臣たちを巧みに非難するものだった[*18]。だが、傲慢な英国王ジョージ三世は、このような懐柔のメッセージにわざわざ返事などしなかった。冷ややかで頑なな国王の態度は、議会の穏健派を意気消沈させ、軍備強化という路線を固めた。八月二三日、国王は勅令を発し、アメリカの臣民は「公然たる反乱へと踏み出した」と宣言した。[*19]今や、世界最強の国家が、海外の従順でない植民地人の抵抗を打ち砕こうと、取り消しの効かない誓いを立てたのだった。

偶然にも、同じ八月二三日の夜、アレグザンダー・ハミルトンは英国軍の力を初めて、忘れられないほど強く思い知ることになった。四方を水で囲まれたマンハッタンは、英国の無敵艦隊の攻撃を受けやすく、海軍がなければ長くは持ちこたえられない。これは周知のことだった。そのため、英国の軍艦アジア号がその夏、港に姿を見せたときには、それだけで効果的に恐怖をあおることになった。ニューヨーク植民地会議も、今のバッテリー公園の先端にある砦フォート・ジョージに据えられている二四門の大砲を英国軍が奪い取るのではと懸念した。そこでハミルトンは、キングズカレッジの学生有志一五人と一緒になって、重い大砲をコモンにある自由の柱の下まで牽引して退避させるという危険な任務を引き受けた（後の大学の言い伝えによれば、このとき救出した大砲のうちの二門は、大学の芝生の下に埋められたという）。

ハミルトンら学生たちが大砲にロープをかけ、一〇門以上救出したところで、岸の近くに停泊していたアジア号の将官艇が、彼らに向かって地上掃射を始めた。おそらくハミルトンもいただろう、愛国派も反撃し、やがて将官艇はアジア号へと素早く退いた。その後、アジア号の舷側砲によるすさまじい一斉射撃が始まった。轟音を立てて飛んでくるぶどう弾や球形砲弾が、居酒屋のフローンシス亭の屋根に大きな穴を開け、パニックに陥った多くの住民は、ベッドから飛び出し、悲鳴を上げながら路上へ避難した。

マイルズ・クーパーを守ったときと同様、恐れを知らぬハミルトンは、このときも類い稀な沈着さを示した。ハーキュリーズ・マリガンはこう書いている。「アジア号が町を攻撃した。ハミルトン氏もその場にいたことは、よく覚えている。というのも、大砲の一つを引っ張っていた最中にH氏がやってきて、自分のマスケット銃を私に渡して構えさせると、今度は彼がロープを握ったからだ」。ハミルトンはその大砲を運び終えた後、またマリガンのところへ駆け戻り、マスケット銃を返してくれるように言ったが、マリガンは銃をバッテリーに置いてきてしまっていた。そこはアジア号の激しい砲撃を特に受けやすい場所だった。マリガンによれば、「置いてきた場所を彼に告げると、砲撃が続いているというのに、彼は取りに行った。まるで軍艦がいないかのように平然としていた[*20]」。

民衆の無秩序を懸念

その秋はレジャーを楽しむ暇などほとんどなかった。しかもハミルトンは、ニュー＝ヨーク・ガゼッティア紙の発行人ジェームズ・リヴィングトンの立場が次第に不安定になっていたことをめぐり、新たな苦境に陥った。ロンドンの裕福な本屋の息子であるリヴィングトンは、上品だが喧嘩好きで、いつも銀髪のかつらをつけているような男だった。一七七三年にウォールストリートの端で新聞を発行し始めたときには、政治的に中立であることを誇りとし、どのような視点でも受け入れると断言していた。ハミルトンとの関係が示すように、トーリーの信条に疑問を投げかけることも嫌がらなかった。

ところが、時がたつにつれ、彼の新聞は、トーリーの意見が目立つようになっていった。とりわけ「自由の息子」に対して辛辣で、粗野な労働者階級の支持者、なかでも指導者のアレグザンダー・マグドゥーガルとアイザック・シアーズにひときわ厳しい罵詈雑言を浴びせた。一七七四年九月には、シアーズが容赦のない手紙をリヴィングトンへ送って報復するまでになっていた。「貴殿は、少しもわかっていないことに対して、無知なのにずうずうしくもわかっているふりをなさっているか、あるいは、どんな悪党でも自分を買ってくれるなら、そいつの汚れ仕事を引き受けようと待ち構えているような、さもしい卑屈な手先か、そのいずれかだと私は思う」とシアーズは書いている。[*21]

この直後、ライバル紙のニュー=ヨーク・ジャーナル紙も、リヴィングトンに裏切られたと感じてガゼッティア紙の購読を打ち切った愛国派の購読者の長いリストを掲載した。そしてレキシントンとコンコードの戦いの後、リヴィングトンはもはや余命いくばくもなかった。マイルズ・クーパーをキングズカレッジから追い出したのと同じ暴徒が、茫然自失したリヴィングトンを襲ったのだ。彼はそれから一〇日間、軍艦キングフィッシャー号に隠れ続けた。そして自分の印刷所に戻ってきたものの、まだ試練は終わったわけではなかった。その夏の終わり、ニューヨーク植民地会議が、誰であれ敵を助ける者は、武器を没収されるか収監され、場合によっては追放までもありうる、と定めたのだ。アイザック・シアーズは、この決定に乗じて、リヴィングトンとの関係をきっぱりと断った。

ニューヨークの街の「王」と渾名されてはいたが、実はシアーズはただの庶民の英雄などではなく、西インド貿易に従事し、フレンチ・インディアン戦争時には私掠船を指揮して一儲けした裕福な船長だった。一一月一九日、シアーズはコネティカットで一〇〇騎近くの騎馬兵からなる市民軍を集め、サミュエル・シーベリー牧師を誘拐すると、ウェストチェスターにいる牧師の家族を脅してから、この屈辱を受けているトーリーの人質をニューヘヴンで引き回して見せびらかした。だがシーベリーは、兵士の見張りの下で監禁されながらも、自分がハミルトンの有名な反論を招いた論説の筆者「ウェストチェスターの一農夫」であることは白状しなかった。シアーズの小隊は南へ向かい、それからマンハッタンにあるリヴィングトンの印刷所に一気に奇襲をかけた。新聞を発行できなくするためだった。後にハミルトンがジョン・ジェイへの手紙の中で苦悩を吐露したことから、これは、資料による裏付けが十分にあるキングズカレッジ時代のエピソードの一つとなっている。

また、この騒動については別の資料もある。おそらくかつての師ヒュー・ノックスに勧められたのだろう、ハミルトンはニューヨークから無署名の至急報をロイヤル・ダーニッシュ・アメリカン・ガゼット紙に送ったようだ。今まで発見されていなかったこれらの記事によって、独立革命初期の彼の生活の一端がより詳らかになり、概略だけを述べた彼の初期のキャリアの記録にある大きな空白がいくつも埋まった。リヴィングトンに関する報告の中で、無名の記者は次のように書いている。

先週のニュー＝ヨーク・ガゼッティア紙すべての記事が、結果として、一一月二三日に発行のリヴィングトン氏を仰天させ、七五騎のコネティカット軽騎兵隊に包囲されるという事態を招いた。銃剣つきの火縄銃を手に、軽騎兵隊は正午から午後一時の間に氏の家に押し入ると、活字をすべて完全に破壊して、仕事がまったくできないようにし、五〇歳を超えた氏を、悲しいかなそれまでの仕事を再び振り出しから始めねばならない事態に陥れた。市民はびっくりしながらすべてを眺めていたが、この苦しめられ排斥された発行人を助けることはまったくできなかった。ニュー＝ヨーク・ガゼッティア紙の印刷は、アメリカが良き政府の再建に恵まれるまで中断されることになろう。[*22]

この至急報の執筆者は匿名だが、ハミルトン以外の誰がこのような記事をセントクロイ島へ送るというのだろう？　ハーキュリーズ・マリガンの言葉からも、リヴィングトンの擁護に立ち上がる勇気を持っていた目撃者は、ハミルトン自身であったことがわかる。「リヴィングトンの印刷所が東方から来た一団に襲撃されたとき、H氏は、我々の隣人が我々の権利を侵害することに憤慨し（その印刷所はトーリー派だと考えられていたが）、現場へ行くと、居合わせた人々に向かって演説し、誰か自分に協力して、この侵入者が活字を奪い去るのを阻もうとする者はいるか、と問いかけた[*23]」。

暴徒がマイルズ・クーパーを襲ったときと同じく、リヴィングトンの事件の場面も、ハミルトンの記憶にしっかりと刻み込まれた。こうした暴徒による混乱に対する彼の恐れは、フランス革命に対する彼の心配そうな反応を予示するものだった。シアーズの配下がリヴィングトンの店を襲ってから数日後、ハミルトンはジョン・ジェイに手紙を書き、リヴィングトンの新聞が「危険で有害」だったこと、リヴィングトン自身「唾棄すべき」人物であることを認めた。それでも、あのような行為の無法性は非難せざるを得ないと感じていた。

現在のような動乱の時代には、人々の情熱が異常なまでに煽られると、致命的なほど極端に走る危険が大いに出てくる。指針となる理性や知識を十分に持ち合わせていない庶民の場合、専制や抑圧に抵抗するとき、彼らに適した情熱の状態が、すべての権威に対する軽蔑と無視へと彼らを導いてしまうのはごく当然のことだ。もっと知的な人々の間でも、中庸はなかなか見つからない。無分別な民衆となると、ほとんど不可能だ。こうした人々は、旧来の体制や方針への愛着から心が解き放たれると、軽はずみになるらしく、多かれ少なかれ無秩序に陥りがちになる[*24]。

この矛盾を抱えた二〇歳の若者が、独立革命を支持しながらも、日常的な無秩序、特に無教養な民衆の無秩序の長期的影響を懸念していたのは明らかだ。ハミルトンは、根っからの革命家の気質など持ち合わせてはいなかった。自由が大きくなればなるほど、無秩序も拡大する可能性があるばかりか、危険な論法によって、また自由の喪失へ戻ってしまいかねないことをわかりすぎるほどわかっていた。ハミルトンの生涯にわたる仕事は、この矛盾にまたがって解決し、自由と秩序のバランスを取ろうとすることだった。

印刷所襲撃の後日談も語るに値する。ジェームズ・リヴィングトンは一時的に仕事ができなくなったものの、英国軍がニューヨークを占領していた時期に「国王陛下の発行人」として復活した。ただし、看板は偽りの可能性もある。ロイヤル・ガゼット紙で愛国派を罵倒する一方、実はリヴィングトンは、英国海軍の情報をこっそりとワシントンへ伝えていた。本のカバーの内側に情報を隠し、愛国派のスパイに売っていたのだ。やがてしかるべき時に、彼は報われることになる。

精力的な執筆活動

リヴィングトンが批判に晒され口封じされていた時期、それでもハミルトン自身は出版したくてたまらなかった。本好きの野心的な若者としては、印刷物上に英国の内閣を批判する論陣を張ることこそ、名声に至るもっとも確実な道だった。一七七六年一月初め、二年前にフィラデルフィアにやってきた独学の英国人移民、トーマス・ペインが、匿名で『コモン・センス』（邦訳岩波文庫）を出版し、ハミルトンにぴったりのモデルを提供した。かつてコルセット職人や収税吏などの仕事をしていたペインは、アメリカの独立を強く呼びかけ、『コモン・センス』は、その年の終わりまでに一二万部という驚異的な売り上げを上げた。

このころには、ハミルトンは、寄稿先を筋金入りの共和制支持派新聞、ジョン・ホルトのニュー＝ヨーク・ジャーナル紙に変えていた。ホルトは一七七四年、題字の部分から王室のシンボルを外し、代わりにベンジャミン・フランクリンの有名な版画を載せた。この版画は、二〇年前にフランクリンがオールバニー連合案（植民地連合計画）を促進するために彫ったもので、ばらばらに切断されたマムシと「Unite or Die（連合か死か）」（フランクリンの版画では「Join or Die」となっているが）という当時の闘争スローガンが描かれている。ロバート・トループによれば、ハミルトンは大学時代多くの論文を発表したが、「特に、熱心なホイッグ党員のジョン・ホルトが当時ニューヨークで編集していた新聞で」発表していたという。[*25] またハミルトンは、詩のほうも止めてしまったわけではなかった。滑稽詩、押韻詩、風刺詩などを書き続けていた。これら詩の山は、トループに預けられたが、結局、トループが独立革命中に紛失してしまった。

奇妙なことに、トーリーのリヴィングトンが出したハミルトンの論文は、『アレグザンダー・ハミルトン文書』に収められているが、周到なはずの編者たちは、ハミルトンが反体制派のホルトと組んで出したもののほうは漏らしている。だがハミルトンの同時代人は、ハミルトンがニュー＝ヨーク・ジャーナル紙のひときわ手厳しい社説のいくつかを書いた無名の記者であることを承知していた。「ハミルトン氏にはずっと忙しくしていてもらいたい」とジョン・ジェイは、一七七五年一二月五日にアレグザンダー・マグドゥーガルに告げている。「この三ヶ月というもの、ホルトの新聞を受け取っていないから、彼がどのくらい進歩したか判断できない」[*26]。

実際、ハミルトンの寄稿は、誰の目にも歴然としたものだった。一七七五年一一月九日から翌年二月八日にかけ、ニュー＝ヨーク・ジャーナル紙は、一四回連載の『モニター』を掲載した。これはおそらく、ホルトが革命前に出版した論説の中でもっとも長く、もっとも大々的に扱われた記事だろう。この連載では、ハミルトンは、先の反「農夫」論の中心テーマ、つまり、植民地は国王に忠誠心を抱いているのであって、英国議会に抱いているのではない、という主張を要約している。後にハミルトンは、常備軍に対する反対といったような、もっと大胆な意見の一部を引っ込めたし、政治家や王族、ローマ法王や司祭に強烈な嘲笑を浴びせたことを後悔したかもしれないが、これら論説の多くは、ハミルトンの真骨頂だ。

『モニター』には、ハミルトンが執筆者であることを示す手がかりが数多くある。まず、事務員の「卑屈な」生活を嘆いている一七六九年のエドワード・スティーヴンズ宛ての手紙をなぞったかのように、ハミルトンはここでも、「自由民から奴隷へと」堕落させることになる「卑屈な性分」に気をつけろと同志に忠告している[*27]。また、リーダーシップについても、はっきりした決然たる行動の必要性について断言した後年の言葉を先取りしているかのような見解を披露している。「社会的難局においては、過剰な用心と臆病と遅延ほど有害なものはほとんどなく、活力と進取の気性と迅速ほど有益なものはない」[*28]。さらに、あの反「農夫」論をほぼ逐語的にたびたび繰り返している。たとえば、英国の内閣についてはこう述べている。「彼らは深入りしすぎて、相応の汚名と危険なしに退却することができなくなった。彼らの名誉、信用、大臣の地位、そしておそらくは生命自体が、現在の仕事の成功にかかっている」[*29]。多作な作家によくあるように、ハミルトンも自分の文章を気づかずに引用してしまうことがあった。

また、『モニター』を読むと、ハミルトンが特異な革命家であったことがわかる。最初、彼は革命の未来について、急進派の十八番である心かき立てるような楽観を示している。アメリカの運命への賛歌を歌い、戦後の国は「専制支配にへりくだって従っていては決してありえないほど高度な壮大さと豊かさと力」を持つまでに向上するだろうと予言している[*30]。

ところが、こうした希望に満ちた未来像は、人間に関する事柄についての悲観的な見方に邪魔をされてしまう。ハミルトンは同胞を褒め称えながらも、「多くの者の行動が、人類に対するきわめて痛烈な風刺となっていることは、心ふさぐ真実である。それは、矛盾、虚言、勇気の欠如、利己主義、偽装から成る」と冷笑せずにはいられない[*31]。またハミルトンは、殉教に魅了され、「名誉ある人生を送るか、栄誉の死を甘受するか」、いずれかを誓うべきだと植民地人に告げている[*32]。こうした考えに魅了されるあまり、ハミルトンは『モニター』の連載の一つを、次のように始まるポープ訳『イリアス』の一節で締めくくっている。「死は最悪のもの、皆が挑まなければならぬ宿命。そして我らが国にとっては、死は至福」[*33]。

ハミルトンは、『モニター』を週に一本という狂ったようなハイペースで書き上げた。まだ学生の身で、しかも、セントポール教会の庭での軍事教練に毎朝きちんと出ていたことを考えると、このペースは信じられないどころではない。だが、彼の活動はこれだけではなかった。この比類なき学生は、法律研究の準備も始めており、キングズカレッジの立派な法律関係蔵書をくまなくあさって、ウィリアム・ブラックストンとエドワード・クックの著作に夢中になっていた。後に自ら述べたところによれば、「たゆまぬ勤勉な努力」によって、彼は学士号を取り、「準備学習によって、法律家という将来の職業の基礎を築く」ことができたという[*34]。ハミルトンがキングズカレッジに在籍したのは二年あまりで、独立革命が勃発したために、正式に卒業しなかったようだ。マイルズ・クーパーとのかつての関係のせいで評判に傷がついていたキングズカレッジは、一七七六年四月六日、愛国派の軍に接収され、陸軍病院に転用された。

砲兵隊長ハミルトン

二月八日に『モニター』の最終回を出した後、ハミルトンは新進の論客という名声を利用して、軍功という夢にぴったりの軍務を手に入れた。そして二月一八日、ロイヤル・ダーニッシュ・アメリカン・ガゼット紙に速達で私信を送り、軍に加わったことを知らせた。この無署名の手紙は、殉教の不吉な予感に溢れている。「はたしてまたそちらへ書き送ることができるかどうかはわからない。（中略）私は軍に入隊するので、もしかしたら、まもなく、私のペンで守ってきた意見を私の血で確認することになるかもしれない。それが天の定めなら、それでよい。私は死ぬために生まれてきたのだし、私の理性と良心が、これ以上の大義のために死ぬことなどありえないと言っている」[*35]。

このようなことを告げたのも、ニューヨーク防衛のために、植民地会議が砲兵中隊の編成を決め、この上昇志向の西インド諸島出身者に一頭地を抜くチャンスをまた一つ与えたからだった。大抵の革命がそうであるように、この独立革命も、才能豊かなよそ者の加わる余地が十分にあった。しかも、ハミルトンにとって幸運なことに、ニューヨークで最初の愛国派の連隊を結成するという仕事に当たっていたのは、アレグザンダー・マグドゥーガルだった。元船長のスコットランド人、激しやすく喧嘩早いマグドゥーガルもやはり長老派で、ウィリアム・リヴィングストンのいわば子分だったから、もしかしたらリヴィングストンが紹介したのかもしれない。キングズカレッジ在学中、ハミルトンはマグドゥーガルから政治パンフレットを借りたものの、自室から盗まれてしまい、恥ずかしい思いをしたこともあった。

二月二三日、植民地会議は、「マグドゥーガル大佐がアレグザンダー・ハミルトン氏を砲兵中隊の中隊長に推薦した」と報告した[*36]。ロバート・トループによれば、マグドゥーガルはジョン・ジェイ（この時にはウィリアム・リヴィングストンの娘婿になっていた）をつついて、ハミルトンのためにこの憧れの職務を押さえたのだという。ハミルトンは検査を受けた後、一七七六年三月一四日に任命された。この学生に砲兵中隊を率いることがうまくできるだろうか、という疑問も浮上したが、そうした疑問は、マグドゥーガルとジェイが言葉巧みに説き伏せて消した。実は、この任官の直前、ハミルトンは、イライアス・ブードノーからロード・スターリングの代理として話を持ちかけられている。准将に昇進していたロード・スターリングが、ハミルトンを副官にしたいと言っているということだった。だが、頑固なハミルトンは、誰かの部下になることなど嫌がり、心動かされる同輩もいるはずの申し出を拒絶した。がっかりしたスターリングに、ブードノーは、ハミルトンは砲兵隊の指揮を執ることになったため、「旅団副官として閣下に仕えるという光栄を断った」と知らせた。[*37]

ハーキュリーズ・マリガンは、ハミルトンの砲兵隊長任官が、兵員を三〇名集めることができればという条件付きだったと述べている。そして自慢げに、ハミルトンと二人で一日目の午後だけで二五人入隊させたと言っている。結局、ハミルトンの指揮下には六八人が入り、ハミルトンはそれら部下に対し、父親としての責任にも似た責任を負うことになった。部下の中には、読み書きができず、いわゆるペイブック（出納簿）にサイン代わりに印を書き込む者もいた。このペイブックは、ハミルトンが部下の食料、衣類、給料、訓練用備品を管理するために記録していたものだった。言い伝えによれば、ハミルトンは、自分のセントクロイ島の寄付基金から金を受け取り、自分の中隊の装備に使ったという。彼は後にこう書いている。「軍の誇りは、軍事パレードによって生まれ、保持される。新兵に武器の使用法を教えるに当たっては、時間を無駄にしてはならない*38」。

この二一歳の中隊長は、部下と苦労を分かち合うことで有名な、人気のある指揮官になった。不公平な事態に敏感で、大陸軍並みの給料と糧食を自分の部下にも与えてほしいと陳情したこともあった。また、実力主義の信奉者であるハミルトンは、部下の昇進にも積極的だった。これは、ニューヨーク植民地会議の方針でもあった。部下の記憶にあるハミルトンは、一徹だが公正な上官だった。後に部下の一人は、ハミルトンが政治的にはうるさい敵となっていたにもかかわらず、彼を顧問弁護士として雇った。このようなことはいかがかと思う、とハミルトンが疑問視すると、この元兵士はこう答えたという。「戦争中、私はあなたの中隊に所属していましたから、いかに無礼でも私を正当に扱ってくださることはわかっています*39」。

またハミルトンは、終始軍服にうるさく、部下はきちんと正装していなければならないと考えていた。「兵士の虚栄心を刺激してやることほど必要なことはない」と彼は後に書いている。「このためにはスマートな服装が不可欠だ。注意していなければ、兵士が嘲られ恥をかいてしまうことになる*40」。ハミルトンの部下は、真鍮のボタンと牛革の襟の青いコートを着て、白の肩帯を斜めにかけていた。さらに四ヶ月後には、ハミルトンは部下のために鹿革のズボン七五着も調達した。必要とあれば、部下に個人的に金を貸すこともあった。しかも、ハミルトンの中隊は、見た目も振る舞いも、まさに砲兵中隊にふさわしいものだった。トループによれば、

「中隊が編成されると、さっそく彼は、軍紀の面でも職務の面でも完璧な隊にしようと、疲れ知らずで骨を折り始めた。まもなく、彼の中隊は、全軍中もっとも見事な軍紀の手本と評価されるまでになった」[*41]。後に、その当時少将となっていたハミルトンは、部下の教練や訓練に自ら関与することが必要だ、と配下の将校に教えている。

ハミルトンは、初心者にありがちのだらしない優柔不断な態度も見せず、上官数人にも強い印象を与えた。そうした上官も、増えつつあったハミルトン崇拝者の仲間に加わった。ある日のこと、以前は金物屋だった元クエーカー教徒、ロードアイランド出身のナサニエル・グリーン将軍は、コモンを横切る際に、ハミルトンの姿に目を引きつけられた。そして、この若者が部下の行進の訓練を実に手際よく行っていることに感心し、立ち止まって話しかけた。さらに、ハミルトンを夕食に招き、その豊富な軍事知識に仰天した。ほとんど独学だったグリーンは、ハミルトンのにわか仕込みの専門知識を見極めるにはぴったりの人物だった。というのも、グリーン自身、軍の経歴と言えば市民軍での二年間しかなく、彼が戦争について知っていることの大半は、やはり本からこつこつと学んだものだったからだ。「彼の知識は直観的なものだった」と当時砲兵総監だったヘンリー・ノックスは後にグリーンについて語っている。「初めて会ったときの彼は、私が会った中でもっとも無教育で無経験な人間だったが、一年もしないうちに、軍のどの将官にも引けを取らないほどの軍事知識を身に付けた」[*42]。

ジョージ・ワシントンも、ナサニエル・グリーンのことを将官の中で一番高く評価していた。

もしかしたら、ハミルトンの優秀さを最初にワシントンに売り込んだのはグリーンかもしれない。ロード・スターリング同様、グリーンも、ハミルトンに自分の副官になってほしいと依頼した可能性もある。もしそうなら、ハミルトンはまたもや将官の申し出を撥ね付けたということだ。

ワシントン暗殺計画

三月にボストンが大陸軍の手に落ちると――これは英国にとっては衝撃であり、愛国派には元気づけられる出来事だった――次はニューヨークが戦場になるだろうということで、ニューヨークの町は迫り来る侵攻に備えた。すでにハミルトンは、遠くのセントクロイ島の読者にこう伝えていた。「現在この町は、住民の半分以上が、全市的なパニックに襲われて町から避難している[*43]」。三月以来、ここではロード・スターリングの指揮の下、四〇〇〇人が、主要道路を封鎖したり、ハドソン川からイースト川までマンハッタンを横切る形で砲台や土塁を張り巡らしたりする仕事に当たっていた。ハミルトンの中隊も、現在のカナルストリートとマルベリーストリートの交差点近くにあるバイアーズヒルの高台に大砲一二門を据えた小さな砦を築いた。

四月、ニューヨークの軍備状況を見るために、ワシントンがニューイングランドからやってきて、ハドソン川沿いのリッチモンドヒルという屋敷を司令部として使った。ここは後にアーロン・バーの自宅となった場所だ。奇妙な偶然だが、不首尾に終わった愛国派のケベック攻略から戻ったばかりのアーロン・バーは、六月にワシントンを訪ね、ワシントンの副官になってほしい――当時の言い方では、「ファミリー（家族）」になってほしい――という申し出を受けている。

一説によれば、上流階級の若者であるバーは、過大な期待を抱き、ワシントンが戦略上の大問題を相談してくれるものと思い込んでいたらしい。だが、どちらかと言うとつまらない任務しか与えられないと知ると、バーはうんざりしてすぐに辞し、ワシントンに手紙を書いて、不適格な人間が自分よりも先に昇進したのはどうかと思う、と抗議した。そして、イズリエル・パトナム少将の下で働き始めた。こうしたアーロン・バーの性格――陰謀好きなところ、十分な敬意を払わないこと、そしておそらくは、飽きもせず女性を追いかけ回していること――に、ジョージ・ワシントンは不快感を覚えた。バーの政治家としての将来は、戦時中のワシントンとの冷たい関係によっておおむね形作られた。一方、ハミルトンを筆頭に、ほかの同時代人は、ワシントンの高い評価をうまく利用した。

この時期のワシントンは、ハミルトンのことはかろうじて気づいていただけだった。厳しい大尉だったハミルトンは、軍曹一名、伍長二名、兵卒一名を「反抗」のかどで逮捕するよう命じ、これらの者は軍法会議で軽い罰を受けた。ワシントンは、主犯二人を赦免してから一般命令を出し、一七七六年五月一五日の「日曜の一〇時にコモンにおいて」配下の中隊を集合させるように、とハミルトンに命じた[*44]。

　また、ロイヤル・ダーニッシュ・アメリカン・ガゼット紙によれば、その一ヶ月後、ハミルトンは勇敢にも、一〇〇名の兵士を率いて、ニューヨーク港の外にあるサンディフック灯台に夜襲をかけた。「私は野戦砲と小火器で二時間にわたって攻撃し続けた」と従軍記者兼砲兵中隊長は報告している。「その間ずっと、船と灯台両面からの激しい挟撃に晒された。だが、防壁はびくともしなかった[*45]」。ハミルトンは兵を一人たりとも失わなかった。そして、攻撃が失敗したのは、武器弾薬が十分になく、敵に攻撃の情報が漏れていたからだと考えた。ハミルトンは若々しい夢の勢いのまま、夢想の世界から現実の戦場指揮官へと脱皮していた。

　マンハッタンに戻ったハミルトンは、トーリーの支持者に対する非道な暴力が町に横行しているのを知った。多くの忠誠派が、「ライディング・ザ・レール（横木載せ）」という悲惨なリンチを受けていた。角張った横木にまたがって載せられ、大きく屈強な男二人に運ばれて町中を引き回されるというものだ。しかも、四辻に差し掛かるたびに名前を大声で呼ばれ、見物人に囃し立てられるという辱めを受けた。ある見物人はこう言っている。「今週、この町で大きなトーリーのライドがあった。（中略）その何人かは、かなり手荒に扱われていた。服を背中が見えるほどずたずたにされ、身体をほこりだらけにされたまま、横木に載せられ町中を引き回された。（中略）今朝はトーリーの顔がほとんど見られない[*46]」。

　ニューヨークはトーリー派の牙城だっただけに、ワシントンに対する陰謀が企てられているのではないかという不安が広がっていたのだ。もしワシントンが捕虜になったり暗殺されたりでもすれば、英国を計り知れないほど利することになる。実際、元ニューヨーク総督のウィリアム・トライオンは、まさにそのような陰謀を練り上げようとしていた。ハミルトンがサンディフックから戻った六月二一日、ワシントン将軍を殺害し、英国を助ける忠誠派軍を集めようという陰謀が明らかになったのだ。そして、トーリーであるニューヨーク市長のデーヴィッド・マシューズが、「アメリカの植民地連合の権利と自由を侵害する危険な計画と大逆の陰謀を企てたかどで」告発された。*47 このほか、このショッキングな陰謀に関与していた者には、トマス・ヒッキー軍曹を始めとするワシントンの護衛数名も含まれていた。マシューズ市長は英国と接触していたことを認め、コネティカットで収監されたが、挑戦的なヒッキーは軍法会議での証言を拒み、死刑に処せられた。

ハミルトンはこの劇的な事件もセントクロイ島の読者に伝え、「この上なく野蛮な極悪非道の陰謀が、当地のトーリーの間にあったことが明らかになった」と書いている。そして、広範囲にわたる陰謀の概略を述べ、陰謀の目的は、「参謀将校全員を殺害し、弾薬庫を爆破し、町の通路を確保する」ことだったと断じている。*48 六月二八日、二万人近くの見物人——ハミルトンも含め、まだ町に残っていた者ほぼすべてということになる——が、バワリーのそばにある草地に集まった。トマス・ヒッキーの絞首刑を見るためだった。囚人はいまだに後悔した様子もなく、ワシントンは彼を見せしめにすることに決めたのだ。ヒッキーは牧師の立会いを断り、その理由は「あいつらは皆人殺しだから」と述べた。[*49] 彼は最期まで虚勢を崩さなかったが、死刑執行人が彼の首に縄をかけ、目隠しをした時、ヒッキーは一瞬涙をぬぐった。そして、彼の身体は、絞首台からだらりと垂れ下がった。

この世間を騒がせた事件の続報では、ハミルトンはワシントンの素早い裁きを称賛し、こう言っている。「現在我らが手中にあるこれら悪漢の残党も、その犯罪にふさわしい罰を受けることが望まれる」。[*50] ハミルトンはこれで記事を終えることもできたはずだが、奇妙なことに、この後、唐突に無関係な話を持ち出し、卑金属の合金で作られた銅貨は回収され、大陸会議発行のもっと大型の新しい銅貨に変わるだろう、などと述べている。未来の財務長官であるこの若き大尉は、通貨政策も懸命に勉強中だったらしい。

「自由にして独立の国家」を宣言

ヒッキーの処刑から数日後、言うことを聞かない植民地を潰しにかかるため、英国王ジョージ三世がどれほど覚悟を決めたかが明らかになった。世界最強の海軍国が、軍艦と輸送船の大艦隊をサンディフックに集結させ始めたのだ。これは一八世紀最大の陸海両面からの攻撃の序曲だった。大軍の結集はたちまち完了し、およそ三〇〇隻の船と三万二〇〇〇人の兵が所定の位置についた。これには八四〇〇人のヘッセン人傭兵も含まれていた。こうした戦闘部隊は、英国が力を恐ろしいほど見せつけて、アメリカ人を怖気づかせ正気に戻すためのものだった。英国がこの水上都市に駐屯させた兵は、ニューヨークに残って対峙している愛国派の兵や市民よりもはるかに多かった。

一方、マンハッタン南部に陣取ったワシントンは、周りを塹壕で固めてはいたものの、手にあるのは二〇〇〇人にも満たない経験不足の兵だけで、軍艦など一隻もなかった。目の前のきわめて優れた敵軍をいかにすれば破ることができるのか、思い悩んでいたにちがいない。彼は、差し迫った攻撃に備えて「あらゆる準備」をしていたが、自軍は「武器の不足にひどく困って」いたと自ら認めていた。[*51]

武器不足を解消するため、ニューヨーク植民地会議は、屋根や窓の鉛をはがして溶かし、それで弾丸を作るよう命じた。それまででも薪を作るために多くの木が切り倒されていたので、ニューヨークの町は、今やさながらゴーストタウンのようだった。「いくつもの家々が戸を閉ざしているのを見て、町はほとんど空だと思ってしまう人もいるだろう」と、町から逃げ出したトーリーの一人は書いている。「街角では女子供はほとんど見かけない[*52]」。

七月二日、将軍ウィリアム・ハウ卿が、兄の海軍大将リチャード・ハウ卿率いる艦隊にナローズ海峡通過の命令を出し、英国の戦闘計画が明らかになり始めた。何千もの英国兵が、スタテン島に上陸した。堂々たる艦船がいつ果てるとも知れぬほど続々と港に押し寄せるさまに、マンハッタンの波止場や屋根の上から眺めていた大陸軍の兵士たちは面食らった。英国艦隊のマストが湾を埋め尽くすのを見て、あるアメリカ兵は、まるで「松の森」のようだと言っている。「私は自分の目が信じられなかった。ロンドンが丸ごと海の上に浮かんでいると本当に思った」[*53]。バッテリーに駐屯していたハミルトン大尉とその砲兵中隊からも、敵の姿がはっきりと見えた。

絶体絶命の危機にある植民地側としては、このような時に独立を宣言するなど不運としか言いようがないようにも見えたが、それでも、それこそ彼らが行ったことだった。古代ローマ以来の比類なき大帝国の軍事力を目の前にして、反撃を決意したのだ。七月二日、大陸会議は、ニューヨークだけが棄権したものの、満場一致で独立の決議を採択した。そして二日後、独立宣言の最終修正案が採択された（実際の署名は、八月二日まで延期された）。

この行動には、性急なところも混乱したところもなかった。戦闘状態の最中にあってさえ、これら法を尊重する人々は、独立の理由を冷静に書き連ねた正式な文書を出すべきだと考えていた。こうした真面目な勇気ある行動は、歴史的に前例のないことだった。本国から独立して自治の国家を建設するのに成功した植民地は、それまで一つもなく、独立宣言の署名者たちは、歴史的に見て成功の公算がきわめて小さいことを承知していた。しかも、反逆罪が死刑に値する犯罪であることもわかっていた。死の恐怖は、恐るべき艦隊がニューヨークを威圧している、という知らせがフィラデルフィアに少しずつ届いていただけに、ただの空想とは到底言えなかった。

実は、独立宣言が神聖視されるようになったのは何年も後になってからのことで、羊皮紙に正式に記されたのも、二週間後になってからだった。最初は、フィラデルフィアの発行人ジョン・ダンラップの刷ったブロードサイド（大判片面刷り印刷物）五〇〇部ほどが、早馬で全植民地に配布された。そして七月六日、ハミルトン大尉が失くした財布を捜して歩き回っていた――彼は放心状態の天才のようになってしまうことが時折あった――とき、地元の新聞が独立を発表した。ワシントンが印刷された独立宣言を初めて手にしたのは、その二日後だった。翌日、ニューヨーク植民地会議はこの文書を承認し、ワシントンは午後六時に、全軍をコモン――ハミルトンが演説家としてデビューしたあのコモン――に集めた。そして、この人心を鼓舞する宣言が読み上げられた。兵士たちは夢中になって耳を傾けながら、アメリカの「植民地連合」が「自由にして独立の国家《ステイト》」を宣言したことを知った。[*54]

待ちに待った言葉を引き金に、溢れんばかりの愛国心が噴き出した。軍人も一般市民も、ブロードウェイを南へと駆け出し、道すがら、英国の影響の遺物をことごとく破壊していった。居酒屋の看板に描かれた王室の紋章まで壊した。そして、ブロードウェイの突き当たりにあるボーリンググリーンに来ると、ジョージ三世の黄金の騎馬像に襲いかかった。ローマ風に装ったこの像は、印紙税法の廃止を祝して建てられたもので、かつてジョン・アダムズが、「頑丈な鉄柵に囲まれた美しい場所で、その中央にある馬に乗った王の像は、非常に大きく、どっしりとした鉛で作られ、金メッキされ、非常に高い大理石の台座に載せられている」[*55]と称賛したこともあるものだった。

だが今や、象徴的かつ実用的な理由から、民衆はこのジョージ三世像を台座から引き倒し、頭を切り落とした。そして、この二トン近くある金メッキされた鉛は、コネティカットのリッチフィールドに急いで運ばれ、溶かされて四万二〇八八個のマスケット銃用弾丸に変わった。王の兵士たちは「溶かされた陛下を頂くことになるだろうよ」などというジョークを言った者もいた。[*56]

こうした行動は、包囲され危機に瀕した町の士気を高めた。七月一二日、英国軍は反逆者を怯えさせるため、また敵の防衛力を見るため、大砲四四門の軍艦フェニックス号と二八門のフリゲート艦ローズ号をマンハッタン南部に送り込み、砲撃を行った。マンハッタン側からの反撃ももとのもせず、二隻はハドソン川を遡り、ニューヨークの建物の屋根めがけて砲弾を撃ち込みながら無傷で進んでいった。砲撃の轟音は耳をつん裂くばかりだった。ハミルトンは軍の手持ちの中でもっとも大きな大砲四門を指揮し、英国軍の砲撃に立ち向かった。ハーキュリーズ・マリガンによれば、「ハミルトン大尉はバッテリーで自らの中隊を率い、川を遡りかけていたフェニックス号とローズ号に向けて激しい砲撃を開始した。このとき、自軍の大砲が爆発して、部下が二人死亡し、二人は（中略）ボーリンググリーンに埋葬された」。[*57]

実際には、このときの大砲の爆発では、六名もの死者と四、五名の負傷者が出たらしい。この事故は、訓練不足のせいだという批判もあったが、それよりも、酒と女に耽っていた兵士たち全般の放蕩ぶりが問題になったようだ。アイザック・バングズ中尉によれば、バッテリーの大砲の多くは放置されたままで、兵士たちは「酒を飲んだり、いつもの居場所、つまりはホリーグラウンドにしけこんだり」していたのだという。[*58]ハミルトンの部下が巻き込まれたこの事故については、バングズはこう書いている。「我らの砲兵の不注意により、六名が我らの大砲で死亡し、数名が重傷を負った。死者を出した中隊の数名は、酔っ払っており、洗桿、ワーム、火門止めを怠ったため、弾を込めている最中に爆発した」[*59]（つまり、発射後、次を撃つ前に、砲身に残った火の粉と火薬の掃除をしなかったということだ）。だが、ハミルトン自身は叱責されず、それどころか逆に名を上げた。この事故の責任を問われなかったということだろう。しかし、この事故に衝撃を受けた彼は、戦争が奇麗事ではないことを知った。

八月一七日には、ニューヨークはきわめて危険となっていたため、ワシントンは住民にただちに避難するよう勧告した。もっとも、ここまで残っていたのは、戦争前の住民二万五〇〇〇人のうちの五〇〇〇人だけだった。ハウ卿の秘書官のアンブローズ・サールは、英国の指揮官にありがちな慇懃無礼さで反乱軍をこう嘲笑った。「史上最強。六〇の年寄りと一四の少年とあらゆる年齢の黒人で、大半がボロをまとった、雑多な一団」[*60]。ワシントンは、そのぼろぼろの軍をマンハッタンとブルックリンのあちこちに分散させていた。地勢を調べるためにイースト川を渡った後、ハミルトンは、はたして大陸軍が英国軍の一斉攻撃からブルックリンハイツを守れるだろうかと危ぶんだ。

ハーキュリーズ・マリガンによれば、自宅でのディナーに招いた際、ハミルトンとジョン・

メーソン牧師は、大陸軍が一掃されてしまわないよう、ブルックリンから戦術的撤退をする必要があるということで意見が一致したという。食事を終えてからも、二人は「ロングアイランドの兵の状況を嘆き、その移動の最善の計画についてあれこれ話していた。そしてメーソン氏とハミルトン氏は、ワシントン将軍に匿名の手紙を書いて、最善の撤退方法の案を示すことに決めた[*61]」。マリガンはこの計画をワシントンの副官の一人に伝えたが、実現しなかった。

愛国派軍、ニューヨークで完敗

悲しいことに、ハミルトンの予想は的中した。八月二二日、英国軍は巨大な上陸部隊を動かして、スタテン島からブルックリンへとナローズ海峡を渡り始めた。数日後には、ロングアイランドの英国兵とヘッセン人傭兵は二万人ほどに達していた。これは、健康体のアメリカ兵の二倍以上に上る数だった。英国軍は、敵を欺くために数日間休止した後、北へ向かい、オランダ系や英国系の風情ある古い農村を抜けていった。湿地や草地を移動しながら、通りすがりに家々を破壊し、柵をなぎ倒し、畑を荒らし、未熟なアメリカ兵を惨殺した。いくつもの部隊に分かれてさまざまな進路を取っていたが、目的は一つ、ブルックリンハイツにある敵の要塞に到達して突破することだった。ワシントンはマンハッタンから援軍を急派したが、ブルックリンの戦いは、火力で劣る愛国派軍が完敗を喫した。死亡したり捕虜になったりしたアメリカ兵は約一二〇〇名にも及び、英国軍の犠牲者よりもはるかに多かった。前方には英国軍、後方にはイースト川と、今やワシントンの軍は、万力で押さえられたごとく身動きが取れなくなっていた。英国軍にとっては、決定的な一撃で反乱軍を粉砕するチャンスだった。

一般には、ハミルトンはこの戦いに参加しなかったと言われている。だが、ロイヤル・ダーニッシュ・アメリカン・ガゼット紙の無名の記者は、自らが当事者となった話を伝えている。記者本人は、自らを「ペンシルヴェニア軍」の一員と名乗っているだけだが、この記事は、ハミルトンの手によるものかもしれない。メリーランド軍、デラウェア軍と共に、ペンシルヴェニア軍は、ハミルトンの元後援者、大酒飲みのロード・スターリングの指揮下にあり、大いに勇気を示した。スターリングの伝記作家の言葉を借りれば、「この太りすぎで、リューマチで、虚栄心の強く、もったいぶった、大食漢の大酒飲みが、戦闘であれほど燃えるとは、彼もほかの誰も予想できなかった」[*62]。セントクロイ島の記者も、スターリングの部下の勇気をたたえ、彼らは「身を守る大砲がわずかしかない」弱い立場を守ったと言っている。

また記者は、八月二九日の夜にイースト川を渡った、ワシントンの有名な夜間の撤退についても、その背後にある戦略を説明し、英国の軍艦が翌日には川を遡ってきて、マンハッタンへの退路を断つのではないか、とワシントンが懸念していたと述べている。そして、小やみなく降る冷たい霧雨の中の撤退を次のように伝えている。「午前二時ごろ、私たちは持ち場を離れるようにとの命令を受け、船着き場近くまで退却したが、そのときワシントン将軍から、最初にいた防御線の位置へ戻るよう命じられた。そこはもっとも危険な持ち場と見なされていた」[*63]。

出洲《でず》で立ち往生した記者の中隊は、仮眠中の英国兵に気づかれたらマスケット銃でやすやすと撃たれてしまうほどの距離をかがみながら進んだ。夜の闇と流れる深い霧が守ってくれた。夜が明けると、記者とその部下は、最後に残っていた船の一つに走って飛び乗り、無事にブルックリンを離れた。そしてワシントンは、勇敢な指揮官たるものの模範的行動を示し、最終の渡河まで待ってから、自分も川を渡った。

この密かな撤退にもかかわらず、英国軍から見れば、すべてが予定通りだった。素人のアメリカ軍など、圧倒的な力の前に木っ端微塵になるものと思われた。そこで悦に入った英国軍は、反乱軍を追撃して機に乗ずることをせず、時間を空費して、戦争に終止符を打つ機会を逃してしまった。九月一五日の日曜、英国軍はようやく攻撃を再開し、マンハッタン東岸のキップス湾（だいたい現在の三七丁目と三八丁目の間）のアメリカ軍陣地に耳をつん裂くほどの連続砲撃を加えた。「砲撃の轟音のあまりのすさまじさ、絶え間なさは、陸軍でも海軍でもそれまでめったになかったほどだった」とハウ卿の書記官は述べている。*64

何十隻もの艀《はしけ》が、英国兵とヘッセン人傭兵を木々に覆われた丘陵地にどっと吐き出すと、愛国派軍は怖気づき、恐怖心をあらわにして逃げ出した。統制の取れた行動などすっかり忘れてしまっていた。憤慨した馬上のワシントンは、無秩序な退却を止めようとした。冷静沈着で有名なワシントンだけに、めったにない彼の怒りは、一見に値するものだった。彼はパニックに襲われた兵士たちを罵り、無能な将官たちを乗馬用の鞭で打った。しまいには、不快そうに帽子を地面に叩きつけ、「こんなやつらと一緒にアメリカを守らなければならないのか？」と息巻いた。[*65] 英国軍がぐずぐずして、北へ一目散に逃げていくアメリカ兵を追跡しそこなったおかげで、大半の兵はハーレムハイツの荒野に逃げ込んだ。

ハミルトンは砲火の下でも冷静だった。これもまた、饒舌なハーキュリーズ・マリガンの語った話だ。「H大尉は、ニューヨークの近くのバンカーヒルで指揮を執り、我が軍の後衛として戦った」[*66]。後にハミルトン本人も、この話を間接的に裏書し、こう述べている。「私は最後に町を出た部隊にいた」[*67]。ハミルトンは不屈の精神を示したが、ハーレムハイツに到着したのは暗くなってからだった。豪雨の中、深い森に覆われたマンハッタンをずっと歩いてきたからだ。彼はすっかり意気消沈していた。後にマリガンにはこう言っている。「退却中に（中略）自分の軍用行李と大砲一門をなくした。壊れてしまった」[*68]。重砲は放棄するしかなく、今や、彼の中隊の武器は、馬か人が引っ張って移動できる野砲二門だけになっていた。

ニューヨークが英国軍に占領されたとき、ハミルトンもぼろぼろになった大陸軍の生き残りも、これから七年も町から離れることになろうとは思わなかった。英国兵はマンハッタンに続々と上陸して暴れ回り、憎き反逆の痕跡を破壊し尽くした。キングズカレッジでも、絵画を切り裂き、本を燃やした。そして、ここを病院に転用した。九月二一日深夜、バッテリーの近くの居酒屋ファイティング・コックス亭で火災が発生した。炎は家から家へと次々に燃え広がり、この大火で町の四分の一が焼き尽くされた。自然発火によるものなのか、それとも誰か裏切り者が放火したのか、原因は誰にもわからなかった。しかし、英国軍は反逆者による悪事だと決めてかかり、二〇〇人もの容疑者を逮捕した。その中には、アメリカ側スパイのネイサン・ヘール大尉も含まれていた。ヘールは絞首刑になった。その処刑は、現在の三番街と六六丁目の交差点の近くで行われたらしい。

今や、ニューヨークの大部分が黒焦げの瓦礫と化していた。にもかかわらず、多くのトーリーが保護を求めて必死の思いで町へ押し寄せたため、町の人口は増え、後に戻ってきた愛国派と衝突する素地ができた。

ワシントンの指揮下に入る

ニューヨークで屈辱的な敗北を喫した後、ワシントンは、ハーレムハイツの岩だらけの森が、自然の要塞となって自軍を守ってくれるだろうと考えていた。だが、兵士の飲酒や略奪、脱走、短期だけの入隊などを嘆かわしく思い、絶望に屈してしまいそうだった。常設軍の設立を会議に請願する中で、彼は、次のようにハミルトンと同様の意見――そして、将来二人を結びつけることになる意見――を述べている。「民兵に頼ることは、折れた杖にすがることにほかならない」[*69]。ハミルトンの息子によれば、このハーレムハイツで、ハミルトンが土塁の建設を監督しているところを見て、ワシントンはハミルトンの無類の組織力に初めて気づいたという。また、ハミルトンの中隊が初めてワシントンの直接指揮下に入ったのも、ここハーレムハイツだった。そして、ワシントンは「彼と話をするようになり、彼を自分のテントに招いて、その軍事の才能に強い感銘を受けた」とジョン・C・ハミルトンは書いている。[*70] これもまた、この若者がきわめて老練な将校とも良好な関係を築いたらしいということを示す顕著な例だ。

一〇月の終わり、ハミルトンはワシントンと共にホワイトプレーンズで戦ったが、この戦いも、愛国派軍の手痛い敗北に終わった。戦争は、滑稽なほどのミスマッチであるように見え始めていた。愛国派軍は意気阻喪した汚らしい一団、かたや英国軍は、きちんとした制服に身を包み、ぴかぴかの銃剣を振り回しながら、軍楽隊の勇ましい音楽に乗ってさっそうと戦場に現れた。ホワイトプレーンズでは、ワシントンは兵の大半を高台に配置する一方、一〇〇〇人ほどの分遣隊を西へ送って、ブロンクス川沿いのチャタートンズヒルに置いた。ジョン・C・ハミルトンによれば、父親はチャタートンズヒルの岩棚に野砲を据え、ヘッセン人傭兵と英国兵が縦隊で川を徒渉してくるところに砲撃を加えたという。「ハミルトンの野砲が何度も火を噴き、登ってくる敵兵を川岸まで後退」させた、とジョン・C・ハミルトンは書いている。[*71] だが、英国軍はすぐに態勢を立て直したため、ハミルトンら分遣隊は丘を放棄し、最終的にはホワイトプレーンズからも撤退した。それでも、英国軍はホワイトプレーンズでアメリカ軍以上の犠牲者を出し、そのことが意気消沈していたワシントンの部下を奮起させた。

ホワイトプレーンズの戦いの後、マンハッタンでの愛国派軍の支配地は、ほんのわずかしか残っていなかった。先の春、ハドソン川をはさんで向かい合うように建てた一対の砦、マンハッタン側のフォート・ワシントンとニュージャージー側のフォート・リーだ。一一月一六日、フォート・リーの監視哨に要員を配置していたとき、ワシントンは愕然とした。英国兵とヘッセン人傭兵の大軍がフォート・ワシントンを制圧しているのが見えたのだ。兵士、マスケット銃、軍需品に膨大な損害が出たばかりか、フォート・ワシントンの陥落は、もろくなっていた大陸軍の士気にまたもや痛烈な、致命的とも言える打撃を与えた。砦に保管していた大砲や火薬はもちろんのこと、兵士を守れなかったことに、ワシントンはあちこちから非難を浴びた。四日後には、フォート・リーも、コーンウォリス卿にそそくさと明け渡さねばならなくなった。配下にあるのが三〇〇〇人にも満たない惨めな兵だけとなった今、ワシントンはニュージャージーを退却していくしかなく、彼を批判する不愉快な悪口が耳に響くばかりだった。

CHAPTER

5

The Little Lion

小さな獅子

ハミルトンの勇気

悪天候、どん底にまで落ち込んだ士気、そして英国軍の追跡。こうした苦しみの中、ジョージ・ワシントンは泥まみれの大陸軍を率いてニュージャージーを移動していった。ニューヨークでの敗北から、敵の戦力が十分に発揮される大規模な戦闘は避けるべきだという思いは強まっていた。「いかなる場合も、全面衝突やその危険を冒すことは避けるべきだ」と彼は大陸会議に告げている。「必要に迫られれば別だが、そのような事態に引き込まれるべきではない」[*1]。ワシントンが選んだのは逆に、小規模な臨機応変の小競り合いだった。ハミルトンが学生時代の論文で述べたような、機動的でリスク回避型の消耗戦だ。ハミルトンは今も自論の正しさを信じていた。「敵の背後に回り、小競り合いの機会を絶対逃さないようにすれば」、英国軍は「耐えがたい不安に陥る」可能性がある、と彼は書いている。[*2] 確かに、起伏が多く、鬱蒼と茂った森が広がるアメリカでは、英国軍の伝統的な戦術は難しくなる。

この撤退の間、ワシントンはハミルトンの勇気に改めて驚かされた。ニューブランズウィックの付近でのこと、ワシントンはラリタン川で踏みとどまりたいと思ったが、今のような乱れた隊列の兵ではとても敵の攻撃に耐えられないと判断して、川を渡ることにした。そして、川の土手の上で守備についたハミルトンは、自軍の撤退を見事に援護してみせたのだ。ワシントンの養子の孫によれば、ハミルトンは、「敵の縦隊を組んだ前衛部隊が、浅瀬を徒歩で退却していくアメリカ人に迫りつつあるところへ、砲撃を加え」、ワシントンは、その時ハミルトンが示した「立派な勇気と素晴らしい手腕に惚れ惚れした」という。[*3]

ワシントン自身も、一二月初頭に大陸会議へ宛てた書簡の中で、ハミルトンという名前は出していないが、兵たちが逃れられたのは「激しい連続砲撃」のおかげだったと称えている。[*4]一方、英国軍のハウ将軍は、ニュージャージーを占領したものの、ここでまた不手際を犯し、ワシントンの軍がデラウェア川を渡ってペンシルヴェニアに入るのを許してしまった。それでも、ワシントンはみすぼらしい惨めな部下たちのことを考え、一二月二〇日に大陸会議へこう警告している。「あと一〇日もあれば、我が軍は消滅するだろう」[*5]。多くの兵の除隊日が迫っていたことから、冬用の衣服も毛布もない落胆しきった軍を再編成するためには、何か思い切ったことをしてみる必要があった。

トレントンとプリンストンの大仕事

砲兵中隊長としての日々も終わりに近づいていた時期、ハミルトンは不屈の人という名声を固める一方で、たびたび健康上の問題に悩まされた。クリスマスの夜に再びデラウェア川を渡って、トレントンで冬営中のヘッセン人傭兵軍の寝込みを襲う、とワシントンが決断したときも、ハミルトンは近くの農家で床に伏せっていた。ハミルトンは自分の病気の「長くひどい発作」については、はっきりと語っていないが、何とか体力を回復してベッドを離れ、戦闘に参加した。[*6] ハミルトンの中隊も、多くの死者と脱走兵を出してきたために、今では三〇名にも満たないまでに減っていた。それでも、ロード・スターリングの旅団所属の部隊として、夜半過ぎに出動するよう命令を受け、凍りついた荷物運搬用ボートに群がるように乗り込み、極寒のデラウェア川を渡っていった。

雪の降りしきる中、二門の大砲を備えたハミルトンの中隊が、一三キロメートルほど行軍したときのことだった。金属製ヘルメットときらりと光る銃剣がかすかに見えた。ヘッセン人傭兵の分遣隊のものだった。彼らはここで砲火を交えたが、この時、ハミルトンは間一髪で砲弾の命中を免れ、砲弾はうなりを上げながら彼の耳をかすめていった。一方ワシントンは、足跡などたちまち消してしまうほどの雪の中、前夜のクリスマスの祝祭のせいでまだ足元が覚束ないヘッセン人傭兵軍の本隊に忍び寄り、一〇〇〇人以上を捕虜にした。

多くの敵兵が投降を余儀なくされたのは、ハミルトンの砲兵中隊の砲撃のおかげでもあった。各地の愛国派は、この知らせに大喜びした。この勝利は、軍事的にはそれほど大きな意義のあるものではなかったが、心理的には、はるかに大きな影響を与えた。

この勝利に乗じたいと考えたワシントンは、次に、一七七七年一月三日、プリンストンにいる英国軍への奇襲を試みた。これもまた、小さいながらも大いに士気を高める勝利に終わり、ワシントンの指揮に対する信頼も回復した。部下たちが二〇〇人もの英国兵を捕虜にしたことから、勝ち誇ったワシントンはこう叫んだという。「見事なキツネ狩りだ、マイ・ボーイズ（諸君）！」[*7]。また、ある上級将校は、ハミルトンとその中隊が村へ行進してきたときのことをこう振り返っている。「私は一人の若者に気づいた。まだほんの青年で、小柄でほっそりとしていて、華奢と言ってもいいくらいだったが、大砲と並んで歩いていた。縁反帽《ふちそり》を目深にかぶり、何やら考えに耽っているらしく、大砲に手を置いて、時々大砲をぽんぽんと叩いているさまは、まるで愛馬か大事なおもちゃにでも触れているかのようだった」[*8]。

この若き大尉が輝かしい伝説になり始めたのはこの時だった。人々は突然彼に注目するようになった。「ハミルトンの中隊がプリンストンへ入った日のことはよく覚えている」とある友人は言っている。「まさに教練の模範だった。先頭に立っているのは青年で、私はその若さに驚いたが、何よりびっくりしたのは、そのほっそりした人物が（中略）あの噂に高いハミルトンだと知らされたときだった」[*9]。ハミルトンは、数年前に自分を拒んだ大学に戻ってきた。ただし今では、寄宿舎の本館を占領しているのは、敵の連隊だった。一説によれば、ハミルトンは大学の中庭に大砲を据え、そのレンガ造りの建物に砲撃を加えたり、礼拝堂の国王ジョージ二世の肖像に砲弾を撃ち込んだりしたという。確かなのは、中にいた英国兵が降伏したということだけだ。ハミルトンは、大陸軍が団結心を取り戻し、未熟な愛国派軍でも熟練の英国軍を倒せることを示した、と考えていた。後に彼は、「トレントンとプリンストンの大仕事」についてこう述べている。「後年、眩《まばゆ》いほどの栄光を伴って突如訪れた、輝かしい日々の始まりだった」[*10]。

この連続した勝利によって、ワシントンはフィラデルフィアを敵軍から救うと同時に、消耗した自軍を立て直す時間を数ヶ月得ることができた。そこで、ニューヨークから五〇キロメートルほどのニュージャージーのモリスタウンを冬営地とし、三〇〇〇人の軍をそこへ移して、自然の防御線を周辺に巡らせている美しい谷にこもった。また、ワシントンの将校団に空席ができたものの、そこはハミルトンが完璧に埋めた。今では、この若き天才は、四人の将軍——アレグザンダー・マグドゥーガル、ナサニエル・グリーン、ロード・スターリング、そしてワシントン自身——に「見出され」ていた。ハミルトンの昇進は、この四人のうちの誰かのおかげかもしれない。

ただしロバート・トループによれば、もっとも尽力したのは、大陸軍の砲兵総監でハミルトンの名目上の上官であるヘンリー・ノックスだという。以前はボストンで書店を経営していたノックスは、スコットランド系アイルランド人で、体重が一三〇キログラムほどもある陽気な巨漢だった。団子鼻、温厚な性格、そして泥臭いユーモア感覚の持ち主ながら、その英雄的行為はつとに有名で、奪回したタイコンデロガ砦から大砲を持ち出し、それを引きずりながら雪原を渡ってボストン防衛に駆けつけたこともあった。このころハミルトンと親しくなった多くの人々と同様、自力で叩き上げたノックスも早くから苦労を重ねていた。一二歳の時に父親が死んだため、ノックスだけが母親の支えだったのだ。また、ハミルトンと同じく、ノックスも本の虫で、軍事についても、軍事教練に関する本を読みあさったり、自分の店に来た英国軍将校を質問攻めにしたりして独学で学んだ。

ワシントンからの要請

プリンストンでの戦いから二週間あまり後の一七七七年一月二〇日、ワシントンはハミルトンにメモを送り、副官として将校団の一員になってもらいたいと直々に求めた。五日後、ペンシルヴェニア・イヴニング・ポスト紙に次のような記事が載った。「ニューヨーク砲兵中隊のアレグザンダー・ハミルトン大尉は、本紙発行人に照会いただければ、大尉の利益となることを聞けるだろう」[*11]。この暗号めいた文は、ワシントンのメモのことを言っているにちがいない。任官が公式に発表されたのは三月一日で、その日から、ハミルトンは二階級特進の中佐となった。だが、この時には、ハミルトンはすでにワシントンのそばで野営しており、モリスタウンの村の公共緑地にあるジェーコブ・アーノルドの宿屋に司令部を置いたワシントンと行動を共にしていた。

こうして、セントクロイ島での失意の事務員時代から五年とたたないうちに、ハミルトンは二二歳にして、アメリカでもっとも高名な人物の副官へと出世した。だが、ハミルトンはこれで大喜びしたわけではなかった。武勲を立てたいと強く願っていたため、机に縛られ、実戦の場で指揮を執れなくなるような仕事を引き受けることにためらいを覚えていたのだ。ワシントン自身、周囲の者たちは「朝から晩まで閉じこもり、(中略)申請や書簡など、聞いたり答えたり」していると書いたことがある。[*12]二〇年以上後、もっとずっと率直にワシントンと話せるようになったとき、ハミルトンはワシントンに、この一件では初めは落胆したと語っている。「一七七七年に砲兵連隊が増えたとき、私は、状況が変わらなければ、当然その一つの指揮を任されるものと思っていました。そしておそらくは、これがもっと先へとつながったことでしょう」。[*13]

ハミルトンは、一七七七年三月の昇進の大きな重要性を過小評価していたのだろう。というのも、この仕事のおかげで、彼はアメリカ一の大物に目をかけてもらえるようになり、後に彼の政治的支持者の中核となる将校たちと知り合うことができたからだ。多くの点で、一七八九年の政治的結束は、そもそも独立革命時代の任官リストから生まれたと言える。

ハミルトンはまだ病気から完全に回復したわけではなかったが、幸いにも、ワシントンの副官となったのは、戦闘が沈静化していた時期だった。英国軍は悠長に構えていたが、そうして時間をかけてくれることは、アメリカ側に有利に働いた。日々の小競り合いについて、ハミルトンは、モリスタウンに報告してから数週間後にニューヨークの関係者にも伝えているが、「取るに足らない無意味な影響しか及ぼさないので、取り立てて言うほどのことではない」とも述べている。[*14] またセントクロイ島のヒュー・ノックスにも、任官から数ヶ月たったが、これまでのところ「重大な軍事的出来事はない」と告げている。[*15] だが、最初は少々退屈そうに見えたとはいえ、ハミルトンはいかにも彼らしく、あっという間にワシントンの副官という任務をこなすようになった。

三月一〇日には、アレグザンダー・マグドゥーガル准将宛ての手紙で、次のように記している。先日までワシントンは病気だったので、彼を煩わせたくなかったが、回復した今も、「彼は避けられない問題にたいそう悩まされているようなので、彼に面倒をかけないようにしなければならない場合もあります。特に、彼の答えが、私の出す答えにとどまりそうだと思われるときにはなおさらです」。[*16] 驚いたことに、ハミルトンはもう早々と、ワシントンの代理として働くまでに信頼を得ていた。すでに権威ありげな口調であるばかりか、ワシントンの留守中に自ら判断を下すことにも、あまりためらいを覚えていないように見えた。

「マイ・ボーイ」

その春は戦闘が途切れたおかげで、ハミルトンはたっぷりと時間をかけて新しいボスのことを観察することができた。かたや長身の四五歳のヴァージニア人、かたや華奢な二二歳のその副官と、表面的には二人は実に対照的だった。ワシントンのほうが、ハミルトンより少なくとも一七センチは高かった。何よりもこの身体的な相違を見れば、ハミルトンはワシントンが一七五一年にバルバドスへ旅した際にもうけた非嫡出子だ、というかびの生えた噂がデマであることがわかる。実際には、ハミルトンが生まれたのは、ワシントンのバルバドス旅行の四年後だった。もしかしたら、ワシントンがハミルトンに共感を覚えたのは、ワシントンの若いころの出来事が一因かもしれない。

ワシントンは、その貴族的な雰囲気ゆえに誤解されたりもしたが、実は、裕福なタバコ農園主の息子とは言っても、ワシントンがわずか一一歳の時に父親が亡くなったため、専制的な母親のなすがままとなり、正規の学校教育もあまり受けなかった。大学に行ったこともなく、青年時代に測量技師になるための勉強をしただけだった。後には堅固な自制心で有名になったが、若いころは短気だったという。フェアファックス卿は一六歳のワシントンについて母親にこう書き送っている。「彼は癇癪を抑えられることができればと思うのですが、怒りや挑発の発作を、時には正当な理由もなく起こしがちです[*17]」。

だが一〇代になると、社会のアウトサイダーが負う危険を知り、尊敬されるようになりたいと強く願ったため、ワシントンは修養に励み、洗練された人々の仲間入りをしようと努力した。ダンスを習い、ふさわしい服装を学び、伝記や歴史の本を読み、礼儀作法の指南書で振る舞い方を覚えた。ハミルトン同様、若き日のワシントンも、戦争で名を上げることこそ出世の手段だと考えていた。二二歳の時には、早くもヴァージニアの民兵軍の中佐として、フレンチ・インディアン戦争で向こう見ずなまでの勇気を示した。戦闘を体験した後、彼はこう述べている。

「弾丸がうなりを上げるのが聞こえた。嘘じゃない、あの音はどこかしら魅力的だ」[*18]。

一方、侮辱されることに敏感だったワシントンは、英国人が植民地軍の将校に恩着せがましい態度を取るのを見ていらだちを覚えた。強情で口の悪いエドワード・ブラドック将軍に副官として仕えた体験を決して忘れなかった。若いころ人に対して幻滅を覚えたせいで、ワシントンには皮肉な考え方がまだ残っていた。これが、ハミルトンの考え方とうまく合致したのだ。

その後、予期せぬ出来事が立て続けに起こったことによって、ワシントンは、苛立ちを抱えた若き将校から裕福な農園主へと、一気にのし上がった。まず、異母兄のローレンスがバルバドス旅行後に死亡したため、ジョージ一人が一家の屋敷マウントヴァーノンの所有者となった。また、二六歳の時に裕福な未亡人マーサ・ダンドリッジ・カスティスと結婚したことで、将来がいっそう明るくなった。カスティスには連れ子が二人いたが、ワシントンとの間には子供が生まれなかったので、ワシントンは子をもうけられない身体だったのだろうという憶測もある。もしかすると、バルバドス旅行中にかかった天然痘の副作用かもしれない。

いわば父性本能が満たされなかったせいだろう、独立革命中のワシントンには、息子代わりの部下が何人かいた。ラファイエット侯爵がその筆頭だが、ワシントンはハミルトンのこともたびたび「マイ・ボーイ（我が息子）」と呼んでいる。

ワシントンは実業家としても優れた手腕を見せた。まずは西部の土地に抜け目なく投資し、次にはマウントヴァーノンの地主として腕を振るった。奴隷船から直接奴隷を買い付けたこともあり、独立革命のころには一〇〇人以上の奴隷を所有するまでになっていた。屋敷も、三三平方キロメートルあまりにまで広げた。さらに、革新的な農園主だった彼は、新型の鋤《すき》を発明したり、マウントヴァーノンで小さな工業村を運営したりした。この村には製粉所や織物工場などがあり、こうした起業家精神は、ハミルトンの興味を引いた。

またワシントンは、政治家としての豊かな経験も、軍の指揮に生かした。ヴァージニア植民地会議の議員を一五年間務め、第一回大陸会議にも第二回大陸会議にも加わった。そして、最高に愛国的な行動として、独立革命中、彼は軍務に対する報酬を断り、経費だけ受け取っていた。

気質は正反対な二人

ワシントンとハミルトンの関係は、アメリカの初期の歴史において非常に重要である――これに比肩しうるのは、ジェファーソンとマディソンの強い僚友関係だけだ――ため、二人のキャリアを別々に考えるのは難しい。二人はたがいに補足し合うような才能と価値観と意見を持ち、二二年にわたって、多くの重圧を二人して乗り越えた。ワシントンは優れた判断力と明確な目的意識を持った人格者で、これらは、頑迷に陥ることもある弟子を導くために必要な資質だった。不安定なハミルトンには落ち着かせる手が必要だ、とワシントンは見ていた。

一方ハミルトンは、思想の深さ、行政手腕、政策の包括的知識を提供した。これらに関して、ハミルトンに匹敵する力量を持つ者は、ワシントンの周囲に一人もいなかった。ハミルトンはおぼろげなアイディアを詳細な計画に変えることができ、革命的な夢を持続的な現実に移すことができた。この二人が組んだチームは無敵で、一＋一が三にも四にもなった。

それでも、この二人は気質が正反対で、真の愛情よりもたがいに対する尊敬のほうが強いように見えることが多かった。一七七九年にチャールズ・ウィルソン・ピールが描いたワシントンの肖像は、男らしく自信に満ちているが、尊大さは控えめで、悠然と指揮を執っているような感じがする。実際には、ワシントンはのほほんとした人間ではなく、厳格で、すぐに腹を立てることもあった。さりげない辛口のウィットを見せはしても、はしゃぐことは自制していたし、浮かれて大笑いすることもめったになかった。

部下たちが親しくなりすぎればたがいに甘くなってしまうと考え、親交を促すことなどせず、自身は、重々しい謹厳な態度で超然としていた。こうした態度が、彼に人々を掌握する力を与えてもいた。しかも、時が経つにつれ、彼は自らの名声の虜となってしまったため、人々は彼の前でリラックスすることができなくなった。

画家のギルバート・スチュアートは、ワシントンの伝説的な自制心の陰に激しい気性があるのを見て取り、後のワシントン像では、隠された警戒心の存在を鋭い射貫くような眼光の中に描き出している。彼の自制心は、自ら身に付けたもので、生まれつきのものではなかった。これは、怒りとなって爆発しかねない激しやすい感情をたびたび隠してくれた。「彼はもともとは怒りっぽく気取ったたちだったが、熟慮と強固な意志のほうがつねにしっかりと勝るようになった」とジェファーソンは後に鋭く指摘している。「しかし、その枷が外れると、恐ろしいことこの上ないほどに怒り狂った」[*19]。

社交の場でワシントンに会った者は、たいてい彼の礼儀正しい友好的な魅力に心引かれた。アビゲイル・アダムズも、彼を一目見て気に入り、夫のジョンに、「紳士と兵士の顔が彼の中でうまく混ざり合っている」と語っている[*20]。しかし、狭苦しい司令部で一緒に働いていたハミルトンは、ワシントンの短気な面や抑えきれないこともあるほどの癇癪を目にする機会も多かった。

ワシントンはハミルトンをたいそう気に入り、他の副官よりも目をかけていたが、好意を率直に表に出すことはなく、ハミルトンのほうは、ワシントンのことを必ず「閣下」と呼びながらも、ワシントンのよそよそしさを突破できないことに苛立っていた。だが、ラファイエットによれば、逆にハミルトンのほうが、何かよそよそしいところがあったという。ハミルトンがワシントンにとって息子代わりだったと考えることは、表面的には一理あるが、それでは二人の心理的相互作用を十分につかみきれない。

もしハミルトンが息子代わりだったなら、抑圧されたエディプス的怒りもいくらか交錯していたことになる。ハミルトンはあまりに聡明で、冷静な批評眼を持っていたため、他の副官にはよく見えないワシントンの欠点も見抜いていた。ワシントンの「ファミリー」の若者のなかでハミルトンだけが、ワシントンをライバル視し、自ら軍を指揮することを思い描けたのではなかろうか。アレグザンダー・ハミルトンは、誰かに従属することなど性に合わなかった。たとえ上官がジョージ・ワシントンのような並外れた人物であってもだ。

同時にハミルトンは、ワシントンが非凡な才能のある偉大なリーダーであり、アメリカ初期の歴史のドラマにおいてかけがえのない人物であることを一瞬たりとも疑わなかった。英雄崇拝に陥ったりはしなかったにしても、ワシントンに心底敬服していた。軍事的指導者としてのワシントンには不安を覚えていた――実際、ワシントンは独立戦争中の戦いのうち半数以上で負けている――が、政治的指導者としてのワシントンについては心配していなかった。ワシントンとの一蓮托生を決めたハミルトンは、自分自身と契約を結び、その契約を終生守った。ワシントンのことを決して公然と批判しない、という契約だ。国の統一のためには、ワシントンのイメージを守らねばならなかった。

ところが、ジョージ・ワシントンは演説が大の苦手だった。そのためジョン・アダムズは、ワシントンのことを「沈黙の才能」がある偉大な俳優と評している。[*21] ワシントン自身、自分が淀みなく話すことができないのを承知していて、こう書いたこともあった。「私について言えば、表情や口調ではなく、著作で考えを明らかにするということがつねに原則だ[*22]」。

だが、この寡黙な男は、大陸会議や地方議会を相手にしながら、果てしなく続く書類の洪水に対処せねばならない一方、命令を出したり、副官同士の論争を仲裁したりする必要もあった。長引く戦争の管理面での問題――新兵募集、昇進、武器弾薬、衣類、食糧、軍需品、捕虜など――すべてが、ワシントンのデスクに山と積まれていた。こうした男には、筆の立つ秘書がどうしても必要だった。そして、ワシントンの副官の中では、ハミルトンほど筆達者な者はいなかった。

参謀総長のような副官

ワシントンの首席秘書官という仕事は、速記で口述筆記するだけのこととはかけ離れていた。ワシントンはすでに九月に大陸会議宛てにこう書いている。「目下、デスクワークにかなり時間を取られているので、他の重要な職務の多くを無視せざるを得ない。私に代わって考えることができ、命令を遂行することもできる人材を持つことが（中略）絶対に必要だ」[*23]。ワシントンの説明によれば、ワシントンの手紙は副官が下書きし、そこにワシントンが手を入れていたのだという。このため、ハミルトンの出現は、ワシントンにとって天の賜物だった。

ハミルトンはワシントンの心になって考え、ワシントンの言いたいことを直観的につかみ、生来の機転と巧みな外交的手腕でもってそれを文章にまとめ上げることができた。それはまるで見事な腹話術のようだった。ワシントンがおおまかなヒントを二、三出すと、たちまち、記録的なスピードでハミルトンの手紙がぽんと出てきた。ワシントンが戦場で下した命令の大半は、ハミルトンの手書きによる文書の形で現存する。「我が軍のためのペンは、ハミルトンが執っているので、威厳ある姿勢、核心を突いた内容、優雅な文体ゆえに、ワシントン将軍の書簡は、軍の歴史に類を見ないものとなっている」とロバート・トループは述べている。[*24]

ただし、ハミルトンは自分がワシントンの軍事顧問であることを認めたがらなかった。ボスの能力が疑われてはいけないと考えたからだが、実際のところ、ハミルトンは多くの問題について意見を述べていた。やはり副官だったジェームズ・マッケンリーは、ハミルトンが「軍務を学んだのは、ほとんどワシントン将軍の下だったが、彼の助言は多くの場合（私の知るかぎり）、革命戦争終結以前に完璧の域に達していたので、当機関に完璧さを与えたという点で、我らの司令官の助けとなっていた」と語っている。[*25]

まもなく、この二二歳の代役は、大陸会議や各邦《ステイト》〔訳注：一般にアメリカ史日本語文献では、この時点のステイトは、限定的な国家性を持つため「邦」と訳す〕の知事、大陸軍の幹部に出す手紙の下書きもするようになった。しかもほどなく、機密情報にも自由に接し、自らの名でワシントンの命令を出すことができるまでになった。当時軍務局長だったティモシー・ピカリングも後に、ハミルトンは司令部の中心的な書記というだけではなかったと断言している。「将軍の副官だった時期、ハミルトンは将軍の重要な通信文すべてに関し、将軍に代わって考えたり書いたりせねばならなかった」。[*26]

個人的な秘書にとどまらず、参謀総長にも似た役目もこなすようになると、ハミルトンは将軍に随行して前線に向かったり、外交的な任務を帯びて馬を走らせたり、頑固な軍幹部に対処したり、情報を整理したり、脱走兵を尋問したり、捕虜交換の交渉に当たったりもするようになった。このおかげで彼は、経済、政治、軍事の問題を広い視野で見ることができるようになり、知的な側面の成長もいっそう早まった。

当時のワシントンは、軍事的にも政治的にも愛国派の指導者で、すでに事実上の大統領と言ってもよい人物だった。とはいえ、軍にあれこれ口出ししたがる大陸会議を懐柔しなければならなかったし、つまらない言い争いばかりしている一三邦を相手に計画を調整する必要があった。

ワシントンもハミルトンも、全体の幸福や利益という観点から考えるようになっていたが、多くの将校や政治家は、視野の狭い口論にはまり込んでいた。二人とも、職業軍人からなる軍隊と、地方の対抗意識を和らげることになる強力な中央政府を持つべきだと強く望んでいた点で、後に合衆国憲法とフェデラリスト（連邦派）に結実することになる願望を抱き始めていたと言える。ワシントン同様ハミルトンも、兵士たちが戦場で命を落としているというのに、フィラデルフィアの政治家がつまらぬことで揉めたり臆病風に吹かれたり、中傷し合ったり強欲さをあらわにしたりしていることに憤慨していた。

ワシントンの副官になってから数週間、ハミルトンは早くも、将来の政治的支持母体の基盤となるネットワークを作り始めた。ニューヨークの政治家に最新の軍事情報を提供することに同意して、ニューヨーク通信連絡委員会という新設の機関と週二回報告を交わし、グーヴァヌア・モリス、ジョン・ジェイ、ロバート・R・リヴィングストンなどの幹部とつねに連絡を取るようにしたのだ。

一七七七年四月二〇日、ニューヨーク邦憲法が承認されたときには、全体としては満足していることを表明し、次のような、後年の見解に通ずる意見をモリスに伝えている。知事の選出は、「選り抜きの人々による会議が熟慮を重ねた上での見識が必要だ。一般の人々に委ねたら支障を来す」。その一方、有産階級の有権者だけが選出できる上院を別個に設けることについては、学生時代の急進派の影響をまだ示して、こう懸念している。そうした上院は、「まったく貴族的な機関に堕する」だろう。[*27]

実際、ニューヨークの上流階級の大地主たちは、オールバニーのフィリップ・スカイラー将軍が負けて、小規模農家の味方であるジョージ・クリントン将軍が知事に就任したときには、大いに落胆した。後にハミルトンの舅となるスカイラーは、この敗北に苛立ち、クリントンを称える意を表明する一方で、「彼の家族や縁戚からすれば、あれほど別格の支配的地位に就く資格など彼にはない」と愚痴をこぼした。[*28] このスカイラーとクリントンの確執を、やがてハミルトンが受け継ぐことになる。

リトル・ライオン

ハミルトンがワシントンの将校団に加わってまもなく、チャールズ・ウィルソン・ピールがニュージャージーの司令部を訪れ、ハミルトンの最初の肖像画を描いた。これは象牙板に描いた細密画で、青い軍服に金の肩章、副官の印である緑色のリボンをつけた姿が描かれている。短く刈った髪に、長い鋭角的な鼻のハミルトンは、眼光鋭くこちらを見据える。後に彼の態度の特徴となる洗練された自信はまだない。その顔は、どこかしら貧弱で未熟な感じがする。もっとも、彼の顔は年齢を重ねるにつれ徐々に大きくなり、やがて、すらりと引き締まった小柄な体には不釣合いと言ってもよいほどになる。

ジェーコブ・アーノルドの宿屋に宿営していたハミルトンは、新しい軍隊仲間と身を寄せ合うように、まさに親密に暮らしていた。いつでも呼び出せるようにと、ワシントンは一つ屋根の下に副官たちを住まわせるほうを好んだからだ。凍える夜に、ワシントンが毛布にくるまって考え事をしながらカウチに横になっていると、突然伝令が馬で駆けつけてくる、ということもあった。ワシントンの養子の孫によれば、「そうした至急報を開くときにはいつも、あの落ち着きのある太い声が聞こえてきた。(中略)待ち構えている従者に司令官がこう命令する声だ。『ハミルトン中佐を呼べ』」[*29]。

たいていは、四人から六人の若い副官が一つの部屋で眠り、二人で一つのベッドを使うことが多かった。そして昼も、いくつかの小さな木のテーブルを囲んでぎっしり椅子の並べてある一部屋に集まって、長い一日を送った。ワシントンは通常は、脇にある小さなオフィスにいた。忙しいときには、副官たちは一日に一〇〇通もの手紙を書いたり控えを取ったりすることもあり、くたくたになるほどきついこうした仕事の疲れを癒やしてくれるのが、時折あるダンスやパレードや閲兵式だった。

また夜になると、副官たちは食卓の周りにキャンプスツールを持ち出し、ウィットに富んだ会話を弾ませた。ハミルトンは一同の中では一番若かったが、それでも、ワシントン本人の言葉を借りれば、彼の「第一の、もっとも信頼の置ける副官」だったという。[*30] 他の副官たちも、ハミルトンを恨むどころか、逆にかわいがり、「ハム」とか「ハミー」という渾名で呼んでいた。[*31] カリブ海出身の孤児にとって、こうしたエリート仲間の一員になること以上の幸運が他にあろうか。

こうして、この移民の若者はまた別の世界に運ばれた。過去の恐ろしい記憶がいつも心のどこかに潜んでいたものの、この先彼は、アメリカの上流社会で人生を送ることになる。彼のような根無し草の過去を持つ者にとっては、これは実に驚くべき転身だ。伝統に縛られ、貴族の占める上層部が大きすぎるヨーロッパの軍隊とは違い、ワシントンの軍では、高い地位へと上っていくことができた。完全な実力主義とまでは言えないが、才能と知性をこれほど重視した軍は前例がなかったのではなかろうか。

この上層部での軍務によって、ハミルトンは変身を早々と完了し、正真正銘のアメリカ人となった。そして、大陸軍が国家の機関だったことは、ハミルトンがアメリカのナショナリズムの未来像を語るのに最適な人物となるために役立った。しかも、彼の描いたビジョンは、彼が新しい祖国を人一倍愛していたからこそ明確だった。

ハミルトンに崇拝者ができたのは、彼が知性的なだけでなく陽気な性格だったためでもある。ナサニエル・グリーン将軍は、司令部にハミルトンがいると、「きらきらと輝く陽光」があるかのようだったと述べている。しかも、「辺りが暗くなればなるだけ、輝きを増した」という。[*32] 後年ハミルトンと知り合った人々も、同じようなことを言っている。後に上院議員となるハリソン・グレイ・オーティスはこう書いている。「率直で愛想がよく、聡明で勇敢。若きハミルトンは仲間の兵士たちの人気者になった[*33]」。

弁護士のウィリアム・サリヴァンも、ハミルトンのことを雄弁で高潔で率直な人間だと見ていたが、それなりの誹謗中傷もたえず受けていたと指摘している。「彼はこの上ない愛慕の念をかき立てることができたが、彼に対立する者からは心底恐れられ嫌われることもあった[*34]」。弁が立ち、鋭い機知に富むハミルトンは、自分が思っている以上に相手を傷つけてしまうことがあり、また、討論の際など、彼の弁舌が流暢すぎるために、聡明な人々ですら、彼の前では恥ずかしくなるほど舌が回らないように感じてしまうときもあった。

いずれにしても、このころのハミルトンは、気の合う若い副官たちに囲まれ、彼らに対し本当の家族のような親近感を覚えていた。一緒に通信文を担当しているロバート・H・ハリソンは、ヴァージニアのアレクサンドリア出身の名高い弁護士で、ワシントンと同郷だった。ハミルトンよりも一〇歳年上のハリソンは、ハミルトンをかわいがり、彼に「リトル・ライオン」という渾名を付けた。[*35]

束の間のロマンス

当時のもう一人の僚友はテンチ・ティルマンで、彼はフィラデルフィアの軽装歩兵中隊から出発した男だった。ワシントンによれば、ティルマンは五年近くワシントンの「忠実な副官」であり続けたとのことで、後にワシントンはティルマンについて、「熱心にせっせと働く公僕」であり、「謙虚で調和を好む」男だと言って褒めている。[*36] また、ハミルトンと同じころに将校団に加わったリチャード・キッダー・ミードは、ハミルトンから次のような熱のこもった称賛の言葉を引き出した。「私の知るかぎり、尊敬に値する者は少なく、人当たりのよい者はもっと少ない。前述のような者に会ったら、好意を抱かずにはいられない[*37]」。

翌年には、ジェームズ・マッケンリーもワシントンの副官になった。アイルランドで生まれ育ったマッケンリーは、フィラデルフィアの医師ベンジャミン・ラッシュの下で医学を学んだ。そのため、ハミルトンのさまざまな病気を手当てすることができた。たとえば、ハミルトンは夏になるたびにマラリアが再発していた。おそらくは、熱帯で過ごした少年時代に罹患したものだろう。ハミルトンの便秘を解消するため、マッケンリーはハミルトンに、ミルクを飲むのをやめ、ワインも控えめにするようにと指示したこともある。「ワインを楽しむにしても、控えめにしておくこと。グラス三杯以上飲んではいけない。それに、毎日飲むのは絶対いけない」[*38]（グラス三杯のワインが節制の部類に入ると考えられていたとなると、当時の大酒飲みがどのようなものだったかは推して知るべしだ）。また、心温かく、少々詩の心得があったマッケンリーは、英雄詩を書いたり、たびたびハミルトンと一緒に歌を披露してワシントン・ファミリーを楽しませたりもした。ハミルトンによれば、「あの素晴らしい響きでもって、彼と私はいつも仲間の耳を楽しませていた」という。[*39]

マッケンリーの日記によれば、ワシントンの副官の多くは、戦況の落ち着いていたこの春、こっそりと束の間のロマンスを楽しんでいたようだ。二月、高級将校の妻たち――ワシントン夫人、ノックス夫人、グリーン夫人、そしてロード・スターリングの妻のレディ・スターリングと娘のレディ・キティなど――が、大勢宿営にやってきた。彼女たちは、夕刻になるとささやかながら優雅なお茶会を開いた。

訪問者の一人、ヴァージニアのマーサ・ブランドはそうした折、ハンサムな若い副官たちを見て惚れ惚れし、彼らが「皆礼儀正しい社交的な紳士で、その日終始、訪問者をたいそう楽しませた」と思ったという。[*40]また、ワシントン夫妻の主催した遠乗りの会に参加した日には、彼女は、「良識ある洗練された若者、西インド諸島の人」であるハミルトンに魅せられた。[*41]

こうした社会が流動的な状況では、ハミルトンでも、良家の子女とも社会的に対等な立場で出会ったり求愛したりすることができた。アレグザンダー・グレイドン大佐によれば、冷静沈着なハミルトンは、ディナーの席で彼に憧れている女性たちに囲まれていても、「ゆったりと自然に、礼儀正しく、快活に振る舞っていた」という。「それを見て私は、彼の才能とたしなみにほとほと感心した」。ハミルトンが「最高に洗練された上流社会の人々に花を添える才気」を示していたからだ。[*42]

モリスタウンではっきりしたことが一つある。ハミルトンが女好きで、溢れるほどの性的衝動を抱えていたということだ。終生彼は、見込みがあろうとなかろうと、軽薄と言ってもよいほど女性に色目を使う傾向があった。ワシントンの将校団に加わったときも、早速、昔馴染みのキャサリン・リヴィングストンに言い寄り始めた。かつての後援者で今は独立したニュージャージー邦の初代知事をしているウィリアム・リヴィングストンの娘だ。四月一一日のキティあての手紙では、ハミルトンは当時の道楽者に好まれていたふざけた調子で次のように書いている。

あなたの趣味もきっちりわかりましたし、あなたが恋愛に関してロマンチックなのかそれとも慎み深いたちなのかもわかりましたから、それに合わせて調節するよう心がけましょう。あなたが女神になりたい、そのように崇拝されたいと思われるのであれば、私はあなたがそうであることを証明すべく、当案件の性質の許すかぎり最高の論拠を提示するため、我が想像力を絞りましょう。（中略）けれども、（中略）あなたがただの人間であることに満足なさっているなら、そして、当然受けるべきライセンス以外は不要だとおっしゃるなら、私は正気の男らしくあなたにお話しいたしましょう。

ただし、ハミルトンがキティ・リヴィングストンと遊びで付き合っていただけではないのは、この手紙でこう言っていることからわかる。独立革命が終われば、「結婚というあのもっとも喜ばしいことに至る道のりに今横たわっている障害物が取り除かれる[*43]」。

このかなり不躾な手紙に対し、遅ればせながらリヴィングストンから返事が来たときには、ハミルトンは手紙を副官仲間に回して見せた。「ハミルトン！」とその一人が打ち明けた。「この女神に書くのなら、崇拝するスタイルでなくちゃいけない。女神でなきゃ、ほんと、こんな素晴らしい手紙は書けないぞ！」。

リヴィングストンへの返事の中で、ハミルトンは、女性のことに気を取られすぎていると仲間の一部から思われていることを明言している。「真面目一方のうるさ型から、くだらないおもちゃ――女性ごとき――に時間をかけすぎていると非難される［のを覚悟］で［ペンを］執ります」。また、どうやら彼の求愛は撥ね付けられたらしい――彼は彼女の冷淡さを嗜めている――が、それでも彼は超然と、「これで良いのでしょう」と結論を下し、「『すべては恋のために』が私のモットーです」と言っている[*44]。

キティのことをおだてたり見くびったりしているのを見ると、ハミルトンの心の中に、上流の若い女性に対する相反する感情が共存していたことがわかる。セントクロイ島で初めて書いた子供っぽい恋の詩でもそうだったように、ハミルトンは若い女性のことを純潔な女神と考えることもできたし、淫らでかわいい雌ギツネと考えることもできた。最終的にどちらを選ぶのか、この時点では彼はまだわからなかったのだろう。

生涯最大の親友ローレンス

一七七七年の晩春、ハミルトンは生涯最大の親友と出会った。ジョン・ローレンスという青い目の上品な将校だ。正式には、ローレンスは一〇月にワシントン・ファミリーに加わった。ローレンスの肖像画の一つを見ると、背は低いが威圧的な人物だ。片手を腰に当て、もう片手を湾曲した長い剣の柄に置き、自信満々といったポーズを取っている。彼は、サウスカロライナ屈指の有力な大農園主にして同年一一月にジョン・ハンコックの後を受け大陸会議の議長となったヘンリー・ローレンスの息子だった。ハミルトンもローレンスも、片親がフランスのユグノー教徒で片親が英国人というだけでなく、同好の士、似たもの同士だったようだ。二人とも本好きの野心家、大胆で進取的、そして、軍人として名を上げたいと強く望んでいた。さらに二人とも、立派な目的のために死ぬのは気高いことだ、というドン・キホーテ的な考え方に染まっていた。

ハミルトン同様、ローレンスも自信に溢れ、自分に賛同しない者に対して高飛車で素っ気ない態度を取ることがあった。ハミルトンにとっては、かつてなかったタイプの友人、同等の能力のある友人だった。この二人は、独立革命で戦った多くの人々が懐かしい思い出に浸るときも、思い出の中に長く二人一組で登場する。

ハミルトンがネーヴィス島で誕生する数ヶ月前にサウスカロライナのチャールストンで生まれたローレンスは、サウスカロライナ有数の大奴隷プランテーションで、特権階級の子息として育てられた。ハミルトンがまだセントクロイ島で事務員としてせっせと働いていた一七七一年、ローレンスの父親は、スイスのジュネーヴにある世界各国の子弟が集まる学校に息子を入学させた。

ローレンスは何でもよくできる優等生だったが、特に古典が得意で、フェンシング、絵画、乗馬もこなした。そして、ジュネーヴの共和主義的な空気を吸いながら、バリスター（法廷弁護士）になる準備を始めた。一七七四年、彼はロンドンのミドルテンプル法学院で法律を学んでいた。この時期は、奴隷反対運動が盛んなうえ、英国に運ばれた奴隷は解放されて自由の身となる、とマンスフィールド卿が法的判断を下したために、運動が加速していたときだった。ローレンスも熱心な奴隷制度廃止論者に転向した。このことも、ハミルトンとのイデオロギー上の強い絆となった。

レキシントンとコンコードの戦いの後、ローレンスは帰国したいとやいやい騒いだが、怒った父親に阻まれてしまった。父親にすれば、息子が若者らしい血気に逸って戦いたがっていることが心配だったのだ。ヘンリー・ローレンスは、気性の激しい息子がいつか戦死するのではないか、という奇妙な胸騒ぎをつねに覚えていた。トーマス・ペインの『コモン・センス』を一七七六年に読んだ後、ジョン・ローレンスは、大西洋を再び渡りたいと前にも増してやきもきしたが、予期せぬ事情で英国に縛り付けられることになった。マーサ・マニングという娘を妊娠させてしまったのだ。

マーサの父親は、ウィリアム・マニングという資産家で、ヘンリー・ローレンスの親友だった。ジョン・ローレンスは騎士道精神を発揮して、一七七六年一〇月にマーサと内輪だけの結婚式を挙げたが、その四ヶ月後、マーサが女の子を産むと、すぐさま船に飛び乗ってチャールストンに戻った。そして、帰国後ほどなく、大陸軍に入隊し、ワシントンから絶対的な信頼を受けるようになった。彼をファミリーに誘い、「時期や妥当性ゆえに書き留めておくことのできない」極秘任務を与えた、とワシントンは述べている。[*45]

ハミルトンとローレンスはすぐに互いのことが気に入り、親友になった。ハミルトンは後にローレンスの「熱意、知性、進取の気性」を褒めたたえている。[*46] 戦争が進展するにつれ、ハミルトンは惜しみない親愛の情がこもった手紙をローレンスに書くようになったことから、ハミルトンの伝記を書いたジェームズ・T・フレクスナーは、二人の関係には同性愛的な色合いもあったのではないかと考えた。だが、一八世紀の手紙は、男同士のやりとりでも美辞麗句を連ねることがあったため、この問題には慎重に臨まねばならない。ローレンスがハミルトンへ宛てた手紙のほうは、心がこもっているけれども違和感を感じさせないものであるだけになおさらだ。

とはいえ、ここで注目すべき点として、人々がハミルトンのことを形容するのに「feminine」（フェミニン、女性的）という言葉をよく使ったということがある――ハミルトンの軍人らしい態度や男らしい手柄を考えると、これはますます驚くべきことに思われる。また、ハミルトンの公認伝記の準備中、息子のジョン・C・ハミルトンは、父親の書類の中にはさまれていた一枚の紙を抜き取っており、現在も残っているその紙には、ハミルトンとローレンスの関係についてこう書かれている。『独立革命の騎士』と称されるこうした若い軍人の親交には、深い友愛の情があった。それは女性の愛情に見られる優しさにも似たものだった」[*47]。ハミルトンが少年時代から同性愛というものを知っていたのは疑いない。というのも、泥棒やスリなど、望ましからぬ連中と見なされた人々と一緒に、多くの「男色者」もカリブ海へ移住させられたからだ。北米の一三植民地では、どの植民地でも男色は死刑に値する犯罪だった。もしハミルトンとローレンスが愛人関係になっていたとしたら――愛人関係にあったと言い切ることはできない――よほど用心していたのだろう。少なくとも、ハミルトンが思春期の女の子の恋にも似た感情を友人に対して抱いていたことだけは言える。

ラファイエット侯爵

やがて、ハミルトンとローレンスにもう一人、若いフランス貴族が加わって、華やかなトリオが生まれた。一七七七年七月三一日に大陸軍の名誉少将となったラファイエット侯爵だ。当時一九歳のラファイエットは、活気溢れる粋な青年貴族で、共和主義の理想に燃え、革命の大義に貢献したいと熱望していた。「ハミルトンとローレンスのいた快活なトリオは、ラファイエットの存在によって完成した」とハミルトンの孫は後に書いている。「全体としては、彼らにはデュマのあの有名な三人の英雄を思わせるものがあった[*48]」。

ラファイエットはこのアメリカ人の友人二人については、つねに最高に親愛の情のこもった言葉で語っている。ローレンスのことはこう書いている。「彼の率直さ、誠実さ、愛国心、見上げた勇敢さが、私を彼の忠実な友にした[*49]」。また、ハミルトンについてはもっと大袈裟に述べ、ハミルトンをこう呼んでいる。「誇らしくもあり喜ばしくもある兄弟愛を注いでくれる親愛なる友[*50]」。これを裏付けるイライザ・ハミルトンの言葉もある。「(ラファイエット) 侯爵は、ハミルトン氏を兄弟として愛した。二人はたがいに親愛の情を抱き合っていた[*51]」。

当時のラファイエットの肖像画には、髪粉をかけたかつらを着けたハンサムなすらりとした若者が描かれている。細面に赤い唇、そして優美な弓形の眉をしている。ハミルトン同様、ラファイエットの生涯も、幼いころの悲しみが影を落としていた。二歳のときに父親と死に別れ、一三歳のときには母親も亡くなったため、ハミルトンと同じ年齢のときに孤児となったのだ。

だが、一六歳で、一四歳のアドリエンヌ・ド・ノアイユというフランス有数の名家の娘と結婚し、ルイ一六世のお高くとまった宮廷とアメリカとの貴重な橋渡し役となった。

彼が大陸軍の中で流星のごとくあっという間に昇進できたのは、ベンジャミン・フランクリンがパリからワシントンに出した手紙のおかげだった。フランクリンはその手紙で、この有力な親戚を持つ若者を歓迎することが政治的に得策だと説いていた。ラファイエットは無報酬で軍務に就くことに同意したばかりか、自腹を切って艤装した船をアメリカに運んだうえ、大陸軍の兵士の衣服や武器を調達するための費用も自分の財布から惜しみなく出した。

多くの者がラファイエットに好感を持ち、彼を詩心と燃えるような情熱にあふれる立派な自由主義者だと考えた。フランクリンなどは、ぜひとも「あの気立てのよい青年貴族」の味方になってもらいたいとワシントンに懇願し、ラファイエットの善意につけこむ者が出るのではないかと懸念を示している。[*52] だが、フランクリンはワシントンの好意について心配する必要などなかった。この若いフランス人が戦闘で負傷すると、ワシントンは軍医に「私の息子だと思って治療するように」と指示したほどだった。そしてラファイエットにとっても、ワシントンは敬愛する父親のような存在となった。一人息子にジョージ・ワシントン・ラファイエットという名前を付けたくらいだ。ただしラファイエットにも、いつもそれなりに批判者はいた。批判的な者から見れば、ラファイエットは虚栄心が強く疑い深い利己主義者だった。

トマス・ジェファーソンはラファイエットの特にひどい短所をピンポイントで突いて、こう述べている。「彼の弱点は、人気と名声を求める犬のような欲望だ」[*53]。ハミルトンでさえ、ラファイエットに対する愛情にもかかわらず、ラファイエットは「多くのちょっとした気まぐれ」の虜《とりこ》だったとからかっている[*54]。だが、欠点がどうあれ、ラファイエットは驚くほど成熟した判断力のある勇敢な将校だったたし、信頼に報いる以上のことを行った。

フランス語も堪能なハミルトンは、例によってあっという間にラファイエットとも友人になり、連絡将校としてラファイエットの指揮下に配属された。ジョン・ローレンスの場合と同じく、ハミルトンとラファイエットの関係にも手放しの情熱があるため、ジェームズ・T・フレクスナーは、ここでも単なる友情以上に進んだのではなかろうかと訝《いぶか》っている。ハミルトンの孫は、「二人の関係にはロマンスの気配があった。これは当時でもきわめて稀だ。そしてラファイエットは、特にこの国に滞在し始めたころの彼は、ハミルトンときわめて親密な仲だった」と書いているが、この言葉には深い意味があるのだろうか、それともないのだろうか？[*55]

また独立戦争末期、ラファイエットは妻に、「将軍の副官の中に、私が大いに気に入っていて、これまでも折にふれて君に話したことのある若者がいる。ハミルトン中佐だ」と書き送っている[*56]。ローレンスとの手紙のやり取りでは、ハミルトンのほうが大袈裟だったが、こと情熱的な文章にかけては、ラファイエットのほうがハミルトンよりも上手だった。「この戦いの前、私は君の友人だったたし、世間の考えに賛同する親密な友人だった」とラファイエットは一七八〇年にハミルトンへ書き送っている。だが、フランスから戻って以来、「私の思いは、世間のまったく知らないところまで募っている」[*57]。これは、当時はやっていたフランス流の美文の実例にすぎないのか、それとも、それ以上のものなのだろうか？　ジョン・ローレンスの場合同様、答えは不明だ。

しかし、ハミルトンがローレンスやラファイエットと交わした手紙にある興奮した調子は、後の彼の手紙には見られない。これは単に、若さや戦時中の仲間意識の副産物にすぎないのかもしれない。いずれにせよ要するに、アレグザンダー・ハミルトンは友人を作る能力が人一倍あり、政治の世界での出世を後押ししてくれるような献身的な大物たちをいつも魅了していたのだ。

タイコンデロガ砦の陥落

一七七七年七月の初め、ニューヨーク北部のタイコンデロガ砦が英国軍の手に落ち、国王ジョージ三世は手を叩いて喜んだ。「勝ったぞ！　アメリカ人を叩き潰せ」[*58]。この陥落は、愛国派にとっては凶兆だった。これによって、カナダから南下したジョン・バーゴイン将軍率いる英国軍侵攻部隊が、さらにニューヨークまで南下する回廊が開けたからだ。しかも、この回廊は反乱軍を二つに分断し、ニューイングランドを孤立させることができる――これこそ、何よりも重要な英国軍の戦略だった。

この敗北に青ざめたハミルトンは、砦に対する責任を負っていた指揮官フィリップ・スカイラーを容赦なく批判した。「これまではつねにスカイラー将軍のやり方に肩入れしてきたし、将軍を非難から守るためにたびたび擁護してきた」とハミルトンはロバート・R・リヴィングストンに書いている。「だが、とうとう、彼は不適格だと思わざるを得なくなった」[*59]。ただし、歴史家はスカイラーに対して比較的寛大だ。スカイラーの部隊は、度重なる兵の脱走と、配下のニューイングランド兵たちが彼に抱いていた根深い敵意のせいで弱体化していた。兵士たちの敵意は、スカイラーがニューヨークの指導者であり、厳格な規律を強いる人間であるためだった。

また英国軍は、タイコンデロガ砦を見下ろす険しい山に登るという素晴らしい作戦を成功させてもいた。これが、不可能と見られていた砦の奪取を実現させたのだ。多くの非難を浴びたすえ、スカイラーは大陸軍北部軍管区の司令官の任を解かれ、代わってホレイショ・ゲーツが司令官に任命された。スカイラーはゲーツについて、ニューイングランド人の「偶像」だと言って冷やかした[*60]。その後にスカイラー自身が要求した軍法会議で、タイコンデロガ砦の敗北の責任については免れたが、それでもスカイラーは、手痛い完敗から完全に立ち直ることができなかった。

ハミルトンのタイコンデロガ砦をめぐる動揺ぶりから、この根無し草の若者が、ニューヨークを我が物と思い始めていたことがわかる。彼はリヴィングストンに、「私の政治的母体だと少なからず考えているステイト（邦）」に対する脅威に狼狽していると伝えている。「私も君と同じく、君のステイトを失えば、ハウ氏が南部に加える打撃など比べ物にならないほど大きな影響を与える一撃となると思う」[*61]。ただし、ここで「君のステイト」と言っていることからすると、ハミルトンはすでにニューヨークに一体感を抱いていたにしても、まだ、ニューヨークに対し決して消えないほど強い忠誠心を抱くまでには至っていなかったのだろう。

この時にはもう、ハミルトンは軍事戦略というものをしっかり把握していることを示していた。その夏の英国軍の動きを見て、後に透視力があるのではないかと思わせたような予言をいくつかしてみているのだ。まず、バーゴインがハドソン川に沿ってニューヨークへ南下する気になるだろう――「思うに、彼は冒険精神に富んでいるとの評判があるから、虚栄心に煽られて軽挙妄動に走りがちなのではなかろうか」――そして、そうなれば、ウィリアム・ハウがニューヨークから援軍を北へ送らないかぎり、バーゴインにとって破滅的な結果となるだろう、とハミルトンは考えた[*62]。しかも、ハウが援軍を送るほど賢明だとは、ハミルトンには思えなかった。英国軍は「概して愚かな行動をした」からだ。援軍を送る代わりに、ハウは「我らの本隊に大胆な攻撃」をしかけ、性急にフィラデルフィアを奪取しようとするだろう、とハミルトンは、ここでも驚くべき正確さで予言した[*63]。

原始的な通信手段しかなかった時代には、巨大艦隊といえども長期間にわたって海から姿を消すことがあった。ハウ将軍率いる二六七隻一万八〇〇〇人の艦隊も、七月下旬にニューヨーク港を出て視界から消え、一週間後にデラウェア湾に姿を現し、その後また消えて、八月下旬にデラウェア湾に戻ってきた。ハミルトンは、ハウのフィラデルフィア占領を阻むために一戦交えたくてたまらず、グーヴァヌア・モリスにこう勇ましく訴えた。「我が軍は気力体力とも充実しています。（中略）彼らと戦うだけでなく、彼らを攻撃します。三対一で攻撃側が有利であることは、揺るぎない事実であると思います[*64]」。

フィラデルフィアの死闘

残念ながら、ハミルトンが楽観視しすぎていたことは、九月一一日、フィラデルフィア郊外の小川ブランディワイン・クリークで英軍と米軍が血みどろの衝突をしたときに明らかになった。米軍は不屈の抵抗を示したものの、この激戦は、慌てふためきながらの敗走と恐ろしい殺戮に終わり、最終的には死傷者と捕虜合わせて一三〇〇人の米兵が犠牲になった――英国軍の損失はこの半分だった。

もはや、英国軍の首都進攻を阻もうとするなど、むなしいことに見えた。ワシントンは、ハミルトン、ヘンリー・〝ライトホース・ハリー〟・リー大尉（南北戦争の南軍総司令官ロバート・E・リーの父）他八名の騎兵を送って、スクールキル川が敵の手に落ちないよう、川の上にある製粉所に火をかけた。ハミルトンたちがデイヴィサーズ（あるいはデイヴァサーズ）・フェリーで小麦粉を燃やしていたとき、見張り役の発砲音が轟いた。英国軍の騎兵が近づいてくることを知らせるための警告射撃だった。脱出ルートを確保しておくため、ハミルトンはあらかじめ平底のボートを川岸に係留していた。彼と三人の仲間は、ボートに飛び乗って岸から離れ、一方、リーたちは馬ですばやく走り去った。

リーによれば、英兵たちはカービン銃でハミルトンのボートを掃射したため、ハミルトンの部下一名が殺され、もう一名が負傷したという。恐れを知らぬハミルトンは、その間ずっと、「最近の雨で水かさの増していた激流と格闘」していた。*65 だが結局、ハミルトンと部下は渦巻く激流に飛び込み、泳いで安全な場所にたどり着いた。そしてハミルトンは、立ち止まって一息つくのもそこそこに、ジョン・ハンコック宛ての伝言を大急ぎで書き、大陸会議をただちにフィラデルフィアから避難させるよう強く勧めた。

その後ハミルトンは司令部に戻ったが、実はその直前、ハミルトンがスクールキル川で死んだという知らせが、リー大尉からワシントンのもとに届いていた。そのため、ずぶ濡れの死体となったはずの本人が、ふらふらとドアから入ってきたときには、司令部には歓喜の涙が溢れ、ついで大爆笑が湧き起こった。

一方ジョン・ハンコックは、その夜の大陸会議が散会となった後、ハミルトンからの手紙を読んだ。それには、敵軍が夜明けにフィラデルフィアを攻撃してくるかもしれないとあった。多くの代議員が町を捨てることに決め、夜中過ぎに大急ぎで脱出した。ジョン・アダムズの日記によれば、午前三時に叩き起こされて、ハミルトンの不吉な予想を知らされたという。アダムズは身の回り品をつかんで馬に飛び乗り、夜明け前に他の代議員たちと一緒に走り去った。

「会議はまるでヤマウズラの群れのように、フィラデルフィアからトレントンへ、トレントンからランカスターへと追われた」とアダムズはいつものように巧みな喩えを駆使して、まざまざと当時を描き出している。[*66]

　だが結局、ハミルトンの警告は時期尚早だった。というのも、英国軍は一週間以上ものろのろしてからようやくフィラデルフィアに入ったからだ。ワシントンはこの合間を利用して自軍を立て直した。ワシントンの軍は、毛布も衣服も馬もひどく不足していた。やむなく、ワシントンはフィラデルフィアの住民から軍需物資を徴発するため、ハミルトンに圧制的な権力を与え、一〇〇人の兵を彼の支配下に置いて徴発を委任した。これはきわめて重大な任務で、ワシントンは、もし失敗すれば、「軍の破滅を、そしておそらくはアメリカの破滅をもたらす」だろうと懸念していた。それはハミルトンへの命令でも次のようにはっきりと述べられている。

　命じる私もつらく、このような方策を遂行する君もつらいだろうが、君に頼まざるを得ない。ただちにフィラデルフィアへ赴き、住民から、両者の目的にかなうこととして、毛布や衣類など必要物資の供出品を入手してほしい。(中略)これは、任務の性質上必要十分な配慮と慎重さをもって当たるように。[*67]

　このように二二歳の副官に異例の委任をするには、最高の機転と不撓不屈の精神、この二つが必要だ。民主主義のための戦いでは、民衆の支持を保ち続けることがきわめて重要だった。ハミルトンは、反感ではなく共感を得られるよう十分に気を配りつつ、統制を課し、市民にしつこく頼まなければならなかった。また、ここで事務員の経験が役立ち、彼は細かく帳簿をつけ、住民に受領書を発行した。

さらに、英国軍に接収される恐れのある馬をすべて避難させてほしいとワシントンから言われていたので、良識的に見て馬の供出を免除されるべき者のリストも作った。貧乏人、一時滞在者、町から出て行こうとしている者、生計を馬に頼っている者だ。二日間休みなく働いた後、ハミルトンは何隻もの船に軍需品を積み込んで、デラウェア川上流へと送り出した。この際には「大いに警戒した。この結果、町と一緒に英国人将軍の手に落ちた公有財産は非常に少なかった」と、後に連邦最高裁判所首席裁判官となるジョン・マーシャルは書いている。[*68] これら補給品の助けを借り、ワシントンは一〇月四日にジャーマンタウンで英国軍と戦った。ここでもまた一〇〇〇人の死傷者と捕虜を出したが、少なくともハウ将軍をフィラデルフィアに釘づけにし、北のバーゴイン将軍に援軍を送るのを阻むことはできた。

軍事会議の指示

多くの点で、〝ジェントルマン・ジョニー〟・バーゴイン——女とシャンパンを愛し、ナイトの爵位を欲しがっている虚栄心の強い放蕩者——は、戦術よりも平和の喜びのほうが似合う男だった。有名な英国人俳優デーヴィッド・ギャリックが、ドルリーレーン劇場でバーゴインの書いた劇『オークの乙女』に主演したこともある。

一七七七年の一〇月初め、バーゴイン率いる部隊は、王族さながらの仰々しさで威風堂々とハドソン渓谷を南へと進軍した。戦いではなく、戴冠式に赴くかのように、バーゴインは三〇台もの荷車に私物を満載し、馬に引かせて、ハエの飛び回る沼沢地を抜けていった。バーゴインは、英国軍の将校の間にはびこっていた俗物根性の縮図のような男だった。どちらかと言えば彼は、英国人はこれまでアメリカの成り上がり者に寛大すぎたと考えていた。「アメリカは我らの子供だと私は見なしている」と彼は一七七四年に述べている。「甘やかしすぎて駄目にしてしまった[*69]」。

英国軍の当初の計画では、ニューイングランドを他の反乱植民地から分断するため、北部のバーゴインの部隊が、西部のバリモア・セントレジャー中佐の部隊と南部のハウ将軍の部隊に合流することになっていた。ところが現実には、ハウがフィラデルフィアで足止めされたため、バーゴインは単独で、しかも、はるかハドソン渓谷上流で孤立して、ホレイショ・ゲーツ将軍率いる軍と戦うことになった。そして一〇月中旬、総数五七〇〇名のバーゴインの軍は、サラトガで降伏した。これは独立戦争の大きな転機だった。あまりに大きく、あまりに感激的で、あまりに決定的な勝利だったため、それまで介入をためらっていたフランスも、これに力を得て愛国派に味方して参戦する気になったからだ。

またこの勝利で、ワシントンはゲーツ配下の兵の一部を自分の下に回し、南部での危うい地歩を強化することができるようになった。大陸軍では、一年の服務期間が終了したせいで兵卒が不足していた。これは何度も発生した問題だった。サラトガから素晴らしい知らせが届いてまもなく、ワシントンは少将五名と准将一〇名を集めて軍事会議を開いた。ハミルトンも議事録を取るために出席した。

このころには、この若い副官はただの従順な書記官ではない、という噂がすでに広まりだしていた。ペンシルヴェニアの急進派議員ベンジャミン・ラッシュは、ワシントンが「グリーン将軍、ノックス将軍、そして弱冠二一歳の副官ハミルトン中佐の言いなり」になっているとぼやいている。*70 軍事会議では、ゲーツは配下の兵の多くをワシントンに渡すべきだということで意見が一致した。サラトガの勝利によって、ニューヨークでの英国軍の脅威が大きく減ったからだ。この歓迎されざる知らせを伝えるために選ばれた使者は、アレグザンダー・ハミルトンだった。

ワシントンがこのような難しい任務に部下の若い副官を選んだとは、実に驚くべきことだ。サラトガの勝利の後、ホレイショ・ゲーツは一躍、時の人となり、ニューイングランドの政治家のお気に入りとなった。そしてこのことが、ゲーツとワシントンの間の反感を募らせた。それまででもゲーツは、勝利の報をワシントンに直接伝えようとしないなど、ワシントンを無視するようなことまでしていた。このため、ハミルトンの任務は、多くの危険をはらむものだった。人気絶頂の将軍から相当数の兵を引き出さねばならず、しかも、できれば、命令という形を使わずに成功させたかったからだ。

さらに、ハミルトンは五〇〇キロメートル近い道のりを馬で駆けたうえ、ワシントンに相談する機会がもうない状況で、ゲーツと交渉することになる。小柄な二二歳と交渉するなど、尊大なゲーツが沽券にかかわることだと感じるのは明らかだった。ハミルトンは持ち前の狡猾さと折衝能力を出し切る必要があった。

ハミルトンにそれなりの威厳をまとわせるため、ワシントンはゲーツ宛ての手紙を書いて、その中で自分の副官を紹介し、今回の任務について述べた。ハミルトンの任務は「我々の現状と当地域の敵の状況を余すところなく貴殿に提示することだ。彼は（中略）熟知しており、現在必要な（中略）作戦計画に関する私の意見をお伝えすることになる」[*71]。

ハミルトンに委任された裁量権は、驚くほど大きなものだった。ワシントンとしてはゲーツに兵を割いてもらいたいが、当該の兵をゲーツが愛国派の大義のために無駄なく使っている、とハミルトンが判断したら、「その邪魔をするのは私の望むところではない」とワシントンは書いている。しかし、そうでない場合には、「前述の援兵（中略）をぜひともただちに当軍に合流させていただきたい」[*72]。独立戦争時、アレグザンダー・ハミルトンの自由裁量に結果が左右された瞬間があったとしたら、それはこの時だった。

指令を手に、ハミルトンはオールバニーへ全速力で馬を飛ばした。五日連続で一日に一〇〇キロメートル近く走破し、ものに憑かれた男のように馬を駆けさせた。途中、ハドソン川東岸のフィッシュキルに立ち寄り、ワシントンへの援軍として二個旅団を南へ移動させる必要がある、とイズリエル・パトナム将軍に教えた。しかも、ハミルトンは自ら判断するのをためらわなかった。自ら責任を負う決断に基づき、ニュージャージーの民兵をもう七〇〇人加えるという約束をパトナムから引き出した。

ワシントンにはこう説明している。「あなたの力になる方策を否となさることはないだろうと考え、少々迷いましたが、そうした推定に基づき、思い切って採ることにいたしました」。また先を急ぐハミルトンは、ワシントンにこうも告げた。補給係将校が「ぜひとも新しい馬を使ってくれと言ってくれます。準備ができしだい、再び［ハドソン］川を渡って対岸の兵に合流し、全速でオールバニーへ向かって、その三個旅団の派遣を確保いたします」[*73]。

ゲーツ将軍と交渉

一七七七年一一月五日にオールバニーに到着したハミルトンは、早速、ホレイショ・ゲーツとの緊急会談を手配した。ハミルトンから見れば、サラトガで本当に栄誉に値する人物は、ゲーツではなくベネディクト・アーノルドだった。ゲーツは虚栄心ばかり強くて、意気地のない無能な将軍にしか見えなかった。このハミルトンの容赦ない判断は、続いて起こった出来事によって実証された。

銀髪にとがった長い鼻、そして鼻眼鏡、後に部下から「ゲーツばあちゃん」と揶揄された巨漢ゲーツは、ワシントンに比べるとかなり存在感が薄かった。さる公爵の女中の私生児として生まれ、英国の士官学校で学んだ後、フレンチ・インディアン戦争に参加した。そして今や、勝利に増長していたゲーツは、一個たりとも配下の旅団を譲るのを嫌がった。

そこでハミルトンは、おとなしく耳を傾けるのをやめて断固たる口調で要求し、譲り渡すべき兵員の数を告げた。するとゲーツは、ニューヨーク駐留英国軍の指揮官ヘンリー・クリントンが、まだハドソン川沿いに北上してニューイングランドを危険に晒す恐れがあるのだ、と語気鋭く言い返してきた。だが結局、意気地なしのゲーツは、ハミルトンの要求した三個旅団とまではいかなかったが、パターソン将軍指揮下の一個旅団をワシントンに送ることに同意した。

会談後、ハミルトンはあちこち探りを入れて回り、パターソンの兵員六〇〇名の旅団が「現在ここにある三個の中で明らかに一番弱い」ことを知った。そこで、ゲーツ将軍に宛てこう書いた。「このような状況下では、三個の中からあの旅団を選んでワシントン将軍閣下のもとに送っても、十分役に立つとは思われず、閣下の指示に合致するとも思われません」[*74]。ハミルトンは厚かましすぎないよう、かといって恭しすぎないように気を配りつつ、自分自身の意見とワシントンの意見を巧みに混ぜ合わせた。苛立ったハミルトンはワシントンにはこう告げている。援軍派遣の「正当性を納得していただけるよう、私としてはできるかぎりの論を尽くしましたが、彼は断固として、大陸軍の少なくとも二個旅団を当地および当地付近に残すべきだという意見を譲ろうとなさいません」[75]。後にハミルトンは、ゲーツの「横柄さ、愚かさ、卑劣さ」を非難してもいる[76]。

一方ゲーツも、この自信過剰で強情な副官を相手に交渉しなければならないことに苛立ちを覚えていた。ワシントンに宛てた手紙の下書きでは、ゲーツはハミルトンへ言及した部分に線を引いて抹消しており、これでゲーツの動揺ぶりがわかる。次のような部分だ。「現役の副官の口頭命令に対しては、つまり当該地位にある間の命令に対しては、当然の絶対的服従を示すことが慣行であり、絶対的に必要なことでもあるが、あのような独裁的権力を一副官に委任し、五〇〇キロメートル近く離れた軍に派遣するなど、慣例ではないと思われる」[77]。結局ハミルトンは、希望する旅団二個を引き渡すという約束をゲーツから引き出した。すでに熟達した政治手腕を示していたハミルトンだが、これはその見事な発揮ぶりの一つだった。

ゲーツとの交渉が行き詰まっていた時期、ハミルトンは長びいているオールバニー滞在を利用して、旧友のロバート・トループと会ったり、フィリップ・スカイラー邸でのディナーに出席したりした。ゲーツの前に北部軍管区の司令官だったスカイラー将軍は、サラトガの勝利を横取りされたように感じていた。あの勝利は、自分が下地を作ったと考えていたからだ。ナサニエル・グリーン将軍も同様の見方をしており、ゲーツのことを「ただの幸運児」と呼び、「北部での成功すべての基礎は、彼があそこに到着するまえに敷かれていた」と述べている[78]。

この時のスカイラー家訪問で、ハミルトンは将軍の次女である二〇歳のイライザに初めて会った――この二人の関係は、これから二年以上たった後に再び始まることになる。

さて、ゲーツとのうんざりする会談を終えたハミルトンは、またハドソン川沿いに戻ったが、彼の任務はまだ終わってはいなかった。ニューウィンザーにあるニューヨーク邦知事ジョージ・クリントンの自宅に立ち寄ったところ、驚いたことに、イズリエル・パトナム将軍の約束した二個旅団がまだ足止めされていることがわかったのだ。ぶっきらぼうな下顎の張った農民で、以前は宿屋の主人でもあったコネティカット出身のパトナムは、副官のアーロン・バーから非常に慕われていた。バーはパトナムのことを「我が懐かしの将軍」と言ったこともある。[*79]バンカーヒルで部下に、「やつらの目の白いところが見えるまでは撃つな。それから、下を狙え」と命じたと言われているのがパトナムだ。[*80]ハミルトンはパトナムが約束を破ったと知ると、怒りのこもった手紙をパトナムに出した。いつもの副官としての慎重さなど投げ捨て、自分の倍以上の年齢のベテラン将校を厳しく叱責している。

私は仰天したと申し上げずにはおられません。そして、ワシントン将軍閣下のお考えがこれまでのところ挫かれていること、また、閣下が絶対に必要とされ、遅れればアメリカの大義が考えうるかぎり最悪の危険に晒されることになる援軍を閣下に差し上げるために私が申し上げたことが、何一つなされていないことを知り、ひどく驚いておりまず。(中略)かような申し上げ方は、まったくふさわしからぬほどに熱が入っているのやもしれません。しかし、この大陸の利害に本質的にかかわると思われる事柄に関し、私の心から溢れ出たものに由来するのです。[*81]

ハミルトンは、配下の大陸軍すべて（つまり、邦の民兵以外すべて）をただちにワシントンの下に派遣するよう、パトナムに直接指令を出さなければならなかった。だが実のところ、この不手際は、全部が全部パトナムの責任というわけではなかった。というのも、彼の二個旅団はもう数ヶ月にわたって給与が支払われておらず、反抗して行軍を拒んでいたのだ。

自らを危うい立場に追い込んでしまったハミルトンは、ワシントンへの報告で、権限を逸脱してしまったかもしれないと非常に懸念している旨を伝えた。それだけに、ハミルトンの仕事ぶりを文句なしに是認する次のような手紙がワシントンから届いたときには、心から喜んだ。「君の取った措置すべてを完全に是認する。君の扱わなければならなかったものが、君の熱意と誠意に見合って行使されたことを願わねばならないだけだ」[*82]。

九月のフィラデルフィアでもそうだったように、ワシントンは部下の神童に大きな自主性を与え、その賭けは見事に当たっていた。この若い副官は、単なる将軍の代理人ではなく、自分一人でも力のある人物だということが明らかになったのだ。一方ハミルトンは、頑固な将軍二人と出会ったことで、厳格な序列と指令の中央集権化こそが、物事を成し遂げるための唯一の道だ、と今まで以上に強く考えるようになった――この意見は、政治に関しても、各ステイトに権限を分散するのではなく、連邦に権力を集中すべきだという彼の考えに通ずる。

ハドソン川に沿って全速力で往復したことは、体の弱いハミルトンにはこたえた。一一月一二日、ハミルトンはニューウィンザーからワシントンに手紙を書き、帰還が遅れている理由を説明した。「この二日ほど、高熱とリューマチによる全身の激痛のために当地で足止めされております」[*83]。だが、病気にもかかわらずハミルトンは、ワシントンに合流する予定の兵の移動を監督し、下流のピークスキルまで病をおして出かけ、パトナムの旅団に最大限の圧力をかけた。そして一一月下旬、げっそり痩せてしまったハミルトンは、ピークスキルのデニス・ケネディの自宅でまたベッドに伏せった。治るかどうかわからないように見えた。

I・ギブズ大尉は、クリントン知事への手紙の中で、熱と悪寒の組み合わせは致命的かもしれないと心配していると書いている。また一一月二五日には、ハミルトンが「どう見ても息を引き取ってしまったように見え、手足も冷たくなり、そのまま二時間ほどたったが、それでも生き延びた」と報告した。一一月二七日にハミルトンの膝から下がまた冷たくなったときには、診察した医師も、もう長くはないだろうと考えた。しかし、「彼は四時間近くこの状態のままで、その後、熱が大幅に下がり、その時からかなり快方に向かっている」。もっとも、ゲーツ将軍との交渉でハミルトンが非常に辛辣だったせいで、皆が皆ハミルトンの回復を喜んだわけではなかった。ヒュー・ヒューズ大佐は、友人であるゲーツに宛てて一二月五日にこう書いている。「ハミルトン中佐はピークスキルで重い神経障害を患っていたが、危篤状態を脱した。

ただし、彼自身の優しい気質のためではない」[*84]。

こうしてハミルトンは、クリスマスの直前、ワシントンのもとに戻るため出発したが、結局、モリスタウンの近くでまた倒れた。そして、静養を続けるために雇いの馬車でピークスキルへ連れ戻され、羊肉、オレンジ、じゃがいも、ウズラ肉といった栄養のある食事を与えられた。ハミルトンがフィラデルフィア近郊のヴァリーフォージにある冬営地で同僚とようやく合流したのは、一七七八年一月二〇日になってからだ——もっとも、このヴァリーフォージというところは、回復しつつあるハミルトンの士気を高めることなどできないような荒涼たる場所だった。

コンウェーの陰謀

サラトガ後のホレイショ・ゲーツが無比の栄光を誇っていただけに、一部では、ゲーツがワシントンに代わって最高司令官になるべきだという声も出た。ワシントンが不運をかこったのも無理ないことだった。ニューヨークとフィラデルフィアの戦いぶりはさえないものだったし、ブランディワインとジャーマンタウンでの敗北は、トレントンとプリンストンの猛攻撃を人々の記憶から消してしまった。

ワシントンとゲーツのライバル関係は、大陸会議内の政治的対立を反映していた。ジョン・アダムズとサミュエル・アダムズ、リチャード・ヘンリー・リーといった人々は、軍事に対する大陸会議のコントロールを厳しくすべきだと考えており、ゲーツに好意的だった。この秋ジョン・アダムズは、ワシントンの指揮管理能力に対する落胆を日記で露わにしている。「神よ！我らに偉大な指導者を与えたまえ！（中略）積極的な優れた才能が一つあれば、この混乱に秩序を与え、この国を救うことができるのに[*85]」。

アダムズはゲーツを完全に支持しているわけではなかったが、ワシントンに対する盲目的崇拝が軍事支配をもたらすのではないかと心配していたため、サラトガの勝利で最高司令官の影が薄くなったことに喜んでいた。一方、ジョン・ジェイ、ロバート・R・リヴィングストン、ロバート・モリスら保守派は、最高司令官に大きな執行権を与えたいと考えており、ワシントンを後ろからしっかりと支えていた。

ゲーツの熱心な支持者の一人が、トマス・コンウェーという気難しいアイルランド人だった。彼はフランスで教育を受け、フランス軍に入隊した後、この春に大陸軍に加わった。ハミルトンはこの新参者の准将に対する軽蔑を隠そうともしていない。「あれほど下劣な誹謗中傷や扇動をする者はいない」と彼は書いている[*86]。コンウェーはワシントンの軍事能力をばかにし、自分の見方を思う存分ゲーツに吹き込んだ。サラトガの後にはゲーツに宛ててこう書いている。「神はあなたの国を救うとお決めになったのです。さもなければ、弱い将軍と悪い助言者が国を滅ぼしてしまったことでしょう[*87]」。ゲーツはそうした背信的な意見を封じはしなかった。ワシントンはこの手紙の写しを一一月に手に入れるや、怒りのこもったそっけないメモをゲーツに送り、ワシントンに言及した部分を引用したうえで説明を求めた。

悪事の現場を押さえられたも同然のゲーツは、自らの背信から目をそらそうと、この手紙をワシントンに流した犯人を捜した。すると、同僚のジェームズ・ウィルキンソン少佐が、ロバート・トループが怪しいと言い出した。だがゲーツは、ハミルトンとのとげとげしい交渉を思い出し、あのワシントンの副官が犯人だと決めてかかった。「ハミルトン中佐はこの部屋に一時間ほど一人だけでいた」とゲーツはウィルキンソンに告げている。「あのときにコンウェーの手紙をあの戸棚から持ち出して書き写し、写しをワシントンに渡したのだ」。さらにゲーツは、この時まだピークスキルで静養中だったハミルトンに復讐を始めた。ゲーツによれば、その計画とは、「ワシントンに［ハミルトンとの関係を］切り捨てさせる」というもので、そうなれば、「受け取った者も泥棒も面目を失う」[*88]。

一二月八日、ゲーツは、ハミルトンを告発しているのが見え見えの無神経な手紙をワシントンに書いた。「コンウェー准将が私へ送った手紙の抜き書きを閣下のお手に渡すという背信行為の張本人を突き止めるため、閣下の最大限のお力添えをいただきたく切にお願い申し上げます。かの手紙は盗まれて書き写されたのです」。ゲーツはこうワシントンに教えたうえで、「私を裏切る恐れがあるばかりか、閣下の直接指揮下にある作戦すら大いに損ないかねない卑劣漢を見つけ出すことによって、私と諸邦連合にきわめて重要な貢献をする」[*89]のは、ワシントンにしかできないと断言したのだ。

結局、ハミルトンは無関係で、漏洩源は放蕩者のジェームズ・ウィルキンソンだということが明らかになった。トループとハミルトンを名指した本人だ。大陸会議に至急報を届ける途中、ウィルキンソン——派手な人物だが、酒と陰謀が大好きで大言壮語を弄ぶという救いがたい欠点があった——は、ペンシルヴェニアのレディングで休憩して一杯やり、その時にロード・スターリングの副官に例のゲーツあてのコンウェーの手紙のことを話してしまったのだ。そこでロード・スターリングが、友人のワシントンにこの話を知らせたのだった。ハミルトンは、ゲーツが汚名を着せようとしたことを決して忘れなかった。「個人的には、私は彼の敵だ」と二年後に彼は書いている。「いわれのない不当な人格攻撃をされたのだから」[*90]。

ワシントンを失脚させようという明確な意図を持った陰謀——いわゆる「コンウェーの陰謀」——が本当に存在したのか、これは長年、歴史家の定番の素材になっている。何らかの動きがあったのは明らかだ。最高司令官をワシントンからゲーツに代えたいと考えていた者たちは、本式にはっきりと申し合わせたわけではないにしても、緩やかなネットワークを作っていた。

最初、この陰謀は成功したかに見えた。一一月下旬、大陸会議はホレイショ・ゲーツを戦争委員会の委員長に任命した。しかも、この機関はワシントンを監督する権限を新たに得た。そして一二月中旬、ワシントンの抗議にもかかわらず、コンウェーは監察官に昇進した。この時ハミルトンは、邪悪な陰謀がワシントンを陥れようとしていると考え、ジョージ・クリントンにこう書き送った。「あなたにお目にかかってからこれまでの間に、怪物の特徴をはっきりとつかみましたので、きわめて広い意味でそれが存在することは疑いようがありません」[*91]。

高まるワシントンの声望

コンウェーの陰謀に対しては、すでに対抗勢力も牽制を始めていた。一七七八年一月初め、ハミルトンの親友のジョン・ローレンスは、ワシントンに対する陰謀について父親に警告した。当時大陸会議の議長だったヘンリー・ローレンスは、息子にこう請け合っている。「彼らの動きすべてに気をつけて、邪悪な企てがあったら、一見どれほど妥当に見えようと、必ず強く反対することにする」[*92]。結局のところ、ワシントンの人気は揺るぎなく、敵対者の目に余る陰謀も、かえって高潔の士というワシントンの評判を固めただけだった。

一七七八年四月には、大陸会議はコンウェーの監察官辞任を喜んで受け入れた。そしてホレイショ・ゲーツも、戦場で得た名声を徐々に失っていった。しかも、陰謀の余波として、コンウェーもゲーツも決闘を申し込まれた。ジェームズ・ウィルキンソンが自らの恩師に牙を剝き、ゲーツに決闘を申し込んだのだ。だが、ゲーツが泣き崩れて詫びたために、決闘はそこで中止となった。

一方コンウェーは、懲りもせずワシントンに対する誹謗中傷を続けたせいで、ジョン・カドワラダー将軍から決闘に呼び出された。カドワラダーの放った銃弾は、コンウェーの頭部を口から後頭部へと貫通した。カドワラダーは後悔の念をまったく示さなかった。「ともかく、忌まわしい卑劣な嘘つきの舌を止めてやった」と、地面に倒れてもがき苦しんでいるコンウェーを見ながら言ったという。コンウェーは何とか一命を取り留めたが、大陸軍でのキャリアはこれで完全に終わった。

CHAPTER

6

A Frenzy of Valor

狂乱の武勇

弱点は革命の大義

一七七八年一月、病気で衰弱したハミルトンは、ようやくヴァリーフォージの仲間と合流した。だが、ぬかるみだらけの丸太小屋の兵営、焚き火を囲んで寒さに震える兵士たちの薄汚い姿を目にして、彼はぞっとしたにちがいない。火薬もテントも軍服も毛布も足りず、見回せば身の毛のよだつような光景だらけだった。降り積もった雪は、傷だらけの裸足からにじみ出た血に染まり、腐りかけた馬の死骸が何百と転がっていた。

兵士たちは天然痘と発疹チフスと壊血病でやせ衰えていた。ワシントンの将校団も例外ではなく、朝食もトウモロコシ粉の粥をかき込むだけというほどの悲惨なありさまだった。「ここ何日かの宿営は、まるで飢饉だ」とワシントンは二月中旬に語っている。

冬が過ぎるまでの間に、約二五〇〇人、軍のほぼ四分の一の兵が、病気や飢えや寒さで命を落とした。[*1] こうした苦難に耐えるには、古代ローマ人を思わせる克己と禁欲が必要だった。そこでワシントンは、疲れ切った兵士を励ますため、アディソンの書いた悲劇『カトー』(Cato)をヴァリーフォージで上演したりした。これはワシントンの好きな芝居の一つで、ローマの自己犠牲的な政治家の物語だった。

この冬、ハミルトンはアイザック・ポッツの石造りの家でワシントンと一緒に働いた——ちなみに、ポッツの鉄工所（アイアン・フォージ）があったことから、この地域はヴァリーフォージ（鍛冶場の谷）という名前が付いた。ワシントンはコンウェーの陰謀のせいで気が滅入っており不機嫌で、しかも兵士たちの惨めな様子に落ち着きを失っていたため、普段よりも気難しくなっていた。「将軍は大丈夫ですが、疲れと心労でたいそうやつれてしまいました」とマーサ・ワシントンは友人に語っている。「彼がこれほど不安げなのは見たことがありません」[*2]。

ワシントンはハミルトンに八つ当たりすることもあり、二人の関係にも緊張がじわじわと忍び込んでいた。ハミルトンは戦場に立って指揮を執りたいと強く願っていたが、ワシントンには一番大事な副官を犠牲にする余裕などなかった。何と言っても、緊急に糧食が必要だ、と大陸会議に訴えた効果的な嘆願書も、多くはハミルトンが書いたものだったし、この若い副官はワシントンのフラストレーションを我が事のように受け止めていたからだ。ある大佐に荷馬車を集める仕事を委任したとき、ハミルトンはこう書いている。「本件には、なにとぞご尽力をお願いいたします。我々の苦悩は計り知れません」[*3]。

この時ハミルトンは、この悲惨な状況の根本原因について考え始めていた。アメリカ植民地は織物を英国に依存せざるを得なかったため、愛国派は衣類が不足することになったし、弾薬も英国に依存していたため、武器も足りなくなったのだ。

またハミルトンは、紙幣を発行しすぎればインフレの危険があることも、はっきりと認識した。大陸会議や諸邦の発行した紙幣は価値が下がっていたが、その紙幣を額面価格で受け取らねばならないので、農民も商人も、アメリカ軍に食料や衣料を売るのをためらっていた。それどころか、フィラデルフィアまで出かけ、食べ物も着る物も足りてどんちゃん騒ぎをしている英国兵相手に商売することまでよくあった。ヴァリーフォージの状況は、実に恥ずべきことだった。アメリカの肥沃な農地のど真ん中にいながら、アメリカ兵は飢えているのだ。さらに、ハミルトンは兵站部の不手際にもうんざりしていた。二月中旬には、ニューヨーク邦知事のジョージ・クリントンに次のように書き送っている。

> まさに今日、もう三、四日にわたって食料の支給がないという不満が戦闘部隊全部から出ています。脱走兵も非常に多く、反抗の兆候も強く出始めました。これまで兵たちがあのように無比の忍耐を示してきたことは、実に驚くべきことです。効果的な措置を早急に講じなければ、どのように軍を維持し戦い続けるのか、私には見当もつきません。[*4]

ハミルトンは革命運動全体を批判的に見ていた。この機に乗じて不当に利を貪る者がいることに腹を立てていたのは当然としても、それよりも、アメリカ側の大義の最大の弱点は、実際には、政治的なものだとわかっていたのだ。クリントンへの手紙の中でも、大陸会議が昇進に関してひどく依怙贔屓《えこひいき》していることを嘲笑し、「これ見よがしに軍事的な能力と経験があるふりをしてやってくるけち臭いやつばかり」に昇進を雨あられと注ぐと言っている。[*5]

しかも、金銭と兵を強く要求できない無力な大陸会議は、各邦に懇願するところまで落ちぶれ、各邦のほうは身勝手にも、地元を守るために義勇兵をため込んでいた。大陸軍が兵士を募るには、高額の現金を支給し、将来土地を与えると約束して引き寄せるしか方法がなかった。共和主義者が強力な中央軍ではなく各邦の民兵を偏重したことが、アメリカ革命全体を損ねる恐れがあった。

幻滅したハミルトンは、かつては優れた人物が居並んでいた大陸会議が、今や凡人ばかりになってしまったのはなぜか、その理由も探り出そうとした。あの有能な代議員たちはどこへ行ってしまったのだろう？　ハミルトンの結論は、各邦の政府が有能な人材を引き抜いてしまったから、というものだった。

「内部［つまり邦］の組織や警察に形と有効性を与えることがいかに重要であっても、賢明な全会議を持つことのほうがはるかに重要です」と彼はクリントンに語っている。「諸邦連合の会議を貧弱にしてまで、邦の行政機関を豊かにすべきではありません」[*6]。このような意見は、後のハミルトンのナショナリズムに通じる。皮肉なことに、この後ジョージ・クリントンはハミルトンの鬼門となり、ハミルトンが痛烈に批判した邦の地方的政治権力を体現することになる。

二三歳になったばかりだというのに、もうハミルトンは邦知事に対し市民論を滔々と説いていた。彼の見解は、彼の最高司令官からも頼りにされた。計画中の軍の再編について大陸会議の委員会に報告を書かなければならなくなったとき、ワシントンは副官に助言を求め、ハミルトンが抑制すべき悪弊の数々を長々と並べて見せた。

たとえば、休暇から戻るのが一〇日以上遅れた将校は、軍法会議にかけるべきだ、とハミルトンは主張したし、歩哨が警戒を緩めないよう、抜き打ち査察を行うべきだとも勧めた。睡眠の仕方まで定めている。「何人も、頭の下に雑嚢を置き、駐屯地が危険な場合には、武器を手にしたままでいなければならない」。またハミルトンは、軍紀についても厳格なところを示した。ちょっとした喧《やかま》し屋といった感じだ。たとえば、騎兵が自分の馬を別の人間に貸す場合には、必ず事前に監察官に届け出なければならず、届け出ずに貸したら、「その怠慢に対する罰としてムチ打ち一〇〇回を受ける」べきだというのだ。[*7]

ハミルトンがすでにアメリカの政治の未来像を思い描いていたことは、この年の三月、ワシントンがハミルトンに英国軍との捕虜交換交渉を任せたときに明らかとなった。英国兵やヘッセン人傭兵の脱走兵を数多く尋問した経験からすれば、ハミルトンがこの任務に選ばれたのは当然のことだった。そして彼は、エリザベスタウン時代の庇護者で今は捕虜の管理の責任者であるイライアス・ブードノーと一緒に交渉に臨むことになった。

ところが、大陸会議の一部代議員は、交渉に反対したばかりか、英国に責任を負わせる形で交渉が失敗することを望んだ。このような裏表ある言動にショックを受けたハミルトンは、ジョージ・クリントンにこう書き送った。「交換に行くのは得策ではないと考えられているようですが、その通りだと認めるにしても、あのようにたびたび信頼を損ね、我々の国民性を傷つけてしまうことのほうがはるかにひどいことです」[*8]。アメリカの本質は、戦いの苦しみの中で鍛えられる、とハミルトンは見ていた。そして、そのためには誠意ある行動が不可欠だった。

教練指導官

ハミルトンが軍の再編についての報告書を書いた直後、たるんだ頬にたっぷりした二重顎のプロイセン人軍人がヴァリーフォージにやってきた。彼はドイツの男爵を自称し、滑稽と言ってもよいほどもったいぶって男爵役を演じていた。実のところ、男爵であることも、「フォン」という貴族を示す敬称もでっち上げだったらしいが、それでも、フレデリック・ウィリアム・オーガスト・フォン・シュトイベンは軍人一家の出で、プロイセンのフリードリヒ二世、通称フリードリヒ大王の側近を務めたこともあった。

彼は自費でアメリカに渡ってきたうえ、愛国派が勝利するまでは報酬も要らないと言っていた。ワシントンは彼を臨時の監察官に任命し、併せて、軍に規律を教えるよう命じた。ただし、シュトイベンの英語は片言が精一杯で、意思伝達にはフランス語が頼りだった。そこで、バイリンガルのハミルトンとジョン・ローレンスが相手なら直接通じ合えることから、二人がシュトイベンの通訳役を務めることになった。シュトイベンは四八歳で、ハミルトンは二三歳だったが、この二人はすぐに友人になり、フランス語だけでなく、二人とも軍事知識や軍務が大好きということでも結びついた。

まもなく、シュトイベンはヴァリーフォージを歩き回っては、素人の兵士たちに整列隊形の行進、マスケット銃に弾を込める方法、銃剣の取り付け方などを教えていった。おまけに、命令を下すとき、派手に「ちくしょう」を連発したり、三ヶ国語の卑語を無意味にやたらと交えたりしたので、兵士たちは面白がって彼を慕うようになった。ある若い兵士はこう書いている。「伝説に出てくる昔の軍神のように感じたのは、後にも先にも、男爵に会ったときだけだった。男爵は軍神マルスの完璧な化身に見えた。男爵の馬の飾り、巨大なピストルのホルスター、男爵の大きな身体、そして際立って軍人らしい態度。何もかもがマルスにぴったりのように思われた」[*9]。

またシュトイベンは、軍の教練マニュアル「ブルーブック」に手を入れたうえ、新たに中隊指揮官向けの訓練ガイドも作成した。これらには、ハミルトンが編集者兼翻訳者としてたびたび駆り出された。ハミルトンはこの教練指導官を斜に構えつつ好意的に見ていた。「男爵は私が特に敬愛するタイプの紳士だ」とハミルトンは述べているものの、シュトイベンが「力と地位」[*10]を好むことを批判しているのだ。とはいえ、シュトイベンが大陸軍の士気に奇跡を起こしたことは疑いようもなかった。「彼の努力のおかげで、軍に規律が導入されたことは、議論の余地がない」とハミルトンは後にジョン・ジェイに語っている[*11]。一七七八年五月五日、シュトイベンはその無比の成果を認められ、少将の地位を与えられた。

ペイブックの書き込み

この冬営期間中も、ハミルトンはまるで将来の大きな仕事に備えているかのように、こつこつと勉強を続けた。「知性の力と意志の力が、彼の成功の源だった」とヘンリー・カボット・ロッジは後に書いている。[*12] 砲兵隊長時代から、ハミルトンは後ろのほうに白紙のページがあるペイブック（出納簿）をつけていたが、ワシントンの副官だった間に、彼は一一二ページ分も任務とは無関係の本の読書メモを書いた。ハミルトンはまさしく独学で修養を積むタイプの人間だった。暇さえあれば自らを高めることに時間を使っていた。一八世紀の上流階級の理想像、つまり何にでも精通している万能の人になりたいと思っていたのだ。

このペイブックのおかげで、彼が哲学書を大量に読んでいたことが現在わかっている。たとえば、ベーコン、ホッブズ、モンテーニュ、キケロなどだ。また彼は、ギリシャ、プロイセン、フランスの歴史書も読んでいた。ワシントンのためにきつい通信業務を一日中行った後となると、こうした読書は楽なことではなかったが、彼は知識を蓄え、それを有益に使った。他のアメリカ人は、退廃的なヨーロッパ文明の痕跡をすべて消し去った真新しい社会を夢見ていたが、ハミルトンはそうした社会を謙虚に研究して、新しい政府の組織のヒントを探していたのだ。

ジェファーソンとは異なり、ハミルトンは、大きな深い谷を魔法のように飛び越えてまったく新しい風景に至ることがアメリカの創造だとは見ていなかった。新世界は旧世界から学ぶべきことがたくさんある、と彼はつねづね考えていた。

おそらく、ハミルトンが最初に利用した本は、M・ポッスルスウェイトの『商工業大辞典』(*Universal Dictionary of Trade and Commerce*) だろう。これは、政治、経済、地理の学術年鑑で、税、公債、通貨、銀行業に関する解説がぎっしりと載っている。分厚いフォリオ判二冊組みという大部の大型本なので、若きハミルトンが戦争の混乱のさなか、これをずっと引きずるように持ち運んでいたと思うと、感動すら覚えてしまう。ハミルトンは後に、ポッスルスウェイトのことを「政治的計算にきわめてたけた大家」の一人だと称賛している。[*13]

製造業の擁護者ポッスルスウェイトは、混合経済、つまり、政府が経済活動の舵取りをすると同時に個人の活力を解き放つような経済をハミルトンに垣間見せた。例のペイブックを見ると、この未来の財務長官が、財政金融の基礎を習得していたことがわかる。「外国の硬貨をより多く入手できる場合、自国の為替用硬貨は高いと言われ、その逆は安いと言われる」とハミルトンはメモしているのだ。[*14]

また彼は、世界についての基本的情報も学んでいた。たとえばこのようなメモがある。「ヨーロッパ大陸は、長さ二六〇〇マイル(約四二〇〇キロメートル)、幅二八〇〇マイル(約四五〇〇キロメートル)」。[*15]「プラハはボヘミアの中心都市で、ここの商工業の主要部分はユダヤ人が営む」。[*16]さらに彼はポッスルスウェイトの本から、乳児死亡率、人口増加、外国為替相場、貿易収支、諸国の総経済生産高を示す表も書き写している。こうしたポッスルスウェイトの本から抜き書きしたメモから、彼がいかにも彼らしい厳しさで、独学に励んで自己陶冶に務めていたことがよくわかる。

また、他の建国の父たち同様、ハミルトンも政治的前例を求めて昔の知識にあれこれと当たっていた。たとえば、古代アテネのデモステネスの『第一フィリッポス王攻撃演説』(*First Philippic*)からは、指導者たるもの民衆の気まぐれに迎合すべきではないというハミルトンの指導者観を要約する文章を抜き書きしている。「将軍が軍の先頭に立って行進するように」、賢明な政治家は「物事の先頭に立って行進」すべきであり、「それゆえ、いかなる方策を採るべきか知るためにその出来事を待つべきではなく、取った方策がその出来事をもたらすようにすべきである」[*17]。

また、ペイブックのほぼ五一ページ分は、プルタルコスの『対比列伝』全六巻からの抜粋が書き込まれている。これ以後のハミルトンは、色と欲と権勢を求めて策謀を巡らす人々を描いたプルタルコスの英雄伝のように政治というものを解釈するのがつねとなった。ハミルトンの政治理論が人間性の研究に根ざしていただけに、彼はプルタルコスの概略した伝記を格別に喜び、元老院や聖職といった民衆の生活を支配したエリート集団の成り立ちを細かくメモした。そして、このときすでに、政府が専制と無政府状態の中道を歩むことができるようにするための抑制と均衡に関心を持っていた。リクルゴスの生涯からは次のようにメモを取っている。

リクルゴスの行った多くの改造のうち、一番重要なものは、元老院の設立だった。重要な事柄に関し国王に匹敵する権力を持っていた元老院が、（中略）君主制の横暴を公平と中庸の範囲内につねに収めておくことによって、君主制の横暴を育てかつ制限した。以前の国には拠って立つ確固たる基盤がなかったため、絶対君主制に向かうこともあれば、純粋な民主主義に向かうこともあった。しかし、この元老院の設立は、この国にとって、船のバラストのようなものであり、国全体をまさしく平衡状態に保った。[*18]

その一方、ハミルトンが特に熱心に読んだのは、プルタルコスの記した恋愛の話と奇妙なセックスの習慣だったようだ。ペイブックには、古代ローマのルペルカリア祭では、二人の裸の青年貴族が若い既婚女性たちを鞭で打ったという話と、「その若い既婚女性たちは、この種の鞭打ちのおかげで子供が授かると考えて喜んでいたという話」が書き留められている。[*19] またハミルトンは、リクルゴスが相応の男に対しては、別の男にその妻を妊娠させる許可を求めることを許したという話にも興味をそそられた。この措置は、「良い土に植えれば、両親の優れた資質を持った子孫をたくさん育てられるようになる」ためだった。[*20] さらにこのリクルゴスは、既婚女性が「もっと丈夫になり、元気な子を産める」ようにするため、選ばれた処女と若者が「ある種の祭礼の際に、既婚女性の目の前で裸になって踊る」のを認めたという。[*21]

ハミルトンのペイブックを研究した者なら誰でも、彼が後に一流の憲法学者にして卓越した財務長官になったのも頷けるし、アメリカの政治史上初の大セックススキャンダルの主人公になってしまったのも驚くべきことではないと思うことだろう。

ラファイエットの連絡将校

デスクワークでは満足できなかったハミルトンは、戦いに飛び出していきたくてうずうずしていた。そして、その劇的なチャンスは一七七八年六月に訪れた。戦争の形勢は、この年の二月、サラトガの勝利に心強さを覚えたフランスが、アメリカの独立を認めることにし、この生まれたばかりの国と軍事通商条約を結んだときに動いていた。意気軒昂としたジョン・アダムズはこれに大喜びし、多くのアメリカ人を代弁して、大英帝国は「もはや大洋の女主人ではない」とまで言った。[*22]

フランスの参戦に対する対応の一環として、英国はアメリカ駐留軍総司令官をハウ将軍からヘンリー・クリントンに代えた。ハミルトンはもとより、ハウの統率力をたいしたものだとは思っていなかった。「英国がしなければならなかったことは、二五隻のフリゲート艦と一〇隻の戦列艦でこちらの港を封鎖することだけだった」とハミルトンはあるフランス人訪問者に語っている。「だがありがたいことに、彼らはそのようなことをまったく行わなかった[*23]」。

もっとも、ハミルトンはクリントン将軍についても、むしろハウ将軍以下と見ていた。ある日のこと、ヘンリー・リーがワシントンに、クリントンを誘拐する巧妙な計画を切り出した。

当時クリントンは、ニューヨークのブロードウェイにある一軒の家に宿営していた。その家には、ハドソン川を見渡せる大きな裏庭があり、そこの小さな東屋で昼寝をするのがクリントンの日課だった。そこで、干潮時にハドソン川の方から部下を忍び込ませ、うとうとしているクリントンをさらったらどうか、とリーは考えたのだ。だがハミルトンは、説得力のある反論でその計画をつぶした。ワシントンにこう進言したのだ。クリントンを人質に取ったら、「かえって私たちの災難になります。あれほど無能な司令官をまた一人見つけて、彼の代わりに送り込むことなど、英国政府にはできませんから」[*24]。

六月中旬、クリントン将軍はフランス軍の艦隊がアメリカに向けて出航したことを知った。そして、フランス軍が大陸軍と協力して、フィラデルフィア占領軍を危機に陥れるのではないかと懸念した。この事態を避けるため、彼はフィラデルフィアを放棄し、もっと防衛しやすいニューヨークに兵を集中することに決めた。これは、九〇〇〇人もの大部隊が、荷馬車一五〇〇台に軍需品を満載し——この荷物の列だけで二〇キロメートル近い長さになる——隊を組んでぞろぞろと、しかも危険なほどゆっくりと、ニュージャージーを横断する必要があるということだった。

兵站線が危険なほど細長く延びてしまうと、この動きの鈍い部隊は大陸軍の砲火に晒されることになりかねない。一方ワシントンにとっては、これは、脆弱な敵に強烈な一撃を与え、ヴァリーフォージの部下たちがシュトイベンの精力的な指導の下で得た進歩を世に見せつけるチャンスだった。

ワシントンはコンウェーの陰謀を乗り切ったものの、今また、チャールズ・リー将軍から力量を疑われていた。ベテラン将校のリー将軍は、一七七六年の終わりに居酒屋で英国軍に捕らえられ、一年三ヶ月にわたって捕虜となった後、ごく最近解放されたばかりだった。

彼は喧嘩好きで奇矯なところのある、痩せた独身男で、五ヶ国語を操った。あるイタリア人との決闘のせいで指が二本なく、どこへ行くにも愛犬の群れを引き連れていた。一時期インディアンの娘と結婚していたため、モホーク族からは「ボイリング・ウォーター」(沸騰水)という実にもっともな渾名で呼ばれることもあった。有能な男だったが、どうしようもないほど気難しく、自分の軍事的才能に自信満々だった。そして、この傲慢で軽率なリーが、「ワシントン将軍は軍曹の護衛隊を指揮するのにも適さない」[*25]とイライアス・ブードノーに言ったのだ。リーはまた、軍に職業軍人の規律を持ち込もうとしたシュトイベンやハミルトンの努力も嘲笑っていた。

一七七八年六月二四日、ワシントンは参謀を集めて作戦会議を開き、撤退する英国軍に攻撃を加えるべきかどうか話し合った。ハミルトンは議事録係だった。独善的なリーは、すぐさまワシントンの計画をばかにした。アメリカ人は優秀なヨーロッパ人にこてんぱんにやられてしまうだろうから、フランス軍がまもなく来ようというときに災難を招くのは無謀だ、と言ったのだ。ハミルトン——リーのことを「軍人の話となると戯言ばかりしゃべるどころではないやつ」だと一蹴している――は、口を閉ざしたままでいたが、内心身もだえした。[26]

驚いたことに、他の将校たちもリーと同意見で、その態度は、ハミルトンに言わせれば、「もっとも栄誉ある産婆協会にとっては名誉となったかもしれない」ものだった。[27] ワシントンは合意の上で作戦計画を実行に移すほうを好んだが、この件に関しては、皆の意見を無視することに決め、「絶好の機会が訪れたら」敵を攻撃するようにと命令を下した。[28] リーは誤っているとしか思えない作戦行動に副司令官として加わることを拒んだ。だが、ワシントンがこれをはったりと見て、仕返しにラファイエットを副司令官に任命すると、リーは前言を撤回し、出動して先遣隊の指揮を執ることに同意した。

「将軍殿、ご一緒に死にます！」

続く数日間、ハミルトンはラファイエットの連絡将校として動き続けた。蒸し暑い夜気の中、徹夜で馬を走らせて敵陣を偵察したり、情報を将校に伝えたりした。六月二七日の夜には、英国軍はニュージャージーのフリーホールドのモンマス・コートハウス付近で野営していた。リーの率いる部隊がいたのは、そこからわずか一〇キロメートル弱のところだった。

ワシントンは、「中止すべき非常に強力な理由がないかぎり」、翌日早朝に攻撃をかけるようリーに命じた。[29] リーからさらに五キロメートルほど後方にいたワシントンは、その後、軍の本隊を率いて最後尾につくつもりだった。ハミルトンはその夜、ワシントンからリーへの命令書の草案を書いた。それは、リーが「[敵と]小競り合いをして時間を稼ぎ、残りの部隊に到着までの時間的余裕を与える」というものだった。[30]

翌一七七八年六月二八日は、忘れがたい一日となった。その理由は、一つには息苦しいほどの酷暑のせいだった。気温は三五度以上に達し、上半身裸で馬に乗る兵士もいた。この日、馬も騎手も、酷暑による極度の衰弱で命を落とす場合もあった。

戦闘は、まず最初にリーが、英国軍の後方守備隊を襲撃することになっていた。その朝、小火器の発砲音が聞こえた後、ハミルトンはワシントンの命を受け、リーの動きを見るために前線へ向かった。ところが、愕然としたことに、そこで目に入ったのはただの混乱だった。命令どおりに敵と交戦するどころか、リーの部隊は雪崩を打って撤退していたのだ。しかも、このような動きをするなど、ただの一言もワシントンに連絡してはいなかった。

ハミルトンはリーのところへ馬を飛ばし、「私はここでご一緒におりますぞ、将軍殿、ご一緒に死にます！　撤退などせず皆で死にましょう！」と叫んだ。[31]ここでも、この若き副官は、将軍に向かって同輩のように話すのをためらわなかった。またハミルトンは、英国軍の騎兵隊が危険な動きをしていることに気づき、リーを説き伏せて、敵の騎兵隊に突撃せよという命令をラファイエットに出すよう仕向けた。

やがて、味方の兵が算を乱して敗走してくる気配を察知したワシントンが、リーのところへ馬を飛ばしてくると、リーを睨みつけてこう命じた。「これはどういうことです？　この無秩序と混乱はどういうことか、ぜひ聞かせてくれたまえ!」。

リーはワシントンの有無を言わせぬ口調に腹を立てた。そして、「アメリカの兵は英国兵の銃剣に耐えられないのです」と答えた。

すると、ワシントンはこう切り返した。「この腰抜け野郎、試してもないくせに!」[*32]。ワシントンは普段は汚い言葉を使わなかったが、ある将校によれば、この朝は、リーの反抗的な態度に「木の葉が揺れるほど」毒づいたという[*33]。

ジョージ・ワシントンに対するアメリカの盲目的崇拝は、実際にはこのモンマスの戦いから始まったのかもしれない。アメリカ屈指の乗馬の名手だったワシントンは、最初は白馬に乗っていた。これは、当時ニュージャージー邦知事だったウィリアム・リヴィングストンが、ワシントンのデラウェア川再渡河を称えてワシントンへ贈った馬だった。だが、この美しい馬が暑さのために死んでしまったので、ワシントンはすぐに栗毛の牝馬に乗り換えた。そして、意志の力だけで、撤退する兵士たちを押しとどめ、隊列を整え直し、引き返させた。

「退くな、諸君《マイ・ボーイズ》、応戦せよ」とワシントンは叫んだ。「南の兵が君らを支援しに来る」[*34]。ワシントンの沈着な態度には、敗走する兵たちを落ち着かせる効果があった。ワシントンはリーに後方に回るよう手短に命じ、兵士たちを鼓舞して、英国軍を撃退させた。この伝説的な指揮を目の当たりにしたラファイエットは、「これほど素晴らしい男は見たことがない」と思ったという[*35]。

英雄崇拝に走るタイプではないハミルトンも、ワシントンの不屈の勇気と無比の自制心には畏敬の念を覚えた。「将軍があれほどたいそう立派に見えたことはありませんでした」と彼はイライアス・ブードノーに語っている。「あの冷静さと断固たる態度は、実に見事でした。将軍は、敵の前進を阻み、すぐ近くまで来ている部隊に陣形を整える時間を与えるため、ただちに作戦行動に移りました。（中略）自らの分別と不屈の精神によって、彼はあの日の運命を逆転させたのです。（中略）名匠のごとき技でもって、全軍を指揮していました」[*36]。

同様に、ハミルトンの勇気もまた、色褪せることのないイメージを残した。戦いに飢えていたハミルトンは、「武勇で狂ったよう」になっていたとリーは言ったという[*37]。戦場のハミルトンは、ここかと思えばまたあちら、とあちこちに姿を現した。ある旅団が撤退しているのを見たときには、その大砲を失ってはいけないと思い、その兵たちにフェンスに沿って並ぶよう命じて、銃剣で突撃させた。だが、太陽の照りつける戦場で帽子を被らず馬を駆けさせていたため、やがて暑さで精も根も尽きかけた。と、その時、ハミルトンの馬が下方から撃たれた。ハミルトンは馬から転げ落ちて重傷を負い、戦場から退かなければならなくなった。

この日、アーロン・バーとジョン・ローレンスも、馬を下方から撃たれた。しかも、バーはひどい日射病にかかり、この後、独立戦争の戦闘には参加できなくなってしまった。激しい頭痛と吐き気と疲労感に悩まされたうえ、ワシントンの下では昇進できないことに苛立っていたのだろう、バーは一〇月になると一時的に休暇を取った。

モンマスでのハミルトンの行動に強い印象を受けた者は多かった。ハミルトンが示したのは、ただの勇気だけではなかったからだ。殉教者の法悦に満ちた反抗の一要素、つまり、危険に対する無関心もそこには見られた。これは、戦場での輝かしい死という彼の若者らしい夢の反映だった。ある副官によれば、ハミルトンは「素晴らしい勇気の証拠」を示し、「我々の先行き不明な状況下で死を求めて」いるように見えたが、「死に打ち勝った」のだという[*38]。またジョン・アダムズは後に、ヘンリー・ノックス将軍がハミルトンのモンマスでの「熱情と興奮」について話を聞かせてくれた、と語っている[*39]。心身のストレスが極限に達したときでも、ハミルトンは心を引き締め、熱狂的と言ってもいいほど強烈に感情を高ぶらせることができたのだ。

ただし、モンマスの戦いは、愛国派の完全な勝利とまではいかなかった。英国軍は翌日無事に逃げ去った。たいていの者は引き分けだと見なした。それでも、寄せ集めの大陸軍が敵兵一〇〇〇人以上に傷を負わせたり殺したりしたこと――これはアメリカ軍の死傷者数の四倍にも及んだ――は、優秀なヨーロッパの兵士が相手でも、大陸軍兵士は見事な働きができるということを悲観論者たちに証明してみせるものだった。

「我々の兵は、最初に誤った指揮管理のために衝撃を受けましたが、その後は英国軍以上に高い士気で行動し、英国軍以上に統制の取れた動きをしました」とハミルトンは喜々として書いている。「確かに、この日初めて彼らに満足しました[*40]」。また、リーが大きなチャンスをつかみ損なったことに激怒していたハミルトンは、ワシントンが命令に背き恥ずべき撤退をしたかどでリーを逮捕したときには、ワシントンに拍手喝采を送った。そして、ロード・スターリングの管理の下、七月にニューブランズウィックで開かれたリーの軍法会議では、ハミルトンはリーの罪を裏付ける証言を熱心に行った。

「軍法会議の裁定がどうあれ、彼の行為は不埒な許しがたいものだったと私は今後も考え続けるでしょうし、そう言い続けるでしょう」とハミルトンはイライアス・ブードノーに伝えている。[*41] 一方、チャールズ・リーに同情していた者の一人、アーロン・バーは、ワシントンの軍事的才能を揶揄する機会がないのを残念に思っていた。

ローレンスとリーの決闘

七月の四日と一三日、ハミルトンは軍法会議で決定的な証言を行った。リーはワシントンの命令を受けた後も、敵の前進を止めるための手を打たなかったと言ったのだ。そして、兵たちが算を乱して敗走したことや、リーがこの撤退をワシントンに知らせなかったことについて語った。

最後の劇的な場面は、リーがハミルトンに反対尋問を行い、戦場でハミルトンがリーの指揮に異を唱えたと告発したことだった。「そのようなことはしておりません」とハミルトンは答えた。「私が戦場で申し上げたことは、あなたがある程度には、冷静であるように十分見えるという見解の表明です。勇猛果敢さに欠ければそうなってしまう程度には、です」。

ハミルトンはさらに、リーは「かなり心がせいている」ように見えたとも、リーに告げた。「おそらく、あのような重大な局面で支援に当たるために必要なだけの平静さと沈着さを欠いているると、そうなってしまうのでしょう[*42]」。これは実に奇妙な衝突だった。若い副官がベテランの将軍に向かって、戦場の指揮官の理想的な精神状態について横柄な態度で語っているのだから。

結局、チャールズ・リーはすべての訴因について有罪を宣告されたが、比較的寛大な判決で、一年間の停職処分を受けた。一〇月、面目をつぶされたリーは、「辞任してヴァージニアへ引っ込み、タバコの育て方でも学ぶ」つもりだとバーに言った[*43]。

だが、リーはそのまま引き下がりはしなかった。リーとその取り巻きは、ワシントンを中傷し続け、軍法会議で証言したハミルトンのことまでもあしざまに言い立てた。一一月の終わりのこと、ハミルトンはジョン・スキー・ユースタスに偶然出会った。ユースタスはリーの忠実な副官で、リーの養子も同然の男だった。彼はハミルトンが軍法会議で偽証したと言いふらしていたが、それでも、ハミルトンは友好的な態度で近づこうとした。ユースタスは後に、ハミルトンと出会ったときのことを次のようにリー将軍に知らせている。

私が部屋に入ると、［ハミルトンが］こちらにやってきました。手を差し出しながらでした――私は彼が礼儀正しくしようとしていることは無視して、会釈もせず腰を下ろしました。（中略）それから彼は私に、宿営から来たのかと尋ねました。私は一言、いいえ、とだけ答え、いつものサーという敬語も付けず、椅子から立ち上がり、その部屋から出て、椅子の前に立っている彼から離れました。これ以上無礼な態度はないくらい無礼な態度を取ってやりました。彼が裁判で真実を語ったかどうか疑わしいという私の疑念についてはこれまでたびたび報告しましたので、私としては、あのゲス野郎が今度は私に挑んでくるのを期待しております。[*44]

一二月初頭、リーはついに、印刷物でワシントンをこき下ろすことまで始めた。そのためジョン・ローレンスは、これに反論するようハミルトンを促した。「ジュニアス（＊）のペンは、君の手にある。君ならやすやすと、（中略）嘘と矛盾の塊を暴いて世間を満足させ、彼を永遠に黙らせることができると思う」[*45]〔＊訳注：一七六九年から七二年にかけてロンドンの新聞へ寄せられた一連の投書のペンネーム。当時の支配層を痛烈に批判した〕。おそらく議論の当事者だったためだろう、ハミルトンは珍しく遠慮し、ペンを執るのを断った。そこで、代わりにローレンスがリーに決闘を申し込み、ワシントンに対する中傷の報復をしようとした。ハミルトンは彼の介添えを引き受けた。このような「名誉をかけた事柄」に、ハミルトンは数多く関与したが、これがその最初だった。

大陸軍内では、決闘は日常茶飯事だった。「ここの決闘熱は、信じがたく言語道断なほど高い」と述べたフランス人訪問者もいる。[*46] 決闘は、紳士が自らの名誉を守るための方法だった。侮辱を受けたら、裁判に訴えるのではなく、決闘場へ赴いた。この時代錯誤的行為は、アメリカ革命の平等主義を唱えるレトリックの下に潜んでいた、地位と名声を強く求める欲望の表れだった。

自らの社会的地位につねに不安を感じていただけに、ハミルトンが決闘を重視したのも当然と言える。しかも、決闘は貴族的な色彩も帯びていた。財産もなく有力な親族の縁故もないため、ハミルトンは生涯にわたり、自分の名誉は自分で用心深く守った。この「名誉を賭けた事柄」が、名誉を守る方法として選ばれたことも多い。この、名誉とは無縁で生まれた男は、自らの名誉を守ることに重きを置いていた。

一七七八年一二月二三日、いかにも冬らしい寒い日の午後遅く、ハミルトンはジョン・ローレンスに付き添って、フィラデルフィア郊外の森の中の決闘場に向かった。リーは自分の介添えとしてエヴァン・エドワーズ少佐を選んでいた。事前に取り決めたルールに従い、ローレンスとリーは向かい合って大股で近寄っていき、五、六歩離れたところまで来た時点でピストルを発射した。ローレンスの撃った弾がリーの右脇腹に命中し、ローレンスもハミルトンもエドワーズも将軍のところへ駆け寄った。だが、リーは手を振って皆を下がらせると、もう一回やりたいと要求した。

ハミルトンもエドワーズもリーに続けさせたくはなかった。このことは、翌日に二人が出した共同報告書に明記されている。「ハミルトン中佐は、将軍が個人的な敵意という動機に動かされているのではないからには、これ以上続行すべきではないと考えた。しかし、リー将軍がどうしても行いたいと言い張って譲りそうもなかったため、彼も友人の名誉に配慮するあまり、反対を貫くことができなかった」[*47]。ただし、実際には二回目はなかった。

この決闘は、リーが「ワシントン将軍を［男として］尊敬」しており、言い立てられているような罵倒の言葉でワシントンについて語ったことなどない、と明言することで決着がついた[*48]。ローレンスがこれで十分報われたと考えたのだ。そして、四人は森を後にした。ハミルトンとローレンスの報告では、二人とも当事者二人の振る舞いを称賛し、「この主の和解の特徴となるべき礼儀正しさ、寛大さ、冷静さ、堅実さのすべてが強く現れていた」と述べている[*49]。

では、ハミルトンはこの初めて体験した決闘から、どのような影響を受けたのだろうか？彼は、二人の紳士が模範的な行動を示し、単なる個人的な恨みではなく理想のために戦うのを見た。決闘の目的は、相手を殺すことではなく、長引く論争を名誉ある形で解決することだった。ローレンスもリーも、威厳をほとんど損なわずに立ち去った。若きハミルトンの目には、決闘は封建時代の野蛮な遺物などではなく、大いなる名誉を確認する気高い行為だと映ったことだろう。そして、チャールズ・リーにとっては、これが軍人としての最後の行為となった。その後、リーは表舞台から去り、愛犬たちと一緒にヴァージニアで隠遁生活を始めた。その後フィラデルフィアへ移り、当地で一七八二年一〇月に結核のため死去した。

ペンネーム「パブリアス」

この秋に、ハミルトンがチャールズ・リーを活字で攻撃するのを控えた理由は、一つには、メリーランド邦の代議員サミュエル・チェースに痛烈な非難を浴びせたばかりだったからかもしれない。独立宣言の署名者であり、後に連邦最高裁判事となったチェースは、長身の不格好な男で、「英国文壇の大御所」サミュエル・ジョンソンによく似ていた。大きな赤ら顔をしていることから、「ベーコン・フェース」という渾名があった。高圧的な態度を取ることもあり、生涯にわたって、何かと我意を通そうとしては論争を招いた。

ハミルトンがチェースに対する匿名の酷評を発表したのは、最近到着したフランス艦隊が必要とする小麦粉の価格が、二倍以上になっているのに気づいたからだった。ハミルトンは、フランス軍向けの小麦粉を買い上げるために会議が立てた秘密の計画のことをチェースが仲間に漏らし、その仲間が小麦粉を買い占めたと考えた。そこで、チェースを告発するため、ニュー＝ヨーク・ジャーナル紙の発行人ジョン・ホルトと再び連絡を取り始めた。当時、ホルトはポキプシーで新聞を印刷していた。ニューヨークが英国軍に占領されていたからだ。

一七七八年の一〇月から一一月にかけ、ハミルトンは「パブリアス」というペンネーム――これは生涯にわたってお気に入りのペンネームだった――でホルトの新聞に三通の手紙を寄稿して、チェースを厳しく非難した。チェースは、この筆者がワシントンの副官だということを知らなかった。これら論説は、ビジネスを無条件で擁護する者、利益追求を無批判に唱導する者といった、後のハミルトンの戯画的肖像とは矛盾する。

愛国者の大義を裏切る者に加えられる罰を提示した後、ハミルトンはこう書いている。「別の部類の行為なら、同様に犯罪的で、たとえもっと有害であっても、これまでのところはそうした罰を免れてきた。(中略) つまり、そのような連中は (中略) 独占を図り、他にあまり類を見ないほど過度の搾取を目論んでいるのだ。国家で貪欲が先んずれば、一般的に、それは国家の没落の前触れとなる。この死に至る病のきわめて強い兆候が、我々の間に見られるとは、しかもこれほど早くに見られるとは、なんと衝撃的なことだろう」[*50]。「パブリアス」の最初の手紙は、貪欲が国家を腐敗させる恐れがあると指摘し、公職にある者が信頼を裏切った場合には「人民のこの上ない怒りが感じられるはずであり、当然ながら、危険極まりない国賊として憎まれることになる」と述べている。[*51] そして二通目では、ハミルトンはチェースに対する無用な中傷をしてしまってもいる。「あなたが自分のために新手の変節を考え出さずにいたとしたら、あなたはまだ気づかれないままの卑しむべき手合いでいられたのかもしれない」と彼はチェースを責めているのだ。「すべての人から軽蔑されるという特権を得るのが、あなたの定めだ」[*52]。

だが三通目には、ハミルトンの凝り過ぎたスタイルの理由を解くヒントとなりそうなものがある。彼はすでに未来のことを考えていたのだ。「[大陸] 会議の代議員の地位は、考えうるかぎりもっとも輝かしく重要なものだ。代議員は立法者というだけでなく、帝国の建設者と見なされるはずである」[*53]。今苦闘している諸邦連合が、いつの日か強力な国家に統一されるだろう、とハミルトンは予想していた。そして、現在政治家の取っているステップのすべてが、後々まで前例として何度も語られることになると考えていたのだ。

フランス軍の参戦

ハミルトンが一七七八年の秋にアメリカの偉大な未来を見つめていたのは、時宜を得たことだった。というのも、英国との戦いは今や、大西洋をまたにかけた大々的な戦争に発展していたからだ。スペインはジブラルタルを英国から奪還するのに失敗した後、植民地側について参戦していたし、フランスも、アメリカとのイデオロギー的連帯感とはあまり関係のない理由で英国との戦争に踏み切っていた――ルイ一六世にとっては、王権に対する反逆を助長してもあまり利益にならない。フランスとしては、ここで英国を破って、フレンチ・インディアン戦争での敗北の借りを返したいと考えていたのだ。またフランスは、カリブ海の砂糖の島や北米の港へのアクセスを良くしたいとも思っていた。

こうした現実政策――つまり、理念的な共感に基づく政策ではなく、現実的な利益を追求する政策――のレッスンは、ハミルトンの記憶にしっかりと刻み込まれた。後に彼は、フランスが利己的な目的のために戦ったことをジェファーソン信奉者にたびたび念押ししている。「フランスが我々に手を貸してくれた動機の第一は、大英帝国を粉々に打ち砕いて、大嫌いな強敵を弱らせることだったのは明らかだ」とハミルトンは約二〇年後に書いた。「独裁的な宮廷が人民による革命を手助けしたのは、自由を尊重したからだとか、そうした革命の主義に対する友愛からだとか考えるほどのお人よしなど、愚か者としか言えない」[*54]。

キングズカレッジ時代のクラスメートであるニコラス・フィッシュによれば、ハミルトンは直接ラファイエットをつついて、フランスの参戦を主張させたという。一七七八年七月にジャン・バティスト・デスタン提督率いるフランス艦隊がやってくる以前、ハミルトンはラファイエットを指揮官とするフランス陸軍部隊の参加のメリットを並べ立てては、ラファイエットの虚栄心をくすぐっていた。

「諸邦連合は、知られている以上に「ラファイエットに」計り知れないほど大きな恩を受けている」とハミルトンは後にフィッシュに語っている。「我が軍の少将として素晴らしい勇気と行動を示しただけではなく、我々のために尽力してフランスの宮廷に働きかけてくれたからだ。今ここにいるフランス軍は（中略）彼の仲介がなかったら、この国に来てはいなかっただろう」[*55]。

またハミルトンは、デスタン提督を彼の堂々たる旗艦上まで出迎えに行く役目を任され、その後もたびたび使者としてフランス軍と接触した。ワシントンの通訳を務めることも多かった。ワシントンはフランス語が話せず、しかも、いまさら覚えるには年を取り過ぎていると思っていたからだ。さらにハミルトンは、外交文書を完璧なフランス語に翻訳してみせた――多少大袈裟な言葉遣いもあったが。こうして、フランスとの同盟は、大陸軍でのハミルトンの存在感を高めた。

アメリカ革命に加わった急進派フランス人の多くは貴族で、ハミルトンの優雅な社交術や当意即妙のユーモア、該博な知識に魅了された。J・P・ブリソ・ド・ヴァルヴィルは、ハミルトンを「志操堅固で（中略）果断、（中略）率直で軍人らしい」と評しており、後にはハミルトンをフランス国民会議の名誉議員に任命した。[*56] シャトゥリュ侯爵も、あのような若者が「彼の年齢からすると普通到底ありえないほどの思慮深さと口の堅さを備え」、ワシントンから「信頼を置かれているだけのことはある」のに驚嘆した。[*57]

また、ラ・ロシュフーコー＝リアンクール公爵はハミルトンについてこう述べている。「彼は威厳と情を兼ね備え、力強く、決断力に溢れ、気持ちの良い態度と優しさを示し、きわめて人当たりが良い」[*58]。ただし、ハミルトンは飲み込みが良すぎて、他人がすぐに把握できないと当惑してしまう、とも指摘している――頭の回転が速いと、あまり鋭くない人間に我慢ならなくなってしまうこともあるのだ。

このように、フランス王国軍の青と緋色の軍服に身を包んだフランス人将校から敬愛されたものの、ハミルトンのほうは、フランス人将校たちに対して不満を抱いていた。親しく付き合えば付き合うほど、親愛の情と同時に軽蔑の気持ちも湧いてきた。嘆かわしいことに、多くのフランス貴族は虚栄心が強く、自己宣伝に熱心で、アメリカ独立革命で少しばかり名声をつかんで故郷での出世に利用したいと思っているように見えたのだ。しかも、彼らが大陸軍兵士の無能ぶりを侮辱しても、黙って耐えねばならなかった。

「概して、フランス人義勇兵は、武術に関しては才能も技術も並だ」とロバート・トループは述べている。「だが、彼らのほとんどがうぬぼれ屋で、アメリカ人将校に比べれば自分はカエサルかハンニバルだと思い込んでいる[*59]」。

独立独歩のハミルトンは、フランス人将校に対する依怙贔屓が気に入らなかった。こうした依怙贔屓は、個人的にも大きな犠牲を払って戦っている大陸軍兵士の士気をかなりそいでいた。「大陸会議は最初から、フランス人に関しては非常に無分別だった」とハミルトンは友人に語っている。「何の保証もない傭兵にまで、ことごとく佐官の地位を与えた[*60]」。アメリカ人とフランス人の軋轢を宥める役は、ハミルトンに回ってくることが多かった。フランス参戦後まもなく、ジョン・サリヴァン将軍とデスタン提督が口論したときも、これの仲裁に当たったのはハミルトンだった。

またハミルトンは、昇進に値しないようなフランス人の昇進を大陸会議に求める手紙を大量に書かなければならなかった。これは悩みの種だった。大陸会議が申請を拒否すれば、ハミルトンが落胆した申請者を言葉巧みに慰めなければならないのだ。本人がジョン・ジェイに語ったところでは、ハミルトンがこうした手紙を書いていたのは、昇進を拒否されたフランス人の怒りからワシントンを守るためだったという。ハミルトンは後に政敵から好き勝手に「貴族」

の烙印を押されたが、私的な場では、フランス貴族に対する依怙贔屓を誰よりも批判していた。ただ同時に、貴族階級にも進歩的な人物がおり、共和主義思想は職人や商人だけの専売特許ではないこともわかっていた。

ハミルトンはフランス軍をひどい厄介者と見なすことが多かったが、フランスの介入が決め手であることを否定していたわけではなかった。当初から、フランスは武器や軍需品を愛国派にこっそりと流していた。素晴らしい兵士も多く、ハミルトンは後に、「フランス人の情熱と激しさと軍人らしさ」を称賛している。[*61] 一七七九年の春には、この時には腹立たしい時もあるフランス人について、こう断言するまでになっていた。「彼らの友情は、我々の安全の柱だ」。[*62]

根深い奴隷問題

また、社会的地位に拘っていたハミルトンは、ワシントンの将校団の間の不公平にも敏感だった。親友のジョン・ローレンスが関係している場合でも、それは変わらなかった。ヘンリー・ローレンスが大陸会議の議長を辞める直前の一七七八年一一月、大陸会議はジョン・ローレンスを勇敢な行動に対する報奨として中佐に昇進させようとした。ローレンスはこの昇進をいったん辞退したが、結局、翌年三月にこの件が再び取り上げられたときには受けた。

ハミルトンはこの任官を辞退するようローレンスに進言したことはなかったが、それでもこれには狼狽した。「この件で唯一の過ちはこれだ」とハミルトンはローレンスに書き送っている。「大陸会議の行動は（中略）特別扱い、名誉、名誉の印を与えようと意図したように見える。（中略）そうしたものを彼らは［軍の］ファミリーのほかの紳士には与えようとしないのにだ。これは依怙贔屓の気配がある。こうなると、私たちは君の性格を愛し、君の軍人としての優秀さに感服していると心から言えるけれども、私たちの中に落ち着かない感じを持つ者がきっと出てくる」[*63]。

ハミルトンとローレンスは、共にアメリカ革命の理想を抱いており、これが二人を強く結びつけていた。また、二人とも揺るぎない奴隷制度廃止論者で、奴隷の解放は自由を求める闘争の不可分な一要素であると同時に、どうしても必要な人的資源の源でもあると考えていた。「我々アメリカ人は、少なくとも南部植民地では、奴隷を解放しないかぎり、自由のために悪びれずに戦うことなどできない」とローレンスは独立宣言署名の直前に友人に語っている[*64]。これは、サウスカロライナで大勢の奴隷を所有している者の息子としては、かなり勇気のある考え方だ。

ワシントンのファミリーに加わったときからローレンスは、大陸軍参加を条件に奴隷に自由を与える、という案を臆せず唱えてきた（結局、約五〇〇〇人の黒人が大陸軍で軍務に就いたが、彼らは戦闘以外の任務に回されることが多かった。兵士不足のロードアイランドでは一七七八年、奴隷身分からの解放を約束することによって、黒人の連隊を作った）。しかも、ローレンスは口先だけではなかった。自分の相続する財産は、サウスカロライナ防衛のために武装した解放奴隷の黒人大隊という形で受け取っても構わない、と父親に告げることまでしていた。

その年の年末、ローレンスの提案はますます緊急度が増した。親英派の共感を掻き立てることを期待して、英国軍が再び南下を始めたのだ。一七七九年一月には、英国軍はすでにサヴァナとオーガスタを占領し、サウスカロライナをうかがっていた。ローレンスはワシントンのもとを辞し、故郷を防衛するため帰路についた。そして、途中フィラデルフィアに立ち寄り、大陸軍のために黒人大隊を二個から四個作りたいと大陸会議に許可を求めた。

ハミルトンも友人のために、説得力のある支援の手紙をジョン・ジェイ宛てに出した。当時はジョン・ジェイが、ヘンリー・ローレンスの後を受けて大陸会議の議長を務めていた。この手紙では、ハミルトンは生まれてからこのかたずっと身近にあった奴隷制度についての考えを率直に明かした。「適切な管理があれば、黒人が非常に優れた兵士になることを私はいささかも疑っておりませんし、あえて申し上げますなら、彼らはローレンス氏の手に委ねるのが最善であると思います」。

奴隷は頭が悪いので兵士にすることができず、遺伝的に下等であるという当時の誤った考えをハミルトンは一蹴している。「これは私には正当な反対理由とは到底思われず、私としては、彼らが教育を受けたがっていること（彼らの生まれつきの能力は、私たちと変わらないだろうと思われるからです）が、奴隷の生活で身に染みついた服従の習癖と結びつき、彼らは私たち白人よりも早く一人前の兵士になると考えます」。

まさにハミルトンらしいことだが、彼は政治的現実主義をより大きな倫理的枠組みに資するものとして位置づけ、人道的にも利己主義的に見ても、ローレンスの提案は正当であると主張している。

黒人を軽蔑するように教えられてきたせいで、私たちは道理にかなってもおらず経験に基づいてもいない事柄を数多く思い描いています。そして、きわめて貴重な種類の財産を放棄するのは気が進まないがゆえに、そうした犠牲を必要とする計画を実行不可能もしくは有害なものと見なそうとする議論が多数出てくることでしょう。しかし、ここで考慮すべきは、私たちがこのように彼らを活用しなければ、おそらくは敵がそうするであろうし、彼らの差し出すそのような誘惑に対抗するには、私たちが誘いをかけるのが最善の方法であるということです。この計画の不可欠な部分としては、彼らに自由を与えマスケット銃を持たせることがあります。これは彼らの忠誠を確実なものにし、彼らの勇気を奮い立たせることになるうえ、解放への扉を開くことによって残りの者に良い影響を与えることになると思われます。[*65]

残念ながら、支持の決議案が出たにもかかわらず、ローレンスがサウスカロライナ議会で自分の計画を法制化しようとした努力は、実を結ばなかった。サウスカロライナは奴隷貿易に特別な利害関係があり、チャールストンは北米で最大の奴隷の通関港だったからだ。例によって、ここでも農園主は奴隷の暴動を恐れ、隠している武器がないか奴隷の居住地区をつねに監視していた。それどころか、留守中に奴隷が武器を取って立ち上がり、家族を皆殺しにするのではないかと懸念して、農園主自身が大陸軍に加わるのを拒むこともあった。

北部の諸邦も、南部の同胞を差し置いて奴隷問題に手を出そうとはしなかった。アメリカ革命は当初から、地域間の衝突は二の次にして、何よりもまず諸邦が団結する必要がある、という暗黙の取り決めが前提だった。この暗黙の了解のために、奴隷の問題はタブーとなっていたのだ。しかも、多くの奴隷所有者がまさに奴隷制度を維持するために革命に参加した、という厄介な事情もあった。一七七五年一一月に、ヴァージニア植民地総督のダンモア卿が、国王による統治を守るために協力した奴隷には自由を与えると布告し、これに慌てた奴隷所有者の多くが、大陸軍に殺到したのだ。

「自由を求める叫びが、黒人奴隷を酷使している者からもっとも大きく聞こえてくるとは、一体全体いかなることだ」とロンドンのサミュエル・ジョンソンは抗議した。[*66] ホレス・ウォルポールも、同様の意見を述べている。「私としては、アフリカ人の魂がアメリカ人の剣をしっかりと押さえつけることになると思う[*67]」。

愛国派でも、こうしたアメリカ人の姿勢の偽善を認識している者は多かった。独立宣言の前ですら、アビゲイル・アダムズはこうした状況を嘆いていた。「私にはきわめて不正な企みに思えてなりません――私たちと同じように自由の権利を持っている者から奪い取っているもののために自ら戦うなどとは」[*68]。

もっとも、反逆した植民地人の面目を完全に潰したのは、ヘンリー・クリントン将軍だった。一七七九年六月、彼は英国側に寝返った逃亡奴隷には自由を与えると約束したのだ。ローレンスの計画が頓挫したことに、ハミルトンはひどく落胆した。「成功を願っている」と彼はその年の終わりにローレンスに書き送っている。「だが、私の希望は非常にかすかだ。偏見と個人的利益は、公共心と公益にとって強力すぎる敵になる」[*69]。

アウトサイダーとして

ローレンスは自分の提案の法制化を諦めた後、サウスカロライナで再び軍務に就き、ウィリアム・モールトリー准将の指揮下に入った。後衛部隊で大胆不敵ながら向こう見ずな行動をしたことがあった――命令を受けていないのに、部下を率いて敵の目の前で川を渡り、多くの犠牲者を出した――ために、後にモールトリーから、「非常に優秀な若者であり勇敢な兵士だが、将校としては無謀だ。軽率すぎ性急すぎる」と言われたこともある[*70]。おそらく作り話だろうが、一説によれば、その後英国軍がチャールストンのモールトリーとその部隊を包囲したとき、ローレンスは、チャールストン明け渡しを最初に言い出した一般市民を斬り捨てる、と言い切って、降伏を断固拒否したという。

ローレンスが南部にいた時期、ハミルトンはその人生の中でもっとも本心を明かしたように見える手紙をいくつか彼に書き送っている。ハミルトンは南部が今や危機に瀕し、アメリカ軍でも英国軍でも残虐な行為が行われていることを知っていた。おそらく、もう二度と友に会えないのではないかと思ったのだろう。一七七九年四月に書いた手紙では、ハミルトンはローレンスに対する愛情を非常に率直に曝け出しているため、たぶんハミルトンの息子だろうが、初期の編集者は、手紙の一部を線で消し、その上部余白に、「このますべてを発表してはならない」と走り書きしている。ローレンスに対する愛情を別としても、この手紙は、ハミルトンが心に過去の傷をどれほど抱えていたか、誰かに安らぎを求めることをどれほど恐れていたかを示す。

暖かな友情を込め、冷静に告白しよう、親愛なるローレンス。私が君を愛していることを、言葉ではなく行動で君に伝えることができればと思う。だがこれだけは言おう。君が私たちに別れを告げるまで、君が私の心に君を大事に思う気持ちをどれほど植えつけてきたか、私はほとんど気づかなかった。そう、友よ、よくわからなかった。私が人間というものをどう考えているか、そして、私がある特定の愛着に囚われずにいたい、他人の気まぐれなど意に介さず幸福を感じていたいとどれほど強く願っているか、君は知っている。私の感情を利用して、私の承諾なしに私の心に忍び込むなど、君はすべきではなかった。[*71]

　また、ハミルトンからローレンスへの手紙には、恋に悩み嫉妬に苦しむ若者が筆不精の友人に文句を言っているかのような響きを露わにしているものもある。「君がフィラデルフィアを出てから私は五、六通書いたが、君がきちんと返事をくれていたら、もっと書いただろう」とハミルトンは九月にローレンスに書き送っている。「だが、まるで嫉妬深い恋人のように、私の愛情を軽んじられていると思うと、私の愛情は動揺し、私の虚栄心は傷つく」[*72]。

　この一七七九年の夏は、ローレンスの不在以外にも多くのことがハミルトンを悩ませた。特に大きかったのは、近視眼的な諸邦が、課税権を大陸会議（連合会議）に委託するという規定を連合規約に盛り込まなかったことだった――この連合規約は、一七七七年一一月一五日に新しい国の準拠憲章として採択され、すでに各邦による批准の段階に入っていた。この手落ちの結果、大陸会議は財政基盤が弱く、借り入れや紙幣の大量発行に頼らなければならず、アメリカの信用度は急速に悪化していた。むろん紙幣の価値も急落していた。そのためハミルトンは、外国からの借款と個人の出資によって国立銀行を設立すべきではないか、とこの時初めて思いつき、この考えをあれこれといじり始めた。

　ハミルトンは自分で思っている以上に声高に、大陸会議を批判していたのかもしれない。七月初め、ハミルトンはジョン・ブルックス中佐から手紙を受け取った。議員のフランシス・デーナが、フィラデルフィアのコーヒーハウスでハミルトンの悪口を言っていた、との知らせだった。ブルックスによれば、デーナは、「今こそ、立ち上がってワシントン将軍に与し、議会を退場させる時だ」とハミルトンが言った、と話していたという。「この話がきわめて眉唾物に思われるのは、デーナがさらに、ハミルトン氏はこの国の防衛にまったく関心がないのだから、その大いなる野心の命じるような行動を取り続けているのだろう、と言ったからです[*73]」。

こうした非難は、将来のハミルトンをめぐる論議に見られるパターンの初期の一例だ。「アウトサイダー」つまり「外国人」のハミルトンが、愛国心に駆られるなどということはあるはずがない、だとすれば、ハミルトンは権力の亡者で、何か下心があるにちがいない、と人々は思い込みがちだったのだ。これに対しハミルトンは、普段なら自信に満ちた態度の陰にうまく隠している根深い不安をあらわにした。そして、攻撃されたら、強烈に反撃するのが彼の流儀だった。

ハミルトンは数日のうちにデーナへ手紙を書き、発言を撤回するか、その情報源を明らかにするか、このどちらかをしていただきたいと要求した。そして、本当にあのような非難をしたのなら決闘を要求するつもりだ、とまでほのめかし、こう伝えた。「それらはきわめて個人的かつ狭量な様相を帯びており、私としては、当面の時宜にかなった問題とはかけ離れた種類の議論の主題だと見なさざるを得ません[*74]」。

その後、かなり時間はかかったものの、ハミルトンは噂の出所がワシントンの批判者の一人であることを突き止めた。ウィリアム・ゴードンというマサチューセッツのジャマイカプレーンズの組合教会の牧師だった。最初、ゴードンは聞いた噂を口にしただけだとうそぶいた。そして、ハミルトンが決闘を申し込まないと約束してくれるなら、情報源を教えると言った。ゴードンは宗教上の理由で決闘に反対しているのだという。ハミルトンはローレンスとチャールズ・リーの決闘で介添えを務めていたし、この問題では自ら決闘に臨む用意があると仄めかしていたけれども、次のようにゴードンに伝えた。

私たちは熱意が理解と一致しないことがよくあるものです。このことがなかったならば、貴殿は今が騎士道の時代ではないということを思い出され、決闘という問題に関して、警戒など無用であると判断なさったことでしょう。幸いにも、現在の良識では、自らの潔白を証明するために、つまり告発者の悪意を証明するために、告発者の身体に切りつけたり告発者の頭を撃ち抜いたりするのは、最悪の手段であると見なされています。また、ここに付け加えさせていただけば、貴殿が宗教上の原理に基づき、決闘に嫌悪を感じたからには、同様の良心の咎めを抱く者が他にもいると、当然その広い心で思われるべきでした――他の者が不信心だという証拠を貴殿は持っておられなかったのですから。[*75]

宗教的信条に反するとわかったときでも、ハミルトンは決闘については必ずしつこく留保した。このことは後年いっそう顕著になる。ハミルトンは最後にはゴードンが誹謗中傷の発信源だと知ったが、ゴードンを決闘場に呼び出しはしなかった。ただし、その秋はずっと、手紙でゴードンを攻撃し続け、ハミルトンのものとされている会議についての発言など、到底できなかったと言った。とはいえ、ハミルトンが一年中会議の愚かさをこき下ろしていたことからすると、彼が何か会議を批判するようなことを言い、それを敵が誤解したのかもしれないし、敵がハミルトンの発言をそのまま伝えただけという可能性もある。

この年の九月にハミルトンがローレンスに送った手紙からは、ハミルトンがやるせないほどの憂鬱に沈んでいたことがわかる。黒人の大隊を創設するという立派な計画の成功をまだ強く願っているものの、個人の欲と怠惰、そして社会全体の腐敗が、この素晴らしい仕事を駄目にしてしまうかもしれないと懸念している、と彼はローレンスに語った。そして、「友よ、このような［希望］はどれも、むなしい夢だ」と、この後も何度か不意に顔を出すことになる絶望的な調子でローレンスに警告している。「アメリカには美徳などないのだ。諸邦の誕生と教育を司った貿易が、住民に枷をはめている。（中略）住民が心から望んでいる条件はただ一つ、その枷が黄金の枷であることだけだ」[*76]。

輝かしい理想のために戦っている二四歳にしては、なんと暗く物憂い見方だろう。ハミルトンはアウトサイダーだと言われると激怒したのに、それに反撃するときには、まさに批判されたとおりのアウトサイダーのような口調だった。これは彼の生涯に何度も見られた矛盾だ。彼に対する手厳しい非難のせいで、彼は帰化した国から疎外されたこともあったが、そうしたとき彼は、結局のところ批判にも一理あるのかもしれないと思い知らされたのだった。

CHAPTER

7

The Lovesick Colonel

恋煩《わずら》い

理想の妻の条件

アメリカ革命はゆっくりと進展していったため、戦争の厳しい窮状のさなかでも、ハミルトンはかなり豊かな社交生活を送ることができた。やはり若者らしく気晴らしが必要だった彼は、軍司令部を訪れる上流の女性たちと戯れの恋を重ねた——マーサ・ワシントンがペットの太った好色な雄ネコに「ハミルトン」という渾名を付けたのも理由がないわけではなかった。そうした女性たちは、彼の陽気さや社交術、ダンスの巧さに惹かれた。また、大陸軍はいわゆる「キャンプレディ」を相当数引き連れていた。ジョン・マーシャルは一七七九年の九月に軍を訪問した際、あまりにあけすけな情事を目にして憤慨し、「あんな淫らな光景は見たことがない」と友人に嘆いている。[*1]

ハミルトンはかつて、兵士たるもの軍こそ唯一の妻とすべきだと友人に語ったこともあったが、この一七七九年の春、フランスとの同盟が強まり、アメリカの勝利の公算が大きくなると、結婚を考え始めた。戦争が終われば、家族（ファミリー）と呼べる人々がいなくなってしまうことをわかっていたのだ。

四月、ハミルトンはジョン・ローレンスに長い手紙を書き、妻に必要な条件をざっと述べたことがあった。おそらく子供時代の体験のせいだろう、彼は大半の結婚は不幸なものだと考え、選択を誤ることを恐れていた。この手紙は、小生意気なところもあり、自分の鼻の大きさに言及するという少々卑猥な部分もある――鼻の大きさについて言うのは、婉曲にペニスの大きさのことを言う一八世紀流のジョークだった――が、大半は考え抜かれた内容で、ハミルトンが安定した結婚生活の要素について真剣に考えていたことがよくわかる。

彼女は若く、容姿端麗（特に体形が美しいことが重要）、分別があり（教育は少しでもよい）、育ちが良く（ただし「最新流行」という言葉を嫌っていること）、貞淑で優しく（貞節と愛情とはいかなるものか、私は熱心に考えている）、気立てがよく、非常に寛大（金が大好きだったり口うるさいのはだめだ。がみがみ女もけちけち女も嫌いだから）でなければならない。政治的には、彼女がどのような考えであろうと構わない。言い聞かせれば、すぐに私の側に変えさせることができると思う。宗教に関しては、ほどほどがよい。神を信じるが聖人は嫌いというのが必須だ。だが、財産に関しては、大きければ大きいほどよい。君は私の性格や境遇を知っているから、この条項には特に注目することだろう。強欲の罪で煉獄へ行くまでの危険は冒さないけれども、この世で幸福であるためには、金は欠かせない要素だから――そして、私はあまり金がないし、演説しても勤勉に働いても、これ以上あまり稼げそうにないから――妻には、妻を持てればの話だが、少なくとも自分の贅沢品は自分で十分賄えるくらいの財産を持参してきてもらう必要がどうしてもある。[*2]

ここでは、理想の妻について述べながら、ハミルトンは自分の姿も描き出しており、彼が俗心と徳義心のバランスを取ろうとしていることがわかる。彼は自分の金銭欲を率直に認めながらも、強欲の奴隷にはなっていない。旧来の道徳や貞節を重んじてはいるが、道徳家ぶる人間は嫌っている。宗教もほどほどを好む。明らかに、狂信も信心家ぶることも好かないようだ。そして、セクシーな女性やコケティッシュな女性――これまでいつも彼の気をそそったようなタイプ――ではなく、堅実で分別があり、適度に魅力がある妻を選んでいる。

この年の一二月、ワシントンがモリスタウンの冬の司令部に部下を連れてきたとき、ハミルトンは将来の計画についてじっくり考える時間ができた。この時は、ワシントンと将校団は、故ジェーコブ・フォード判事の屋敷を使った。白と緑の堂々たる邸宅だった。ハミルトンは離れの丸太小屋のオフィスで働き、夜になると、テンチ・ティルマンとジェームズ・マッケンリーと相部屋で母屋二階の寝室で眠っていた。

この冬は、一〇〇年に一度とも言われたほどの厳冬で、天候までもが大陸軍の敵となった。ニューヨーク湾では、厚く張った氷のせいで、英国軍が重砲を牽引して湾を渡ることができたし、吹雪は二八回もモリスタウンの司令部を襲った。特に、一月の猛吹雪は三日間も続き、積雪が一八〇センチあまりにも及んだ。

ワシントンにとっては、この戦争で最悪の冬、ヴァリーフォージでの冬にも増して気の滅入る冬だった。吹雪で道路がふさがれて食糧を運び込めず、丸太小屋で凍える兵士たちの中には、略奪に走る者まで出た。兵士の反抗や脱走も頻発した。一七八〇年一月五日には、ワシントンは大陸会議あてに暗澹たる報告を送っている。「多く［の兵］はもう四、五日間まったく肉を口にしていない。パンも足らず、蓄えはごくわずかしかない。生き延びるためにやむなく住民を襲って強奪する者もいるが、私にはそうした行為を罰することも抑えつけることもできない」[*3]。

こうした問題は、諸邦に課税できず、世間の信頼も確立できないという大陸会議の構造的な無力のためにいっそう悪化した。ヴァリーフォージとモリスタウンの記憶は、ワシントンにとってもハミルトンにとっても、将来の政治課題に大きく影響することになった。二人とも、弱い中央政府の欠陥に取り組まなければならなかった。

一月、ハミルトンは、南部のローレンスと合流して戦闘の指揮を執りたいと願い出たが、ワシントンに許されず、意気消沈した暗い日々に陥った。「無念で不幸だが、甘受している」と彼はローレンスに書き送っている。「要するに、ローレンス、君のことやごくごく少数の正直な仲間を除いて、この世の何もかもにうんざりしていて、できるだけ早く華々しい死を遂げたいということだけが今の望みだ。これが弱点だが、私はこの現世の国には合わないような気がする」[*4]。ハミルトンが自殺や移住をさりげなく仄めかしたり、自分はアメリカには場違いな人間だと匂わせたのは、これが初めてではない。

だが結局、救いの手はすぐ近くにあった。モリスタウンの冬が予想外に賑やかな社交の場となったのだ。シャトゥリュ侯爵は、ある夜のジョージ・ワシントンとのディナーパーティのことを述懐している。その夜のハミルトンは、生き生きとした様子で料理を取り分けたり、グラスに酒を注いだり、勇ましい乾杯の音頭を取ったりしていたという。パーティがあるたびに、若く美しい女性たちを一杯に乗せた橇が、雪の吹きだまりを渡ってやってきた。またハミルトンは、近くの倉庫で開かれていた「ダンスの集い」(主な将校たちが出席する仮装舞踏会)にも出席した。そこでは、黒いベルベットのスーツに身を包んだワシントンも踊り、女性たちにそのさっそうとした姿を見せつけた。シュトイベンはメダルを煌めかせ、フランス人将校も金モールとレースで輝くばかりだった。そして女性たちは、このような異常事態の最中でも、髪粉を振ったかつらを着け、ハイヒールを履いて、こうした革命者たちの気を引こうとした。

この一月、ハミルトンはコーネリア・ロットという娘に夢中だった。ワシントン・ファミリーはこれを大いに面白がった。サミュエル・B・ウェッブ大佐などは、ユーモラスな詩まで書いて、若き征服者が逆に征服されてしまったと揶揄している。「そこで［ハミルトンは］曲がらぬ矢を感じ／心からコーネリアに屈服した」[*5]。もっとも、移り気なハミルトンは、すぐにポリーという娘に乗り換えてしまった。

裕福な名家の一員になる

一七八〇年二月二日、コーネリアとポリーに引き続いて、エリザベス・スカイラーが護衛部隊付きでモリスタウンにやってきた。親戚のところに滞在するためだったが、父親のフィリップ・スカイラー将軍からワシントンとシュトイベン——「陣中屈指の勇敢な軍人」——へ宛てた紹介状を持参していた。[*6] 将軍の姉妹のガートルードは、ジョン・コクランという著名な医師と結婚しており、夫妻はニュージャージーのニューブランズウィックに引っ越してきていた。天然痘の予防接種をするための安全で快適な場所を求めてのことだった。

また、コクランは優秀な医師だった——ワシントンの主治医として軍に同行したこともあり、ラファイエットは彼のことを「グッド・ドクター・ボーンズ（優れた外科医）」と呼んでいた——ばかりか、後には軍の衛生部の部長に任命されている。このモリスタウンでの冬営期間中、コクラン夫妻は友人のジェーブズ・キャンプフィールドのこぎれいな白い家に滞在していた。そこはワシントンの司令部からわずか四〇〇メートルほどだったため、スカイラーは未来の夫のすぐ近くにいたことになる。

しかも、ハミルトンはワシントンの副官という立場上、イライザ・スカイラーと対等に交際することができた。すでに一七七七年、ホレイショ・ゲーツ将軍にワシントンへの援軍を要請するためオールバニーへ飛んだ際、イライザと会っていたが、そのことがなくても、イライザとまた会うことになっていただろう。というのもイライザは、二人の共通の友人であり、以前からハミルトンの戯れの恋の相手だったキティ・リヴィングストンと一緒に来ていたからだ。

二五歳になっていたハミルトンは、二二歳のイライザにたちまち心を奪われた。仲間のテンチ・ティルマンが、「ハミルトンはイカれてしまった」と言ったほどだった。[*7] まもなく、ハミルトンは二階建てのキャンプフィールド邸を夜ごと訪れるようになった。この若い中佐が夢うつつで気もそぞろなのは、誰の目にも明らかだった。少々上の空になることがあっても、いつものハミルトンなら完璧な記憶力を誇っていたはずが、ある夜、イライザのところから戻ってきたときには、合い言葉を忘れて番兵に立ち入りを阻まれてしまったのだ。

「その恋する兵士はばつの悪い思いをした」とフォード判事の息子で当時一四歳だったゲイブリエル・フォードは語っている。「番兵は彼のことをよく知っていたが、職務に厳格だった。ハミルトンは額に手を当て、その重要な言葉を隠れているところから呼び出そうとしたが、その忠実な番兵同様、その言葉も断固として動かなかった」。[*8] フォードはハミルトンに同情し、合い言葉を教えてやったという。

三月初頭、ハミルトンがニュージャージーのアンボイで英国軍と捕虜交換の交渉をするためにモリスタウンを後にしたころには——求愛し始めてからひと月そこそこだったが——すでにハミルトンとイライザは結婚の意志を固めていた。ハミルトンの父方の祖父であるアレグザンダー・ハミルトンも、有名な金持ちの娘であるエリザベスという女性と結婚していたから、この偶然の一致に、ハミルトン自身驚いたにちがいない。

ハミルトンにとって、イライザはいわば、「スカイラー家」というラベルのついた美しい箱の中身の一つだった。そしてハミルトン自身、その三人の息子（ジョン・ブラッドストリート、フィリップ・ジェレマイア、レンセラー）と五人の娘（アンジェリカ、イライザ、マルガリータ、コーネリア、そしてまだ生まれていないキャサリン）に気に入られようとする努力を長年惜しまなかった。特に娘たち——皆賢く、美しく、社交好きで金持ちだった——は、ハミルトンにとって夢のようだったにちがいない。皆それぞれ別の楽器を弾き、オールバニーのスカイラー家に訪問者があるときには必ず合奏して、来客をうっとりと楽しませていた。

ベンジャミン・フランクリンは、一七七六年四月にスカイラー家に一週間滞在した後、「温かくくつろいだもてなしと若い女性たちの快活な振る舞い」のおかげで楽しかったと述べている[*9]。テンチ・ティルマンもやはり魅了された。「将軍も夫人も娘たちも、その振る舞いは、たちまち親しみを感じさせるような魅力がある。彼のところでは、気楽に、何の遠慮も感じずにいられる[*10]」。また、娘たちは自立心も旺盛で、結局、五人のうち四人までが駆け落ちした。イライザだけが大きな例外だった。特にコーネリアは、後にワシントン・モートンという若者と一番派手な駆け落ちをしてみせた。寝室から垂らした縄ばしごを伝って降り、待たせてあった馬車で逃げたのだ。

こうして、まるでお伽話のように突然に、身寄りのないハミルトンは、裕福な名家の一員となった。イライザの妹マルガリータ（通称ペギー）の絵を見た後、彼は取り留めのない長い手紙をマルガリータに書き送ったが、そこには姉のイライザに対する愛が溢れている。

ここだけの話ということで思い切って申し上げましょう。奇妙な仕掛けか何かによって、あなたのお姉さまは、お姉さまに関することなら何にでも関心を持ってしまうよう私を仕向ける秘訣を発見なさったのです。（中略）お姉さまは最高に残酷なほど美しく、非常にいじっぱりなので、これこそ美の特権であるのに、かわいらしい振りなどなさいません。お姉さまの分別には、虚栄と虚飾の幸福な混合が欠落しています。これがあったら、彼女の分別は、愚か者や気取り屋全員の目を引いたでしょうに。（中略）お姉さまは気立てがよく、温和で快活で、美人の主な嗜みの一つと当然ながら見なされているあの魅力的な浅はかさという飾りもありません。つまり、お姉さまは非常に奇妙な方なので、女性の美と徳と長所をすべてお持ちなうえ、あの（中略）美しい淑女の性格には必須の陰影であると通人からは見なされている愛すべき欠点がまったくないのです。[*11]

この手紙に描かれたイライザの特徴は、ハミルトンが一〇ヶ月前にジョン・ローレンスへの手紙で列挙した理想の妻の要件とぴったり一致する。美しく、分別があり、気立てがよく、虚栄心や虚飾にとらわれない女性だ。しかも、ニューヨーク屈指の裕福な有力者の娘だから、ハミルトンは愛か財産かのどちらかを選ぶ必要もない。

「建国の母」 イライザ・スカイラー

一七五七年八月九日生まれのエリザベス・スカイラー（ハミルトンはイライザあるいはベッツィと呼んでいた）は、夫であるハミルトンのこれまでの伝記にはほとんど姿を見せない。夫だけにスポットライトが当たるよう全力を尽くした点では、もっとも控えめな「建国の母」だったと言えよう。だが、彼女がアメリカ建国時代の偉人の殿堂に入っていないのは残念だ。というのも、彼女は素晴らしい人格者だからだ。生き生きとした愛嬌のある外見の奥に、誠実さ、寛大さ、情け深さ、ひょうきんさ、意志の強さ、そして勇気を秘めた女性だった。小柄でかわいらしい彼女は、自惚れなどみじんもなく、ハミルトンにとって理想の伴侶となり、彼の波乱万丈の人生に家庭という強固な基盤を与えた。彼の彼女への手紙には、立腹や苛立ちや失望などはちらりとも出てこない。

イライザについては、誰もが口をそろえて褒め称えた。「これまで会った中で最高に気立てがよく、生き生きとした黒い瞳のブルネットの女性。その瞳は、優しさと慈愛に満ちた輝きを彼女の顔全体に投げかけていた」とテンチ・ティルマンは日記に書いている。[*12] 彼女は甘やかされて育った女相続人ではなかった。活発で足取りも力強く、必要とあらば本気になって全速力で駆けた。

ティルマンによれば、ある日ピクニックに出かけたときのこと、ほかの気の弱い女の子は男の手を借りなければ登っていけないのに、その丘の急斜面を彼女が笑いながらよじ登っているのを目にしたという。また、シャトゥリュ侯爵は彼女の「柔和で愛想のよい顔」を好ましく感じていたし、ブリソ・ド・ヴァルヴィルは彼女のことを「うっとりさせるような魅力とアメリカ人女性特有の飾り気のない率直さを兼ね備えた楽しい女性」だと評した。[*13] ジェームズ・マッケンリーも、彼女の慎み深さの下で、激しい情熱が脈打っているのを感じていた。彼女は衝動的になることもあった。「彼女は深みと温かさを備えた強い人で、感情であろうと気分であろうと抑制していたが、心に秘めた激しさが時折、何らかの強い表現となって噴き出した」。[*14]

一七八七年、ラルフ・アールはイライザ・ハミルトンの洞察力あふれる肖像画を描いた。この絵の中の彼女は、内面の強さに光り輝く鋭い黒い瞳が印象的だ――ハミルトンをもっとも惹きつけたのもこの瞳だった。そして、髪粉をかけたブッファンという当時上流の女性の間で流行していた派手な髪型の一種をしている――これは逆毛を立てて全体を膨らませた髪型で、イライザの友人の一人は「マリー・アントワネット結い」と呼んでいた。[*15]

彼女の視線は率直で腹蔵なく、まるで、見ている者と今から楽しくおしゃべりしようとしているかのようだ。白いシルクタフタのドレスの下の身体は均整が取れているが、繊細な女らしい柔弱さは感じさせない。化粧は、メークをしているのかどうかよくわからないほど控えめだ。健康的で活力に溢れ、さぞやおてんば娘だったことだろうと想像させる。全体としては、彼女は陽気で慎み深く、積極性や度胸に恵まれた女性に見える。

イライザの控えめで気取らない人柄は、イライザがマーサ・ワシントンについて述べた賛辞にもはっきりと表れている。この冬にモリスタウンで会ったときのものだ。

> 彼女は私たちをとても歓迎し、私たち二人にキスしてくださいました。将軍とパパは大の親友だったからです。彼女はそのとき五〇歳近かったのですが、まだ美しい方でした。彼女はとても背が低く、ふっくらとした小柄な女性で、焦げ茶色の目をなさっていました。髪には少し白いものが混じり、あのような偉大なレディにしてはとても地味なドレスをお召しでした。手織りの布で仕立てたシンプルな茶のガウン、大きな白のハンカチーフ、上品な帽子、そしてシンプルな金の結婚指輪を身に着けておいでで、結婚指輪は二〇年以上はめているとのことでした。私にとって、彼女はつねに本物の女性の理想でした。[*16]

モリスタウンに到着してすぐ、イライザはマーサ・ワシントンに装飾用袖口をプレゼントし、マーサのほうはお返しに髪粉を贈った。やがて、イライザとマーサの関係は、母と娘の結びつきにも似たものへと熟していく。

イライザは家庭教師をつけてもらったことはあったが、正規の学校教育はほとんど受けていない。綴りは間違いだらけだし、スカイラー家の他の人間のようにすらすらと書くこともできなかった。夫の愛読していたヒュームやホッブズなどの重厚な哲学者を拾い読みしたとは思えない。だがその一方、軍人にして政治家である父親の娘として、彼女は公的な事柄によく通じ、多くの著名政治家とも会っていた。

一三歳の時には、父親に随行して、サラトガで開かれたインディアンの六部族連合の族長会議にも出かけている。この時、「私たちの一人」という意味のインディアン名をもらったという。[*17]また一七七六年四月、ベンジャミン・フランクリンが外交使節としてカナダへ向かう途中にスカイラー将軍を訪問した際には、イライザは、他でもないフランクリン本人からバックギャモンを教えてもらった。ハミルトン同様、イライザも自分の周囲の世界に大いに関心を持っていた。

イライザ・スカイラーとアレグザンダー・ハミルトンに関する興味深い疑問の一つに、信仰の問題がある。イライザはオランダ改革派教会の活会員で、テンチ・ティルマンが「小さな聖人」と呼んだこともあるほど強固なキリスト教信仰に支えられた女性だった。ワシントンの副官たちは、道楽者のハミルトンがこのような信心深い女性を妻に選んだことに少々驚いた。[*18]ハミルトンも以前は敬虔なクリスチャンだったが、この革命期には、組織された宗教に対し懐疑的になっているように見えたからだ。

イライザに会った直後、ハミルトンはメンディという男を軍属の牧師に推薦する手紙で次のように書いている。「彼は私が軍属の牧師として好ましいと思うタイプにぴったりの人間です。ただし、彼は女を買うことも酒を飲むこともいたしませんが。彼は戦うでしょうし、あなたにその気があろうとなかろうと、あなたが天国へ行くことに固執したりはしないでしょう」[19]。だがイライザは、夫の信仰心を微塵も疑わず、ハミルトンがセントクロイ島時代に書いたソネット『至福へと上る魂』を宝物のように大事にしていた。一方ハミルトンは、妻の不動の信心にもかかわらず、どこかの教会の正式な教会員になるのを避けた。

この冬、ハミルトンはあらんかぎりの言葉を駆使してイライザに求愛している。『なぜため息をついたのかという問いへの答え』などという恋のソネットまで書いた。この詩の一部は次のようなものだ。「これまで誰も知らなかった／このような優しい真実の愛（中略）純なる喜びが我が胸を温めるのは／我が天使が我が腕にあるときのみ」[20]。

イライザはハミルトンが素晴らしく知性的な人間だとわかっていたが、彼女の心をとらえたのは、彼の知性ではなく、彼の優しい心だった。後に彼女は、彼が好んで口にした言葉の一つを懐かしそうに思い出している。「いとしいイライザ、（中略）私はよい頭を持っているが、神のおかげでよい心も与えられた」[21]。

後年、夫にまつわる逸話を集める際、イライザは自分が物語りたいと思う夫の美点を書き連ね、逸話の問い合せ先に送った。これは夫の多才ぶりを彼女がどう見ていたかを端的に示している。「彼の精神のしなやかさ。彼の知識の多彩さ。彼のウィットの面白さ。彼の心の美しさ。彼の大きな堪忍と美徳」[22]。

一七八〇年三月三〇日にジョン・ローレンスに手紙を書いたときには、ハミルトンはイライザのことにも、彼女との結婚を急に決めたことにも触れていない――奇妙に見えるほど率直さに欠けている。ローレンスにすべてを打ち明けたのは、その後、六月三〇日になってからだった。

「私はスカイラー嬢に私の自由を差し上げることにした。彼女は心根の優しい娘だから、きっと、がみがみ女になったりはしないだろう。天才ではないけれど、私の意に沿うに十分な分別を持っているし、美人とまでは言えないが、素晴らしい黒い瞳の持ち主で、かなり美しい。それに、恋人を幸福にさせるのに必要なその他の外見的要素もすべて備えている」。

そして、これではあまり有頂天になっていないような感じで、財産目当てにイライザと結婚するのではないかとローレンスに思われるかもしれないと気づいたのか、こう続けている。「信じてくれ、私は心から愛している。騎士道のごとく熱狂的に我が恋人の才芸を語ることなどしなくてもだ」[*23]。もっとも、ローレンスが嫉妬に苦しんではいけないと思ったのだろう、ハミルトンは数ヶ月後にまたこう書き送った。「スカイラーの黒い瞳にもかかわらず、私はまだ一部は世のため、別の一部は君のために捧げている」。そして、結婚してもこれまでと変わらず友人に尽くすと約束した[*24]。

いとしいブルネットたち

ハミルトンはスカイラー家の娘全員と喜んで付き合っていた。イライザの妹ペギーは、非常に美しい女性だったが、自惚れが強く、傲慢なところもあった。彼女は六歳年下のスティーヴン・ヴァン・レンセラーと結婚していた。ヴァン・レンセラーはハドソン川上流のレンセラーズウィック地区の第八代パトルーン〔訳注：かつてのオランダ植民地ニューネザーランドの荘園領主的大地主〕で、ニューヨーク邦最大の大地主だった。

また、モリスタウンでのこの最初の冬以来、ハミルトンはイライザの姉ですでに結婚しているアンジェリカにもまるで磁石のように惹きつけられ、その後死ぬまで、イライザとアンジェリカの二人を「いとしいブルネットたち」[*25]と呼んで心の慰めとした。このスカイラー家の長女と次女は、二人合わせるとハミルトンの理想の女性になり、それぞれがハミルトンの人格の別々の側面に訴えたのだ。イライザは、ハミルトンが目的や決意や道徳について本心ではどう考えていたかの反映であり、他方アンジェリカは、ハミルトンの世俗的な面——社交の場で人々を大いに楽しませたウィット、魅力、快活さ——を示していた。

ハミルトンとアンジェリカは、傍目にも明らかなほど強く惹かれ合っていたので、二人は恋人ではないかと思う者も多かった。少なくとも、二人は異常なほど熱い友情で結ばれた友人だった。もしアンジェリカが独身だったら、ハミルトンがイライザではなくアンジェリカに求婚したとしても、おかしな話ではない。アンジェリカは、イライザとの共通点よりもハミルトンとの共通点のほうが多かった。

ジェームズ・マッケンリーはハミルトンにこう書き送ったことがある。アンジェリカは「一緒にいる者全員の心を奪う。男であれ女であれ、彼女に会ってうれしくないなどという者はいないし、彼女は皆を楽しませてくれる。それは、君を彼女の妹と結婚する気にさせた資質によるところが大きい」[*26]。

ジョン・トランブルの描いたアンジェリカの肖像は、面長の白い顔に黒い瞳、かわいらしいふっくらとした唇の魅力的な女性だ。流行のドレスを着て、イライザよりも垢抜けしているように見える。そしてイライザよりも謎めいた女らしさを備えている。男の想像力を強くかき立てるような女らしさだ。陽気に男心をそそったアンジェリカは、気の利いた会話を交わしたり、本の話をしたり、ギターをつま弾いたり、時事問題について語ったりするのが好きだった。そして、当時の最高の政治家の一部、たとえばトマス・ジェファーソン、ロバート・R・リヴィングストン、そして誰よりもハミルトンなどにとって、学芸の女神とも言える存在になった。

アンジェリカは、当時のアメリカ人女性には珍しく、ハドソン川流域風の客間でも、ヨーロッパ風の客間でもゆったりとくつろげた。彼女に関する非常にヨーロッパ的な無礼なゴシップもあった。イライザと違い、彼女は完璧なフランス語を話すことができた。そして、イライザがハミルトンの社会的立場を考えて仕方なしに譲っていたのに対し、アンジェリカは彼の野心に声援を送り、彼の最新の政治的業績をいつも知りたがっていた。

この後二四年間というもの、アンジェリカはイライザ宛ての手紙でもハミルトン宛ての手紙でも、ほぼ全部の手紙でハミルトンへの好意を公然と表した。ハミルトンからアンジェリカへの手紙も、うきうきとした軽薄な感じのものがつねだった。時に、国事が彼の心に重くのしかかっていた時期には、アンジェリカが彼の子供っぽい側面の捌け口となった。イライザに対しては、ハミルトンは優しさと愛情のこもった手紙を書いたが、派手な茶目っ気のあるものはめったになかった。

ハミルトンの結婚生活は、一歳違うだけの二人の姉妹との奇妙な三角関係だったときもあったのではないかという印象も拭えない。だがアンジェリカは、ハミルトンをしきりに崇拝すれば、愛する妹が悩んだり怯えたりするどころか、誇らしさに満たされて有頂天になるだろうと思っていたようだ。二人してハミルトンを愛したことで、かえって姉妹の絆が深まったようにも見える。

皮肉なことに、イライザがアンジェリカに特別な愛情を傾けていたおかげで、ハミルトンはアンジェリカに関しては、ほかの女性の場合なら許されないはずの愛情表現の隠れ蓑を得ていたのだ。

ところで、知的な男性に惹かれる大胆な女性にしては、アンジェリカは結婚については奇妙な選択をし、ジョン・バーカー・チャーチという男と結婚していた。彼はきらきらした目と分厚い唇の小男で、年々太る一方だった。一七七六年に大陸軍の北部軍管区の会計監査をするため大陸会議からオールバニーへ派遣され、その後スカイラー将軍の指揮下に入ったが、この間に、アンジェリカを口説き落とし、父親のほうを敵に回した。

当時、ジョン・B・チャーチはジョン・B・カーターという偽名を使っていた。そしてスカイラーは、何か怪しいと感づいた。スカイラーの勘は当たっていた。チャーチは名前を変えてアメリカに逃げてきた男だったのだ。どうやらロンドンであるトーリー党政治家と決闘した末のことらしい。また、ギャンブルと株の投機のせいで破産し、債権者から逃げていたという説もある。両親の同意を得られそうにないとわかると、チャーチは一七七七年にアンジェリカと駆け落ちし、案の定、スカイラー家は激怒した。

アメリカ革命期、チャーチは莫大な財産を蓄えた。「カーター氏は根っからの実業家だ」とジェームズ・マッケンリーはハミルトンに語っている。「聞いた話では、普通に暮らせば、最高に長生きしても一生楽にやっていけるだけの財産があるらしい」[*27]。

チャーチと彼のビジネスパートナーのジェレマイア・ウォッズワースは、かなり有利な取引契約を結んでフランス軍とアメリカ軍に軍需物資を売っていた。ハミルトンはチャーチを高く評価し、「財産と誠実さのある男、意志が強く、非常に几帳面、非常に行動的な男、そして大した実業家」だと述べたこともある。[*28]

だが、チャーチの手紙からすると、彼は冷徹な実業家で、温かみやユーモアに欠けていたようだ。政治に深くかかわっていたが、無神経に意見を表明することもあった。一説によれば、ハウ将軍がアメリカの村や町をいくつか焼き払ったとき、チャーチは「復讐心に燃え、愚かな」ほどになったという。英国の将軍の首をちょん切って、「酢漬けにし、小さな樽に詰め、イギリス軍がまた村を焼いたら、そのたびにその樽の一つをやつらに送りつけて」やりたい、とチャーチは言ったらしい。[*29]

知的な幅広さや市民としての責任感といった、ハミルトンがアンジェリカを魅了した要素は、チャーチにはなかった。だがチャーチは、アンジェリカが強く欲しがっていたらしい豪勢な上流社会の生活ならば彼女に与えることができた。

スカイラー夫妻からの承諾

ハミルトンとイライザの結婚生活では、ハミルトンと舅との関係もとりわけ良好だった。長身ですらりとした体つきに団子鼻、かすれ気味の声をしたフィリップ・スカイラーは、この年の四月、大陸会議の委員会の委員長として軍の改革を調査するためにモリスタウンにやってきたときには、四六歳にしてすでにリューマチ性の痛風のせいで足が不自由だった。スカイラーのような頑固な階級意識の持ち主にすぐさま受け入れられたということは、ハミルトンの才能のあかしだ。

「目下の者には寛大でなくてはならん」とスカイラーは息子のジョンに教えたことがある。「同等の者には愛想よく礼儀正しくしなさい。目上の者に対しては、敬意を払わなければならないが、畏縮してへつらってはいけない。相手の知能が自分より優れている場合でも、社会的に決まっている必然的な区別で目上とされている場合でもだ[*30]」。ところが、このような階級意識の強い男が、この西インド諸島出身の非嫡出子の若者とはすぐに意気投合したのだ。ハミルトンもスカイラーも、フランス語に堪能で、読書好き、そして軍紀を重視していた。二人ともビジネスに興味を持ち、運河建設などの内陸開発計画に関心があった。また、共にワシントンに忠誠を尽くしており、スカイラーは大陸会議の代議員だったけれども、二人とも会議の無能さをもどかしく思っていた。

スカイラーは、一六五〇年にニューヨークにやってきたオランダ人初期入植者の子孫（姓からするとドイツ系かもしれない）で、広大な土地と地元の政治を支配していたハドソン川地方の名士の一人だった。スカイラー家は代々、多くのパトルーンの家系と婚姻関係を結んでいた。フィリップ・スカイラーの母親も、名門ヴァン・コートラント家の出身だった。

彼の優雅なジョージ王朝風のレンガ造りの邸宅パスチャーズは、オールバニーの丘の上にあり、その周囲の三二万平方メートルあまりの所有地には、納屋や奴隷の住まい、燻製場などが点在していた。また、進取的なスカイラーは、サラトガの荒地の端に二階建ての家を建て、そこに水力を利用した製粉所、鍛冶場、倉庫などのある工業村をつくり、何百人もの労働者を雇っていた（これが現在のスカイラーヴィルという村に発展した）。

すべて合わせると、このスカイラーの所有地は、ハドソン川沿いに距離にして五キロメートル弱にもわたって広がり、四〇〇〇万から八〇〇〇万平方メートルの間ぐらいの大きさがあった。しかも、これでもまだ足りないとでも言わんばかりに、フィリップ・スカイラーはキャサリン・ヴァン・レンセラーと結婚していた。彼女はコロンビア郡のクラヴラックにある五億平方メートルほどの地所の相続人だった。

フィリップ・スカイラーのイメージは、見る者によって大きく変わる。彼の敵に言わせれば、彼は冷酷で傲慢な男で、プライドを傷つけられたり、彼に逆らう者がいたりすると、すぐに苛々したという。アレグザンダー・グレイドンは、革命期にスカイラー家のディナーの席で起きた不愉快な出来事を次のように書き残している。「ニューイングランドの大尉が何かの用事で入ってきた。最下級の者によくあるようなぺこぺことした卑屈な態度だった。彼は椅子を勧められることもなく、ワイングラスを勧められもせず、しかも、自分から求めたら、卑しい者にうるさく邪魔されたときに使うようなにべもない口調で撥ね付けられた」[*31]。もっとも、この男がスカイラーのいるところへ勝手に入ってきた可能性があることは、グレイドンも認めている。

これとは対照的に、スカイラーの友人たちは、彼が礼儀正しく上品な、エチケットの見本のような人物で、種々雑多な人々が一緒にいるときでも非常に愛想がよかったと言っている。同じ社会階級の人々に対しては、非常に寛大に振る舞うこともあった。サラトガの戦いのとき、バーゴイン将軍は作戦上の理由から、スカイラーの家も、彼の地所にある建物の大半も焼き払った。そして、降伏後に謝罪したところ、スカイラーは、バーゴインの行為は戦争のルールからすれば正当であり、もし自分がバーゴインの立場でも同じことをしていただろう、と礼儀正しく応じたのだ。

ヘッセン人指揮官のフリードリヒ・フォン・リーデセル少将の妻であるリーデセル男爵夫人も、サラトガの完敗の後にスカイラーが見せた騎士道精神をこう語っている。「私がテントに近づいていくと、ハンサムな男性がこちらのほうにやってきて、子供たちが馬車から降りるのに手を貸し、子供たちにキスをして優しくなでてくれた。それから私に腕を差し出した。彼の目には涙が浮かんでいた」[*32]。スカイラーは男爵夫人と敗れたバーゴイン、そしてバーゴインの側近二〇名をオールバニーの自分の邸宅に招き、それから数日間、素晴らしいディナーでもてなした。この時のスカイラーは、バーゴインがサラトガの地所を破壊したせいで資産に大打撃を受けたことにまだ気づいていなかった。

またスカイラーは、手に負えなくなることもある娘たちに対しては厳格な父親にもなれたし、儀礼を無視してアンジェリカと結婚したとして、ジョン・バーカー・チャーチを除け者にしていた。こうしたことを知っていたハミルトンは、捕虜交換交渉に当たる一方で、スカイラー家が娘の結婚に同意するのを辛抱強く待ち続けた。そしてこの間は、イライザからの手紙を楽しんだ。「そこにある甘く優しい言葉に目を通したとき、私がどれほどうっとりしたか、語ることなどとうていできません」と彼は三月中旬に受け取った手紙について述べている。「私のベッツィーの魂がどの行でも語りかけてきて、私に最高に幸せな人間になれと言ってくれます。確かに私はそうですし、これからもそうでしょう」[*33]。

一七八〇年四月八日、フィリップ・スカイラーがハミルトンにまるで事務連絡のような素っ気ない手紙を送ってきた。スカイラー夫人と結婚の申し込みについて相談した結果、承諾することに決めた、というものだった。ハミルトンは大喜びした。

数日後、彼はスカイラー夫人に手紙を書き、承諾の礼を述べ、念には念を入れて大袈裟にお世辞を連ねた。「どうぞ奥様、私がかようなことを申しましても、ただの口先だけだとはお思いになられませんように。奥様にじかにお目にかかる幸せにはまだ浴しておりませんが、奥様のお人柄についてはまったく存じ上げぬわけではなく、おかげさまで、かねがね奥様のお役に立ちたいと願っております私も、ご令嬢との関係につきまして喜ばしからぬ事態に至らずにすみました[*34]」。

当時、スカイラー将軍はモリスタウンで仮住まいをし、夫人もオールバニーから連れてきていた。夫妻は六月に大陸軍が冬営地を引き払うまでここに滞在した。ハミルトンは毎晩のようにスカイラー家を訪ね、互いの好感もしだいに強くなっていった。そしてついには、この西インド諸島出身の元事務員に選ばれたことをスカイラー家がうれしく思うまでになった。二年後、フィリップ・スカイラーはイライザに、彼女の驚嘆すべき夫についてこう喜々として書き送っている。

おまえが親愛なるハミルトンと結ばれたおかげで、私がどれほど満足しているか、おまえにも改めてわかってほしい。彼の与えてくれる幸福は、素晴らしすぎてとても言い表せないほどだ。本物と偽物を見分けることのできる人々が、彼の美徳や能力について賛辞を送るのを、毎日のように耳にする喜びを味わっている。彼は国の誉れだと考えられているが、確かにそのとおりだ。[*35]

イライザ・スカイラーとの結婚は、ニューヨーク有数の名家から政治的支援を受けられるようになったという点で、アレグザンダー・ハミルトンの信じられないような波乱と苦難の旅にまた一つ訪れた夢のような転機だった。

経済と政治を独立革命で学ぶ

モリスタウンで過ごしたこの極寒の冬、ハミルトンが思いを巡らしていたのは、もっぱら愛と金のことだった。大陸会議の発行した紙幣は、価値が急落し続け、このインフレは愛国派の大義までも骨抜きにしていた。一七七九年には、このコンチネンタルダラーの価値がわずか三週間で半減してしまったというとんでもない時期もあった。銀貨はほとんど価値のない紙幣に駆逐されて姿を消し、諸邦政府も破産寸前だった。

一七八〇年三月、大陸会議は通貨秩序を回復するため、新しいドル紙幣を発行し、新ドル一ドルを旧ドル四〇ドルと交換したが、これによって多くのアメリカ人の貯蓄が消えてしまった。

財政改革は今や急務となっていた。ジェームズ・マディソンはトマス・ジェファーソンへの手紙でこう懸念していた。「本当です。現在のような情勢のまま、諸邦が旧紙幣の回収と新紙幣の信用を得るための財源の確立を積極的に進めなければ（中略）我々は破滅です[*36]」。

ハミルトンも、暇があれば財政に関する書物を研究していた。だが、ワシントンの副官である以上、大陸会議との関係を危うくしかねない物議を醸すような計画を勝手に出すことはできなかった。そこで彼は、代議員の一人（氏名不詳）に内密の手紙を書き、新しい通貨制度の概略を述べた。

書き出しは謙虚だ。「この計画は、商業と財政の問題に関する書物をいくらか読んだ結果出来上がったものです（中略）が、暇がありませんでしたので、この重要性に比して十分多角的に検討することもできず、十分に練り上げることもできておりません[*37]」。そして、手紙の受取人がさらなる説明を求めた場合に備えて、ハミルトンはこう知らせた。「ご連絡いただく場合には、モリスタウン郵便局気付、ジェームズ・モンタギュー殿宛てにお手紙を下されば安全かと存じます。ただちにお返事を差し上げます[*38]」。この「ジェームズ・モンタギュー」とは、おそらく、ハミルトンが自分の正体を隠すために考え出した偽名だろう。

ハミルトンのこの六〇〇〇語にも及ぶ手紙は、驚くほど早熟だったことの証明だ。彼は、インフレの原因は戦時ゆえの物資不足だと考えていた。物資の不足が、次には貨幣価値の低下を招いたというのだ。やがて、インフレはおのずと勢いを増した。ハミルトンによれば、このインフレは、経済のファンダメンタルズだけでは説明がつかず、心理的要因も大きく作用しているのだという。人々は「自らの利益に関し、良識ではなく感情と偏見に左右されている」と彼は述べている。「流通している貨幣の量が、その下落の主な原因であるのは確かです。しかし、通貨はしかるべく五倍以上切り下げられています。（中略）この過剰の原因は、世論、つまり信頼の不足なのです[*39]」。

では、この信頼の不足をどう改善するか？　ハミルトンは一二項目からなる計画を提示した。これは、それまで重ねた熟慮が反映された、十分に理解された財政制度のビジョンだ。まず、大陸会議が中央銀行を設立する。このための出資は政府と個人が半々で行う。そして、紙幣と公債の発行および個人に対する融資ができるようにする。ハミルトンはヨーロッパの例を引き、イングランド銀行とフランスのカウンシル・オヴ・コマース（商業評議会）をモデルとしてあげている。

また彼は、税金と内国債だけでは戦費を調達できないとして、二〇〇万ポンドの外国債を計画の柱として強く求めた。「外国債の必要性は、今やかつてないほど大きくなっています。ほかに立て直しの策はありません[*40]」。フランスと英国に政治力があるのは、両国とも戦時に外国債を募集できるからだ、ということにハミルトンは気づいていた。このような軍事と経済力の不可分な関連が、この後のハミルトンの思想すべての特質となる。

ハミルトンにとって、アメリカ独立革命は経済と政治の理論を実地に学ぶ場であり、これから進むべき道を指し示す重要な実例や教訓を与えてくれたものだった。一七八〇年五月、彼は大陸会議の欠陥について改めて考えることになった。惨敗の知らせが届いたのだ。英国軍はチャールストンを攻略し、ジョン・ローレンスを含め五四〇〇人のアメリカ軍守備隊を捕虜にしていた。一七八〇年は愛国派軍にとって暗い一年だった。八月には、サウスカロライナのキャムデンで、ホレイショ・ゲーツ将軍がコーンウォリスに手痛い完敗を喫し、アメリカ兵九〇〇人が死亡、一〇〇〇人が捕虜となった。

ハミルトンにとっては、チャールストンとキャムデンでの惨敗は、兵籍期間を延長し、かつ、各邦の民兵に依存するのをやめる必要性があることを痛感させるものだった。ゲーツがキャムデンからほうほうの体で逃げ出したことがせめてもの慰めで、ハミルトンはゲーツの臆病ぶりにほくそ笑まずにはいられなかった。「ゲーツのように、自分の軍を全部置き去りにして逃げ出した将軍なぞ、これまでいただろうか」と彼は勝ち誇ったようにニューヨークのジェームズ・ドゥエーン議員に述べている。「三日半で二九〇キロメートルだ。彼のような年齢の男にしては、実にあっぱれな活力だ[*41]」。一〇月には、面目をつぶしたゲーツに代わり、ナサニエル・グリーン将軍が南部の軍の指揮を執ることになった。

サウスカロライナでの敗北に対し、ハミルトンは冷静な諦観を示すと同時に、この不幸を逆に喜んでいるかのような態度も取った。「この不幸は、私にはさほどこたえておりません」と彼とイライザ・スカイラーに伝えている。「なぜならば、過ぎ去った災いのことで愚痴をこぼすのは私の性に合わず、その災いにも価値を見出そうと心がけているからです。また、私たちの安全は、体制の完全な変化にかかっていると思うからです。この体制の変化は、不幸によってのみもたらされることでしょう」[*42]。

アメリカの将来像

この手紙では触れなかったが、彼は七〇〇〇語からなる手紙をジェームズ・ドゥエーンに送ったばかりだった。その手紙は、アメリカの将来の政府像がすでに、ハミルトンの並外れて活発な頭脳の中で固まりつつあったことを示している。今や彼は、批判の矛先を連合規約に向けていた。そして、諸邦の独立は連合を弱めるだけだと考えていた。「根本的な欠陥は、会議に力がないことです」と彼は明言している。彼によれば、戦争、講和、通商、財政、外交に関しては、大陸会議に最高権力を与えるべきだという[*43]。そして、つまらない口論ばかりしている代議員たちに代えて、強力な行政機関を設け、戦争、外交、財務、海軍の各機関に一人ずつ大臣を置く。「決定でも通信でも機密でも責任でも、組織が関与する場合よりも一人の人間が関与するもののほうがつねに多いものです。このような計画によって、君主制の利点と共和制の利点を幸福かつ有益なかたちで結合すべきです」[*44]。

ハミルトンは特に、軍事力をすべて大陸会議の集権的管理下に置くことに熱心だった。「変革を急がねば、軍の崩壊は必至です。今や、軍というよりもただの群れに過ぎません。衣服もなく、給与も支払われず、食糧もなく、モラルもなく、規律もないのです」[*45]。そして、何よりも驚くべきことに、ハミルトンは考えを一気に飛躍させ、連合規約を改正するための会議の開催を勧告することまでしている。憲法制定会議の七年前、ハミルトンはいちはやくそうした全権を有する会議を提唱していたのだ。戦争の霧の中で模索している者をよそに、二五歳のハミルトンは、あたかも不意にきらめいた閃光の中で瞬時にすべてを見通したかのようだった。

　手紙の最後にハミルトンは、これが自分の考えを取り急ぎ書き記したものであることをドゥエーンに詫びている。だがもちろん、ともかくハミルトンがこれを書いたこと自体、驚きだ。すでに七月中旬、ずんぐりむっくりのロシャンボー伯爵率いる五五〇〇名のフランス艦隊が、ロードアイランドのニューポート沖に到着していた。このフランス軍は、ハミルトンが以前ラファイエットに提案した援軍であり、ラファイエットがフランス王をうまく説き伏せて派遣させた援軍だった。

　フランス軍が到着したとたん、ハミルトンはへとへとになるほど多忙になった。しかも、九月の終わりにハートフォードでロシャンボーと会談するに先立ち、ワシントンはフランス軍との共同軍事作戦のシナリオを三通り作るようハミルトンに命じていた。ハミルトンは一日の終わりにろうそくの明かりの下、へとへとの身体でペンを取って、ドゥエーン宛ての長い手紙を書いたにちがいない。

　戦争の先行きは不透明だったけれども、傍目には、ハミルトンは自分の人生に希望を抱いているように見えたことだろう。彼は実質的にワシントンの参謀総長だったし、まもなくエリザベス・スカイラーと結婚する予定だった。しかも、政府のために高度な戦略計画を立て、包括的な青写真を描いていた。

だが、このように意気揚々としていながらも、実は、西インド諸島での少年時代から引きずってきた悲観主義がまだ心の奥に潜んでいたらしく、世の中に対し、ひがんだ、厭世的ですらある見方をすることも時々あった。あまりに多くのことが立て続けに起き、混乱してしまっていたのかもしれない。同胞にまで批判的だった。

「親愛なるローレンス」とこの春ハミルトンは書いている。「我々の同胞はまったくロバ並みに愚かで、羊のように従順な性分だ[*46]」。また、歯に衣着せず私見を述べるようになるにつれ、ハミルトンは自分が敵を作りやすい人間だということに気づいた。九月一二日には、誰もかもが彼に腹を立てているというようなことをローレンスに言っている。ハミルトンは「どれほど途方もない軍事的野心でも共鳴してしまう」と考えている者もいれば、軍を守るために十分闘おうとしていないと言ってハミルトンを咎める者もいるのだという。「実のところ、私は不運な正直者で、自分の意見を誰彼なしに力説してしまうのだ。君にこんなことを言うのは、君がこのことを承知していて、私を無意味に非難したりはしないからだ。私は会議が嫌いだ。軍も嫌いだ。世の中も嫌いだ。自分自身も嫌いだ。どこを見てもばか者と悪党ばかり。君と［リチャード・キッダー・］ミードは除外できそうだが。では、ご機嫌よう。A・ハミルトン[*47]」。

司令官の裏切り

生涯にわたり、ハミルトンは歴史的瞬間に居合わせる才があったらしい。一七八〇年九月にも、ベネディクト・アーノルド将軍の裏切りを目撃している。コネティカットのノーウィッチで生まれたアーノルドは、薬屋と本屋から出発し、投機的事業に手を広げた男だった。勇敢な軍人にして軍事史の研究家でもあり、英国軍との戦闘で数多くの手柄を立てた。そして、真冬のケベック急襲でマスケット銃の弾丸を受けて負傷をしたものの、アーノルドはサラトガでも猛然と戦って再び負傷したことから、ハミルトンを始めとする多くの者から、サラトガの勝利の真の、陰のヒーローだと称賛された。

しかし、愛国派がフィラデルフィアを奪還した後、フィラデルフィア軍政府長官の任に就いたアーノルドは、汚職の告発に悩まされるようになった。本人は、「虚偽の、悪意に満ちた、恥ずべき」[*48]告発だと憤然として否定した。軍事法廷でも、軽微な告発二件を除いてすべて容疑が晴れ、ワシントンからの譴責処分だけですんだ。だが、この時に苦々しい思いをさせられたアーノルドは、アメリカの将来に不信を募らせていたこともあり、反逆罪に手を染める決意を固めていた。そして、部隊の移動に関する機密情報を英国軍に流した。ウエストポイントの新司令官に任命された後も、この砦を無力化するため、砦の見取り図を英国軍に渡そうと謀った。その見返りとしては、金銭と英国軍での高い地位を約束されていた。

アーノルドは一七八〇年の夏にウエストポイントの司令官に着任すると、早速この砦の守備を骨抜きにした。九月二五日の朝、ワシントンはハミルトンやラファイエットらの随行員を伴って、ハドソン渓谷を移動していた。ハートフォードでロシャンボー伯爵と会談しての帰途だった。一行はついでにアーノルドに会って、ウエストポイントを視察するつもりでもいた。そこで、ハミルトンとジェームズ・マッケンリーが、ワシントンを迎え入れる準備のため一足早くアーノルドの司令部に乗り込んだ。

　アーノルドの司令部は、ウエストポイントから三、四キロ下流、ハドソン川東岸のベヴァリー・ロビンソン邸に置かれていた。アーノルドは狼狽《うろた》えつつも、この副官二人と朝食を共にした。そしてその最中、ウエストポイントの守備を説明した書類をブーツに隠し持っている「ジョン・アンダーソン」というスパイが、ニューヨーク市の北で逮捕された、という知らせを聞いた。すると、アーノルドが不意にひどく狼狽し始め、ハミルトンもマッケンリーも当惑した。陰謀が失敗したことに度を失ったアーノルドは、二階へ駆け上がって妻に別れを告げると、家から抜け出し、ボートに飛び乗って下流へと逃げ、英国軍の軍艦ヴァルチャー号に向かった。ほどなく、ワシントン一行も到着し、アーノルドがいないのに気づいて当惑したが、ともかく朝食を取り、ウエストポイント視察のためハドソン川を渡った。

　一方、ハミルトンは後に残って至急報に目を通していた。すると、ぎょっとするほどのアーノルド夫人の悲鳴が二階から聞こえてきた。アーノルドの副官のリチャード・ヴァーリックが様子を見に上がると、夫人はまだ薄物の化粧着に乱れた髪のままだった。「ヴァーリック大佐」と夫人は取り乱しながら迫った。「あなた、私の子を殺せと命じたの？」[*49]。それから、熱いアイロンが頭の上に置かれているのどうのと、訳のわからない支離滅裂なことをぶつぶつと言い始めた。

夫より二〇歳も年下の夫人、マーガレット・〝ペギー〟・シッペンは、フィラデルフィアのトーリー派（英国支持派）の一族の出身で、この前年に一八歳でベネディクト・アーノルドと結婚したばかりだった。金髪の巻き毛に小作りな顔立ちの小柄な女性だったが、社交界で有名になりたいという大きな野心を持っていた。ハミルトンが二階へ上がったときには、彼女は赤ん坊をしっかりと抱きしめながら、この子を殺しに来たのか、と目に入った人間を誰彼なしに責めていた。

その日の午後遅く、ワシントンが戻ってきた。アーノルドがウエストポイントにもおらず、砦の守備もずさんだったことに困惑していた。ハミルトンはワシントンに至急報の分厚い束を渡した。そこには、逮捕された「ジョン・アンダーソン」が隠し持っていた書類も含まれていた。それからハミルトンは、ラファイエットと相談するために席を外した。

この二人の若者がワシントンのもとに戻ったとき、いつもなら落ち着き払っている司令官が、必死で涙をこらえていた。「アーノルドが裏切っていたとは！」とワシントンは心の動揺を露わにしながら言った。「これではいったい誰を信じればよいのか」[*50]。そして、アーノルドが英国軍に保護される前に彼を捕まえられるのでは、というむなしい期待を抱いて、ハミルトンとマッケンリーにハドソン川の下流へ向かって馬を飛ばすよう命じた。しかし、もう遅すぎた。アーノルドはすでにヴァルチャー号に乗船し、ニューヨーク市へ逃げ去っていた。

ところが、ハミルトンはここで並々ならぬ自信を示した。ウエストポイントに危険が迫っていることに気づいた彼は、第六コネティカット連隊に砦の強化を命じた。この時もまた、遠慮なく将官たちにあれこれ指図したようだ。「当地で凶悪極まりない反逆の事情が明らかになりました」と彼はナサニエル・グリーン将軍に書き送っている。「至急以下のように軍に発進命令を出し、一個旅団を派遣してくださいますようお願いいたします[*51]」。

その後、アーノルドから手紙が届き、ハミルトンはすぐさまそれをワシントンに渡した。その手紙でアーノルドは、自分の背信はアメリカの忘恩のせいであり、妻は何の関係もないと訴えていた。「彼女は善人であり潔白であり天使であって、悪いことなどできない[*52]」。とはいえ、アーノルド夫人はまだ常軌を逸した振る舞いをしていた。ヴァーリックがワシントンを夫人の部屋に案内したときには、泣きじゃくりながら、入ってきたのがワシントンだとは信じようとしなかった。「ちがう、あれはワシントン将軍じゃないわ。ヴァーリック大佐に手を貸して私の子を殺しに来た男よ[*53]」。

ワシントンはベッドの傍らに腰かけて、狂乱状態の夫人を慰めようとした。ワシントンもハミルトンもラファイエットも、ペギー・アーノルドの見事な演技にすっかり騙されていた。彼女が突然錯乱したのは、夫の裏切り行為を嘆き悲しむあまりのことだと皆が思い込んでいた。真に受けていた彼らにとっては、このような振る舞いは、彼女がアーノルドの裏切りの罪のない犠牲者だという証拠だった。だが実のところ、この陰謀には彼女も関与していた。夫が英国軍と連絡を取る際のパイプ役を果たしていたのだ。そして今は、錯乱シーンを完璧に演じていた。

女の手練手管に通じているはずのハミルトンも、アーノルド夫人の恥知らずな茶番劇には完全に騙された。いつものことながら、彼は女性の魅力にはめっぽう弱く、特に、育ちのよい女性が悲嘆に暮れているとなると、騎士道精神を発揮せずにはいられなかったのだ。この日のイライザへの手紙でも、ハミルトンがペギー・アーノルドをどれほど気にかけているかがよくわかる。

こんな心痛む場面は見たことがありませんでした。彼女はずいぶんと長いこと正気を完全に失っていました。(中略)わめき立てたかと思うと、次の瞬間には涙に沈むという有り様でした。赤ん坊を胸に抱きしめ、父親の軽率さがもたらした運命を嘆き悲しむときもありました。あの様子には、たとえ無神経そのものでも心を動かされてしまうことでしょう。彼女の姿と行動には、美の甘さ、無垢の愛らしさ、妻の優しさ、母の愛情のすべてが表れていました。(中略)彼女はベッドに伏せたままで、その様子は何もかも、私たちの同情を引きました。彼女の苦悩ぶりがあまりに心を打つので、私が彼女の兄だったら彼女を守ってやることもできるのにと思わずにはいられませんでした。[*54]

この腹黒い女の前では、ハミルトンはまったくのばか正直だ。戦時中だからと警戒するどころか、ペギー・アーノルドを恋愛劇の登場人物ででもあるかのように見てしまっている。捨てられた妻に対する思いやりは、少年時代に抱いた母への同情に関係するのかもしれない。このエピソードは、後のもっと手痛い出来事の予兆となる。その事件でも彼は、一見捨てられたかのように見える女性に対して、寄せてはならない同情を寄せてしまったのだ。

結局、ワシントンはアーノルド夫人に通行証を発行し、彼女がフィラデルフィアの実家へ戻れるようにしてやった。途中、彼女はニュージャージーのパラマスに立ち寄り、シオドシア・プレヴォー夫人の自宅であるエルミタージュ館に滞在した。プレヴォー夫人の夫は、西インド諸島に派遣されている英国軍大佐だった。そして、この女友達二人きりの際に、アーノルド夫人は、ワシントンやハミルトン始め全員をまんまと騙したことや、演じなければならなかった芝居にうんざりしていたことをプレヴォー夫人に話して聞かせた。

またアーノルド夫人は、愛国派の大義などむかむかするほど大嫌いだから、夫を催促してウエストポイントの降伏を画策させたのだ、とも打ち明けたという。ただし、何年も後になってから活字になったこの話の出所は、後にシオドシア・プレヴォーの次の夫となる人物、アーロン・バーだった。

奇妙な告白

このベネディクト・アーノルドの事件では、ハミルトンが紳士たる者の掟に忠実だったことを裏付ける余話がもう一つある。ジョン・アンドレ少佐、つまりジョン・アンダーソンという変名で動き回って、アーノルドと連絡を取っていた英国軍の高級副官の逮捕に関することだ。運命が決まる審理の日まで、アンドレはニューヨークのタッパンにある宿屋で拘束されていた。ハミルトンはアンドレよりも七歳年下だったが、名家に生まれたこの囚人に同情し、何回か彼を訪ねた。後にハミルトンがローレンスに書いた手紙から、優雅で教養があり、詩と音楽と絵画に精通していたアンドレに対し、ハミルトンが崇拝にも似た態度を取っていたことがわかる。まるで自分の見た最悪の悪夢がアンドレの運命となって現実化したかのように、ハミルトンはアンドレの不運を我がことのように見ている。

［アンドレは］優れた理解のため、教育と旅で磨きをかけたうえで、精神と態度の格別な品位と、感じのよい人柄という長所を結びつけた。（中略）その優秀さによって、彼は将軍から限りなく信頼され、軍内での素早い昇進と名声を得ていた。しかし、そのキャリアの盛りに、彼の側に最高の利益を与えるべく企図した計画を実行に移し、新たな希

望に輝いていたさなか、成功の絶頂から一挙に突き落とされ、大望の夢がすべて破れたばかりか、自らの身の破滅も目にすることになった。[*55]

ハミルトンは、同様に名を上げた自分もまた、いきなり真っ逆さまに墜落するかもしれないと思っていたのだろうか。

アンドレ少佐がスパイだったのか、それとも英国軍司令部とアーノルドをつなぐ連絡将校だったのか、という点をめぐって、アンドレの運命はハミルトンとワシントンの白熱した議論の対象となった。この議論は、実際問題として重要だった。アンドレがスパイなら、普通の罪人と同じように絞首刑に処せられることになるが、彼が不運な将校にすぎないとすれば、紳士にふさわしく銃殺されるのだ。こうした区別は、アンドレにとってもハミルトンにとっても大きな問題だった。ハミルトンは、アンドレはスパイではないと主張していた。なぜなら、彼は中立地域でアーノルドと会うつもりでいたのに、意に反してアーノルドに愛国派の占領地内へおびき寄せられたからだ。しかし、ワシントンの招集した将官による会議は、この意見に賛同せず、アンドレが偽名を使い民間人を装って密かに上陸した以上、彼はスパイとして動いていたのであり、スパイとして処刑されるべきだと判断した。ワシントンもこの会議の判断を認めた。アンドレの任務は愛国派の大義を破滅に導く恐れがあった、とワシントンは主張して譲らなかった。しかも、即決の処刑でなければ、アンドレが有罪であるという確信がないのではないか、と人々に思わせてしまうかもしれないと懸念していた。

九月三〇日にヘンリー・クリントンへ密書を送り、アンドレとアーノルドの交換を提案したのは、もしかしたらハミルトンだったのかもしれない。差出人は筆跡をごまかしてあり、「A・B」という署名（偶然だが、アーロン・バーのイニシャルだ）しかなかったが、クリントンは差出人が誰かはっきりわかっていたらしく、手紙に「ハミルトン、W「ワシントン」の副官、A「アンドレ」の死後受領[*56]」とメモしている。クリントンは交換を考えることすらしなかった。復讐の念に燃える愛国派に引き渡したら、アーノルドはたちまち処刑されてしまうからだ。

　ハミルトンがワシントンの選択を残念に思ったのは、このアンドレの処刑決定の時だけではなかったが、この時は、さすがのハミルトンも頑として公然と異を唱えた。二年ほど後になっても、ハミルトンはヘンリー・ノックス将軍にこう書いている。「アンドレの死は、なしで済ますわけにはいかなったにしても、それでも厳正な行為には程遠いと見なさざるを得ません[*57]」。ハミルトンの異議は、彼がワシントンの頑固さにフラストレーションを募らせていたことの表れだった。この時ばかりは、そのフラストレーションが高じて真っ向から反対してしまったのだ。

　アンドレ少佐は己の死に気品と勇気をもって臨んだ。将官の会議が決定を下した翌日の午後五時、彼はタッペン郊外の丘の上にある絞首台に引かれていった。絞首台を見上げたとき、彼は少しばかりよろめいた。そして、「死は甘んじて受け入れる。だが、このような死に方は嫌だ」[*58]と言った。それでも彼は、誰の手も煩わせず、処刑台の下に置かれた荷馬車に積んである棺の上に自分でよじ登った。そして、威厳に満ちた態度で手ずからロープを自分の首にかけ、自分のハンカチで自ら目隠しをした。と、荷馬車が外され、アンドレの身体がロープから吊り下がってぶらぶらと揺れた。遺体はこの処刑場に埋められた。ハミルトンはアンドレの死の様子をロマンチックなほど感傷的に書き残している。

処刑場に向かうとき、彼は監禁中に知り合った人を見かけるたびに歩きながら親しげに会釈をした。そのにこやかな微笑みは、彼の悠揚たる不屈の精神の表れだった。(中略)最期の時が近いことを知らされ、何か言うことはあるかと問われ、彼はこう答えた。「いや。だが、私が勇敢な男にふさわしい死に方をしたと世に証言してほしい」[*59]。

ハミルトンの記述は、彼がまだ美しく高貴な死に強く魅せられていたことを示す。「真に優れた男は、贔屓目に見ていてはわからず、逆境によって見出されるということに気づいた」と彼はローレンスへの手紙に書いている。「彼を取り巻く暗影は、彼の優れた資質を際立たせる陰影だ」[*60]。

ハミルトンにとって、アンドレ少佐はある種の理想美の象徴だった。しかし、この賛辞の裏には、自分は不十分な人間だという、世にも稀な悲痛きわまる意識があった。有り余る才能に恵まれていたにもかかわらず、ハミルトンは不安だらけだった。普段はそれらをうまく隠していたにすぎない。彼はつねに、追い詰められた男の心にいつまでも残る悲しみのかけら、神童の口に出さない憂鬱、そして忌まわしい子供時代が残した傷と闘わなければならなかった。ジョン・ローレンスとイライザ・スカイラーだけが、自分の不安を打ち明けられる相手だった。アンドレの死の直後、ハミルトンはイライザに手紙を書き、自分にもアンドレのような嗜みがあったらよいのにと思うと語っている。

謙遜なふりをするつもりはありません。愛する人よ。私は自分の長所を承知しています。私には才能があるし心根も良い。だが、どうしてハンサムではないのだろう？ 人間性を飾ることのできる学識をすべて持っているわけではないのはなぜだろう？ なぜ財産がないのだろう？ 今後もっと暇な時間を持てたら、私にはまったく不向きなことでも上達する余裕までもできるでしょうに。[*61]

これは奇妙な告白だ。ハミルトンはたった今処刑されたばかりの男を羨望しているのだから。だが、こうした文章でこそ見て取れることがある。ハミルトンは大陸軍で驚異的な成功を収めているにもかかわらず、いまだに自分は不運で不器量な男だと感じ、いまだに過去に呪われていると思っていたのだ。

スカイラー邸での挙式

一七八〇年一二月のハミルトンの結婚式に先立つ夏と秋、彼はまるで恋の濃霧にすっぽりと包まれてしまったかのように、ぼんやりとしていることが時々あった。恋煩いにも似た有り様だった。「愛とは一種の狂気です」と彼はイライザに語っている。「そして、私が書くことはどれも、その気が大いにあります」[62]。彼は、「粋なかわいい誘惑者」に頻繁に手紙を出しては、たえず彼女のことを考えていると何度も伝えた。[63]「実際、こうして私があなたのようなかわいい栗色の乙女一人のものとなり、一人の兵士から弱々しい恋人に変身してしまうとは、とんでもない話です」[64]。皆の集まっているところからそっと離れては、一人で道をぶらぶらしながら彼女の面影をうっとりと思い起こしている、とも彼は書いている。「あなたはかわいい魔法使いで、私に魔法をかけてしまったにちがいありません。あなたのせいで、前は喜ばしかったものがすべて厭わしくなってしまったからです」[65]。

結婚式が近づくにつれ、ハミルトンは将来についての不安に押し潰されそうになり、生涯でもっとも率直に胸の内を明かした手紙をイライザへ送った。当時のハミルトンは、戦争の行方については楽観視するようになっていた。フランス海軍という後ろ盾ができた以上、大陸軍は年内に勝利をつかむだろうと思っていたのだ。しかし、万一愛国派が敗れたら、「どこか別の、人間の権利をもっと認めてくれるところ」で暮らそう、たとえばジュネーブはどうだろう、など彼はイライザに言ったこともあった。そして、こうも告白している。「かつて私は、アメリカの自由と運命を共にする決意を固めていました。私のベッツィーが私のプライドよりも強い動機を与えてしまったのです」[*66]。優しく控えめなイライザが、長年ハミルトンの心を支配していた自滅願望から彼を救い出すことになったのだ。

一方、神経のピリピリしていたハミルトンは、結婚式のことについてもあれこれ真剣に心配した。これまでもずっと、イライザの美しさや正直さ、優しい心や分別を称えていたが、今ではもっと望むようになっていた。「お願いですから、私のいとしい人、私の申し上げた助言をどうか無視なさらないでください。特に、お身体を大事になさるようにということと、余暇はすべて読書に充ててくださいということをお忘れなく。あなたは生まれつき恵まれた方です。どうか自然の贈り物を伸ばすことを忘れず、あらゆる点で優れた人間になれるようにするのを忘れないでください。あなたにはそのような人間になりたいと願う資格があるのですから」[*67]。

イライザに自己陶冶を説くハミルトンの願望には、ピグマリオン的な側面もあるが、彼は、彼女の愛が冷めて結婚式をやめると言い出すのではないか、と心配してもいた。オールバニーに着いたら、彼女が見知らぬ男の腕に抱かれながら草の上で眠っていた、という夢を見たなどという話を手紙に書いたこともあった。「あなたには想像がつくでしょうが」と彼は言っている。「私は彼の厚かましさを責め、彼女は私のものだと強く主張しました」[*68]。すると安堵したことに、夢の中のイライザは目覚めて、ハミルトンの腕に飛び込み、説得力のあるキスで彼の不安を和らげてくれたのだという。

ハミルトンが抜け目なく財産目当てに結婚するのだと考えていた者たちは、彼がスカイラー家の財産を当てにしてはおらず、もっと質素な生活で我慢できるか考えてほしいとイライザに言っていたと知ったら、さぞ驚いたことだろう。彼はセントクロイ島の後援者がつくってくれた寄付基金に言及し、彼の金を管理している者たちの不正行為をこう嘆いている。「彼らはすでに自分たちの手にあるものを半分以上削り取ってしまいました。今も減らし続けていると言われました」。そういうわけなので、イライザは覚悟しておくべきなのだという。「これからどのようなランクの暮らしになるのかは、まったくくじ引きのようなものです。きわめて高いランクになるかもしれませんし、非常に質素になるかもしれません。こちらのほうが一番ありそうなので、どうか自分の心によく尋ねておいてください」。この件に関しては、さらにこうも彼女に問いかけている。

私のかわいい乙女、どうか教えてください。家事の問題については決心がつきましたか？　貧しい男の妻になることを本当にうれしく思ってくださいますか？　絹のブロケードよりも手織りのほうが好ましい、六頭立ての馬車の音楽的なガラガラという音よりも荷馬車のゴトゴトという音のほうが好ましいと思うようになりましたか？　昔なじみが派手な暮らしぶりをひけらかし、優雅で華やかに旅などをしているのに、あなたはつ

> ましい生活で、良き妻であるという地味な慰めよりほかに楽しみがなくても、それでもあなたはまったく落ち着き払って昔なじみと会うことができますか？（中略）もしできないのであれば、私たちは間違いだらけの喜劇を演じていることになります。私たちが不幸な夫婦の悲劇を演じ始める前に、あなたは間違いを正すべきです。[*69]

ここではおくびにも出していないが、イライザはハミルトンが「大きな財産を持ち、人間的にも社会的にもやはり大物」の紳士と評した男の娘だった。[*70] だが、ハミルトンはスカイラー家の厄介になるにはプライドが高すぎた——もっとも、いずれにせよスカイラー家は、実は噂ほど裕福ではないことがやがてわかる。

ハミルトンが結婚前にイライザへ出した手紙から浮かび上がってくるのは、幼いころに強い喪失感を味わった若者の姿だ。ある手紙では、彼は皮肉な男性観と女性観を語り、苦しい生活に耐えられるかと彼女に尋ねている。

> けれども大丈夫です、私の天使。あのような質問を書かせたのは、私のベッツィーの心の自信のなさではなく、女性の心に対する自信のなさなのですから。私はあなたのためなら何でも信じる用意ができていますが、人間の性質についてこれまで経験したことや、その軟弱な部分に縛られているのです。女性の中には、喜ばせ楽しませるのに必要

なもの、尊敬と友情と好意を抱かせるのに必要なものをすべて備えている人もいます。しかし、このようなことを書ける人はめったにいません。私たちは悪いところだらけです。彼らは弱いところだらけです。（中略）そして私は、自分が正気であり、あなたが例外であるという自分の判断を信じられるかぎり満足ですが、あなたの気分や気性をもっと完全に知りたくなってしまう瞬間を持たずにはいられないのです。（中略）けれども、お願いですから、私が女性すべてを悪く見ているなどとは思わないでください。私は自分のことをもっとずっと悪く思っているのです。*71

この手紙のやり取りでは、ジョージ・ワシントンの厄介な影がいつも後ろに浮かんでいる。「もっと続けたいのですが、将軍がお呼びなのです」と締めくくっている手紙もある。*72 軍事行動の間、ハミルトンもワシントンも軍務の手抜きには眉をひそめていたため、ハミルトンは休暇を取ってまでイライザに会いに行くことはしなかった。一七八〇年一一月の終わりにオールバニーへ向かった時が、五年近い戦争期間中にハミルトンが初めて取った休暇だった。

ハドソン川沿いの断崖の上に位置するオールバニーは、当時はまだ無骨な田舎町にすぎなかった。人口は四〇〇〇人で、そのうち一〇分の一が奴隷だった。周囲にはマツの原生林が生い茂っていた。ニューヨーク市はすっかり英国風になっていたけれども、オールバニーは初期のオランダ風の色合いを保っており、それは切妻造りの家にも見て取れた。まだオランダ語が主言語で、スカイラー家も、日曜ごとに改革派教会でオランダ語の長い説教を聞いていた。縫い物と庭仕事の好きなイライザも、多くの点で典型的なオランダ娘だった。家庭的で控えめなところ、やり繰り上手なところ、子供は多ければ多いほどよいと思っていたところなどだ。

ハミルトンが姑のキャサリン・ヴァン・レンセラー・スカイラーのことを実際のところどう思っていたのか、これはよくわからない。フレンチ・インディアン戦争の時期にフィリップ・スカイラーと結婚してまもなく描かれた肖像画では、彼女は印象的な黒い瞳、長い優雅な首、そして豊かな胸の女性だ。当時、彼女のことを「非常に美しく、スタイルがよく、上品なレディ」だと評した者もいる。[*73] しかし、ハミルトンの結婚式のころには、彼女はどっしりとしたオランダ風の主婦に落ち着いていた。

その雪の降る一二月、スカイラー家を訪れたシャトゥリュ侯爵は、スカイラー夫人が家庭を仕切り、夫を尻に敷くメスドラゴンに見え、どうしてもその印象を拭い去れなかったという。用心深いシャトゥリュは、「彼女には尊大すぎる態度を取らないのが一番」だと考えたばかりか、スカイラー将軍は「妻と離れているときのほうが愛想がよい」とまで言っている。[*74] 四七歳のスカイラー夫人のもてなしがあまり温かいものではなかったとしたら、それは夫人が妊娠七ヶ月で、末娘のキャサリンを身籠もっていたせいかもしれない。これが彼女の一二回目の、そして最後の出産だった。娘の結婚式の時には、夫人が妊娠しているのは誰の目にも明らかだった。

ハミルトンが結婚式に招いた客はほとんどいない。兄のジェームズは、セントトマス島にいたようだが来なかった。当時グレナディーン諸島のベクエ島にいた父親にも連絡したが、やはり出席しなかった。おそらく、戦時中ということで、英国民の旅行にはいろいろ厄介な問題があったのだろう。結婚式の前、アレグザンダーはイライザにこう伝えている。

前にも書きましたが、父に手紙を出したのに、父からは返事がありません。(中略)平和になったらアメリカに来るようにと父に念を押しました。父のいる島へ行く予定の方がおられるので、二、三日のうちにまた手紙を書くつもりです。そして、父に黒い瞳の娘ができることをもう一度知らせ、彼女がいかに好感を持てる女性であるか伝えて、父の白髪を祝福するつもりです。*75

羞恥心のせいか、病気だったのか、それとも金がなかったためか、いずれにせよジェームズ・ハミルトンは、アメリカに来るようにという息子の懇願にもかかわらず、イライザにもスカイラー一族にも孫たちにも一度も会わずじまいだった。

一七八〇年一二月一四日の正午、二五歳のアレグザンダー・ハミルトンは、二三歳のエリザベス・スカイラーとスカイラー邸の南東の応接間で結婚式を挙げた。二階建てのレンガ造りの邸宅は、日光がふんだんに差し込み、風通しがよく、美しい彫刻の施された手すりのある螺旋状の大階段が、堂々たる存在感を放っていた。結婚式の間、庭の積雪に照り返された陽光で、応接間は輝くばかりに明るかったことだろう。式はオランダの慣習に従い、花嫁の実家で身内だけのささやかな式を挙げるという形で行われた。地元のオランダ改革派教会でも、こう簡単に記録しただけだ。「ハミルトン中佐とエリサベス［原文のまま］・スカイラー」[*76]。

式の後は、おそらく玄関広間へ席を移したにちがいない。そこは幅三メートルあまり、奥行き四メートルあまりで、両側に優美な窓がついていた。ジェームズ・マッケンリーを除いて、ワシントンの将校団の仲間は、軍の仕事が忙しすぎて出席できなかった。陽気で意気揚々とした雰囲気にもかかわらず、花嫁側と花婿側の屈辱的なほどの差に気づかなかった客はまずいなかっただろう。スカイラー一族のほうは、ヴァン・コートラント家とヴァン・レンセラー家の親戚もそろって大所帯だったのに、ハミルトンのほうは、親族は一人も出席せず、寂しいばかりだった。

新婚夫婦は、スカイラー家の邸宅パスチャーズでハネムーン期間を過ごし、クリスマス休暇が終わるまでここに滞在した。この時には、ロシャンボーの軍のフランス人将校四名が、そりで氷の張ったハドソン川を渡ってやってきた。小うるさいフランス人将校たちも、ここの料理やマデイラワイン、そして愛想のよい人々には賛辞を惜しまなかった。ハミルトンにとって、まったく申し分ない日々だった。

数週間後、彼はイライザの妹のペギーにこう書き送っている。「あなたのお姉さまが日に日にますます感じがよくなっていくという才能をお持ちであるためか、それとも私が気が狂うほど愛しているためか、それともその両方のためか、(中略)彼女は自分こそ世界一幸福な女だと自惚れています」[*77]。

もっともハミルトンのほうも、この時ばかりは、自分は世界一幸福な男だと感じていたことだろう。イライザ・スカイラーと結婚したことによって、彼はもはや根無し草ではなくなり、ニューヨークの英国・オランダ系上流社会の一員となったのだ。その生い立ちからすると、金持ちに反感を抱くようになったとしても不思議ではないが、そうはならず、彼はその生い立ちゆえに、父親が失った高貴な身分を取り戻したいと願うようになったのかもしれない。しかも、結婚によって、彼はこのニューヨークで重要な政治的基盤も得た。ここは、ハドソン川沿いの名家が代々抱いてきた野望を軸に、政治が展開していたところだった。アレグザンダー・ハミルトンは生まれて初めて、何かに所属しているのだという実感を持ったにちがいない。

彼とフィリップ・スカイラーとの友情は、ハミルトンのキャリアにとって計り知れないほど貴重なものとなった。イライザとの結婚を申し込んだとき、ハミルトンは自分が非嫡出子であることを将軍にはっきりと打ち明けた。すると、スカイラーの返事はこのようなものだった。「私にとって大切な人の心遣いは、いつもうれしいものだ。君の述べたことで、私は君の心がわかったように思う」[*78]。社会的にはまったく正反対の階層の出身だったが、この二人の男は、政治的には似たような見解を持つに至り、しっかりと手を組むことになった。

ハミルトン同様スカイラーも、大陸会議の無能さと連合規約に苛立ちを覚え、戦争に勝つため、必要とあらば、ワシントンに「独裁的権力」を与えてもよいと考えていた。[*79] しかも、ニューヨークの初代知事に自分ではなく民衆寄りのジョージ・クリントンを選んだ自作農階級や職人層を信用していなかった。タイコンデロガ砦陥落の件でスケープゴートにされたと感じていたスカイラーは、人身攻撃には断固として反撃しろとハミルトンに助言したこともある。「人の人格は、弄ぶべきものではない」と彼は述べている。「人格に傷をつけておいて無事ですまそうなどという者は、まったく何の価値もなく、何一つ長くは楽しめない」[*80]。こうした男が、ハミルトンの争い好き、決闘好きを抑えるはずもなかった。

ワシントンへの幻滅と決別

一方、ハミルトンの結婚式は、彼がワシントンに対して密かに抱いていた不満を募らせるものでもあったようだ。ワシントンは気難しい上司という一面もあり、ハミルトンはワシントンが公の場ではこらえている怒りを目にしていた。当時こう述べた者もいる。「苦難に満ちた革命闘争は（中略）ワシントンが見事に抑えている感情すら揺さぶり、彼の副官の将校は（中略）司令官の癇癪や神経質なところに少なからず悩まされねばならなかった」[*81]。しかも、ハミルトンはプライドが高すぎ、才能がありすぎ、昇進に熱心すぎたため、誰かの下で四年間も喜々として仕えることなどできなかった。たとえ有名なワシントンの下であっても同じことだった。

当時もまだ、ハミルトンは戦場に立って指揮を執りたいと願っていた。デスクワークなどではなく、旗を振り、大砲を轟かせ、銃剣で突撃したいと思っていた。この年の一〇月、スタテン島急襲の準備をしていたラファイエットが、ハミルトンに大隊の指揮を執らせたいとワシントンに申し出たことがあった。だがワシントンは拒否し、ハミルトンを手放す余裕などないと答えた。

結婚式の直前にも、ハミルトンはマンハッタン北部の英国軍駐屯地に仕掛ける攻撃の指揮を執りたいと申し出た。そしてこう言った。「先の秋、南進に関して閣下に申し上げました折、私が軍人としての名誉に関してどのように感じているか、そして、私の兵士としての資質を並以上に高めてくれるであろう大仕事で際立った働きをすることが、私にとっていかに大きな目標であるかは、腹蔵なくご説明いたしました[*82]」。しかし、このときもワシントンはハミルトンの申し出を撥ね付けた。

そのころ、アレグザンダー・スキャメルが軍務局長を辞任したいと申し出た。ナサニエル・グリーンとラファイエット侯爵は、スキャメルの後任にハミルトンを当てたいと提案したが、ワシントンはやはりまた却下し、若い中佐を大佐より先に昇進させることはできないと言った。ワシントンが苦境にあったのは明らかだ。将校は大勢いたが、ハミルトンほど流暢にフランス語を操り、ニュアンスを含んだ巧妙な手紙を書ける者は他にいなかった。一時間ごとに顔を合わせるような日々が四年間も続いた今では、ハミルトンはワシントンの分身と化し、ワシントンの書いたものからでも顔色からでも、彼の気分をつかむことができるようになっていた。そして、ワシントン自身の成功の犠牲でもあった。

また、政治的にも、当時はハミルトンにとって落胆させられることの多い時期だった。結婚式の直前、大陸会議はフランス宮廷に特命全権公使を送ることに決めた。ベンジャミン・フランクリンと合流して多額の借款と軍需物資の発送を依頼するためだ。ジョン・サリヴァン将軍は、こうした借款を提案したハミルトンを公使に推薦し、ラファイエットも賛同した。だが、ハミルトンの結婚式の三日前に満場一致で選ばれたのは、ハミルトンではなくジョン・ローレンスだった。ローレンス自身、ハミルトンのほうが適任だと強く主張していたにもかかわらずこのような人選になったため、ローレンスは、これもひとえに、ハミルトンが大陸会議で知名度が低いからだと考えた。

この年の初めにも、ローレンスはハミルトンを駐仏アメリカ公使の書記官というポストに就けようとしたことがあったが、その時ハミルトンは、自分が選ばれなかったことについてこう分析している。「私はこの国では異邦人だ。ここでは何の財産もなく、コネもない。私がいくら才能豊かで誠実だとしても（中略）この文明開化の時代、そんなものはまやかしの資格だと思われて当然だ[*83]」。こうした失望は、上流階級本位ではなく実力主義こそが政府人事の最善のシステムだという彼の信念をいっそう強めることになった。

ハミルトンの結婚式の翌日、サウスカロライナ代表の議員ジョン・マシューズが、ハミルトンをロシア公使に推薦した。しかし、またもや選ばれなかった。今やハミルトンは、これでは戦争の間ずっと机に縛りつけられてしまうのではないかと心配するようになっていた――彼にとって、これは退屈でつらいばかりか体面にかかわる仕事だった。彼は戦場で武勲を立てるチャンスがせめてあと一度だけでも欲しかった。見事武勲を立てることができたなら、それは戦争が終わったとき、確かな実績として政界で役立つはずなのだ。おそらくイライザ・スカイラーと結婚したおかげで大胆になれたのだろう、ハミルトンはワシントンに挑戦して自立を主張した。何と言っても、彼はもう財産もコネもない無一文の移民の若者ではないのだ。

一七八一年一月初め、ハミルトンは軍務に復帰すると、さっそく道案内を雇って山あいの隘路を抜けて、ワシントンの司令部に向かった。当時の司令部は、ニューウインザーのハドソン川沿いにあるオランダ風の農家に置かれていた。まもなくイライザもやってきて、二人は近くの村に部屋を借りた。若い新婦は、マーサ・ワシントンを手伝って将校たちをもてなすことも多かった。また、ワシントンが家庭内でも英雄的な働きをした事件も目撃し、これは彼女の脳裏にしっかりと刻み込まれた。司令部に隣接する小屋でボヤ騒ぎが起きたときのこと、ワシントンはすぐに二階のオフィスから駆け下りると、農家の妻が手にしていた洗濯盥を引っつかみ、入っていた石鹸水を炎にぶちまけ、その後も火が消えるまで盥を手に何往復も走ったのだ。一方、イライザの新郎のほうは、それほどワシントンに心酔できずにいた。任官を拒否されてばかりいたため、おおっぴらに袂を分かつことも考えていた。「もし二人の間に亀裂が生じても」、彼としては「決して和解に応じない」つもりだとまで言っていた。[*84]

だが当時は、ハミルトンがワシントンと衝突するには時期が悪かった。この冬も、大陸軍にとってはひどい冬だった。一月に、ペンシルヴェニアとニュージャージーの兵が反乱を起こしたのだ。彼らはもう一年以上給与を受け取っておらず、衣服も靴も、馬も荷馬車も、肉も小麦粉も、そして火薬も慢性的に不足していることに抗議したのだ。しかも、三年の兵籍期間が終わったら帰郷したいと思っている者が多かったが、将校たちに帰郷を阻まれていた。

こうした兵士たちの士気低下は甚だしく、そのため、英国軍に寝返る兵士も出るのではないか、と懸念する声も将校の間にはあった。このため、ワシントンが反乱兵鎮圧に厳しい処置を取り、反乱兵が武器を置くまで交渉を一切拒否したときには、ハミルトンは拍手喝采を送った。二月四日、ハミルトンはローレンスにこう書き送っている。「我々は礼儀作法など無視して彼らに無条件降伏を強い、中心となって扇動した者を絞首刑にした[*85]」。

この反乱が鎮圧されてしまうと、ハミルトンはいよいよワシントンとの対決を覚悟した。ワシントンのほうは、まだ不機嫌なままだった。二月一五日、ニューポートのフランス軍将校宛ての至急報を準備するため、二人は夜中まで働いた。翌日、疲れ切ったハミルトンが階下へ下りようとしていると、ちょうどワシントンが階段を上ってきて、話したいことがある、とハミルトンにぶっきらぼうに告げた。ハミルトンは頷いたが、まずはテンチ・ティルマンに手紙を渡し、ラファイエットと少し仕事の話をしてから、ようやく二階へ戻った。二日後にハミルトンがフィリップ・スカイラーへ送った手紙には、この時の対決の様子が書かれている。

> 将軍はいつものように自室にいるのではなく、階段の上で待っていました。そして、かなり怒った声で私にこう呼びかけました。「ハミルトン中佐、君はもう一〇分も私を階段の上で待たせたぞ。君の態度は失敬千万だと言わざるを得ないよ」。私は苛立ちは表に出さなかったものの、きっぱりとこう言い返しました。「それは気づきませんで。ですが、私にそうおっしゃらねばならぬとお思いだったからには、お別れいたしましょう」。「よかろう、君がそうしたいのなら」というようなことを彼が言い、私たちは別れました。かなり立腹させてしまいましたが、私が席を外していたのは二分もなかったはずです。[*86]

珍しいことに、この口論の後、度量を見せて折れて出たのはワシントンのほうだった。ワシントンは一時間もしないうちに、ティルマンをハミルトンのもとによこした。ティルマンの言うには、ワシントンは一時的に癇癪を起こしたことを後悔しており、ハミルトンに仲直りしに来てもらいたいと言っているのだという。だが二六歳になっていたハミルトンは、大胆にも、というよりも厚顔にも、最高司令官を冷たく撥ね付けた。

誰もが畏敬の念を抱いている神のごときワシントンだったが、ハミルトンはワシントンの人間的な弱点をわかりすぎるほどわかっていた。「私はティルマン氏にこう彼に伝えてほしいと言いました。私はもう取り消せないほどに決意を固めた。話をしても、たがいに納得できない話し合いになるだけで、何の役にも立たないだろうが、彼が望むなら、会うのを拒否するつもりはない。だが、断るのをお許しいただけるならうれしく思う」[*87]。結局ワシントンは、副官を辞めるというハミルトンの決断を渋々ながら尊重することにした。

奇妙な判断ミス

この出来事にフィリップ・スカイラーがショックを受けることは、ハミルトンも承知していた。スカイラーはワシントンの親友であり、ワシントンの副官を婿に迎えたことを大喜びしていたからだ。砲兵隊か軽歩兵隊を指揮したいと思っているとスカイラーに伝えたことはあったものの、ハミルトンはもっと十分に説明する必要があることもわかっていた。そこで、これは軽率な行動などではなく、立場上誰かに従属せねばならないというのがずっと嫌だったこと、そして、ワシントンが名声に反してかなり気難しいとわかったことも、ハミルトンはスカイラーに打ち明けた。ワシントンとハミルトンの仕事上の関係は、「私の感情を害する」ものだったという[*88]。しかも次に、ハミルトンは驚くべきことを明かした。歩み寄りたいと思っていたのは終始ワシントンで、ハミルトンのほうが彼を拒絶していたというのだ。

この三年というもの、彼に対して友情を感じてはいませんでしたし、友情を抱いているふりもまったくしませんでした。実際、私たちは性格も真反対ですし、思ってもいないのに思っているふりをするなど、私のプライドが許しません。それどころか、彼がこのような申し出を私に［した］とき、少なくとも、［申し出をしてもらいたいという］気持ちなど私にはまったくなかったこと、［また］個人的な寵愛［よりも］むしろ軍［人としての信頼］に基づいていたいと私が願っていたことを示す［ような態度］で申し出を聞きました。人間性については目利きすぎるほどの貴殿ゆえ、私のこの行動が、世界中から尊敬されている人間にどのような影響を与えたかは、お察しのことでしょう。[*89]

この手紙を書いたのと同じ日、ハミルトンはジェームズ・マッケンリーにも手紙を書いた。こちらはもっと恨みのこもった口調で、ワシントンにはつくづく幻滅したこと、威嚇されているように感じるのはもううんざりだと思っていることが明かされている。「この偉大な男と公然と断絶するに至った。（中略）せめて一度でも、彼に不機嫌を後悔させたいのだ。ひとかけらの理屈も理由もないのに彼は、私が彼に失礼な振る舞いをしたと実に侮辱的な態度で私を責めた」[*90]。とはいえハミルトンは、ワシントンの人気が愛国派にとって必要だということはよくわかっていたため、ワシントンとの亀裂を秘密にするつもりだとも約束している。ただし、決断を翻す気はまったくなかった。

ワシントンとの決別は、ハミルトンの自己中心主義、高すぎるプライド、そして短気さを浮き彫りにする出来事だ。同時に、輝かしいキャリアを損ねてしまった数々の奇妙な判断ミスの最初の例とも言えるだろう。ワシントンは寛大にも関係修復を図ろうとしたが、この神経過敏な若者は、アメリカ革命のさなかに最高司令官に厳しい教訓を与えようとしたのだ。

ハミルトンは若者特有の向こう見ずさと、穏やかならぬ誇大妄想の気を露呈してしまった。その一方、軍での野心を犠牲にすることをあまりに長い間求められ、武勲を立てる機会を四年間もじりじりと待ち続けてきた、という思いも強かった。彼の求めていたものは、国のために命をかけることだけだった。後年彼の政敵たちの描いたような恥知らずの日和見主義者にすぎないとしたら、革命成功の暁には国を率いるにちがいない人物とあえてこのように仲たがいすることなどなかっただろう。

幸いにも、ワシントンもハミルトンも、各自がこの戦争で重要な役割を果たしていることを自覚しており、自分の役目がつまらぬことに煩わされてしまうには大きすぎることも承知していた。二人は感情的にぶつかり合うことが多かったが、ワシントンはハミルトンに対してひたすら誠実だった。ハミルトンについては、時に間違いを犯すことはあっても、並外れて有能で知性的な男だと考えていた。あからさまに示すことはめったにできなかったとはいえ、この若者に内心好意を抱いていた感もある。一方ハミルトンも、将軍としてのワシントンに全幅の信頼を置いていたわけではなかったが、ワシントンの慎重さ、人格、愛国心、そして指導者としての資質を過小評価してはいなかった。つまり、革命期にハミルトンとワシントンの間で形成され、その後も長く続いた結びつきは、個人的な親密さに基づいたものというよりも、危険と絶望に満ちた体験やアメリカの将来への希望を共有していたことに基づくものだった。

二人とも、一つの状況を見て、同じ結論に達していた。国軍の必要性、諸邦を支配できる中央集権化された権力の必要性、強力な行政機関の必要性、そして挙国一致の必要性だ。戦争の試練のさなかに練り上げられた二人の政見は、この後さまざまの障害を乗り越えていくことになる。

CHAPTER

8

Glory

栄光

前線への志願

対決から一ヶ月間、ワシントンとハミルトンは、まるで何事もなかったかのように見事に茶番を演じた。三月初め、ハミルトンは馬を二頭要請して——一頭は自分が乗るため、もう一頭は荷物用だった——ワシントンに随行した。ニューポートで行われるロシャンボー伯爵らフランス軍将校との会議で、通訳として最後の任務を果たすためだった。そして三月八日、ワシントンとハミルトン、そしてフランス軍将校たちは、フランス艦隊の日没時の観閲式のためにそろって馬で出かけた。この日には、ハミルトンはワシントンの名で書く最後の手紙の代筆もした。数日後、ワシントンは「ニューウインザーのわびしい司令部」と自ら呼んでいた場所へ戻るために出発し、ハミルトンのほうはオールバニーのスカイラー邸へ向かった。[*1] こうして、アメリカ革命史上もっとも輝かしく実り多いパートナーシップの一つが終わりを告げた。

ワシントンは、そのうちハミルトンが任官をせがんできて一件落着ということになるだろうと期待していたが、すぐに思い違いを知ることになった。ハミルトンは厄介者になる覚悟が十分にできていたのだ。四月中旬、ハミルトンはハドソン川東岸のドパイスタズポイントにあるレンガと石造りのオランダ風の住宅の部屋を借り、イライザと住み始めた。

この家がニューウインザーのワシントンの司令部のちょうど対岸に当たるところにあったのは、偶然ではなかった。しかも、ハミルトンは「二人がどうにか乗れるくらいの小さなボート」まで注文し、すぐさま往復できるようにしていた。[*2] そして引っ越しの荷解きが済むやいなや、ナサニエル・グリーン将軍に「運命が与えてくれるもの」を探していると告げた。「つまり前線にです」[*3]。

ハミルトンの姿はニューウインザーの随所で見かけられた。ある夜のこと、ニューイングランドから来たジェレマイア・スミスという男は、ハミルトンが地元の酒場で見知らぬ者たちと時事問題について議論を交わしているのを目にした。「私は話を主導しているらしい人物の話術、才能、（中略）そして推理力に感銘を受けた。今まで耳にしたことがないほど優れていた。思いもよらないほど優れていたとまで言ってもいい。座がお開きになってみると、それは私がたいそう崇拝していたハミルトン中佐だった」[*4]。

四月二七日、この驚くほど粘り強い若き中佐は、ワシントンに正式な手紙を書き、南へ派遣される予定の前衛部隊に配置してほしいと求めた。そして、かつて砲兵中隊の指揮官として数々の手柄を上げたことを改めてワシントンに思い出させたうえで、こう述べた。「私は前線から始めました。もしあのまま続け、正当に評価されていたなら、現在よりも昇進していたはずです」[*5]。

ワシントンの激怒する様子が目に浮かぶようだ。彼は兵士たちの不平不満を処理し続けてきた。そして今、ハミルトンまでも相手にしなければならないのだ。「この日付の貴殿の手紙には少なからず当惑させられた」と彼は返事を書き、その昔、上の地位のものを差し置いて下級将校を特進させたときに起きた騒動に言及した。そして、二人の衝突のせいで意固地になっているのだろう、とハミルトンが考えないようにと、こう警告した。「私が一番懸念しているのは、貴殿が私の拒否を私が述べた動機以外の動機のせいにしてしまうのではないかということだ」[*6]。

財政の確立

軍での任官を待つ間、ぶらぶらしていることのできないハミルトンは、諸邦の財政危機について考えを練っていた。コンチネンタルダラーの価値急落の結果、大陸会議は、財務大臣が中央集権化された権力を行使するのではなかろうかという恐怖を克服せざるを得なくなり、権限が、各委員会から、軍事、外交、財務といった各部門の長へと委譲され始めていた。ハミルトンが以前ジェームズ・ドゥエーンに提案したとおりになっていたのだ。

そこで、当時会議に復帰していたジョン・サリヴァン将軍は、ハミルトンを新設の財務総監に推薦したいと考え、ハミルトンの資質についてワシントンに尋ねた。すると、今にして思えば信じられないようなことだが、ワシントンはハミルトンと財務について話したことがないと打ち明けた。ただし、彼は自分から進んでこう言い添えている。「彼については熟知しているゆえ、あえてこう申し上げることができようが、彼の年齢で、あれほど多くの一般知識を身に付けている者、あれほど揺るぎなく大義に傾倒している者、あれほど高潔かつ真の剛勇を備えた者はほとんどいない」[*7]。四年にわたって間近からハミルトンを見てきた人物の熱烈な賛辞だ。

結局、サリヴァンはハミルトンの推薦を差し控えた。議会はロバート・モリスを圧倒的に支持していたためだ。そして、モリスが一七八一年五月に財務総監に就任した。リヴァプール生まれのモリスは、長年にわたり大陸会議に参加し、独立宣言にも渋々ながらだったが署名した人物だった。実に印象的な風貌の男で、肉付きのよい大きな顔、たっぷりとした太鼓腹、そして、自力でたたき上げた豪商に特有の抜け目なさそうな目つきをしていた。フィラデルフィアの贅《ぜい》を凝らした邸宅で、お仕着せを着た奴隷にかしずかれて暮らしており、町一番の金持ちというのが通り相場だった。

この新しい役職に関しては、彼はいささか複雑な遺産を持ち込んだ。中央政府としての課税権も中央銀行も持たない愛国派は、個人の信用が頼りで、その点モリスは、人一倍革命を支えてきた。自分の信用を利用して兵士に給与を払っていたばかりか、スパイまでも雇っていた。その一方、政府との関係を利用して個人的利益を得ているという批判もあった。

堂々たるモリスに比べればちっぽけな人物でしかないハミルトンは、自分の知性をこの新しい財務総監に証明してみせたいと思っていた。そして、モリスに手紙を出すに先立ち、まず経済について勉強し直そうと、ティモシー・ピカリング大佐に頼んで入門書をいくつか送ってもらった。デイヴィッド・ヒュームの『政治経済論集』（邦訳『ヒューム政治経済論集』御茶の水書房）、英国の牧師である論客リチャード・プライスの小冊子、そしてハミルトンにとって万能の虎の巻であるポッスルスウェイトの『商工業大辞典』などだ。

一七八一年四月三〇日、ハミルトンはモリスにあてて非常に長い手紙を送った――『ハミルトン文書』では三一ページにもわたる。これは、アメリカの信用を支え、国立銀行を設立するための本格的な制度を提案するものだった。この果てしないほど長い手紙の一部には、イライザの筆跡も混じっている（彼女の間違ったつづりも見受けられる）。おそらく、ハミルトンは手が疲れてしまって、時々新妻にペンを渡さねばならなかったのだろう。

この冒頭、ハミルトンはかなり控えめだ。「私は有能な財政家を気取るつもりはありません。（中略）正確な計算をするだけの時間も資料も持ってはおりません」[*8]。だが、その後は名人芸を披露して、革命遂行のためには財政改革が必要であると巧みに主張している。「戦闘に勝利することによってではなく、我々の財政に秩序を与えることによってこそ――公信用を回復することによってこそ――我々は最終的に目的を果たすことができるのです」[*9]。

ハミルトンは財政赤字が四〇〇〇万ドルから五〇〇〇万ドルに上ると予想し、外国債だけでこれを削減できるとは思えないと述べている。そこで彼の提示した解決策は、国立銀行だった。ヴェネツィア、ジュネーブ、ハンブルク、オランダ、英国が裕福なのは、それらの国々の銀行が繁栄しているからであり、そのおかげで国力が増強され、民間の商業も促進されているのだという。そしてここでも、英国の力の根本的な源泉を探っている。当時、巨大な船と大勢の軍人しか目に入らない者もいたのに対し、ハミルトンは常設軍が「巨大な信用の制度」に支えられているのに気づいていた。「これだけによって、英国や今や我らの独立に脅威を与えているのです」[*10]。

彼によれば、アメリカは重税を課す英国に決定的な勝利を収める必要などないのだという。英国の信用を損なうような消耗戦で十分間に合う。愛国派がせねばならぬのは、英国の債権者に戦争の結果についての疑念を植えつけることだけなのだ。「彼らの占領の拡大を阻み、無意味で恥ずかしい守勢に追い込めば、内閣の財源である国の成功の期待を破壊することになるのです」[*11]。

四年間にわたって戦争のこまごました現実にどっぷりつかってきた若者にしては、これは非常に鋭く高度な分析だった。アメリカは英国と戦場で戦うよりも、債券市場で戦うほうが楽に勝てるというのだ。ハミルトンは英国から自由になるために闘いながらも、英国の諸制度を高く評価するようになっていた。手紙の最後では、アメリカは英国の手法を見習い、その借用力を利用すべきだとまで言っている。「国家の債務は、それが過剰でないかぎり、我々にとっては国家の幸福になるのです。これが我々の結束を強く固めてくれることでしょう」[*12]。

明らかにハミルトンは、いつの日かアメリカの財務を指揮監督する訓練を行っていたようだ。五月の末、モリスからうれしい返事が届いた。ハミルトンの意見にはまさしく同感するものが多いという。実際、連合会議（大陸会議）は、モリスの提案した北アメリカ銀行の計画を承認したばかりだった。これはマーチャントバンクで、モリスとしては、戦争後にこの銀行が拡張されて商業を促進することを願っていた。

この手紙のやり取りを皮切りに、重要な友情が生まれた。以後数年間、ハミルトンとモリスは、効率的かつ安定したアメリカの財政を確立するため、意を一つにして尽力していくことになる。

またハミルトンは、一七八一年二月二七日になってようやく最後の邦が承認した連合規約についても、まだ心配し続けていた。このような緩やかな枠組みでは、死後硬直が始まってから処方箋を書くようなものだと考えていたからだ。連合会議には司法部も指導的な行政機関もなく、国としての課税権もなかった。人々を個人として直接に支配することはできず、諸邦の市民として間接的に支配することができるだけだった。

連合会議では、各邦は一票の投票権を持ち、重要な案件の決議には一三邦のうちの九邦が同意する必要があった。連合規約は、一三の小さな共和国のもろい同盟を約束するに過ぎなかったのだ。ハミルトンはかねてからこう警告していた。この弱い連合が、連合会議は十分に権限を持っているという幻想を抱いたら、「それは災いとなる。というのも、それはこの戦時の難局にも、今後の結束の維持にも不適当だからだ」[*13]。ハミルトンは、もっと丈夫な政府を誕生させるための会議の開催を再び訴えていた。

一三邦がいつか統合して一つの国家になるということは、既定路線ではなかった。それどころか諸邦は、兵士たちが生まれ故郷の邦に対する忠誠心を捨ててしまうのではないかと恐れるあまり、長期の兵籍期間などといった重要な対策の多くを妨害していた。人々はまだ自らの邦《ステイト》を自らの「国《ステイト》」と見なしており、従軍したことがない場合、たいていは生まれ故郷から一日以上かかる遠い場所まで旅したことなどなかった。それでも独立革命自体が、とりわけ大陸軍が、諸邦を団結させ、アメリカの特性を形成することのできる強力な道具となっていた。

戦闘が自らに及ぼした影響を語ったジョン・マーシャルの次のような言葉は、多くの兵士の考えを代弁したものと言えるだろう。「アメリカを我が国と考え、連合会議を我が政府と考える傾向が強くなっていた」[*14]。戦争の間に、多くのアメリカの外交官や行政官や議員、とりわけワシントン周辺の主立った将校は、知らず知らずのうちに国の一体感を抱くようになっていった。こうした者たちは、連合規約の欠陥を落胆の思いで眺めていたため、後には、諸邦の緊密な連合を頑固に主張するようになった者も多かった。

そして、ワシントンの「ファミリー」の一員だったハミルトンは、生涯最高の大事業を見つけ出していた。強力な新しい国の建国だ。まだ若く、外国で生まれ、世界主義的見解を持っていたおかげで、彼は戦前の諸邦の地方政界での複雑な諸問題に巻き込まれずにすんでいたため、新しいアメリカのナショナリズムを唱道するにはぴったりの人物だった。

ワシントンの副官を辞任してまもなく、彼は自分の個人的意見を説得力のある理路整然とした論説にまとめて新聞に載せ始めた。一七八一年の七月と八月には、『ザ・コンチネンタリスト』という四部作の論文をニュー＝ヨーク・パケット紙に発表した。これにはA・Bと署名されている。以前、アンドレ少佐とベネディクト・アーノルドの交換をヘンリー・クリントン卿に提案した手紙と同じイニシャルだ。

この四つの論文は、『ザ・フェデラリスト』の意気盛んな先駆のように見える。ここでは、思いつくままに問題を指摘するのではなく、現行の政治構造を系統立てて批判し、重要なテーマを提示している。革命の力学は平時の統治の力学とは異なること、つまり、戦後の世界には、新たな精神、権威に対する敬意に満ちた精神を吹き込む必要があり、さもなければ無政府状態が支配することになってしまうということだ。

「権力に対する極端な嫉妬は、すべての民衆革命に付き物であり、まず必ずや弊害を伴う。共通の目的を大いに脅かしてきた致命的な誤りの多くは、このせいだと見なすことができる。とりわけ、本論評の目的となる欠陥、つまり連合会議の権限の不足は、まさにこのせいである[*15]」。革命とは本来、政府の過剰な権力に対する抵抗であるが、逆の場合もやはり危険なことがあるのだという。「過剰な権力が専制政治に至るように、過小な権力は無政府状態に至る。そして両者とも、結局は民衆の破滅に至るのだ[*16]」。

ハミルトンによれば、中央政府の手が強化されなければ、諸邦は徐々に力を蓄え、やがて連合は崩壊し、分離的な運動が起きたり、より小さな連合体が生まれたり、内戦に至ったりするのだという。彼が特に恐れていたのは、人口の多い邦が分離主義に走り、通商上の競争や境界争いを口実に、小さな邦へ戦争を仕掛けるのではないかということだった。

このような事態を避けるため、ハミルトンは連合会議が結束強化のために必要とする権限を列挙した。主として、貿易を規制するための権限、土地と個人に強制的に課税できる権限、軍の将校全員の任命権などだ。しかも、国の一体性があってこそ、戦争を終わらせるために必要な多額の資金を及び腰の外国から何とかして借りることができる。そして最後に、ハミルトンはモリスの提案した国立銀行計画について、これが「金持ちの利益と政府の財源」[*17]を結びつけることになると称賛した。この同盟関係が、不安定な政府を支えるのに役立つだろうというのだ。

ハミルトンの生涯は、実に首尾一貫していた。後の理論の多くも、その中核はこの論文に最初の萌芽が見られる。彼の見解は、時がたってもそれほど大きな変化はなく、ただ、豊かさと深みと視野が増したにすぎない。

後にヴァーノン・パリントンはハミルトンについてこう述べている。「非常に早熟で、若くして成熟した。二四歳にもならぬうちに、政治と経済に関する主な根本思想がすべて出来上がっていたようだ。その後は、ためらうことなど一度もなく、自らの道から逸れることもなかった」[*18]。驚いたことに、この時すでにハミルトンは、戦後を特徴づけることになる諸問題に注目していた。

軽歩兵大隊司令官

一七八一年の春から初夏にかけ、ハミルトンは野戦指揮官への任官をワシントンにひっきりなしに求め続けた。だが、ハミルトンのブルドック並みのしつこさにもかかわらず、ワシントンは首を縦に振ろうとはしなかった。五月、ハミルトンは皮肉ではなくこうワシントンに告げている。「しつこければ目的を果たせるだろうなどと思ってはおりません」[*19]。

イライザは、ハミルトンが野戦指揮官になったら彼の身に何が起こるかわからないと心配していたが、姉のアンジェリカのほうは、ハミルトンの入念な野心に共感していた。アンジェリカの夫のジョン・バーカー・チャーチは、ハミルトンが任官されるらしいという噂を聞きつけ、義理の弟にこう遠慮がちに伝えている。「さるご婦人（彼女は今朝はまだ姿を見せていない）が、貴殿の幸福と栄光をたいそう願っている」[*20]。

七月初め、まだ戦場での任務を渇望していたハミルトンは、一か八かで将校任命辞令を同封した手紙をワシントンに送った。つまり、希望をかなえられないのなら軍を辞める、と暗黙のうちに脅しをかけたのだ。すると、これはワシントンがハミルトンのことをいかに高く評価していたかを大いに物語ることだが、ワシントンはこのような厚かましさに腹を立てるどころか、ハミルトンと和解しようとテンチ・ティルマンをハミルトンのもとに寄越した。「今朝、ティルマンが彼「ワシントン」の代理でやってきて、辞令を持っているようにと強く求めた。そして、私を指揮官にするよう必ず心がけると保証した」と、ハミルトンは当時オールバニーの実家に行っていたイライザに伝えている。「この話を私が断ったと聞くほうが、私のベッツィーはうれしいだろうとはわかっているが、うれしいことに、私の評価のせいで彼女を喜ばせることはできない」[*21]。

そして七月三一日、ついにハミルトンは長いこと求めていたものを見事手中に収めた。ニューヨーク軽歩兵大隊の司令官に任命され、キングズカレッジ時代のクラスメートであるニコラス・フィッシュを副司令官に選んだのだ。戦争が山場に近づいていた時期だけに、ハミルトンは、戦場で手柄を立てる最後の機会を念願どおりワシントンが与えてくれるだろうとわかっていた。

イライザはハミルトンの身を案じていたが、実はハミルトンもまた、イライザのことを案じていた。イライザが二人の初めての子供を身籠もっていることがこの春にわかっていただけに、思いはなおさらだった。オールバニー周辺の辺境地帯は、盗賊化したトーリーやインディアンにたびたび襲われていた――たとえば一七七八年には、三二人もの愛国派が惨殺されるという忌まわしい虐殺事件が起きたこともあった。

スカイラー将軍は一七八一年五月に、この地域が「どこを見ても破壊と荒廃」だと婿に嘆いていた[*22]。しかもスカイラー自身、ことのほか襲われやすい状態だった。有能なスパイ網を使っっていたおかげで、この春、英国軍がスカイラーを自宅から誘拐する計画を練っていることを知ったのだ。そのため、万一の場合にはオールバニーの守備隊が救援に駆けつけるよう、特別に手配もしていた。

八月七日、トーリーとインディアン約二〇人が、スカイラーの邸宅を襲い、眠っていた護衛たちを倒して、地下室にあった武器を奪うと、家を包囲した（以前に、幼い息子が武器で遊んでいるのを見て、アンジェリカが武器をいくつか地下室へ移していたのだ）。スカイラー将軍は二階の寝室へ避難すると、かねての手はずどおり、窓の外へ合図のピストルを撃って助けを求めた。

スカイラー夫人と娘たちは怯えきっていた。目撃者の話によれば、「痛ましいことこの上ないほど恐怖と不安にかられ、「スカイラー将軍の」腕にすがりついたり、彼の膝に抱きついたりしていた」という。このため将軍も、家族にしがみつかれて身動きが取れなくなっていた。[*23]そのうち女性たちは、スカイラー夫人の娘、赤ん坊のキャサリンが玄関のそばの揺り籠に取り残されていることに気づいた。イライザもアンジェリカも妊娠中だったので、妹のペギーがこっそりと階段を下り、危険に晒されている子を取り戻そうとした。だが、襲撃隊のリーダーに見つかり、マスケット銃で行く手を阻まれてしまった。

「そこの女、女！　主人はどこだ？」と彼が問い詰めた。

「町へ知らせに行ったわ」と冷静なペギーは答えた。[*24]

襲撃隊はスカイラーが兵を連れて戻ってくると思い込み、慌てて逃げ出した。[*25]一説によれば、一人のインディアンがペギーの頭にトマホーク（斧）を振り下ろそうとしたが、ペギーは赤ん坊を抱いたまま階段を駆け上がって逃げたという――今でも、その時の刃の傷と思われる痕跡が、マホガニーの手すりに残っている。

ハミルトンはこの知らせに衝撃を受けた。「愛するベッツィー、父上が幸いにも難を逃れたとの君の手紙を受け取った。父上は称賛すべき沈着さを示された。（中略）君がいつもどおりで、父上が悪党どもの手に落ちるのを君が目にしていたらという思いにとらわれて、私の心は（中略）恐怖と苦痛で一杯だった」[*26]。

もっとも、八月の初めまではワシントンがニューヨーク包囲を計画していたため、ハミルトンは妊娠中のイライザからあまり離れていないところにいられそうだった。ところが八月中旬、西インド諸島のフランス艦隊の提督であるド・グラース伯爵が、チェサピーク湾に向かうつもりでいることがわかった。しかも、この大ニュースは、決定的な軍事行動を期待させる別の知らせと緊密にからみ合った。

ラファイエットの情報によれば、コーンウォリス将軍は現在ヨークタウンに籠っているが、その陣地の三方が水に囲まれているのだという。つまり、彼の陣地は完璧に要塞化されていると見ることができるが、別の見方をすれば、彼は完璧な罠に陥ってしまっていると言うこともできた。ワシントンはかねてから、ニューヨークの英国軍に決定的な一撃を与え、マンハッタンとロングアイランドを奪回して以前の負けを取り戻したいと考えていた。

だが、ロシャンボー伯爵がこの計画に強く反対した。ニューヨーク港の外側の浅い水域が問題となるうえ、マンハッタンにある英国軍の要塞も難関だというのだ。そこでワシントンは、しぶしぶながら賭けに出ることに同意した。チェサピークへ援軍を送って、ラファイエットとド・グラースの艦隊に合流させ、コーンウォリスの軍の動きを押さえつけることにしたのだ。

八月下旬、いささか軽率だったが、ハミルトンは自分と軍の一部がヴァージニアへ行く予定だとイライザに知らせた（この行動はまだ軍事機密だったのだ）。新妻に会いに行くために自分の部隊を手放すつもりも、休暇を取るつもりもなかった。「君に会わずに行かねばならない」と彼は、ニューヨークの部隊が南進し始めてから三日後に書いている。「君を抱きしめないまま行かねばならない。悲しいけれど、行かねばならない」。

とはいえ彼は、いまだ夢見心地の新郎でもあった。金を貪る守銭奴よりも貪欲に「君の愛が欲しくてたまらない」とも書いている。「それこそが私の希望の糧、私の願望の的、私の人生の唯一の喜びだから」[*27]。九月六日、ハミルトンはまたも進軍の目的地をイライザに漏らし――「明日、私たちはヨークタウンに向かう」――勝利の自信をちらつかせた。いつものようにロマンチックな自惚れたっぷり――ただし、彼は自分の自惚れを弄ぶことはあっても、自惚れに基づいて行動したことなどなかった――の調子で、イライザと一緒にいるという贅沢を堪能する俗っぽい楽しみをあきらめたが云々と、このことについてあれこれ書いている。

「毎日毎日、自分に確認している。公の生活など捨ててしまい、君にこの身をすべて捧げるつもりはないかと。力と栄光をいたずらに求めて、時間と平安を無駄にすることなど、ほかの者にやらせておけばよい。どこか静かな隠れ家で私の天使と幸せに過ごすことこそ、私の求めるもの」[*28]。ほかの建国の父たちや啓蒙運動期の政治家と同じく、ハミルトンも自らの野心の大きさを完全に認めることなどできなかった。そのようなことをすれば、革命家としての純粋さに疑問符が付けられてしまうかもしれないからだ。自由と独立という高邁な目標を掲げているさなかに、個人的な利益の考慮などという卑しい動機を認めることなどできるはずもない。

ヨークタウン包囲戦の先陣として

ところで、ワシントンがヨークタウン攻撃計画をためらったのには、もう一つ理由があった。空腹を抱え薄汚い格好をした兵士たちを遙か彼方まで、ぬかるみだらけの道を通って、しかも英国軍に意図がわからないようにしながら連れて行くにはどうすればよいのか、考えあぐねていたのだ。結局、このジレンマは実に巧妙に解決した。歩兵隊を分けて平行線を描くように南進させ、しかもジグザグになるように間隔を置いておけば、敵に目的地を誤解させることができると考えたのだ。

また彼は、この人と船の大移動をうまく調整できたなら、英国軍に致命的な打撃を与える千載一遇のチャンスとなることもわかっていた。そして、寸分たがわぬ正確さでもって、大陸軍二〇〇〇人とロシャンボーの軍四〇〇〇人を率いていき、予定通りにヴァージニアでド・グラース提督の軍と合流した。

ド・グラースが西インド諸島から連れてきた艦隊は、大きな「戦列艦」二九隻に兵士三〇〇〇人で、さらにラファイエット率いるアメリカ兵七〇〇〇人がすでに配置についていた。しかも、ワシントンが大喜びしたことに、ド・グラース提督のほうが先に挨拶にやってきた。これには万事控えめなワシントンも、さすがに文字どおり飛び上がって喜んだ。そして、ワシントンが提督の旗艦ヴィル・ド・パリ号——甲板が三層、大砲が一二〇門の眩いばかりの船だった——に乗船すると、フランス人たちはのっぽのアメリカ軍最高司令官をからかって、「ようこそプティ・ジェネラル（小さな将軍閣下）[*29]」と声をかけた。

九月の末、ハミルトン率いる軽歩兵隊は、ヨークタウン包囲の中間準備地域であるウィリアムズバーグに到着した。ここで彼は、三人の旧友と喜びに溢れた再会を果たした。まずラファイエット。当時の彼は、マラリアの療養中だった。次にジョン・ローレンス。彼は、武器弾薬とベンジャミン・フランクリンが交渉して引き出したフランスからの多額の援助金を手にパリから戻ったばかりだった。そしてフランシス・バーバー中佐。彼はエリザベスタウン時代の恩師で、モンマスの戦いで負傷したが、ずっと勇ましく戦い続けていた。

九月二八日、ハミルトンの部隊はヨークタウンに向かった。深い森を抜ける道で、時折トウモロコシとタバコの畑が開けて見えた。翌日、部隊が到着したときには、包囲戦が始まったばかりだった。コーンウォリスは塹壕で固めた高台に腰を据えていた。しかも八月初頭以来、自由になれると期待して英国軍に寝返った奴隷数千人を使って大急ぎで土塁を築いており、全部で一〇の防塁を外側に配していた。だが、そのうちの二つの防塁に、ハミルトンも部下たちもいっせいに注目した。九番目と一〇番目が、他の防塁よりもひときわこちら側に近いところにあったのだ。こここそ、ハミルトンが待たされ続けたすえにようやく軍功を立てることのできる場所だった。

素晴らしい秋晴れに恵まれたおかげもあって、一〇月六日になると、フランス軍の専門技術者が深い塹壕を二本平行に掘り始めた。これは英国軍の前線から五〇〇メートルあまりのところにあり、飢えと発熱に苦しむコーンウォリスの軍を身動きできないよう閉じ込めるためのものだった。一本目の塹壕が完成したとき、軍の慣習によってささやかな式典が催された。そして、ハミルトンの部隊がこの名誉ある役目に選ばれた。

ところが、旗が打ち振られ、太鼓が鳴り響く中、彼の部隊が長い塹壕に姿を消したとたん、英国軍が大砲を浴びせてきた。と、まったく不要な虚勢が少々ないでもなかったが、ハミルトンは突飛な命令を下した。たぶん部下たちが小火器の射程外にいることを承知していたのだろう、彼は部下たちを塹壕から出して攻撃を受けやすい場所に立たせ、仰天している英国軍の目の前で閲兵場用の教練をさせて見せたのだ。運良く、英国軍は掃射を仕掛けてこなかった――仕掛けられなかった、とも言える。

この無責任なパフォーマンスに、部下の一人ジェームズ・ダンカン大尉は、日記にこう書いた。「ハミルトン中佐はこんな命令を出した。彼はアメリカ軍でトップクラスの将校だと思うが、この場合には、理不尽にも部下の命を晒し者にしたと考えてもらいたいと願わざるを得ない[*30]」。

一〇月九日、米仏連合軍がコーンウォリスへの砲撃を開始した。皮切りの砲撃に点火したのはワシントン自身だった。砲撃は昼夜を分かたず続き、そのあまりの仮借ない激しさに、英国海軍の大尉の一人はこう述べた。「天も裂けんばかりだった」。この英国人将校によれば、轟音が「耐えられないほど」になったときには、「致命傷を負った兵士が至る所に横たわっていた。皆、頭や腕や足を吹き飛ばされていた。負傷者の苦痛の叫び声と、住まいがあらかた炎に包まれてしまった住民の悲しげな苦悩の声」が、辺り一帯を覆いつくしている危機感に加わった[*31]。

一〇月一四日には、第二の塹壕も完成に近づき、残るは、九番目と一〇番目の防塁を越えて塹壕を延ばせばよいだけになった。この防塁には、侵入しようとする兵士を串刺しにするよう先をとがらせたくいが林立していた。ワシントンは騎馬の部下に向かって、この二ヶ所に同時に銃剣突撃をかけて奪取しなければ、包囲攻撃はこれ以上進展しないと告げた。しかも、手間取っていては、英国軍の救援船の到着が間に合って、コーンウォリスを避難させてしまう可能性が高くなるばかりだった。

ワシントンは友愛精神を発揮して、一方の防塁をフランス軍の軽歩兵旅団に、もう一方の防塁をラファイエット率いる大陸軍に任せることに決めた。ところがラファイエットは、彼個人の補佐官であるジャン＝ジョゼフ・スルバデル・ド・ジマに攻撃の先鋒を務めさせることにした。この人選では、ワシントンの意図したフランスとアメリカの共闘親善にはほとんど役立たないことになる。

一方ハミルトンは、セントクロイ島での事務員時代以来ずっとこの瞬間を夢見ていただけに、ラファイエットがジマを選んだことで、最後の大きな戦闘の機会を奪われてしまう恐れがあると感じた。そこで、その熱意と雄弁を尽くしてまたもやワシントンに懇願の手紙を書き、自分のほうがジマよりも上位であり、攻撃予定日に先陣を切る将校としては、自分のほうに優先権があると訴えた。この時ワシントンは、ハミルトンを宥められないうえ、フランス人のジマでは大陸軍を代表することにならないと判断した。

ヨークタウンでハミルトンとテントを共用していたニコラス・フィッシュによれば、ハミルトンはワシントンのもとから帰ってくるなり、喜びを爆発させたという。「やったぞ！」とハミルトンは叫んだ。「やったぞ！」[*32]。ハミルトンはジマとフィッシュとローレンスの率いる三個大隊の指揮を執ることになったのだ。

ところで、このヨークタウンでのハミルトンの任命については、これまで口汚いゴシップが付いて回っていた。これは主にジョン・アダムズが広めたものだ。アダムズが後に、ハミルトンはワシントンを脅迫して司令官になった、と友人のベンジャミン・ラッシュに告げたのだ。「ハミルトンは激高して、部隊の指揮を自分に執らせろと要求し、もしそうしなければワシントン将軍の行状をパンフレットに書いて暴露してやると言った」[*33]。

確かに、ハミルトンはワシントンの軍事能力を貶したこともあったが、それはあくまで私的な場でのことだった。ハミルトンがワシントンに脅しをかけたとは考えられないし、ワシントンが脅しに屈したとも思えない。それに、そのような脅迫があったにもかかわらず、二人がその後一八年にわたってきわめて緊密に協力し続けるなどということも信じがたい。

ヨークタウンの包囲戦の際にアロンゾ・チャペルが描いたハミルトンの肖像画では、ハミルトンは意外なポーズを取っている。羽飾りの付いた帽子を被って大砲の脇に立っているのだが、腕を組み、目を伏せて何事か考え込んでいるのだ。行動の人というよりも思索の人に見えるこのハミルトンは、まもなく彼が激戦の最中で演じることになる芝居じみた言動など微塵も匂わせていない。

「ラッシュ・オン・ボーイズ」

敵の砲火に身を晒す日の二日前、ハミルトンは、当時妊娠五ヶ月のイライザに陽気な手紙を書いて、彼女の心配を和らげようとした。そして、この七週間で二〇通も手紙を書いたのに、それに見合うだけの返事をくれない、と彼女に小言を言い、行いを改める方法は一つしかない、とこう書いている。「まもなく私に男の子を贈ってくれると約束することだ。女の子では間に合わないのかと君は尋ねることだろう。決してそんなことはない。ただ、きっと彼女は母親の魅力を全部持っていて、父親の気まぐれも受け継いでしまっているだろうから、異性を虜《とりこ》にして、じらして苦しめることになるだろう」[*34]。

包囲攻撃を早めるため、ワシントンは九番と一〇番の防塁を砲撃でじわじわと落とすのではなく、この二つを銃剣突撃で一気に攻め落とすことに決めた。フランス兵が左の防塁、ハミルトンの軽歩兵が右の防塁へ突撃することになった。そして一〇月一四日の日暮れ、米仏連合軍は照明弾を何度も宙に向かって連射した。辺りの空が輝くばかりに明るくなった。

ハミルトンと部下たちは塹壕から飛び出ると、銃剣を手に一〇番防塁に向かって突進した。砲撃のためにでこぼこだらけになっているなか、四〇〇メートルほどの疾走だった。音を立てずに不意をつくため、そして兵士としてのプライドのため、彼らは弾丸を装塡せず、銃剣だけで挑んでいた。そして降り注ぐ砲火をかわしながら、敵も仰天するほどのすさまじい鬨《とき》の声を上げた。「彼らはぎょっとするほど大きな喚声を上げた」とあるヘッセン人兵は述べている。「そのため、ワイルドハント〔訳注：ヨーロッパの民間伝承である異境からやってきた不吉な猟師の一団〕が出たと思い込んでしまった者もいた[*35]」。

ハミルトンの部隊は、作業中の土木工兵も追い越さんばかりの勢いだった。土木工兵たちは、とがった木の杭《くい》の先端を折り取って、軽歩兵が突進できるよう突破口を開けていた。ハミルトンはひざをついている兵士の肩にぴょんと片足をかけ、そのまま飛び上がって防塁の盛り土の上に立つと、後に続けと部下に命じた。彼らの合い言葉は「ロシャンボー」だった――「いい言葉だ」とあるアメリカ人は言っている。なぜならそれは、「早口で言うと『ラッシュ・オン・ボーイズ』（突撃せよ、諸君）に聞こえる」からだ。[*36]

陥落した防塁の内側に入ると、ハミルトンはすばやく部下を集めて隊形を整えた。作戦完了までに一〇分とかからなかった。ハミルトンは手際よく防塁を落とし、犠牲者も比較的わずかですんだが、フランス軍の旅団のほうはもっとしぶとい抵抗に遭い、大きな犠牲を出した。またハミルトンは、敵兵の扱いについても模範的だった。捕虜に復讐したいと騒ぎ立てる部下もおり、ある大尉などは銃剣で英国人将校の胸を刺そうとしたが、ハミルトンが仲に入って流血を防いだのだ。

後にハミルトンは誇らしげにこう報告している。「残忍な行為を真似ることなどできず、つい先ほどの挑発を忘れることもできないが、兵士たちは抵抗をやめた者については全員の命を助けてやった」[*37]。ここでは、ハミルトンは人間性を示しただけではない。彼の捕虜に対する寛大さは、戦争も決闘と同じく名誉ある儀式であり、紳士が神聖かつ普遍的なルールに則って行うものだという彼の信念の表れだった。

二つの防塁を奪取したおかげで、連合軍はここに榴弾砲を設置すると同時に、第二の塹壕を完成させることができた。ところで、ハミルトンとヘンリー・ノックスは、この奪取した防塁を視察した際に考え方をめぐって言い争いを始めた。これはちょっとしたユーモラスな狂言を生むことになった。口論の発端は、不発弾を見つけたら必ず「砲弾だ！」と大声を上げるように、というワシントンの命令だった。ハミルトンはこの命令を軍人にふさわしくないと考えていたのに対し、ノックスは、部下を思いやるワシントンの賢明さの表れだと見ていたのだ。

ところが、この論争の最中、防塁の中で敵の不発弾二発が爆発した。居合わせた兵士たちは、「砲弾だ！　砲弾だ！」と叫んだ。ハミルトンは本能的に遮蔽物を探して、肥満体のノックスに抱きついた。そしてノックスは、身をよじってハミルトンを振りほどく羽目になった。「さて、ミスター・ハミルトン、『砲弾だ』と声を上げることについてどう思うね？」とノックスは言った。「いや、まず一言言わせてくれたまえ。二度と私を胸壁代わりにするな！[*38]」。

第二の塹壕が完成したことで、英国軍に残っていた抵抗心も完全に消え去った。コーンウォリスは破れかぶれになり、黒人何人かを天然痘に感染させると、その黒人たちを敵の前線へ向かわせた。これで敵兵を病気にしてしまおうとしたのだ。彼は今や重大な危機にひんしていることを承知しており、ヘンリー・クリントン卿にこう手紙を書いた。「目下、我が状況は（中略）危機を迎えつつあります。（中略）まもなく猛攻撃にさらされることとなりましょうが、もはや堡塁は破壊され、形勢は悪く、兵は弱っております[*39]」。

一〇月一六日、日が暮れると、コーンウォリスは兵を海から脱出させようとした。だが、夜中の豪雨でそれも不可能となった。しかも、この間もずっと、連合軍はコーンウォリスの陣を情け容赦なく砲撃し続けていた。

翌一七日の暖かな朝、英国軍の一人の鼓手が胸壁の上に姿を見せ、続いて一人の将校が、白いハンカチを振りながら現れた。砲撃が止んだ。コーンウォリスが降伏したのだ。「明日、コーンウォリスとその軍が我々のものとなる」とハミルトンは一〇月一八日にイライザに喜びの手紙を書いた。「たぶん二日後にはオールバニーへ向かって出発することになるだろう。今から三週間後には君を抱きしめられると思う」[*40]。

何万人もの見物人がぽかんと口をあけて見つめるなか、打ちひしがれた英国軍は、隊列を組んでヨークタウンを出た。そして、英国の古いバラッド『The World Turned Upside Down』の調べに乗り、ずらりと並行して並んでいる敵兵の間を進んでいった。片側は立派な軍服姿のフランス軍の隊列、もう片側はすりきれたぼろぼろの軍服を着たアメリカ軍だった。

ハミルトンはこの最後の儀式を馬上から静かに眺めていた。英国軍の多くの敗残兵と言葉を交わしたことが、苦い後味を残していた。ノアイユ子爵にはこう打ち明けている。「あの軍が勝てるに決まっていると思い上がっていたことはわかっていた。(中略) 屈辱を感じている素振りを見るたびに、私はうれしくなった」。彼が特に腹立たしく思ったのは、いずれアメリカに復讐してやるという英国兵の捨て台詞だった。「残酷な復讐心に燃える英国は、アメリカ征服の企てがすべて無駄だとは決して思わないだろう」[*41]。実際、ヨークタウンでの米仏連合軍の圧勝で、戦争の帰趨はもはや議論の余地ないものになったとはいえ、英国軍はまだニューヨーク市を占領していたし、西インド諸島でも粘り強く戦い続けていた。この戦争はあと二年もだらだらと長引いた。

誰もが認める英雄に

一週間後には、ハミルトン中佐はイライザに会うためにオールバニーへ馬を飛ばしていた。あまりに強行軍だったため馬がへばってしまい、途中で別の馬を調達しなければならなくなったほどだった。ハミルトン自身も、五年以上にわたって戦い続けてきたせいで疲れ果てて体調を崩してしまい、以後二ヶ月間は大半をベッドで過ごして回復に努めることになった。

一七八二年一月二二日、イライザが男の子を産んだ。その子はイライザの父親にちなんでフィリップと名づけられた。「ハミルトン夫人が私に素晴らしい男の子を与えてくれた」とハミルトンはノアイユ子爵に喜々として書き送っている。「ご想像がおつきだろうが、この子の誕生には、素晴らしい未来を予言する吉兆がすべて揃っていた」[42]。

とはいえ、また激しい戦闘が勃発するかもしれないため、ハミルトンはすぐには退役しなかった。この時はワシントンから休暇をもらっていたにすぎない。ハミルトンが退役したのは、三月になってフィラデルフィアにいるワシントンのもとを訪れた後のことだった。しかも彼は、軍の階級は保持したが、「戦争中および以後の軍での地位に伴う報酬を求める権利をすべて」[43]放棄している。特に、総額で丸五年分の給与に相当することになる軍人恩給を放棄した。その動機は実に立派なものだった。軍が解体され、軍人の将来の恩給が問題になった場合に、利益の衝突が少しでも起きるのを避けたいと思ったのだ。ただし、彼の妻と子供たちは、やがて彼の決断を残念に思い、この放棄を取り消そうと懸命になった。

ヨークタウンでの勇敢な働きによって、ハミルトンは誰もが認める英雄となった。だが苛立たしいことに、ルイ一六世が防壁を奪取したフランス兵の英雄的行為を表彰したのに対し、連合会議はハミルトンの勇敢さを称えようとはしなかった。とはいえ、ハミルトンは公認こそされなかったものの、将来の政治活動にとっては、はるかに大きく役立つものを得た。伝説だ。ヨークタウンにおいて、彼は冒険小説に出てきそうな死を恐れぬ若き将校、城壁に向かって雄々しく疾走する将校というイメージを作り上げた。この戦いがなければ、ハミルトンはワシントンの第一の副官として歴史に名を残しただけで、英雄にはなれなかっただろう。そして、その名声がなかったならば、後に少将に昇進することもなかったかもしれない。

アメリカ革命のおかげで、ハミルトンは不安定なアウトサイダーから完全なインサイダーへと変身を遂げた。スカイラー将軍の娘と結婚し、大陸軍の幹部たちとも心安い間柄になった。後にナサニエル・グリーンに捧げた追悼演説で、ハミルトンは革命に伴う個人的なチャンスについてこう語った。「革命が生み出す悪を補う利点として、もっとも低く位置づけるべきではないものは、革命が輝かしい才能と美徳を目覚めさせるのに役立つことです。革命がなければ、その才能も美徳も、ひっそりと消えてしまうか、まばらで取り留めのない光を少しばかり放つだけで終わってしまうことでしょう」[*44]。このコメントに自伝的な響きがあることは否めない。

CHAPTER

9

Raging Billows

怒濤

弁護士ハミルトン

ヨークタウンの戦いの後も、英国軍は依然としてニューヨーク市にしがみつき続けたため、ハミルトンはこの後二年間、オールバニーのスカイラー邸に仮住まいすることになった。とはいえ、彼の放浪の人生は、一七八二年五月に正式にニューヨーク邦の市民となったときに終止符が打たれた。揺り籠を揺らし、赤ん坊のフィリップをあやすとき、この二七歳の退役軍人は、いかにも満たされた家長というイメージを与えた。「私がどれほどまったく家庭的な男になりつつあるか、君には想像もつかないだろう」と彼はワシントンの元副官のリチャード・キッダー・ミードに告げたこともあった。[S1] 別の手紙では、七ヶ月になったフィリップの様子を少々ふざけた調子でこう語っている。

彼がハンサムであること、彼の未来は明るいこと、彼の目が元気よく表情豊かであるばかりか、慈愛に溢れていること、これらは誰もが認めるところである。彼が座っているときの態度は、その道の通からも優雅であると評価されており、未来の雄弁家を予見させる手の振り方も心得ている。しかしながら、立つとなるといささかぎこちなく、彼の足は、父親のように優美ですらりとしているとは言いきれない。（中略）彼のマナーに何か問題があるとするなら、笑いすぎることである。[*2]

ハミルトンはこの不慣れな家庭内の役割を存分に楽しんでいた。「野心を追求したいなどという気持ちはすっかり失せてしまった。私の憧れているものは、我が妻と我が子と一緒にいることだけだ」とまでミードに言ったこともあるほどだった。[*3]もっともミードのほうは、これがただの戯言で、ハミルトンのキャリアはこれからも持ち前の激しい推進力で前進していくだろうということをわかっていたにちがいない。

ハミルトンはカリブ海で時間を無駄にし、アメリカ革命でさらに五年を失った。そのため、キングズカレッジで中断した法律の勉強を再び始めたときには、スピードアップした計画表を何としても守りたいと考えていた。ハミルトンにとって、法律は政治家になるための最短の近道――憲法制定会議では、三四名の代表が法律家だった――であり、まずまずの生活をすることができるようなるためのものだった。うまくいけば、豊かな暮らしさえ望めた。

通常、ニューヨーク邦で法廷弁護士になるには、ニューヨーク邦高位裁判所（第一審裁判所）の規定により、三年間の実務修習が必要だった。しかし、この年の一月のアーロン・バーの請願に応えて、戦争前に法律の勉強を始めていた帰還兵に対しては、一時的にこの規定が適用されないことになった。ハミルトンも、キングズカレッジ時代に主な法律家全員の著作を読破していたため、この例外に該当した。そこで、短期間で法律を習得してしまおうと考えたのだ。

当時の弁護士志望者は、すでに開業している弁護士の助手になったりすることもあったが、ハミルトンはそうはせず、独学で学ぶつもりだった。ワシントンに仕えた後だけに、また別のボスに付き従いたくはなく、師匠を自任する者のために法律書類を書き写すことになると思うと我慢ならなかったのだろう。しかも、オールバニーにいても、友人のジェームズ・ドゥエーンの素晴らしい法律関係の蔵書をいつでも利用することができた。この蔵書には、ニューヨーク邦の法律にきわめて似ている英国の法律に関する本もそろっていた。「この邦では、我々の司法制度は、ほかのどの制度にも増して英国の制度に似ている」とハミルトンも後に『ザ・フェデラリスト』の第八三篇で述べている。このため、ハミルトンなどニューヨークで法律を学んでいた学生は、知らず知らずのうちに英国の思想に染まっており、その影響を受けて保守的で英国びいきになっていた。

特に大きな影響を与えていたのは、アメリカではこれより一〇年前に初版が出たウィリアム・ブラックストンの『英法釈義』（*Commentaries*）だった。この本によって、英国の法律はより体系的に把握されるようになった。フォレスト・マクドナルドはこう述べている。「ブラックストンはハミルトンに、法律そのものに対する畏敬の念に満ちた熱意を教えた。（中略）さらに、ブラックストンが詳細に説明した法律は、ハミルトンが自由と法の間に感じていた緊張をきっぱりと解消していた」[*4]。

この当時、法律を学んでいた者は、判例と制定法と訴訟手続きをカテゴリー別に並べた手引書を自分で急ごしらえして使うことが多かった。ジョン・マーシャルも、計二三八ページに及ぶ手書きのページに七〇件以上の題目をまとめた要覧を持っており、これに大いに頼っていた。ハミルトンも、『ニューヨーク邦高位裁判所における実際的手続き』と題した自分用の便覧を作った。これは計一七七ページに三八件の題目を手書きでまとめたもので、英国モデルからも植民地モデルからも転換したニューヨークの法律を書き記した本としては、現存する中でもっとも古い。しかもハミルトンは、無味乾燥な抜粋をただ書き写しただけではなく、法の権威をからかってもいる。たとえば、裁判所は最近になって、「訴訟の目的は、訴訟の実体的事項を精査することであって、技術的問題の網に巻き込まれることではない、とおぼろげながら考える」ようになった、などという戯言《ざれごと》が書かれているところもある。[*5]

また、後に法の至上権に関する有名な宣言の出所となったにもかかわらず、ハミルトンは自分の選んだ職業を痛烈に皮肉ることもできた。「揺り籠を揺らしたり、隣人からふんだくる技を磨いたりする」のに忙しい、とラファイエットに言ったこともある。[*6]『実際的手続き』は、実によく出来た本で、大量の情報が実に的確に分類整理されていたため、以後数年間、次々と書き写され、ニューヨークで法律を学んでいた者たちの間に広まった。やがてウィリアム・ワイチの一七九四年の便覧『ニューヨーク州高位裁判所の訴訟手続き』(*New York Supreme Court Practice*)がこれに取って代わったが、このワイチの本自体、一部ハミルトンのアウトラインに基づいていた。しかも、このころになっても、ハミルトンのオリジナル版のほうを好む弁護士もいた。

ハミルトンはハイペースで順調に勉強を進め、始めてからちょうど半年後の七月、司法試験に合格して、ニューヨーク邦高位裁判所での訴訟手続きの準備事務を行うことのできるアトーニ（下位弁護士）の資格を得た。さらに一〇月には、英国のバリスタ（法廷弁護士）に相当する、法廷で弁論をすることができる「カウンセラ」の資格も取得した。この際、彼は忠誠の誓いに署名しなければならなかったが、この忠誠の誓いは、連合規約の下で諸邦がどの程度主権を握っていたかを示すものでもあった。「私は（中略）グレートブリテン国王への忠誠をすべて捨て、（中略）自由にして独立の国家《ステイト》であるニューヨーク邦《ステイト》に対し真の信義と忠誠を抱く」[*7]。

これらの資格の取得に関しては、ハミルトンはアーロン・バーよりも半年遅かった。バーはすでに一七八二年七月に、オールバニーで弁護士事務所を開業していた。戦争のために時間を捧げたことも一因だったが、この二人の若者が大急ぎで開業しようとした理由は他にもあった。平和が訪れたら、愛国派の弁護士が法律業務を独占することになるとわかっていたからだ。

このことが確認されたのは、一七八一年一一月、ニューヨーク邦議会が、トーリー（英国支持派）の弁護士を邦の裁判所から排除する法律を制定したときだった。これは共和派の弁護士にとっては思いがけない幸運と言えた。ハミルトンはトーリーに対する偏見には強く異論を唱えていたものの、この法律が施行されていた四年あまりの間、ハミルトンを始めとする愛国派の若手弁護士はその恩恵に浴した。

ハミルトンとバーが、オールバニーでかなり付き合いがあったことはほぼ間違いない。ハミルトンがまだヨークタウンにいたころ、バーはアレグザンダー・マグドゥーガル将軍からの紹介状を持ってスカイラー家を訪問したことがあった。「本状を貴殿にお渡しすることになるバー中佐は、オールバニーに赴き、我々の法廷での資格の認定を申請しようとする者です」[*8]。おそらくはこの時、妊娠中のイライザは、将来夫の命を奪うことになる男に初めて会い、笑顔を向け握手を交わしたにちがいない。

当時、ハミルトンの旧友ロバート・トループも、オールバニーで友人のバーと一緒に弁護士になるための勉強をしており、バーと同時期に資格を取った。そして、一七八二年の夏はずっとスカイラー邸に住み込んで、ハミルトンが必要とする場合にはいつでも教えてハミルトンの法律の勉強を助けた。

このように、ハミルトンとバーはキャリアの当初から、非常に近く、競い合う立場に置かれていた。二人とも、小柄ながらハンサムで、機知に富み、礼儀正しく、そして致命的なほど女心をそそる魅力のある男だった。共に若い将校で、軍人らしい冷静沈着さを備え、肩書きを誇示するのを好み、ニューヨークの法曹界で名を上げるにふさわしい器であるように見えた。ただし、政界においては、バーはすでに成り上がり者の知人ハミルトンに後れを取っていた。ハミルトンのほうは今やヨークタウンの英雄であり、しかもワシントン将軍のオーラの恩恵を被ってもいた。また、ハミルトンは豪華なスカイラー邸に住んでいたが、バーのほうは依頼人ができるまではつましい生活に甘んじた。

この年の七月、バーはスカイラーの通うオランダ改革派教会で、シオドシア・プレヴォーと結婚した。例のペギー・シッペン・アーノルドが打ち明け話をした相手だ（シオドシアの夫だった英国人将校は、前年の秋にジャマイカで死亡していた）。この二人には翌年娘が生まれ、やはりシオドシアと名づけられた。母のほうのシオドシアはバーよりも一〇歳年上で、決して美人とは言えなかったが、それでも魅力的で感じがよく、フランスとイギリスの文学に精通していた。当時の男性の例に漏れず、バーも優雅で嗜みのある女性を好んだ。それだけに、後にバーが見せた不埒で異様な振る舞いは、バーの崇拝者にはなおさら不可解なものとなった。

連合会議の課税権問題

普通は三年かかる法律の勉強をわずか九ヶ月で済ませたことは、それだけでも感嘆の念を禁じえないが、実のところハミルトンは、他にもいくつか同時に手がけていた。まず、ヨークタウンの戦いの後、例の『ザ・コンチネンタリスト』という論文の続きを二回分書いた。ただし、これは当時置き忘れたのか紛失してしまったらしく、「彼は最近になってそれらを見つけた」と、ニュー＝ヨーク・パケット紙は一七八二年四月に『ザ・コンチネンタリスト第五篇』の前置きに書いている。同紙によれば、彼はこの論文を「時代の趨勢が自分の考えを採り上げるだろうと期待してのことというよりも、自分の構想を発展させるために」発表したのだという。[*9]

ここではハミルトンは、歴史をざっと振り返って、英国政府がエリザベス女王の治世に始まった貿易をいかにして育成してきたか、コルベールがルイ一四世の財務総監として同様のことをいかにして成し遂げたかを述べている。そして、デイヴィッド・ヒュームにそれとなく触れ、貿易は自己調整的で自己統制的なものではないから、政府による貿易の指導が必要だと言う。しかも、将来の財務長官時代を予告するかのように、輸入関税こそがアメリカの最高の税収形態だと主張している。

紅茶などの輸入品に対する不当な関税をめぐって起こした革命をまだ闘っていた国にとって、これは控えめに言っても、爆弾発言に等しい。だがハミルトンは、過酷な税金を恐れる人々に向かって、二〇世紀終わりの「サプライサイド経済学」を先取りする主張を行い、官吏は「この権力を濫用しようという気にはなれない。なぜならば、税収の目的が自己抑制するからだ。経験の示すところによれば、適度な関税のほうが高い関税よりも生産的である」と述べている。[*10]

当時、多くの邦は、輸入関税の支配権を大陸会議に移譲するのを嫌がっていたため、ハミルトンは、その結果として生じる経済的競合が、政治的一体性を損なうのではないかと懸念していた。ロバート・モリスも同様の懸念を抱いており、国立銀行の設立、戦債の償還、インフレの抑制といった計画の大まかな輪郭を描いて、財務長官ハミルトンの仕事の先駆となった。

またモリスは、中央政府を強化するため、各邦に一人ずつ分担金徴収官を置き、地元の役人に依存せずに済むようにしようと決めた。一七八二年五月二日には、ニューヨークの徴収官になるように、とハミルトンにも依頼した。その気にさせるため、収納した金額の〇・二五パーセントをポケットに入れることができるという約束も与えた。だがハミルトンは、押し付けられているように感じ、素っ気なく断った。「私には時間がきわめて貴重なので、社会や私自身に意義あることでないかぎり、何事にも煩わされるわけにはいかないのです」と彼は答えた。[11]

　おそらく、ニューヨーク邦の五郡がいまだに敵の手中にある現状では、そのような仕事はそれほど実入りがよいものにはならないと思ったのだろう。六月の初め、モリスは、収納した金額ではなく分担金の一パーセントをハミルトンが手にできる、という約束を餌にまた誘った。これにはハミルトンも納得したらしく、彼は申し出を引き受けたうえ、モリスの分担金に関する措置を認めるようニューヨーク邦の議会に進んで働きかけることまでした。独学のハミルトンは、知ってか知らずか——たぶん十分に承知の上だったのだろうが——今や、ロバート・モリスの跡を継いでアメリカ屈指の財政家となるべき立場にしっかりと置かれていた。

　ハミルトンが分担金徴収に努めた数ヶ月間は、連合規約の重大な問題点を改めて示すことになった。実際には、諸邦は連合会議（大陸会議）への分担金支払いを自発的なものと見なしており、その資金を地元のために使い込んでしまうことも多かった。こうした状況が、連合に独自の税収がなかったこととあいまって、連合が借り入れや紙幣の乱発で革命のための資金を調達しなければならない事態を招いていた。

七月四日、ハミルトンは『ザ・コンチネンタリスト』の第六篇で、モリスの施策に同意を示し、連合独自の徴税官を置けば、「各邦の内部において連合政府に有益となる多大な影響を生み出す」と称賛した。[*12]この論文からは、革命末期ハミルトンが、アメリカでは税金などまったく無用だというユートピア的思想と闘わなければならなかったことがはっきりわかる。「この妄想を解き、人々の目に真実を見せることが重要だ。人気の偶像を過剰に崇拝することは、あまりに有害であり、あまりに非現実的な期待に阿《おもね》ることである」。[*13]

七月中旬、ハミルトンはまだ次の司法試験のために詰め込み勉強をしている最中だったが、ポキプシーまで出かけて、徴税を迅速化するための特別委員会を設置するよう邦議会に働きかけ、見事成功を収めた。そしてフィリップ・スカイラーと協力して、連合会議の課税権強化と連合規約修正のための全国会議を呼びかける一連の決議（おそらくハミルトン自身が書いたものだろう）を議会に採択させた――このようなアピールを公的機関が行ったのは、これが最初だった。

モリスは、ハミルトンが断固として連合規約修正を求めていることを絶賛し、ガードを下げ、ハミルトンへの手紙で、自分も議員の愚かしさを苛立たしく思っていると打ち明けた。ハミルトンもこう率直に応えた。「見れば見るほど、この国を愛している人々があの盲目さを嘆いている理由がわかります」。[*14]彼はニューヨークの議会にはびこる臆病風と利己主義にも辟易していた。「人々の利益になることは何か、ではなく、喜ばせることは何か、ということばかり尋ねるのです」と彼はモリスに言っている。「このような政府では、その場しのぎの方策と移り気と愚かさしかありえません」[*15]。

純粋な民主主義などありえない、人民の意志に応じるだけの政治家などいないのだ、という諦念をますます強めていたハミルトンは、教養ある指導者が人々を啓発し、独自の判断を下すほうが好ましいと前にも増して思うようになっていた。

ハミルトンの議員に対する軽蔑がどうあれ、彼はポキプシーで良い印象を与えた。法学者のジェームズ・ケントは、「活気に溢れ、教えられるところが多く、情趣においても言葉においても方法においても並々ならぬ彼の話、そして彼の率直で男らしい態度、これらに目を引かれた」と述べている[*16]。議員たちはハミルトンの話しぶりが大いに気に入り、彼は一一月に開催予定の大陸会議（連合会議）のニューヨーク代表五名のうちの一人に選ばれた。いかにも彼らしい鮮やかな手並みを披露し、ハミルトンは分担金徴収官という技術官僚的な仕事を利用して代議員の座を手に入れたのだった。

盟友ローレンスの死

ハミルトンの目から見ると、友人のジョン・ローレンスほど純粋な愛国心と抜群の指導力を示す者は、同世代には一人としていなかった。英国軍がまだチャールストンとサヴァナを占領していた一七八二年一月、ローレンスは、例の不運な黒人兵徴募計画の実現に向け、むなしい最後の賭けに出てサウスカロライナ議会で演説を行った。そして七月、彼はハミルトンに心の籠った手紙を送り、ハミルトンが「真っ先に共和国の職務に就く」よう願っていると伝えた(この手紙も、一部が失われている。おそらくハミルトンの家族が処分したのだろう)。手紙の最後はこうだ。「さらば、親愛なる友よ。諸事情により我らが遠く離れている間は、どうか慰めとなる君の手紙を打ち切らないでくれたまえ。親愛なるローレンスの気持ちは不変なのだからね[17]」。

ハミルトンのほうも、戦争が終わったら、ギリシャ・ローマ時代の人物のごとくローレンスと二人して、強固な共和制連合の基礎を築くために政界での闘いに乗り出すものと強く信じていた。八月中旬、彼はローレンスに、ニューヨーク邦議会から連合会議への代表に選ばれたことを知らせた。そして励ますような調子で、ローレンスと連合会議の場でぜひ同席したいと呼びかけた。「我が友よ、剣を置き、トーガをまとって、会議に赴こう。私たちは互いの気持ちを承知しているし、見解も同じだ。私たちはアメリカの自由のために肩を並べて戦ってきた。次はアメリカの幸福のために手を携えて闘おう[18]」。

ローレンスがこのメッセージに目を通したかどうかはわからない。一七八二年八月下旬、チャールストン駐留英国軍の糧食徴発隊が、コメを求めてコムビー川付近まで来ていたため、血気にはやったローレンスは命令を無視して、少人数で待ち伏せ攻撃をかけようとした。だが、敵はこの情報を密かに得て、逆に草叢に身を潜めてローレンスを待ち受けた。やがて、いきなり立ち上がって銃撃してきた敵に、ローレンスは後に続けと部下に叫びながら突撃を開始したが、たちまち銃弾に倒れた。こうしてジョン・ローレンスは、アメリカ独立革命の最後の犠牲者の一人となった。

戦争が終わったも同然のこの時になって、しかも多勢に無勢のつまらない戦闘で我が身と部下の命を危険に晒すなど、彼は実に愚かだったと考えた者も少なからずいた。また彼の死は、愛国者ローレンスには重大な欠点が一つだけあるというワシントンの判断を立証するものとなった。それは「向こう見ずと言えるほどに勇猛果敢」だということだ。[*19]それでも、彼は素晴らしい指導者になる素質を持っていたと考える多くの者が、彼の死を嘆き悲しんだ。「我が国は、もっとも将来性のある人物を、まさに大義にふさわしい形で失った」と言って、ジョン・アダムズはヘンリー・ローレンスを慰めた。[*20]

ハミルトンはこの知らせに打ちひしがれた。「かわいそうなローレンス。彼はサウスカロライナでの取るに足らない小競り合いで自らの激情の犠牲となった」と彼は悲しげに、あの戦友三銃士の一人ラファイエットに書き送っている。「私がどれほど彼を愛していたか君は知っているから、私の嘆き悲しみがいかばかりか見当がつくだろう」[*21]。彼の死でハミルトンは、連合強化を目指す激しい闘いに必要となるはずだった政治上の盟友、誠実な同志を奪われた。

この後、ハミルトンは一時的にジェームズ・マディソンと協力したこともあり、ジョージ・ワシントンも、よそよそしい態度がたびたびあったとはいえ、一貫してしっかりと彼を支援してくれたが、ローレンスという生涯の盟友、たとえばマディソンとジェファーソンのようなたがいに盟友と言い合える仲間を失ったことで、どちらかと言えば孤独な闘いを続けることになった。まして私生活の面では、ローレンスの死はなおさら心を苛むものだった。ハミルトンには大勢の崇拝者がいたが、ローレンスのようにたちまちにして親友になり、心の内を打ち明けた相手はいなかった。

公の場ではますます流暢で多弁になっていったが、プライベートでは、内省したり心を明かしたりすることが何となく少なくなっていった。これ以後は、胸の内をさらけ出すとしたら、イライザやアンジェリカ・チャーチにだけだった。ジョン・ローレンスの死後、ハミルトンは心の一部を固く閉ざしてしまい、そこを開くことは二度となかった。

連合会議への失望

一七八二年一一月下旬、アレグザンダー・ハミルトンはオールバニーからずっと速足で馬を駆り続け、ようやくフィラデルフィアに到着した。連合会議に出席するためだ。ここで彼が目にした人口四万の町は、ニューヨークやボストンよりも大きく豊かだった。海辺の町で育った彼には、高いマストの船や広い波止場が見えるこの港湾都市は、懐かしいものとも映ったにちがいない。

騒々しく雑然とした商業の町ニューヨークと比べ、フィラデルフィアはもっと整然としており、庭を囲む塀の向こうにきちんと納まった優美な家が、数多く立ち並んでいた。晴れた日には、おしゃれな貴婦人たちがパラソルを手にそぞろ歩き、木陰の並木道は、多くがレンガ敷きの歩道付きだった。しかもそれらの歩道は、公衆衛生局が清掃していたうえ、夜になると鯨油のランプで明るく照らされた。

当時はクエーカー教徒よりも長老派やバプテストのほうが多くなっていたが、それでも昔の質素なクエーカー教徒の名残は消えていなかった。ここを訪れた英国人の若者が、こう言ってぼやいたこともある。夜の一一時になると「こんなに静かになってしまう町は、たぶん世界中に一つもない。あの時間になると、町を半分歩き回っても、人の顔をまったく見かけない。いるのは夜警だけだ[*22]」。

ハミルトンはイライザと赤ん坊のフィリップを家に残してきたが、まだまだ夢見る新婚気分で、夜のアバンチュールを求めて街をさまようなどということはしなかった。到着から数週間後には妻にこう請け合っている。「君の夫に匹敵できるほど誠実で愛情深い夫は絶対いなかった[*23]」。もっとも、最初はイライザがいなくても我慢でき、彼女にそばにいてほしいと強く思うこともなかったが、一月初めになると、彼女をフィラデルフィアへ呼び寄せる準備を始めた。このころには彼女に会うのが待ち遠しくてたまらなくなっていた。「こういうわけで、昼は刻々と心痛にもだえ、夜も半ば眠れずにいる」と彼は彼女に書き送っている。「私の美しい人、ここに来て私を救ってくれ。かわいい坊やを抱かせてくれ[*24]」。

フィラデルフィアでは、ハミルトンは自分が前々からその欠陥を嘲笑してきた当の連合会議の一員となっていた。その安普請の構造は、無数の臨時委員会、諸邦が重要な施策をあっさりと拒否できてしまう投票ルール、代議員の任期を六年間に一年任期で三回までと限定する任期制限など、麻痺状態になるのも当然と言えるものだった。

特に非民主的な投票ルールは、ハミルトンの言葉を借りれば、「きわめて必要な措置を妨害するばかりか挫折させることさえある小連合」が会議を思いのままに操れるという事態を招いていた。[*25] 彼のような効率を重視する人間にとっては、これは憤慨を禁じえない状況だった。しかも、一七八二年一一月三〇日、アメリカの講和使節が英国と講和予備条約に調印し、結束の動機が弱まったことから、以後、問題は悪化の一途をたどった。

マサチューセッツのサム・アダムズやヴァージニアのパトリック・ヘンリーといった地方の指導者が、各邦の主権を滔々と主張していたうえ、邦政府の魅力に引き寄せられて、多くの代議員が故郷にとどまったため、会議成立に必要な定足数を満たすのも難しい状況にあった。各邦代表の能力もそれ相応に落ちており、しかも代表同士が妬みによる言い争いばかりしている有り様に、ハミルトンはひどく腹を立てた。

「永遠の学生」マディソンとの出会い

ハミルトンを失望から救ったのは、一人の気の合った代表だった。また彼は、ハミルトンと同じように強力な一つの国家を予見し、ハミルトンに匹敵するほど豊かな教養を備えていた。それはジェームズ・マディソンだ。二人はこの大陸の未来について似たような展望を持ち、同じような使命感を抱き、数多くの委員会で同席した。子供のころから自力でやってこなければならなかったハミルトンは、当時二七歳だったが、ぬるま湯につかって暮らしてきた三一歳のマディソンよりもはるかに世知にたけていた。

その一方、一七八〇年から代議員を務めるマディソンは、すでにベテラン代議員と言えた。非常にまじめで、代議員になってからの三年間で一日休んだかどうかという会議の連続出席記録を持っていた。フランス公使はマディソンのことをこう評している。「連合会議でもっとも妥当な判断ができる人物（中略）ほとんどいつも公平に語り、同僚の賛同を得る」[*26]。

多くの点で、マディソンはハミルトンのキャリアにとって重要な人物だった。二人が初めは協力し、後に仲たがいしたことで、ハミルトンの生涯は、二つの段階にはっきりと分かれる。人によって、ハミルトンは愛され支持されるか、あるいは激しく憎悪されるかのいずれかだったが、マディソンは例外的に、この両極端の間を行きつ戻りつした点が特徴だ。

小柄ではにかみ屋のジェームズ・マディソンは、驚異的な知性の持ち主だったが、態度や外見はさえない男だった。いつも黒ずくめの服装で、本ばかり読んでいる学者のような青白い顔をしており、真面目くさった陰気な男という印象を与えた。公の場で笑顔を見せることなどめったになく、あるヴァージニアの政治家の妻から、「暗くて堅苦しい人」だとたしなめられたこともあった[*27]。また、マディソンがプライベートで楽しんでいるところを見かけた女性もいたが、やはり、一緒にいても「無口でよそよそしく、不愉快」だったと言う[*28]。

彼は有名になろうとは思っていなかったし、自信満々のハミルトンを生まれながらの指導者に仕上げたような輝くカリスマ性もなかった。ハミルトンが生まれついての支配者のようだったとしたら、マディソンは生まれついての引き立て役のように見えた。だが、マディソンの控えめな態度は見せかけだけの場合もあった。いったん口を開けば、彼の無敵の力が明らかになった。自らの知性に対する慢心とも言えるほどの自信、社交面での臆病さと不器用さ、彼はこれらが奇妙に入り混じった人物だった。ハミルトンのように自然体で上手に社交をこなすことはできなかったが、ごく親しい仲間内でなら、おどけることもあったし、飛び切りの話し上手で、時には猥談まで披露することさえあった。ただし、二人が出会ったときには、マディソンは堅苦しい独身男で、個人的なことについては口を閉ざしていた。清廉潔白というジェームズ・マディソンのイメージを傷つけるような個人的ゴシップも一切なかった。

マディソンの家族は、ヴァージニアのピードモント地方で一〇〇年にわたって代々何不足なく暮らしてきた。親戚も、多くが地元の地主だった。マディソンの祖父は二九人の奴隷を所有していたが、父親がその数を一一八人にまで増やし、ヴァージニアのオレンジ郡随一の奴隷所有者となった。また、マディソン家は同郡に約四〇〇〇万平方メートルもの土地を持っていた。

このため、一〇人兄弟の長男であるマディソンは、五〇歳になるまで父親のすねをかじって暮らした。連合会議にいたときでさえ、家族の農園からの収入に頼っていた。ジェファーソン同様、内心では何らかのためらいを感じていたにせよ、奴隷への依存から抜け出すことなどできなかった。連合会議の最後の任期、彼は父親にこう言ったことがある。代表の報酬が上がらなければ、「私はニグロを一人売らねばならない羽目になるでしょう」[*29]。

畑にかがみこんで働く黒人という不釣合いな背景の中、マディソンは家に籠りきりの子供時代を送った。癲癇《てんかん》ではなかろうかと思われるのだが、神経の病気のために心気症を起こしやすく、病気がちな子供によくあるように、読書が好きになった。彼の受けた教育は素晴らしいものだった。寄宿制の学校に五年通い、その後自宅で二年間の個人教授を受けた。

プリンストン大学では、膨大な量の本を読み耽り、睡眠時間は四、五時間しか取らなかった。かつてハミルトンを拒否したウィザースプーン学長は、マディソンについて、「彼が［私の］教え子だった時期、彼が不適切なことをしたり言ったりしたという話は一度も聞かなかった」[*30]と述べている。マディソンは永遠の学生という雰囲気を保ち続け、大きな政治的出来事が控えているときには、必ず入念に事前研究を行っていた。

体が弱かったため、マディソンはオレンジ郡の民兵隊に大佐として短期間従軍しただけで、それからヴァージニアの下院議員と知事の国策会議メンバーに就任し、その後一七八〇年に連合会議への最年少の代表に選ばれた。ハミルトンとマディソンは、戦後の新世代指導者を代表していた。こうした新世代のキャリアは、そのまま新しい共和国の歩みと重なる。この重大な転機において、二人とも、政府が必要とする構造改革に関して似たようなビジョンを持っていた。

マディソンも、常備軍の創設など、後にハミルトン主義的と見なされるようになる主張を支持していたのだ。それどころか、中央権力の強化を唱え、分担金支払いを拒む諸邦に連合会議が圧力をかけられるようにしたいと考えていた点では、どちらかと言えば、マディソンのほうがハミルトンよりもはるかに強硬だった。

関税導入をめぐり共闘

複雑な難問が山積していたとはいえ、人類のために奮闘しているのだという自負を抱いたこの二人の若者にとっては、当時は目くるめくばかりの興奮の時代だった。マディソンは一七八三年四月にこう言っている。アメリカが勝ち取ろうとした権利は、「人間性の権利」であり、アメリカ市民は「政治組織を持つ社会に最大級の信頼を置いたことに対して責任」があった。[*31]

新しい国を奮起させるため、ハミルトンとマディソンは、急務となっている税収の必要性という問題に専念した——一七八二年六月一一日に、ジョン・アダムズがオランダから多額の借り入れを手配していたが、それでも歳入の不足が部分的に軽減されたにすぎなかった。ハミルトンもマディソンも、連合会議には恒久的な独自の財源、諸邦の気まぐれに左右されない財源が必要だと考えていた。そうした財源があってこそ、連合会議は膨大な戦債を償還し、連合会議を捨て去ろうとする動きが出てくるのを阻むことができるのだ。

ハミルトンはこの見解を次のように、轟きわたるラッパの音のごとき決議案で力説した。「右、連合会議の総意により決議する。連合会議としては、連合諸邦すべてであまねく機能する恒久的かつ十分な財源の確立がなければ、諸邦連合の債権者に対して完全に正当な対応をすることができず、公信用の回復も達成できず、将来の戦争の難局に備えることもできないと考える」[32]。

まず、ハミルトンはマディソンと協力して、連合による関税の導入を目指す闘いに乗り出した。これは、すべての輸入品に五パーセントの関税をかけるというもので、これによって、連合会議は財政に関してようやく自立できることになる。ハミルトンにとっては、連合の課税権確立こそが最優先目標だったのだ。

ここでは、もっとも強硬に反対したのは、ロードアイランドだった。そこでハミルトンとマディソンは、委員会の場でこの同調しない邦に対処することにし、共同声明を出した。共同声明と言っても、これはほぼすべてハミルトンの手によるもので、公信用が国の名誉にとっていかに重要かという、今や彼の十八番となった主張が繰り返されている。ただし、これに続く次の声明は、はるかに大きな影響を伴うものだった。「実際のところ、連合体《フェデラル》というものは、その構成員の内政に影響するよう行使できる権限を持たないかぎり、存続し得ないのだ[33]」。

これは挑戦に他ならない。中央政府は、諸邦の法律に優先する法律を制定する権利や、諸邦の市民を直接的に統治する権利を持たねばならない、と言っているに等しいからだ。一月の終わり、彼はさらに異端的な演説を行なった。連合の徴税官を諸邦に置くに当たっては、徴税官が諸邦に「浸透して、結束させる」手段としたいと述べたのだ[34]。

今やハミルトンは、一時的方便としての諸邦連合ではなく、統一された一国家を公然と目指していた。この率直過ぎる態度に困惑したマディソンは、「この本音の暴露ににんまりした」代表もおり、「ハミルトン氏が真意を漏らした」と密かにほくそ笑んだ、と書き残している。[*35]この一件も、ハミルトンが悪賢い策謀家どころか、自論を口に出さずにはいられないことも多かった、ということを示す。

彼はあまり気の乗らない方策で手を打つことなどできなかった——今の連合会議の行動が、以後ずっと平和時の前例となってしまうのだ。このため、四月に妥協案として、関税の課税範囲の制限と各邦への徴税の委任という法案が出たときには、これに反対した。また、関税をめぐるハミルトンとニューヨーク邦知事ジョージ・クリントンとの口論は、二人の全面的対立へと発展し、ハミルトンのキャリアに大きく影響することになった。

軍反乱の危機

一方、不満を抱えた大陸軍将校たちを宥めるためには、現金が至急必要だった。このままでは、ニューヨークのニューバーグにある冬営地で反乱が起きかねなかった。講和予備条約の調印によって、軍は解散となるうえ、未払い給与——七年分が未払いなどという事例もあった——や約束の年金も受け取れずに終わってしまうのではないか、という不安が持ち上がっていたのだ。将校団の間では、大量辞任で圧力をかけようという声も飛び交っていたため、解決策の交渉に、三人の将校代表がフィラデルフィアへ出向いた。

一七八三年一月六日、代表の三人は、これでもかと言うほどに不平不満を露わにした請願書を連合会議に提出した。「我々はおよそ人間が耐えうることすべてに耐えてきた――我々は自分の財産を費やしている――我々の個人的資産はもう尽きてしまった[36]」。兵士の中には、戦闘と通貨価値の下落のせいで借金がかさみ、除隊したら刑務所行きになると恐れている者までいた。

ハミルトンとマディソンは、不機嫌な将校たちと面会し、解決策を講じるための小委員会を託された。そこで、この機に乗じ、戦時国債を完全に償還して兵士やその他の債権者を満足させるべきだ、と連合会議に勧告した。だが、悲しいことに現実的には、事実上課税権のない連合会議は、慰めの言葉以外ほとんど何も兵士に与えられなかった。

ハミルトンは、諸邦が資金提供して、将校たちの要求を満たしてくれるかもしれない、というかすかな望みに期待をつないだ。その一方、悲観的に考えがちな彼は、現状のはらむ危険に思いを巡らし、英国との講和後に内紛が起きるのではないか、分裂にまで至るのではないかと懸念していた。

二月中旬、彼はクリントン知事に遠慮がちな調子の手紙を書き、ニューヨークに将校たちを定住させる計画についてざっと述べた。「できましたら、議会が土地の一画を取り置き、邦の市民となる軍の将校と兵士全員に寛大なご配慮をいただければと存じます」。「コンチネンタリスト（大陸主義者）」の筆頭であるハミルトンは、こうした提案が自分のイメージに反するように見えるだろうということを承知していた。そして、こう説明している。「連合《ユニオン》の存続こそ、私が第一に願っていることですが、絆がこれほど弱いとあっては、賢明なる人がこれに頼るなどということがありましょうか。万一分裂した場合には、誰であれ地図に目を向けるたびに、自らの安全に備えることが、我々の邦にとっていかに肝要であるかを思い知ることになりましょう」[*37]。この件については、クリントンはハミルトンの助言に耳を傾け、希望する将校にニューヨークの肥沃な土地を下付した。

またハミルトンは、苛々を募らせる頑固な将校たちと無能な連合会議との交渉がどうしようもなく行き詰まってしまったからには、これを仲裁できるのはジョージ・ワシントンしかいない、ということも承知していた。ワシントンとは一年以上連絡を取っていなかったが、二月一三日、以前の信頼関係を頼りに、ハミルトンは彼に親展で手紙を出した。今や同僚として書いていたハミルトンは、大胆にも、実行を仄めかされている反乱への対処法までワシントンに助言している。

もっともハミルトンにとっては、そうした脅威も、眠ったような連合会議を目覚めさせ、国の財政強化に向かわせることになるのであれば、それなりに役に立つものだった。「軍の要求は、節度のあるものではあるが、断固たるものでもあり、判断よりも不安に左右されるような弱い心に影響を及ぼすだろう。（中略）しかし、難題となるのは、不満と苦しみを抱える軍をいかにして節度ある範囲内に留めておくかだ」[*38]。そして、ワシントンが軍人でもあり広い意味での市民でもあるという立場を貫いてきたことから、ハミルトンは、代理人を通じて連合会議に働きかけたらどうだろうと勧めた。

この手紙は、大物政治家を気取りつつ連合会議への圧力を密かに画策するという危険なゲームにワシントンを引き込もうとするものだった。ここに見られるのは、最高に狡猾で、危ない力を駆使するハミルトンだ（ただし、この策略に関与していたのは彼一人ではない。フィラデルフィアのグーヴァヌア・モリスもナサニエル・グリーン将軍に手紙を書き、「軍が結束し断固として追求しないかぎり」、諸邦は軍に支払わないだろうと告げていた[*39]）。

そして、慎重なワシントンが強硬派の将校に脇へ押しやられてはいけないと、ハミルトンは軍内で囁かれていることをワシントンに知らせた。それは、ワシントンが兵士の利益を「十分な熱意を持って」擁護してはいないというものだった。「この意見が誤りであることは、誰よりも私がよく知っている。だが、誤りではあるがやはり有害だ[*40]」。

一週間後、ハミルトンとマディソンは、トマス・フィッツサイモンズの自宅で会い、将校がますます好戦的になっていることについて話し合った。この時のマディソンのメモからは、当時のハミルトンのワシントンに関する本音が見て取れる。時々かっとなるが清廉潔白の士だ、というワシントンの人柄についての見解が、以前と少し変わっている。

ハミルトン氏の話は以下の通り。ワシントン将軍のことは深く完全にわかっている。彼は極端なほど自制的であるうえ、時にとげとげしいまでに癇癪を起こす。これは両方とも近ごろひどくなったと言われているが、これらのために彼の人気が落ちた。だが、彼の美徳、愛国心、志操堅固なところは（中略）いかなる下劣な計画を呼びかけられようと、決してそれには屈しない。たちまち我が身をばらばらに断つほうを選ぶだろう。彼（ハミルトン氏）は、これが彼の真の人柄だと知っており、軍をなだめて本来の目的に向かわせるために、彼に軍の改善計画の指揮を執ってほしいと望んでいる。*41

ワシントンの名演技

三月四日、ワシントンはハミルトンの腹蔵ない手紙に礼状を書き、アメリカの財政状態がこれほどまでにひどいとは思ってもみなかったと打ち明けた。そして、兵士の給与の問題について「熟考の時」を持ったと重々しく述べた。「かたや、不満を抱える軍の苦難、かたや、連合会議の無能と諸邦の滞り。これこそ凶兆だ」。さらにワシントンは、軍の不満を利用して連合会議を財政問題に取り組ませようとするハミルトンの見当違いの提案をやんわりと拒絶し、それでは「妬みが生じるうえ、付随する問題が出てくる」だろうと言った。*42 先見の明があるワシントンは、軍事力は文民統制の下に置かれるべきだという原則を大事にすることがいかに重要かよくわかっていた。

ニューバーグの状況は、扇動的な動きが強くなっていく一方だった。やがて、匿名の手紙二通が冬営地内で次々と回された。ワシントンに背いて結集し、実力行使に打って出ようと煽り立てるものだった。「もっと穏やかに、もうしばらく耐えたほうがよい、などと言う者には注意しろ」という脅迫めいた警告文もあった。*43 この新しい国は、揺れ動きながら軍事クーデターへと向かっているかのようにも見えた。

三月一二日、このような事態に驚いたワシントンは、来る三月一五日の将校たちの集会に出て、彼らが「後戻りのできない恐ろしい内紛の淵に飛び込む」のをやめさせるつもりだ、とハミルトンに伝えた。*44 ただし、ワシントンはあくまで中立を守り、部下の将校たちの性急な行動を阻止しようとする一方で、連合会議がタイミングよく救済措置を取るよう求めてもいる。「それゆえ、ぜひともこの件を真剣に即刻進めていただくようお願いしたい。まことに、ここの紳士たちの状況は、筆舌に尽くしがたいほど痛ましいものであると思う」。*45

三月一五日、ワシントンは将校たちに対して演説し、連合会議へ向かって行進するという計画があるとの噂だが、そのような計画は潰すつもりだと伝えた。自分の部下が敵意を露わにしながら耳を傾けているなどという状況は初めてだったが、彼は反乱の話を厳しく叱責し、こう言った。自分たちは自由を勝ち取るために戦ってきたのに、もしそのようなことをすれば、その自由が脅かされてしまう。反乱は「内紛の水門を開け、我々の上昇しつつある帝国を血に染める」だけだ。*46

それから彼は、その生涯でもっとも有名な芝居がかった演技を見せた。ある代議員の手紙を読み上げようとしたところ、文字がぼやけてはっきり見えなかったので、ポケットに手を入れ眼鏡を取り出そうとしたのだ。そして、「諸君」と彼は言った。「失礼して眼鏡をかけさせてもらう。国に尽くしている間に、白髪になってしまっただけでなく、目もほとんど見えなくなってしまったのでね」[*47]。反乱兵たちは、これに言い表せないほど感動して、ワシントンに背いたことを恥じ、分別を取り戻した。ワシントンは彼らのために連合会議に働きかけることを約束し、そしてハミルトンが委員長を務める委員会が、五年分の給与に相当する年金を将校たちに支給することになった。ただし、課税権のない連合会議がその支払いを本当に履行できるのかどうかは、また別の問題だった。

ワシントンの名演のことを聞いたハミルトンは、早速称賛の手紙を送った。「閣下は賢明な行動をなさったと思う。奔流をせき止めるのではなく、迂回させることこそ最善の策だ。貴殿に同じく私も、貴殿は適切な行動をなさっておられると思う」[*48]。結局、ハミルトンの以前の助言のうち、指導的役割を担うべきだという助言については、ワシントンは気に留めてくれたものの、政治目的のために状況を煽ったらどうかという助言のほうは、はっきりと無視される形になった。ハミルトンは、軍がいかにも本気らしく見せかけて威嚇すれば、連合会議を動かすのに役立つという考えをまだ捨てきれずにいたが、それは、あえて行えばの話だった。彼はこう述べている。「力の連携ということに関して言えば、それはいかなるものであれ内戦という惨事を引き起こすことにしかならず、結果的に国の崩壊を招きかねない。軍の崩壊を招くのは確かだ[*49]」。

ニューバーグの反乱の恐れは、ハミルトンとワシントンの関係を深めると同時に複雑化した。そして、連合規約を完全に修正して連合会議を強化する必要がある、という二人が共に抱いてきた確信を強めることになった。「私が指揮を執ってきた間に直面した難問の半分以上、軍の窮境や困苦のほぼすべては、ここに原因がある」とワシントンは連合会議の欠陥について書いている。[*50]同時にワシントンは、ハミルトンにマキャヴェリズム的なところがあることも見て取って、連合会議が兵士を「財源を確立するためのただの操り人形」として利用しようとしている、という不満が軍内にあることについても、ハミルトンに遠慮なく語った。「軍は（中略）弄ぶには危険な道具だ[*51]」。

ワシントンとしては、ハミルトンは素晴らしい頭脳と勇気を持っているにもかかわらず、時に判断を誤ることがあるため、注意深く監督する必要があると思っていたのだろう。だがハミルトンにしてみれば、ワシントン自身が認めた理想のために策略を用いたにすぎなかった。

フィラデルフィアの反乱兵

一七八三年春、二八歳のアレグザンダー・ハミルトンは、すでに国政の頂点近くまで来ていた。連邦政府の指揮下に置く常備軍の原案を準備する軍事委員会の委員長を務めていたのだ。

さらに四月の初め、連合会議は講和を担当する委員会の委員長にも彼を指名した。これは、マディソンの言葉によれば「外交問題、インディアン問題、陸軍および海軍の平時編制のための仕組みを作る」方法を探るために、大きな権限を付与されていた委員会だった。

また同じ四月、連合会議は英国との講和予備条約を批准し、八年に及ぶ戦争に終止符を打った――ただし、帰郷する前に給与を受け取りたいと考える兵士たちは、この知らせに威嚇的な声を高めただけだった。「そこでだ、ハミルトン中佐」とワシントンは書いている。「これだけは伝えておきたい。この軍の将校たちが当然受け取るべき給金の六〇分の一ももらえないときに、文官には給与が全額支払われることの正当性や考え方について、将校たちを納得させることに比べれば、激しく吹き荒れる暴風の中で怒濤を静めるほうがずっと楽だろう」[52]。

連合会議はこの四月に新しい輸入関税制度を成立させたものの、ハミルトンは、これだけでは軍を宥めるのに必要な資金を十分賄えないのではないかとまだ懸念していた。このため、五月にロバート・モリスが財務総監を辞任しそうになったときには、ハミルトンも他の者と一緒になって、軍が無事に解散されるまでは財務総監に留まってもらいたいとモリスを説得した。そして、緊急動議を提出し、兵が給与を受け取ったうえで除隊できるように資金を送ってもらいたいと諸邦に要請した。

六月中旬、ワシントンの警告していた怒濤は、まだ大きくうねり泡立ちながら荒れ狂っていた。今度はフィラデルフィアの反乱兵が連合会議に請願書を送り、威嚇的な表現で給与の支払いを要求してきたのだ。しかも二日後、ペンシルヴェニアのランカスターの兵士八〇人が、給与を力ずくで払わせようと武装してフィラデルフィアへ行進している、という噂が届いた。そのうえ、兵士たちは進むにつれ、ますます気が立ってきているという。今やどのような時でも頼りになる代議員となっていたハミルトンは、脅威をかわすための三人委員会に早速選ばれた。

この三人委員会は、ペンシルヴェニア最高行政院に要請し、反乱兵がフィラデルフィアに到達する前に彼らを押しとどめられるよう地元の民兵を派遣してほしいと求めると同時に、フィラデルフィアに駐留する軍とも協力した。ところが腹立たしいことに、ペンシルヴェニア邦は動こうとせず、やがて不法行為まで発生するようになった。そこで先頭に立つことを恐れないハミルトンは、大胆不敵にも自ら介入し、無法な抗議者がフィラデルフィアに着く前に取り押さえるよう、軍事担当の次官補だったウィリアム・ジャクソン少佐に命じた。「かような不埒な所業が誤りであること、不適切な行動を続ければ危険を冒すことになることを、冷静かつ精力的に彼らにはっきりと見せつけてやるように[*53]」。

だが、反乱兵たちはジャクソンを軽くあしらうと、六月二〇日にフィラデルフィアになだれ込んだ。そして、この町に駐屯中の不満を抱えた兵士たちと徒党を組んで、いくつかの兵器庫を占拠してしまった。翌日、悪化する危機を打開するため、連合会議議長でハミルトンのかつての支援者だったイライアス・ブードノーが、連合会議の土曜午後の臨時会議を招集した。ところがその朝、ブードノーのもとに、反乱兵が地元の銀行を襲うかもしれないという報告が届いた。しかも、代議員たちはほとんど議場に座っていられなかった。約四〇〇の反乱兵が、銃剣を掲げ、連合会議とこの邦の最高行政院の議場がある邦議事堂を取り囲んだからだ。

事態は不吉な様相を呈していた。反乱兵のほうが、入り口を守る忠実な兵よりもはるかに多勢だったのだ。それにも増して、この事態が象徴する意味は厄介だった。酔っ払った兵士の群れが、独立宣言の署名の場である建物にいる人民の代表を包囲しているのだから。

マディソンによれば、代議員たちが恐れていたのは、「計画的な暴力」ではなく、「近隣の酒場が兵士たちにアルコール飲料の大盤振る舞いを始め、たちまち度が過ぎてしまいかねない」ことだったという。[*54] ますます酔いの回った兵士たちは、議事堂内に説教調の請願書を送りつけ、自分たちには役人を選ぶ権利があると主張し、一二〇分以内に要求をのまなければ「怒った兵隊」を解き放つ、と脅しをかけてきた。だが代議員たちは、そのような脅迫に屈するつもりも、会議を早めに切り上げるつもりも、暴徒と交渉するつもりもなかった。

三時間後、代議員たちが並んで議事堂の外へと歩み出ると、暴徒の罵りと嘲りが待っていた。外に出たハミルトンが目にしたのは、彼の最悪の悪夢が現実化した姿だった。革命軍の一部が暴徒と化し、衰弱した中央政府を威圧していたのだ。三ヶ月前のワシントンと同様に、ここで文民統制の強力な実例を作ったのは、ハミルトンだった。後に彼はこう述べている。「軍の無軌道は、どのような政府でも懸念すべきことだが、共和国においては、とりわけいっそう抑制せねばならず、特に文官に向けられた場合は、積極的に阻止し、厳しく罰するべきだ[*55]」。また、この状況から、再び彼は、活気溢れる若い民主主義が法の支配を必要とする局面を生み出すのはどうしてかと考えることになった。

その夜、イライアス・ブードノーが代議員たちを自宅に集めた。そして、ハミルトンの起草した大胆な決議が承認された。それは、政府当局が暴徒に「はなはだしく侮辱され」た以上、「公権力を支えるためにただちに有効な措置が取られる」べきであるというものだった。[*56] ペンシルヴェニアが相変わらず弱腰の無為無策を決め込むなら、連合会議はトレントンかプリンストンへ移るというのだ——偶然ながら、これらは愛国派の有名な勝利の地だった。

翌朝、ハミルトンとオリヴァー・エルズワースは、このにべもない最後通牒を当時の最高行政院総裁ジョン・ディキンソンに届けた。ペンシルヴェニアが連合会議の安全を保証できないというのであれば、連合会議は今後この町での会議開催を一切中止すると伝えたのだ。

だが、ペンシルヴェニア当局と会ったハミルトンは、この邦が民兵を派遣する見込みはまったくないと悟り、連合会議に恐ろしい報告を提出した。反乱兵は自分たちの不満を示すために、すでに自分たちで役人を選んで武力行使の権限を与えたばかりか、「彼らが自分たちの計画を実行できなかった場合には殺す」と役人を脅しているというのだ。[*57] 決定的な行動が必要なときに、ペンシルヴェニアの指導者たちが「弱く愛想の尽きる」行動しか取らないことに愕然としたハミルトンは、木曜までに連合会議をプリンストンへ移すべきだと渋々ながら結論づけ、連合会議もこれに同意した。[*58]

転々とする連合会議

連合会議はすばやく邦外へ脱出して、プリンストンに暫定の首都を置いた。代議員たちがぶつぶつ文句を言いながら落ち着いた先も、窮屈な間に合わせの住まいで、マディソンも三メートル四方そこそこの部屋で、別の代議員と一つのベッドを共有する羽目になった。もっとも、この愛書家にとって何よりショックだったのは、机がなかったことだったという。「手足もろくに動かせないような姿勢で書かねばならない」と彼は愚痴をこぼしている。[*59]

プリンストンの宿舎があまりに粗末だったため、一ヶ月後、連合会議はまるで中世の宮廷が狩猟期にやったように、また荷物をまとめてアナポリスへ移動し、さらに一年後にトレントンへ移ったすえ、一七八五年にニューヨークに落ち着いた。この故郷を追われるように転々と流浪した連合会議について、ベンジャミン・ラッシュは、「あらゆる方面から侮辱され、笑われ、罵られた」と述べている。[*60] そしてハミルトンが予言したとおり、断固たる行動が取られたとたん、反乱は頓挫した。ペンシルヴェニア最高行政院が遅まきながら五〇〇人の民兵を召集したところ、反乱兵は分遣隊が近づくのを知るや否や、即座に武器を置き、とぼとぼとランカスターの基地へ戻っていったのだ。

何かと物議を醸してばかりいたとはいえ、ハミルトンは、ニューヨークへ首都を移そうという計略の一環としてフィラデルフィアからの首都移転の陰謀を巡らした、という非難を浴びてさすがに苦しんだ。実際には、連合会議がフィラデルフィアから出たら、国内での連合会議の権威が弱まるばかりか、海外でのアメリカのイメージも傷つくことになる、と彼は懸念していたからだ。

そして六月二日、連合会議をフィラデルフィアに戻すという決議に賛成したうえ、プリンストンへの逃避をぎりぎりまで先延ばしにしたことを裏書する声明を出すようにとマディソンをつついた。まるで訴訟で宣誓供述書を集めている弁護士のように、ハミルトンはこうマディソンに尋ねている。「私は急がせたいように見えただろうか？　むしろ、少しでも引き延ばそうという強い意志を示してはいなかっただろうか？」[*61]。するとマディソンは、うれしい返事をよこし、確かに、ハミルトンが、ハミルトンは最後の瞬間まで時間稼ぎをしていたと言ってくれた。これもまた、敏感なハミルトンが、二枚舌だとか利己的だとかいう当てこすりにすぐさま反論した一例だった。政治の世界では、実質ではなく外観が物を言うと確信していただけに、たとえ一時のことであれ、間違った印象が流れるのを放置しておきたくはなかったのだ。

合衆国憲法を先取りした決議案

フィラデルフィアの反乱は、アメリカ史に大きな影響を与えた。というのも、これによって、首都は州政府の意向に決して左右されないよう特別連邦区に置くべきだ、という考えが生まれたからだ。ハミルトンにとって、このエピソードは、連合会議に対する失望を強め、諸邦の民兵に頼ることの愚かさにますます落胆させられたにすぎなかった。その一方、連合会議が義務を果たしていないと責められるのは、連合会議が義務を果たす手段をまったく奪われている以上、不当な非難だとも考えていた。連合会議のひどい欠陥は、運営に問題があるのではなく、構造のせいなのだ。

ペンシルヴェニアの反乱が収まったのは、ハミルトンが連合会議に加わってから七ヶ月たったころで、この七ヶ月は、彼にとって精も根も使い果たすほど疲労困憊の月日だった。しかも、ニューヨークの代表五人のうち三人がこの間ほとんど欠席していたため、ハミルトンの負担はいっそう重かった。このころにはハミルトンは、この国は笑止千万の連合規約を修正する準備がまだできていないと考えるようになっていた。地方の政界の影響力があまりに大きかったからだ。「これまでの経験から、我々の現在の体制は非現実的であり、やがて我々はより良いもののためにこれを捨てる用意をすることになると考えざるを得ない」と彼はナサニエル・グリーンに語っている。[*62]

七月、プリンストンで足踏み状態だった時期、ハミルトンは連合規約修正のための会議を再び呼びかける決議案を書いた。この文書は先見の明があるもので、一七八七年に制定された合衆国憲法の特徴をすでに数多く含んでいる。たとえば、連邦政府は、立法、行政、司法の諸部門の一つとして独自の権限を持っており、連合会議（連邦議会）には課税権と軍隊を召集する権利がある。またハミルトンは、自由貿易原則に再び問いを投げかけ、「有害な通商が阻害され、好ましい通商が促進され、有用な製品や製造業が奨励される」よう連邦による貿易規制を強く訴えた。[*63] 彼の並外れた頭脳は、アメリカの将来の政府の大まかな構想をすでに具体化し始めていた。

だが、戦争が終わると、邦の主権を唱える者の多くは、常設機関としての連合会議の解体を求めるようになった。現行の連合会議は強力すぎると考えていたからだ。「平時には、連合会議の常時開会は不要だ」と、トマス・ジェファーソンも、連合会議に代えて委員会を設置するよう求めていた。[*64] こうして、強力な中央政府を求める人々と、諸邦に権利を戻したいと考える人々の間では、将来の戦線が徐々にではあるが確実に描かれつつあった。自分の書いた決議案が挫折したとき、ハミルトンは、この先細りで麻痺状態の連合会議にこれ以上ぐずぐずと長居して時間を浪費する必要はないと判断した。そして七月二二日、最終的な講和条約が到着したらそちらへ行く、とイライザに伝えた。「喜んでおくれ、私の天使。私たちの国がやってきた重要な仕事がうれしい成果を出す。これでもうすぐ、私たちはニューヨークで楽しく暮らせるようになると思う」。[*65]

オールバニーへ帰るに当たっては、ハミルトンは気難しいスカイラー夫人と同行するはめになった。そしてスカイラー夫人が、遠回りしてニューヨーク市を通ると言い張った結果、ハミルトンはニューヨークに立ち寄った際に、戻ってきた愛国派と親英派の間に緊張が生じかけている嫌な気配を感じた。しかも腹立たしいことに、トーリー派の実業家が逃げ出していた——

四月だけで、七〇〇〇人もがノヴァスコシアへ向けて出航していた。このような大量の脱出が続けば、経済が崩壊してしまう、と彼は懸念を覚えた。

オールバニーに戻ると、動揺したハミルトンはロバート・R・リヴィングストンにこう書き送った。「多くの二流の商人、政治的に重要ではない人々、これらの人々がそれぞれ八〇〇〇から一万ギニーを携えて、船出する申し込みをしていると聞いた。我らの邦は、この先少なくとも二〇年は民衆の狂乱の影響を感じることになろう」[*66]。

英国軍撤退後のニューヨーク

かつてのニューヨーク市は、一〇〇年以上にわたって、一七八三年一一月二五日を撤退記念日として祝っていた。この日は、七年に及ぶ英国軍の占領と戒厳令から解放された日だった。マンハッタンの南端では、むっつりとした英国兵が、恨めしげな様子で別れの印にグリースを砦の旗ざおに塗る傍ら、最後の英国軍が、港で待つ輸送船へと運ばれていった。英国軍がこの占領地最後の駐屯地を放棄すると、ヘンリー・ノックス率いるアメリカの英雄たちが隊列を組んでやってきて、新たに立てた旗ざおに、ノックスがアメリカの旗を高々と掲げた。そして、一三発の祝砲が鳴らされ、旗が打ち振られ、群衆が熱狂して歓声を上げる中、ジョージ・ワシントンとジョージ・クリントン知事が、ウェストチェスター軽騎兵隊の護衛の下、馬を並べて町に入り、その後ろを、大勢の市民や兵士が八列に並んで行進した。

この長い凱旋行進は、通りを埋め尽くす興奮した群衆の叫び声を集めながら、バッテリーまで延々と続いた。今やアメリカには、英国支配の痕跡はまったくなかった。だが、この戦いは長くつらい日々で——八年間もの戦争は、ベトナム戦争が起きるまでは、アメリカが戦ったもっとも長い戦争だった——途方もなく多くの血と財産が費やされた。ゴードン・ウッドによれば、アメリカ側の戦死者二万五〇〇〇人は、全人口の一パーセント近くに相当し、これを上回る割合の戦死者を数えたのは南北戦争だけだったという。[*67]

群衆を眺めていたワシントンは、街角のあらゆるところに戦争の破壊の跡が残っているのに気づいただろう。このバッテリー地区は一七七六年九月の大火で荒れ果てたが、英国軍はまったく再建していなかった。今やここは、テントとあばら家ばかりの貧民窟と化し、骨組みだけになった大邸宅の廃墟や屋根の落ちた住宅が所々にあるだけだった。そして、雑草がはびこるゴミだらけの通りを牛が歩き回っていた。

未来の市長ジェームズ・ドゥエーンは、かつての地所を見て、「まるで野蛮人か野獣が住んでいたかのようだ」と嘆いている。[*68]しかも、英国軍にまきを提供するため、フェンスが抜き取られ、木々が切り倒され、波止場も朽ち果てるがままになっていた。「干潮時には、ドックや船台に残った泥から臭い蒸気が立ち上ってくる」と、ある訪問者は書いている。「そして、嫌なにおいがするのは、樽詰めのニシンさながらに、非常に狭い場所に非常に多くの人々がひしめき合っているうえ、彼らのほとんどがきわめて不潔で、何らかの病気にかかっている者も少なくないからだ」[*69]。

ハミルトンは、こうした荒廃を解決するための計画をすでに考え始めていた。廃屋を修理したり空き地に小屋を建てたりするのではなく、「大きく豪華な建造物を建てれば」、町の工員や職人が「実入りのよい長く勤められる職場」を見つけられるだろうと述べている[*70]。

こうした物理的変化に比べれば、それほど目につかないものの、同じくらい重大だったのは、平和が近づくにつれて大きな人口統計学的変動が起きたことだった。英国の勝利の望みが消えると、多くの忠誠派が護送船団に群がるように乗り込み、英国やカナダやバミューダ諸島へ脱出した。そして入れ替わりに、愛国派が大量に流入し、ニューヨークの人口は、撤退記念日には約一万二〇〇〇人だったのが、わずか二年後には二万四〇〇〇人にまで倍増して、ニューヨークはボストンやボルティモアをしのぐ規模の大都市へと急速に発展したのだ。この新しい移住者や帰郷者の波は、食料や燃料や賃貸住宅の価格を急激に押し上げた。

ニューヨークに滞在したのはわずか一週間あまりだったが、その間にワシントンは、愛国派のためにスパイ活動していたせいでトーリーではないかと疑われていた数名の面目を守ってやった。偶然か否か、そのうち二人は、ハミルトンのキングズカレッジ時代の知人だった。ニューヨークへ入った翌朝、ワシントンは例の饒舌なテーラー、ハーキュリーズ・マリガンと一緒に朝食を取った。マリガンは、顧客の英国人将校をひそかに探ってきたスパイだった。その真に愛国的な行動をめぐる疑いを払拭するため、ワシントンは彼のことを「自由の真の友」だと明言した。[*71]

またワシントンは、都会的な発行人ジェームズ・リヴィングトンの本屋にもふらりと入っていった。ハミルトンがまだキングズカレッジにいたころ、アイザック・シアーズと「自由の息子」に襲撃された男の店だ。戦争が終わると、リヴィングトンは自分の新聞の紙名から「ロイヤル」を取り去り、題字の部分にあった英国の紋章も外して、仕事を続けようとしたが、結局は発行中止に追い込まれていた。しかし実際には、彼は愛国派のいわば通信係だった。彼の盗んだ英国艦隊の暗号表が、ド・グラース提督に渡ったこともあった。ワシントンは農業関係の本を見るふりをして、リヴィングトンと一緒に奥の部屋に消えると、金貨の袋を彼に渡して労に報いた。

一二月四日、ワシントンはブロードストリートとパールストリートの交差点にあるフローンシス亭で、将校たちに涙の別れを告げた。そしてここでも、軍将校は共和国の公僕にすぎないのだと強調した。ハミルトンは戦時中四年にわたってワシントンの側近だったが、この歴史的な別れの挨拶の場にいたという証拠はない。特記すべきことにハミルトンが居合わせなかったとすれば、それは、彼がまだワシントンの仕打ちに内心傷ついていたということだろう。ワシントンが、ハミルトンを招くだけの度量を持っていなかったなどということはあろうはずがない。この後ワシントンは、言葉を失った崇拝者たちを従えてホワイトホールストリートをゆっくりと歩いてゆき、艀に乗ってニュージャージーへと去っていった。

実はこれよりわずか数日前、アレグザンダーとイライザ、そして赤ん坊のフィリップは、フローンシス亭から程遠からぬウォールストリート五七番地（後の五八番地）にある一軒家を借りていた。西インド諸島出身の流浪の若者は、ここで生まれて初めて本当のホームタウン、永住の地を得たのだった。

当時の基準から見ると、ウォールストリートは広く立派な大通りで、多くの有名な商人たちがここに居を構えていた。ただし、ハミルトン一家の住まいがあったのは、それほど高級ではない東端の、店舗や事務所が集まる一角だった。そしてアーロン・バーとシオドシアが、上品なウォールストリート三番地に住んでいた――バーが誇らしげに語った言葉を借りれば、ウォールストリートとブロードストリートの角の「シティホールの一軒置いた隣」だった。[*72] アレグザンダー・ハミルトンとアーロン・バーの人生は、まだ並行していた。二人ともほぼ同時期にオールバニーで司法試験に合格し、今や同じニューヨークの通りに住んで、ほぼ同時期に弁護士の仕事を始めたのだ。

長年従軍した後だけに、ハミルトンは早急に金を稼ぐ必要があり、フルタイムの政治活動は避けるようにしていた。だが撤退記念日から一ヶ月後、ある新聞記事が目に留まった。それは、彼がニューヨーク議会の議員候補として指名推薦されたと報じるものだった。ハミルトンはこの名誉を礼儀正しくも断固として否定し、その新聞にあててこう書き送った。「公職を断るつもりなら、我が同市民の皆さんの票を寸分たりとも迷わせることのないよう、私の決意を表明してておくべきだと思う」[73]。

結局、選挙では、「自由の息子」と関係がある地元のポピュリストが圧勝し、トーリーに対して懲罰的な施策が数多く取られた。ハミルトンはこうした復讐に果敢に立ち向かい、迫害を受けているトーリーを守って、彼らが追放の憂き目に合うのを阻むのに東奔西走した。

おそらく、ニューヨーク市の戦後の再建——町の将来の発展については言うまでもない——に誰よりも関係したのは、アレグザンダー・ハミルトンだろう。やがてアメリカの商業と金融の中心地となる町で、彼は頭角を現すよう運命づけられており、ニューヨークの未来像をきわめて包括的に明言していた。それでも、彼のビジョンはまだ不完全だった。撤退記念日直後のあるディナーパーティの席でのこと、ハミルトンほか、やがて町の指導者となる運命にあった教養ある若者数名が、地元の不動産に投資すべきか、それとも邦の北部の未開の森林地帯に投資すべきか、議論を交わしたことがあった。ハミルトンの息子のジェームズは、この話を次のように語っている。

ジョン・ジェイはニューヨークが好きで、ここで土地を買い、運をつかむ手段とした。投機のおかげで彼は金持ちになった。(中略)だが、私の父を含め、逆の見方をして州北部の郡の土地に投資した者もいた。荒地は一エーカー当たり数セントで買えたが、なかなか人が住み着かなかった[74]。

この最後の言葉は、かなり控えめだ。アレグザンダー・ハミルトンがはるか北部の森林の土地を買い、当時は二束三文だったマンハッタンの不動産を買うチャンスをつかみ損ねたことは、彼が経済に関する判断を大きく誤ったことがあまりなかっただけに、ひどく目立つ判断ミスの一つと言わねばならないだろう。

CHAPTER

10

A Grave, Silent, Strange Sort of Animal

重々しく物静かで奇妙な代物

金には無頓着

戦後のニューヨークで若き弁護士として出発したときから、ハミルトンは社交界の花形だった。派手ではないが、いつもきちんとした粋な格好をしていた。彼の帳簿を見ると、彼がファッションに気を使っていたことがわかる。フランス人テーラーを定期的に訪れているのだ。彼の上品な服装は肖像画で確認できる。ある絵では、真鍮のボタンと金の縁飾りが付いたラペルのダブルの上着を着て、首には、ひだ飾りの付いたレースの胸飾り《ジャボ》を品よく巻いている。あるフランス人歴史家はこう言った。「彼は礼儀作法と絹の靴下と美しい靴の締め金の時代の人間だった[*1]」。

また彼は、その赤みがかった茶色の髪の手入れも廷臣並みに入念だった。息子のジェームズは、日課だった散髪について次のように書いている。「私がニューヨークの父の事務所に行くと、贔屓の床屋に手入れをしてもらっていた（これは父の日課だった）。後ろの髪が長く、それを編んでクラブ形に結って、黒のリボンで留めた。前髪はポマードをつけ髪粉をふってから、くしを入れて後ろへなでつけた[*2]」。

ハミルトンを描いた画家の多くは、そのばら色の頬と彫りの深い青い目に控えめな笑みを浮かべさせて描き、精神的な鋭敏さ、内に秘めた喜び、屈託ない鷹揚さといった印象を伝えている。そして、彼の力強く彫りの深い顔立ち、特に鋭い印象を残す鼻とあごが、独特の横顔を生み出している。実際、彼の家族は、ジェームズ・シャープルズの描いた横顔の像――前向きの肖像ではなく――が、一番本物そっくりの肖像だと考えていた。

ハミルトンの友人たちは、彼の魅力を褒めちぎることが多かった。フェデラリストの盟友フィッシャー・エームズは、ハミルトンの友情を称えてこう言っている。彼は「ひたすら友の友である（中略）ため、友人の愛情に対する彼の力は、完全にして終生続いた」[*3]。また、ハミルトンをベタ褒めすることの多かったジェームズ・ケント判事から見れば、ハミルトンは「非常に人好きのする、寛大な、心優しい、慈悲深い性質に恵まれていた。彼ほど自然体で気取りのない人には会ったことがない。彼を愛し尊敬し称賛することをせずにいることなどできなかった」[*4]。

だが、彼を間近で見ていた人間の中には、真面目くさっていたかと思うと急に陽気にはしゃいだりする彼の豊かな表情について、逆のことを見て取った者もいた。ボストンの弁護士ウィリアム・サリヴァンは、ハミルトンの顔の対照的な表情を指摘している。「休息しているときには、かなり真面目な、考え込んでいるような顔をしていたが、話し始めると、たちまち魅力的な笑顔になった」[*5]。こうした真面目な顔と陽気な顔の混在こそ、まさに彼の性格の本質だった。彼の孫はこう書いている。ハミルトンの性格は「攻撃的な力と無限の優しさや愛想よさとが入り混じっているもの」だった。[*6]

初めのころ、ハミルトンの交際相手の大半は、ニューヨークの弁護士仲間だった。当時のニューヨークの弁護士界は、まだ少人数でクラブ的な雰囲気を持っていた。一七八六年のニューヨークの紳士録では、「法律家、弁護士、公証人」の項目には約四〇名しか記載されていない。しかも、トーリーの弁護士の多くが町を出たおかげで、バー、ブロックホルスト・リヴィングストン、ロバート・トループ、ジョン・ローランス、モーガン・ルイスといった、二〇代終わりから三〇代初めの野心的で有能な若手に道が開けていた。彼らは法廷の中でも外でもしょっちゅう顔を合わせた。大抵の時間は、一緒に巡回裁判に出かけていた——ちなみに、裁判官も一緒のことが多かった——ので、ニューヨーク北部のでこぼこ道を粗末な駅馬車でがたがた揺られながら一緒に長旅をし、タバコの煙が立ち込める混雑した宿屋に一緒に泊まったうえ、たがいにベッドを共有しなければならないことも多かった。そしてこうしたことから、多くの政争を乗り越える仲間意識が生まれた。

ハミルトンの扱っていた事件は大半が民事だったが、刑事も手がけていた。彼はこうした仕事の助手として、バルサザール・デ・ハートとパートナーシップを結んだ——デ・ハートは以後三年間勤めたが、ハミルトンの弁護士業務を分担したのか、それとも事務のほうの管理をしたのかは不明だ。

また、ハミルトンはまだ司法試験に受かったばかりだったが、彼のもとには向上心溢れる弁護士の指導をしてほしいという依頼も殺到した。そして、ジョン・アダムズを含め多くの著名人の子息を預かって教えた。彼の若い弟子にとっては、ハミルトンは厳格なボスだったようだ。初期の弟子の一人でイェール大学を出たばかりだったダーク・テン・ブルックは、元のクラスメートに手紙を書き、この小柄だがエネルギッシュなボスのもとで実習していることについてこうこぼしている。「だが今や、かつてはあれほど近くに見えた幸せなどすべて消え、私は法律の勉強にどっぷりと浸っている。この勉強を達成するには、あらゆる喜びを犠牲にする必要があり、たゆまずに専念しなければならない。(中略) つらい時間ばかりだ」[*7]。

後には、英国から賄賂を受け取ったなどという陰謀の噂も出たが、実際のところ、ハミルトンは金には比較的無頓着だったようだ。彼の報酬が安いことに驚いた同時代人は多い。ラ・ロシュフーコー＝リアンクール公爵はこう述べている。「金に関心がないなどということは、どこであれごく稀にしか見られないが、ましてアメリカではごくごく稀だ。ところが、これがハミルトン氏のもっとも広く知られている特徴の一つとなっている。彼の今の仕事は非常にもうかる仕事であるのにだ。彼の依頼人から聞いたところでは、彼の粗探しをするなら、それはただ一つ、彼の要求する報酬が控えめなことだという」[*8]。ロバート・トループも、ハミルトンは自分が正当だと思う金額よりも大きな額の報酬を渡されたら、受け取りを拒否していたし、訴訟を起こす代わりに調停や示談に持っていくほうを好んだと言っている。

ハミルトンの息子のジェームズも、父親の良心的な弁護士活動を示す出来事を二つ語っている。一つは、ロングアイランドの地所の遺産管理人が、相続人の一部から訴えられ、ハミルトンを雇おうとした一件だ。その依頼人は、ハミルトンにすぐに引き受けてもらえるようにと、まずハミルトンの書き物用テーブルの上に金貨の山を差し出してから、事件について話し始めた。その男が話し終えると、「ハミルトンは金貨を押し返して言った。『そのような訴訟でしたらお引き受けしかねます。このお金を持ってお帰りください。そして即刻相続人と話をおつけになるがよい。しかるべく公正を期して』」[*9]。またもう一つのほうは、グーヴァヌアという人の依頼をきっぱりと断った一件だ。ある人が請求書を水増ししたのを、グーヴァヌアが「弁護士風」のやり方だと言って非難したと知ったためだった。ハミルトンは辛辣な口調でグーヴァヌアにこう説教したという。そのような振る舞いは、「この職業の者なら誰でも気持ちの良いものではありません。まともなデリカシーの持ち主ならば、この職業の遂行についてそのような考え方をしていると公言なさるような方の仕事は断らざるを得ないものです」[*10]。

活気溢れる港町であり金融の中心地でもある町の弁護士として、ハミルトンは為替手形や海上保険をめぐる訴訟を数多く扱った。また彼は、憲法の要点を立証するような事件に惹かれた。しかし、ハミルトンのことを雲をまとうオリュンポスの神々のごとく超然とした弁護士だと考えるだけだとしたら、それは誤りだ。彼は刑事事件で貧しい人々の弁護を無料で引き受けたこともあり、報酬代わりにハム一樽だけを受け取ったこともある。

特に、困窮した女性を助けたがるという救いがたい弱点があった。たとえば一七八六年一二月、彼はバーバラ・ランサマーというオールドミスの弁護を引き受けた。彼女は扇子やレースなどの高価な品物を盗んだとして起訴されていた。「私は彼女に何か弁明はあるかと尋ねた」とハミルトンは後に振り返った。「彼女は何もないと答えた」[*11]。現代の多くの弁護士とは異なり、ハミルトンは依頼人が潔白だと思われる場合だけ弁護を引き受けていたが、このランサマーに関しては、自分の主義に背くことにした。そして、厚かましくも哀感たっぷりの弁論で、彼女の無実を陪審に納得させてしまった。

その時のことを彼はこうかいつまんで語っている。「女とは弱いものだから、男の庇護が必要なのだ。この点を基に、私は陪審の同情を引こうとし、それが大成功して、『無罪』の判決を得た。だがこの時、勝つべきではないと思われる訴訟は二度と引き受けまいと心に決めた」[*12]。また同じ年、ハミルトンはジョージ・ターナーという「決闘を行い、喧嘩をし、治安を乱した」として起訴された男の弁護に立った。これもまた、ハミルトンは後に仄めかしたほど決闘が嫌いだったわけではなかったのだろうと思わせる一件だ[*13]。

共和国で最高の弁護士

ハミルトンは初期の共和国で最高の弁護士の一人と見なされていたし、確かにニューヨーク屈指の弁護士だった。法曹界の大物を数多く法廷で見ていたアンブローズ・スペンサー判事は、ハミルトンについてこう明言している。「この国が生んだもっとも偉大な男。（中略）論証の力においては、ハミルトンは［ダニエル・］ウェブスターに匹敵し、これ以上だと言える者はほかにいなかった。そして想像力にかけては、ハミルトンはウェブスターをはるかに凌いでいた」[*14]。

後の最高裁判事ジョゼフ・ストーリーも、やはり熱烈な賛辞を呈している。「サミュエル・デクスター、ジョン・マーシャル、［ロバート・R・］リヴィングストン大法官から聞いた話では、ハミルトンの思考力は彼らをはるかに超えているため、彼のそばにいると、彼らはまるで小中学生なのだという――あたかも真昼の太陽の前で燈心草ろうそくを持っているかのようだとか」[*15]。

このような伝説的な名声はどこから出たのだろう？　ハミルトンは法廷で芝居がかった言動をするのが好きだった。しかも、耳に心地よい声に加え、夢に誘い込むようなまなざしをしていたうえ、自ら気分を盛り上げて、聞く者の心まで奪うほどの激情を演じることができた。

一七八五年一月、判事のジェームズ・ケントは、ハミルトンとロバート・R・リヴィングストン大法官の対決を目の当たりにした。リヴィングストン大法官は、ハドソン川沿いの広大な地所の南にある土地も自分のものだと所有権を主張して訴訟を起こし、その訴訟で自らが自らの代理人を務めていた（大法官というポストは、ニューヨーク邦の司法の頂点にある地位の一つだった）。

ニューヨーク有数の名家の一員であるリヴィングストンは、長身で自信に満ちた人物で、その振る舞いも、生まれながらの上流階級特有の自然な気品に溢れていた。対照的に、ハミルトンの流儀は、熱に浮かされていると言ってもよいほどだった。「彼は強烈な反論に激高しているように見えた」と後にケントは述べている。「唇を絶えず震わせ、大法官の弁論のときには忙しくペンを走らせていた。それから、もったいぶって立ち上がると、二時間ほどだろうか、自分の申し立てを立証する弁論を行った。彼の答弁はよどみなく、非常に真摯な態度と力強い表情を伴っていた[*16]」。

文章を書く場合と同じく口頭でも、ハミルトンの淀みない弁舌は、時に長広舌になることもあった。ハミルトンはニューヨークの法曹界では随一の強靭な肺の持ち主だったし、完璧な構成の演説を即興で何時間も続けることができた。しかし、たえずフル回転している頭脳を持っていることがいつも役立つとは限らない。

ロバート・トループは、饒舌なハミルトンはやめ時を知らないと次のようにこぼしたことがある。「彼によく言ってやったものだった。君は［相手の］頭をノックアウトするだけでは満足できず、耳のあたりをブンブン飛び回っている小さな虫を全部消してしまうまで続けてしまうと[*17]」。

またトループは、やがてハミルトンは公事に気を取られすぎるようになったため、法律に精通するチャンスを逃したとも考えた。おそらくそのとおりだろう。とはいえ、ハミルトンは忙しすぎて、枝葉末節にこだわっておられず、事件の基本原理だけを調べていたという面もある。「他の者にとっては、法は商売だが、彼にとっては科学だった」とフィッシャー・エームズは述べている。[*18] ハミルトンは相手方の弁護士も自分の得意分野に引き込んでいた。最初は用語の念入りな定義づけから始め、次に先例を長々と引き合いに出したのだ。また、引用しようと考えている法学の権威の言葉やラテン語の語句を長いリストにして、法廷に持ち込んでいた。その出典は実にさまざまなうえ、難解で予想外のものだった。彼の弁護士活動の業績をまとめたジュリアス・ゲーベル・ジュニアはこう述べている。「ハミルトンが行った研究は、英国法だけではなかった。基本的なローマ法の引用に加え、フランス人のドマ、オランダ人のヴィンニウス、スペイン人のペレスなどの外国の学者の引用も行っていたからだ[*19]」。

ライバル弁護士アーロン・バー

このころ、アレグザンダー・ハミルトンとアーロン・バーは、若手弁護士として良きライバルだった。同じ弁護団で一緒に働いたこともあったが、敵味方に分かれていることのほうが多かった。ハミルトンは、政治的対立をディナーパーティや客間での社交の席にまで引きずることはしなかったので、バーとも仲良く付き合った。二人の初期の関係について、後にハミルトンはこう述べている。「政治的にはつねに対立していたけれども、つねに友好的な関係だった。私たちは同時期に法律実務を開始したが、政治的には正反対の方向を向いていた。バーはついてこいと私を手招きし、私は一緒に来いと彼に助言した。私たちは同意見になることはできなかった[*20]」。

バーの友人コモドア・トマス・トラクストンは、この政治以外のことでは仲が良かったという話をこう裏付けている。「二人とも、互いの家や友人宅などで一緒のときには、楽しく過ごそう（中略）としているのがいつも見て取れた」[*21]。バーとハミルトンは、自宅での夕食に招き合っていたし、バーの妻のシオドシアも、イライザのもとを訪ねる仲だった。一七八六年には、バーとハミルトンは、フラットブッシュのエラスムス・ホール・アカデミー（現在ニューヨーク州最古の中等学校であるエラスムス・ホール・ハイスクールの前身）の設立資金にも一緒に協力した。

ハミルトンとバーの人生には、奇妙な偶然の一致が数多くあるが、彼らの出自はまったく異なる。バーは、当時アメリカにまだ存在していたような昔ながらの上流階級を体現していたし、ハミルトンのほうは新しい実力主義の体現者だった。ハミルトンよりも一つ年下、一七五六年二月六日生まれのバーは、華やかな家柄を誇っていた。母方の祖父ジョナサン・エドワーズは、カルヴァン主義の神学者でニューイングランド第一の牧師と考えられており、そのエドワーズの三女エスターが結婚した相手が、プリンストン大学学長になった古典学者で神学者のアーロン・バー師だった。

幼いころのバーは、生まれたときから大事に守り育てられ、恵まれた子供時代を送ったが、恐怖に満ちたものでもあった。バーが生まれたころ、大学はニューアークからプリンストンへ移転中で、一七五六年の終わりに、一家は新しい学長寮に引っ越した。それから、悪夢のような出来事が次々と続いた。

まず一七五七年九月、アーロン・バー・シニアが四二歳で亡くなり、その五ヶ月後、学長の舅のジョナサン・エドワーズが次の学長に就任した。ところが、エドワーズの就任直後、今度は、コネティカットで牧師をしているエドワーズの父親が死去したという知らせが届いた。しかも、当時のプリンストンは天然痘に襲われており、エドワーズは予防接種が仇になってたちまち天然痘に罹り、着任後わずか二週間で死亡した。さらに、バーの母親のエスターも天然痘に倒れ、二週間後に父親の後を追った。

そして、医師のウィリアム・シッペンが、孤児となったバーと姉をフィラデルフィアの自宅に引き取った。やがて、祖母のエドワーズが子供を引き取りに来たが、その直後、彼女も悪性の赤痢にかかって死亡した。こうして、一七五八年一〇月には、二歳のアーロン・バーはすでに、両親、祖父一人、祖母一人、曽祖父一人を失っていた。こうした恐ろしい出来事の記憶はまったくなかったけれども、バーは身内の死という点ではハミルトン以上だった。

その後、バーはおじのティモシー・エドワーズ師に引き取られ、マサチューセッツのストックブリッジとニュージャージーのエリザベスタウンで育ち、のちにハミルトンが学んだのと同じ長老派系の学校へ通った。そして一三歳でプリンストン大学に入り、優秀な成績を収めて学位授与式のスピーチも行った。「空中の楼閣建設」と題したそのスピーチは、むなしい夢にエネルギーを浪費することを批判するものだった。卒業後、バーは義理の兄であるコネティカットの法律家タッピング・リーヴのもとで法律を学び始め、それから勇敢にもアメリカ独立革命に参加した。

ハミルトン同様、完璧な仕立ての服を身に着けたバーは、気品溢れる男だった。きらきらと輝く瞳、ふっくらとした唇、そしてまゆはくっきりとした弓形を描いていた。機知に富み、都会的で、物に動じず、男性も女性も等しく魅了した。後にはジェファーソン主義に擦り寄ったものの、ある種の貴族的な尊大さ、享楽的な嗜好、金儲けに対するかすかな嫌悪を決して失わなかった。

自制心があれば他人を操ることができるようになると信じ、どのような時でも冷静沈着で、話し上手というよりもむしろ聞き上手だった。ハミルトンが苛立ちを露わにしやすかったのに対し、バーはその謎めいた表情の奥に感情を隠していた。何か間違いや不正を告白されたときでも、バーは冷静に、「謝罪も弁解もいらない。どちらも嫌いだ」と言うだけだった。[*22]ハミルトンとは異なり、バーは不満や腹立ちを口にせず長いこと心にしまい込んでおくことができた。

ハミルトンは短所や誤りを歯に衣着せず指摘するのが常だったが、バーは根っからの秘密主義者だった。本人も謎めいた不可解な男だという自分の評判を誇りに思っており、自分のことを三人称でこう書いたこともある。「彼は重々しく物静かで奇妙な代物で、彼のことをどう判断したらよいのかわからないほどだ[*23]」。

政治家としてのバーは、一人ずつ内々で語りかけるのが常だった。大学時代から、姉や同窓生に暗号文の手紙を書いており、こうした自己防衛の習癖が抜け切ることはなく、新聞に意見を掲載したこともなかった。ウィリアム・プルーマー上院議員はこう述べている。「バーは、できるものなら新聞には意見を載せたがらなかった。何か書くときには、慎重に慎重を重ねていた」[*24]。バーは自分の弁護士事務所の事務員にこう言ったことがある。「書かれたものは残る」[*25]。この言葉は、バーの政治家としての特徴を示してもいる。彼は立場を明確にしたがらないことが多かったカメレオンで、故意に曖昧な態度を取ることにかけては天才だった。

また、彼の意地悪い毒舌にかかると、何もかもが気の利いた世間話になったばかりか、彼は面白くてショッキングなことを言うのを好んだ。ニューヨークで黄熱病が流行していた時期、彼はこう書いている。「私たちは相応の速さで死んでいる。だが、スミス夫人が今朝双子を産んだから、これで差し引きゼロだ」[*26]。対照的に、ハミルトンの書いたものは真面目すぎて、少しばかり雰囲気を軽くするくだらない無駄話でも欲しい気がする。

不可解なことに、アーロン・バーは建国の父の一人と見なされることが時々ある。ワシントン、ジェファーソン、マディソン、アダムズ、フランクリン、そしてハミルトンは皆、大部の著作集に相当する大量の文書を書き残しており、それらには深い熟考の跡が詰まっている。彼らは高邁な理想のために闘っていた。ところがバーの場合には、わずか二巻の書簡集がやっとで、しかも、ゴシップや無駄話、滑稽な逸話、自らの色事をめぐるきわどい余談ばかりの手紙が多い。政策や憲法問題、政府の機関については、重要な文書などまったく書いてはいない。

ハミルトンが政治よりも政策に関心を寄せることが多かったのに対し、バーは政治だけに興味があったようだ。イデオロギー的に大きく分裂していた時期、バーはすばしこい日和見主義者で、仲間の政治家が政治的信念を固持していたなか、甘い汁を吸おうと策動していた。ハミルトンはバーについてこう述べている。「持論などないほうがよいというのか？　何もしない男のことを計画的だとか有能な政治家だとか言えるのか？　私はそうは思わない[*27]」。ハミルトンがバーについて語ったものには、さらにもっと辛辣な非難もある。「市民生活において、彼は社会に大いに役立つような方策をただの一つも考え出しはしなかったし、考え出す手助けもしなかった[*28]」。

バーが政策に特筆すべき貢献をしなかったことは、非常に聡明で博学な人物であるだけに不可解だ。彼は乱読家だった。ニューヨーク・ソサエティ・ライブラリーの記録によれば、バーは一七九〇年にヴォルテールを九巻続けて読んでおり、次には一年半かけて『近代万国史』（*Modern Universal History*）全四四巻を読破している。

当時、メアリ・ウルストンクラフトのフェミニズムの古典『女性の権利の擁護』（邦訳未來社）を読んで熱心に勧めた男がいったい何人いただろうか？　彼は教養ある妻にこう言ったという。「間違いなく、女性にとって彼女こそ有能な代弁者だ[*29]」。とはいえ、このようなバーは、妻に残酷な言葉を投げつけることもできた。彼女の手紙への返事に、彼女の書いていることは「これまで君から頂戴した中で間違いなく最高にばかげたものの一つ」だと辛辣なことを書いたこともあった[*30]。

政治家としては深くものを考えることをしなかったが、バーは弁護士としては有能だったし、ニューヨークの法曹界での名声も、ハミルトンと肩を並べるほどだった。ただしバーは、ハミルトンのほうが、時に長舌な大言壮語に陥ることはあるにしても、優れた演説家であることを承知していた。また、新聞紙上でハミルトンに挑戦しても誰も勝てない、ともバーは言っている。[*31]

それでも、バーの仕事仲間の中には、バーのほうがハミルトンよりも優れた弁護士だったと見ていた者もいた。問題の核心にまっすぐ迫るタイプの弁護士だったという。「弁護士としても学者としても、バーはハミルトンに負けてはいなかった」とエラスタス・ルート将軍は述べている。「彼の推理力は、少なくとも同等だった。二人の議論の方法がまったく異なっていたのだ。(中略)二人が法曹界でライバルだったとき、私は二人についてよくこう言ったものだった。バーが一時間半で語ることを、ハミルトンは二時間かかると。バーは簡潔で説得力があったが、ハミルトンは流暢で熱狂的だった[*32]」。ハミルトンは相手を議論で圧倒し、バーは狡猾な計略や意外な策略で勝っていた。

ハミルトンも、バーの法廷での機略縦横ぶりを認めていたが、それでも、そのうわべの下に空疎さを感じ取っていた。「確かに、弁護士としての彼は、妥当な判断と優れた論理よりも、むしろ巧妙さや抜け目なさのほうが際立っていた」とハミルトンは述べている。[*33]また、こう具体的に批判したこともあった。「彼の法廷での弁論は簡潔だった。語り口も感じがよく、態度はもっと感じがよかった――人の心を引きつけるようなものだった。だが、彼の弁論を分析してみると、何が素晴らしいのかまったくわからない[34]」。ハミルトンは法を崇敬していたが、バーは法に少しばかりうんざりしているように見えることや、法に対して斜に構えているように見えることが多かった。「法とは、うまく論じてもっともらしく主張するものだ」とバーは明言したこともある[35]。

ハミルトンとバーの競争意識が、若いころの弁護士活動に端を発していたことは、バーの伝記を書いたジェームズ・パートンの記述からも確認できる。それによれば、二人が初めて共同弁護人を務めたとき、どちらが最初に弁論を行い、どちらが締めくくりの弁論を行うかが問題になった。慣習では、首席弁護士が最終弁論をすることになっており、ハミルトンは首席弁護士になりたいと望んだ。バーはこのあからさまな虚栄心に腹を立て、ハミルトンが主張しそうなことをすべて冒頭陳述で述べてしまおうとした。この作戦は非常に効いたらしく、ばつの悪い思いをしたハミルトンは、結局何も言えなかったという。もしこの話が本当なら、これはアレグザンダー・ハミルトンが言葉を失った数少ない時の一つということになる[36]。

忠誠派擁護で非難される

ニューヨークの弁護士であったハミルトンは、革命の興奮から落ち着いた法の支配へと、国がうまく移行していくよう手助けするのに格好の立場にいた。だが、平和の維持も、戦争の遂行と同じように危険に満ちた仕事になるとわかっていた。長年の戦争によって荒れた人心を建設的な方向へ向けることなどできるのか？　独立革命は本質的に多種多様な集団を一つに結びつけていたが、戦友というきずながなくなったからには、階級、地域、イデオロギーといった軋轢の種が、新しい国をばらばらに引き裂いてしまうのではないのか？

こうした問題は、とりわけニューヨークで焦眉の急を告げていた。英国軍の砦だったからだ。戦争の前でさえ、ニューヨークはほかのところに比べて革命に乗り気でないように見えることが多かったうえ、英国軍の占領も、ニューヨークが一番長期に及んだ。戦争中、多くのニューヨーカーは、様子見を決め込むか、完全に英国に味方するかのいずれかで、英国軍の撤退を残念な思いで見送った者も少なくなかった。これを知っていたハミルトンは、ニューヨーカーについて、こうロバート・モリスに語ったこともある。戦争が勃発したとき、「彼らの半分近くは、自分らの自由よりも英国に愛着を覚えると公言していた。（中略）まだ三分の一は、敵側についていたいと密かに願っているとまで言ってもよいのではないかと思う」[*37]。

しかも、愛国派の多くは、忠誠派に同情する気にもあまりなれなかった。忠誠派は裕福な英国系の商人や昔からの社会のエリートであることが多かったからだ。さらに悪いことに、ニューヨーク市では、英国軍が多くの残虐行為を働いた。大勢のアメリカ兵がイースト川に停泊する英国の不潔な監獄船に収監され、不衛生な環境、病気、栄養失調、残忍な虐待のために、なんと一万一〇〇〇人もの捕虜がそうした監獄船で命を落としていた。こうした死者の遺骸は、何年も後になってからもまだ川岸に漂着した。このような言語に絶する行為を、どうしてニューヨーカーが許せるというのだろう?

一七八三年八月にハミルトンがニューヨーク市を回ったとき、すでに街角では、帰還した退役軍人が戦争中に自分たちの家に住んでいた住人から延滞家賃や損害賠償金を取ろうとしたあげくの乱闘が、日常茶飯事となっていた。多くの愛国派にとっては、トーリーは裏切り者でしかなく、復讐を止めさせようとする者は誰であれ敵だった。

アレグザンダー・ハミルトンは、勇敢にもこうした不運な標的となった。彼があのような殉教を選んだ動機については、長いこと論議の的になっている。裕福な忠誠派の顧客を大勢獲得したから、英国の金が欲しくて魂を売ったのだ、という皮肉な見方もあり、ハミルトンは愛国派の地主の手先だったという説もある。

地主たちは戦後の急進主義の台頭を恐れていたので、保守的なトーリーと手を組みたいと考えたというのだ。結局のところ、まずトーリーの地所を襲ったら、次に愛国派が狙うのは自分たちの領地ということになるのではないのか? ハドソン川流域の大地主の多くは、戦前、社交界でもビジネス界でも裕福な忠誠派と接触があり、戦後も忠誠派を協力し合える可能性のある相手と見ていた。実際、ハミルトン自身、後には進歩的な地主たちや元トーリーと協力し、ニューヨークの連邦派の中核を形成した。

ハミルトンが忠誠派を擁護した動機は本当のところ何だったのか、その全容は複雑だ。彼は、アメリカという国の評判はアメリカが打ち破った敵の扱い方で決まる、と考えていたので、戦時中の苦々しい思いを卒業して、平和にふさわしい許す姿勢を示したいと考えていた。彼にとって、復讐はぞっとするものでしかなく、階級間の妬みや集団的な暴力は前々からつねに心配の種だった。

また、彼の態度には経済的な理由もあった。トーリーが逃げ出したせいで、資本までもが流出してしまったことを残念に思っていたし、主要な港湾都市ニューヨークの将来に欠かせない貿易上のきずなが犠牲になるのを恐れていたのだ。また彼は、アメリカが生き残れるかどうかは、有産階級の支援にかかっていると主張していたが、当時ニューヨークで迫害され、忌み嫌われ、追い出されているのが、その有産階級だった。

さらに、ハミルトンが傷を負った忠誠派のために闘ったのは、外交政策のためでもあった。戦争終結に伴い、彼はアメリカを欧州で尊敬される存在にしたいと強く願ったのだ。「トーリーは我が国では痛罵されているが、対照的にこちらの国々では同情を集めている」とジョン・ジェイはフランスからハミルトンに助言を与えている。「したがって、彼らに対する過度な厳しさは、得策でもなければ正当とも認められないということになろう」[*38]。

ハミルトンから見れば、ニューヨークの反トーリー的法律は、英国との講和条約を侮辱するものだった。条約の規定では、トーリーの押収された財産を返還し、将来的にトーリーの財産を没収しないよう、連合会議が諸邦の立法機関に「強く勧告する」ことになっていたからだ[*39]。

トーリーの処遇をめぐって、ハミルトンは、各邦の法律が国の締結する条約に取って代わってしまうという尋常ならぬ危険を敏感に感じ取った。国の最高法となる憲法が必要なのは明らかだった。彼にとって、ニューヨークのトーリーに対する復讐は、彼の思い描くアメリカの政治、経済、憲法の体系全体を脅かすものだったのだ。

アテナイの軍人フォキオン

戦時中、ニューヨーク邦議会は、トーリーから財産や特権を剥奪する一連の法律を成立させた。一七七九年の財産没収法は、トーリーの地所を押収できるようにするものであり、一七八二年の反逆者召喚法は、英国の債権者がアメリカの債務者から借金を回収するのを難しくするものだった。そして一七八三年三月には、ハミルトンがもっとも注目させられた法律が制定された。不法侵害救済法だ。これは、敵陣内に財産を残してきた愛国派が、その財産を占有したり損傷したり破壊したりした者を誰であれ訴えることができるようにするものだった。

他にも、忠誠派が知的専門職に就くのを禁じたり、忠誠派に重税を課したり、忠誠派から市民権や金銭上の諸権利を剥奪したりする法律などがあった。そして、トーリーの地所を買って私腹を肥やした者たちは、美辞麗句を連ねて自由を語る一方で、その信念の恩恵を大いに受けていた。復讐、欲望、恨みと憤り、嫉妬、そして愛国心、これらが扇動的な空気を生み出しているものだった。

一七八四年初頭には、ニューヨーク市でトーリーに対する報復の嵐が吹き荒れ、トーリーをタールと羽根まみれにする辱めのリンチが横行した。愛国派の新聞や雑誌も、戦時中英国軍の陣地内にいた者は自発的に町を出るべきであり、さもなければ町から追い出すべきだ、などと騒ぎ立てた。トーリーが雪崩を打って逃げ出すのではと懸念したハミルトンは、緊急時にいつも行うことをした。ペンを取り、反トーリーの法律に異を唱えたのだ。これが彼の最初の『フォキオンからの手紙』で、ニュー＝ヨーク・パケット紙に掲載された。

プルタルコスからフォキオンという名前を選んだのは、自分自身の人生を匂わせると同時に、古代にさりげなく言及することができるという点で、実に賢明だったと言える。フォキオンはアテナイの軍人で、怪しげな出自のうえ異国の出身だったが、偉大な将軍の側近となった人物だ。後には、自らも将軍となり、因習を打破して、アテナイが打ち負かした敵との和解を支持した。

この論説でハミルトンも、独立戦争の退役軍人として、「この革命の努力に深く関与したがゆえに、その成果が軽率で無節操な者の暴力によって損なわれるのを喜んで見ていることができず、少なくとも彼らの意図に抗議せずにはいられない」と述べている。[*40] そして、議会が審理や裁判もなしに無差別に人々を追放処分にしたら、悪しき前例をつくることになると糾弾した。そのようなことになれば、「安全でいられる者は誰一人としてなく、流布している作り話の罪なき犠牲者に自分がいつなってしまうことか、誰一人わからない。そのような政府に冠せられた自由という名など、まがいものの常識ということになろう」[41]。

またハミルトンは、トーリーを攻撃している者のレトリックに異議を唱え、そうした者は「みみっちく利己的で卑しい復讐の念」に動かされていると断言した。そして、トーリーを追い出せば利益になると考える者に対し、そのような戦略は商人にも職人にも裏目に出ると警告している。「商人はこう言われる。『あなたではトーリーの商人の大きな元手に勝てない』。職工はこう言われる。『トーリーの職人に邪魔されて、あなたの商売はあまり儲からず、あなたの賃金はかなり減る』」。それどころか、商人は、かつてトーリーの商人がしてくれたような信用貸しを断られ、職工は、一時的に賃金が上がっても、そのためにニューヨークへ引き寄せられる職工が増えて、仕事口が減れば、また元のレベルの賃金に戻ってしまう、とハミルトンは指摘している。また彼は、今罰せられているトーリーが新しい政府の誠実な友人となるだろうとも述べている――やがて、彼の楽観主義は立証されることになる。

実はワシントンもかつての敵に対する慈悲を説いていたのだが、多くの人々は、ワシントンの元副官のハミルトンが忠誠派の味方をしたことにショックを受けた。こうした行動のせいで、ハミルトンのイメージはがらりと変わった。独立革命を裏切って輝かしい前途を台無しにしたと非難されるようになったのだ。そうした激しい憤りに反論するのは、ハミルトンにとっても勇気のいることだった。ハミルトンを「かつてはもっとも有望だった名声高き子、リュサンドロス」だと冷笑する匿名の詩が新聞に掲載されたこともあった。詩の作者は、以前は崇拝者だったたけに、ハミルトンが勇敢に従軍した後で忠誠派の追従者に成り下がってしまったと嘆いている。

リュサンドロスよ、この見事獲得した高みにあって、
汝の功績も名誉の渇望も忘れてしまうのか
法を学び、その技術と軽視を学び、
仕事がほしいばかりに名声を棒に振るとは！

ハミルトンが寛容を訴えたにもかかわらず、トーリーの迫害は激化するばかりだった。三月には、再び活気づいた「自由の息子」の呼びかけにより、大規模な集会がコモンで開かれた。演説者たちは、五月一日までにすべてのトーリーを追い出すべきだと大群衆を扇動し、トーリーの市民権回復を拒否する決議を可決するようニューヨーク邦議会に求めた。この騒ぎに愕然としたハミルトンは、再び参戦し、第二の『フォキオンからの手紙』を書いて、現在の行動が後々までも語られることを同胞市民に思い出させようとした。

「政府の場合でも個人の場合でも、第一印象や初期の習癖が、気質や性格に関する偏見をいつまでも植えつけることになる」。全人類が共和制の実験を見つめており、「世界の目はアメリカに注がれている。我々が自由のために成し遂げた気高い闘いは、いわば人間の意識の革命を引

き起こしたのだ」[*42]。アメリカが賢明な行動を示せば、民主主義に対する懐疑を論破し、世界中の専制君主に破滅の宣告を行う歴史的な機会になる、とハミルトンは信じていた。だが残念ながら、フォキオン論文は二つとも、復讐の勢いを止めることができなかった。

一七八四年五月一二日、ニューヨーク邦議会は、忠誠派の大半から向こう二年間選挙権を剥奪する法律を制定した。ハミルトンから見れば、これは恐ろしい講和条約違反であり、アメリカ国内の和合にとっても、外国との関係にとっても、暗い先行きを示すものだった。しかし、彼は怖気づいて口を閉ざしたりはしなかった。血気盛んなハミルトンは、断固たる気骨をもって論戦に挑むのが常だったし、そうすることで彼自身が因習を打破することに、天邪鬼な喜びのようなものを感じていた。手強い相手であろうと逃げ腰になることなどなかった。

ラトガーズ対ワディントン事件

第二の「フォキオン」の手紙がきっかけで、ハミルトンはある金持ちのトーリーの弁護人を務めることになった。この有名な訴訟では、ハミルトンが不人気な主義主張のためにどれほど闘うことができたのかがよくわかる。彼は人気取りの政治屋ではなく、人々の考え方を変えようと決意を固めた政治家だった。

一七七六年、エリザベス・ラトガーズという愛国派の未亡人が、英国軍占領下のニューヨークから脱出した。メイデンレーンに構えていた一家の大きなビール工場とパブは、やむを得ず捨て置いてきた。しかもラトガーズ家は、それまでにビール醸造で大儲けして四〇万平方メートルあまりの広大な地所を手に入れていた。二年後、ベンジャミン・ワディントンとイーヴリン・ピアポントという英国人商人二人組が、英国軍の肝いりでビール工場を引き継ぎ、ジョシュア・ワディントンに工場を監督させた。この時には、工場は徹底的に荒らされた後で、ベンジャミン・ワディントンの後の証言によれば、「少しでも価値のあるものはすべて盗まれ、古い銅［器］一つ、古いポンプ二つ、穴だらけの鉛のタンク一つが残っている」だけだった。[*43]

この遊んでいるビール工場を修復して再開するため、新しい経営者は、七〇〇ポンドを投じて倉庫と馬小屋と薪小屋を新たに建てた。また彼らは、一七八〇年以降は英国軍に賃貸料を支払っていた。ところが、ワシントンがニューヨーク入りする二日前の一七八三年一一月二三日、この工場が火事になり、戦時中の所有者たちは四〇〇〇ポンド近い損害を被った。

エリザベス・ラトガーズは、不法侵害救済法を根拠にニューヨーク市の市長裁判所に訴訟を起こし、ジョシュア・ワディントンに未納賃貸料八〇〇〇ポンドの支払いを要求した。被害者であるラトガーズ未亡人は大いに同情を集め、ハミルトンは裏切り者の隠れトーリーだと悪党扱いされた。しかし彼は、ラトガーズ夫人の訴訟こそ、不法侵害救済法の合法性に異議を申し立てる理想的なテストケースだと考えていた。

トーリーの占有者の多くは、戦時中に建物などの資産を破壊していたが、ジョシュア・ワディントンの場合は異なり、ぼろぼろになった資産を借り受け、多額の費用をかけて修復したからだ。ラトガーズ夫人は、ワディントンの未納賃貸料を計算する際、この投資のことは考慮に入れなかった。またワディントンは、町が戒厳令下にあった時期に、英国軍の明らかな支配の下で動いていた。

ラトガーズ対ワディントン事件の弁論は、一七八四年六月二九日に行われた。立ち会ったのは、市会議員五人と、ハミルトンの知人二人だった。ジェームズ・ドゥエーン市長と市記録官（副市長）リチャード・ヴァーリックだ。ジョン・アダムズによれば、ドゥエーンは「そこそこと品定めするような眼」の男で、「少しばかり斜視で（中略）思うに、非常に敏感で非常に狡猾」だったという。[*44] アイルランド系の腕利き弁護士だったドゥエーンは、リヴィングストン家の娘と結婚していた。また、ハミルトンとは、独立戦争中には連絡を取り合い、その後は自分の法律関係の蔵書をハミルトンに自由に使わせてやった仲だった。

リチャード・ヴァーリックのほうは、長身で威厳があり、眼光鋭い禿げ頭の男で、かつてはフィリップ・スカイラーとベネディクト・アーノルドの副官を務めていた。アーノルド夫人がハドソン川で気の狂ったふりをしたとき、ハミルトンと一緒に居合わせた人物だ。こうしたことに加え、被告側にはブロックホルスト・リヴィングストンとモーガン・ルイスという有能な共同弁護人が付いていたこともあって、傍目にはハミルトン側のほうが有利に見えたが、ラトガーズ夫人のほうも、甥のエグバート・ベンソン法務総裁、ジョン・ローランス、ハミルトンのキングズカレッジ時代の学友ロバート・トループなど、そうそうたる弁護団を揃えていた。

だが、当時ベンソンの助手だったジェームズ・ケントによれば、こうした著名弁護士六名と比べても、ハミルトンは「全員をはるかに凌ぐ」説得力ある弁論を展開してみせたという。「傍聴人は彼の情熱的な雄弁に惚れ惚れしながら聞き入っていた[*45]」。

市長の会議室を歩き回りながら、ハミルトンは自身が後に『ザ・フェデラリスト』で敷衍することになる基本概念、つまりアメリカの将来の法体系の中心となるべき概念をはっきりと述べた。ハミルトンによれば、英国軍が当該財産をワディントンに貸与したことは、国際法に従ったものだったという。国際法では、占領地の財産を戦時中に使用することが認められているからだ。だが、ニューヨークの不法侵害救済法は、国際法にも、連合会議が批准した一七八三年の英国との講和条約にも違反していた。そこでハミルトンは、不法侵害救済法の無効を裁判所に宣告させるため、きわめて重要となる司法審査の原則を詳しく説明した――これは、最高裁判所が法律を審査する権限を持ち、必要であれば法律の無効を宣告できるという考え方だ。

この弁論がいかに独創的だったかは、この国がまだ連邦の司法制度を持っていなかったことを考えてみればよくわかる。それまでは、人民の意志をもっともよく表しているものはニューヨーク邦議会だと見なされており、邦議会が最高の権力を持つのが当然だと考えられていたのだ。実際、ラトガーズ夫人の弁護人は、邦の優位性を主張し、連合会議の行動はニューヨーク邦議会を拘束できないと述べた。

つまり、ラトガーズ対ワディントン事件は、新しい国の政治権力をめぐる基本的な問題を突きつけるものだった。連合会議の批准した条約は、邦の法律に勝るのか？　司法機関が立法機関の決定を覆すことができるのか？　そして、アメリカは真に一つの国家として動くのか、それとも諸邦の緩やかな連合となるのか？　ハミルトンは、諸邦が中央政府に従うべきだということに疑う余地はないと考えていた。「ある邦の議会が諸邦連合の法を無効とすることなどできないということを認めるべきである」[*46]。

八月中旬、評決を下すにあたって、ドゥエーンはハミルトンら弁護団を称賛し、被告原告どちらの側の弁論も「精巧かつ大いに説得力のある」ものだったと褒め称えた[*47]。ドゥエーンの裁定は、いわば引き分けで、ワディントンに未納賃貸料の支払いを命じたものの、一七八〇年に英国軍に賃貸料を払い始める前の一期分の支払いだけを求めるものだった。この事件を取り巻く鬱積した感情を考慮したハミルトンは、依頼人にラトガーズ夫人との示談を勧め、結局、ラトガーズ夫人は約八〇〇ポンドで手を打った――当初彼女が要求していたのは八〇〇〇ポンドだったから、これはかなり少ない。そして、ハミルトンにとっても、彼が国際法を擁護したことを考えると、この事件は大勝利だった。撤退記念日からわずか九ヶ月しかたっていないのに、愛国派の未亡人を相手取って、金持ちの英国国民に部分的とはいえ真の勝利をもたらすことができたのだ。

またハミルトンは、この事件が自分の弁護士活動に役立つことも承知していた。そして、トーリーの弁護に全力を挙げていった。以後三年間で、彼は不法侵害救済法関連の事件を四五件、財産没収法と反逆者召喚法に関係する事件を二〇件扱った。だが彼の勝利は、案の定、結果的に悪名をもたらしもした。急進派の新聞雑誌は、彼を激しく非難し、「この世でもっとも恥知らずな(中略)悪党」を助けたと責め立て、ハミルトンを暗殺しようという陰謀の噂まで流れた。悪口を書き立てていたジャーナリストのジェームズ・チータムは、後にハミルトンについてこう述べた。「ニューヨーク邦の忠誠派の大多数が財産を取り戻せたのは、ひとえにこの有能な演説家の尽力のおかげだ[*48]」。

そして、政界も一気に荒れた。アメリカの政界にこぼれ落ちた毒は、瓶に戻せないまま一世代が過ぎることになった。どのような革命でも革命後はそうであるように、純粋主義者がイデオロギー的後退や唯一の真なる信念からの逸脱に眼を光らせた。特に一七八〇年代と九〇年代は、戦争の結果を覆したいと考えている裏切り者を探し出そうと、魔女狩りにも似た熱に浮かされたような容疑者探しが盛んに行われた。

当時の急進派にとっては、革命の純粋さとは、非力な行政機関と司法機関を圧倒する強力な立法機関のことだった。だがハミルトンにとっては、これは立法の独裁を招くものでしかなかった。ラトガーズ対ワディントン事件は、司法も、その他の政府の機関二つと同等の地位を持つべきだ、という原則を詳しく語る最初の大きな機会だった。

ニューヨーク銀行設立に関与

ラトガーズ対ワディントン事件によって、ハミルトンは一七八四年のニューヨーク市政界の問題児となったが、対照的に、ニューヨーク銀行設立では、彼は融和をもたらす役割を演じた。ニューヨーク初の銀行の設立は、この町が世界の金融の中心へと発展していくための第一歩となった。アメリカでは、銀行業はまだ目新しいものだったが、初めての公認の銀行、北アメリカ銀行が、すでに一七八一年にフィラデルフィアで設立されており、ハミルトンはこの北アメリカ銀行についてよく研究していた。

この銀行は、ロバート・モリスの発案によるもので、その大株主二人は、ジェレマイア・ウォッズワースとハミルトンの義理の兄ジョン・B・チャーチだった。そして今や、二人は資金の新しい投資先を探していた。一七八三年、ジョン・チャーチは、フランス政府との戦時中の貸借を清算するため、アンジェリカと四人の子供を伴ってヨーロッパへ船出した。この留守中のアメリカでのビジネスの代理人に指名されたのがハミルトンで、以後数年間、ハミルトンはこの仕事にかなりの時間を取られることになった。

チャーチとウォッズワースがニューヨークに民間銀行を設立すべくハミルトンを代理人に任命すると、ハミルトンはこれこそニューヨークの商業復活の一助となるプロジェクトだと考えて熱中した。だがここで問題が起きた。ロバート・R・リヴィングストンも「土地担保貸付銀行」（ランドバンク）を設立するという対案を出してきたのだ――土地担保貸付銀行とは、当初の資金の大半が土地を担保にした融資に使われるためにこう呼ばれる銀行で、ハミルトンはこのアイデアについて「無謀で実現不可能な計画」だと嘲笑していた。[*49] 土地は流動資産ではなく、いざという時に現金に換えられるものではないため、ハミルトンはもっと伝統的な銀行、つまり紙幣と金貨や銀貨だけを扱う銀行のほうが好ましいと考えていた。

リヴィングストンがニューヨーク邦議会に認可を申請すると、疲れ知らずのハミルトンは即座に行動に移り、ニューヨークの商人たちを動員して認可反対の声を上げた。チャーチにはこう伝えている。「もっとも聡明な商人の一部」に働きかけたところ、彼らは「目下、事態をよく理解して、計画をつぶす手段を取り始めている」[*50]。ハミルトンは自覚している以上に説得力があったらしい。財界のリーダーの代表がすぐにハミルトンに接近してきて、リヴィングストンの土地担保貸付銀行の邪魔をする「通貨銀行(マネーバンク)」に賛成するよう求めた。「私はどうすべきか少々困りました」とハミルトンはチャーチに恥ずかしそうに告白している。「ですが、全体的に見て、彼らと協力するのが最善だと判断しました」[*51]。つまり、別の銀行を設立する代わりに、この新銀行の役員会でチャーチとウォッズワースの代理を務めることに決めたのだった。皮肉なことに、ハミルトンはこの銀行の株式を自分の名義では一株しか持っていなかったが、この銀行は後々まで彼の記憶に関連づけて考えられることになる。

一七八四年二月二三日、ニュー=ヨーク・パケット紙に画期的な集会の知らせが載った。「自由の原則にのっとる銀行設立こそ、この市の紳士諸兄の意向であろう。(中略)したがってこれにより、ある計画について諸兄にご検討いただきたく、明日午後六時、マーチャンツ・コーヒーハウスにご参集いただきたい」[*52]。

この集会では、アレグザンダー・マグドゥーガル将軍が新銀行の会長に選出され、ハミルトンも取締役の一人に選ばれた。続く三週間、ハミルトンは暇を見つけては、この新銀行の定款の草稿を一人で書いた――これは至難の業と言ってもよいことだが、ハミルトンの場合には日常茶飯事だったようだ。ニューヨーク初の金融会社の設立者として、彼は白紙の状態から自由に描くことができた。そしてでき上がった文書は、これに続く多くの銀行の定款の雛形となり、アメリカの銀行業の基本形成の一助となった。

過熱気味のニューヨーク邦政界では、この銀行は、土地担保貸付銀行を欲しがっている北部田園部の人々の間で激しい論争を引き起こした。そうした人々は、通貨銀行など都市の商人に役立つだけで、自分たちにはかえって不利益だと考えていたのだ。しかし都市部では、ニューヨーク銀行が縁で思いがけない結びつきが生まれていた。戦時中に没収された財産の扱いをめぐって争っている急進派と忠誠派が和睦したのだ。

マグドゥーガルは掛け値なしに革命の英雄だったし、スコットランド生まれの几帳面な出納係、肥満体のウィリアム・シートンは、戦争中もこの町にとどまっていた忠誠派だった。しかも、超党派的な合体を顕著に示すこととして、「自由の息子」の最強硬派――マライナス・ウィレット、アイザック・シアーズ、ジョン・ラム――が、邦に設立認可を求める申請書に名を連ねていた。そして、取締役、定款の起草者、顧問弁護士として、この新銀行で三重の権力を持ったハミルトンが、財界の重要な結合体の束ねだった。

ハミルトンがこの銀行を支援しようとした動機の一つは、アメリカの躁状態の通貨に秩序をもたらしたいと考えたからだった。独立革命の終わりには、一ドル相当の金や銀を買うのに、コンチネンタルダラーで一六七ドルも必要になっていた。この無価値な通貨は、すでに新しい紙幣に取って代わられていたが、諸邦も別の紙幣を発行しており、マンハッタンでも、ニュージャージーやペンシルヴェニアの紙幣が大量に出回っていた。商店主は、まさに数学の天才でなければ、流通しているさまざまな紙幣や硬貨の絶えず変動する価値を計算することなどできなかった。

連合会議は一七八五年に公式の通貨単位をドルと定めたが、ニューヨークの商店主はその後も何年にもわたってポンドやシリングやペンスを使って値をつけた。しかも市中には、異国風の名前がついた外国の見慣れないコインも溢れていた。スペインのダブロン金貨、英国とフランスのギニー金貨、プロイセンのカロリーネ金貨、ポルトガルのモイドール金貨などだ。さらに悪いことに、為替レートは邦ごとに異なっていた。ハミルトンは、ニューヨーク銀行が独自の紙幣を発行し、多種多様な通貨との現在の為替レートを提示すれば、この混乱に歯止めをかけることができるだろうと期待していたのだ。

だが、当時はまだ、多くのアメリカ人が銀行業を不可解な黒魔術のように考えており、特にニューヨーク邦北部のポピュリストたちは銀行業を忌み嫌っていた。ハミルトンが邦議会に申請した銀行の認可も、七年にわたって拒否され続けた。銀行は商人ばかり優遇して、農民など門前払いするに決まっている、と考える農業関係の支持者の偏見に、ジョージ・クリントン知事が屈したためだった。

クリントン自身、後にジェファーソン派がハミルトンの経済計画に反感を抱いたのと同様に、営利法人など庶民のためにならない怪しげな策謀だと考えて信用していなかった。結局、ニューヨーク銀行は一七八四年六月、邦の認可を得ないまま個人銀行として開業した。当初の場所は、セントジョージズスクエア（現在のパールストリート）にあったウォールトン邸――黄レンガ造りに茶色の木部の三階建ての建物――で、三年後にハノーヴァースクエアへ移転した。アレグザンダー・ハミルトンもジョン・ジェイも、ここに個人の銀行口座を持っていた。この銀行はハミルトンの不朽の業績の一つであり、ニューヨーク証券取引所で最初に取引された株も、このニューヨーク銀行の株式だった。

CHAPTER

11

Ghosts

ゴースト

ウォールストリート五七番地

わびしい子供時代を送っただけに、ハミルトンは賑やかな大家族が欲しいと思っていた。そして一家の主治医サミュエル・バードは、ハミルトンとイライザの子を次々と取り上げることになった。一七八四年九月二五日、ハミルトン家に長女が生まれ、イライザの姉にちなんでアンジェリカと名づけられた。ちなみに、ハミルトンの四番目の子供で最愛の息子となったジェームズ・アレグザンダーが一七八八年に生まれるまで、カリブ海にいるはずの父親にちなんで子供に命名したことはなく、母親のレイチェルにちなんだ命名となると一度もなかった。おそらく、母親に対してまだ苦い思いを抱いていたということだろう。結局、アレグザンダーとイライザは、二〇年間で八人の子供に恵まれた。このため、イライザの結婚生活は、妊娠しているか子育てに追われているかのいずれかに終始した。ハミルトンの浮気癖はこのせいだったのかもしれない。

ところで、三番目の子供、次男のアレグザンダーが一七八六年五月一六日に生まれた後、ハミルトン家は並々ならぬ善行をしている。これは長いこと見落とされてきたことだが、二人は孤児を引き取って育て始めたのだ。キングズカレッジ出身の独立戦争退役軍人に、エドワード・アンティル大佐という人物がいた。彼は戦後、弁護士をしたり農業に従事したりしたがうまくいかず、あげくに一七八五年に妻が死亡して、悲しみに打ちひしがれたばかりか、六人の子供を抱え込んでしまった。一七八七年には、自らも体調を崩したため、アンティルは二歳の娘ファニーをハミルトン夫妻に預け、二人はこの明るくて賢い女の子を自宅に引き取ったのだ。

エドワード・アンティルが二年後に亡くなった後も、アレグザンダーとイライザはこの子を一二歳まで預かり、それから少女は結婚した姉のもとへ行った。「教育でも扱いでも、彼女は万事において［ハミルトンの］自分の娘同様に育てられ、ニューヨークの有名な慈善家である［アーサー・］タッパン氏と結婚した」と息子のジェームズは語っている。[*1]

アンジェリカ・チャーチも、ロンドンから気高い妹に声援を送り、ハミルトンにこう告げた。「みなしごのアントル［原文のまま］を庇護してあげるとは、妹の寛大で慈愛に満ちた行動の前には、あなた方がこれまで私を喜ばせてくださったどのような美徳も色褪せてしまうほどです」。[*2] イライザが孤児を夫にし、もう一人の孤児を養子にし、孤児院を共同で設立したことは、見捨てられた子供に対して特に哀れみの念を抱いていたことを示す。もしかしたら、彼女がハミルトンに惹かれたきっかけも、彼の一見してわかる長所以上に、このことが理由なのかもしれない。

ハミルトン一家はウォールストリート五七番地（後の五八番地）に一〇年ほど住んでいた。この昔のウォールストリートを描いたスケッチを見ると、ここが三階建てのレンガ造りの建物が立ち並ぶ繁栄した大通りだったことがわかる。身なりのよい人々がレンガ敷きの歩道を行き交い、まだ舗装されていない道が多かった時代なのに、石畳の通りを馬車が走っている。ハミルトンの仕事上の記録からは、やりくりのために友人たちから小額の借金を幾度もしていたことがわかるとはいえ、若いハミルトン夫妻は何不自由なく暮らし、娯楽も多かった。たとえば、退役して最初に買った品々の一つは、彼が宴会を開くのが好きだったことを示している。デカンターをいくつか、エールグラスを二個、ワイングラスを一ダース買い込んでいるのだ。しかも、サラとジョンのジェイ夫妻が一七八四年にフランスから帰国して、ブロードウェイ八番地に居を構えたときに作られた「夕食会および饗宴招待者リスト」でも、陽気なハミルトン夫妻は、上位に名を連ねていた。また、演劇好きのアレグザンダーとイライザは、ブロードウェイを南へ下ったところにあるパーク劇場の常連でもあった。

夫と同じく、上流の婦人らしく着飾っていることが多かったとはいえ、イライザもつましい働き者だった。家事に長けていた彼女は、ハンドバッグや鍋つかみを手作りしたり、花を生けたり、テーブルマットを編んだり、家具の装飾模様をデザインしたり、菓子を作ったり、子供の肌着を縫ったりしていた。彼女の作る料理も、マトン、鶏肉、子牛肉がたっぷり、付け合せのポテトやカブもどっさりあって、締めくくりに新鮮なリンゴやナシも出てきた。ハミルトン家には、オールバニーのスカイラー家から定期的に生鮮食品が送られてきており、上質のワインの大瓶も常備されていた。

ただ、ハミルトン夫妻にとって非常に残念だったのは、この新婚時代、アンジェリカが大西洋の向こうに行ってしまってまったく会えなかったことだった。一七八三年から一七八五年まで、ジョン・バーカー・チャーチはパリに滞在して、フランス政府とのビジネスの後始末をしていたのだ。

有名な知識人をことごとく魅了していたアンジェリカは、この時、ベンジャミン・フランクリンともすぐに友人になった。そして、ハミルトンもいつか欧州に来て、フランクリンの後任のアメリカ公使になってもらいたいと祈っていた。ところが、その後がっかりさせられることが起きた。夫がロンドンのサックヴィルストリートにあるタウンハウスを購入し、ついでウィンザーの近くの堂々たるカントリーハウスを買ったのだ。一七八五年の夏、チャーチ夫妻は一時的に帰国して、当時仕事でフィラデルフィアにいたハミルトンを訪問してから、居を構えた英国へ戻っていった。その後、ハミルトンはアンジェリカに次のようなわびしい調子の手紙を書いている。

もしや、あれがアメリカへの、そしてここにいるあなたを愛する者たちへの最後の暇乞いになってしまうのではないでしょうか。あなたがフィラデルフィアを発つのを、私は格別に不安な思いで見送りました。二度と戻らないような気がしてなりませんでした。私の不安は強まるばかりです。私が欧州へ行って会わないかぎり、あなたには二度と会えないのでしょう。皆もそう感じています。心からあなたを愛している人々にとって、そして、あなたに対し一方ならぬ愛情を感じている私にとって、これがどれほど辛いことか、どうかわかってください。(中略)あなたの善良なる優しい妹ベッツィーも、これについては私では言い表せないほどに心を痛めています。[*3]

一方アンジェリカも、一見したところでは、ロンドンやパリの上品なサロンでうまくやり、そのきわどくもあり高尚でもある世界で、生まれながらの住人のように振る舞っていたが、その実、ホームシックを克服しきれず、イライザやハミルトンのいる故郷アメリカに戻りたいと強く願い続けていた。

理神論の影響

夫がつねに多忙だったため、一家を切り盛りし、幼い子供たちの教育について見ていたのはイライザだった。ジェームズ・ハミルトンは、母親の毎朝のレッスンの様子を示す楽しいエピソードを書き残している。彼によれば、イライザは「いつものようにテーブルの上座に腰かけて、膝にナプキンを広げ、下の息子たちのためにパンを切り分けバターを塗った。息子たちは彼女の脇に立って、聖書の一章かゴールドスミスの『ローマ史』(*History of Rome*)の一節を順番に読んだ。レッスンが終わると、父親と年長の子供たちが朝食に呼ばれ、その後、息子たちは学校へと送り出された」[*4]。マーサ・ワシントン同様、イライザも決して政治に口出しせず、夫の野心を焚きつけるようなこともしなかった。同時に、夫の信念に異を唱えることもなく、夫の目的を無条件で我が目的とし、夫の政敵を自らの敵と見なすようになった。

信仰心厚い女性だったイライザは、子供たちにも宗教教育を行うべきだと固く信じていた。一七八八年一〇月一二日、イライザとアレグザンダーは、子供たちを連れてウォールストリートの西の端まで歩いてゆき、トリニティ教会で年長の三人――フィリップ、アンジェリカ、アレグザンダー――に同時に洗礼を受けさせた。この洗礼式には、スカイラー夫妻、シュトイベン男爵、そして帰国中だったアンジェリカ・チャーチが立ち会った。

また一七九〇年以降、ハミルトン夫妻はこの教会の九二番の家族席を信者席料を払って確保していたばかりか、アレグザンダーはこの教会の法律業務を無料で行っていた。当時ここは、ニューヨーク市の上流階級の聖公会会員が集まる場所だった。もっともアレグザンダー自身は、キングズカレッジ時代には日に二回ひざまずいて熱心に祈りを捧げていたとはいえ、今では打って変わって名ばかりの聖公会信徒となっていた。はっきりと聖公会の教会員になっていたわけではなく、定期的に礼拝に出席したり聖餐式に出たりといったこともなかったようだ。

アダムズやフランクリン、ジェファーソン同様、ハミルトンも理神論の影響を受けていたのだろう。理神論の神学は、啓示ではなく理性を信じようとし、神が積極的に人間界に介入しているという従来の考え方を否定するものだった。とはいえ、ハミルトンは神の存在を疑ったことなどまったくなかった。彼にとって、キリスト教は道徳と普遍的正義の体系だった。

また、ハミルトンが悲観的な人間観を抱いていたことは、家庭生活を暗くするどころか、逆に家庭生活に役立った。彼の八人の子供は、父親の批判など一言も言ったことがなかったようだ。父親が早くに亡くなったことで、そうした粗探しに嫌悪感を覚えるようになったのは確かだが、それにしても、私信にすら不平不満は出てこない。ハミルトンは、帰宅したとたんに仕事のことなど一切忘れ、子供たちの想像の世界に入っていくことができた。息子のジェームズはこう語っている。「父の優しさのおかげで、我が家は子供や友人にとって最高に楽しい家だった。娘のアンジェリカがピアノを弾きながら歌うとき、父はそばに寄り添っていた。子供と接するときの父は、いつも愛情に溢れ、子供を信じてくれた。そのおかげで子供のほうも、同じように父親を信じ愛することができた」[*5]。

一方、乱読家のハミルトンは、蔵書も際限なく増えていった。この独学者は自己教育をやめようとはしなかった。特に、英国の賢人、風刺作家、哲学者、歴史家、小説家を好んだ。たとえば、ジョナサン・スウィフト、ヘンリー・フィールディング、ロレンス・スターン、オリヴァー・ゴールドスミス、エドワード・ギボン、チェスターフィールド卿、トマス・ブラウン、トマス・ホッブズ、ホレス・ウォルポール、デイヴィッド・ヒュームなどだ。

なかでも、彼の宝物の一つは、ジョセフ・アディソンとリチャード・スティールによるスペクテーター紙の八巻セットだった。文体を洗練させ、徳を教え込むため、彼はこのエッセイを若者たちによく勧めていた。また、プリニウスからキケロ、そして大好きなプルタルコスに至るまで、古典を熟読することもやめてはいなかったうえ、重みにきしむ書棚には、ヴォルテールやモンテーニュのエッセイ、ディドロの『百科全書』（抄訳岩波文庫）、モリエールの戯曲といったフランス文学もつねに数多くあった。しかも、フランス革命を猛烈に非難して国中を怒らせたこの政治家は、子供たち全員がフランス語を話せるようになるようにと家庭教師を雇っていた。

また、ニューヨークに住み始めた当初から、ハミルトンは地元の多くの機関のために貢献した。たとえば、ニューヨークの教育を向上させるため、教育委員会の創設にかかわり、一七八四年から一七八七年まで委員を務めている。この関係では、かつての英国王室との関係の痕跡を一切消すために今ではコロンビア大学と改名している母校の理事も務め、母校から名誉文学修士号を受けた。

自宅近隣のプロジェクトとなると、彼は無数に関与している。ウォールストリートの交通の邪魔になっていたウィリアム・ピットの像を移転するよう市議会に働きかけたり、街路の衛生状態を向上させるため、「上記の街路の中央を舗装し、それによって水が街路の両端に流れるようにすること」を提案するよう市議会に求めたりしたこともある。[*6]

さらにハミルトンは、友人のためにもちょっとした慈善行為を数え切れないほど行った。特に恩恵を受けたのはシュトイベン男爵だ。以前シュトイベンは、愛国派が独立戦争に勝ったら報酬を受け取るという口約束を大陸会議と交わしていた。ところが、連合会議がこの約束を守らないため、ハミルトンはシュトイベンを自宅に住まわせ、シュトイベンがニューヨーク邦議会あての請願書を書くのを手伝った。ハミルトンの文書には、この浪費家の男爵に貸した未済の借金に関する記載が数多く出てくる。結局、男爵はニューヨーク州北部の土地約六五〇〇万平方メートルを与えられた。

また、アレグザンダーとイライザは、ラルフ・アールという三五歳の画家を助けたこともあった。アールはかつて独立戦争の戦闘場面を描いたこともあり、ロンドンのベンジャミン・ウェストの下で学んでいたが、一七八六年にニューヨークへ戻ってからは、身を持ち崩して無一文になり、債務者監獄に放り込まれていた。彼の苦境に同情したハミルトンは、「債務者監獄に行き肖像を書いてもらう」ようイライザに勧め、「イライザがほかの婦人たちにも同じことをするよう勧めた」とジェームズ・ハミルトンは書いている。「これによって、その画家は借金を返せるだけの金を作ることができた」[*7]。そして現在、アールの描いたイライザの生き写しの肖像画を見ることができるのも、この親切な援助のおかげだ。金メッキのひじかけがあるクッション付きの椅子に腰かけたイライザの肖像は、息子のジェームズが回想録に書いた「真面目で活気に溢れた知的な女性」を見事にとらえている[*8]。

騙し取られた遺産

三〇歳のころには、アレグザンダー・ハミルトンはニューヨークの名士にして、押しも押されもせぬアメリカのエリートの一員となっていた。西インド諸島で過ごした少年時代を思うと、これは想像を絶するほどの出世だった。だが時として、悪夢のような過去に不意に襲われることもあった。ヨークタウンの戦いの後ハミルトンは、異父兄のピーター・ラヴィーンがサウスカロライナで死亡し、ハミルトンと兄のジェームズに一〇〇ポンドずつ名ばかりの遺産を残したと知らされた。

ラヴィーンは非嫡出の異父弟二人とはまったく疎遠だった。遺言でも、二人のことを「アレグザンダーおよびロバート［原文のまま］・ハミルトン、（中略）西インド諸島サンタクルス島在住もしくは元住民」[*9]と書いているほどだ。これは、ハミルトンのほうが強く印象に残っていただけのことなのか、それとも、私生児の異父弟がなんとジョージ・ワシントンの副官だという奇跡のような話を聞いて、ラヴィーンの記憶が甦ったということだろうか？　いずれにしてもハミルトンは、このような遅ればせながらの贖罪に感動するどころか、この程度の贖罪で片付けられ、ピーター・ラヴィーンが遺産の大半――サウスカロライナとジョージアとセントクロイ島の地所――を親しい友人三人に譲ったことを軽蔑した調子で書き残している。

ハミルトンがイライザにこの知らせを打ち明けたときの様子からすると、イライザは夫が遺産を騙し取られた話をかなり前から知っていたようだ。彼は妻にこう書いている。「君も知ってのとおり、諸々の事情のおかげで私の悩みは減っているが、今また兄弟の権利というものを思い知った。彼は金持ちのまま死んだのに、財産の大半を他人にくれてやってしまった。私にも遺産を残したそうだが、いくらなのか私は尋ねもしなかった」[*10]。

この遺産に対するハミルトンの態度については、彼がウィリアム・ジョンソン卿の遺言に関して行った法律業務からもかなり知ることができる。偶然ながら、ジョンソン卿にもピーターという名の嫡出子と八人の非嫡出子がいたのだ。ハミルトンは次のような手厳しい判断を下している。「私の考えでは、その八名の子供の生残者」にも、最初はピーターだけに与えられた遺産を「受け取る権利があったと思われる」[*11]。

過去との距離

過去を直視することは苦痛だったらしく、ハミルトンは昔の知人とはほとんど付き合っていなかった。戦争中はまだ、セントクロイ島時代の恩師ヒュー・ノックスと連絡を取り合っていた。ノックスはハミルトンの成功を心から誇りに思い、ハミルトンがワシントンの側近になったことに驚き、アメリカ独立革命の歴史を書くよう勧めたこともあった。だが一七八三年には、いくら手紙を書いてももう三年も返事がない、と悲しげにこぼしている手紙をハミルトンに送っている。感情を傷つけられたことを隠してもいない。「野営地の埃にまみれ、大砲の飛来音がひっきりなしに耳元で聞こえていたときでも、君は五、六ヶ月に一度、隙を見て旧友との対話の時間を一時間ほど作っていたのに、今や、このまったくの平和と静けさの時代には、君はこのような雑事のためには二分と作れないらしい。(中略)金と誇りがありすぎて、良い思い出など忘れてしまったのか?(中略)どうかこの奇妙な謎を急いで説明してくれ!」[*12]。

ハミルトンは慌ててノックスを宥め、手紙が届いていなかったのだと弁解した。するとノックスは、有頂天な調子でこう返事をよこした。「君は私たちの最高に楽天的な希望と期待に応えてくれたばかりか、はるかに上回っている」[*13]。そして、かつて自分が世話したころのハミルトン、身体は弱いけれども粘り強い青年だったハミルトンの姿を振り返り、働きすぎて疲れ果ててしまわないようにとハミルトンに念を押した。

これでハミルトンはノックスと仲直りできたが、それにしても、ハミルトンが三年間も返事を書かなかったというのは、やはり奇妙な事実だ。彼はセントクロイ島を再訪しようとか、自分の育った場所をイライザに見せようなどという気は微塵も見せていない。アメリカで一から出直すためには、西インド諸島と精神的にも距離を置く必要があったのだろうか? これから七年後にノックスが死んだときには、ハミルトンは優しい恩師に再会しておかなかったことを悔やんだにちがいない。ハミルトンがかつて寄稿していた新聞ロイヤル・ダーニッシュ・アメリカン・ガゼットは、ノックスについて「人類をあまねく愛した」と賛辞を送った[*14]。そして、そのノックスが特に大切に思い、変わらぬ愛情を注いだのがハミルトンだったことは間違いない。

一七八五年五月になると、ハミルトンの兄のジェームスも再び姿を現した。金を無心する手紙をよこしたのだ。ハミルトンが出した返事の封筒からすると、ジェームズはセントトマス島に移住していたようだ（この翌年、ジェームズはここで死亡したらしい。死因は不明）。またハミルトンの返事は、彼が以前は大工の兄や父親と連絡を絶やさないようにしていたのに、今やどれほど疎遠になっているかを示している点で、衝撃的でもある。ハミルトンは、六ヶ月前に出した手紙をジェームズが受け取っていないことに驚き、ジェームズから手紙をもらうのは何年かぶりだと言って、やんわりとジェームズをとがめているのだ。

ジェームズが驚くべき弟のことをどう思っていたのかはわからないが、妬んでいたとしても不思議ではない。ハミルトンのほうは兄の筆不精を許し、感動的なほど熱心に助力を申し出ている。「兄さんが書かれているような境遇にあるとは、たいそう心痛ましく、できるかぎりではあるけれども、兄さんの助けになれるのなら、これほどうれしいことはない」[*15]。また、自分のほうの見通しは「有望」――これは、ハミルトンが自らの素晴らしい幸運を指して言うときに必ず使う控えめな言い方だった――なので、さしあたり余分に貸す余裕はないけれども、ゆくゆくはジェームズがアメリカに来て農業をする手助けをしたいと思っているとも言っている。

しかしながら、兄さんのことを思うと、兄さんの幸せな暮らしというものを無視することもできず、弟として万感の思いを抱いていることをいつかわかってもらえたらと思っている。どうか今いるところでもう一、二年がんばってほしいと願うばかりだ。その時が来たら、この国に移住してもっと快適に暮らせるよう、兄さんを呼び寄せることができるようになっているものと期待している。一言だけ言わせてほしい。できれば借金を作らないように。兄さんは結婚しているのか、それとも独身か？　もし独身なら、私としては諸々の理由から、独身のままでいるほうが好ましいのではないかと思う。[*16]

兄が結婚しているのかどうか、ハミルトンがまったく知らず、結婚式には当然招かれるものと考えていたわけでもなかったことからすると、この二人の兄弟の間の亀裂はかなり大きかったのだろう。そして、話題を無能な父親に転じたとき、ハミルトンの心痛む手紙は、いっそう悲痛になる。

それにしても、親愛なる父さんはどうなったのだろう？　何度か手紙を書いたが、父さんから便りをもらったり父さんのことを聞いたりしてからもうずいぶんたつ。もしかしたら、ああ、父さんはもうこの世にいないのかもしれない。生涯で最高に幸福な晩年を父さんに過ごさせてあげるという喜ばしい機会をもう持てないのかもしれない。父さんの不運と困難と思い返すと、心が痛む。父さんの兄弟が父さんを助けてきたことを考え、父さんが今静けさと安らぎを味わっているだろうと思えば、うれしくもなるが、父さんが極貧にあえいでいるのではないかと心配になることもある。お願いだから、できれば私の疑念を解いてくれないだろうか。父さんが生きているなら、どこでどうしているのか、万一死んでしまったのなら、どこでどう死んだのか知らせてほしい。そして生きているなら、私の質問を父さんに伝え、手紙をよこすよう頼み、父さんの便宜と幸福のために私が全力を尽くす用意をどれほどするつもりでいるか伝えてほしい。[*17]

この手紙から確認できるのは、ハミルトンが気まぐれな父親の状態をはっきりつかんでいないどころか、父親の生死さえ知らないということだ。だが、兄のほうは父親と連絡を取り続けているとハミルトンは思っていた。また、父親に対しては、怒りよりも思いやりや悲しみを強く感じていたことも、この手紙からよくわかる。

セントクロイ島の人間では、ハミルトンが生涯にわたって連絡を取り合った相手は二人しかいない。その一人は、ハミルトンのいとこで、キングズカレッジの学費の調達に力を貸してくれたアン・リットン・ヴェントンだ。彼女は一七七六年に夫が死亡し、ようやく悲惨な結婚生活から逃れることができた。そして四年後、スコットランド人のジョージ・ミッチェルと再婚したが、このミッチェルが翌年破産してしまい、二人してセントクロイ島から逃げ出すはめになった。

それから三年後、二人はニュージャージーのバーリントンへやってきた。だが、これもアン・ミッチェルにとってはひどい時期だったらしく、彼女は一七九六年に、自分と娘は「貧乏に付き物のありとあらゆる苦労をしてきたし、今も苦労している」とこぼしている。[18] ハミルトンは時々フィラデルフィアでミッチェルと会い、経済的に助けたり法律上のことで力になったりして彼女を支えようとしたが、後には、彼女の苦労を減らすためにはまだ尽力が足りないという意識にとらわれ、頭を悩ますようになった。

ハミルトンが少年時代からずっと本当に幸せな関係を維持していた相手は、親友のエドワード・スティーヴンズ一人だけだった。一七七七年、スティーヴンズはエディンバラでの医学の勉強を終え、胃の消化に関するラテン語の論文を発表した。これは、石を飲み込む大道芸で生計を立てている男という特異な事例に触発されて書いたものだった。そして翌年、二四歳にして王立医学協会の第一副会長になった。ヒュー・ノックス同様、スティーヴンズもハミルトンがワシントンの下で手柄を立てたことに大喜びした。少々興奮気味でさえある。「友よ、誰がこんなことを想像するだろう」と彼は一七七八年にフランス語でハミルトンに書き送っている。「君のようなサイズの男が、君のように虚弱体質の男が、君のように物静かな男が、君がなしえたほど、あれほどたいそう、あれほど瞬く間に、戦場で輝きを放つとは」[19]（ハミルトンの「サイズ」を強調しているのは、暗に卑猥な冗談を言っているのかもしれない）。

一七八三年、スティーヴンズはセントクロイ島へ戻り、結婚して、医師として開業した。ハミルトンと同じく彼も、何をやってもすぐに成功できたようだ。「ドクターは手広くやっており、もうかっている。当然ながら同業者からも非常に高く評価されている」とヒュー・ノックスがセントクロイ島から知らせてきている。「彼は時々、アメリカへ行くことについて盛んに話すが、彼は見事な手際と素晴らしい長所と賢明さを備えているから、そちらのどこかの首都でもきっと大いにうまくやるだろう」[*20]。ハミルトンとスティーヴンズは堅い絆で結ばれていた。だが、そのような絆は、兄や父親との関係では明らかに失われていたようだ。

建国の父たちと奴隷制度廃止問題

西インド諸島での子供時代の記憶から、ハミルトンは奴隷制度に対する嫌悪感を一貫して抱いていた。戦争中、ジョン・ローレンスが独立のために従軍することを条件に南部の奴隷を解放しようとしたときも、その努力は結局実を結ばなかったものの、ハミルトンはローレンスを支援したし、黒人と白人は遺伝的に同等だという不動の信念を表明してもいる。これに対し、たとえばジェファーソンは、黒人は生まれつき劣った人間だと考えていた。ハミルトンの考え方は、当時としては実に進歩的だった。そしてハミルトンは、こうした考え方が少年時代の個人的な体験に根ざしていることを自覚していた。

もっとも、独立戦争を機に、多くのアメリカ人は、奴隷制度を共和主義の理想に反する恐ろしい慣習だとして非難するようになった。たとえばサミュエル・ホプキンズは、奴隷制度の廃止を訴える小冊子にこう書いている。「おお、何というひどいこと、何という耐えがたい矛盾！（中略）この甚だしく、あからさまな矛盾」[*21]。また、早くも一七七五年には、フィラデルフィアのクエーカー教徒が、世界で初めて奴隷制度に反対する団体を創設し、これに続いて、北部でも南部でも同様の団体が次々と生まれた。だが残念なことに、奴隷制度自体は、奴隷制度の正当性を否定しているように思われる自由の声が高まるにつれて、逆に拡大していった。

ハミルトンも、スカイラー家と姻戚関係になったことで、奴隷制度に関する立場が複雑になったようだ。フィリップ・スカイラーは、オールバニーの邸宅やサラトガ近郊の農園や工場で二七人もの奴隷を使っていたこともあった。奴隷たちはあらゆる家事に従事していた。料理、庭仕事、馬の手入れ、靴の修理から、大工仕事や洗濯、魚釣りまでこなした。イライザもこうした召使の奴隷とじかに接していた。イライザの孫によれば、彼女は「母親の片腕として家事と奴隷の管理を手伝っていたと思われる」[*22]。このようなイメージはひどく衝撃的だ。というのも、イライザは筋金入りの奴隷反対論者だったことがわかっているからだ。

もっとも、確かな証拠はないが、ハミルトンの文書には、ハミルトンとイライザも、奴隷の召使を一人か二人所有していたかもしれないと思わせるような間接的な示唆が三つばかり出てくる。一つは、結婚の五ヶ月後、ハミルトンがジョージ・クリントン知事にこう書いていることだ。「ヘイ中佐が戻られたら、クリントン夫人からH夫人が譲り受けた女の対価を支払うのに十分な額を受け取れるものと期待しております」[*23]。ただし、伝記作家のフォレスト・マクドナルドによれば、この取引は召使の雇用に関するもので、奴隷の購入ではなく、この「十分な額」とは、ハミルトンが補給局副局長のヘイ中佐から受け取ることになっている未払い賃金のことだという。ここにある金額では、当時奴隷を買うのに必要だった金額よりかなり少ないからだ。[*24]

また一七九五年には、フィリップ・スカイラーが、「黒人の少年と女は君のためだ」とハミルトンに伝えている。どうやらその支払いらしく、次の春ハミルトンは、義理の父親へ二五〇ドル、「彼が私のために購入した黒人召使二名」と金銭出納簿に記帳した。[*25] ただし、この購入は、ジョンとアンジェリカのチャーチ夫妻の代理として行われたもので、ハミルトンは仕方なしに引き受けただけという可能性もある。一七九七年五月二九日にも、同様に黒人の女性と子供の購入の記録があり、こちらはジョン・B・チャーチへの貸し金であることがはっきりしているからだ。しかも、ハミルトン家は大きなパーティを計画中なのに、イライザにはその手助けをする奴隷がいない、とアンジェリカが一八〇四年に残念そうに書いている。

奴隷制度は、南部に限られたものでは決してなく、北部の多くにもしっかりと定着していた。一七八四年までには、ヴァーモント、ニューハンプシャー、マサチューセッツ、ペンシルヴェニア、ロードアイランド、コネティカットの各邦が、奴隷制度を非合法化したり、奴隷制度を徐々に消滅させるための法律を制定したりした――ともかく、ニューイングランドの大地は大規模農園向きではなかった――が、ニューヨークとニュージャージーにはまだ多くの奴隷がいた。

特にニューヨーク市は、奴隷制度と深い関係があった。一七五〇年代になってもまだ奴隷の競売が行われていたうえ、砂糖の精製所があったことで、西インド諸島とつながってもいたのだ。一七九〇年代でさえ、ニューヨーク市では五軒に一軒の家庭が奴隷の召使を使っていた。とりわけ裕福な商人たちは、料理人やメードや執事を必要とし、また奴隷をステータスシンボルと見なしていたので、奴隷の召使を所有するのはごく普通のことだった（しかも独立革命後は、平等主義の強まったこの新しい社会では、隷属的な無給の奉公人になりたいなどと思うアメリカ人はほとんどいなかった）。ハドソン川沿いの多くの農園では、奴隷が小作人と一緒に畑を耕していた。ある英国人訪問者はこう書いている。「古くからいるオランダ人農園主の多くは（中略）二〇人から三〇人の奴隷を抱え、その監督と管理に全力を挙げている」[*26]。

それでも、北部は南部ほど奴隷制度に依存しているわけではなかった。南部では、タバコや綿花を中心とする経済に、奴隷制度が不可避的にしっかりと組み込まれていた。トマス・ジェファーソンが独立宣言を起草したとき、彼の故郷ヴァージニアでは、奴隷が人口の四〇パーセントを占めていた。サウスカロライナでは、奴隷のほうが白人よりも多かった。

南部の奴隷制度の規模は、ハミルトンのキャリアに大きな影響を及ぼすことになった。ハミルトンの提唱する経済システムを貴族的だと言って、誰よりも痛烈に偽善的な批判を繰り広げていたのは、誰よりも貴族的な南部の奴隷所有者たちだった。彼らは自らのよこしまな行為から目をそらそうと、ポピュリズムの闘士を気取ったり、ハミルトンと手を結んでいる北部の金融・商業の関係者を非難したりした。そして、後述するように、アメリカ全体の団結を保つためには奴隷問題は棚上げすべきだという国民的合意の結果、南部のプランテーション経済は事実上、政治問題化してはならないものと判断された。これに対し、ハミルトンのシステムは、いやおうなしにきわめて厳しく吟味されることになった。

建国の父たちにしても、ハミルトンほど一貫して奴隷制度に反対し、奴隷制度廃止のために努力した者はほとんどいなかった。この事実は、彼が裕福な特権階級のみに配慮していたという固定観念と矛盾する。確かに、ジョン・アダムズは奴隷を所有したことがなく、奴隷制度を「人格をむしばむ忌まわしい悪疫」と非難したが、自らの信念を必ず実行に移したわけではなかった。[*27] 伝記作家のジョン・ファーリングによれば、「弁護士として、彼は時々奴隷を弁護したが、政治家としては、奴隷の鎖を解いてやる努力をまったくしなかった[*28]」。

南部の不和を恐れたアダムズは、大陸軍に加わった奴隷を解放する計画に反対し、黒人兵士を用いることに異議を唱え、マサチューセッツ邦議会に提出された奴隷制度を廃止するための法案に反対した。「彼が全国的な討論の場で奴隷問題に関して発言したことを示す証拠もなければ、この問題について南部の友人と話し合いをしたという証拠もない」とファーリングは述べている。[*29]

奴隷仲介をしていたフランクリン

ベンジャミン・フランクリンの場合も、より進歩的になった後年には、ペンシルヴェニアの奴隷制度廃止団体の会長として勇気ある発言をしているが、青年から中年にかけての時期には、フィラデルフィアにある自らの印刷所で奴隷売買の仲介を行い、奴隷売買の広告を掲載したばかりか、自分でも自身や他人のために奴隷を売ったり買ったりしていた。そして、奴隷の召使を一人か二人抱えていることが多かった。伝記作家のエドマンド・モーガンは、フランクリンと奴隷制度の関係について、「晩年になってようやく、それは彼の良心を乱し始めた」と書いている。[*30]

そしてヴァージニア出身の建国の父たちは、この問題を手に負えないものと見るようになった。というのも、ヴァージニアの経済的安定は奴隷制度と深く絡み合っていたからだ。独立革命期、ジョージ・ワシントンはマウントヴァーノンで一〇〇人以上の奴隷を使っていた。たいていは慈悲深い主人だったが、逃亡奴隷を取り返すとなると、執念深くなることもあった。彼は奴隷制度を公に批判したことはなかったが、やましさを感じてもいたらしく、後には遅ればせながら自分の考えを実行に移した。二〇〇人以上の奴隷を所有していた一七八六年、家族を離散させることをやめ、これ以上奴隷を買わないと誓ったのだ。奴隷制度の「廃止のための計画を見たいと私以上に心から願っている者はこの世にいない」と彼はロバート・モリスに語っている。[*31]そしてワシントンは、自分の所有する奴隷の解放を遺言に書き残したばかりか、解放奴隷とその子供を助けるための資金も別に残しておいた。

モンティセロを始めとする地所で約二〇〇人の奴隷を所有していたトマス・ジェファーソンも、高尚な革命の言葉と奴隷制度の残酷な現実との間にある矛盾を強烈に意識していた。独立革命初期、彼は奴隷輸入を停止する計画に賛同したし、ジョージ三世の奴隷貿易を非難する言葉が独立宣言から削除されたことに狼狽した。一七八〇年代初めに書かれた『ヴァジニア覚え書』（邦訳岩波文庫）でも、奴隷制度に終止符を打つための漸進的計画を描き、解放した奴隷を内陸部に移住させることについて語っている（ただし、大統領となった彼は、解放奴隷を西インド諸島へ送り出すほうを選んだ）。

また一七八四年には、一六年間の猶予期間付きではあるが、ともかく北西部領地〔訳注：一七八三年に米国領となったオハイオ川以北の地方〕での奴隷制度の禁止を提案した。だが、やがてジェファーソンは腰が引け、奴隷問題を曖昧にしたまま後回しにするようになってしまった。この問題が自然消滅することを漠然と願いつつ、後の世代に問題を押し付けることにしたのだ。ワシントンとは異なりジェファーソンは、愛人だったらしいサリー・ヘミングズの兄弟を含め、ほんの一握りの奴隷を解放しただけにとどまった。

マディソンの奴隷制度に対する見解も、ジェファーソンと似たパターンをたどった。彼は一二〇人ほどの奴隷を相続し、比較的思いやりのある主人だった。「黒人を扱うときは、彼らに必要な服従と労働に合致する人間愛と思いやりを尽くして扱う」ようにと監督に指示したこともある。[*32] また一七八〇年代半ばには、ヴァージニア邦議会で奴隷制度を徐々に廃止に持っていくための法案を支持したが、やがて、この問題を政治的に大きな障害と見て回避するようになった。マディソンは奴隷制度の倫理性を擁護しようとしたことなどなかった――憲法制定会議で、彼は奴隷制度を「かつて人間が人間に行った支配の中でももっとも圧制的なもの」と言っている――けれども、ことさら奴隷制度の廃止に努めようともしなかった。[*33]

要するに、伝記作家のジャック・レイコヴの言うように、マディソンは「彼の家族が属していた大農園主階級の人々同様、奴隷なしで生きていく覚悟ができていなかった」のだ。[*34] 晩年、彼はアメリカ植民協会に所属した。これは奴隷の解放と、解放奴隷のアフリカ移住を助けるための機関だった。つまり、マディソンがヴァージニア政界やアメリカ政界で政治家として生き延びていくためには、奴隷問題については果てしなく言葉を濁す必要があったのだ。

この問題は、独立革命を終わらせた講和条約がきっかけとなって一気に表面化した。ヘンリー・ローレンスの発案により、第七条に、英国が戦争終結後に「黒人その他の財産を持ち去る」ことを禁じるという文言が記されたからだ。このあいまいな言葉は、奴隷所有者たちから見れば、英国側に寝返った逃亡奴隷の返還もしくはその補償金支払いを英国が行うという意味に解釈された。だが英国は、英国側についた時点で奴隷は解放されたのだと主張した。ハミルトンは、厳密に解釈すれば、英国は第七条に違反している可能性があると考えたが、それでも奴隷所有者に味方するのを拒み、道徳というより高い権威を引き合いに出した。

条約の解釈においては、唾棄すべきものあるいは不道徳なものは、推定されるべきではない。自由を約束する公式の宣言を信頼して主人のもとを去る気になった黒人を再び主人の軛《くびき》のもとへ引き渡し、奴隷の身に落とすのは、考えうるかぎり唾棄すべき不道徳なことである。これが唾棄すべきことであるのは、それが契約当事者の片方に不誠実な行為を強いるばかりでなく、いったん自由になった者を奴隷状態に戻すことになるからである。[*35]

私有財産を猛然と守る男――この男にとって、契約は神聖な約束であるべきだった――が、人々から自由を奪う契約に関しては、いかなる契約であれ神聖なものではないと明言しているのだ。

ニューヨーク奴隷解放推進協会

ニューヨークでは、第七条をめぐる論争がすぐさま行動へと結びついた。戦争後、他邦の奴隷所有者がこの街を徘徊し、逃亡した奴隷を見つけ出してこっそり連れ帰るようになっていたからだ。そこで一七八五年一月二五日、一九名の有志が宿屋を経営しているジョン・シモンズの自宅に集まり、すでに自由の身になった黒人を保護したり、まだ奴隷状態にある黒人を自由にしたりするための団体を結成した。この団体は、ニューヨーク奴隷解放推進協会と名づけられた。

会員たちが特に苛立っていたのは、自由の身になった黒人の誘拐がニューヨークの街頭で頻発していたことだった。誘拐された黒人はまた奴隷として売られていた。協会の規約は、ポキプシーの商人で土地投機家のミランクトン・スミスとロバート・トループが起草することになった。一〇日後、前回よりも人数の増えた会合がマーチャンツ・コーヒーハウスで開かれた。この時にはハミルトンとアレグザンダー・マグドゥーガルも参加していた。そして、自身は奴隷を五人所有していたが、ジョン・ジェイが会長に選出された。アメリカが奴隷制度廃止の方向に向かわなければ、「自由を求めるアメリカの祈りは不敬なものとなってしまう」とジェイは信じていた。[*36] そして、奴隷を二人持っているロバート・トループが、次のような独立宣言を投影させて飾り立てた声明を読み上げた。

慈悲深き作り主にして人類の父は、生命と自由と財産に対する平等な権利を人類全員に与えたもうた。それらの権利のどれ一つ、彼らから奪うことを正当化できる主権はこの世には存在しない。この町でめいめいの職業に穏やかに従事している自由な黒人を捕らえ、売るために連れ去ろうとした最近の暴力的な試みは、必ずや人道を支持する者すべての怒りをかき立て、戒めとなる罰を受けることになる。[*37]

この通称ニューヨーク解放協会は、奴隷制度に反対するさまざまな運動を行った。講演会を後援したり、論文を出版したり、自由になった黒人が奴隷の身へと連れ戻されるのを防ぐために登録所を作ったりした。また、アフリカン・フリー・スクールを設立し、黒人に読み書きや計算の基礎を教えたり、規律を教え込んだりしたばかりか、温情主義的なことながら、黒人が「不道徳な行為に走ったり怠惰な生活に陥ったり」しないよう保護したりもした。[*38] 年長の黒人の場合、少年は大工仕事や航海術、少女は裁縫や刺繍も教えられた。

さらに協会は、奴隷制度の漸進的廃止をニューヨーク邦議会に請願することも早くから決定していた。これについては、邦議会の議員だったアーロン・バーが支援を約束した。懸案となっていた法案は、今後のある期日以降に生まれた黒人はすべて、自動的に自由と見なされる、ということを提案するものだった。この法案を強化するため、バーは奴隷制度を完全に廃止する期限を設けることになる文言を付け加えた。この急進的な修正案が否決されると、バーは元の穏健な法案を出したが、結局、議会が成立させたのは骨抜きになった、純粋に任意の法案で、奴隷所有者が二一歳から五〇歳の奴隷を解放するのを容認するというものだった。

もっとも、バーは奴隷問題に関しては守護神ではなかった。彼はつねに奴隷の召使四、五人に取り巻かれていたのだ。しかも、お抱えの奴隷についての記述には、皮肉たっぷりながら愛情もこもっているけれども、彼の手紙を見るかぎり、自分の奴隷を解放する気などなかったようだ。

やがてジェファーソン陣営に移ったときには、彼は奴隷制度廃止論者のふりをするのは一切やめたほうが政治的に得策だと考えた。その一方、週刊新聞リベレーター紙の発行人ウィリアム・ロイド・ギャリソンが奴隷制度廃止運動を断固として続けようとするのを思いとどまらせようとしたのは、ようやく一八三一年になってからだった。ギャリソンはバーについてこう語っている。「彼のやり方は恩着せがましいものだった。（中略）彼が本性を現すのを見て、私の道徳観念から言えば、彼には確固たる原則がないのだと思った[*39]」。

とはいえ、一七八〇年代半ばには、奴隷制度の廃止を唱えながら奴隷を所有していた者はバーだけではなかった。実際、ニューヨーク解放協会は、この矛盾が日常茶飯事で、会員の半数以上が奴隷を所有しているという厄介な事実に対処せねばならなかった。こうした人々は、協会の会員としてはこのような不道徳をやめたいと思っていたが、では、そのためにはどうすればよいのか、どのようなペースですればよいのか？　そして二月四日の会合で、ハミルトン、トループ、そしてホワイト・マトラックが、この問題に答えを出すための対策委員に指名された。協会の議事録を見ると、ハミルトンが有名人として価値ある大義のために名前を貸していただけではなかったことがわかる。生来の活動家である彼は、弱気な方策を冷笑し、大胆で明確な声明を出すべきだと考えていた。

奴隷解放計画の提案

一七八五年一一月一〇日、ハミルトンの委員会は、会員の所有する奴隷をどうすべきかについていくつか提案を出した。だが多くの会員から見れば、これらの提案にある予定表は恐ろしく性急で具体的だった。その計画では、二八歳未満の奴隷は三五歳の誕生日に自由を獲得し、二八歳から三八歳の奴隷は今から七年後に解放され、五五歳以上の奴隷はただちに解放されることになっていた。このような断固たる計画を提唱したからには、ハミルトンは、自分も奴隷を持っていたとすれば解放するつもりだったのだろう。また提案では、奴隷がニューヨークよりも過酷なところへ連れて行かれることのないよう、奴隷を売るのではなく解放することを会員に求めていた。

ハミルトンの委員会が協会に突きつけた挑戦は、当面の解放と将来の解放のバランスが巧みに取られたものだったが、ミランクトン・スミス——後には、諸邦の権限の擁護派の中心となり、連邦憲法をめぐるニューヨークでの論争でハミルトンに敵対した——は、このような明確な奴隷解放予定表にためらいを覚えた。そのため、ハミルトンの計画を潰そうと、次の四季集会までこの件を据え置こうとの動議を出した。ハミルトンとトループとマトラックの提出した文書は強力すぎて、会員でも受け入れられないものだったのだ。

結局、この委員会はあっさりと解散になった。後継の委員会は、前委員会の計画では、会員が「手を引いてしまい、徐々に協会から脱退してしまう」恐れがあると批判し、代案として、会員が協会からの催促に煩わされることなく、奴隷を適宜思うままに解放できるようにしておくべきだと提言した。[*40]

この挫折にもかかわらず、ハミルトンはむっとして立ち去ったりはしなかった。三ヶ月後の一七八六年二月、彼は協会の常任委員会に加えられた。当時、この常任委員会は、ニューヨークからの奴隷輸出を止めさせるようにと邦議会に働きかけ、『アフリカ人等の奴隷制度に関する対話』という小冊子を邦議会や連合会議の代議員たちに山のように送りつけていた。三月、ハミルトンの名前がある請願書に登場した。これは、ニューヨークの奴隷貿易をやめさせるよう邦議会に呼びかけると同時に、「家畜などの商品のように西インド諸島や南部諸邦へ」輸出される黒人の窮状を遺憾に思うという請願書だった。また、「人道にきわめて反し、自由にして見識ある人々の特徴であるべき寛大さと正義にきわめて矛盾する」慣習の廃止を求めるものでもあった。[*41]

この請願書には有名な大物が名を連ねていた。まもなくこれらの人々は、連邦憲法などの問題をめぐり党派に分かれて激しい論争を繰り広げることになるが、この時点ではまだ、ハミルトン、ジョン・ジェイ、ジェームズ・ドゥエーンは、ロバート・R・リヴィングストン、ミランクトン・スミス、ブロックホルスト・リヴィングストンと政治的に協力できた。この請願書の署名を見て印象的なのは、一七九〇年代のフェデラリスト陣営に加わり、南部の農園主から「貴族」と痛烈に貶された人々が実に大勢いることだ。さらに、ハミルトンがアメリカに来て以来親しくしている人々が協会に数多く加わっていることにも強い印象を受ける。

たとえば、ロバート・トループ、ニコラス・フィッシュ、ハーキュリーズ・マリガン、ウィリアム・リヴィングストン、ジョン・ロジャーズ、ジョン・メーソン、ジェームズ・ドゥエーン、ジョン・ジェイ、ウィリアム・デュアがそうだ。解放協会を始め、諸邦で奴隷制度に反対する団体が一七八〇年代に次々と設立されたことは、当時がアメリカの人種間関係にとって希望に満ちた時代だったことを示している。だがまもなく、憲法制定会議と新しい連邦政府は挙国一致を最優先する必要があったため、対立を生む奴隷問題は、討議することさえもはや許されなくなってしまった。

シンシナティ協会設立騒動

ハミルトンの解放協会への参加は、虐げられている者に対する彼の同情を浮き彫りにしたが、もう一つの団体への関与は、彼が世襲の貴族をアメリカに押しつけようと陰謀を巡らしているという非難を引き出すことになった。一七八三年の春、ヘンリー・ノックス将軍が、独立戦争に最低三年間参加した将校を対象に、シンシナティ協会の創設を呼びかけた。この友愛会合の名称は、ローマを守るために戦った後に剣を置いて質素な農耕生活に戻ることを二度にわたって行った古代ローマの将軍、キンキナトゥスにちなんだものだった。

この団体は、最優先すべき政治的目標（自由の促進、諸邦の強固な団結）を持っていたほか、慈善事業（貧困に陥った将校の家族を援助すること）や社交（ちりぢりになった将校の間の友情を保つこと）を目的としていた。どれも十分に立派な目的であるように見えたうえ、初代会長はジョージ・ワシントンだった。すでに軍を離れていたハミルトンは、創立メンバーではなかったが、ほどなく、いかにも彼らしくいそいそと、友人のシュトイベン男爵が支部長を務めるニューヨーク支部の会員になった。

ところが、この協会がハチの巣をつついたような論争を引き起こした。まるで貴族が爵位を相続するかのように、会員の長子が父親の会員資格を受け継ぐことができるという規定があったからだった。退廃的な欧州の宮廷の匂いがするものに対してまだ反感を抱いていたアメリカ人から見れば、シンシナティ協会は、軍内の秘密結社や世襲の貴族といった恐ろしい亡霊を甦らせるものでしかなかった。革命初期のボストンの火付け役でジョン・アダムズのまたいとこのサミュエル・アダムズは、すぐさまこれに反応し、この協会は「短期間でかつてのように一気に世襲の軍人貴族へ向かう動き」の表れだと断言した。[*42] そして、協会に対する反応は、かつて戦争に勝つために協力した人々の間にある深い亀裂を明るみに出し、この数年後の鋭い分裂を予示することになった。フランクリン、ジェイ、ジェファーソン、そしてジョン・アダムズが、協会の計画を危険で非常識なものだと言って厳しく糾弾したのだ。

ワシントンはこの騒動にひどく苦しみ、一七八四年五月にフィラデルフィアで開かれた協会の第一回総会で、会員資格の世襲を定めた規定を削除するよう会員を説得した。だが諸邦はこれをためらい、ハミルトンはこうした案への対応をニューヨーク支部から任された。一七八五年一二月、ワシントンはマウントヴァーノンからハミルトンに手紙を書き、「もしシンシナティ協会がその他の市民と仲良くやっていくつもりなら」、フィラデルフィアで採択された「修正に同意すべきだ」と訴えた。[*43] いかなる時でも融和的だったワシントンは、激しい党派心が生じてしまうのではないかと懸念しており、この新団体を政治的対立の場に終わらせたくはなかった。しかしハミルトンは、諸邦を安定した連合体にまとめ上げるのに役立つ道具になる可能性がシンシナティ協会にはあると考えていた。

一七八六年七月、ニューヨーク支部長のシュトイベン男爵と副支部長のフィリップ・スカイラーが、会合を二回主宰した。一つ目の会合は、新会員の入会式で、無意味な仰々しさがてんこ盛りだった。まず、会計係と会計係代理が、それぞれ白いサテンのクッションを掲げて前に歩み出た。会計係のクッションには、新会員のためのイヌワシの記章が、会計係代理のほうには羊皮紙の証書が載っていた。ハミルトンは開会の辞で、協会に対する批判に異議を唱えた。「天と我らが心こそ、我らの意図の誤認を立証するために我らが頼るものだ」[*44]。そして、当協会は友情の絆を維持し、戦に倒れた同志の家族を助けるためだけに存在するのだと主張した。

その後、当時の流儀に従って、乾杯が果てしなく繰り返され、連合会議とルイ一六世とジョージ・ワシントンを称えて満杯のグラスが次々と飲み干された。この間、乾杯がなされるたびに一三門の大砲が轟いた。八度目の乾杯の辞は、ハミルトンの特別な影響が認められた。これは、彼が重大な政治的意図を胸に秘めていたことを示していた。「連合会議の力が連合全体の維持に十分なものとなるように[*45]」。

この二日後にシティ・タヴァーンで行われた二度目の会合では、ハミルトンは懸案になっている変更について報告した。この演説には、彼のことを貴族や情実の単純な代理人と見なしている者が聞いたらびっくりするような発言があった。ハミルトンは、会員資格の世襲を行わないとしたら、いったいどのようにすれば協会が存続できるのかわからない、と認めた一方で、長子相続制の利用には反対したのだ。なぜなら、長子相続は「このような難点を免れない――この場合、能力のみに属すべきものを出生に委ねており、このような原則は、友情と愛国心に基づいて創設される団体の精神にそぐわない[*46]」。

次男として生まれたハミルトンは、長男がもっとも有能であるとは限らないとわかっていたうえ、スコットランドの大地主の四男である自分の父親の哀れな話を知りすぎるほどよく知っていた。少々逆説的ながら、出生ではなく能力こそ、世襲の団体の原動力であると明言し、この運営原則をもっと大きな団体にも適用したいと考えた。しかし、この後たびたびあることになるのだが、彼が公言していた能力に基づくエリート主義は、政敵に誤解され、貴族に対するひそかな崇拝だと解釈されてしまった。

この1792年の肖像画は、財務長官アレグザンダー・ハミルトンのすらりとした体型と颯爽とした雰囲気がよく表れている。政治論争の渦中にあったハミルトンは、政治家人生をうかがわせるようなものはいっさい描かないでほしい、と画家ジョン・トランブルに頼んだ。

英国国教会系の牧師でキングズ・カレッジの2代目学長を務めたマイルズ・クーパーの1768年の肖像画。この頑固なトーリーの大いなる自信のほどが映し出されている。独立革命の初期に起きた愛国的な暴徒による暴動事件では、ハミルトンがクーパーの救出に一役買った。

18世紀、ロウアー・マンハッタンにあったキングズ・カレッジ（現コロンビア大学）からは、ハドソン川の牧歌的な眺望が楽しめた。

プリンストンの戦いでのジョージ・ワシントン。チャールズ・ウィルソン・ピールによるこの素晴らしい肖像画は、独立戦争の将軍の気品溢れる威風を伝えており、後年の大統領時代の堅苦しさは感じられない。

独立革命時、ハミルトンはラファイエット侯爵とジョン・ローレンスの3人で勇士トリオを結成していた。下は、フランス革命初期の軍服姿のラファイエット。左のローレンスのミニアチュールはおそらくマーサ・マニングへ贈られたもの。戦前ロンドンで法律を学んでいたローレンスは、マーサの妊娠後、結婚した。

エリザベス・スカイラー・ハミルトンは夫の勧めで債務者監獄を訪ね、破産して投獄されていたラルフ・アールにこの肖像画を描いてもらった。この彼女は凝った髪型をしているが、画家は彼女の率直で快活で気取らない性格をよくとらえている。

オールバニーにあった格調あるスカイラー邸パスチャーズは、仕事漬けで神経の張りつめたハミルトンがリラックスできる数少ない場所の1つだった。

フィリップ・スカイラー少将は上流階級意識が強かったが、ハミルトンが暗い少年時代を過ごした非嫡出子であるにもかかわらず、彼を娘婿として迎え入れた。

明るく機知に富み、流行にも敏感だったアンジェリカ・チャーチは、義弟のハミルトンばかりか、トマス・ジェファーソンをはじめとする当時の名士たちも魅了した。

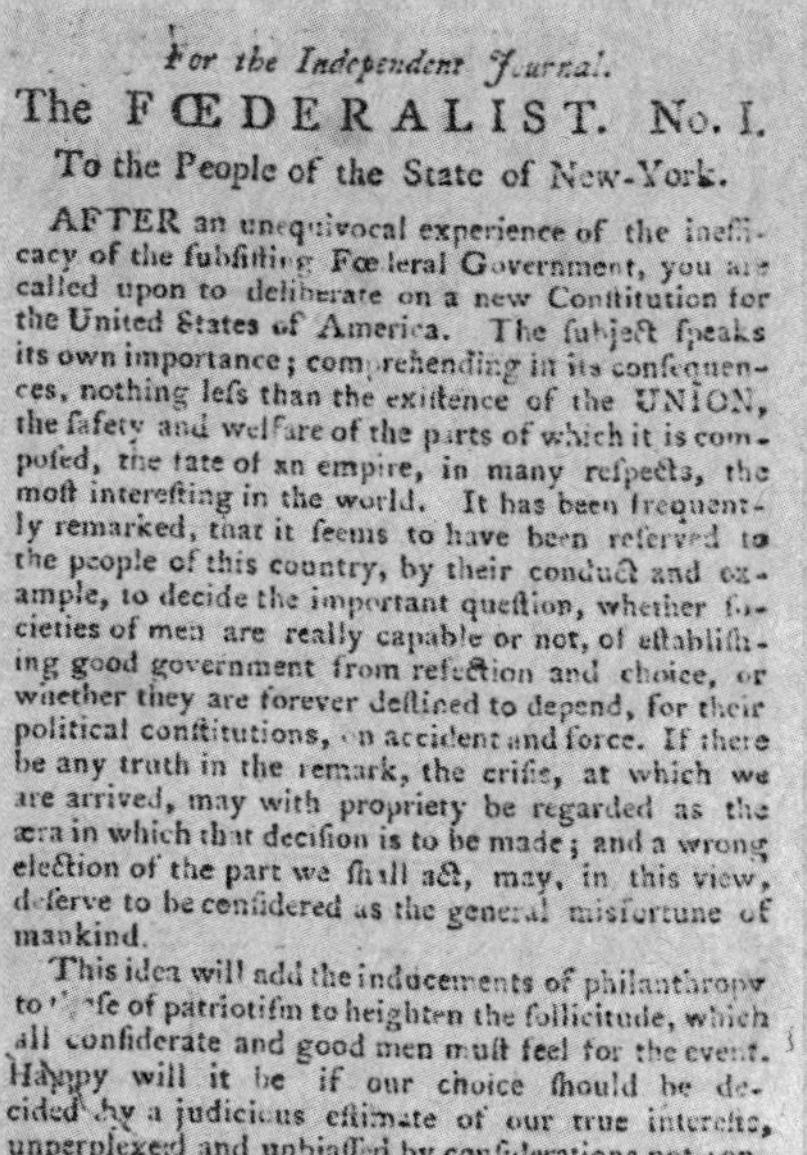

For the Independent Journal.

The FŒDERALIST. No. I.

To the People of the State of New-York.

AFTER an unequivocal experience of the inefficacy of the subsisting Fœderal Government, you are called upon to deliberate on a new Constitution for the United States of America. The subject speaks its own importance; comprehending in its consequences, nothing less than the existence of the UNION, the safety and welfare of the parts of which it is composed, the fate of an empire, in many respects, the most interesting in the world. It has been frequently remarked, that it seems to have been reserved to the people of this country, by their conduct and example, to decide the important question, whether societies of men are really capable or not, of establishing good government from reflection and choice, or whether they are forever destined to depend, for their political constitutions, on accident and force. If there be any truth in the remark, the crisis, at which we are arrived, may with propriety be regarded as the æra in which that decision is to be made; and a wrong election of the part we shall act, may, in this view, deserve to be considered as the general misfortune of mankind.

This idea will add the inducements of philanthropy to those of patriotism to heighten the sollicitude, which all considerate and good men must feel for the event. Happy will it be if our choice should be decided by a judicious estimate of our true interests, unperplexed and unbiassed by considerations not connected with the public good. But this is a thing more ardently to be wished, than seriously to be expected. The plan offered to our deliberations, affects too many particular interests, innovates upon too many local institutions, not to involve in its discussion a variety of objects foreign to its merits, and of views, passions and prejudices little favourable to the discovery of truth.

Among the most formidable of the obstacles which the new Constitution will have to encounter, may readily be distinguished the obvious interest of a certain class of men in every State to resist all changes which may hazard a diminution of the power, emolument and consequence of the offices they hold under the State-establishments—and the perverted ambition of another class of men, who will either hope to aggrandise themselves by the confusions of their country, or will flatter themselves with fairer prospects of elevation from the subdivision of the empire into several partial confederacies, than from its union under one government.

新聞に掲載された『ザ・フェデラリスト』第1篇。ハミルトンは多いときには1週間で5、6篇も熱烈な小論を発表した。

ジェームズ・マディソンの肖像画（1792年作）。この数年前にハミルトンと『ザ・フェデラリスト』を共同執筆したが、ここには、当時ハミルトンの財政制度を下院で阻止しようとしていた彼の強硬で闘争的な性格がよく表われている。

用心深く陰鬱なジョン・ジェイ。ハミルトンと『ザ・フェデラリスト』の共同執筆を始める直前に描かれたもの。最後は重いリウマチのために執筆から降りざるをえなかった。

ニューヨーク州知事を7期務めたジョージ・クリントン。彼と衝突を繰り返したハミルトンにとっては、州権力の危険の象徴となった。

CHAPTER

12

August and Respectable Assembly

威厳ある立派な会議

ニューヨークのポピュリスト政治家

独立革命後、ニューヨークは束の間の繁栄を謳歌したものの、やがて色褪せ始め、一七八五年には好景気は姿を消してしまった。負債の膨張、貨幣の不足、貿易の縮小が原因だった。物価の下落は借金を抱えた農民を痛めつけ、農民たちはより高金利の資金で借金を返さねばならなかった。ニューヨーク銀行の役員としてハミルトンは、債務不履行者が金のないふりをして債権者を破滅させることもあるかもしれないと懸念した。後に彼は、この景気悪化についてこう言っている。「金銭取引に対する信頼が損なわれ、これに比例して起業も鈍った」[*1]。

その後数ヶ月というものハミルトンは、持たざる者が蜂起して、持てる者から奪い取るのではという恐ろしい想像に取り憑かれた。資産家が、債務者や失業者の群れによって人質に取られるのではないかとも考えた。危機の兆しを感じ取った彼は、リヴィングストン家の一人にこう告げたこともあった。「財産の安全や政府の繁栄を気にかける者」は、「平準化のたぐいを主義としない者を議会に送り込むよう心がける」べきだ[*2]。このような手に負えない新しい民主主義に関し条件を付けていたとはいえ、ハミルトン自身はまだ、議会選挙に立候補する用意はできていなかった。

一七八五年四月、ニュー＝ヨーク・パケット紙に掲載された邦議会選挙立候補者予想リストに自分の名前があるのを見つけたときも、彼は慌てて発行人に連絡し、「現在のところは」自分の名前を考慮の対象から外してもらいたいと頼んだ。[*3] ただし、選択肢を残しておきたかったハミルトンは、ふさわしい時期が来たら出馬する可能性は否定しなかった。

今やハミルトンにとっては、ニューヨーク邦に対する最大の脅威はこの三語に要約できた。ジョージ・クリントン知事だ。戦時の知事であるクリントンは、独立革命の中から圧倒的な人気で登場し、三度再選されていた。彼は広い肩に太鼓腹のずんぐりした男で、その無骨な外見――もじゃもじゃの眉、ぼさぼさの髪、そしてたるんだ顎――のせいで、魚屋か港湾労働者のような屈強な雰囲気があった。そして、どこをどう見ても頑固な男だった。

ハミルトンが仕事をしていた時期の大半、ジョージ・クリントンはニューヨークで不動の存在で、まるで人を寄せ付けない山のように、政界に聳え立っていた。見かけは不格好でも、彼はしっかりと権力にしがみつき続ける海千山千の政治家だった。最終的には知事を七期、副大統領を二期務めたクリントンは、アメリカ政界の伝説には欠かせない登場人物、つまり地方のポピュリストのボス、それほど几帳面ではなく評判も良くないが、民衆からは身内のように温かく愛されているボスの典型だったと言えよう。クリントンの伝記を書いたジョン・カミンスキーはこう述べている。「ジョージ・クリントンの友人たちは彼のことを庶民の味方だと考え、彼の政敵はデマゴーグだと見ていた」。[*4]

スコットランド系アイルランド人移民の息子だったジョージ・クリントンは、最初はアルスター郡出身の田舎弁護士で、ニューヨークの議会で民衆扇動家として名を馳せた後、大陸会議に一期だけ加わった。戦争中は、准将としてハドソン・ハイランドの防衛に当たり、その一方で、地元の自作農階級からは、ニューヨーク植民地を支配してきたリヴィングストン家、スカイラー家、レンセラー家といったハドソン川地方の有力な名家から自分たちを守ってくれる不屈の擁護者と見なされるようになった。後にセオドア・ローズヴェルトは、老練な政治家ならではの眼識でもってこう述べている。クリントンは、「偏狭な」嫉妬心を抱える「田舎の小規模な自由土地保有者の冷酷さ、疑い深さ」を利用する方法を知っていた。[*5]

だが、共和主義者らしい純朴な雰囲気を漂わせていたとはいえ、彼は決して「地の塩」などではなかった。奴隷を八人所有していたし、公職在任中に一財産こしらえている。質素な生活をしていたが、それは金がなかったからというよりも、知らぬ者はないほどの吝嗇《けち》だったからだ。しかも公職にあった期間の大半、この民衆の指導者は次のような仰々しい肩書きを使っていた。「知事にして全民兵の最高司令官、ニューヨーク邦海軍提督、ジョージ・クリントン閣下殿」。[*6]

ハミルトンとクリントンは最初から反目していたわけではない。クリントンのほうが一六歳年上だったが、戦争中、二人は親しみのこもった手紙をやり取りしており、大陸会議の梃入れが必要だという点で意見が一致していた。またハミルトンは、ハドソン渓谷のアメリカ軍の指揮官にクリントンを選んだワシントンの選択を称賛してもいる。だが、イライザ・スカイラーと結婚したことで、ハミルトンは義理の父親というクリントンの不倶戴天の敵も受け継ぐことになった。

一七八二年には、まだクリントンのことを「人格者」と称えてはいたものの、クリントンは「特に選挙が近づくと」民衆の偏見に迎合すると考えるようになっていた。[*7] その後、ハミルトンのクリントン批判はますます辛辣さを増した。クリントンのことを粗野で短気だと見なすようになり、クリントンの率直な態度は非常に計算高いことをごまかす隠れ蓑にすぎないと考えるようになった。クリントンは「用心深く慎重」で、「あらかじめ考えたり計画したりせずに」行動することはめったにない、とも言っている。[*8]

アレグザンダー・ハミルトンがジョージ・クリントンを問題視していたのには、クリントンの政治スタイル以上の理由もあった。ハミルトンは、ポピュリストを気取って独裁をごまかすデマゴーグがアメリカの民主主義を駄目にすることをつねに恐れていた。そして彼にとっては、ジョージ・クリントンもトマス・ジェファーソンもアーロン・バーも、そうした懸念の体現者だった。また、クリントンは銀行に否定的で、銀行など、投機家を儲けさせ、汗水垂らして働く農民から金を取り上げる策略にすぎないと考えていた。さらに、戦後クリントンが親英派に懲罰的な姿勢を取ったことも、ハミルトンには残念なことだった。

あるトーリーはクリントンについてこう書いている。「彼は無情と言ってもよいほど厳しく親英派を裁き、糾弾し、収監し、罰した。彼の命令によって、親英派はタールと羽根のリンチを受け、荷車で引き回され、鞭打たれ、罰金を払わされ、追放された。つまり、死でさえも除外されぬあらゆる残酷なことが、この反逆の使者によって行われたのだ」[*9]。

とはいえ、こうした難点だけなら、ハミルトンはまだしも大目に見ることもできた。だが、どうしても許せないことが一つあった。クリントンが国全体の団結を損ねるほどにニューヨークを偏重していたことだ。クリントンのほうも、ハミルトンのナショナリズム的姿勢に気づいていた。後には、ハミルトンのことを「偉大な男、偉大な弁護士、高潔にして非常に野心的な男」と称える一方で、「あの破滅的方策、諸邦の統合を実現したがっていた」と書いている[*10]。

一方、ハミルトンの邦政治に関する皮肉も、ジョージ・クリントンに対する幻滅に由来するものが多い。たとえば、ニューヨーク邦が西インド諸島から入ってくる英国の製品に法外な関税をかけたのも、知事の号令のせいだった。この関税には都市の商人も船荷主も激怒した。しかも、こうした輸入品の多くは、最終的には周辺のニュージャージーやコネティカットへ行くのに、ニューヨークが関税を全部懐に入れていた。またニューヨークは、ニュージャージーから入ってくる農産物やコネティカットの木材にも「輸入」関税をかけた。おまけに、クリントン知事はこうしたいわば悪徳商法に血道を上げるばかりで、儲けを分配しようとせず、連合会議が提案しハミルトンも支持していた五パーセントの連邦輸入関税に反対していた。

貿易をめぐる邦間の緊張が深刻になったため、一七八六年に連合会議議長に就任したナサニエル・ゴーラムは、ニューヨークが近隣諸邦と衝突して内戦へと発展してしまうのではないかと懸念した。しかも、同様の激しい通商摩擦は、ニューヨーク以外の地域でも起きており、大きな港のある邦が、その邦を通じて物品を輸入している周辺の邦と対立していた。

これも、中央政府に属すべき権限である通商政策策定の権限を諸邦が握っているせいだった。このためハミルトンは、関税収入を独占する連邦政府を新たに樹立しないかぎり、必ずや内輪揉めが次々と起こるだろうと確信し、自邦の税金に寄せる関心が強くなればなるほど、どの邦もますます共通の利益のために犠牲を払おうとはしなくなるだろうと考えた。

経済危機が悪化していたさなかの一七八六年四月、ハミルトンは行動する時が来たと考え、ニューヨーク邦議会の一年任期議員に選ばれた。後に彼は、スコットランドの親戚にこう語っている。儲かる弁護士業に携わっていたが、「全体の連合が脆弱なせいで公務が混乱していたため、仕方なしにまた公職に戻った」[*11]。だが、彼の改革の熱意は、とても仕方なしにやっているとは見えないものだった。強烈な目的意識を持ち、重大な長期計画を成立させるつもりでいた。自分が選挙に出たのは、議会の「次の会期を」中央政府の構造に関する「彼の計画した改革に役立つようにする」つもりだったからだ、とハミルトンはトループに言っている[*12]。実際、ハミルトンが議員に選ばれたことは、憲法制定会議へと直結するさまざまな出来事の前段階となった。

「包括的な基本法を作るための包括的な会議」

憲法制定会議へ至る道は、長い回り道だった。出発点は、一七八五年にマウントヴァーノンで、メリーランドとヴァージニアの代表がポトマック川の航行をめぐる激しい摩擦を解決したことだ。そしてヴァージニアは、これが前例となって他の邦間紛争も収まればと願い、一七八六年初め、「全体の利益を促進するために必要と判断されるであろう通商規制を考案するために」アナポリスで会議を開催しようと呼び掛けた。[*13] この守護神であるジェームズ・マディソンは、ハミルトンと同様、諸邦を苛立たせている通商摩擦や境界問題に落胆していた。

一七八六年五月には、マディソンは当時パリ駐在のアメリカ公使だったジェファーソンに、「現在の我々の通商の混乱」について書き送り、主要な港湾邦がどのようにして周辺の諸邦から金を巻き上げているかを説明している。[*14] 諸邦の議会が利己的な法律を制定していることに唖然としていたマディソンは、それらが「共和主義の誠実な友なら大抵仰天するほど頻繁かつ破廉恥きわまる」ものとなっているとジェファーソンに警告したこともある。[*15]

一七八六年五月、ニューヨーク邦議会はアナポリス会議に送る代表六名を任命した——ただし、最終的に出席したのは、ハミルトンと邦の法務総裁である友人のエグバート・ベンソンの二人だけだった。そして、この一見取るに足らない任命が、ハミルトンにとっては重大な副産物を生むことになった。もしアナポリスに行っていなかったならば、彼は憲法制定会議に出席することはなかっただろうし、『ザ・フェデラリスト』の中心執筆者になることもなかっただろう。

ロバート・トループによれば、ハミルトンはアナポリス会議がより大きな出来事のプレリュードとなることをわかっており、「包括的な基本法を作るための包括的な会議への足掛かりとはならないような単なる通商会議」には興味がなかったという。[*16] 運に恵まれていたのか、あらかじめ計画していたことだったのか、それとも出来事を引き起こす要領を心得ていたのか、いずれにしてもハミルトンは、アメリカ建国時の歴史の大きな転換点には必ず姿を見せるという独特の才能を相変わらず示し続けていた。

九月一日、ハミルトンはアナポリスへ向けて出発した。これは自費の旅だった。若いころから各地を転々とし、戦時中もあちこち動き回った後だけに、ハミルトンには漂泊の思いなどというものはほとんどなかったが、今や、かつて兵士として目にした風景の中を再び行くことになった。この旅の間に体調を崩した彼は、一週間後にアナポリスに到着して、ようやく一安心した。しかも、イライザが第三子のアレグザンダーを産んだばかりだったので、ハミルトンは家族に会いたくてたまらなかった。メリーランドに着くや否や、彼はイライザに愛情のこもった手紙を大急ぎで書いた。この手紙は哀愁に満ち溢れている。


しかし、君やかわいい子供たちと離れ離れでは、幸せな気持ちになれない。我が家に残してきた喜びの穴埋めになるものなどなく、そこそこ安楽な気分にさせてくれるものもない。(中略)実は、家が恋しくて、仕事どころではなく、旅の喜びも感じられない。八日か一〇日間、もしかしたら二週間もここに引き留められると思うと、心配でたまらない。私のベッツィーなら、やきもきしていて、この気持ちを誰よりもわかってくれることだろう。(中略)私が君のことを思いやっているように、私のことを思いやっていてくれ。そうすれば、私たちは必ずいつも幸せでいられる。[*17]

プロポーズしてからずいぶん経つというのに、アレグザンダーとイライザの愛は冷めていないどころか、結婚生活によって、女好きの若者はマイホーム亭主に変身してしまったらしい。

マディソンによれば、アナポリスという比較的僻地の都市が選ばれたのは、大きな商業都市や議会の置かれている地域を避けることで、会議に参加している各邦の代表が外部の第三者の虜になっているという批判を防ぐためだったという。各邦の代表は、ジョージ・マンズ・シティ・タヴァーンというベッドが一〇〇もある大きな宿屋に滞在し、邦議会議事堂の古い議場で会議を行った。出席者は少なかった——五邦の代表一二名だけだった——が、少人数であることが逆に幸いした。政府の中央集権化に反対しそうな者がいなかったのだ。ナショナリストばかりが集まり、親密に話し合ったおかげで、議題は通商問題にとどまらず、ぼろぼろの連合規約に対する有意義で痛烈な批判にまで及んだ。

ハミルトンよりも数日前にアナポリスに着いたマディソンは、いかにも学者らしい、無比の徹底ぶりで会議に臨んでいた。政治と歴史に関する論文の「文献貨物」をジェファーソンから船便で送ってもらっていたうえ、共和制や国家連合についての前例もすでに頭に詰め込んであった。ハミルトンがマディソンに会うのは、おそらく連合会議以来初めてだっただろう。当時のマディソンはまだ法律を勉強中で、その合間にヴァージニア邦議会で議員を務めているだけだった。このくぼんだ目にげじげじ眉の、禿げかかった小柄な本の虫に再会でき、彼はうれしかったにちがいない。アナポリス会議の詳細は現在では不明だが、ハミルトンとマディソンが、二年後に『ザ・フェデラリスト』を生むことになる思想的な研究を二人で始めたことは確かなようだ。この時点では、二人は同好の士で、二人とも諸邦の偏狭さに嫌悪感を覚えていた。

アナポリス会議は、諸邦の通商摩擦は政治的枠組みの基本的欠陥を示すものだという見解ですぐに一致し、驚くような結論を出した。翌年五月にフィラデルフィアで連合規約改正のための特別会議を開くべく、諸邦に代表を送るよう勧告することにしたのだ。この決議の情熱的な初稿は、ハミルトンが書いたものだったのは明らかだ。ただ、あまりに批判が手厳しいので、ヴァージニア邦知事のエドマンド・ランドルフがトーンダウンを求めた。ハミルトンは当然ながら承服できずに激怒したため、マディソンは彼を少し離れたところへ連れて行き、戦術的撤退を促したという。「この男には従っておいたほうがいい」とマディソンは忠告した。「さもなければ、ヴァージニア中を敵に回すことになる」[*18]。これでハミルトンは冷静になり、トーンダウンを承諾したという。

ハミルトンが書いた最終的な声明では、この会議が本来の議題である通商問題以外にまで手を伸ばしたのは、「通商規制とは」他の政治システムにおいても対応する調整が必要となる問題の解決を含むほど「包括的なものである」からだと説明されている。しかも詳細に検討した結果、現行のシステムの欠陥は、予想されていた以上に「大きく数多い」ことがわかったという。[*19]このアナポリス声明は、政治システムを精巧に作られたメカニズムと考えており、声明の要素同士が微妙な相関関係を持つよう構成されている。これは紛れもなくハミルトン調だ。また、組織的な解決を好む彼の嗜好、物事の精巧な相関性に対する彼の感覚も反映されている。

故郷の邦がアナポリス決議を検討していた時期、マディソンとハミルトンは正反対の経験をした。ヴァージニア邦議会はこの決議を喜んで承認し、憲法制定会議へ送る代表団を率いてもらいたいとジョージ・ワシントンに打診したが、ニューヨークのジョージ・クリントン知事は逆に、すぐさま邪魔しにかかったのだ。クリントン知事は、そのような考えに対し「強い嫌悪」を表明し、改革の必要などないと言って、「現在のままの連合でも、ユニオン（連合）には十分役立つ」と断言した。[*20]この後二年間、クリントン知事は改革を妨害し続けたが、ニューヨーク邦議会の議員の多くはアナポリス声明を歓迎していた。

戦後の「もっとも複雑な、もっとも重要な、もっとも危険でデリケートな仕事」は、中央政府の樹立だろう、とジョン・アダムズは一七七六年に正確に予言していた。[*21]今や、この仕事に全力を尽くすことになったハミルトンは、アナポリス会議の後、これを遂行する戦略的な態勢を整えた。後にキャサリン・ドリンカー・ボーエンは、憲法制定会議に関する古典的著作の中で、連合を強化するというハミルトンの戦いを称え、こう書いている。「早くから改革に取り組んだ人々の中では、ワシントン、マディソン、ハミルトンの三名が傑出しており、この三名の中でも、八七年の会議の招集にもっとも強い影響を与えたのは、どう見てもハミルトンだ[*22]」。ただし、マディソンの崇拝者は、失礼ながら賛成しかねると言うかもしれない。

ハミルトンのマラソン演説

連合規約の下では、金銭問題があらゆる問題に影響を与えていた。アメリカの連邦政府は事実上破産状態で、諸邦の政府も、革命の負の遺産である膨大な負債を償還するのは不可能だと見ていた。欧州の証券取引所では、投資家がアメリカの存続を危ぶみ、アメリカの有価証券は、額面価額を大きく割り込んだ価格で取引されていた。「アメリカの運命は風前のともしびだった」とグーヴァヌア・モリスは後に語っている[*23]。

アメリカ人の多くも、議会と同様に借金に苦しんでいた。アナポリス会議が行われていた時期、マサチューセッツ西部では農民による騒動が起きている。借金を負い、重税にあえぎ、土地の抵当流れに苦しむ大勢の農民が、棒や熊手を手に裁判所の庁舎を閉鎖し、力ずくで土地の差し押さえを妨害したのだ。

ハミルトンが恐れていたように、八年に及ぶ戦争の後、政府に対する暴力的な抗議は日常化していた。この農民の蜂起は、この暴動の指導者の一人であるダニエル・シェイズにちなんでシェイズの反乱と呼ばれた。シェイズは元民兵の大尉で、これにより一躍庶民の英雄となった。この反乱は、今や内戦として再演されたアメリカ革命の再現のように見える瞬間もあった。暴徒たちはかつての大陸軍の制服を身に着け、一七七六年の精神に則ってヘムロックの小枝を帽子に挿していたのだ。

この反乱は、マサチューセッツ邦の民兵によって一七八七年二月までには鎮圧されたが、その影響は尾を引き、マサチューセッツは債務救済のための法律を制定した。一方、多くの債権者や資産家は、邦政府の権力が強まっていることに動揺し、無能な連邦政府に落胆していた。連邦政府は最後の軍艦も売り払い、その軍も縮小されて、わずか七〇〇人という無意味な軍隊だった。

シェイズの反乱によって表面化した経済問題――これこそハミルトンが得意とする問題だった――は、ロードアイランドの過激派の運動でも明らかになっていた問題だった。こちらでも、債務の破棄と富の平等な分配を声高に唱えていた。反乱の拡大を懸念する多くの人々は、マサチューセッツの反乱に衝撃を受けた。「何ということだ！」とワシントンは反乱の報を受け、一部の暴徒がアメリカの土地を「皆の共有財産」だと考えていることに仰天して言ったという。*24

ジェームズ・マディソンも、この反乱について同様の驚きを父親に打ち明けている。「彼らは行政の構造と弊害の改革だけが目的だと公言しているが、公私の負債の破棄と新しい富の分配を目論んでいる疑いが強い」[*25]。

だが、弱小な共和政体は無秩序を招くだけだ、とマディソンが考えていたのに対し、この暴動に対するジェファーソンの反応は冷静だった。「時々小さな反乱が起きるのはよいことだと思う」と彼はパリからマディソンに尊大な調子で告げた。「自然界に嵐が必要であるように、政治の世界にも嵐は必要なものだ」[*26]。またジェファーソンは、ウィリアム・スミス大佐にあの有名な言葉を送ってもいる。「自由の木は、愛国者と圧制者の血によって時折活気づけてやらなければならない」[*27]。ハミルトンは無秩序が無秩序を生むことを懸念していたが、ハミルトンよりも楽観的で現状に満足していたジェファーソンは、周期的に発生する暴走など自然と収まると考えていた。

いつもならまさに滝のごとく滔々と激しい意見を吐くところだが、この時のハミルトンは、当初はシェイズの反乱について口を噤んでいた。彼が沈黙を守ったのは、農民たちのやり方は軽蔑していたものの、彼らの不平不満には共鳴していたためだった。ハミルトンは、戦争が残した邦の債務を連邦政府が肩代わりすべきだと考えていた。ところが、マサチューセッツは自らの債務を返済しようとして、重税で農民たちを押し潰してしまったのだ。「この反乱は、かなりの程度この圧力の結果だった」と彼は後に書いている[*28]。また『ザ・フェデラリスト』の第六篇では、「シェイズが自暴自棄になった債務者でなかったならば、マサチューセッツが内戦に陥ったかどうかは大いに疑わしい」[*29]と述べた。この農民反乱は、連邦政府が税負担を全邦に公平に割り当てるべきだという彼の意見の正しさを立証するものだった。

金持ちと貧乏人、債権者と債務者の間の緊張が高まると、多くのアメリカ人は、弱体の連合がこれに持ちこたえられるだろうかと疑問に思った。一七八七年二月、ハミルトンは勇敢にもニューヨーク邦議会で、国の財政悪化を食い止めるために連合会議の提案する五パーセントの輸入関税を認めるべきだ、という立場を明らかにした。もっともハミルトンは、邦の権限を唱えるキャッチフレーズが人気のクリントン派に勝てるだろうと楽観視してはいなかった。議員のサミュエル・ジョーンズは、ハミルトンの戦いについてこう述べている。「あの会期中、彼は私に、市民が彼にそれを期待しており、彼も市民をがっかりさせるべきではないと考えたのだ、と話してくれた。さもなければ、彼はこの問題をまた議会に持ち出すつもりはなかったそうだ[*30]」。

ハミルトンは一時間二〇分にも及ぶマラソン演説を行って、連合規約の下でのアメリカの悲惨な光景を延々と語ってみせた。そして、連合会議が一三邦からの事実上任意の分担金供出に頼っていることを厳しく批判し、一部の強欲な邦は分担金をごく一部しか払っていないか、まったく払っていないと指摘した。彼によれば、連邦の金庫が空では、債務の利息を払ったり海外でアメリカの信用を固めたりするための剰余金も残るわけがない。国内の債権者はまだ我慢してくれるだろうが、海外の債権者はそういうわけにはいかないだろうという。「彼らは請求を強要する力がある」とハミルトンは警告した。「遅かれ早かれ、彼らは請求してくるだろう[*31]」。

またハミルトンは、連邦政府の過度の権力に関する警告は見当違いだとも述べている。「こうした諸邦が連邦政府の下で結ばれないなら、間違いなく諸邦はたがいに戦争をすることになり、分裂の結果、諸邦は外国の影響や術策によるありとあらゆる弊害を被ることになる」[*32]。

だが、ハミルトンの巧みな説明は、クリントン派の冷たい目に晒されただけだった。しかも、彼らは実に侮辱的な対応をしてみせた。ハミルトンの演説にわざわざ反論することもせず、いきなりこの問題の採決を求めたのだ。そしてハミルトンの予想どおり、この連邦税は完敗した。長々と雄弁を振るって疲れ果て、ハミルトンは束の間ぐったりとしたが、支持者の喝采の声にすぐさま元気を取り戻し、その後観劇に出かけた。「ハミルトンは議事堂で輸入税支持の有名な演説を行なった後、劇を見に行きました」とマーガレット・リヴィングストンは息子のロバート・R・リヴィングストン大法官に伝えている。「彼が到着すると、偉大な男だという掛け声がかかりました。彼を知事にしようという話があると言う人もいます」[*33]。

ところで、その春の議員在任中、ハミルトンは子供時代に対する相反する感情を示すような投票を二つ行なっている。まず、奇妙なことに、彼は不倫が原因で離婚した者が再婚できないようにする法案を支持した。オランダ領西インド諸島でもそうした厳しい法律があったために、ハミルトンの両親は彼を嫡出子とすることができなかったのにだ。そして、この投票が母親に対する潜在的な敵意を示すとするなら、もう一つの投票は母親への愛情を表す。当時議会は、非嫡出子を産んだ母親がその子を出生時に殺すのを思いとどまらせるための法案を審議していた。そこで問題となった条項の一つに、その子が死んだ場合、未婚の母親はその子が死産あるいは病死であることを裏付ける証言をする証人を用意せねばならないという規定があった。ハミルトンが困惑したのは、母親が非嫡出子を産んだことを公に認めねばならないことだった。ある新聞記事からは、ハミルトンの感情移入ぶりがわかる。

ハミルトン氏は、その条項は適切でもなければ正当でもないと考え、法案からその条項を削除したいと思った。そして、この妥当性を示すため、不幸な女性が置かれることになる微妙な状況について感情を込めて詳述した。(中略)不名誉を隠してやれば、彼女の罰は軽減され、不幸もここで終わるだろう。彼女は改心し、再び立派な社会の一員に戻れるだろう。だが、この法律が施行されれば、彼女は恥を世間に公表せねばならない。そうなれば、彼女は罪を素直に認めるよりも、隠して罰を受ける危険を冒すほうを選ぶだろうと思われる。[*34]

サミュエル・ジョーンズがこの法案を支持すると、ハミルトンは「非常に説得力のある言葉で」反論し、結局議会全体を味方に付けた。[*35] ハミルトンがこの法案に強硬に反対したことからすると、カリブ海時代の亡霊はまだ彼の心の中から消えずにうろついていたのかもしれない。

ベンジャミン・フランクリン登場

輸入関税法案で完敗を喫した直後、ハミルトンはフィラデルフィアの憲法制定会議へ五人の代表を送るための動議を議会に提出した。この会議は連合規約をいじくり回すだけで、その基本的な機構までは修正できないだろう、というのが大方の予想だったが、ハミルトンはもっと大胆なことを考えており、強靭な連合が生まれることを期待していた。二日後、クリントン派が代表の数を三人に削減して、ハミルトンを窮地に追い詰めた。ニューヨークではハミルトンがこの会議の主な旗振り役だったため、クリントン派は彼を代表からうまく外すことができず、その代わりに、連邦の権限強化に反対している二人で彼を挟み込んで、彼の影響力を抑えようとしたのだ。

その二人、オールバニー市長のジョン・ランシング・ジュニアは裕福な地主で、ロバート・イェーツはニューヨーク邦高位裁判所（第一審裁判所）の尊大な判事だった。二人とも、連合会議に独自の課税権を与えようとする努力に声高に反対していた。この二人の結束の固さには別の理由もあった。二人は姻戚だったうえ、年下のランシングは十代のころイェーツの法律事務所で働いていたのだ。このため、一致団結した代表団を率いるどころか、ハミルトンは反対派の邦の少数派の代表という立場に降格させられてしまった。

ハミルトンは一七八七年五月一八日にフィラデルフィアに着き、四丁目のインディアン・クイーン・タヴァーンで他の代表と合流した。マディソンは闘いに備えて数日前に到着していた。

ランシングとイェーツのコンビが、友人であるハミルトンの致命的な障害物になるかもしれない、とマディソンはワシントンに懸念を打ち明けている。[*36] それでも、他の代表と同様に、マディソンもドラマチックな緊迫した状況が訪れるような予感を抱き、これから書かれる文書が「共和国の政府の運命を永遠に決定する」ことになるだろうと考えていた。[*37]

まだ定足数に足りなかったので、正式な会議の開催は一週間先になった。そして開会の日、降り続く雨音の中、まず、ワシントンが満場一致で会議の議長に選出された。気乗り薄のワシントンを説得してマウントヴァーノンの隠居所から引っ張り出し、出席を承諾させるのには、ハミルトンも一役買っていた。独立革命後、ワシントンもハミルトンと同じく、弱小政府に不安を覚え、「地方の政治や邦の政治が、知恵と先見の明（中略）による政府に関するさらに自由で包括的な案をあまりにも邪魔しすぎる」ことを懸念していた。[*38] ワシントンは会議では寡黙だったが、彼がもっと実効性のある政府を望んでいることは周知のことだった。

会議の規則と運営手続きを決めるため、ワシントンはハミルトン、ジョージ・ウィス、チャールズ・ピンクニーの三名を指名して、草案を作る小委員会を設けた。ハミルトンはランシングとイェーツの支配から抜け出るためにも、各代表に一票の投票権を与えたいと考えていたが、結局は各邦が一票の投票権を持つことに決まった。これは、ハミルトンの投票が同邦の二人の代表によって無効にされてしまうかもしれないということだった。またこの小委員会では、総じて秘密主義が好ましいという意見が優勢で、予備投票は記録されないことになった。さらに公正を期するため、小委員会は「議場での発言は、許可なく印刷されず、ないしは他の方法で公表されたり伝達されたりもしない」ことも決めた。[39]

ジャーナリストや物見高い見物人は議場への立ち入りを禁じられ、入り口には見張りが立ったばかりか、各代表も秘密厳守を誓わされ、部外者に口を閉ざすよう念を押された。しかも、秘密保持を確保するため、代表は議事堂の二階に席を移すことまでした。おまけに、ただでさえ蒸し暑いフィラデルフィアの夏に、頭を悩ませるような書類の山を目の前にしているというのに、秘密を守るためブラインドを下ろし、窓を閉め切っていることが多かった。マディソンの書いた大量の会議メモでさえ、公表されたのは何十年も後のことだった。

新しい憲章を作る会議に、このような非民主的な規則が用いられたのはなぜなのだろう。代表の多くは、自分たちのことを賢明な独立した市民だと考えており、彼らが気にかけていたのは、派閥などという唾棄すべきものではなく、公共の福利だった。「もし討議が公開で行われていたとしたら、派閥の怒号に邪魔されて満足な成果を出せなかっただろう」とハミルトンは述べている。「後になって討議の内容が明らかになっていたら、扇動的な雄弁に多くの材料を与えていたことだろう」。[40]非公開の会議だったおかげで、活発で自由な議論が交わされ、史上屈指の啓発的な文書が生まれたのだ。だが同時に、この秘密主義のせいで、会議の内部事情は中傷的な伝説の材料となり、ハミルトンの後のキャリアに悪影響を及ぼすことにもなった。

会議の開催場所は、かつて独立宣言への署名がなされた赤レンガ造りの邦議事堂の一室、砲金灰色のイーストルームだった。これら良識ある共和主義者たちにふさわしい威厳と簡潔さを備えた部屋だ。諸邦の代表は、ワシントンの座る木のハイバックチェアと対面するように扇形に配置されたウィンザーチェアに着席し、緑色のベーズのテーブルクロスが掛かったテーブルでメモを取った。また、縦長の窓は一部が緑色のカーテンで覆われており、全体として、落ち着いて審議ができるような部屋だった。階段式の座席がある大講堂で演説する場合と異なり、このこぢんまりとした居心地のよい場所では、演説者はどの代表ともアイコンタクトを取ることができ、普通に会話をするときの声で話すことができた。

この議場で最前列の中央にいたのは、ジェームズ・マディソンだった。彼がこの重要な座席を占めたのは、議事録を取るためだ。「すべてを聞き取るのに好都合なこの場所で（中略）私は一日も休まず、どの日もごくたまにほんの一瞬席を外しただけだった。よほど短い演説でないかぎり、一つとして演説を聞き逃すまいとしたのだ」[*41]。目撃者によれば、前かがみでメモを取り続けていたこの小柄なヴァージニア人は、「落ち着いた表情に射通すようなまなざしで、哲学者のように見えた」という[*42]。

一方ジョージアのウィリアム・ピアース少佐は、ハミルトンの様子を詳細に書き残している。この気取った若き天才は少々自意識過剰ながら、印象的な人物だったという。「彼はまもなく三三歳で、小柄で痩せている」とピアースは書いている。「その態度には堅苦しいところがある。かなり見栄っ張りなときもあって、実に不愉快だ」。

ハミルトンの声は、偉大な演説家に付き物の響きがなかったが、彼は雄弁かつ有能で、論題を根本まで掘り下げて論じることができた。「前に出たときの彼は、実に興味深い。論題の上っ面をなでるだけなどということはない。奥底にまで降りていって、その土台がどんなものか見ずにはいられないのだ」。またピアースは、重々しく構えているかと思うと、次の瞬間にはおどけてみせるという、ハミルトンの変わり身の早さも見て取っている。彼の「言葉はいつも同じではない。ボーリングブルックのように説教臭いこともあれば、［ロレンス・］スターンのように軽くリズミカルなときもある」[*43]。

では、ベンジャミン・フランクリンが「生涯最高の威厳ある立派な会議」と絶賛したこれらの賢人は、いかなる人々だったのか[*44]。一二邦の代表五五名――ロードアイランドは変節して会議をボイコットした――は、アメリカを代表する人々とはあまり言えない。全員が白人で教育を受けた男性であるうえ、大半が裕福な資産家だった。過半数が弁護士で、そのため前例というものを気にしていた。プリンストンの卒業生（九名）が、イェール（四名）とハーヴァード（三名）よりも圧倒的に多かった。平均年齢は四二歳で、三二歳のハミルトンや三六歳のマディソンは若いほうだった。

外国生まれの代表はハミルトンだけではなく、海外で生まれたか教育を受けたかした者がほかにも一二名ほどいた。代表の多くは、ハミルトンと同じく公債に大きな関心を抱き、過半数が自分も公債を所有していた――ただし、そうした公債の価値は、ここでなされた決定に大きく影響されることになる。以後数ヶ月間、ハミルトンは会議に出たり出なかったりしたが、これも例外的なことではなかった。所用で故郷の邦へ戻ることもある代表も多く、出席しているのは大抵、五五名のうちの三〇名ほどだけだった。

ところで、この会議では、ハミルトンは建国の父の一人と束の間の出会いを果たした。会議に参加していなかったならば、彼がハミルトンの物語に登場することはなかっただろう。それは八一歳になっていたベンジャミン・フランクリンだ。このフィラデルフィア人は、耳の上の細い髪が垂れているだけのほとんど禿げ上がった頭に二重顎の老人で、痛風と腎臓結石の痛みに悩まされていた。彼は自宅の中庭にあるクワの木の下で、ハミルトンら会議参加者にたびたび話をした。時には、彼の愛する孫のベンジャミン・フランクリン・ベーチが、その様子を傍らから見守ることもあった。

一説によれば、衰弱していたフランクリンは、初めて会議に来たときには、ウォールナッツストリートの刑務所から徴用された囚人四人が運ぶ輿に乗ってきたという。それでも、彼は模範的な献身ぶりを示し、四ヶ月に及ぶ会議の全審議に姿を見せたばかりか、自分の声明を他の出席者に代読してもらうこともあった。

ハミルトンはフィラデルフィアでの最初のスピーチで、フランクリンを称えている。かつてこの賢人は、行政部門の役人に対する給与に反対したことがあった。そうすれば、利権をあさる政府の役人ではなく、公徳心のある指導者が生まれるだろうと考えたのだ。そのようなことになったら有閑階級しか役人になれないと考える者もいたが、ハミルトンはフランクリンの突拍子もない動議を支持した。おそらくはフランクリンに対する尊敬の念からだろう。マディソンによれば、この案は「非常な敬意をもって扱われたが、それは、賢明で実行可能な案だとはっきり納得したからというよりも、むしろその発案者に敬意を表してのことだった*45」。

ヴァージニア案とニュージャージー案

理論的には、この会議は連合規約の改正を付託されているだけだった。この限定的な任務を額面どおりに受け取っていた代表は、すぐ唐突に誤解に気づかされることになった。五月三〇日、エドマンド・ランドルフが、規約の改正案を提示した。これはマディソンが中心になって作成したもので、現行の規約を完全に否定して、強力な中央政府をつくろうとするものだった。

この「ヴァージニア案」は、過去と決別し、将来の米国政府の基本設計を含んでいた。比例代表制に基づく二院制の提案（もっとも人口の多い邦だったヴァージニアとしては、この制度が既得権益となる）、急進派好みの参議会ではなく、七年任期の行政官一人（つまり大統領）を置くことによって、行政機関の権限を集中的に強化することなどだ。また、三権分立を強化するため、ヴァージニア案は最高裁判所を頂点とする国としての司法制度を設けることも提案していた。諸邦がある程度主権を保持する一方で、連邦政府に従属するという形をかなりはっきりと示すものだった。

ランドルフの提案の後、今度はハミルトンが代表たちの前に立って、新しい政府は国家連合として取り繕いながらやっていくのか、それとも真の統一国家を形成するのか、という核心となる疑問に答えた。問題となるのは、「ユナイテッド・ステイツ（諸邦連合）が一つの政府を頂くことなどできるのか」、各邦は「同盟によってのみ結びつく独立した存在」であらねばならないのではないか、ということだった。[*46]

ハミルトンは、最高の主権を有する全国的（ナショナル）政府がきわめて重要だと考えていた。そして、彼の意見に対する好意的な反応は、代表たちが積極的な改革に乗り出す覚悟をしていたことを示すものだった。会議は、「最高の立法部、行政府、司法部からなる全国的政府が樹立されるべきである」ということに圧倒的多数で同意した。[*47] ただしロバート・イェーツは、ハミルトンの動議に反対票を投じ、ニューヨーク代表団の回復不能なほどの分裂ぶりを露呈した。もしジョン・ランシング・ジュニアがこの採決に間に合うように来ていたとしたら、彼もイェーツと同じようにしたことは間違いない。

もっとも、多くの代表たちにとっては、連邦の三権分立と諸邦の権限の縮小とはまったく別の話だった。特に小さな邦は、比例代表制によって議員を選出する二院制という案におののいた。六月一五日、ニュージャージーのウィリアム・パターソンが、著しく異なった案を提示した。従来の構造を完全に破壊してまったく新しい政府をつくるのではなく、連合規約を「修正」するにとどめ、基本となる邦の主権を存続させるべきだと言うのだ。

ニュージャージー案では、二院制ではなく、各邦が一票を有する一院制が想定されていたほか、アメリカの財政を苦境に陥れたはずの任意の「要請」システムも維持されていた。また、大統領ではなく、行政参議会が置かれており、これは邦知事の過半数の決定によって罷免できるものだった。当然ながら、大きな邦の多くはヴァージニア案に惹かれたが、小さな邦はニュージャージー案側に付いた。

ジョン・ランシングは五番目に大きな邦の代表だったが、ニュージャージー案を称賛した。それが「各邦の主権を支持する」からだった。だがヴァージニア案については、彼はこう非難した。「諸邦は全国的政府のために本質的な権利を犠牲にすることはできない」[*48]。ランシングはマディソンの案を心底嫌うあまり、新しい全国的政府について審議するとわかっていたら、ニューヨークはフィラデルフィアに代表を送りはしなかっただろう、とまで言った。ランシングの演説で、ハミルトンがニューヨーク代表団の中では少数派であることが確かになったためで、以後議場でのハミルトンの影響力は小さくなってしまった。

開会から三週間、ハミルトンが概して消極的な動きしかしなかったことは、ハミルトンを知る者にとっては不可解なことだった。ハミルトンが控えめな傍観者でいられない人間であることはよく知られていたからだ。ヴァージニア案とニュージャージー案をめぐって会議が分裂していた時期、ハミルトンはどちらの陣営からもはっきりと距離を置いていた。

ロバート・イェーツは六月一五日にこう書いている。「ハミルトン中佐はどちらの案にも賛成と言えずにいる」[*49]。またマディソンは、ハミルトン本人から聞いたこととして、ハミルトンが表立たずにいたのは、一つには、「異論を持ち出したくないと思わせてしまうような優れた能力と経験を備えた年上の」人々に異議を唱えることをしたくなかったからであり、一つには自分の代表団の分裂のためだったと記録している[*50]。

「非行なきかぎり」終身の大統領を提案

だが、多弁のハミルトンがいったん沈黙を破れば、長広舌を振るうことになるのは、予想できることだった。大きな邦と小さな邦の対立が膠着状態に陥ると、ハミルトンはもっと過激な案を切り出すことに決めた。六月一八日の月曜日、この三二歳の天才は、初めて議場で立ち上がり、このむっとする風通しの悪い部屋の中で、延々と話し続けた。この日の演説は六時間にも及んだ（昼休みもなかった）が、勇気ある素晴らしい演説であるばかりか、振り返ってみれば、まったく気違いじみたものでもあった。

彼はまず、これから概要を述べる案は世論を反映したものではない、と断った。「私の立場は好ましいものではないが、これほど大きな問題について発言しないのは犯罪に等しいことになろう」[*51]。そして彼は、人々の「デモクラシー」熱は冷めかけていると言った——ここで彼の言う「デモクラシー」とは、教養ある代表を通じてろ過された民意とは対照的な、直接的な意志表示や衆愚政治までも意味する。「では、ヴァージニア案はどちらに等しいのか？　デモクラシーによって抑制されるデモクラシーにすぎないのか、それともソースを少し変えた豚肉なのか？」*52。

おそらく、ハミルトンほど強く大衆の見識に疑念を抱いていた建国の父はほかにいないだろう。彼は選ばれた指導者が民衆を導くべきだと考えていた。これは彼のキャリアの大きな矛盾だった。アメリカの可能性を楽観視する一方で、人間性については本質的に悲観的な見方をしていたのだ。彼のアメリカ人に対する信頼は、アメリカそのものに対する信頼と完全に一致しているわけではなかった。

ハミルトンが他人の案に手を入れるだけでは我慢できなかったことは、彼の自己中心癖、豊かな想像力、並外れた知性の表れだ。彼の頭の中では、新しい政府の計画が、ただ断片的なものにとどまらず、完全に出来上がっていた。後に彼が批判に対して念を押したように、審議が秘密会だったおかげで、代表は論争を挑んだり、報復を恐れずに物議をかもしそうな考えを口にすることができた。ところが、ハミルトンの演説は、共和国初期の噂の出所時点で悪役にされてしまい、彼が政治的に変節したという嫌疑を立証する証拠としてほくそえむ政敵に利用されてしまった。

この演説の記録はないが、ハミルトン本人、マディソン、イェーツ、ランシング、そしてルーファス・キングの残したメモは、ところどころ相違点があるものの、要点ではおおむね合致している。

一七八〇年九月にジェームズ・ドゥエーンへ手紙を書いてからというもの、ハミルトンは君主制の持つ継続性を共和制の自由と結合させ、無政府主義も専制も防げるような、新しい混合型の政体を創り出すことを考え続けていた。そして今や彼は、選挙によって選ばれる「非行なきかぎり」終身の大統領と上院を提案した。

ハミルトンの考えた最高行政官は、選挙によって選ばれ、不正行為を行えば解任されるという点で、世襲の君主とは異なるものだった。「こうした行政官は選挙で選ばれた君主であって、そのような政体の特徴である暴動を生む、と反対されることだろう」とマディソンはハミルトンの熱弁を聞きながら書き留めている。「彼は、君主とは不明確な言葉だと答えるだろう。それは権力の大きさも期間も示さない」[*53]。ところが、ハミルトンの歴史的評価にあまり役立たなかったことに、この君主についてハミルトン自身のメモにはこう書かれている。「君主は世襲であるべきであって、権力強化のために大きな危険を冒すことが彼の関心事とならないほどに大きな権力を持っていなければならない」[*54]。

だが、これはハミルトンが自分の会話を書き留めたもので、彼は世襲の君主を公然と提唱したことなど一度もない。その証拠に、マディソンは「選挙で選ばれた君主」に言及している。しかも、ハミルトンの膨大な著作のどこを見ても、彼が世襲の行政官を支持している記述はほかにない。彼のもっとも極端な声明であるこの演説でも、彼は最終的には立法府の支配下にある最高行政官を提示している。

どれほどひどく誤解しようとも、この考えは真の君主制を提案しているものとはならない。真の君主制においては、王は永続的で自立的な世襲の権限を持ち、王の権限が他の政府機関すべての権限に勝るからだ。

ハミルトンの言う上院は、有権者によって選ばれる終身の公職だったが、一方、彼の考えた下院は、きわめて民主的なもので、三年ごとに全成年男子の投票によって直接選ばれることになっていた。つまり、上院が上流階級を、下院が庶民を代表するのだ。ただし、将来繁栄するにつれて所得格差が広がると、上院と下院がたがいに思惑を押し付けあうのではないか、とハミルトンは懸念した。

「多数派にすべての権力を与えれば、多数派は少数派を抑圧する。少数派にすべての権力を与えれば、少数派が多数派を抑圧する」[*55]。このシステムには、階級闘争や地域的利権を超越した公明正大な仲裁者が必要だった。だがここで、ハミルトンは君主という禁句を使って問題を複雑にした。「この歯止めとなるのが君主だ。（中略）政府には、時勢に抵抗できる原則がなければならない」[*56]。

上流階級も一般庶民も恐れていたハミルトンは、多数派による虐待も少数派による虐待も抑止したいと考えていた。「デマゴーグが必ずや取るに足らない人物だとは限らない」と彼はマディソンの演説の一つに応じて書いている。「名門の士がデマゴーグになることもよくある」[*57]。虐待に歯止めをかけるためハミルトンは、非行なきかぎり終身の裁判官一二名からなる最高裁判所を提案した。このようにすれば、各部門は一般大衆の激情から健全な距離を保ち続けることになる。ただし、下院はまったくの例外で、ハミルトンはこう述べている。「主として想定される原則は以下のとおり――恒久不変の意志があらねばならないこと」[*58]。

また、元宗主国についてのハミルトンの評価も、一部の聴衆にとってはやはり挑発的なものだった。マディソンはこう記録している。「彼の個人的意見としては、彼は平気で（中略）英国政府が世界で最高の政府であり、アメリカがそれなしでやっていけるかどうか大いに疑問だと言うことができる」[*59]。こうした告白は、将来の陰謀論者にとっては売国奴の容疑の決定的証拠となった――ハミルトンは危険な反逆者で、再びアメリカを英国の支配下に売り渡そうとしているというものだ。

実際のところ、英国の政治制度はまだ広く称賛されていた。サウスカロライナのピアース・バトラーは、代表たちは「英国議会が優秀だと思い込んでいて、訳もなくその真似ばかりしようとする」と言ったこともあるという[*60]。しかし、ハミルトンを中傷した者たちはハミルトンの見解について、彼だけが英国の制度を盲目的に崇拝し、そのままアメリカに持ち込みたいと考えていたかのように解釈した。

生涯で犯した三度のひどい過ちの一つ

演説を終えたハミルトンは、ぱらぱらと儀礼的な拍手を受けただけだった。たぶん代表たちは、暑さからやっと逃れられ宿に帰れることにほっとしていたことだろう。グーヴァヌア・モリスはハミルトンの演説を「これほど優れた印象的な演説は聞いたことがない」と称えた。[*61]だがコネティカットのサミュエル・ジョンソンは、ハミルトンの演説については「誰もが称賛した［が］（中略）誰も支持しなかった」と述べている。[*62]後にはジョン・クインシー・アダムズも、ハミルトンの計画は「非常に優れ」ており、理論的には実際に採用された案よりも優秀だったと称える一方で、ただし、アメリカでは場違いだったと指摘した。[*63]

では、ハミルトンはどうしてこのような演説をしでかしてしまったのだろう？　ハミルトンが衆愚政治を絶えず懸念していたにしても、それは大半の代表たちも同じだった。彼が余人と違っていた点は、彼の懸念が彼の希望を完全に圧倒していたことだ。気まぐれになる恐れがある市民に抑制と均衡を押し付けることばかり考えていたために、立ち止まって選挙民の能力というものを考えることができなかったのだ。

ハミルトンは二つの世界の間で漂うどっちつかずの男に見えることがよくある。彼は貴族を支持したことなどなく、世襲の称号といった貴族を象徴するものを支持したこともない。君主制に対する好意的な言葉も二度と口にはしなかった。それでも彼は、共和制の政府が民衆の狂乱に耐えられるのか、自由を守る安全装置となる法と権威に対する深い敬意を、君主制の体制下で見られたように浸透させることができるのかわからなかった。そして彼の政治的ビジョンは、名門出のエリートがあまり教育を受けていない市民のために判断を下していた過去に遡ってしまうことが多すぎた。これは、流動的な実力主義のエリート集団、彼自身のような有能なアウトサイダーにも門戸を開くエリート集団という彼のビジョンに表れる進歩的な経済思想とは矛盾するものだった。

救いがたいほど正直だったハミルトンは、ヴァージニア案とニュージャージー案に対案を出さなければならないと思ったのだろう。彼から見れば、両案とも失敗は確実だった。たとえ今は合意に達しなくとも、自分の演説はいつか引っ張り出され、遅まきながらその価値がもっと認められるはずだと信じていたにちがいない。もっとも、無謀な案を出した代表は、ハミルトン一人ではなかった。たとえばノースカロライナのヒュー・ウィリアムソンは、「我々がいつか王を頂くのはかなり確か」と主張したこともある。[*64]

四つの邦は、「非行なきかぎり終身」の大統領というハミルトンの提案に賛成票を投じさえしたばかりか、特に注目すべきことに、うち一邦は、ジェームズ・マディソン、ジョージ・メーソン、エドマンド・ランドルフらのヴァージニア代表団だった。後にジェファーソン派からなじられたときハミルトンは、マディソンも昔そのような大統領に賛成したはずだ、と喜々としてやり返した。彼が君主制主義者なら、マディソンも同様だというのだ。さらにマディソンは、「英国王がこれまで持っていたような」諸邦の法律に対する拒否権を連邦政府に与えるべきだとも主張していた。[*65]

またベンジャミン・フランクリンは、大統領ではなく一院制議会と行政参議会を求め、議会に対する大統領の拒否権に反対した。そのような拒否権は、「最後には君主制に行き着くまで」の行政の腐敗を招くと考えたためだった。[*66] ジョン・ディキンソンは、大統領を弾劾する権限を諸邦の議会に与えるべきだと言い、エルブリッジ・ゲリーは、三人からなる「大統領職」を置き、各人がそれぞれアメリカの別々の地域を代表するようにしたらどうだと提案した。ジョン・アダムズは代表ではなかったが、世襲制は不可避であり予想されることだと考えていた。「我々の船は最終的にはあの岸辺に上陸するにちがいない」[*67]。

大半の代表にすれば、ハミルトンの演説は、猛烈な取っ組み合いの闘いの手を休める息抜きの一日にすぎなかった。翌朝、わざわざハミルトンに反論しようとする者は誰一人いなかった。マディソンは、ハミルトンの演説のせいで、この大事なときに小さな邦が離れてしまうのではないかと心配していた。だが実際には、マディソンのヴァージニア案はハミルトンの演説で得をしたようだ。というのも、おかげでヴァージニア案が比較的穏健な案に見えたからだ（これがハミルトンの演説の真の意図だったと言う研究者もいる）。マディソンは演説に立っても、ハミルトンの雄弁には言及せず、それは一時的に忘れてしまうことにして、代わりにニュージャージー案を容赦なく分析した。

ハミルトンの案は消える運命にあったが、その影響は会議が解散された後も長く残ることになった。彼が死ぬまで、政敵たちはこの演説を掘り起こしては、これこそ真のハミルトン、秘密のハミルトンの姿を示すものであるかのように、彼が弱気になって真実をうっかりしゃべってしまったかのように扱った。しかし実のところ、新憲法制定のためハミルトン以上に懸命に、効果的に闘った者はいない。新憲法を支持しようという彼の決意は、一度たりとも揺るがなかった。

六月一八日の演説は、彼が生涯で犯した三度のひどい過ちの一つだった。だが、どの過ちの場合でも、彼は物議を醸す問題に対し、まるで心の奥深く秘めた思いを吐き出さずにはいられないという衝動に駆られたかのように、勇敢に、細部まで目を配って、真っ向から取り組んだ。そしてどの場合でも、ひどく判断を誤ったうえに軽率だったばかりか、自分は正しいと信じ込んでいた。一つだけ確かなことがある。この饒舌で頑固で口の軽い男は、政敵が言っていたような陰謀者には不向きだったということだ。

憲法草案の審議

物議を醸した演説の後、ハミルトンは束の間口を噤み、大きな邦と小さな邦は対立したまま緊張した膠着状態が続いた。このままでは会議は決裂して終わってしまうかのように見えた。六月二八日、これからは審議を始める前に天の助けを求める祈りを唱えよう、とフランクリンが提案した。するとハミルトンが、そんなことをすれば、「会議は揉めたあげくに行き詰まって困り果てたから、そのようなことをしようとした」という印象を世間に与えてしまう、と異を唱えた。[*68]

伝えられるところによればハミルトンは、「外国の助け」など会議にはいらない、というフランクリンの冗談にも反論したという。[*69] 会議のこの時点では、神様はあまり目立っていなかったようだ。おそらくは作り話だろうが、一説によれば、憲法の立案者が憲法から「神」という言葉を外したのはなぜか、と聞かれたハミルトンは、「入れ忘れた」と答えたという。アレグザンダー・ハミルトンが重要なことを忘れるわけがないと言い返したくなってしまう。

六月二九日、ハミルトンは再び口を開く気が起きたらしく、会議の行き詰まりを深く憂慮していることを表明した。「今ここで我らがその問題を落ち着いて自由に討議していることは奇跡だ。だが、これからも奇跡が続くと信じているとしたら狂気の沙汰だ」[*70]。またハミルトンは、この機に乗じ外交政策に関する彼の主要な見解を初めて公表し、偉大な国家は自らの国益を追求するものである、と指摘したうえで、アメリカは海外での国益など気にせずに国内の安定に集中すべきだ、という非現実的な意見に異を唱えた。「いかな政府も、我々を海外で尊敬されるようにするだけの安定と力を持っていなかったからこそ、国内の安定と幸福をもたらすことができなかったのだ」[*71]。

さらに彼は、大西洋がアメリカを将来の戦争から守ってくれるだろうという幻想もたたいた。こうした挑戦的な言葉を用いて、ハミルトンは当時の感情的な孤立主義に冷徹な現実主義という苦い薬を突きつけたのだった。

これらの意見を述べるだけ述べてしまうと、翌日ハミルトンは荷物をまとめ、私事に当たるためにニューヨークへ戻った。会議で「ひどく疲れ果てた」のだとワシントンへの手紙には書いている。だがニュージャージーを経由しての帰路、彼は、大胆不敵な強硬策だけが国の混乱を収めることができるという持論を裏付けるような印象を幾度も抱いた。「アメリカという帝国を分裂と混乱と悲惨から救い出す絶好の機会を逃してしまうのではないかと心配している」と彼はワシントンに伝えている。[*72]

内輪揉めを起こしていたニューヨーク代表団は短命だった。七月六日までには、ロバート・イェーツとジョン・ランシング・ジュニアも、会議に嫌気がさしたことを示すためにフィラデルフィアを離れてしまった。会議の出席者たちは、それまでも故郷との間を行ったり来たりしていたが、個人的な信念から二度と会議に戻らなかったのは、このニューヨーク邦代表二人が最初だった。

困惑したワシントンは、ハミルトンにこう書き送った。「会議で（中略）好ましい成果を目にすることはほぼあきらめた。それゆえ、せめてこの仕事に当たる何らかの機関ができていたらと悔やまれる」。そして、「地元の見解に左右される（中略）狭量な政治家」を激しく非難し、そうした政治家は人民を守るふりをして利己心から「強力で精力的な政府」の邪魔をするのだとののしった。ワシントンは六月一八日のハミルトンの演説には困惑しなかったようだ。「君が行ってしまって残念だ。ぜひ戻ってきてもらいたい」とワシントンはハミルトンに言っている。[*73]

七月一六日、フィラデルフィアの濃い暗闇はついに明け、代表たちはコネティカットのロジャー・シャーマンらが提案した大取引、いわゆるコネティカット妥協案に同意した。どうやら、会議の主な争点は、連邦の権限対諸邦の権限という問題ではなく、連邦政府に送る各邦代表の数を諸邦の間でどう割り振るかということだったようだ。この難問に対し代表たちは、各邦が上院には同数の代表を送り（小さな邦の機嫌取り）、下院のほうへは各邦の人口に比例した数の代表を送る（大きな邦の機嫌取り）と決めることで解決した。これでそれまでの膠着状態はようやく消えたが、この上院の構成は、比較的小さな州を依怙贔屓するというアメリカ社会からいつまでも消えない政治的偏見をもたらすことになった。

イェーツとランシングからは忘れ去られたままだったが、ハミルトンはその夏、ニューヨークとフィラデルフィアの間を行ったり来たりしていた。「イェーツとランシングはただの一度もハミルトンと同じ投票行動をしなかった。ハミルトンはそのことをひどく屈辱に感じ、家に帰ってしまった」とジョージ・メーソンはトマス・ジェファーソンに語っている。「そして判事のイェーツと弁護士のランシングも、裁判の季節が来たので、自分たちの法廷に出るために行ってしまった。するとハミルトンが戻ってきた」[*74]。だがイェーツとランシングが去ったせいで、ハミルトンは投票ができなくなった。というのも、各邦は最低二名の代表を出席させねばならず、ハミルトンは投票権のない会議参加者となってしまったからだ。それでも、彼はもう自分の邦の代表に譲歩する必要がなかった。ただし、イェーツとランシングに対してはあくまでも礼儀正しく、「礼儀と世論のために」、喜んで二人と一緒にフィラデルフィアに戻るつもりだと二人に伝えた。[*75] 言うまでもなく、二人ともハミルトンの申し出を受けたりはしなかった。

会議を離れたイェーツとランシングは、もう会議の箝口令に縛られているとは思わず、フィラデルフィアで審議されていることについてクリントン知事に伝えた。「諸邦連合を一つの政府に統合しようともくろむ（中略）いかなる制度にも、我らは等しく反対してきたと率直に申し上げねばなりません」。[*76] ハミルトンによれば、自らの権力に対する脅威に気づいたクリントンは、新しい憲章ができたら「国は混乱に陥る」にちがいない、と公言したという。会議の守秘義務がこのように破られたことに立腹したハミルトンは、クリントンがフィラデルフィアの会議に公正なチャンスを与えず、「会議がいかなる案を提示しようと、その案に対する偏見を前もって植え付けようという思惑をはっきりと曝け出した」と語っている。[*77]

ニューヨークがフィラデルフィアの出来事についての噂で持ちきりだった時期、ハミルトンは闘いたくてうずうずしていた。そして、会議の代表たちが結託して英国のヨーク公（ジョージ三世の次男）をアメリカの国王に迎えようとしているという噂が流れ出すと、ハミルトンはこのばかげた話の出所が「当市のジェームズ・レノルズという者宛てに」送られた手紙であることを突き止めた——後に彼の運命を左右することになる美女の夫に言及したのはこれが最初だ。[*78]

クリントン知事を批判

七月二一日、ハミルトンはニューヨークのデイリー・アドヴァタイザー紙でクリントン知事を狙い撃ちした。無署名の記事の中で、クリントンが有権者の心にフィラデルフィアで進行中の仕事に対する偏見を抱かせようとしていると非難し、「高い公職にある者がそのようなことをするのは、彼が公益よりも自らの権力のほうに汲々としていることを示すばかりか、いかなるものであれ自らの権力を脅かす恐れがあるものに対しては、たとえそれが公益を促す可能性があるものであろうと、前もって反対しようと決めているという危険な予断を疑わせるに足る強力な証拠となる」と主張したのだ。[*79]

ハミルトンの生涯ではよくあったことだが、彼がニューヨーク一の権力者を攻撃したこと——これはニューヨーク邦で連邦憲法の承認を勝ち取るための彼の長い闘いにとっても、幕開けとなる一撃だった——は、勇敢でもあり無謀でもあるように見えた。

ハミルトンはクリントンの急所を突いたものの、クリントン派の反撃に遭って誹謗中傷をまき散らされた。ハミルトンが利己的な知事の不正を説明するためにクリントンの人格を非難したのに対し、敵も個人攻撃を仕掛けてきたのだ。敵はハミルトンにワシントンという重要な後ろ盾がいることを承知のうえで、その関係についての世間のイメージを傷つけようとした。「インスペクター」という署名の記事で、クリントンの取り巻きの一人はこう書いている。「私はまた、並外れた才能のある若者だったころにある偉大な善人に取り入った成り上がり者の弁護士を知っている。その引き立てのおかげで、彼はすぐに評判の高い有名人になった。（中略）ついに［彼が］浅薄で虚栄心の強い愚かな気取り屋だということが明らかになり、当然ながら、彼はその後ろ盾から解雇され無視されるようになった」。[*80]

ハミルトンはこれに激怒した。不名誉な生まれのこの男は、自らの政治家としての名誉を傷つけられることにとりわけ敏感だった。アメリカではアウトサイダーだった彼は、そのような誹謗中傷を黙って見過ごすことなどできないと考え、この事実の歪曲を正してほしいとワシントンに訴えた。「正直言って、これには気分を害しております。できれば、名誉を守るために反論が必要です」とハミルトンはワシントンに告げている。[*81]

だが、ハミルトンともクリントンとも親しいワシントンは、どちらか一方の味方になるなど気が進まなかった。そこで、ハミルトンに対する非難は「まったく事実無根」だとハミルトンに確認してみせるにとどめた。ハミルトンがワシントンの副官の地位を騙し取ろうと立ち回ったと考える理由などまったくない、とワシントンは言い、ハミルトンが辞任するに至った衝突についても、「君の辞任はひとえに君自身の選択の結果だった」と述べている。[*82]

この後何年にもわたりハミルトンは、我が身に絡みつき締め上げる蔓のような、自身の周囲でどんどん大きくなっていく嘘に対する反論をくたくたになるほど懸命に試みた。だが、こうした作り話は、いくら必死に刈り取ろうとしても、次から次へとまったく新しい芽が出てきた。あまりに優秀で、あまりに無遠慮に物を言う、あまりに自信家の男に対しては、このような作り話が出てくるのも当然のことと言えるかもしれない。

ところで、フィラデルフィアへ戻る前のこと、ハミルトンは友人の英国人商人ジョン・オールジョの決闘を防いでやっている。相手が偶然にも、憲法制定会議のジョージア邦代表ウィリアム・ピアースだったのだ。ピアースの介添えに宛てた手紙の中でハミルトンは、オールジョが仕事上の揉め事で無礼な振る舞いに至ったことを許してやってほしい、と許しを請い、「公正に和解を試みても和解が不可能だとわかったら、その時は思い切った手段に出るしかない」と伝えている。[*83] そして、こうした場合よくあったように、双方ともが決闘を強く意識するようになったところで、両者は流血の事態に頼ることなく和解に至った。

悪名高い南部優位の「連邦比率」

八月六日、フィラデルフィアの会議が再開され、憲法草案の審議という骨の折れる仕事に取り掛かった。ハミルトンは八月一三日には戻ってきており、彼にとっては人一倍思い入れの強い問題の討議に打ち込んだ。移民問題だ。そして、連邦議会の議員をアメリカ生まれのアメリカ人に限定しようとする試みや、移民が議員になる資格を得る条件として一定の居住期間を必要とするようにしようという試みにはことごとく反対した。

ハミルトンは会議でこう語ったという。「外国人を励ますことの利点は明白だ。（中略）そこの財産を持った欧州人は、こちらに来たがるだろう。こちらに来たら、第一級の市民になれるからだ。私としては、その部分はただ市民であり住民であることだけを要件とするよう変えるよう提議する」[*84]。この提案もまた、庶民の状態には無関心だというハミルトンのイメージに反する。しかし彼の提案は却下された。

結局、下院議員の場合は七年、上院議員は九年、大統領なら一四年の居住要件が必要となった。これについては、ハミルトンは自分が大統領になる資格を得られるような条項を憲法に滑り込ませた、という憶測もある。だが最終案では、大統領は少なくとも三五歳になっていなければならず、アメリカ生まれであるか、または「この憲法の採択時に合衆国の市民」でなければならないと定められている。委員会がこの提案を作成したときには、ハミルトンはフィラデルフィアにいなかったのだから、彼が何らかの影響を及ぼしたとは考えにくい。

またマディソンによれば、この会議にも奴隷制度という化け物が取り憑いていたという。彼はこう述べている。「諸邦が分裂していたのは、各邦の大きさが異なるためではなく、主として、奴隷を持っているか否かの違いのせいだった。（中略）［対立は］大きな邦と小さな邦の間にあったのではない。北部と南部の間にあったのだ」[*85]。

多くの南部人にとっては、奴隷問題は譲歩の余地などない問題であり、自分たち独自の制度を守ってもらう見返りとしてヴァージニア案を支持していた。たとえばサウスカロライナのチャールズ・コーツワース・ピンクニーは、「サウスカロライナとジョージアは奴隷なしではやっていけない」と露骨に述べている[*86]。この問題は一触即発の危険をはらんだ問題だったため、

「奴隷」という語は憲法には登場させず、代わりに「服役または労働に従う義務ある」人々という遠回しな言い方が使われた。

奴隷所有の諸邦は、自分たちの人的財産を議員数割り当てのための計算にどう含めるのだろうかと案じていた。結局、北部の諸邦も、奴隷五人を自由な白人三人に相当するものとして計算することに同意した――この悪名高い「連邦比率」はこの後八〇年間も残った。この方式は、南部諸州にきわめて有利なものだった。南部の下院割り当て議席数と大統領選挙人団投票数を人為的に膨らませることになるからだ。第五代までの大統領のうち、四人がヴァージニア出身だった理由の一つはここにある。また、この甚だしい不公平は、ジェファーソンの共和派が最終的にハミルトンの連邦派に勝利を収めたことにも少なからず関係がある。

一方、これの見返りとして、南部諸邦は奴隷輸入を一八〇八年までに止めることに同意した。これは、奴隷制度がいつか消えるという幻想を抱かせるものだった。ハミルトンはがっかりしながらもこう述べている。連邦比率がなければ、「ユニオン（連邦）は形成されなかっただろう」[*87]。実際、フィラデルフィアで構築された上部構造はすべて、あの不安定で非民主的な基礎の上に置かれていた。

このような奴隷制度の容認に対するハミルトンの動揺は、我々の想像以上に大きかったのかもしれない。彼が八月一三日に移民について意見を述べた後どこにいたかは、これまでちょっとした謎だった。実際には、彼はニューヨークへ戻って、例の解放協会の会合に出席していた。

そして、近々フィラデルフィアで奴隷制度について重大な判断が下されることになると協会員に知らせたらしい。というのも、協会は、「この社会の目的の達成を促す」ようフィラデルフィアの会議に請願書を出しているからだ。[*88]

フィラデルフィアで奴隷制度をめぐる妥協が行われた後、ハミルトンは解放協会への関与を深めた。翌年には、『ザ・フェデラリスト』の論文計五一篇を書き、連合会議に出席し、憲法案承認に向けての運動を行う一方で、この協会の会合にも出席した。当時この協会は、ニューヨークからの奴隷輸出と「市に埋葬された黒人の遺体を掘り返して撤去するという非道な行い」に再び抗議の声を上げていた。[*89] この年の終わりには、ハミルトンは解放協会の四人の顧問の一人に選ばれている。

妥協の産物、憲法案の承認

ハミルトンは九月六日にはフィラデルフィアに戻り、新しい憲法案を全面的に受け入れた。マディソンによれば、ハミルトンは代表たちにこう言ったという。「概して気に入らない案だったので討議に加わるのを控えていたが、これからは（中略）何もないよりはましと考えて案を支持するつもりでおり、新しい意見を提供できたらと思っている」。[*90] 九月八日、ハミルトンは文体調整委員会に加わった。これは憲法案の条項の整理と文体の洗練を行なうことになっていた。五人の委員会には、委員長のウィリアム・サミュエル・ジョンソンのほか、ルーファス・

キングとジェームズ・マディソンもいたが、この委員会の成功にもっとも貢献したのはハミルトンの友人のグーヴァヌア・モリスだった。

当時三五歳のモリスは、馬車の事故のせいで片足が義足で、杖をついて歩いていたが、こうしたもののおかげで逆に、彼の一風変わった華やかな存在感が引き立てられてもいた。ハミルトン同様、貴族出身のモリスも衆愚政治を懸念し、上院は大資産家だけで構成したほうがよいと考えていたうえ、奴隷制度など「極悪の制度」であって、「それがはびこる邦に対する天罰」を招くことになると思っていた。*91

モリスはペンシルヴェニア代表だが、育ったのはニューヨークにある一族の地所モリサニアだった。長身で都会的なモリスは、勇敢な愛国者で、辛辣なウィットときらきら輝く瞳の持ち主でもあった。憲法制定会議では、最高記録となる一七三回も演説し、「聞く者全員を魅了し、心を奪い、巧みに支持を取り付けた」とウィリアム・ピアースを驚かせてもいる。*92

また、数ヶ国語に通じたモリスは、「生まれながらに楽しいことが好き」だと自任する美食家でもあった。*93 キングズカレッジ在学中には、彼は『ウィットと美』についての論文や『愛』についての論文を書いている。魅力を振りまくプレイボーイにはよくあることだが、この「のっぽ」も、もっと生真面目な者から見れば浅薄で、退廃的でさえあった。

ジョン・アダムズは彼について、「機知に富み、気の利いた詩を書くが、性格がトレ・レジエールだ（非常に軽い）」と述べている。*94 ジョン・ジェイもやはり批判的な調子で、ずうずうしいモリスのことをこう書いたことがある。「グーヴァヌアの足は私の心にとって重荷だ。彼が何か別のものを失っていたらよかったのにと思ってしまいそうになる」[*95]。モリスの義足は彼のセックスアピールを損ねるものではなく、逆に高めるものであったらしい。

ハミルトンとモリスはたがいに好感を抱いていたが、本心では皮肉な見方もしていた。モリスはハミルトンの知性を称える一方で、「軽率で、自惚れが強く、自説に固執する」と非難してもいる[*96]。ハミルトンも賛辞を返し、モリスは「偉大な天才だが、時として気まぐれな思いつきに左右されがちになり、思いつきが分別を凌いでしまうこともある」と言っていた[*97]。また、モリスのことを「この国で生まれたが、気質は異国的だ」と決めつけたこともあった[*98]。

確証のない話だが、憲法会議でのハミルトンとモリスについては面白い話がある。これは真実味があり、モリスの皮肉屋ぶり自信家ぶりが伝わってくる。民衆はワシントンと少しだけ距離を置いて、ワシントンになれなれしくしすぎないようにすべきだ、ということをワシントンが民衆にどう伝えるべきかについて、ハミルトンとモリスが話し合っていたときのこと、ワシントンの背中をぽんと親しげに叩いて呼びかけることなど、君にできるわけがない、とハミルトンがモリスに請け合った。この挑戦を受けたモリスは、ワシントンが客間の暖炉のそばに立っているのを見つけ、ワシントンの肩をぽんと軽く叩いてこう言った。「やあ将軍、お元気そうでうれしく存じます」。すると、ワシントンがたいそう冷ややかな目でモリスを見据えたため、モリスはハミルトンの挑発に乗ってしまったことを後悔したという[*99]。

文体調整委員会の一員として、ハミルトンは憲法案に疑念を抱きながらも、協力的に働けるところを示した。彼の文才と速筆ぶりを考えれば、会議が彼を選んだのは賢明な判断だった。信じがたいことだが、文体調整委員会は、たった四日間で文章に磨きをかけ、後の世代が丹念に詳しく説明できるほどにまでに仕上げた。その目的は、文書を簡潔で融通の利くものにすることであり、また、その文章を誤用を防げる程度に具体的であると同時に、拡大解釈の余地がある程度に普遍性のあるものに磨き上げることだった。中心となって書いたモリスは、当初二三条あった条項を七条に縮めたばかりか、「われわれ合衆国の人民は」という力強い言葉で始まる偉大な前文を書いた。モリスの手腕に敬意を表し、マディソンはこう書いている。「文体と調整に与えられた仕上げは、明らかにモリス氏のペンのおかげだ[*100]」。

一七八七年九月一七日、ほぼ四ヶ月にわたる激戦のすえ、憲法制定会議は、一二邦の代表三九名が憲法案に署名して閉会となった。連合規約を破棄し、諸邦を強力な中央政府の下に置いたことは、記念碑的な業績だった。ランシングとイェーツがまだ頑固に同意を拒んでいたため、憲法案に署名したニューヨーク邦代表は、結局ハミルトン一人だけとなった（署名の前にある諸邦の名は、彼が書いたもののように見える）。

その夜、ワシントンがこう日記に書いたときには、安堵と喜びに溢れていたことだろう。「会議合意。憲法案は一一邦とニューヨークのハミルトン中佐の満場一致の承認を得た[*101]」。頑固なハミルトンも、ついにはエゴを公益に従わせたのだ。署名に当たって、彼は憲法案を全面的に支持すると明言し、満場一致の承認を代表たちに訴えた。マディソンは次のような記録を残している。

ハミルトン氏は、全員が署名するよう切望していることを表明した。重要人物数名は、憲法案への署名に反対したり拒んだりしているが、憲法案に対する熱狂的な支持に潜む火花を煽ったら、ひどい危害を加えることになりかねないが、それもすぐに収まるだろう。彼以上にこの案からかけ離れた考えを持っている者がいないのは周知のことだった。しかし、かたや無政府状態と動乱、かたや案から期待される有益な機会、この二つを比較検討することはできる。[*102]

署名後、代表たちはジョン・アダムズが「アメリカ一上品な宿屋」と呼んだシティ・タヴァーンへ席を移し、お別れディナーを開いた。[*103] だが、陽気に興じてはいても、その陰には暗黙の懸念が潜んでいた。少なくともワシントンは、新しい連邦政府が二〇年持つとは思えなかった。
合衆国憲法は九邦の憲法会議が承認すれば発効すると決められていた。各邦の邦議会を避け、別個の独立した承認会議を選んだのには、戦術的思想的な理由があった。こうすれば、新しい連邦政府を敵視する諸邦の政府が憲法を潰してしまわないようにすることができるのだ。また、独立した会議に憲法を承認させれば、新しい共和国は邦議会に正当性を認められたわけではなく、市民に直接認められたということになり、連邦法を各邦の法律に優先させることができるようになる。

ジェームズ・マディソンは別にすることができようが、憲法制定会議の開催に誰よりも影響を及ぼし、その後も会議の素晴らしい成果の承認の確保に誰よりも影響を与えたのはハミルトンだ。ただし、憲法制定会議での彼の行動は、また別の問題となる。それゆえ、ハミルトンがあれほど異を唱えた文書を支持することができたのは、矛盾したことのように見えた――そしてジェファーソン派にとっては、まったく不審な行動に思われた。

だが実際のところ、憲法案は署名者全員の輝かしい妥協の産物だった。この柔軟性は、政治的成熟のあかしとしてつねに称賛されてきたが、これに対しハミルトンの譲歩は、陰謀ではないかと曲解されることが多い。しかしハミルトンは、合衆国憲法の発効を成功させるために全力を尽くすという自らの誓約を終生にわたり忠実に守った。公的な場でも私的な場でも決して揺るがなかった。しかも憲法案は、彼が一七八〇年以来表明してきた政府についての考え方に合致する点が非常に多い。彼が難色を示した問題は、新政府の権限ではなく、その権限を行使する人間の任期に関するものだった。つまり、アレグザンダー・ハミルトン以上にこの憲法の誕生のために働き、憲法をアメリカ政府の業務委任状とするために力を尽くした者はいなかったのだ。

CHAPTER

13

Publius

パブリアス

クリントン vs ハミルトン

アメリカ独立革命は流血の騒乱ではあったが、ともかくも一三邦を結びつけ、まだ不安定とはいえ希望に満ちた一つの国家に統合した。ところが、憲法制定会議は醜い対立を生み、国民を二つに分断することになった。ハミルトンが憲法案に署名してから四日後、ニューヨークのデイリー・アドヴァタイザー紙が憲法案について報じ、それを見た市民の多くは仰天して青ざめた。そこにある憲章は、連合会議が説明していた連合規約の改正どころか、まったく新しい政府を生み出すものだったからだ。「自由の息子」の元闘士で当時ニューヨークの保安官をしていたマライナス・ウィレットは、クリントン知事の取り巻きの驚愕ぶりを映し出すように、新憲法のことを「目の前のものを全部飲み込んでしまおうと、大きく口を開け恐ろしい歯を剥き出した怪物」だと非難している。[*1]

轟々たる論争がひっきりなしに巻き起こる中、国は二派に分裂し始めた。新たな体制と強力な中央政府に賛成する者は、少々非論理的な呼称ながらフェデラリスト（連邦派）と呼ばれた——普通なら、この呼び名は緩やかな国家連合の支持者に用いられる。一方、邦の特権に対する侵害を恐れる憲法案反対派は、今やアンチ・フェデラリスト（反連邦派）と名づけられた。

両派はたがいに、相手が優勢となった場合に起こる悪夢を推測してみせた。フェデラリストが描き出したのは、分裂と内戦、外国の策略、そしてあからさまな債務履行拒否と資産に対する攻撃だった。そしてアンチ・フェデラリストは、専制と君主制、金持ちの支配、諸邦の完全な廃止について、それとなく脅すように語った。

両者とも大袈裟に吹聴していたとはいえ、ここでは、この問題がどれほどの大問題だったのかを思い出す必要があろう。独立戦争は英国から独立することが主な目標で、アメリカをどのような社会にすべきかという問題は二の次だった。だが今や、この問題はもはや後回しにはできなくなった。独立革命は新しい社会秩序の到来を告げるものだったのか、それとも、旧態に近いものを存続させることになるのか？　そして、新しい憲法が強力な中央政府を擁しているということは、植民地人が反逆したはずの英国のモデルを真似たのではなかろうか？　憲法案は簡潔で普遍的だったため、多くの解釈が可能だった。紙の上だけに存在する政府についてなら、ほぼどんなことでも想像できた。被害妄想的な思考は革命に付き物の遺産らしく、純粋主義者は必ず異端のしるしを探す。アメリカの場合も例外ではなかった。

ヴァージニアやニューヨークのような大きな邦で組織的に反対運動が起きたことを考えると、憲法の承認を得る闘いは苦戦しそうに見えた。懐疑的になりがちだった市民も、居酒屋やコーヒーハウスで憲法案を念入りに読んで、即座に否定する者が多かった。憲法制定会議が秘密会だったことも、邪悪な陰謀が働いているのではないかという疑念を掻き立てた。少なくともパトリック・ヘンリーは、「フィラデルフィアの専制」と罵り、この新しい憲法を「ジョージ三世の専制」にたとえた。[*2] 憲法案に対する異議は、高貴なもの（権利章典の付与や大統領の輪番の要求）から卑小なもの（連邦政府の干渉から地元の政治家や奴隷制度を守りたいという願い）までさまざまだった。

特にニューヨーク邦は、関税収入のおかげで他の税金が不要となっていただけに、関税問題が大きな争点となっていた。一七八七年秋には、ニューヨークは新体制をめぐる論議一色となった。ある新聞はこんなふうに書いている。「この秋流行っているものと言えば（中略）ジャック、なあ、君はどっちだい、フェデラルかアンチフェデラルか」。[*3]

こうした対立は、アメリカ政治における中傷合戦の黄金時代の到来を告げるものだった。当時はまだ、ここまでなら言ってもよいという境界線を定めたマナーなどなく、両陣営とも、明らかに偏った辛辣な中傷的論文をどんどん書いた。正確であることなどまず気にかけないことが多く、五臓六腑にこたえるほどの衝撃を与えることが目的だった。かつては英国に向けられていた激情的なレトリックが、今では国内の敵に矛先を向けていた。

クリントン派は、ハミルトンが夏に行った知事に対する非難についてまだ憤慨していた。その恨みは、九月初頭になってさらに高じた。「ラフ・カーバー」と名乗る新聞記者がクリントンを嘲笑して、「私利という印のないものはすべて冷ややかに反対する」人々を束ねる「二心のある愚鈍なボス」と書いたからだった。[*4] それから数週間というもの、フェデラリストとアンチ・フェデラリストの間で激しい出版合戦が繰り広げられた。
クリントン派の「ラフ・カーバー」に対する報復は、「リパブリカン」という匿名の下、ハミルトンや「貴族的な考え方により好都合な制度の確立」を求める「王のごとく傲慢な党派」を狙い撃ちした。[*5] これに対しフェデラリストも、「アリスティデス」という筆名で反論し、「主義だけに従う」高潔な人間という英雄的なハミルトン像を描き出して、彼は連合規約の危険性を告げるために「気高く愛国的な警告」を発したのだと主張した。[*6]
論争を避けることなど決してしなかったハミルトンは、夏に匿名でクリントンを非難したのは自分だと認めた。そして争いをやめるどころか、再び攻撃を仕掛けた。ハミルトンから見れば、クリントンは古い国家連合の欠陥の象徴だった。そして、「アメリカの団結（ユニオン）と平和と幸福を犠牲にして、高い公職にある者が自らの権力と報酬を維持しようと謀る有害な策謀」を糾弾した。[*7] ハミルトンは自分こそが徳の鑑であるかのように振る舞い――この戦術は後々彼に祟ることになる――自分のことを三人称で書いて、このような挑戦を敵に突きつけた。「しかしながらハミルトン氏は、誠実さと名誉の厳格なルールに反する彼の公私の行状を示す例証など、そのようなもの出せるものなら一つでも出してみるがいいと、彼らの邪悪な企てをことごとく許さない」。[*8]
するとジョージ・クリントンは、ハミルトンの宣戦布告に二つのレベルで応じた。一つは、憲法案に対する理路整然とした反対論を説く「カトー」という署名の論文七篇だ。これが知事の書いたものであることはほぼ間違いない。「カトー」は連合会議の強化と下院の増員を求め、大統領は権限があまりなく再選もないものにすべきだと唱えた。その一方、ハミルトンに対する誹謗中傷のひどさだけが目立つ、「インスペクター」と称する新聞記事が二本もある。ここでは、ハミルトンは高慢な「トム・シット」（くそったれ野郎のトム）と呼ばれ、「マスティー」つまり黒人の血が八分の一混じっている混血児だと紹介されている。これが、ハミルトンに黒人の血が混じっているという言い掛かりによる中傷の最初だった。

しかもこの記事は、トム・シットの「クレオール風」文章をからかい、自惚れた成り上がり者で英国のおべっか使いのトムに次のような独り言を言わせている。「ご主人様、私はあなた様にお仕えしてまったくつらい生活を送っております。（中略）私があなた様のためにどれほど大きな犠牲を払ってきたかどうかご考慮ください。私はオランダ国王の臣民として生まれましたが、熱帯の生まれ故郷を離れ、あなた様のために北アメリカ人と自称しております」。またトムは、迫害されているトーリーを擁護する「フォキオン」論文をイングランドにある国王の印刷所から直接送ったと告発されてもいる。そして記事は、ハミルトンのことを裏切り者の外国人だと非難したうえで、ワシントンについてもハミルトンの「汚れなきダディ」と言っている。これはハミルトンが非嫡出子だということを仄めかす悪口だ。[*9] こうして、ハミルトンはワシントンの「実の」子だという、あの現在まで残る根拠のない言い伝えが生まれた。

「インスペクター」は、ハミルトンが六月一八日に憲法制定会議で行った悪名高い演説についてもすべて知っていたようだが、この会議は秘密会だったため、直接触れることはできなかった。そこで二本目の記事では、「コロンビア夫人」なる女性がトム・シットに農園の経営法を相談するというたとえ話をでっち上げた。その中でトムは、農園の監督を四年任期ではなく終身の雇用にすべきだと答えている。記事の結論はこうだ。「卑賤から駆け足で身を起こしただけに、トムは自分の幸運の力の及ばないものはないと思っていた[*10]」。

どうやら、クリントン派はハミルトンに身の程を思い知らせてやる潮時だと考えたらしく、彼が外国生まれであること、黒人の血が混じっていると思われること、非嫡出子であること、英国王とのつながりが推定されることなどを持ち出して嘲笑した——この攻撃はこの後の非難のパターンを作ることにもなった。知的な論争では勝ち目がないと見たため、人身攻撃に堕したのだ。

九月の終わり、ハミルトンは憲法案に関する見解をいくつか書き留めた。これは公表されなかったが、ここではハミルトンは、「民主的な人が犯しがちな財産の強奪」を防ぐために資産家たちが結束を固めたので、憲法案は承認されるだろう、と慎重ながらも楽観視している。また、政府の債務償還を強く求めている債権者も、憲法案を支持するだろうと彼は考えていた。その一方、自らの権力の低下を懸念する邦の政治家や、新しい税金を恐れる市民は、反対に回るだろうと思われた。

だが、憲法案が承認されなければ、「ユニオン（連合）は分裂し、その一つ一つが君主国になる」か、あるいは、共和国の連合体がいくつかできることになるだろう、とハミルトンは予想していた。そして内戦になれば、また植民地へ逆戻りするかもしれない、と彼は述べている。「動乱状態に対する嫌悪感が広がれば、英国と再び結びつくこともありえないことではないが、さして恐れることではない［おそらく、ハミルトンの言っている意味は、ありそうなことではないということだろう］。この場合もっともありそうな形は、家族協定を用いて現在の［英国の］王室の子息をこの国の最高統治機関に据えることだろう」[*11]。

このような懸念に駆られていたハミルトンは、憲法案擁護のために打ち込んだ。彼は終生、できることだけを行い、世の中をありのままに受け取った。世界を理想化してとらえたりはせず、完璧を求める独断的な主張を厳しく非難することもよくあった。憲法案に懐疑的だったのが、一転して最高の賛美者となったことについては、弁護士だったために容易に転向できたという面もあるかもしれない。というのも、不完全な依頼人のためにでも最善を尽くすことができるという弁護士ならではの能力を彼は備えていたからだ。

このような転向をしたのは、彼一人ではなかった。フィラデルフィアに集まった代表全員が、互譲の精神で最終案に賛成している。彼らは皆、その最終案を共同作業の成果ととらえ、入手できるかぎり最善の解決策だと考えて支持した。ジェファーソンがジョージ・ワシントンについて語った次のような言葉は、ハミルトンにも当てはめることができるだろう。「我々の新しい体制が共和制の実行可能性の実験になると思う、と彼は私によく言った。（中略）その実験は公正に試行すべきであり、それを支えるために身命を賭するつもりだとも言った。（中略）我々の政府が永続するとワシントン将軍が堅く信じていたとはどうしても思えない」[*12]。ハミルトンも、同様に希望を抱き、同様に献身的だったが、同様に懐疑的でもあったのは確かだ。

『ザ・フェデラリスト』の全体構想

一七八七年一〇月初めには、ハミルトンはニューヨーク邦の憲法承認会議にフェデラリストの代表を送り込む一助となるようにと、野心的な企画を考えていた。ニューヨーカーがニューヨーカーのために、憲法案全体の包括的な解説を書くというものだ。一七八七年一〇月初頭、ジェームズ・ケントはオールバニーのスカイラー邸でのディナーパーティでハミルトンに会った。ハミルトンはニューヨーク邦高位裁判所（第一審裁判所）の秋期開廷の法廷に立つために当地に滞在中だった。パーティの席では、フィリップ・スカイラーが全国的な歳入システムの必要性について熱弁を振るい、ハミルトンは静かに聞いていた。「ハミルトン氏は彼の言葉など気にかけず上の空でいるように見えた」とケントは述べている。「後でわかったのだが（中略）彼は『ザ・フェデラリスト』という不朽の著作の構想を練っていたのだ[*13]」。

言い伝えによれば、ハミルトンが『ザ・フェデラリスト』という名著の第一篇を書いたのは、イライザを伴ってオールバニーからニューヨークへの帰途、ハドソン川を下る帆船の船室の中だったという。イライザは後に、オールバニーへ川をさかのぼって行ったときのこと――つまり帰路ではない――を振り返り、この船中でハミルトンが執筆計画の概略を立てたと言っている。「愛する夫は、オールバニーへ向かう道すがら、ノースリバー帆船の上で『ザ・フェデラリスト』の彼の文書の輪郭を描いた。この旅は（中略）当時はたいてい一週間かかるものだった。夫は公的な仕事に目一杯時間を取られていたので、研究したり書いたりするのは大半を移動中に行わなければならなかった[*14]」。

川を下る最中だったのか、上る最中だったのか、いずれにしても、ハミルトンが計画をせっせと書いているとき、彼の乗る高々と帆を上げた一本マストの帆船が、ハドソン・ハイランドやパリセーズ峡谷を悠々と滑るように通り過ぎてゆくとは、思い描くだに楽しい図だ。この第一篇がインディペンデント・ジャーナル紙に掲載されたのは、一七八七年一〇月二七日のことだった。

『ザ・フェデラリスト』の全体の構想はハミルトンが統轄していた。これを発案し、執筆者を募り、その論文の大半を書き、新聞掲載や出版による発表の差配をしたのも彼だった。最初の共同執筆者として、彼はジョン・ジェイに寄稿を依頼した。ジェイは長身、痩せ型、禿げ頭の男で、青白い憂鬱そうな顔に、深くくぼんだ灰色の瞳、警戒するような目つきをしていた。肖像画に描かれた彼は、決まって不気味なほどに厳しい顔をしているが、生身の彼は、愉快な機知を閃かせることもあった。ユグノー教徒の家系で裕福な商人の息子だった彼は、ニューヨーク邦憲法の中心起草者だった。また、フランクリンやアダムズと共に、独立戦争に終止符を打つ講和条約の交渉に当たり、連合規約の下で長く外務長官を務めた。その一流の頭脳と非の打ちどころのない高潔な人柄からすれば、彼こそ最高の共同執筆者と言えた。

ハミルトンとジェイは、この他三人の執筆者も招き入れた。マディソンによれば、「アレグザンダー・ハミルトンがジェームズ・マディソンに話を持ちかけ、それを実行に移すため彼とジェイ氏に協力してほしいと依頼した。当初の計画では、ウィリアム・デュアも含まれ、少なくとも二編は書いたが、聡明で活発であるにもかかわらず、その続きはなく、書物として編纂されたときにも含まれなかった」[*15]。ハミルトンはグーヴァヌア・モリスも誘った。モリスは『ザ・フェデラリスト』の執筆を手伝ってほしいとハミルトンから熱心に頼まれた」が、諸事により承諾するか悩んだと述べている[*16]。

モリスとマディソンに依頼したことからすると、憲法制定会議の内部事情を詳しく知っていることがこの匿名の論文に役立つ、とハミルトンは思っていたのだろう。立案者の意図は重要だが決定的なものではない、というのが彼の持論だった。憲法についても、「おのずから証するものでなければならないが、公正な人物にとっては、その立案者の見解を知る完全な機会を持っていた者による［同時代の］解説は、この解説どおりの解釈が正しく、逆の解説のほうなどではない、と信じるための重要な補足的理由となるにちがいない」と述べている[*17]。

各執筆者は、それぞれ精通した分野を割り当てられた。ジェイは当然ながら外交問題を扱い、共和制や連合制の歴史を熟知しているマディソンは、その分野の多くを担当した。ヴァージニア案の起草者であるマディソンは、新しい政府の全般的な分析も引き受けた。そしてハミルトンは、もっとも得意な政府機関、つまり行政と司法、さらに上院について一部を受け持った。また彼は、今後生じる問題の予告として、軍事と課税権の問題についても論じた。

『ザ・フェデラリスト』は、当初は新聞に掲載された。執筆者たちは、憲法制定会議の守秘義務を破ったと責められないよう、ペンネームを用いて正体を隠さなければならなかった。ハミルトンは最初、「ニューヨークの市民」という匿名で発表するつもりだったが、ヴァージニアのジェームズ・マディソンがプロジェクトに加わったので、変更して「パブリアス」というペンネームを選んだ。これは一七七八年、サミュエル・チェースが戦争を利用して暴利を貪っている、とハミルトンが非難したときに初めて使った名前で、パブリアス・ヴァレリウスとは、ローマ王政時代最後の国王を放逐し、共和制の基礎を築いた人物だ。

全八五篇中五一篇を執筆

ハミルトンは自分が書いたことを伏せたまま、掲載紙をマウントヴァーノンに速達で届けた。すると、ワシントンからはこのような返事が返ってきた。「パブリアスの続篇を期して、貴殿にお礼申し上げる。今後も筆者が見事な手腕を見せてくれるものと確信している」[*18]。第二篇から第五篇まではジェイが書いたが、ジェイはその後リューマチが悪化したために執筆を断念せざるを得なくなった。最終的には、『ザ・フェデラリスト』は合計八五篇に及び、そのうち五一篇がハミルトン、二九篇がマディソン、そして五篇だけがジェイによるものとされている。ハミルトンはジェイの病気を考慮に入れず、モリスとデュアも協力してくれるものと踏んでいたので、自分とマディソンが七ヶ月でこれほど多く書く——全部で約一七万五〇〇〇語にも達した——ことになるとは思ってもおらず、『ザ・フェデラリスト』が事実上二人だけによる大事業になることも予想していなかった。こうしてハミルトンとマディソンの協力のおかげで、ニューヨークは新しい政治体制案をめぐる知的闘争の主戦場となった。

書物として編纂された『ザ・フェデラリスト』を発行したハノーヴァースクエアの発行人、アーチボルド・マクリーンによれば、このプロジェクトは結果的に、規模が当初の計画から大幅に膨らんだという。この仕事に追われているような気にさせられた彼は、ロバート・トループにこうこぼしたこともあった。「この仕事を引き受けたときには、二〇篇かせいぜい二五篇ということだった[*19]。ところが、二〇〇ページの一巻本どころか、『ザ・フェデラリスト』は最終的には総計約六〇〇ページにも及ぶ二巻本となった。さらに悪いことには、この不運な発行人は、数百冊の売れ残りを抱えてにっちもさっちもいかなくなり、しめて五ポンド儲けそこなったとぼやく羽目にもなってしまった。アーチボルド・マクリーンにとっては、『ザ・フェデラリスト』はひどい失敗作で、さっさと忘れてしまうに限る不運な出版事業だった。

匿名性を守るため、当初ハミルトンはロバート・トループを経由して原稿を新聞発行人に渡していた。ハミルトンが町を離れているときには、原稿をまずイライザに送り、それからイライザがトループに渡すこともあった。だが後には、ハミルトンが中心執筆者であることが、ニューヨークの政界で公然の秘密となったので、新聞発行人のサミュエル・ラウドンは、直接ハミルトンの事務所に出向いて原稿を受け取った。ハミルトンとマディソンとジェイが執筆者だということは多くの者が知っていたが、三人はそのことを限られた者にしか打ち明けてはおらず、しかも大抵は、一七八八年三月に書物に編纂した第一巻が刊行された後のことだった。

マディソンはこの本を関連のある暗号名を使ってジェファーソンに送り、ハミルトンのほうは、こう言い添えてワシントンに本を送っている。「とうにご存知のことだとは思いますが、筆者（中略）は主にマディソン氏と私で、ジェイ氏にもいくらかご協力いただきました」[20]。もっと注意を要する機密事項だったのは、誰がどの篇を書いたのかという問題だった。ハミルトンとマディソンは、たがいに合意した場合のみこの件を明らかにするという約束をしていた。このため、約一五篇分の執筆者については、この後二〇〇年間にわたって研究者の間で論争の的となっている。ハミルトンもマディソンも約束を堅く守り、この件については言い渋り続けた。『ザ・フェデラリスト』は文学的にも政治的にも絶賛されている。セオドア・ローズヴェルトも、現実的政治を論じた「全体としてきわめて偉大な本だ」と述べている[21]。しかも、期限というプレッシャーが非常に大きくのしかかる中でこれが書かれたことを思うと、その業績はなおさら驚嘆に値する。

一連の憲法承認会議は、第一回が一一月下旬に始まる予定だったので、ハミルトンとマディソンには新たに調査したり考えたりする余裕がほとんどなかった。また二人は、週に四篇（つまり一人につき二篇）、ほぼ三日の間隔を空けて書き上げることを申し合わせていたため、書き直す時間もほとんどないまま、これら論文は当時五つあったニューヨークの新聞のうちの四つに掲載された。

このように期限が絶えず迫っていたということは、執筆者はすでに頭の中にあるかメモとして書きためてある情報、考え、引用句をもとに書かなければならないということだった。だが幸いにも、二人とも数年にわたる修練を積んでいた。マディソンはジェファーソンにこう言っている。「[発表は]協力して行いましたが、筆者は各自の考えすべてについてたがいに責めを負うことはできかねます。時間がないため、印刷前に筆者以外の者が原稿を読むことすらできないばかりか、場合によっては書いた本人でさえ読み返せないこともあるのです」[22]。マディソンによれば、スケジュールがあまりにきついので、「印刷屋が書き上がっているところだけ活字にしている最中に残りの部分を書き、印刷に間に合うように仕上げる」こともたびたびだったという[23]。ハミルトンとマディソンは、互いの寄稿を紙上で初めて目にすることが多かったのだ。

マディソンの助けとなったのは、会議で取っていたメモと、準備のために読んだ本の抜き書きだった。こうした学究的な支えがなければ、「出来栄えは非常に異なった様相を呈していたにちがいない」と彼は打ち明けている[24]。一方、ハミルトンはおおらかだった。弁護士業務も相変わらず続けていたので、弁護士業務の合間になんとかして執筆しなければならなかったのだ。論文執筆はまるでちっぽけな副業ででもあるかのようだった。

ハミルトンが『ザ・フェデラリスト』を大急ぎで書いていたことについて、ロバート・トループはこう書いている。「[ハミルトンの]書いた篇はどれも、仕事のプレッシャーが最大級にかかる中で書かれた。[彼は]つねに注意を要する法律業務を大量に抱えていたからだ」。トループは、サミュエル・ラウドンが「次の新聞に載せるために」、ハミルトンが「書き上げたばかりの『ザ・フェデラリスト』の原稿を受け取ろうと、[ハミルトンの]書斎で待ち構えている」のを見たこともあるという。[*25]

マディソンがヴァージニアに戻ってしまった後は、ハミルトンは二ヶ月で二一篇立て続けに量産するという驚異的な時期もあった。また一週間で五篇発表したこともあれば、特に課税権について書いていたときには、一週間でなんと六篇も出している。

ハミルトンの頭脳は、つねに超人的なスピードで回転していた。彼の著作集は仰天するほど膨大で、一人の人間が五〇年に満たない期間にこれだけの量を書いたとは、とても信じられないほどだ。言葉こそ彼の主な武器だった。彼の帳簿は、大量の羽根ペン、羊皮紙、ペンナイフ、石筆、大量の罫線入用箋、封蝋の購入記録で一杯になっている。彼の著作集を見ると、彼はまるでモーツァルトのように、複雑な考えをほとんど修正せずに紙の上に移すことができたということがわかる。文章に手を入れた場合でも、全体としては、考えの論理的な展開は変わっていない。考えを徹底的に咀嚼し、頭の中できちんと整理し、自由自在に引き出すことができるという、見事に組織された頭脳ならではのスピードで彼は書き続けたのだ。

ただし、彼の多作ぶりを理解するには、彼の重要な著作のほぼすべてがジャーナリズムであり、時事問題に触発されて論争の渦中に書かれたものであることに留意する必要がある。彼は時代から隠遁した孤高の思想家として書いていたわけではない。友人のナサニエル・ペンドルトンは、「彼の雄弁（中略）は、全力を出すには反論が必要であるように思われた」と指摘している。[*26]それでも、彼の時事的な著作が今日まで不変の名声を維持しているのは、彼が当時の出来事の背後にある、時代を超越した原理原則を探っているからだ。法廷での弁論であれ、継続中の論争であれ、彼は人々の理性に訴えて納得させたいと考えていた。彼はずば抜けた作業能力を備えていたばかりか、衝突を糧にすることができた。彼の驚異的な著作量は、超人的なスタミナと知性、そして度重なる持論の反復の相互作用から生まれたものだった。

またハミルトンは、言葉を絞り出すために独創的な方法を編み出した。一つは、部屋の中を歩き回りながら頭の中で文章を作ることだった。ウィリアム・サリヴァンは、ハミルトンの集中的創作法について面白い逸話を書き残している。

彼の研究するときの癖を知っている者の話では、彼は果たすべき重大な目的があると、まずはそれについて熟考するのが常だったという。そして、この作業を終えてしまうと、昼だろうと夜だろうと構わず眠りに行ってしまい、六時間か七時間寝た後、起き上がって濃いコーヒーを飲む。それから机の前に座り、六時間か七時間か八時間、そのままずっと座り続ける。しかも、彼の素早いペンから生まれたものは、ほとんど訂正しなくても印刷に回すことができた。[*27]

ハミルトンの著述の難点は冗長なことだが、『ザ・フェデラリスト』の場合は時間的にも語数的にも制約があったため、うまいこと簡潔なものになったのかもしれない。

奇妙な二人組

そのカリスマにもかかわらず、アレグザンダー・ハミルトンは本質的には、大衆と対立することに妙な誇りを抱く一匹狼の知識人だった。それだけに、彼の最大の代表作がマディソンやジェイとの緊密な合作であることは注目に値する。フィラデルフィアでの憲法制定会議の後、マディソンはマンハッタンのメイデンレーン一九番地の下宿に戻った――今や瀕死の連合会議のため、彼を始めとするヴァージニア代表団はここを宿舎としていた。

後に「憲法の父」と呼ばれるようになったが、実のところマディソンは、憲法案については多くの不満を抱いていた。特に、上院に各州から同数の代表を送ることに疑念を覚えており、最初は憲法案の擁護など他人に任せていても構わなかった。また彼は、憲法案の評価は他人がすべきだとも考えていた。しかし一〇月の下旬には、憲法案が異様に曲解されていることや、新聞が騒動を煽っていることに動揺したため、ハミルトンに協力して『ザ・フェデラリスト』に取り掛かることに同意した。[*28]

アメリカ人がよく不思議に思うのは、どうしてこの時期にハミルトンやマディソンなどの並外れた人材がうまく輩出したのかということだ。それは一つには、独立革命の結果、思想を生み出せる思想家や思想を明快に解説できる文筆家がどうしても必要となったからだということがある。建国期には、すぐさま役立つ実用的な思想が計り知れないほどの活気を与えてくれた。民主主義の実験の運命は、ほかの時代だったら一顧だにされないかもしれない政界の知識人にかかっていた。

この岐路において、ハミルトンとマディソンはニューヨークの街角でも奇妙な二人組に見えたにちがいない。かたや三二歳のハミルトンは、派手な色の服を着て陽気にぺらぺらとしゃべりまくるクジャク、かたや三六歳のマディソンは、寡黙で思慮深い様子のいつも黒い服を着たカラスだった。フランス人ジャーナリストのJ・P・ブリソ・ド・ヴァルヴィルは、この年二人に会ったが、年長のマディソンはまるで青白い顔をした若い学者のようで、ハミルトンのほうが年上で世事にたけているように見えたという。

「この共和主義者はせいぜい三三歳にしか見えない」とブリソ・ド・ヴァルヴィルはマディソンについて書いている。「彼に会ったとき、彼は疲れているようだった。おそらく、このところ没頭していた大仕事のせいだろう。彼の表情は厳格な検閲官のようで、彼の会話から、彼が博識だということがわかった。そして彼の顔は、自らの才能と義務を自覚している者の顔だった」[*29]。またハミルトンについてはこう述べている。「ハミルトン氏はマディソン氏の好敵手であり協力者でもある。三八か四〇歳ぐらいに見え、長身ではないが、決然とした感じの率直そうな、きりりとした人物だ。(中略)雄弁と筋の通った論法で有名になった」[*30]。

ハミルトンとマディソンは、後には政界で対極の立場を象徴するようになったとはいえ、『ザ・フェデラリスト』執筆当時は、二人は文体も見解も似ていたため、二人の寄稿を見分けるのは難しいと研究者も考えている。概して、マディソンの文体のほうが緻密で難解で学者的であり、ハミルトンのほうが優雅で流麗だが、ぎょっとさせるような警句的表現と鋭い洞察という点は同じだ。

この時点では、マディソンはまるで「ハミルトン主義者」のように見えることが多く、ハミルトンはマディソン信奉者のように見えることもよくあった。ハミルトンが後に連邦政府の権力拡大に利用した黙示的権限の法理を打ち立てたのは、後年憲法の「厳格な解釈者」と言われたマディソンであり、『ザ・フェデラリスト』第四四篇にこう書いているのもマディソンだ。「法や論理において、何よりも明確に確立されている原理は、目的が何であろうと、手段が認可されていること、(中略)である」[*31]。当時の二人は、連邦政府を強化し諸邦にはびこる権力濫用を阻む必要があるという認識に基づき、共通の目的を抱くことができたのだ。

ハミルトンもマディソンも、人は野心や金銭欲のために理性を失うことが多い、と考える理性的な人間だった。マディソンはこう書いている。「もし人間が天使なら、政府など必要ない」[*32]。二人とも、人間性については悲観的な考え方を持っていた――ただし、ハミルトンのほうが悲観度が濃い。そして二人とも、非理性的な人民の衝動や少数派の専制、多数派の暴虐を阻む防壁を造りたいと考えていた。そのためには、懐疑的で冷静な代表が、世論の精選をすべきだった。

ハミルトンはエリート主義者と評されるが、マディソンのもっとも有名な論文である『ザ・フェデラリスト』第一〇篇の原点も、人の生まれ持った資質はさまざまであり、このため富の不均等な配分、階級の衝突や利害の対立が起きるのだ、という認識にある。マディソンによれば、雑多な人々からなる大国では、こうした利害の対立は、たがいに相手を無力化し、権力の乱用を阻むことになるという。「野心には野心を対抗させよ」と彼は『ザ・フェデラリスト』第五一篇で述べている[*33]。

『ザ・フェデラリスト』では、マディソンのほうが理論や歴史について博識ぶりを披露しているが、世情に関しては、ハミルトンのほうが幅広い知識を持っていたことがうかがえる。しかも、遍歴の人生を送ってきただけに、ハミルトンは商業、軍事、政治の専門知識も身に付けていた。これが特に当てはまるのが政治経済学の論考で、この分野ではマディソンよりも勝っている。マディソンはどちらかと言えば、専制の侵入を食い止めるための憲法による抑制のほうに関心が深かったのに対し、ハミルトンは行動に拍車をかけることを称賛した。『ザ・フェデラリスト』で行政機関と司法機関について論じた部分では、ハミルトンは政府の活力とエネルギーを重視する持論を唱えた。これは終生、彼の十八番の持論となった。同時に彼は、秩序の必要性と自由に対する渇望の折り合いをどうつけるか、ということについてもつねに注意を払っていた。バーナード・ベイリンはこう述べている。「『ザ・フェデラリスト』によれば、強力な中央政府を樹立するに当たって、連邦憲法は、独立革命を裏切ったわけではなく、また、革命以前にはわからなかったほどの大きな政治的自由を求める、革命の急進的な希望を裏切ったわけでもないという。実際にはまったく逆で、国の存続、人民と諸邦の権利の保存、この両者を保障するために必要な権力を作り出すことによって、連邦憲法はそうした急進的な願望を満たすことになるのだ[*34]」。

最も影響力のあった第一〇篇

ここで『ザ・フェデラリスト』について、特にハミルトンの手になる論文に注目して概観しておきたい。というのも、これら論文は、彼の思想がいかに並外れて幅広いものであったかの例証となるからだ。開戦の一撃の筆者として、ハミルトンはまずあいさつとして「ニューヨーク邦の皆さんへ」と呼びかけてから、こう切り出している。「諸君は、現存する連合政府がいかに役に立たないものであるかを痛いほど経験してきたが、今ここに、アメリカ合衆国の新憲法案について審議するよう求められている」。その最大の問題は、「熟慮と選択とを通じてよき政府を確立することができるのかどうか、あるいは人間の社会はその政治構造の決定を偶然と暴力とに永久に委ねざるをえないものなのか」ということだった。[*35] ここではハミルトンは、その様子をありありと思い浮かべることができるほどに熱弁を振るい、憲法承認会議の結果が「この帝国〔アメリカ〕の命運」を左右することになり、その否認は「人類全般の不幸」となると明言している[*36]〔以下、『ザ・フェデラリスト』の引用については、斎藤眞・中野勝郎訳岩波文庫版による〕。

そしてハミルトンは、憲法案反対派の動機に疑問を投げかけ、彼の政治上の悪夢に巣食ってきた二種類の人間たちを非難した。自らの権限を侵食されるのではと恐れる邦政界の政治家たち（たとえばジョージ・クリントン）と、人々の権利を公言しつつ人々の混乱を食い物にするデマゴーグだ（ジェファーソンは後にこの主役を務めた）。ハミルトンは「強固にして効率的な政府を熱望する一見厳しい外見よりも、むしろ人民の諸権利を標榜するもっともらしい仮面のかげに、かえって危険な野心が潜んでいること」を警告している。[*37] こうして舞台を整えてから、ハミルトンは今後の論文について概要を示しているが、全部で何篇になるかについては述べていない。

第二篇以下の四篇では、ジョン・ジェイが、これまでの諸邦連合が外交上いかに脆弱であったかを示した。次いでハミルトンが四篇を費やして、連合規約がそのまま存続し、諸邦がたがいにつまらぬ口論を続けた場合に起こりうる、国内の致命的な帰結について論じた。

最悪の事態を想定する傾向があったハミルトンは、ここでは古代ギリシャからシェイズの反乱に至るまで、恐ろしい前例をいくつか持ち出している。まず『ザ・フェデラリスト』第六篇では、民主的な共和制は必ずや平和であるという考え方など、希望的観測にすぎないと一笑に付した。「人民の集会は、怒り、不満、嫉妬、金銭欲などといった、不埒で暴力的な性向に駆られてしまうことがよくあるではないか」。また、この世界貿易の予言者は、通商が諸国家を結びつけるという夢物語を斬り捨てた。「これまで通商が戦争の目的を変えること以外の何かをしたことがあるというのか？　富に対する愛着とは、権力や栄光に対する愛着と同様に、支配的で積極的な情熱なのではないのか？*38」。

そして、アメリカが神の特別な摂理によって統治されるエデンの園になるという考えにこう反論した。「黄金時代を夢想する欺瞞の夢から覚めるべき時ではないのか。我々も世界の他の住人と同じく、完璧な知恵と完璧な美徳の幸福な帝国からはまだ程遠いところにいるのだ、という事実を、我々の政治的行動の指針となる実用的な処世訓として受け入れるべき時ではないのか」。

『ザ・フェデラリスト』第七篇からはハミルトンは、強固な連邦がない場合に起こりうる諸邦間の紛争の無数の争点について述べている。要塞や常設軍がなければ、諸邦間の戦争は激化する一方となり、大きな邦は小さな邦に対し侵略的に振る舞いたくなるだろうという。そうなれば混乱が生じ、やがてはアンチ・フェデラリストが恐れる非常に独裁的な軍国主義に至ることになる。というのも、そうした状況では、「人々は軍隊を庇護者と見るだけでなく、上位者と考えるように持っていかれる」からだという。[39]

そしてハミルトンは、共和制が過去に混乱を生んだことがあることを認めつつ、「政治学」の進歩が、不正の大半を防ぐことになる原理原則を生み出したと指摘している――たとえば、諸権限を政府の各部門に分配すること、立法による抑制と均衡、司法の独立、選挙によって選ばれた議員による代表制などだ。[40] 次の第一〇篇は、ジェイが病に倒れたため、マディソンが見事に穴埋めしてみせたもので、この有名な論文は、全篇中もっとも影響力のあるものとなった。ここではマディソンは、民主主義は小さな国家でのみ存続できるというモンテスキューの説に異を唱えた。この説を根本から覆し、むしろ大きな共和国のほうが、利益集団同士がたがいに牽制しあい、多数派の専制を防ぐことになると論じている。

『ザ・フェデラリスト』第一一篇から第一三篇では、ハミルトンはその行政実務家ぶりを発揮しつつ、新しい連邦が通商と政府収支にもたらす利益について解説している。彼によれば、アメリカの通商は、やがて嫉妬にかられたヨーロッパ諸国が、アメリカの「危険な大国へと急上昇する」ための翼をもぎ取ろうとするまでに発展することになる。[41] だが強力な連邦があれば、アメリカはより有利に商談をまとめることができ、まずまずの海軍を創設できるだろうという。

そして彼は、商人、農民、職人、製造業者、これらが一体となって動く繁栄したアメリカ、という包括的な未来像を提示したうえで、その経済的先見性を突然閃かせ、二〇世紀の通貨理論を先取りしてこう述べた。「一国の納税能力は、通貨量や貨幣流通の迅速さ［今で言う貨幣の流通速度」にかなりの程度まで比例するのが常である」[*42]。

　また、強力な連邦国となれば、政府は諸邦間の密輸を阻止する必要がなくなり、大西洋の海岸線を監視するだけですむため、より効率的に関税を徴収できるようになると論じ、さらには、連合の分裂によりいくつかの連合ができてしまう場合よりも、一つの国となるほうが、歳出を削減できると説いた。これらは皆、大きな共和国は生き残れないというモンテスキューの説に重ねて反論を加えたものだ。

『ザ・フェデラリスト』第一五篇から第二二篇では、ハミルトンとマディソンは、現行の連合が無政府状態であることを鋭く批判している。ハミルトンの価値観においては、個人的なことに関しても政治的なことに関しても、誇りと名誉がつねに大きな位置を占めていただけに、彼は革命後の国の衰退と威厳の喪失を嘆き、諸邦連合はもはや諸外国から蔑まれ愚弄される国に成り下がっていると指摘した。「われわれは、軍隊も国庫も政府ももっていない」[*43]。土地や資産の価値は暴落し、通貨は不足し、公信用は崩壊した――これらはすべて、中央政府に力がないためであり、そして中央政府に力がないのは、中央政府が歳入を諸邦に頼らねばならず、諸邦のほうは資金の提供を最小限にしようとしているからだという。

　ならば、連邦政府が直接市民に権限を行使でき、諸邦の妨害を恐れなくてもすむようになりさえすれば、政府は真の政府となることができる。第一七篇では、ハミルトンは、連邦政府が諸邦に意志を押し付けることができるようになるとは思われないと述べた。邦政府のほうが人々の愛着を得やすく、そのため権力の乱用も地方レベルのほうが起こりやすいからだという。

ここでハミルトンは、古代から近代に至るまでの連合制を概観し、連合というものがいかに崩壊しやすいものかを示そうと考えた。そして、マディソンがすでにこの仕事に取り掛かっていると知り、第一八篇から第二〇篇のためのメモをマディソンに渡した。その結果生まれたマディソンのやや衒学的な論文は、このような釈明で締めくくられている。「こうした連邦の前例の考察をこれほど長々と扱ってきたことは間違いではないと思われる。経験は真実の託宣であり、その答えが明確であれば、それは決定的かつ神聖なものであるはずだ」[*44]。

次いで、連合規約の徹底的な批判の仕上げとして、ハミルトンが二篇を費やして中央政府の法の執行力の欠如を指摘した。シェイズの反乱を引き合いに出し、彼はこう問いかけている。「先の［マサチューセッツの］動乱は、もしカエサルやクロムウェルのような人物が率いていたとしたらどうなっていたか、誰にわかろうか？」（このようにハミルトンはたびたびカエサルに軽蔑的に言及しており、このことから、彼はこのローマの独裁者を崇敬していたというジェファーソンの吹聴した話がデマであることがわかる）。

またハミルトンは、連邦による通商規制の必要性を認める一方、中央政府が過酷な税関手数料を課すのではないかという不安をこう静めた。「関税が高すぎれば、消費を減らしてしまうことになる――そうなれば徴収は難しくなり、国庫への歳入は、関税が適正で適度な範囲内にある場合よりも少なくなる」[*45]。さらに彼は、現行の連合が連邦の司法権を持っていないことを批判している。「法律は、その真の意味と有効性を解釈し定義する法廷がなければ、空文にすぎない」[*46]。そして、いかにも彼らしい断固たる調子で、連合規約を忌まわしいもの、「人間の盲目的情熱がこれまで考え出した中でもっとも嫌悪すべき政府形態の一つ」だと一蹴した。[*47]

マディソンとの微妙だが重大な違い

次の一四篇（第二三篇から第三六篇）では、ハミルトンは憲法案を逐一擁護し、強力な政府には平時の常備軍と課税権が必要だと説いている――両方とも英国の支配時代を連想させるため、急進的なポピュリストには忌み嫌われるものだった。ハミルトンによれば、新しい国は非常に大きなものとなるため、強力な中央政府だけがこれを統治できる。そして必要な力を獲得するためには、その政府は、大いに美化された邦の民兵に頼るのではなく、軍隊を募集するという選択肢が必要となる。「戦争は、他の事柄と同様、勤勉によって、忍耐によって、時間によって、訓練によって、はじめて習得され、完成される一つの科学なのである」[*48]。

また、大洋がアメリカを欧州の脅威から隔離してくれるという異論に対して、ハミルトンは、狭くなった世界ではどの国であれ世界情勢に巻き込まれているのだと説いた。「航海術の向上によって（中略）遠く離れた国でさえ大きく見れば隣人となった」[*49]。しかも、経済力と軍事力は連動する。「もし我々が商業国になるつもりなら（中略）できるだけ早く海軍を持つよう努めなければならない」[*50]。そして、連邦政府が過剰に権限を集めるのではないかという不安に関しては、ハミルトンは再び読者にこう請け合っている。「中央政府は、いつでも、州政府による簒奪を抑制しようとするであろうし、州政府も中央政府に対して同じような態度で臨むだろう」[*51]。また、州の民兵も同様に、国軍の横暴を阻み、連邦政府と州政府の権力の均衡を守ることになるだろうという。

次に第三〇篇では、ハミルトンは複雑な歳入問題に取り掛かり、まず課税権を「あらゆる政体の必須要素」だと述べた[*52]。それゆえ現行の連合政府は、課税権がないために、「徐々に衰弱し、消滅寸前になっている」のだという[*53]。だが、税金が徴収できるようになれば、歳出を賄えるだけでなく、国は債務を返済できるようにもなるため、国の信用が回復し、仮に戦時になっても多額の戦時公債を募ることができるようになる。歴史を学んだハミルトンは、数篇後の論文でも、戦争は避けがたい人生の現実だと断言してこう述べている。「戦争の激しい破壊的な情熱は、平和の穏やかで有益な感情よりもはるかに強力な影響力をもって人間の心を支配する」[*54]。

また第三〇篇から第三四篇では、ハミルトンは不可欠となる黙示的権限の法理を持ち出し、政治においては「手段は目的に相応するものであるべきであり、（中略）目的を達成するよう運命づけられた権限には制限を課すべきではない」と主張している[*55]。そして、連邦憲法は柔軟性のある文書であるべきだと説く。「将来の不慮の出来事に備える受容性が必要である」[*56]。またハミルトンは、もう一つ重大な注目点として、連邦政府だけが課税権を独占するわけではないとも述べている。連邦憲法は「部分的なユニオン（連合）つまり部分的な統一を目的とするにすぎない」ので、州も市民に対する課税権を同時に有することになるのだという。[*57] ただし、唯一の例外として、関税については連邦が独占することになる——当時、関税は主要な歳入源であり、諸邦間に存在する緊張と不公平の主な原因だった。

『ザ・フェデラリスト』の執筆中、ハミルトンが財務長官になりたいと夢見ていたことは、端々にはっきりと見て取れる。たとえば第三五篇で、彼はこう書いている。「広範な情報や政治経済学の原理の完全な知識を必要とする行政問題の中でも、課税問題ほどそれらを大きく必要とするものはほかにない[*58]」。次の論文でも、彼は明らかに自伝的な響きを込めて、このような主張を差し挟んでいる。「どのような身分であれ、強い精神力のある者は、逆境に打ち勝ち、自らの優秀さに対する賛辞を自分の属する階層からだけでなく社会全般から集めることになる。門戸は誰にでも平等に開かれていなければならない[*59]」。ただし、同時にハミルトンは、連邦議会が主に大地主と商人と知的職業人によって構成されれば、大衆のために効果的な立法を行うことができるとも考えていた。

一七八八年一月一一日、第三七篇を皮切りに、マディソンは新しい連邦の全体構造を解説し始め、二〇篇続けて書いた。当時ハミルトンはオールバニーへ行っており、このうち最後の一〇篇には協力したようだ。この時点まで、ハミルトンは『ザ・フェデラリスト』に目新しいことはあまり書いていない。ほとんどが、かつて戦時中の手紙や『ザ・コンチネンタリスト』と題した論文で繰り返し述べたことのあるものだ。後の論文中で選挙のようなテーマに触れたときだけは持論からそれたものの、その時でさえ、新しい立場の周囲に従来の議論を張り巡らしている。ハミルトンが『ザ・フェデラリスト』でプロパガンダを始めたと批判するつもりなら、まずは、『ザ・フェデラリスト』がこれ以前の著作とも以後の著作とも大きな連続性を持っている点を考慮すべきだろう。

ところで、第三七篇で連邦制度の「複合性」を概観するに当たって、マディソンにはハミルトンとの微妙だが重大な相違が出始めた——この相違は時がたつにつれて大きくなった。たとえば第四一篇では、マディソンは常備軍やそれを維持するための税負担について難色を示しており、英国議会の腐敗ぶりを冷笑している（ただし、彼がハミルトン以上に熱烈な英国贔屓のように映る部分もある）。またマディソンは、連合規約のあいまいな表現を非難し、憲法案の明確さを評価しており、その明確さが連邦政府の権限を限定することになるだろうと期待していたが、一方ハミルトンは、憲法案の漠然とした、どうとでも解釈できるような表現と思われるところを利用して政府の権限を拡大しようとした。

連邦議会と議員選挙

続く第五九篇から第六一篇は、ニューヨークへ戻っていたハミルトンが、連邦議会の議員選挙と選挙規定について述べた。自らは北部の商業界と関係していたけれども、ハミルトンはここでは、農業社会においては「土地の耕作者」が、「概して（中略）政府内で優勢となるにちがいない」と強調している」[*60]。またこの第六〇篇では、下院は土地所有者が支配すると予想されるが、多様性も特徴となるだろう、とも述べているばかりか、近い将来、農業を中心とする社会において、製造業が補助的な役割を担うだろう、と抜かりなく主張している。

次の上院に関する五篇（第六二篇から第六六篇）は、『ザ・フェデラリスト』中もっとも協力作業が行なわれた部分だ。マディソンが初めの二篇を書き、ジェイが再登場して第六四篇を引き受け、ハミルトンが最後の二篇で締めくくっている。第六二篇ではマディソンが、下院の比例代表制と上院の各州同数代表制のバランスは、理想的な理論に基づくものではなく、政治的妥協の産物であることを率直に認めた。そして次の第六三篇では、少数のエリートからなる上院などやがて「専制的な貴族制」になってしまうという異議に対し、まるでハミルトン主義者のような調子でこう擁護している。「自由は権力の濫用によってだけではなく自由の濫用によっても脅かされるかもしれない。（中略）合衆国では、あきらかに、前者よりも後者の方が懸念されるべきである」[*61]。これを捨て台詞に、三月、マディソンは故郷で憲法案を擁護するためにヴァージニアへ戻っていった。このため、第六四篇だけはジェイが上院の条約締結権について書いたものの、残りの二一篇（第六五篇から第八五篇）はハミルトンが一人で書くことになり、上院に関する一部の事柄と、行政機関および司法機関の全解説を手がけた。

第六五篇の上院の弾劾裁判権に関する素晴らしい記述では、ハミルトンは、連邦行政官の弾劾をめぐって国民が怒りに燃え、上院が党派に分裂した場合に生ずる問題を、たぐい稀な洞察力で予見している。また、大統領や連邦判事が弾劾された場合、辞任してもまだ訴追を免れないため、憲法案の賢明なところとして、連邦最高裁判所全体ではなく連邦最高裁判所首席裁判官一人に裁判を委ねた点を挙げている。こうすれば、上院は最高裁判所首席裁判官の法律知識を活用できる一方、最高裁は将来的にまったく自由に事件に関する判断を下すことができるからだという。

ただしハミルトンは、この弾劾裁判の手続きの欠陥も認識していたので、憲法案は考えうるかぎり最善の妥協案だと強調してもいる。「あらゆるところがきわめて厳密に完璧と言えるものとなっていなければ、いかなる統治制度にも同意しない、などと人類が心に決めようものなら、たちまち社会は無政府状態がはびこり、世界は荒涼たる不毛の地と化すだろう」[*62]。

「選挙で選ばれた君主」

この後、ハミルトンは行政機関に話題を転じ（第六七篇から第七七篇）、彼がもっとも関心を寄せると共に、組織全体の主動力と考えていた政府部門について書いた。第七〇篇ではこう述べている。「行政部が活力的であることは、およそよき政府の本質であり、その主要な性格の一つなのである」[*63]。そして、大統領に与えられる権限に対する過剰な懸念を嘲笑し、むしろニューヨーク知事よりも権限が小さい側面もあると述べ、先の憲法制定会議で表明した見解をここでも自在に用いて、「選挙で選ばれた君主」と国王を区別してみせた。彼によれば、英国の王は世襲であり、弾劾によって退位させることはできず、議会両院の可決した法律に対する絶対的な拒否権を持っているだけでなく、議会を解散し、宣戦布告し、条約を締結し、爵位を授与し、教会の職位を任命することもできるという。アメリカの大統領と英国の王を安易に比較する批判に対し、ハミルトンが憤慨していたのは明らかだ。

強力な行政機関の必要性を説く論文の中で、ハミルトンは避けるべきものの典型として英国の王をしきりに挙げた。とりわけ、英国王が説明責任を負っていない点を問題視した。だが、大統領の場合は必ず、「その職務上の行為に関して個人的に責任をおわなければならない[*64]」。第七一篇でもハミルトンは大統領像に関する持論を提示し、人民は時としてその利益について思い違いをするが、その場合でも、大統領たるものは公共の福利のために行動すべきだ、と唱えている。そして、政府の各部門はそれぞれ、たがいに抑制しあうだけでなく、たがいに独立性を保持できるようにと意図されていると述べた。「もし、行政部も司法部も全面的に立法部に献身するように構成されているとすれば、いったい何のために行政部や司法部を立法部から分立させたことになろうか？[*65]」。

ただし、ここでは会議での演説とは違い、ハミルトンは、大統領の任期が四年で、その再選が可能であることの利点を売り込んでいる。こうすれば、よい業績を上げようという動機を大統領職にある者に与えることになり、「賢明な行政制度における安定性の利点を政府にもたらす」ことになるからだという。[*66] また大統領の権限の概観では（第七三篇から第七七篇）、まず大統領の拒否権について、議会を牽制し人民の一時的な熱中を相殺する方法として称賛している。ポピュリストは行政が立法を圧倒するのではと懸念していたが、これに対しハミルトンは、立法部が過大な権力を握ることを恐れていたのだ。

そして第七四篇で、熱弁を振るって大統領の恩赦権をこう支持した。「人間愛とよき深慮が共に命ずるところに従えば、慈悲深い恩赦権はできるかぎり制約されるべきものではなく、妨害されるべきものでもない。いかなる国でも、刑法は必然的に厳しいものであるため、不運な罪のために例外を容易に作れる道がなくては、司法はあまりに殺伐とした冷酷な相貌を帯びることになろう」[*67]。この一節には、かつてジョン・アンドレ少佐のためにワシントン将軍に慈悲を請うた若きハミルトン中佐を連想させる響きがある。

ハミルトンは強力な大統領を求めていたが、それでも大統領の権力に対する多くの歯止めについても称賛している。たとえば、条約の締結には大統領は上院の三分の二の同意を必要とするという条項については、ハミルトンは、外国政府に買収された大統領から国を守るために必要だと賛同した。同様に、大統領が大使や連邦最高裁判事を任命する権限についても、上院の承認を得なければならないことに賛同している。これは、「大統領の情実心」を阻むことになるからだ。[*68]

締めくくりは、不吉な警告

生涯にわたって自由と秩序のバランスを取ることに尽力し続けたように、ハミルトンは『ザ・フェデラリスト』でも、権限そのものを称賛すると同時に、その権力に対する歯止めも称賛した。要するに彼は、諸邦ではなく連邦政府こそが、個人の自由を最高に保障するものとなると考えていたのだ。

『ザ・フェデラリスト』の最後の八篇（第七八篇から八五篇）は、書物版の第二巻の結びとして書かれたもので、まず六篇が司法の検討に充てられている。ハミルトンはつねに、司法の独立をことのほか切望していた。彼にとって、独立した司法は少数派の権利を守るためにもっとも重要なことだったが、政府の三権の中でもっとも弱いものだった。「それは出版を操ることも剣を操ることもない。何らかの後援を受けることも到底ない[*69]」。

彼が特に注目したのは、連邦の司法が立法の権力濫用を抑制することだった。第七八篇でハミルトンは、憲法案では明示されてはいないがきわめて重要な概念を提示している。連邦最高裁は制定された法律を審査し、憲法違反と見なして破棄することができるというものだ。フィラデルフィアの憲法制定会議では、もっぱら州の裁判所と連邦の裁判所の関係が問題となり、裁判所が法律を無効とすることができるかどうかについてはあまり取り上げられなかった。だがハミルトンはここで、「いかなる立法行為も、憲法に違反する限り有効たりえない」と遠慮なく言い切り、後に連邦最高裁判所首席裁判官のジョン・マーシャルが確立した違憲審査権の思想的基礎を築いた。[*70] ハミルトンがこの文章を書いたとき、邦の裁判所の判事は、邦議会が制定した法律を無効にすることについては、ようやくためらいがちに第一歩を踏み出したばかりだった。

偉大な裁判官たちを崇敬していたハミルトンは、次の論文では、裁判所がいかにして最高に資格のある人々を採用し保有するかについて論じた。ここでは、妥当な報酬を支持し、年齢制限に異を唱え、弾劾を除き判事を解任する権限を設けることに反対している。次に、連邦裁判所の管轄権の範囲、最高裁判所と上訴裁判所それぞれの所轄についてざっと述べたうえで、第八二篇で、州の裁判所と連邦の裁判所との間で権限をどう配分するかという厄介な問題に取り組んだ。これは最終的には、連邦裁判所が司法権を握るべきだと主張している。また、彼は陪審による裁判を信奉していたが、次の論文では、陪審制は民事訴訟にも刑事訴訟にも例外なく採用できる、という非現実的な考えに反論した。特に、外交にかかわる事件に陪審が立ち会うことになる点に懸念を示し、そのような場合、陪審が国際法を知らないと、関係国からの「報復や戦争のきっかけを与える」ことになるかもしれないと述べている。[*71]

次に、憲法案に反対する者の多くは、承認の必須条件として権利章典の追加を求めていたことから、第八四篇では、ハミルトンはこれについて、そのような追加は余計であり危険でさえあると説いた。「何もする力がない事柄なのに、その事柄をしてはならぬとなぜ言うのか？たとえば出版の自由は、出版に制約を課すことのできる権限がどこにも与えられていないのに、制限してはならぬとなぜ言わなければならぬのか？」[*72]。

また彼は、憲法案では人身保護令状から陪審による裁判に至るまで、多くの権利がすでに保障されているとも考えていた。『ザ・フェデラリスト』のハミルトンは、まるで予言者のように見えることが多いが、この権利章典に関しては恐ろしく的外れで、まったく見誤った。またこの第八四篇では注目すべきことに、憲法案が爵位を禁じていることをハミルトンは熱心に支持している。「これこそまさに共和政の礎石と呼んでもよいだろう。それらが除外されているかぎり、政府が人民の政府以外のものとなるという重大な危険はありえない」[*73]。

最後の論文である第八五篇では、ハミルトンは憲法案が完璧なものではないことを改めて断り、ヒュームを引用して、時間と経験だけが政治上の大事業を完成へと導くことができると論じた。立案しさえすればただちに完成できる、などと思うのは愚かだということだ。『ザ・フェデラリスト』の最後のくだりは、大きな希望に高鳴っているものの、悲観的な色合いも帯びている。まずハミルトンは、期待を込めてこう述べた。「わたしからみれば、全国的政府をもたない国家は悲惨な見せ物である。平穏がゆきわたっているときに、全人民の自発的な同意によって憲法を制定することは驚異であり、わたしは、それが実現することを震えんばかりの思いを抱いて期待している」[*74]。だが、このような鼓舞する調子で終わるとしたら、ハミルトンはハミルトンでなくなってしまう。そこで彼は、次のような不吉な警告で締めくくることにした。「この邦やほかの邦で、有力な人物たちが、いかなる形態をとるのであれおよそ統轄的な全国的政府に反対していることを〔私は〕知っている」[*75]。これまで書かれた中でもっとも説得力のある憲法擁護論は、このような言葉で終わる。この擁護論は、二〇〇〇年までに少なくとも二九一回も最高裁での裁判官の意見に引用されており、しかも年々引用頻度が増している。

ニューヨークの憲法承認会議

『ザ・フェデラリスト』という非常な重荷を抱えたハミルトンは、普段にも増して机の前に座り続ける生活を送ることになり、ほとんど机に縛り付けられているような有り様だった。仕事から逃れて安堵することも、気分転換の時間もなかった。一七八八年一月二二日には、ニューヨーク邦議会によって連合会議への代表に再び選ばれたものの、二月二五日まではその信任状を提示する機会すら持てなかった。政治の嵐が吹き荒れたこの春、ハミルトンはグーヴァヌア・モリスにこう言って無沙汰を詫びている。「実は、あれやこれやの副業に追われ、友のために時間を割くことすらまったくできずにいた」[*76]。もっとも、多くの仕事を抱えながらも、ハミルトンは妊娠中のイライザを気遣うことはおろそかにしなかった。イライザは四月一四日に第四子のジェームズ・ハミルトンを出産し、その夏はオールバニーの実家で過ごしたが、この時には意外な人物に世話をしてもらっている。アン・ヴェントン・ミッチェルだ。

『ザ・フェデラリスト』は最高の憲法解説書としてつとに有名なため、どうしても本来の目的を忘れがちになるが、これはそもそも、ニューヨーク邦で憲法案の承認を得るために書かれた。ニューヨーク邦以外ではわずか一二紙にしか掲載されず、大きな影響を及ぼした地域はぽつりぽつりとあるだけだった。だが、掲載されたところでは、ハミルトンとマディソンとジェイによる言葉の集中砲火は、不運な読者を圧倒した。

一二月中旬、フィラデルフィアで攻撃に晒されたあるアンチ・フェデラリストは、果てしない言葉の猛襲をこう嘆いた。「パブリアスはもう二六篇も書いた。これほどの量となると、どんな哀れな罪人でも脳みそが疲れ果ててしまうだろう（中略）から、そろそろ礼儀正しく武器を置いて一休みし、人々に少しの間一息入れさせてやるべきだ[*77]」。また、パブリアスは「的外れな言葉の洪水で納得させようとしている」とこぼしたアンチ・フェデラリストもいる[*78]。しかし、賛成派はこの論文を飽きることなく読みたがり、やがて執筆者の名前も漏れ始めた。ヴァージニアのエドワード・キャリントンは、パリのジェファーソンに『ザ・フェデラリスト』の第一巻を送った際、怪しげなほど正確に次のような推測を書き添えている。「これはマディソン氏とジェイ氏とハミルトン氏が書いたものだと思われています[*79]」。

新憲法は、九邦の憲法承認会議が承認すれば発効することが、すでにフィラデルフィアの憲法制定会議で決まっていた。ハミルトンは『ザ・フェデラリスト』の第二二篇で、この各邦の憲法会議をこう正当化している。「アメリカ人の帝国の体制は、人民の同意という確固たる基盤に基づくものでなければならない[*80]」。一七八七年一二月、デラウェア、ペンシルヴェニア、ニュージャージーが憲法案を承認し、翌年一月にはジョージアとコネティカット、二月初めには僅差でマサチューセッツが承認した。そして、この承認戦争の最終局面で、『ザ・フェデラリスト』はそれまで以上に大きな影響を及ぼした。

特に、三月二二日に書物版の第一巻が発行された後は影響が著しく、四月にニューヨーク邦が憲法会議の代表を選出したときには、ハミルトンも代表に選ばれた。ジェームズ・ケントは代表指名会議の様子をこう述べている。「私たちの知るかぎり、あの本はあちらで広く出回っております。（中略）ハミルトン中佐が唯一の、もしくは主要な筆者であることは、たちまち皆の知るところとなりました」[*81]。マディソンも、ジョン・マーシャルを始めとするヴァージニア邦の憲法会議の代表たちにこの本を大量に送り付けた。ニューヨークとヴァージニアという二つの大きな邦は、連邦が長期にわたって存続するためには不可欠なだけに、これらの邦では、『ザ・フェデラリスト』の影響はとりわけ大きな意味を持つことになる。

各邦の憲法会議は、時流が承認へ向けて流れるように、うまく時差を置いて開催日が設定されていた。このため、承認した邦の合計が九というマジックナンバーに近づくにつれ、後半に開かれた会議はますますドラマチックになっていった。『ザ・フェデラリスト』はもともと、ニューヨークでの代表選出に影響を与えることが目的だったが、その当初の目的は果たせなかった。

代表が決まったとき、ハミルトンとフェデラリストにとっては、見通しは暗澹たるものだった。フェデラリストはニューヨーク市とその近郊でわずか一九人の代表しか得られず、これに対し、クリントン知事率いる邦北部のアンチ・フェデラリストの候補者は四六人も代表入りしたのだ。『ザ・フェデラリスト』に結集した思想的火力にもかかわらず、ニューヨークはきわめて頭脳的、効率的に憲法案に反対していた。

五月下旬には、メリーランドとサウスカロライナが憲法案を承認し、これで承認した邦は合わせて八となった。必要な数まであとわずか一だったが、残りの邦で勝てるかどうかは、はっきりしていなかった。ノースカロライナとロードアイランドは共に憲法案を一蹴しており、ニューハンプシャーはどちらにするか決めかねていたからだ。このため、憲法案承認をめぐる戦いは、ヴァージニアとニューヨークが決戦の場となるように見えた。これらの会議は六月に始まることになっていた。

ここで賛成派にとって幸いなことに、五月二八日、『ザ・フェデラリスト』第二巻が出版された。これはハミルトンによる書き下ろしの論文八篇を含んだもので、これら追加の論文は、六月一四日から八月一六日にかけて、新聞にも掲載された。ちょうどニューヨーク邦の代表たちが審議し始めたころ、二、三日おきに新しい論文が出現したことになる。

ハミルトンとマディソンは、それぞれの憲法承認会議が進行している間も連絡を取り続けようと約束していた。ヴァージニアのほうが二週間早く始まることになっていたため、ハミルトンは、何かよいニュースがあったらすぐに知らせてほしいとマディソンに伝えている。というのも、ヴァージニアが承認すれば、二の足を踏んでいるニューヨークも刺激されて、後に続くかもしれないからだ。「その期間中、我々が綿密に連絡を保つことは非常に重要となる」とハミルトンはマディソンに告げている。「そして、何らかの決定的な問題が取り上げられたときには、それが好意的なものなら、こちらに至急報を送ってもらいたい。馬の交換等をしてできるかぎり急ぐよう的確に指示しておいてほしい」[*82]。ハミルトンはニューハンプシャーについても、やはり気遣わしげな口調で、励みになるニュースが出てきたらニューヨークへ急ぎ馬を飛ばすよう使者を手配した。どちらの場合も、費用はハミルトンが負担すると約束している。

『ザ・フェデラリスト』では格調高い言葉を連ねたものの、ハミルトンはニューヨーク邦憲法会議がなりふり構わぬ政治の場になり下がるとわかっていた。ある著名なアンチ・フェデラリストからすでにこういう警告も受けていた。「憲法案を採択するくらいなら、いっそユダヤ人やトルコ人や不信心者の政府にしてやる」[*83]。しかもハミルトンは、こうした熱狂的な反対派が、特にジョージ・クリントンが代表を率いるとなれば、容易には説得に応じないこともわかっていた。「クリントンが自ら真に一団を率い、頑として譲らないので、理屈で反対意見を打ち負かすことはあまり期待していない」とハミルトンはマディソンに打ち明けている。「我々にチャンスが来るとすれば、九邦が先に承認してしまった場合だけだ。そうなれば、彼の追随者の断固たる態度も揺らぐだろう」[*84]。

すでに八つの邦が承認していたが、この旅の最後の行程はすんなりとはいかなかった。「話は急に複雑になっている」とジョージ・ワシントンは五月の終わりにラファイエット侯爵に伝えている。「あとわずか数週間でアメリカの政治の運命が決まる」[*85]。ハミルトンは憂鬱な思いで状況を見ながら、ニューヨークが連邦に参加するかどうかを決めるまでにはもう一年かかるかもしれないと懸念した。「結局は分裂か内戦」になるかもしれないと絶えず心配している、とマディソンにも繰り返し言っている[*86]。

ニューヨーク邦北部の農民たちとは違い、ニューヨーク市の商人たちは憲法案に心から賛同していたので、フェデラリストの代表たちが六月一四日に会議開催地のポキプシーへ向けて出発したときには、お祭り気分の送別会を催した。そして、群衆が手を振り、バッテリーで一三門の大砲が祝砲を轟かせるなか、ジェームズ・ドゥエーン市長率いる代表団は、ハドソン川のスループ型帆船に乗り込み、上流へと約一二〇キロメートルの旅に出た。

このそうそうたる一団は、ハミルトン、ジェイ、ロバート・R・リヴィングストンを始めとする人々で、数の不足を知性で補っていた。特にハミルトンは、ポキプシーでは憲法案に署名した唯一の人物となるため、その特別な名声を享受できるはずだった。だが同時に、ポキプシーの会議がジョージ・クリントンの恐ろしい政治組織を相手にした長くつらい戦いになるだろうということも、彼にはよくわかっていた。

アンチ・フェデラリストとの戦い

憲法承認会議はポキプシーの裁判所庁舎で行われた。これはクーポラのついた二階建ての建物で、下には囚人を収監しているぞっとするような地下牢もあった。まず、議長としてクリントン知事が選ばれた。彼は威厳ある態度を装っていたが、中立の仲裁者とはとても言えなかった。ハミルトンはすでに『ザ・フェデラリスト』第七七篇で、クリントンが「個人的な影響力を及ぼすための卑劣で危険な体制」を動かしていると強く非難していた。[*87] 一方クリントンは、ハミルトンが諸邦を消滅させたがっているのではと恐れていたが、票が十分あるので、ニューヨークで憲法案を潰すことができるか、あるいは、憲法案を到底受け入れられなくなるほどに多くの条件を付けて妨害することができるだろうと確信してもいた。

ところが最初に、ハミルトンが会議の運営規則に技術的な条項を紛れ込ませ、これがフェデラリストにとっては大当たりの戦術となった。憲法案を条項ごとに審議してからでなければ、全体投票に移れないようにしたのだ。これは見事な一撃だった。本文を綿密に分析するとなると、ハミルトンにかなう者は誰一人いないばかりか、こうした漸進的な手法を取れば、会議の進行が滞り、その間にヴァージニアやニューハンプシャーから承認の知らせが届いて、ニューヨークに後に続くよう圧力がかかる公算も大きくなるからだ。

だがクリントン知事も、弁の立つアンチ・フェデラリストを何人か集めていた。とりわけ雄弁だったのはミランクトン・スミスで、素っ気なくはっきりと物を言い、ウィットのほうは控えめという人物だった。しかも、見かけによらず優れた論客で、論争の相手を論理のわなに誘い込み、相手が気づいたときにはもう逃げられないというはめに陥れる方法を承知していた。

　スミスはハミルトンのことを貴族的な一派の手先だと見ており、「自分が庶民であることを神に感謝した」と会議で述べたこともあった。[*88]だが、ハミルトンの能力については、ハミルトンはとりとめなく長々としゃべりすぎるきらいがあると思ってはいたものの、それでも大いに尊敬していた。「ハミルトンは闘士だ」とスミスは友人に認めている。「彼は頻繁に、非常に長く、しかも非常に熱を込めて演説する。パブリアスと同じく、その話題にあまり当てはまらなくとも言いたいことが大いにあるのだ[*89]」。

　この憲法会議でのハミルトンの演説は、スタミナと情熱と弁舌の華やかさが融合した勇ましいものだった。それは孤独な戦いでもあった――「我らの敵は数でははるかに勝っている」と彼は着くなりマディソンに告げている――が、ハミルトンは不屈の勇気を示して、敵意に満ちた顔を向けている大勢の列席者を見下ろした。[*90]ほかのフェデラリストを大きく上回る二六回も演説を行い、大変な六週間をがんばり続けた。彼はエネルギーをほとんど使い果たしていたような状態だったにちがいない。何といっても、一七八七年一〇月下旬以来、弁護士としての多忙な本業をさばきながら『ザ・フェデラリスト』を五五篇も書いた後のことだったのだ。

　しかし、相手がいかに強敵でも、ハミルトンの勝利を求める意志は揺るがなかった。ニューヨークの支持者に何か伝えることはあるか、と友人に聞かれ、ハミルトンはこう答えたという。

「憲法案が採択されるまで、会議は決して散会しないと伝えてほしい」[*91]。庁舎に詰め掛けた傍聴人たちにも、ハミルトンは消し去れないほど強烈な印象を与えた。どの審議も欠かさず出席したジェームズ・ケントは、後にイライザに夫君の様子を次のように伝えている。「機敏で、情熱的で、エネルギッシュで、議論や解説を溢れんばかりに滔々と語っていた。彼の演説はたいてい活気とエネルギーに大いに満ち、身振り手振りを盛んに交えたものだった」。そして彼の頭脳は「その場に必要な知識や前例がすべて詰め込まれていた」ので、下原稿などなくても何度でも演説をすることができたという[*92]。彼は希望で聴衆を引きつけ、恐怖で聴衆を挑発した。このため、「ハミルトンの熱弁は、酢のようなぴりりとした辛味と油のような滑らかさが入り混じっている」と評した傍聴人もいた[*93]。

ポキプシーにやってきたばかりのころ、ハミルトンはひっきりなしに立ち上がっては、大袈裟なほどに雄弁を振るった。そして、フェデラリストが連合規約の欠陥を誇張しているという説をこう否定した。「いいえ、これらの欠陥は事実であり、破滅をはらんでいると私は思います。しかし、我らの国がいかに弱いものであろうと、我々は自由を決して犠牲にしないと思いたい」。それから彼は、巧みに敵から武器を取り上げてみせた。「したがって、率直かつ十分に討議を行ない、提案されている制度［憲法案］がかような傾向を有することが明らかになったら、その時にはさあ、これを否認しようではありませんか！」[*94]。

六月二〇日、ハミルトンは初めて敵に長々と攻撃を仕掛けた。しかも、理論だけに頼るのではなく、新しい連邦に参加することがニューヨークの安全にとっていかに必要であるかを例証してみせた。「あなた方の首都は、陸からも海からも容易に近づくことができ、あらゆる不敵な侵略者にさらされているのです。しかも北西を見れば、強力な外国の襲来に対し無防備になっております」[*95]。

また、新しい中央政府の下では、税負担はこれまでよりもはるかに均等になる、とも彼は主張し、さらには、ニューヨーク邦の権力が連邦の権力を抑制することになる、と再び請け合った。ところがここで、ハミルトンは話し疲れたのか、急に演説を切り上げてこう謝罪した。「この問題については、他にも多くの意見を述べることができますが、今回はこれ以上続けることができません。少しばかり疲れてしまったようですので。ですから、この問題の検討の続きは今のところは差し控え、ここで終わらせていただきたいと存じます」[*96]。

翌日、元気を取り戻したハミルトンは、提案されている六五人構成の下院では議員数が少なすぎ、金持ちに支配されてしまう、という意見に反論した。彼によれば、議員は彼らが代表する人々を正確に反映する必要などないのだという。財産と知恵と経験のある者こそが、公共の利益に配慮できるのであり、そういう者が比較的富裕で教養のある社会層から多く出るなら、それはそれでよいというのだ。

もっとも、ハミルトンは金持ちが美徳の鑑だと考えていたわけではない。金持ちも貧乏人と同じくらい多くの悪徳も抱えている、とも彼は指摘している。ただし、金持ちの「悪徳は、貧困者の悪徳に比べれば、邦の繁栄にとって好ましく、道徳的堕落をあまり含まないのではないかと思われる」という。[*97]債権者であれば、新しい政府の存続に特別な利害関係を持つことになるが、彼らの力はつねに世論によって厳しく制限されることになるというのだ。「大抵の場合、人民の見解こそが、その偏見でさえも、支配者の行動を定めることになる」。[*98]

この日、クリントン知事も意見を述べ、合衆国は非常に広大で、実に多様な人々を抱えているので、「全国的な自由な政府が」一三邦すべてに「適合することなどありえない」と主張した。[*99]これに対し、ハミルトンはアメリカのナショナリズムに関する持論を略述し、真の国家とは、その一体となった文化も含め、当初の植民地のさまざまな集団や地域が融合して生まれるものだということを示した。本質的には、「ニューハンプシャーからジョージアまで、アメリカの人民の関心事や風俗慣習は、欧州の確立された国の人民の場合と同程度に一様」であり、今や、全国的利益と全国的文化が、邦レベルの事柄を超越して存在しているのだという。[*100]これは重要な主張だった。というのも、もしアメリカ人がすでに新しい政治風土を形成しているとするなら、その現実を認証するための新しい秩序が必要だからだ。そして、憲法こそがその秩序を体現するものとなる。

憲法制定会議でのハミルトンの悪名高い演説の噂を囁き合っていたアンチ・フェデラリストにとっても、このハミルトンは非常に理にかなった、非常に説得力のある形で、世論の力について述べているように聞こえた。このハミルトンは、どう見ても鉄面皮の策士、二面性のある猫かぶりだ。政治的妥協のためにもっともな譲歩をする人物ではない。「あの男を知らなければ、君は驚くことだろうが、ハミルトンは驚嘆すべき共和主義者だと見られたいと思っている」とチャールズ・ティリングハストはアンチ・フェデラリストの仲間に皮肉っている。「しかし、彼のことはよくわかっている」[*101]。敵は皆、ハミルトンが猫をかぶっていると確信しており、この不誠実な君主制主義者の仮面を剝いでやろうと構えていた。

次に問題となった上院の案は、クリントン派にとっては特に唾棄すべきものだった。貴族的な密議の場になってしまうと思われたからだ。そこでクリントン派は、州議会が上院議員を免職できるようにする修正案を提出した。この考えは、ハミルトンの癇に障った。ハミルトンは上院を人民の気まぐれに対する歯止めだと見ており、政治的に人民と分離する必要があると考えていたためだ。修正の提案を受けハミルトンは、アメリカがいつまでも革命時のメンタリティを持ち続けることの危険について演説した。彼の考えでは、革命が専制に終止符を打てるのは、革命を恒久不変の精神状態だと美化してしまうからだった。だが、バランスを保ちつつ自由を求めるなら、妥協の精神と秩序への関心が必要となる。

専制の打倒から生まれた革命の始まりにおいては、人民の心が極度の嫉妬心に影響されるのは、何よりも当然のことでした。(中略)自由を求める情熱は、過度なほど広く行き渡りました。我々が連合を形成するに当たっては、この情熱だけが我々を駆り立てているように見えましたし、圧制から我が身を守ること以外、何も眼中になかったように思われます。この目的は確かに貴重であり、我々がもっとも注目するに値するものでした。けれども、同じく重要な目的がもう一つあります。しかも、我々は熱意のあまり、これについてはほとんど考えることができませんでした。つまり、我々の政府の組織の強さと安定性、その運営の活力についての原則です。*[102]

安定した効率的な政府こそもっとも頼りになる自由の番人だと見なすような戦後の政治風土への移行、これについて誰よりもよく考えていたのはハミルトンだった。彼はこの仕事を「私にとってもっとも近しく大事な人々すべての目的」と呼び、その達成こそ「人類が関心を寄せるもっとも重要なもの」だと述べた。*[103]

ヴァージニアも承認

ハミルトンがこの演説をした日、ニューハンプシャーが憲法案を承認した九番目の邦になった、という知らせがポキプシーに届いた。つまり、これで憲法は発効が決まったということだ。この知らせにニューヨーク憲法会議は驚き、その審議も急遽目的が変わった。これまでの憲法の原則に関する討議から、ニューヨーク邦も連邦に加わるほうが政治的に得策かどうかという話し合いに移ったのだ。参加しないとなれば、政治的に孤立する危険を冒すことになる。それでもクリントン派は、憲法案を骨抜きにしようとし続けたが、ハミルトンは、ヴァージニアが承認しさえすれば反対派も屈服するだろうと見ていた。「君からの今後の情報が待ち遠しい」と彼は六月二七日にマディソンに急ぎ書き送っている。「我々が成功を収められるかどうかは、ひとえに君次第だ[*104]」。

翌朝、ポキプシーでは鬱積した感情が怒りへと変わった。ハミルトンは、クリントン派が強制されなければ新しい連邦に加わりそうもないことに苛立ち、一方クリントン派は、今や全国的な趨勢が自分たちとは逆に流れていることに憤慨していた。この日ハミルトンは、新憲法の下でも諸邦の手元に残る権限について演説し、たとえば、殺人や窃盗のような一部の犯罪の処罰にかかわる法律については、連邦政府は立法できないことなどを説明したが、これはジョン・ランシング・ジュニアにとっては耐えがたい演説だった。ハミルトンと同じく憲法制定会議にニューヨーク邦代表として出席していたランシングは、あのフィラデルフィアとこのポキプシーでは言うことが違うではないか、とハミルトンを非難した。ランシングが特に指摘したのは、ハミルトンがあの時は諸邦そのものを廃止せよと言っていたのに、今はその諸邦を連邦の権力に必要な引き立て役として提示しているということだった。

この非難をきっかけに、激しい衝突が始まった。憲法制定会議のニューヨーク邦代表団だった三人――ハミルトンとランシングとイェーツ――が、そろって礼儀などかなぐり捨てて猛烈な非難合戦を始めたのだ。

デイリー・アドヴァタイザー紙の記事によれば、ハミルトンが「ランシング氏の言葉は不適切、不穏当、不誠実だ」と言うと、「ランシング氏は立ち上がって、この非難に大いに憤慨し、連邦会議〔憲法制定会議〕のときにメモを取っていたイェーツ判事に、ハミルトン氏の発言の証拠を出してほしいと訴えた」という。ハミルトンは面食らったにちがいない。ランシングはフィラデルフィアでの守秘の誓いをイェーツに破らせようとしているのだ。だが、ロバート・イェーツは言われたとおりにメモを取り出し、フィラデルフィアでのハミルトンの言葉を披露した。それによればハミルトンは、諸邦が連邦政府を侵害しないよう、「諸邦をもっと小規模にし、法人の権能だけを付与すべきだ」と言ったという。[*105] するとハミルトンは、イェーツをにらみつけ、まるで検察官のようにイェーツを厳しく問い詰めた。彼の詰問は単刀直入だった。諸邦は有益かつ必要なものだ、と私が言ったことをあなたは覚えていないのか？ 弾劾裁判の際には、諸邦の首席裁判官も連邦最高裁判所首席裁判官と並んで列席するべきだ、と私が言ったことをあなたは覚えていないのか？ これについてはイェーツも、言ったと渋々認めた。

こんな口論は止めさせなければならない、と気づいたクリントン知事は、休会を宣言した。そして、このきわめて個人的な言い争いは、ニューヨーク中で噂になった。イェーツ判事の身内の一人は、ランシングもハミルトンも「ひどく激高した――ランシングなどは不誠実で無作法だとハミルトンに非難されたほどだった」と述べている。[*106] また、ランシングとハミルトンの口論は、最初は活発な当意即妙の応答だったのが、やがて決闘になりかねないほどの個人攻撃に変わっていった、と言った目撃者もいる。「ランシング氏がハミルトン氏に個人的な非難の言葉を投げつけ、そこから深刻な論争が生じた。深刻な形で終わらなければよいのだが」[*107]。二日たっても、会議はまだこの件で騒然としていた。

まだ誰も知らないことだったが、ハミルトンがランシングとやり合っていた間の六月二五日に、ヴァージニアが憲法案を承認した一〇番目の邦となった。ニューヨークのアンチ・フェデラリスト同様、ヴァージニアのアンチ・フェデラリストも断固たるポピュリストを装っていたが、その中には裕福な奴隷所有者が大勢いた。中心人物のパトリック・ヘンリーなどは、憲法案賛成派の代表に、「彼らは君らの黒んぼを自由にしてやるつもりなのだ」と警告したこともあった[*108]。ジョージ・ワシントンは、こうした多くの奴隷所有者のアンチ・フェデラリストの偽善をこう書き記している。「憲法が貴族制や君主制をもたらすことになるのではと、南部の資産家のほうが、東部の気取りのない民主的な人々以上に強く恐れるのは、少々奇妙な話だ」[*109]。

七月二日の正午少し過ぎ、早馬がポキプシーの裁判所庁舎に到着し、ハミルトン宛ての至急報が門衛に手渡された。ほどなく、ジョージ・クリントンの声をかき消すほどに、興奮気味のざわめきが広がった。そして、ハミルトンがマディソンからの手紙を読み上げた。ヴァージニアの憲法案承認を告げる劇的な発表だった。ハミルトンにとって、これは非常に感動的な瞬間だったにちがいない。そして同時に、マディソンとの協力関係の頂点でもあった。歓喜したフェデラリストは、庁舎の外へ飛び出し、横笛と太鼓の音が鳴り響く中、庁舎を取り囲んで祝った。これでニューヨークが憲法案を承認しなければ、ニューヨークは新しくできた連邦に取り残され、ノースカロライナやロードアイランドと一緒くたにされて、除け者扱いされることになるのだ。

ところが、それでも論争は激化する一方だった。七月四日には、オールバニーの独立記念日パレードの最中に暴動まで起きた。公衆の面前で憲法案の写しが焼かれ、フェデラリストとアンチ・フェデラリストが衝突して、死者一名負傷者一八名を出した。また、突然守勢に立たされたクリントン派は、権利章典の付与を始めとする修正案をいくつも出して憲法案を潰そうと図った。だがハミルトンは、この動きを戦術的なものにすぎないと見抜いて、七月一二日、無条件での採択を求める長い演説を行なった。ある新聞が「もっとも論争的かつ情熱的な演説」と呼んだこの演説では、ハミルトンは、この会議には提言を行なう権限などないと主張し、代表たるもの「計り知れないほど重大な問題について決定を下す前に、自分が何をしようとしているのかを十分に慎重に考慮」すべきだと重々しく訴えた。[*110]

こうして、七月中旬になっても、両陣営は相変わらず対立したままだった。この点はぜひ強調しておかなければならない。というのも、一部の歴史家は、ハミルトンのポキプシーでの勇壮華麗な演説を軽視し、ヴァージニアとニューハンプシャーの承認だけがニューヨークの局面を変えたと主張しているからだ。しかし実際には、一〇邦が憲法案を承認した後もなお、ニューヨークには毒々しい敵意が漂っており、クリントン知事は内戦の可能性さえ考えていた。

フランスの外交使節団の一員だったヴィクトール・デュポンは、サミュエル・デュポン・ド・ヌムールに次のように書き送っている。もしニューヨークで憲法案が否決されたら、怒り狂ったフェデラリストがクリントンとその取り巻きの帰途を襲い、「彼らにタールを塗りつけ、羽根まみれにして、通りを引きずり回す」かもしれない。[*111] 七月一七日、ハミルトンは、憲法案が否決されたらニューヨーク市はニューヨーク邦から分離するだろうと言った。するとクリントンが議長席から、そのような警告は「きわめて軽率で不適当」だとハミルトンを注意した。[*112] そこでハミルトンは、この上なく哀感に満ち満ちた態度を自ら装い、「今は亡き愛国者たち」の亡霊と存命する英雄たちを呼び出して訴えかけ、その言葉で見る者の涙を誘った。[*113]

「連邦船ハミルトン号」

数日後、ついにミランクトン・スミスが行き詰まりを打開した。連合会議がいくつかの修正を考慮すると約束するのであれば、憲法案を承認すると言ったのだ。そして、間接的ながらハミルトンに敬意を表し、自分が意見を変えたのは、相手方の「紳士諸君の推論」に納得したからだと述べた。[*114]

七月二六日、スミスの他にも一二名のアンチ・フェデラリストが憲法案賛成に回り、賛成がわずかの差で過半数となった。賛成三〇票、反対二七票という最終投票結果は、諸邦の憲法承認会議の中でももっとも僅差の勝利だった。同時にこれは、ハミルトンにとっては今後の政界でのトラブルの前兆でもあった。クリントン知事は頑として意見を変えなかったが、投票行動を変えた仲間を大目に見た。

一方ニューヨーク市では、承認を見越してすでに三日前から大掛かりな集会が開かれており、新しい政府に対する熱意を陽気に騒々しく表明していた。この集会は、小雨まじりの朝八時に始まり、華やかな山車がいくつも登場したり、おびただしい数の色鮮やかな旗が打ち振られたりするパレードでは、六〇〇の職業の代表五〇〇〇人――かつら職人から、レンガ積み職人や花屋、家具職人に至るまで――も、そろってブロードウェイを行進した。

ニューヨーク邦の北部では、憲法案は金持ちの陰謀だと非難されていたが、ニューヨーク市の職人たちは今や断固たるフェデラリストで、連邦がもたらしてくれる恩恵を表す飾り付けを念入りにこしらえていた。パン屋は三メートルもの長さの「連邦食パン」を高々と掲げ、ビール職人たちは一〇〇〇リットルを優に超すビールの大樽を引っ張り、樽職人は一三枚の樽板で組み立てた樽をいくつも運んでいた。ハミルトンの友人の多くもこのパレードに参加した。ロバート・トループは弁護士や判事の面々と並んで行進して新憲法を誇示し、ハミルトンのセントクロイ島時代の雇用主ニコラス・クリューガーも、農民の衣装を着て、六頭の雄牛に引かせた鋤の傍らを歩いていた。

また、このパレードは、時の英雄、優勢なアンチ・フェデラリストから勝利をもぎ取った男を礼賛する場でもあった。アレグザンダー・ハミルトンをもてはやす声は溢れんばかりで、この市を「ハミルトニアアナ」に改名しようと言い出す崇拝者までいた。製帆職人たちの打ち振る旗には、月桂冠をかぶったハミルトンが憲法を手にしている姿が描き出され、「名声」を象徴する寓意像がらっぱを高らかに吹き鳴らしている図もあしらわれていた。

そして、このような賛辞すら色褪せてしまう最高に壮麗な称賛の印は、一〇頭の馬に引かれてブロードウェイを滑るように進む全長約八メートルのフリゲート艦の模型、「連邦船ハミルトン号」と命名された船の山車だった。この模型の船は、他のどの山車よりも一段と大きく、「総帆に風をはらませ、(中略)その両の舷側に打ちつける波打つ帆布」が、この山車を動かしている車輪を覆い隠すように張り巡らされていた、と見た者の一人は書いている。[*115] また、この山車に乗っている者たちが振る旗は、「名声の連邦船を見よ/その名はハミルトン号/彼女は職人皆に仕事を与える/腕の確かな御者も喜びを分かち合う」と宣言していた。[*116]

やがてハミルトン号がバッテリーに近づくと、議員たちがバイアーズ・タヴァーンの外に立って出迎えた。ここで、連合規約から憲法への移行を象徴するため、耳を聾するほどに祝砲が轟く中、船の操舵手が交代した。このパレードは、フェデラリストと市の職人たちの同盟の頂点を記すものだった。ハミルトンはそれまで大衆に媚びたことなど一度もなく、この後も、これほどまでに大衆の人気を得ることは二度となかった。だが、新憲法のうねりにうまく乗ったハミルトンとフェデラリストは、いまやこのニューヨーク市では議論の余地なく支配者だった。

CHAPTER

14

Putting the Machine in Motion

始動

副大統領アダムズとの行き違い

憲法をめぐる死闘は、この国の抱える亀裂をくっきりと浮かび上がらせた。このため、初代大統領には、新しい共和国の希望溢れる前途を体現する、非の打ちどころのない高潔な人物が必要だった。しかも、党派政治など超越した高みに存在しているかのような神のごとき威信のある人物、国民の統合のシンボルとなり機能する最高行政官ともなる人物でなければならなかった。この政治性を超越した政治家という逆説的な芸当を成し遂げられる者がいるとすれば、それはジョージ・ワシントンただ一人であることは誰もが知っていた。多くの人々が新憲法に渋々賛同したのも、ひとえに、ワシントンが最初の政府を率いるものと思ったからだった。

ポキプシーでの会議から数週間後、ハミルトンはまるで恋人への求愛さながらに猛然とワシントンを口説き始めた。その昔、ハミルトンは自らの将来をワシントンの将来に託したが、今も、ワシントンを大統領にすることは、アメリカにとって必要であるばかりか、ハミルトンにとってもやはり必要なことだった。ハミルトンもワシントンも、かねてから無能な連合会議と貪欲な諸邦の政治家を無念に思い、強力な中央政府こそ不可欠の是正策だと考えていたからだ。

一七八八年八月中旬、ハミルトンは二巻組の『ザ・フェデラリスト』をワシントンに送った際、大統領の話を切り出した。この時にはもう、自分とマディソンとジェイが執筆者だと明かすことに何のためらいも感じてはいなかった。それどころか、これこそ手紙の真の目的に話題を移すためのいわば咳払いだった。「無論のことだとは存じますが、新政府に関する貴殿の国からの広い呼びかけとなるはずのものに応じるつもりでおられることでしょう。このような言い方をお許しいただけるなら、貴殿がその最初の運営にお力をお貸しくださることが不可欠です。最初にもっとも大きな影響が、制度の確立に与えられなければ、制度の導入などほとんど無駄になってしまいます[*1]」。

ワシントンの返事は、『ザ・フェデラリスト』ほど優れた憲法解説書は見たことがない、というもので、「このような危機に付き物の一時的な枝葉末節やその場限りの行動はやがて消えるが、あの仕事は後世の注目に値する」と予言していた。この賛辞は、今後の出来事の予告でもあった。というのも初代大統領は、どのような行動が許されるかについて助言してくれる憲法の専門家を閣僚に入れる必要があったからだ。ワシントンの大統領就任受諾はきわめて慎重だった。しかも、ただでさえ一八世紀後半の政治家は、野心を否定したがり、公職に就くことは純粋な自己犠牲だとうそぶくことが多かった。ワシントンの場合も、返事を微妙な言葉で締めくくっている。決断は見送りたいと言っているうえに、マウントヴァーノンにとどまりたいとまで仄めかしているのだ。「貴殿は私のことをよくご存知だからおわかりいただけるだろうが、気取りなどではなく申し上げると、私は自分の農場で平穏無事に引退生活を送って死ぬことが唯一の大きな望みなのです」[*2]。

独立革命以来、ワシントンとハミルトンはあまり率直に話し合ったことがなかった。だが二人の結びつきは、厳しい試練を受けてはいたものの決して切れてはおらず、むしろワシントンは今後のことを打ち明けてほっとしたようだ。一方ハミルトンは、新しい共和国は最初の政府が試金石となるとわかっていただけに、凡庸な人物をトップに据えたくはなかった。彼はワシントンにこう告げている。もし最初の政権が失敗したら、「おそらく制度そのもののせいだと言われることでしょう。そして、その枠組みを作った者も、せっかく政府を改革したのに努力に値したものではなかったという悪評を被らなければならないでしょう。ユートピアを壊して別のユートピアを建てただけだと言われることになるのです」[*3]。

ワシントンはこのような手紙に怒るどころか、ハミルトンの率直な意見に礼を述べた。下品な野心をさらけ出さずに大統領職というものを見定めることができたからだ。そしてこう打ち明けた。大統領になることを考えると、「必ず憂鬱めいた気分」になるが、もし大統領になるなら、「その受諾は、これまでの人生で経験したことがないほど強い気後れとためらいを伴うものとなるだろう」[*4]。ここで、やんわりと促すべきだと感じたハミルトンは、アメリカの輝かしい運命がワシントン大統領を必要としていること、「他の者では世論を十分にまとめられず、政府の幕開けに必要な重みをこの職務に与えられない」ことを強調した[*5]。こうしたことをほかの者からも聞いていたワシントンは、ついに不安を克服して、大統領に立候補することに同意した。

この最初の選挙では、ハミルトンはワシントンに気に入られたが、侮辱を決して忘れない男、ジョン・アダムズを敵に回すことになった。一七八八年六月に欧州から帰国したアダムズは、副大統領よりも下のポストでは、妻のアビゲイルの言葉を借りれば、「沽券にかかわる」と考えていた。[*6] ニューイングランドの有力候補者として大きな票田を持っていた彼は、副大統領に立候補することを承諾した。ところが、これが厄介な状況を生み出すことになった。新憲法の下では、大統領選挙人は一人二票を投じることになっていたが、大統領と副大統領を別々に選ぶわけではなかった。選挙人の票をもっとも多く得た者が大統領になり、次点の者が副大統領になることになっていた。危険は明らかだった。得票が同数の場合もありうるのだ。その場合、選任は下院に持ち込まれる。さらに悪いことに、副大統領候補が図らずも大統領の座をさらってしまうこともありうる。

「その憲法の欠陥には誰もが気づいている。副大統領にするつもりが実際には大統領になってしまうこともありうる」と、ハミルトンは一七八九年初頭にペンシルヴェニアのフェデラリストであるジェームズ・ウィルソンに言っている。もしアダムズが満票を得たら、ほんの数票がワシントンから「知らぬ間に抜けた」だけで、アダムズがワシントンを押しのけて大統領になってしまうのだ。[*7]

ハミルトンは、短気なところのあるアダムズでは、分裂した国を一つにまとめることもできなければ、新しい政府が成功する見込みを最大にすることもできないだろうと思っていた。ハミルトンにとっては、アメリカの実験が成功するかどうかは、ひとえにワシントンを大統領にすることができるかどうか次第だった。しかも、信じられないことにジョージ・クリントンが大統領に立候補したため、ハミルトンの心配は増すばかりとなった。ハミルトンは選挙人がクリントンから離反するよう策を講じたものの、その票がワシントンではなくアダムズに流れるのではと懸念していたのだ。もしそうなったら、故意ではないにしても、必死で大統領にしようとしている人物の敗北をお膳立てしたことになってしまう。

一七八八年秋、ハミルトンとアダムズには個人的な交流はなかった。ハミルトンが国内で有名人となったのは、アダムズが外交官として海外に長いこと滞在していた間のことだった。アダムズはハミルトンが弁護士としても最高の評価を受けていることも承知していたが、当然ながら、ハミルトンのことを成り上がり者の若造、アメリカ独立革命の新参者としか見ていなかった。

一方ハミルトンは、すでにアダムズに対して相反する感情を抱いていた。例の漠然とした「コンウェーの陰謀」――ワシントンに取って代わろうというホレイショ・ゲーツ将軍の軍事的野心をあおった事件――の際、マサチューセッツのアダムズ一族とヴァージニアのリー一族が陰謀に共鳴したことをはっきりと覚えていたからだ。ハミルトンはマサチューセッツの同志にこう言ったこともある。「リー一族とアダムズ一族は、手を組みたがる癖があるので、行政にとって、そしてもちろん政権にとっても非常に厄介な陰謀を不意に企てるかもしれない」[*8]。だが同時に、ハミルトンはアダムズを文句のつけようがない愛国者だとも見ており、アダムズの「健全な理解力」と「公益をせつに思う心」を認め、アダムズならワシントン政権の「和を乱す」ことはないだろうとも確信していた[*9]。アダムズは信頼できる憲法擁護者であり、彼が副大統領になれば、ヴァージニア出身の大統領と地理的にもバランスが取れる、とハミルトンはマディソンに打ち明けたこともある。

それでもハミルトンは、故意にしろ偶然にしろアダムズがワシントンよりも多くの票を得てしまうこともありうるとやきもきしていた。そこで、ハミルトンはコネティカットの選挙人二人、ニュージャージーの選挙人二人、ペンシルヴェニアの選挙人三、四人に近づき、ワシントンを確実に大統領にするためアダムズには投票しないでほしいと頼んだ。だが例によって、ハミルトンは心配しすぎだったことがわかった。

一七八九年二月四日、六九人の選挙人は全員がそろってワシントンに投票し、ワシントンが初代大統領に選出されたのだ。アダムズの票はわずか三四票しかなかったが、次点だったためアダムズが副大統領になった（残りの三五票はほかの一〇人の候補者が分け合った）。しかし、このあまりぱっとしない得票に、ジョン・アダムズの虚栄心はいたく打ちのめされた。アダムズは人格に「傷」を付けられたと嘆き、プライドを傷つけられたあまり副大統領就任を辞退することまで考えた[*10]。

この時点では、アダムズはハミルトンが一握りの票をアダムズから奪おうとしたことを知らなかった。だが、彼から票を奪った「邪悪な汚らわしい陰謀」について知り、それがどうやらニューヨークから出たものらしいとわかると、彼は激怒した。「この職務への私の選出、このように卑劣な方法でなされた選出など、祝福というよりむしろ呪いなのではないのか？」と彼はベンジャミン・ラッシュに抗議している。[*11] そして、ハミルトンの行動を許しがたい二枚舌だと見るようになった。

実際には、ハミルトンが接近したのはわずか七、八人の選挙人だったから、彼の行動が影響したのは、アダムズに入らなかった三五票のうちのごく一部にすぎない。しかも、ハミルトンの動機は、ワシントンを助けたいという立派な願望であって、アダムズに対する悪意などではなく、むしろハミルトンはアダムズを副大統領にすることに賛成していた。そのため、アダムズがハミルトンの行動を誤解し、ハミルトンが故意にアダムズに恥をかかせて名声を損ねようとしたと思い込んでいることを知ったときには、ハミルトンはびっくり仰天した。

後年、ハミルトンはこのエピソードをアダムズの「極端な自己中心癖」と虚栄心の証拠だと述べた。「後になって（中略）アダムズ氏がワシントン将軍と同じように賭けに出るのを許されなかったことについて、不公平な扱いを受けたと不満を言っていたと知ったときには、大いに驚いたばかりか、やはり大いに残念だった」。[*12] これを最初に、この建国時の巨人二人は、有害な誤解をいくつも重ねていってしまうことになる。

クリントン知事追い落とし工作

ハミルトンの真の標的は、ジョージ・クリントン知事だった。クリントンは一二年間在職し続けていたが、一七八九年の春にも再び知事選に立候補した。大統領職については輪番制を唱えていたのに、ニューヨーク知事の座を私物化することには何の疑問も抱いていなかったのだ。ハミルトンが恐れたのは、クリントンが新しい政府を弱体化させようとするのではないかということだった。そこでハミルトンは、クリントンの大統領当選を阻む運動を精力的に行ったのに続き、今度は知事の座からもクリントンを追い出そうとした。マサチューセッツのフェデラリストであるサミュエル・オーティスが友人に伝えたところでは、ハミルトンとフィリップ・スカイラーは、「知事の政治生命を抹殺する」ため、できることなら何でもするつもりだったという。[*13]

一七八九年二月一一日、ハミルトンはクリントンに挑戦する知事候補を選ぶため、ブロードストリートのバーディンズ・タヴァーンという実業家の溜まり場に溢れ出るほどの人々を集めて会合を開いた。そして大勢の出席者が指名したのは意外な人物だった。ロバート・イェーツ判事だ。このかつての敵をハミルトンが推薦したのは、何としてもクリントンを引きずり降ろそうという彼の決意の大きな証拠だった。イェーツなら、州南部のフェデラリストと北部のアンチ・フェデラリストの農民の両方を集めて、勝つための連合を作ることができる、とハミルトンは考えたのだ。しかもイェーツは、憲法案がニューヨークで承認されたとたんに、憲法の断固たる支持者に転じており、ハミルトンはこのことに感服していた。

ハミルトンは、イェーツの支持を広げるための通信連絡委員会の委員長を引き受けた。また、イェーツの親友でアンチ・フェデラリストのアーロン・バーも、バーディンズ・タヴァーンには顔を見せており、仲間に加わることに同意した。

イェーツを抱きこんだハミルトンは、今や急速に彼のトレードマークとなりつつあった一刀両断スタイルでクリントンに猛攻撃をかけようと、すぐさま決意を固めた――こうした戦闘的なところは、波乱の生い立ちの遺産だったのかもしれない。彼はある支持者にこうアドバイスしている。「政治は、戦争と同じく、第一撃で勝敗が半ば決まる」[*14]。そしてハミルトンの第一撃は、例によって、毒舌たっぷりの手紙一六通を「H・G」という匿名でデイリー・アドヴァタイザー紙に連載することだった。『ザ・フェデラリスト』の場合と同じく、この公開書簡も爆発的なエネルギーで書かれ、一七八九年の二月だけで一六通中八通が休むことなく掲載された。

最初の「H・G」の手紙で、ハミルトンはのっけからクリントンに毒矢を投げつけた。知事の政治活動と軍歴を概観し、「視野が狭く、偏見に満ち偏狭、好色、私利私欲で動く」とクリントンをこき下ろしたのだ[*15]。次には、独立戦争中の准将としてのクリントンの勇敢さにも疑問を呈し、「念入りに調べたが、彼が一度ならず実戦に参加したことを突き止められなかった」とも述べた[*16]。

さらに、革命参加者を二つのタイプに分類したこともあった。一つは心から公益に関心を寄せた人々、もう一つは、クリントンのように、動乱に乗じて独裁者になろうと、「落ち着きなく暴れ回った者」だという[*17]。そして追撃としてハミルトンは、独立戦争中の初の知事選の際、クリントンが指揮下の民兵に自分への投票を強い、フィリップ・スカイラーから知事の座を盗んだと告発した。

ただし、後半の「H・G」の手紙では、ハミルトンはより道徳的な見地から論じた。クリントンが頑固に憲法案に反対したことを分析し、知事が「この邦と連邦の平和と幸福を脅かす危険に満ちた」大義を主張していたことは許しがたい、と述べたこともある[*18]。

また、当時は一七八五年一月以来ニューヨークが国の首都で、ハミルトンは今後もずっとニューヨークを首都にしておきたいと思っていたが、クリントンがニューヨークを連合会議の所在地とすることに反対してきたのは、これが放縦な行いを助長すると懸念したからだった、とも指摘している。「良識ある者なら誰でも、ここに連合会議があることがこの州の富の大きな源だと知っている。そして、このことが奢侈や浪費を助長するという戯言《たわごと》に関しては、連合会議がこの市にある期間以上に質素だった時期は、長年一度もなかったと思う[*19]」。クリントンは狭量で権力欲の強い頑固者というだけではなかったが、ハミルトンの手にかかると、連合会議の先の議長二人を表敬訪問したこともない礼儀知らずの田舎者ということになってしまうのだった。

フェデラリストはこのような猛攻撃に狂喜した。「これほど貪り読まれ、これほど成功を収めた読み物はかつてなかった」とハミルトンの支持者の一人は書いている。[20]「H中佐はイェーツ判事のために非常に積極的にかかわっており、このことからすると大いに期待が持てる。老いぼれの罪人クリントンは排除されるだろう」と言った者もいた。[21]だが、この老いぼれの罪人は自分ではハミルトンに反論せず、代わりの者たちにやらせるほうを選んだ。まもなく、ハミルトンへの返事が溢れるほど新聞に掲載されるようになった。まず三月初め、「フィロパス」という人物が「H・G」のペンの「下劣な言葉の連発」に抗議し、これには「［乱暴な言葉で有名な］ビリングズゲイトの住人ですら赤面するだろう」と批判した。[22]また、選挙の本当の問題は、「名もない庶民」――クリントンのことだ――があえて「貴族的な一族の果てしない野心」――スカイラー一族を指す――に立ち向かうことにあると書いた者もいた。[23]イェーツがクリントンを破っても、次の選挙ではイェーツは脇へ押しやられ、「父と息子」が利得を分け合うことになるというのだ――これはフィリップ・スカイラーと義理の息子のハミルトンへのあからさまな言及だった。[24]クリントンについて辛辣な個人攻撃を仕掛けたせいで、ハミルトンもきわめて個人的な報復を受けることになってしまったのだ。ハミルトンは自分に対する批判には非常に敏感でいながら、自分の言葉が他人に与える影響については無神経だった。これは彼の心理の最大の謎だ。

三月の下旬には、こうした非難はますます醜悪になった。「ウィリアム・テル」と称する人物は、ハミルトンにマキアヴェリ主義者の烙印を押し、「物欲しげなおべっか使いの一団、野心満々の親族、そして少数の金持ち」に持ち上げられてのぼせ上がった権力狂の政治家だとこき下ろした。そのうえ、単なる野心以上に恐ろしい非難もハミルトンに浴びせかけた。「貴殿の私生活は、表の顔以上にひどいものだ。これはいずれ貴殿自身のなされたことによって明るみに出るだろう。なぜなら、あらゆる義務の中でもっとも厳粛なものにさえ「貴殿は」縛られないのだから！＊＊＊＊＊＊＊」[*25]。この七つのアステリスクは、wedlock（婚姻）という言葉を意味しているにちがいない。つまりハミルトンは、この時新聞では初めて、不倫していると非難されたのだ。後述するように、この時期にこのような非難が浮上したのには理由があった。

他の建国の父たち同様、ハミルトンもまったく対極的な二つの世界に住んでいた。一つは、憲法について論議し威厳をもって語るという、神々のごとく超然とした世界――こうした威風堂々たる人物を思い出したがる人が多い。もう一つは、個人的な誹謗中傷、密かな陰謀、タブロイド風の紙上攻撃といった低俗な世界だ。また当時の攻撃的な論調は、アメリカの政治的表現の極致でもあり底辺でもあった。

こうした矛盾をはらんだ状況は、独立革命の崇高な理想主義から日常の政治の泥臭い現実へと移行する過程では、不可避のものだったのだろう。一七七六年から一七八七年にかけて登場した英雄たちも、新しい政府の中で権力と私利を求めて立ち回るようになると、以前よりも卑小で偽善的に見えてしまうのは仕方のないことだった。

残りの知事選選挙運動期間中、ハミルトンは有権者あての公開書簡を出した。一方クリントンの選挙集会では、侮蔑の印にハミルトンの論文がテーブルの下に放り出されたりもした。そして有権者への最後の訴えとしてハミルトンは、クリントンのもっとも効果的な戦術は金持ちだけをいじめることであり、共和主義者が自分たちの損害の責任を金持ちに転嫁していると述べた。「権力者の支持者たちが、資産家に異を唱える声を見境なく集めることこそ、社会全体の利益に反する組み合わせを示す何よりも強力な印だ[*26]」。

しかし、ハミルトンの訴えは有権者に届かなかった。クリントン知事はイェーツ判事に圧勝した。この荒れた選挙戦は後々まで尾を引き、ハミルトンとクリントンの和解のチャンスを完全に消し去った。ニューヨークはひどく分裂したまま、政治的工作の機だけが熟した。海千山千のクリントンは、地盤を固めなければならないことを承知していた。そこで九月、本音では好きでもなければ信用してもいなかったが、アーロン・バーを州の法務総裁に据えた。この時初めて、ハミルトンはバーに裏切られたと感じた。バーはイェーツのために選挙運動をしていたはずだからだ。だが、アーロン・バーの政治の才能は、ニューヨークの派閥争いから恩恵を得るための方法を無数に考え出すことにあった。これまでの三年間、バーはあまり政治活動を行っていなかったが、今や、その眠っていた野心が目覚めかけたのだった。

米国製スーツで宣誓したワシントン大統領

新政府の出発は、当然ながら盛大で華麗なものだった。一七八九年四月一六日、ジョージ・ワシントンはマウントヴァーノンを出て、ニューヨークまでの八日間の旅路についた。この旅は、国民全員による祝典となった。どの町でも、ワシントン一行が近づくと、大統領当選者に敬意を表する礼砲が轟いた。ワシントンはいくつもの凱旋門をくぐり、トレントンでは、一三人の乙女が甘い声であいさつして撒いていった花びらに覆われた橋を渡った。

こうした祝賀は、まるで王の行進のように見えることもあったが、見かけは当てにならないときもある。実のところ、ワシントンは借金まみれで、この旅をするためにまたも法外な利率で多額の借金をしなければならなかった。ともあれ、ニュージャージーのエリザベスタウンに着くと、ワシントンは豪華な艀に乗り込み、ハドソン川を渡ってニューヨーク市へ向かった。この赤い天蓋の付いた艀は、一三人の水先案内人に導かれ、身の引き締まるような微風に揺れながら進んだ。

ウォールストリートの端では、歓声を上げる大群衆の前で、クリントン知事とドゥエーン市長が大統領当選者を出迎えた。そして、教会の鐘が鳴り響き、港の船が旗を高々と掲げ、一三発の礼砲が放たれた後、ワシントンは新しい住まいであるチェリーストリート一〇番地のレンガ造り三階建ての建物へと向かった。町中の窓辺でろうそくがきらきらと輝いたこの夜、クリントン知事はワシントンのために州主催のディナーパーティを開いた。知事に敬意を表するなど、ハミルトンにとってはプライドを傷つけられることだったが、ワシントンとしては、全国民の指導者になるのだということを伝えたいと思っていた。

新しい連邦政府の暫定的な所在地に選ばれたニューヨークは、その準備のために膨大な金を費やした。正式な首都になりたいと願っていたので、整備が必要なところには投資することにしたのだ。たとえば、ブロードストリートとウォールストリートの交差点にあるシティホールを改修するため、市議会はフランス人建築家・技師のピエール・シャルル・ランファンを雇った。後にワシントンDCを設計した人物だ。ランファンはシティホールを優美な新古典様式のフェデラルホールに変身させ、ホールの上にガラス製のクーポラを載せた。この改修には、ニューヨーク市民やハミルトンのニューヨーク銀行も費用を一部負担した。四月初頭、初の連邦議会がここで開かれたときには、正面に国章のハクトウワシの図柄がはめ込まれたこの建物の上では、例の「連邦船ハミルトン号」の旗が翻っていた。

四月三〇日、ジョージ・ワシントンは早めに起き、きちんと髪粉を振って髪を整え、この重大な日に備えた。そして正午、エスコート役の連邦議員たちを従え、ワシントンは豪華な黄色の馬車で就任式を行うフェデラルホールに向かった。周辺の街路は、この歴史的瞬間を見ようと詰めかけた一万人の熱狂的なニューヨーカーで溢れんばかりだった。一方ハミルトンは、新政府誕生に尽力した一人だったが、遠く離れたウォールストリートの自宅のバルコニーからこの様子を眺めていた。

五七歳のワシントンは最初から、王の威厳と共和主義者の質素を折衷するつもりだった。きらびやかな儀式用の剣を携えていたが、彼が身にまとっていたのは、ハートフォードの工場で織られたアメリカ製ブロードクロスで仕立てた簡素な茶色のスーツにすぎなかった。この衣装は、ハミルトンの今後に向けた特別なメッセージを暗示してもいた。アメリカは製造業を奨励すべきであり、特に、英国が支配している繊維工業を重視すべきだというのだ。アメリカ製ではない服を着て「出かけることが紳士にとって流行遅れとなる」日がすぐに来ることが、ワシントンの願いだった。[*27]

この大柄なヴァージニア人は、二階のバルコニーで就任の宣誓を行った。両側には柱、後ろには青地に金の星がちりばめられた幔幕という舞台で、ジョン・アダムズを傍らに、ワシントンはロバート・R・リヴィングストンの手で就任の宣誓を行い、深紅のクッションの上の聖書に口づけした。これは喜ばしい瞬間だったが、完璧というわけにはいかなかった。ワシントンは上院の議場で議員たちを前に短い就任演説を行った――おそらくジェームズ・マディソンが起草したものだろう――が、その間ずっと左手をポケットに入れたまま、右手で原稿をめくっていたせいで、ぎこちない印象を与えてしまったのだ。しかも、そのそわそわした呟き声はほとんど聞こえなかった。これを目にした者の中には、アメリカの英雄を皮肉って、ワシントンは「大砲やマスケット銃を向けられたとき以上に動揺し困惑していた」と言った者もいる。[*28] その後、この初代大統領はお供を従えてブロードウェイを行進し、かつてハミルトンが学んだキングズカレッジがあった場所から程近いセントポール教会で祈りを捧げた。
五月七日に行なわれた最初の就任舞踏会には、アレグザンダーとイライザも出席した。イライザは新政権の社交界の花にぴったりだった。後に彼女は、当時のことを懐かしそうにこう振り返っている。

私のほうが［マーサ・ワシントンよりも］若かったので、当時のパーティに参加することも多かった。就任舞踏会にも出かけた――これが一番華やかなパーティだった。あれは五月の初めに、ウォールストリートの北のブロードウェイのアセンブリールームズで開かれた。出席していたのは、大統領と副大統領、大統領の顧問団、連邦議員の大半、フランスとスペインの公使、軍の将校、官僚、そして彼らの妻や娘だった。ワシントン夫人はまだマウントヴァーノンからニューヨークへ来ていなかった。こちらへ来たのはこの三週間後だった。この時には、舞踏会に出席していた女性全員に、パリで作らせた扇が贈られた。骨が象牙で、開くとワシントンの横顔の似顔絵が見えるようになっていた。[*29]

フィリップ・スカイラーやハミルトンと親密な友人だったワシントンは、イライザとも親しく、就任舞踏会では彼女とダンスもした。だが、アレグザンダー同様イライザも、ワシントンと懇意にはしていても、馴れ馴れしくしすぎることはなかった。彼女によれば、ワシントンはダンスの最中でさえも完全にリラックスしてはおらず、大統領であることを忘れてはいなかったという。多くの舞踏会でワシントンと同席した彼女は、後にこう述べている。「彼はいつもダンスの相手を選んで、正確にステップを踏んだが、跳ね回るような踊りはしなかった。彼の好みはメヌエットで、この優雅なダンスは、彼の威厳や重々しさによく似合っていた」[*30]。この話は別の人の証言と一致する。それによれば、ワシントンはめったに笑わず、若い美人たちに囲まれているときでさえ、「相好を崩すことはなく、いつもの厳粛な態度を変えることもなかった」という[*31]。

憂鬱が張り付いた顔

ワシントン政権が何につけことさら重大事と受け止めたのは、彼が前例を作り、政府のスタイルを確立している最中だったからだ。まず、就任したとたん、儀礼の問題をめぐって重箱の隅をつつくような議論が沸騰した。大統領に対してはどのように呼びかけるべきか？　大統領は訪問客を受け入れるべきなのか？　多くのアンチ・フェデラリストは、ハミルトン一味が君主制を目論んでいると思い込んでいたため、裏切りの兆しを見つけ出そうと目を皿にしてこうした議論を見守った。

ハミルトンは爵位には反対だったが、法に対する敬意をはぐくむため、宮廷の儀礼に代わるものが要るのではないかと考えていた。似たような懸念を抱えて苦慮していた建国の父は他にもいる。一七八九年五月、ベンジャミン・フランクリンはベンジャミン・ラッシュにこう告げた。「古い国家がもっとも陥りやすい悪、つまり統治者が過大な権力を握ることについては、我々は阻止している。我々の目下の危険は、被統治者が服従を知らないことだと思われる」[*32]。

特に副大統領のジョン・アダムズは、共和主義者が激怒するほど王侯風のスタイルを取っていた。「これ見よがしに王族を模倣している」とワシントンに嘲笑されたことさえあった。[*33]このころアダムズ家は、リッチモンドヒルという美しい邸宅を借りていた。これはハドソン川の素晴らしい眺望が見渡せる屋敷で、後にはアーロン・バーもここを自宅とした。ジョン・アダムズは毎朝、お仕着せを着た召使の駆る高価な馬車に乗り込んで出勤し、髪粉を振ったかつらを着けて上院の議長を務めた。（彼は、ハーヴァードを出たばかりの次男チャールズを同伴することが多かった。ハミルトンが彼の票を減らす工作をしたことをまだ知らなかった七月には、チャールズに法律を教えてやってほしいとハミルトンに頼んでいる。ハミルトンはこのうれしい依頼を引き受けた）。

五月、上院の委員会が称号という一触即発の問題を取り上げると、アダムズは、ワシントンを「アメリカ合衆国の自由の守護者であらせられる大統領殿下」と呼んだらどうかと提案した。[*34]世間のからかいのネタをいくつも提供したアダムズは、たちまち「格調殿下」や「ブレーントリー公爵」といった渾名を賜った。アダムズは新政府に対する敬意を人々に抱かせようとしただけだったが、礼儀を気遣うあまり、懐疑的な人々から、世襲の王になりたがっているのではないか、そして息子のジョン・クインシーを皇太子に仕立てようとしているのではないか、と思われるようになってしまった。結局、下院が上院の案を潰し、最高行政官については単に「アメリカ合衆国大統領ジョージ・ワシントン」と呼ぶことに決め、その後上院もこれを承認した。

この五月の初頭には、大統領の礼儀作法について、ワシントンがハミルトンに意見を求めてもいる。アダムズ同様ハミルトンも、大統領には威厳が不可欠だと考えていたので、訪問客とは週一度の「謁見式」の時に会い、しかも三〇分以内で切り上げ、決して答礼訪問などしないように勧めた。またハミルトンは、大統領が議員など公職にある者とプライベートなディナーを持つ場合には、招待客を六人から八人に限定したうえ、大統領本人はテーブルに長居しないほうがよいとも考えていた。さらにハミルトンは、上院議員には会っても下院議員には会わないほうがよい、とワシントンに意味深長な助言をしてもいる。明らかに、ハミルトンは大統領に威風を与えたい、大統領を人民の圧力から守りたいと思っていたようだ。

ワシントンはハミルトンの助言をおおむね受け入れ、火曜の午後に謁見式を持つことにしたが、これが実に退屈な儀式だった。しかも、ワシントンは機嫌が良いときでさえ陽気なほうではないのに、レセプションの厳しいルールのせいで、まるで蝋人形のように強張っていた。まず、大統領が黒いベルベットの上着、黄色い手袋、黒いサテンの儀式用膝丈ズボンに、礼装用帯剣という姿で現れる。すると、謁見客がゆったりと優雅に大統領の周りに集まる。この時、お辞儀はするが握手はせず、一人一人と儀礼的なあいさつを交わす。謁見客はあくびをかみ殺さねばならず、眠気と戦わなければならなかったにちがいない。また、かつらを着けたお仕着せ姿の召使が給仕をする贅沢なディナーも、愉快なものにはなりようがなかった。

「大統領は憂鬱が張り付いたような顔をしていた」とペンシルヴェニアのウィリアム・マクレー上院議員は、あるディナーの様子を書いている。「生真面目が根を張った鬱々とした曇り空からは、陽気な太陽の喜ばしい光がこぼれることなどなかった。食べたり飲んだりの間ができると、大統領はそのたびにテーブルの上でナイフとフォークを太鼓のばちのように弄んでいた」[*35]。ワシントンの寡黙さは、性格的なものでもあり、彼のポリシーのためでもあった。彼は養子の孫にこう言ったこともある。「口を噤んでいるのが一番だ。どんな時でも友人をつくるより敵をつくるほうが容易だということほど確かな事実はないのだから」[*36]。このような用心深い大統領は、話し好きのハミルトンと著しく対照的だった。

ワシントンは重々しすぎもせずくだけすぎもしないように努めた。アビゲイル・アダムズによれば、この春はその努力は見事に成功していたようだ。「彼は礼儀正しく威厳があり、愛想がよくて堅苦しくなく、距離を置いていても高慢な感じではなく、厳粛でありながら厳格ではなく、控えめで賢明な善人だ」[*37]。それでも、アンチ・フェデラリストから見れば、いずれも小さいが、君主制の前兆に見える国王のような多くの危険なものだった。

たとえば、公式行事での外出で、あちこちに豚がうろうろしている未舗装の道を抜けて行かなければならないとき、ワシントンはお仕着せを着た騎乗御者付きの淡黄褐色の馬車に乗った。しかも、その馬車は白馬の六頭立てで、どの馬も艶のある真っ白になるよう手入れされ、闇の中でも輝くようになるまでブラシをかけてあった。もっとも、ワシントンは共和主義者であることを証明するため、毎日午後二時には日課の散歩をしてもいた。そして現代人の目から見れば、こうしたことのうち何よりも似つかわしくないことは、ワシントンがマウントヴァーノンから奴隷を七人連れてきて、白人の召使の手伝いをさせていたことだった。

当時のニューヨークの金持ちと貧乏人の格差があまり目立たず小さいものだったら、社会的な差異をめぐる懸念や失望もあまりなかったかもしれない。だが実際には、耐乏を強いられる戦争が終わると、地元の商人たちは自らの富を派手に誇示するようになった。ブリソ・ド・ヴァルヴィルはこう述べている。「英国風の贅沢がその愚行を見せている町がアメリカ大陸にあるとすれば、それはニューヨークだ。(中略) 女性の衣装に目をやると、実に見事な絹や紗、帽子、かつらを身に着けているのがわかる。従者付きの馬車はめったにないが、稀に見かける馬車は優美だ」[*38]。

社会的地位の高い者は、ヨーロッパの貴族をまね、ベルベットの上着にひだ飾り付きのシャツを着て闊歩していた。これは共和主義者にとっては懸念を掻き立てることだった。アメリカはまた貴族風に戻ってしまうのではないか、あの旧世界の退廃的で気取ったやり方が復活するのではないかと思ったのだ。そして、ニューヨークに首都があるかぎり、汚れなきアメリカが都会の享楽主義に汚されてしまうだろうと心配した。もっとも、多くの議員は切り詰めた地味な生活をしており、贅沢に耽ることなどなかった。ラルフ・イザドは、報酬の少ない上院議員など「いかがわしい連中に混じって場末の下宿屋に住み、威厳と名声を損ねるような下品な会話を交わす」しかない、と愚痴をこぼしている――こうした状況は、議員のニューヨークに対する憤懣を強めるばかりだった。[*39]

火種となった財務省の設立

一方ハミルトンは、新しい連邦議会を油断なく見守っていた。議会の初期の決定が、アメリカの財政や、形成中の行政と司法の構造に大きく影響するとわかっていたのだ。上下両院とも、予定では三月の初めに始まることになっていたが、実際には、定足数だけ集まるのに一ヶ月以上かかった。下院の議場は、フェデラルホールの一階に置かれ、傍聴人用の公開席も設けられた。これらは下院の意義を象徴的に表すこととして重要な要素だった。

一七八九年四月一日の開会の際には、ハミルトンも傍聴人に混じってうろついていた。ジェームズ・ケントはこう述べている。「ハミルトン中佐の話では、一日目には何も行われないことになっているので、群衆が苛々したら、それは強く知りたがっている気持ちの証拠だという」。[*40] 一方、非公開の上院は、二階に議場が置かれ、傍聴人用の場所もなかった。最初の五年間、上院は閉ざされた扉の奥で審議が行われた。

如才のないことに、新憲法には行政府についての記述はなく、閣僚についても書かれていなかった。そのため就任から数ヶ月間は、ジョージ・ワシントンこそが行政府だった。ワシントン政権といってもまだぼんやりした概念にすぎず、具体的な現実のものではなかった。「我々は導いてくれる足跡一つない荒野にいる」とマディソンは嘆いている。[*41] 新政府の財政状態は、特に不安定だった。すでに合衆国は、内外の債務の多くについて金利の支払いを凍結しており、アメリカの国債も、欧州の市場ではあいかわらず大幅な割引で売買されていた。これは新政府に償還能力がないと思われている証拠だった。もしこの状態が長引けば、政府は苛立つ債権者を宥めるために、法外な金利を払わなければならなくなってしまう。

ウォールストリートでは、大道商人が声を張り上げ、牛の鈴がカランカランと鳴り響き、荷車がガタゴトと音を立て、フェデラルホールの中の演説者の声さえかき消すこともあるほどの喧騒ぶりだったが、新政府は夏から初秋の間にゆっくりと形になっていった。

まず下院では、先の諸邦の憲法承認会議が勧告した数多くの憲法の変更点を、ジェームズ・マディソンが一二の修正条項にまとめた——最初の一〇ヶ条の修正は、諸州が承認した時点で権利章典と呼ばれることになった。

また上院では、オリヴァー・エルズワースが先頭に立って裁判所法を起草していた。この裁判所法により、連邦最高裁判所の裁判官は六人と定められ、この最高裁の下支えとなる下級裁判所として地方裁判所と巡回裁判所が設けられることになった。

そして五月一九日、かつてエリザベスタウンでハミルトンの後援者だったニュージャージーのイライアス・ブードノー下院議員が、財務を担当する部門の設立を提案した。後の財務省をめぐる騒ぎぶりから見て、これがまさに新政府の論争の火種となったのは明らかだ。批判的な者は、ヨーロッパ流の専制が根づく恐れがあると懸念していた。議員たちも、英国の過酷な税が革命を引き起こしたことや、代々の大蔵大臣が大量の税関吏を指揮して重い関税を徴収していたことを思い返した。このような権力の集中を防ぐため、エルブリッジ・ゲリーは、個人ではなく集団が財務省を指導するほうがよいと考えた。だがマディソンは、必要な権限をすべて備えた一人の財務長官が財務省を指導管理すべきだと主張した。

さらに、財務長官の職務の概要を定めるための法律をめぐっても、大騒動が起きた。ここで定められた財務長官の職務の一つに、財務長官の管轄する事柄について、財務長官は議会に報告する必要があるというものがあった。この職務は、議会の監視という考え方を具体化した歓迎すべきものであり、これによって財務長官が煌々たる精査の光に晒されることになるのだが、この法案の反対者はこれがわからなかった。英国の先例を忘れられないあまり、この規定は行政が立法に干渉するのを可能にしてしまうのではないかと心配したのだ――実際、ハミルトンは財務長官在任中、立法府に干渉したという非難にたえず悩まされることになる。

アンジェリカの一時帰国

一七八九年の春は、愛国心あふれるスカイラー一族にとって喜ばしい時となった。夫と四人の子供を残して、アンジェリカ・チャーチが英国から船出し、ワシントンの就任式に間に合うように帰ってきたのだ。彼女は故国が恋しくてたまらず、痛風持ちの父親のことも心配だった。何より、アレグザンダーとイライザと一緒にいたいと願っていた。ハミルトンもまだ義理の姉に魅了されており、機会さえあればふざけたことを言って、彼女を喜ばせたりからかったりしていた。アンジェリカが相手だと、彼は血気盛んで騎士道精神溢れる若者に戻れたのだ。「ご婦人に手紙を書くときには、大抵恋人や愛人の関係を想像しております」と彼は『ザ・フェデラリスト』の第一七篇を仕上げた後に彼女に書き送っている。「こうすると非常に筆が進むのです。ただしあなたの場合には、どんなにつまらない話題でもその傾向を感じずにはいられませんが[*42]」。

しかも、ジョン・バーカー・チャーチの政治的野心のせいで、アンジェリカは妙に厄介な運命を強いられていた。このアメリカの将軍の娘が、英国の下院議員の妻になろうとしていたのだ。それでもアンジェリカは、そうならそうで最善を尽くそうと、夫が下院議員になれたらうれしいとハミルトンに伝えた。ただし、「彼にあなたのような流暢な弁舌があれば」と付け加えることも忘れてはいなかった[*43]。この返事としてハミルトンは、むしろ義理の兄がアメリカの新しい連邦議会に選ばれるところを見たいと書いたが、結局、一七九〇年に、チャーチはウェンドーバー選挙区選出の下院議員となった。

当時チャーチ夫妻は、ウィンザー城の近くにある邸宅ダウンプレースで、文学界、芸術界、政界の著名人に囲まれて暮らしていた。アメリカから夫妻を訪ねたいとこの一人は、ファッショナブルなアンジェリカに会って、「まるで天使のようで、彼女の大邸宅までとぼとぼ歩いていく自分にも、本当に優しく礼儀正しく接してくれた」と感じたという。*44 チャーチ夫妻の住む社交界では、浴びるほど酒を飲み、否も応もなく賭け事をし、こっそりと不倫をするのが当たり前となっていた。その中心にいたのが皇太子、後のジョージ四世で、皇太子もアンジェリカのファンだった。

また、ホイッグ党の大物チャールズ・ジェームズ・フォックスは、ジョン・チャーチと同じくギャンブル狂で、チャーチからたびたび多額の金を借りて賭け事に注ぎ込んでいた。さらに、チャーチ夫妻はドルリーレーン劇場に専用のボックス席を確保しており、『悪口学校』（菅泰男訳、岩波文庫）を書いた劇作家リチャード・ブリンズリー・シェリダンとも親しかった。シェリダンは浪費家で、「支払ったら彼らを増長させるだけだ」と言って債権者に借金を返すのを拒否したことがあったという。*45 またチャーチ夫妻は、アメリカ人画家ジョン・トランブルとも親しくなり、彼が英国在住の米国人画家ベンジャミン・ウェストやフランスのジャック＝ルイ・ダヴィッドの下で勉強できるように金を貸してやっていた。

こうした華やかな生活にもかかわらず、アンジェリカはヨーロッパでの暮らしに孤独感と憂鬱を覚えることが多かった。後年には、イライザに宛てた悲しげな手紙の中で、劇場へ行ったら王族を見かけたことを書いてから、こう書き添えた。「王や王妃が何だというのでしょう。アメリカ人にはワシントンのような人物がいます！」[*46]。そして次のように続けた。「気持ちの良い殿方三人に囲まれているあなたがうらやましい。お父様と私の「フォン・シュトイベン」男爵とあなたのハミルトンのことを知らせてください。どれほど楽しい夕べだろうと、どれほど愉快なおしゃべりだろうと、しょせん私のお付き合いしている方々は、冷たくて陰気な英国人だけに限られてしまうのです」[*47]。また、別の手紙では、郷愁の情たっぷりにこう書いている。「さようなら、親愛なるイライザ。どうぞお元気で。喜ばしいことがあったら、もちろん私もあなたの幸せを分かち合いたいと思っていることを忘れないで。ハミルトンと男爵によろしくお伝えください」[*48]。

ちょうどアンジェリカ・チャーチがニューヨークへ戻っていた一七八九年三月下旬に、ハミルトンの最初の不倫疑惑が持ち上がったのは、ただの偶然ではなかったようだ。このころのニューヨークは、新政府の誕生を祝う祝賀行事がいくつも行われて盛り上がっていた。ハミルトンと義理の姉がたがいに敬慕の念を抱いていることは、二人が出席したパーティやディナーの席でも一目瞭然だっただけに、憶測を生んでしまったのだろう。ある舞踏会でのこと、アンジェリカがうっかりガーター（靴下留め）を落としてしまい、ハミルトンが騎士道精神を発揮してそれをさっと拾ってやったことがあった。そこで、茶目っ気のあるウィットの持ち主だったアンジェリカが、あなたはガーター勲爵士じゃないのに、と言ってハミルトンをからかうと、皮肉屋の妹ペギーも、「あら、彼のなりたいのは寝室勲爵士よね、もしできれば」と言ったという。[*49] これは罪のない冗談にすぎなかったのだろうが、こうした話がゴシップのネタを提供したのだ。

アンジェリカはそのままニューヨークに滞在し続けたが、一一月になって、子供が病気になったという知らせがジョン・チャーチから届いたため、急いで英国へ戻る船の予約をした。この長期滞在中、アレグザンダーとアンジェリカの間に何があったにせよ、イライザは愛する姉が立ち去ってしまうことにひどく取り乱し、姉の見送りなど耐えられないと言い出した。あのフォン・シュトイベン男爵が慰めても、あまり慰めにはならなかった。結局、ハミルトンと長男フィリップと男爵がアンジェリカに付き添ってバッテリーまで行き、彼女の船が出航して水平線に消えるのを名残惜しげに見送った。三人ともひどく感傷的になってしまったという。「私たちの心を想像なさってください」とハミルトンはこの別れの場面についてアンジェリカに書き送っている。「私たちは目を凝らし、ため息をつき、涙を流しました」。[*50] かつて百戦錬磨の戦士だったシュトイベンでさえ、涙を浮かべて立ち尽くしていたという。ハミルトンは手紙の最後にこう言っている。「愛すべきアンジェリカ！　あなたがこれほどまでにすべての善人に愛されるようにできているとは。(中略) あなたがいなくなって、私たちの中には慰めようもないほど悲しんでいる者もいます。これからもずっと、慰めることなどできないでしょう」。[*51]

アレグザンダーとイライザは、二人ともがアンジェリカを慕っているからといって不仲になることなどなく、しっかりと結びついていたようだ。「ベッツィーと私は、夜最後の会話でも朝一番の会話でも、あなたのことを話題にしている」とハミルトンはアンジェリカに伝えている。[*52] アレグザンダーとアンジェリカの一見いちゃつきとも見える振る舞いをめぐるゴシップに興じていた人々も、イライザが次のような愛情のこもった別れの手紙を姉に送っていたと知ったらさぞ驚いたことだろう。

親愛なるアンジェリカ。あなたに手紙を書こうと腰を下ろしたのですが、私の心はあなたがいなくなって悲しくてたまらず、何を書いたらよいのかほとんど思い浮かびません。涙が溢れてきて、あまりたくさん書けそうもありません。でも、どうか忘れないでください、お姉さま。きっと戻ってくると言ってらしたこと、お留守ができるだけ短くなるようできるかぎりのことをすると約束してくださったことを忘れないでください。チャーチさんには、お姉さまを私のところへおやりくだされば幸せですとよろしくお伝えください。いえ私だけのところではありません。優しい両親も、妹たちも、お友達も、そして私のハミルトンもお待ちしていますと。私のハミルトンも、あなたには優しい本当の兄弟のような愛情を抱いているのです。もうこれ以上書けません。さようなら、さようなら。E・H[*53]

ハミルトンの大失策

一七八九年六月中旬、新政権の綱渡り状態を象徴するかのように、ジョージ・ワシントンは奇妙な病気にかかり、あやうく命を落としそうになった。最初は発熱だったが、次に左の腿に圧痛部が生じ、そこがたちまち腫れて痛くなり、「脾脱疽《ひだっそ》（炭疽）」という感染症になったのだ。大統領は体重も落ち、座っていることさえできず、何日も重態だった。だが、少数の側近を除けば、病状の深刻さをわかっている者はほとんどなく、ましてや死を招きかねないほどのものだと知っている者などもっと少なかった。

これが当時診断されたように炭疽菌によるものなのか、それとも腫瘍なのかは不明だが、いずれにせよ、腫れた部分は麻酔もしないまま外科手術で切除された（まだ田舎にすぎなかったアメリカでは、炭疽に感染した動物から農民や農園主が炭疽をうつされることは珍しくなかった）。手術を指導した主任外科医は、一見サディスティックな喜びを感じているかのように見えたらしい。「切除」と彼は叫び、「深く、もっと深く、もっともっと深く。恐がるな。彼がどれほど耐えるかわかるぞ！」と言ったという。[*54]

手術後も大統領の容態は先が見えなかったため、ジェームズ・ドゥエーン市長は、大統領の身体に障る音が立たないようにと、馬車がワシントンの住居の前を通るのを禁じたうえ、その歩道にわらを敷き詰めさせた。

ワシントンは快方に向かっていたものの、まだ体力が十分に回復していなかったため、七月四日にシンシナティ協会がセントポール教会で行った独立記念日の式典には参加できなかった。独立戦争の元将校たちは、シティ・タヴァーンに集合し、それから砲兵連隊一個と軍楽隊を引き連れて教会へ向かった。一行が大統領の住まいの前に差し掛かると、連隊の正装で着飾ったワシントンが、玄関で一行を迎えた。

セントポール教会ではマーサ・ワシントンも参列し、大統領就任式以来もっとも豪華な顔触れの式典が執り行われた。アダムズ副大統領も、上下両院を従えて出席した。イーグル章をボタン穴に挿し、たくさんの勲章を着けたシンシナティ協会のメンバーは、彼らのために特別に設けられた場所に陣取っていた。式典のハイライトは、ハミルトンが三年前に亡くなった友人ナサニエル・グリーン将軍に捧げた追悼演説だった。新聞によれば、二階の回廊からは「華やかなご婦人方の集団」がじっと見下ろしていたという――もちろんハミルトンは喜んでいたにちがいない。*55

清潔で風通しのよい教会の中では、カットグラスのシャンデリアが煌めき、コリント式の円柱が鈍い光を放っていた。式典には最高の舞台だったが、少々皮肉めいたところもあった。演説者が立つ天蓋つきの説教壇の最上部には、六本の羽根の冠がついていたのだ――これはこの町で最後に残っている英国の支配を示す紋章だった。かつてハミルトンは、グリーンに敬意を表して、彼に欠けているのは「諸邦連合第一の人物となるための教育だけだ」と言ったことがあったが、今回もハミルトンは心からグリーンを称えた。[*56] ハミルトン同様、グリーンも質素な暮らしから身を起こし、独学で戦術を学んだ男だった。ハミルトンの頌徳文には自伝的な含みもあった。

時として社会を揺るがす大きな革命においては、人間の品性のもっとも輝かしい面も、もっとも暗い面も、ともに必ずや公になるということは、一所見としても一般論としても正しいものであります。そして、革命が生み出す悪を補う利点として、もっとも低く位置づけるべきではないものは、革命が輝かしい才能と美徳を目覚めさせるのに役立つことです。革命がなければ、その才能も美徳も、ひっそりと消えてしまうか、まばらで取り留めのない光を少しばかり放つだけで終わってしまうことでしょう。[*57]

独立戦争の末期に南部の軍を指揮し、コーンウォリスを苦しめたグリーンは、不足しがちな戦力で素晴らしい手柄を上げたことで有名だった。おそらくこのことが頭にあったのだろう、ハミルトンはグリーンの指揮下にあった民兵を公然とからかうという非礼を犯した。グリーンの功績を列挙していく中で、民兵のことを「軍人の物真似」と見下して言ってしまったのだ。サウスカロライナの激戦では、グリーン指揮下の前線の民兵が砲撃を受けて身動きできなくなり、第二戦線の勇猛果敢な大陸軍に助けられたのだという。[*58]

この南部の兵士についての何気ないコメントが、酒好きで短気なアイルランド人、サウスカロライナ選出のイデイナス・バーク下院議員をひどく怒らせたことに、ハミルトンは気づいていなかったのだろう。だが、当時のハミルトンは連邦の公職に就いておらず、バークはこの演説のことをあからさまに問題にはしなかった。しかも、ニューヨークの憲法承認会議の後とあって、ハミルトンは人気の絶頂にあり、さすがのバークもあえてハミルトンに挑戦する気もなかった。

後にバークはこう説明している。「ハミルトン氏は時の英雄で人気者だった。彼の髪の毛一本でも傷つけようものなら、ニューヨークのどぶを引きずられ、イースト川へ頭から放り込まれたにちがいない」[*59]。もっとも、後述するように、バークはこの一件を根に持ち、報復の機会を待っていた。またバークを始めとする南部人たちは、奴隷制度について遠慮なく語ったハミルトンの言葉にも不快感を覚えたことだろう。愛国派の南部での作戦は、「人間性を踏みにじり主人を憎ませる法に拘束された多くの奴隷たち」に妨害された、とハミルトンは言ったのだ[*60]。これは、主人は奴隷に憎まれても当然のことをしており、論理的には、英国に味方したか、あるいは愛国派に協力しなかったことになる、と認めているも同然だった。このような意見が奴隷所有者に嫌われたのは疑いない。

ハミルトンは事あるごとに物議を醸していたようだ。この独立記念日の演説の時、ニューヨークはまだ初代の上院議員二名を選出してはいなかった。憲法の規定によれば、上院議員の選出は州議会に一任されていたため、この件に関しては、地元の大物が不釣合いなほどの発言権を持てるようになっていた。植民地時代と同様、ニューヨークの政界を主に支配しているのは、いまだに少数の有力な名門だった。そして、バーの伝記作家の一人の実に的を射た言葉を借りれば、「クリントン家には権力があり、リヴィングストン家には数があり、スカイラー家にはハミルトンがいた」[*61]。

スカイラー一族の長として、フィリップ・スカイラー将軍が上院議員の一人になるのは確かだった（スカイラーの娘婿の一人で大富豪のスティーヴン・ヴァン・レンセラーが、この年にニューヨーク州議会議員に選ばれていたということもある）。そしてスカイラーはライバルのリヴィングストン一族に、リヴィングストン家の娘婿であるニューヨーク市長のジェームズ・ドゥエーンがもう一人の上院議員になることを支持すると約束した。この同盟が保たれれば、スカイラー家とリヴィングストン家はニューヨークの権力を共有し、ジョージ・クリントンを孤立させることになったかもしれない。そして、後にはジェファーソン主義がニューヨーク州に侵入するのを防ぎ、アメリカ政界の勢力地図をまったく変えてしまった可能性もある。

しかし、このシナリオは実現しなかった。なぜなら、ハミルトンが政治的大失策をしでかしてしまったからだ。ドゥエーンの後任の市長が「きわめて不適格な人物」で、「市にとって有害な」政治を行うようなことがあってはいけない、と懸念したハミルトンは、ドゥエーンが二人目の上院議員になることに反対したのだ[*62]。そして、絶大な権力を持つリヴィングストン家に公然と歯向かい、三四歳の友人ルーファス・キングを支援するために自分の地位を利用した。

キングはハーヴァード出のハンサムな弁護士で、最近になって出身地のニューイングランドからニューヨークへ移ってきたばかりだった。また、美しい女相続人のメアリー・オルソップと結婚しており、ハミルトン夫妻とは夫婦での付き合いがあった。弁舌滑らかで、奴隷制度を強く批判していたキングは、憲法制定会議にもマサチューセッツ代表として出席し、ハミルトンと同じく文体調整委員会の委員も務めた。そして短期間ではあったが、キングはニューヨーク市の社交界の常連にもなった——「我々のキングがあらゆるところから注目と関心を寄せられているさまは、まるで新しい説教師が信徒の注目を浴びるときのようだ」とロバート・トループはハミルトンに告げている。[*63]

ハミルトンはフィリップ・スカイラーを説き伏せてドゥエーン支持の約束を取り消させ、キング支持に回らせた。愚かな独りよがりの動きだが、ハミルトンは舅と友人の両方ともぜひニューヨーク選出上院議員にしたいと思っていたのだ。

だが、政治的な勘の鋭いジョージ・クリントンには、ハミルトンがやりすぎだとわかっていた。そこで、スカイラー家とリヴィングストン家を仲たがいさせるため、ひそかにキングを支援した。結局、一七八九年七月六日に第二の上院議員を選出したときには、ルーファス・キングがトップとなって当選した。そしてクリントンの想像どおり、ロバート・R・リヴィングストンは腹を立て、徐々にクリントン陣営寄りに傾いていった。教養があり上品なリヴィングストンは、尊重されることを当然のように思っていたので、成り上がり者のハミルトンに邪魔されたと感じたのだ。このため、ハミルトンは地元のニューヨーク州で強い地盤を築けなくなり、後には大統領の座へと飛躍するために不可欠なバネを奪われることになった。

また、これによって、アーロン・バーが州の政界に妙な悪影響を及ぼす道も開けた。しかも、この夏のハミルトンとリヴィングストンの緊張関係は、二人が同じ一つのものを喉から手が出るほどの思いで見つめていたため、いっそう悪化していた。財務長官の座だ。これはまもなくワシントンが指名することになっており、間違いなく初代政権で最強の権限を持つ地位だった。

「行政の天才」

ジョージ・ワシントンは、財政運営の失敗が諸邦連合の消滅を招いただけに、財務長官の指名が重大な選択であることを承知していた。当初彼は、愛国的な財務の代名詞とも言える人物、ロバート・モリスに目を向けた。このフィラデルフィアの商人は、独立革命の資金調達のために個人的に借り入れまでした男だった。ワシントンの義理の孫によれば、四月、大統領就任式へ向かう途中、ワシントンはモリスの豪奢な住まいに立ち寄ったという。「モリス、金庫番はもちろんあなたです」とこの時ワシントンは打ち明けた。「あなたは革命の財政家として計り知れないほど貢献してくださったのですから、財務長官の座をあなたと張り合おうなどという厚かましいことは誰にもできません」。だがモリスは、個人的な理由——当時すでに、破産と債務者監獄へ至る長い坂道を転がり落ちていた――を挙げてこの申し出を断った。「ですが将軍」と彼はワシントンを安心させるように言った。「私が財務長官の職務をお断りしたからといってがっかりなさることはありません。私よりはるかに賢明な方を財務長官に推薦いたします。あなたの元副官、ハミルトン中佐です」。

面食らったワシントンはこう言い返した。「ハミルトン中佐が非常に有能なのは以前からわかっていましたが、財務の知識があるとは思ってもいませんでした」。「彼は何でも知っています」とモリスは答えた。「彼のような人間にはできないことなどないのです」[*64]。この話には別の説もある。ワシントンがモリスに膨大な公債の対策を尋ねたところ、モリスがこう助言したというものだ。「それをお話できる者は合衆国にはたった一人しかおりません。それはアレグザンダー・ハミルトンです」[*65]。結局、ロバート・モリスは財務長官ではなく、初代の連邦上院で議員を務めた。

ワシントンがモリスと相談していたころ、ハミルトンはニューヨークの街をぶらぶらと歩いていて、フィラデルフィアの弁護士アレグザンダー・J・ダラスに出会った。この時、「ところで中佐、誰が閣僚になるかご存知ですか?」とダラスが尋ねた。するとハミルトンはこう答えたという。「いや、まったく知らないんですが、閣僚にならない者ならすぐに言えますよ。それは小生です」[*66]。

大統領就任直後、ワシントンはハミルトンに財務長官に指名するつもりであることを伝えた。

ハミルトンはこの瞬間を何年も夢見ていたにちがいない。彼が戦争中に無味乾燥な経済の本にこつこつと目を通していたのも、フランスの財務長官ジャック・ネッケルの三巻本の回想録を熟読したのも、他にどんな理由があってのことだというのか？　まるでこの職務のリハーサルをするかのように、彼は何年もかけて詳細な財政計画を練っていた。出世階段を駆け上がってきた彼にとっては、財務長官の地位に昇ることは、当然と言ってもよい次なるステップのように見えた。もちろん、彼はこの任務を果たす自信があったので、申し出があれば受諾するとワシントンに伝えた。

だが友人たちは、財務省を率いることなどやめたほうがいいと忠告した。財務省の活動は英国支配時代の記憶を呼び覚ますことになるというのだ。グーヴァヌア・モリスも、財務長官などになったらひときわ激しい誹謗中傷に晒されるだろうと断言したが、ハミルトンは、「それでこそ最良の仕事ができる」と答えたという。[*67] 憲法について議論を重ねていたとき、ハミルトンは連邦税と徴税人の問題がもっとも物議を醸したことを知った。徴税人のボスとなれば、当然湧き起こる不平不満を一手に引き受けることになるのは予想できた。実際、アメリカを強力な近代国家に変えるためにハミルトンが創設しようとしたものすべて――中央銀行、長期国債、造幣局、税関、製造業助成金など――が、英国の猿真似だという批判を招くことになった。

また、ワシントンと話をした後、ハミルトンはこの重大ニュースをロバート・トループに伝え、今抱えている弁護士業務を引き継いでもらいたいと頼んだ。トループは喜んで頼みを引き受けたが、ハミルトンが重大な過ちを犯しているのではないかとも考えた。年俸三五〇〇ドルでは、当時ハミルトンが弁護士として稼いでいた額よりもはるかに少ないため、経済的犠牲も伴うと思ったのだ。トループの回想によれば、「弁護士の仕事をやめることが家族に及ぼす深刻な損害を理由に」ハミルトンに思いとどまるよう忠告したという。「当時、［ハミルトンの］財産はあまりないのに、家族は増えていた」からだ。だがハミルトンは、経済的に犠牲を払わなければならないことはわかっていると言った。それでも、「政府の財務部門なら、国のためになることを自分の手でできると彼は思っており、彼の場合、こちらのほうがいかなる私的な事情よりも大事だった」[*68]。

非の打ちどころのないほど潔癖だったハミルトンは、公職に就いている間はそれ以外の収入源をすべて断ち切った。これほどのことは、ワシントンもジェファーソンもマディソンもあえてしたりはしなかった。

後にハミルトンは、財務長官の職務が論理的には彼の長い憲法支持運動の仕上げだったと認識した。体制の懐胎期にも関与した彼は、「自分には機械が規則正しく動くよう手を貸す責務があると考えた。だからこそ、財務長官を引き受けてほしいというワシントン大統領の申し出を躊躇なく承諾したのだ」[*69]。ライバルたちがこの職務を手に入れようと動いている間は、ハミルトンは指名されたことを少数の友人以外にはまったく秘密にしていた。五月下旬、マディソンはジェファーソンに、ロバート・R・リヴィングストンが財務長官の椅子を欲しがっているが、ハミルトンのほうが「あの種の仕事には最適だろう」し、チャンスも大きいと伝えている。[70]

財務長官になり損なったリヴィングストンは、ならば連邦最高裁判所の長官になろうと働きかけたが、こちらの戦いでもジョン・ジェイに負けた。ニューヨーク選出上院議員の座を賭けた戦いから続く連敗に、リヴィングストンは、ワシントン政権全部とまでは言えないが、少なくともハミルトンとスカイラーは彼の野心に不変の敵意を抱いている、と思ったにちがいない。七月、ハミルトンは、リヴィングストンをヨーロッパでの借り入れの交渉に派遣するようワシントンに勧めたが、この和解の申し出も、ハミルトンとリヴィングストンの間の溝を埋められなかった。[71]

この夏、まもなくハミルトンが任命されるという噂が広まり、ニューイングランドほか各地のハミルトンの支持者は興奮に沸いた。しかし、正式発表は、九月二日にワシントンが財務省創設の法案に署名するまで延び、その後の一七八九年九月一一日の金曜日、三四歳のアレグザンダー・ハミルトンは、正式に財務長官に指名された。そして同日、上院もこの指名を承認した。

ハミルトンは早速行動に移った。翌日にはもう、ニューヨーク銀行から連邦政府への五万ドルの融資を手配し、その翌日の日曜にも、ブロードウェイのトリニティ教会のすぐ南にある財務長官の新しいオフィスで一日中働いた。フィラデルフィアの北アメリカ銀行にやはり五万ドルの融資を申し込む依頼書をすばやく書き上げたのだ。ハミルトンは迅速な政策決定と驚異的なエネルギーの象徴的価値をよく承知していた。独立戦争中に彼はこう書いている。「政府が自らの力に自信を持っているように見えること、それが他の者にも同様の自信を植えつけるもっとも確実な方法だ[*72]」。

憲法に対する支持がまだ不安定な州もいくつかあっただけに、ハミルトンは、何とかして憲法を潰してやろうと策略を巡らせる敵が虎視眈々と狙っていることをよくわかっていた。新政府が成功するためには、政府は権威を確立しなければならない。そしてこの目的を果たすため、ハミルトンは驚異的なスピードで行動するつもりだった。アレグザンダー・ハミルトンは、凡人のように当惑したり迷ったりして右往左往することなどまったくなかったようだ。どれほど不明瞭で不可解な問題に対しても、並外れた自信を持って明確な解決策を見出していった。

だが、この若い財務長官がアメリカの信用を奇跡的に回復させることができるかどうか、警戒心の強い債権者たちが静観する中、彼は最初から圧力に直面することになった。ハミルトンの就任からわずか一〇日後、下院が公信用に関する報告を作成するよう求めてきたのだ。しかも、報告提出までにはわずか一一〇日の時間しか与えられなかった。しかしハミルトンは、この圧力を追い風に利用し、ワシントン政権内の主導権争いで大きく飛躍した。

他の時代だったら、ハミルトンは溢れる才能をこれほど存分に発揮することなどできなかっただろう。だが、白紙状態の新政府では、彼は若さを生かして精力的に構想を描くことができた。ワシントン政権は何もかもゼロから創らなければならなかった。そしてハミルトンは、行政手腕に長け、アメリカ政治史上最高に有能な公僕だったという点で、実に稀な革命家だった。ある歴史家はこう書いている。「ハミルトンは行政の天才だった」。彼の「ワシントン政権での影響力は、アメリカのキャビネット（大統領顧問団）制度史上類を見ないほど大きかった」[*73]。

財務長官は、思索も行動も求められ、熟練した実務家であると同時に政治理論家でもあらねばならず、組織を築いて相関関係のある諸政策を立案できる必要があった。また、憲法の原則と一致した制度的枠組みを構築できる人物でなければならなかった。ハミルトンのまとめた計画は、ほぼすべてが憲法の根幹にかかわる問題を提起したが、法律教育と『ザ・フェデラリスト』の執筆経験のおかげで、彼は効率的な行政機構を作り上げると同時に、その理論的な基盤を詳述することができた。

ワシントンとの絶妙のコンビ

憲法はキャビネット（内閣）についてまったく述べていないため、キャビネットに関してはワシントンが考案しなければならなかった。最初、この行政諮問機関には三人しかいなかった。財務長官のハミルトン、国務長官のジェファーソン、戦争省長官のヘンリー・ノックスだ。初代司法長官になったヴァージニア出身の三六歳のエドマンド・ランドルフは、まだ省というものを持たず、基本的には顧問として年一五〇〇ドルの顧問料を受け取っているだけだった。長身でハンサムなランドルフは、政府の法律顧問と見られていたが、このささやかな給料を補うために、政府以外の仕事も個人的に引き受けるのは当然のことと思われていた。副大統領のジョン・アダムズは、政権の意思決定機構から大抵外された。この格下扱いが、若いハミルトンに対するアダムズの嫉妬心をいっそうかき立てた。

キャビネット（大統領顧問団）の概念は、完成までにしばらく時間がかかった。大統領になってから三年間は、ワシントンはめったに閣僚会議を開かず、閣僚に意見を求める場合は個別に相談するほうを好んだ。ハミルトンは後に英国の大臣にこう言っている。「私たちには内閣がなく、省の長官の会議もきわめて特別な時しか行われない」[*74]。

行政部に三つの省しかなかったので、各省の長官は非常に大きな権限を握っていた。さらに、各省の管轄範囲が十分に規定されていなかったため、各長官は実にさまざまな問題を取り上げることができた。しかも、ワシントンがこの状態を助長していた。一つの問題について閣僚全員から意見を聞くことがよくあったのだ。そしてジェファーソンは、権勢欲の強いハミルトンに頻繁に縄張りを荒らされることに特に苛立っていた。それどころか、ハミルトンの意見が非常に数多く、その影響力が非常に広範囲にわたっていたことから、大半の歴史家は、彼を首相と言ってもよいほどの存在だったと見ている。ワシントンが国家元首なら、ハミルトンは政府の首班、政権の実働部隊だった。

独立戦争時同様、ハミルトンとワシントンは、能力的にたがいに補足し合っていた。一人ではできないことでも、二人協力すれば成し遂げられた。ワシントンは儀礼的な仕事を重要視することもあり、党派争いを超越した存在になろうと、独立革命を体現する人物としてオーラを保ち続けていた。だが、彼が超然としていただけに、はっきり自己主張する管理者を受け入れる余地があった。特に財政問題に関してはそれが言え、そこでハミルトンが喜んでその役目を引き受けたのだ。ワシントンは、ハミルトンやジェファーソン、マディソン、フランクリン、アダムズの持っていたような第一級の知性を備えているわけではなかったが、素晴らしい判断力に恵まれていた。いくつかの選択肢を提示されると、ほぼ必ず正しいものを選んだ。ワシントンはハミルトンの言いなりだったという批判もあったが、実際には、ハミルトン財務長官の決定を覆すことも多かった。

また、ワシントンとハミルトンは、互いの性格的短所を相殺していたという点でも、類い稀なコンビだった。ワシントンは批判に対して敏感すぎるところがあり、受けた侮辱は決して忘れなかったが、感情を抑えることを知っており、これが激しやすいハミルトンをうまく引き立てることに役立っていた。

ハミルトンは必要以上に無神経で挑発的になることもあったが、ワシントンは融和的で、礼節の感覚を生まれつき備えていた。しかも、アダムズによれば、ワシントンには「寡黙という才能」があった。[*75] そして、ハミルトンは頭の回転が速すぎ、思い切りがよすぎて、性急な決定を下してしまうこともあったが、ワシントンの管理スタイルは、これとは正反対だった。「彼は人の意見を大いに聞き、大いに熟慮し、ゆっくりと、そして確実に決定した」とハミルトンは後にワシントンについて語っている。[76] ワシントンは問題をあらゆる面から検討し、その政治的影響を冷静に判断した。「彼の性格でもっとも大きな特徴と言えば、おそらく慎重さだろう。あらゆる事情、あらゆる考慮点を十分に検討してからでなければ、行動に移らなかった。少しでも疑問があれば動かないが、いったん決断すれば、いかなる障害があろうと目的を果たした」とジェファーソンは述べている。[77] このような人物だったからこそ、財務長官の暴走を抑えられたのだ。

とはいえ、ワシントンとハミルトンのコンビが非常にうまく機能した最大の理由は、両者とも、一三州が一つの立派な国家に統合されるのを強く願っていたことだろう。戦争終結時、ワシントンは一三邦の知事に回状を送り、アメリカが偉大な国となるために必要な四項目を挙げた。強力な連邦政府の下での諸邦の統一、債務の時宜を得た支払い、陸軍と海軍の創設、国民の調和だ。ハミルトンも同一のリストを作っていた。この若き財務長官がワシントンの下で無比の権力を握ったのは、ハミルトンがあの疲れを知らない頭脳を駆使して売り込んだ政治課題を大統領が是認したからだった。

この点、ハミルトンがワシントンを操っていたというジェファーソンの非難は間違っている。政治の根本的な問題に関しては、ワシントンはジェファーソンよりもハミルトンのほうに意見が近かったというにすぎない。このためワシントンは、ハミルトンが必要としていた政治上の盾の役目を喜んで引き受けたのだ。そして、この盾に守られながら、ハミルトンはアメリカでもっとも影響力があり、もっとも物議を醸す人物となっていった。

CHAPTER

15

Villainous Business

悪事

関税確保が急務

アレグザンダー・ハミルトンが力強い中央政府を築くため遠大な計画をまとめ始めたころ、行政府はまだちっぽけな萌芽にすぎなかった。財務省での初日、ハミルトンはがらんとしたオフィスを歩き回っていたことだろう。まもなく、彼はそこに優美なマホガニーの机――ほっそりした脚部にカリアティッド（女人像柱）が施されたもの――を置いた。そしてこの後、この机で驚くべき量の仕事を成し遂げることになる。彼は無数の演説文、論文、報告書を書いたが、ゴーストライターを使ったことなど一度もなかった。後世に残る手紙もほぼ全部自筆だ。

ワシントンも、マウントヴァーノンでは大勢の使用人を使っていたが、それに比べると、大統領として抱えるスタッフの数はわずかなものだった。それでも、ハミルトンは最初から行政府で最大の省を率いていた。その部下はまもなく三九人に達した。そのころ上院のスタッフはまだ五人しかいなかったので、ハミルトンは個人的な権力基盤となる大規模な官僚制度を築こうとしているのではないか、という懸念がすぐに持ち上がったほどだった。財務省の拡大ぶりが戦争省と比べて急ピッチだったのは確かだ。伝記作家のノース・キャラハンによれば、「［ヘンリー・］ノックスがニューヨークに着いて公務を開始したとき、最初はすべきことがほとんどなかったが、彼の秘書官一人と事務官一人とは親しくなった。当時、戦争省の職員はこれが全部だった」[*1]。

初代の財務長官として、ハミルトンは、経理や照合や監査の基本制度を考案しなければならなかった――そして、この時編み出された制度の多くは、以後何十年にもわたって用いられた。彼の取り組んでいる仕事は、きわめて俗っぽいものだったが、彼は管理能力を試されるような難問に挑戦できることを喜んでいるかのようだった。街角を歩くときも、彼は超然とした知的な雰囲気を漂わせ、何事か考えに耽っているようで、すれ違う人と目を合わせることもめったになかった。あるニューヨークの新聞にこうからかわれたこともある。財務長官になりたいのなら、「街に出るのは控えめにして、その上、深く物思いに沈んでいるかのように道に目を落とすよう気をつける」べきだ[*2]。

最初の数ヶ月は、仕事のプレッシャーから解放される余暇もほとんど持てなかった。アンジェリカが英国へ去った後、イライザと子供たちもオールバニーへ引き籠ってしまい、ハミルトンは一人残されて仕事の山に埋もれていた。「君たちがみないなくなって、私は一人ぼっちで途方にくれている」と彼はイライザに書き送っている。「募る不安を抱えながら、また会える日を心待ちにしている」[*3]。この手紙が書かれた月のうちにイライザは戻ってきた。そして、イライザとアレグザンダーは、ワシントン夫妻と一緒にジョンストリート劇場へリチャード・ブリンズリー・シェリダンの喜劇『劇評家』を見に行き、感激的なひと時を過ごした。一行が劇場に入ると、オーケストラが「大統領の行進曲」を演奏し始め、観客が一斉に立ち上がって拍手を送ったのだ。

ちなみに、イライザがこの日の思い出と同じように、いつも楽しげに回想していた思い出がもう一つある。マーサ・ワシントンのレセプションの一つでのこと、マカイヴァーズ嬢という女性が巨大なダチョウの羽根の髪飾りを着けて現れた。ところが、この髪飾りにシャンデリアの火が燃え移ってしまった。すると、当時大統領の側近だったウィリアム・ジャクソン少佐が彼女のところへ飛んで行き、その羽根飾りを両手で叩いて火を消したのだという。

もっとも、就任直後の途方に暮れていた時期のハミルトンには、そうした外出の機会などめったになかった。まず、大至急で税関を創設する必要に迫られていた。というのも、関税こそが政府の主な財源となるからだ。就任二日目、彼は関税の収税人全員に回状を送り、各州の収税額を正確に知らせるよう命じた。ところが、戻ってきた回答は不審なほど低い数字だった。ハミルトンはセントクロイ島時代から密輸について知っていたため、東海岸で密輸が横行しているにちがいないとにらみ、必然的に次の段階へと進んだ。「巡視船団の創設について考慮中だ」と彼は文通相手の一人に伝えている。後に沿岸警備隊へと発展するものに言及した記録としては、おそらくこれが最初だろう。*4

ハミルトンは飽きることなく貪欲に情報収集を行った。たとえば港務官に対しては、その港の灯台、航路標識、浮標について詳細に訪ねた。また関税の収税人には、輸出貨物の量と種類が正確に確認できるよう、船舶積荷目録の提出を求めた。政府の統計的基礎のすべてが、彼の指揮の下で形成されていった。そして、きわめて重要な決定として、彼は金貨と銀貨だけではなく、ニューヨーク銀行と北アメリカ銀行の発行する紙幣でも関税を支払えるようにした。この画期的な新機軸によって、コインの使用から効率的な紙幣の利用へと、アメリカは転換し始めることになった。

ハミルトンは何事も時間厳守――「ぐずぐずするのは嫌いだ」と彼は言ったこともある――で、公僕意識を持った一流のスタッフを集める場合にも時間を無駄にはしなかった。[*5] 彼が指名されたその日のうちに、コネティカット出身の会計検査官オリヴァー・ウルコット・ジュニアを含めた五人の補佐も同じく承認された。そして、サミュエル・メレディスが出納局長に任命されると、この人使いの荒い財務長官はメレディスにこう教えた。「これがどれほど重要なことかは言うまでもないと思うが、できるかぎり迅速に行うよう心がけてくれたまえ」。[*6]

財務次官補デュアの悪行

初代の財務次官補としては、ハミルトンは友人のウィリアム・デュアを選んだ。機知に富み、上品で陽気なデュアは、このころにはすでにロード・スターリングの娘レディ・キティと結婚していた。だが、デュアを選んだことで、後にハミルトンは厄介な問題を背負い込むことになる。というのも、デュアは根っからの投機家で、デュアが後に引き起こしたスキャンダルが、ハミルトンの評判まで落としたのだ。デュアは英国で育ち、イートン校で古典を学んだ。しかし、父親が亡くなったため、彼は一〇代のうちにベンガルの東インド会社で働き始めた。ところが、インドの気候のせいで身体を壊してしまったので、西インド諸島のアンティグア島にある親族の農園でしばらく過ごした後、ニューヨーク北部の土地——サラトガのスカイラー家の地所から遠からぬところだ——を購入し、英国海軍に木材を売っていた。まだキングズカレッジの学生だったハミルトンと知り合ったのは、デュアが英国時代にマイルズ・クーパーの友人になったからだった。

デュアとの関係はハミルトンに大きなダメージを与えたため、多くの友人には二人の関係が不思議でならなかった。しかし、ハミルトンとデュアは、政治的な見解も威勢のよいところも似通っていた。しかも、デュアは経歴からして次官補の仕事にうってつけだった。まだ英国にいたころ、デュアは歯に衣着せぬホイッグ党員で、植民地人の不平不満を擁護したり、反乱を避けるための改革を強く支持したりしていた。そして独立革命中は、大陸軍に物資を供給する一方、大陸会議に参加し、ニューヨーク邦憲法を起草した会議にも出席した。しかも、結局は二篇とも掲載されずに終わったものの、ハミルトンが『ザ・フェデラリスト』の論文執筆を依頼したほど頭が良かった。ハミルトンに次官補に指名されたとき、デュアは旧財務委員会の書記官としての三年の任期をちょうど終えたばかりだった。ハミルトンは彼のためにわざわざ財務次官補というポストを作ってまでして彼を引き留めた。

だが残念なことに、ウィリアム・デュアは道徳的にひどい近眼だったらしく、何事につけ公務と私利の境界線をはっきり見極められなかった。その秋、ハミルトンは、発行済みの公債の市場価格に大きく影響する決定を下そうとしていた。そのため、もちろん政府内では機密保持と倫理厳守が義務だった。ところが、後になって明らかになったのだが、デュアは数年にわたって公債を大量に買い集めていた。しかも、軽率なデュアは、ハミルトンの公債償還計画を知人に漏らしていた――この種の話は、市場を動かす重要なインサイダー情報なのにだ。

ハミルトンの財務長官就任からわずか一週間後、ノア・ウェブスターは極秘のはずのハミルトンの公債償還計画の詳細をアムステルダムの投機家に教え、情報の出所は「副長官のデュア大佐が外でした話」だと伝えた。[*7] 胃弱でも休むことなくこつこつと日記をつけ続けたウィリアム・マクレー上院議員も、州の公債に投機した下院議員の噂を書き残し、こう述べている。「大騒ぎの震源が財務省だということは誰も疑っていない。だが非はデュアにある」。[*8]

不運にも、デュアの行動は、新しい財務省が腐敗の巣窟だという不当なゴシップを招いた。だが実際には、ハミルトンは就任直後から厳しい倫理基準を設け、財務省職員は公債の売買に手を出してはならないという方針を打ち出し、アメリカの公務員にとって重大な前例を作っていた。ハミルトン自身、利害の対立を招く恐れのある企業投資を一切やめた。後に一民間人に戻ってからでさえ彼は、自ら「良心的であること」を心がけているから「投機と呼ばれるものには関与しない」と述べている。[*9] それだけに、彼がデュアの恥知らずな策謀に目をつぶったのは、なおさら不可解と言える。ハミルトンは人を見る目がきわめて鋭く、その鋭い眼力が曇ったように思われることはあまりなかったが、ウィリアム・デュアの場合はその数少ない例の一つだった。

英国との秘密交渉

国務長官のジェファーソンがまだニューヨークに来て職務に就いてはいなかったので、ハミルトンはためらうことなくジェファーソンの代理も務めた。このころ、カナダ総督の側近であるジョージ・ベックウィスという英国の外交官が、新しい財務長官と非公式に会えないかとフィリップ・スカイラーに打診してきた。ハミルトンに親英寄りのところがあるのはすでに周知のことだった。

一〇月、ハミルトンは密かにベックウィスと会ったが、英国はまだアメリカに外交官を正式に駐在させてはいなかったので、この会談は用心して進める必要があった。そこで、非公式の会談ということになってはいるものの、ハミルトンはこうベックウィスに念を押した。私の言葉は「この国のもっとも賢明な人々の意見」を反映している。「自信を持って申し上げることができるが、私の言葉はワシントン将軍の言葉であり、上院の大多数の言葉でもある」[*10]。この会談についてロンドンに報告するときも、ベックウィスは用心のため、ハミルトンのことを「セブン」という暗号で呼んだ――この安全策が、後に、ハミルトンは英国のスパイだというばかげた非難につながってしまった。だが実際には、ワシントンはこの秘密会談についていくらか知っており、ハミルトンから概要も受け取っていた。

　ベックウィスとさまざまなことを話し合う中で、ハミルトンは英国との通商条約の見込みについても言及し、共感できる相手だとほぼ確信した。「私は常々、他のいかなる国との関係よりもあなた方との関係を重視している。双方とも英語で考えるばかりか、先入観や嗜好も似通っている」[11]。またベックウィスは、英国の商船を冷遇するようにとマディソンが連邦議会に提案したことを残念に思っていたが、ハミルトンも同感だった。そして、マディソンのことについてこう打ち明けた。「実のところ、この紳士は賢明な人物ではありますが、少々世間知らずなのです。だが、彼が腐敗しておらず清廉潔白であること、それは間違いありません」[12]。

　アメリカと英国の通商同盟というハミルトンの提案した計画は、英国への媚びへつらいどころか、微妙な威嚇と誘惑の入り混じったものだった。将来アメリカが大国になると予感していた彼は、まず、英国はアメリカの購買力を考慮に入れるべきだと断言した。「私たちは、今も、そしてこれからも大きな消費者であると思います」[13]。また、今は英国に及ばなくとも、アメリカがいつか英国に匹敵する経済大国になると見越して、こう述べた。「私たちは若い伸び盛りの国で、進取の気性と活力に満ちています。けれども疑いなく、製造業よりはむしろ農業の国ですし、この先数年もまずそうでしょう」[14]。

　そして、次のように指摘した。現在のところ、原材料の生産国である米国は、大工業国である英国にぴったりの相手だが、その一方、北部の諸州は製造業が伸びており、もし英国がアメリカの邪魔をすれば、そうした英国の優位を脅かす力は、かえって急ピッチで成長するだろう。しかも、英国に撥ね付けられても、米国はフランスと手を組んで、西インド諸島の英国領を脅かすこともできる。

ハミルトンは英国のお追従どころではなく、政府上層部に潜り込んだスパイでもなかった。いかなる場合も、米国の利益を断固として守ろうとしていた。ベックウィスと交渉していたのであって、媚びへつらっていたわけではなかった。また彼は、米国が英領西インド諸島と交易できるようにすべきだと主張し、英国が講和条約を遵守してオハイオ川流域の砦を手放すよう求めてもいる。ハミルトンが政府方針から逸脱したところと言えば、独立革命中に逃亡した奴隷の引き渡しを英国が拒否したことを彼が称賛したことだけだ。「いったん保護すると請け合ったからには、これらの者を主人に渡すなど、ありえないことだった」とハミルトンはベックウィスに語っている。[*15]

会談の最後にハミルトンは、今回話し合った件について協議を継続するため、まもなく米国の使節が英国に派遣されるだろうと仄めかした。そして実際に一〇月七日、ワシントンはこの使節の人選についてハミルトンとジェイに相談し、ハミルトンの提案に従ってグーヴァヌア・モリスを英国に行かせることに決めた。財務長官就任から数週間しかたっていなかったが、すでにハミルトンは、外交政策に関しても、政権内でもっとも影響力のある人物という地位を確保していた。

『公信用に関する報告書』を執筆

それにしても、ハミルトンに外交政策を気にかける時間があったとは驚きだ。ベックウィスとの会談は、彼がその秋専念していた大仕事のちょっとした息抜きだったと言ってもよい。『公信用に関する報告書』を一月までに提出するよう、議会から求められていたのだ。この仕事では、アメリカの財務状態をまとめ、独立革命が残した膨大な公債を処理する是正措置を提案しなければならなかった。ハミルトンは余人に意見を求めはしたが、彼の報告書は、何らかの委員会の産物ではない。『ザ・フェデラリスト』の論文五五篇の場合と同様、この時も彼は、長期にわたる至難の仕事にたった一人で取り組んだ。来る日も来る日も書斎に籠り、三ヶ月あまりで四万語の論文――短めの本並みの量だ――を書き上げた。しかも、複雑な計算もすべて自分で行った。

革命世代の中には、アメリカが現世のエデンの園になると夢見ている者もいたが、ハミルトンはこの時も英国とフランスの歴史を着想の源とした。そして、彼が心酔していたのは、政府の借り入れが軍事力を強化することもありうると論じたフランスの財務長官、ジャック・ネッケルだったけれども、国家財政に関しては、ハミルトンにとって真の導きの星となったのは英国だった。

英国は早くも一六九〇年代にイングランド銀行を設立し、蒸留酒税を法制化し、公債の償還を行っていた——つまり、特定の財源を担保に、債務の償還を保証したのだ。一八世紀に入ると、英国の債務は大きく膨らんだが、国力が弱まるどころか、逆に債務はさまざまな恩恵をもたらした。公信用をもとに、英国は海軍を増強し、世界中で戦争を行い、世界規模の貿易帝国を維持することができたのだ。しかも、債務支払いのために発行した国債が、経済を活気づけていた。債権者が国債を融資の担保として使うことができたからだった。

ハミルトンはアメリカを旧宗主国に追従させようとしたという批判もあるが、実際には、英国の実例に倣ったとはいえ、追従するつもりなどなかった。彼の目的は、アメリカの繁栄と自給自足を促し、最終的には米国が英国資本にあまり依存しなくてもすむようにすることだった。ハミルトンは英国を経済的に打ち負かすために、英国の手法を利用しようとしたのだ。

報告書の作成に当たって、ハミルトンはさまざまな書物を利用した。まず、彼が以前からデイヴィッド・ヒュームの『政治経済論集』を熟読していたのは確かだ。ヒュームも、公債が経済活動を活性化することもあると認めている。またモンテスキューは、国家は財政上の義務を尊重すべきであると力説していた。「一部の問題に関して公衆の信頼にひびが入れば、必ずや全部の問題に関してひびが入っているように見えるからである」[*16]。トマス・ホッブズも、有価証券の譲渡契約は神聖なものだと強調し、そのような取引は任意によって行い、いかなる結果になろうとすべて甘受すべきだと述べた——これは一見すると不可解な指摘だが、まもなくハミルトンのキャリアに危険な結果をもたらした。そして、ハミルトンは独立戦争中、M・ポッスルスウェイトの『商工業大辞典』をつねにかばんに入れていたが、今再びこれを利用した。

ポッスルスウェイトは、債権者が国債を自由に売買できるのでなければ、いかなる国であれ魅力的な利率で金を借りることなどできない、と述べている。「公信用とはそういうものであり、必要なときに公債で資産を売買できる権利がなければ、国を支えるために金を貸す者など、たとえ国が危急存亡の時であろうと、一人としていない」[17]。侵してはならない財産権は資本主義文化の核であり、ハミルトンはアメリカでもこれが神聖視されるようにしたいと考えていた。

また、この仕事では、ハミルトンは何人かの同時代人にも質問した。たとえば、プリンストン大学の学長ジョン・ウィザースプーンもその一人だった。昔ハミルトンが飛び級の入学を要望したときに拒絶した人物だ。学長からの丁重な返事を見て、ハミルトンはさぞ愉快に思ったことだろう。「貴殿の現在のお立場の重要な責務において、私が助言を差し上げることで何らかのお手伝いができるとのお考え、まことにうれしく存じます」[18]。

また、独立革命によって税金嫌いの国が生まれたと承知していたハミルトンは、マディソンにこう尋ねている。「新しい税金は、どのようなものなら不人気度が最小ですむだろうか？」[19]。この時点では、ハミルトンとマディソンはまだ仲間意識を持っていた。ある女性の話では、その夏、二人が「近所の庭で木によじ登っているサルを見て、身をよじって大笑いしながらからかっている」のを見かけたという[20]。しかし、この時マディソンがハミルトンに書いた返事は、将来の二人の宿命的な亀裂を初めて予見させるものとなった。

マディソンは長期の連邦政府公債には反対だったのだ。そうした債券が外国人の手に渡るのを恐れていたためだ。「彼らはアメリカ人よりも金を持っているが、儲かる投資先となるとアメリカより少ないから、たいていは、アメリカ人から買い取ることができるばかりか、実際に買い取ってしまうだろう」[*21]。だが、マディソンがこの控えめな反対を書いたとき、ハミルトンはこうした意見の相違がまもなく友情を破壊することになるとは思いもしなかった。

公債償還問題

もしハミルトンが無味乾燥な数字ばかり並べていたとしたら、彼の『公信用に関する報告書』はこれほどの歴史的名声を得ることはなかっただろう。だが、彼がここで示したのは、大きな政治的経済的ビジョンに包まれた政府の財政機構の詳細な青写真だった。ハミルトンは冒頭から、政府公債が独立戦争の残した「自由の代価」であり、国庫に対し特別な請求権を持つものだと述べている[*22]。重荷となる税金に対する反感が市民にある間は、諸邦は課税をためらってきたうえ、連合会議には課税権がなかったため、借り入れだけが唯一の資金調達策だったのだ。そして今や、未払い債務は膨大な額となっていた。国債が五四〇〇万ドル、州債が二五〇〇万ドル、合計七九〇〇万ドルだ。

ハミルトンによれば、自由の保障と財産は不可分の関係にあり、契約が公私にわたり倫理性の土台である以上、政府は債務を履行しなければならないという。「個人の場合と同じく、約束を遵守する州は尊敬され信頼されるが、逆の行動に及ぶ州は逆の運命をたどる」[*23]。政府公債を正しく扱えば、アメリカは手ごろな利率で借り入れることができるばかりか、その公債が経済を活性化させることになる。融資の担保として利用すれば、公債は通貨の機能を果たすこともできる――ハミルトンの考えでは、経済を麻痺させ地価の大幅な下落を招いた原因は、通貨不足だった。アメリカは成功の機会がたっぷりとある若い国で、流動資本だけが欠けているが、公債ならその穴を埋められるというのだ。

この場合、公債を管理する秘訣は、元利支払いのために定期的に税収を取り置くことによって、公債を適切に償還することだという。またハミルトンは、彼の償還計画では投機を助長するという批判にこう反論した。それはまったく逆だ。公債が確実に償還されるとわかっていれば、公債の市場価格が激しく変動することはなく、投機家がつけこむチャンスなどなくなる。問題は、政府が償還を履行すると人々が信じるかどうかだ。「信用に関することにおいては必ずや、いかなる場合よりも外観が重要となる。世論はその魂であり、これは外観にも実質にも左右される」[*24]。つまり、広報活動と信頼構築が未来の財務長官全員の特別な責務となる、とハミルトンは直観していた。

ただし、厳密には債務の償還をどのようにすべきかとなると、これはきわめて議論が沸騰する政治問題だった。独立戦争中、多くの裕福な市民は公債に投資し、多くの退役軍人も、後に諸邦連合の下で価格が暴落した略式借用証で給与の支払いを受けた。そして多くの場合、これら立派な愛国者たちは、現金が必要となったり、償還されないと信じ込んだりして、手持ちの証券を一ドル当たりわずか一五セントという価格で投機家に売却した。ハミルトンは、自分の償還計画の影響を受け、しかも政府が償還を保証すれば、こうした債券が低迷から上昇に転じ、額面価格どおりの価値に回復するだろうと思っていた。

しかしながら、こうした楽観的見通しは、政治的ジレンマをもたらすものでもあった。債券が値上がりしたら、投機家は棚ぼた式に儲けることになるのではないのか？　それとも、何年も前に手持ちの公債を下落した価格で売った原所有者——多くの場合勇敢な兵士だった——にも金がいくべきなのか？　この厄介な問題の答えが、アメリカの資本市場の今後の性格を決定づける、ということをハミルトンは承知していた。おそらくはまず一つ深呼吸してから書いたことだろう、彼はこう述べている。原所有者に報い、現在の所有者である投機家を懲らしめるべきかどうか、「十分に熟慮を重ねたすえ」、こうした方法は「公信用を損なう」ものであるから、取るべきではないと判断される。[*25]

また、そうした元の債務保有者に有利な「差別待遇」が、実行不可能だということも問題だった。これを行うためには、政府は公債の譲渡経路をたどり、その売買価格を確認し、しかも、現在の所有者が購入する前にその公債を持っていた中間の投資家全員を突き止めなければならない——これは悪夢のような仕事だ。

この件についてはここまでにして政治的問題を避け、技術的な話へ逃げることもできた。ところが、ハミルトンはここで論点を転じた。彼によれば、最初の公債所有者はただ高潔な犠牲者というだけではなく、現在の所有者もただの強欲な投機家というだけではないという。原所有者は、現金を必要とするときに現金を得ることができたわけであり、国の将来をあまり信じてはいなかった。一方、投機家も、思い切って所持金を賭けたのだから、リスクを負ったことに対し報われるべきである。このようにして、ハミルトンは倫理的に「差別待遇」論者よりも優位な立場に立ち、アメリカの証券取引の法的倫理的基礎を築いた。証券は自由に取引できるものであり、購入者はその取引がもたらす利益や損失に対しすべての権利を持つ、という考え方だ。ハミルトンの考えでは、政府は金融取引に遡及的に干渉することができないという認識は、きわめて重要なものであり、いかなる短期的便宜よりも優先されるべきだった。「取引の安全性」という概念を構築するため、ハミルトンは必要とあらば、金目当ての悪党に褒美を与え、愛国的な市民を罰することも厭わなかった。この大きな賭けによってハミルトンは、アメリカが将来金融界で優位に立つための土台を築いたのだ。

複雑で見事な償還計画

この報告書では、ハミルトンは命取りになりかねない政治的な罠だらけの野をつま先立ちでそっと歩いていくかのようになった。次なる一触即発の問題は、一三州が償還すべき公債と連邦政府が償還すべき公債の二つがあることだった。ハミルトンはすべての債務を連邦政府公債という一つの形に整理統合すべきだと考えた。彼はこう書いている。「この点について熟慮を重ねた結果、財務長官としては、連邦がそれらの州の債務を引き受け、連邦の債務と同様の措置を取ることが、健全な政策と実質的な正義にかなう方策となると確信する」[*26]。この判断の影響は、アレグザンダー・ハミルトンがかつて米国政府を強化するために行ったいかなることよりも大きかった。

連邦政府による州債の引き受けがそれほど重要だったのはなぜだろうか。まず、こうするほうが効率的となる。というのも、競合する小さな計画をいくつも立てるのではなく、一つの包括的な計画で債務を処理できるからだ。第二に、これはかなり政治的な理由もあった。債券所有者は債務者である政府を守ろうという気になる、ということをハミルトンは知っていた。ということは、州政府ではなく連邦政府が債務者となれば、債権者はその忠誠を主に中央政府に向けることになる。ハミルトンの意図は、債権者を儲けさせたり特権階級を保護したりすることではなく、連邦政府の安定と存続を確保することだったのだ。

ウォルター・リップマンは後にハミルトンについてこう述べている。「彼は金持ちの富以上に大きな目的のために金持ちを利用した」[*27]。その一方、ハミルトンの考え方には甘いところもあった。金持ちのほうが必ずや貧乏人よりも強い公共心を持ち、なぜか利己的ではなく、さまざまな利害にとらわれないと思い込んでいたのだ。

ともあれ、この州債の引き受けにはもう一つ利点があった。憲法によって、連邦政府には輸入関税の徴収権が独占的に与えられていた。州も債務を償還しなければならないとなると、州はこの独占的徴税権に異議を唱え、独自に輸入関税をかけて金を取り立てようとするかもしれない。そうなれば、連合規約時代の混乱が再現されることになってしまう。だが、ハミルトンの計画に従えば、州は大きな財源を連邦政府と奪い合う動機を失うことになるはずなのだ。

次にハミルトンが判断を迫られたのは、州債の償還を当初の利率どおりに行うべきかどうかということだった。だが、これを実行するには重い税金が必要であり、重税は反乱や国の疲弊を招きかねないことをハミルトンはわかっていた。また、小口投資家から安値で州債をかき集めた投機家に儲けさせすぎることもしたくはなかった。そこでハミルトンは、まず、利率がわずか四、五パーセントしかない外債については、額面どおり払えばよいと判断した。問題は、利率六パーセントの内債のほうだった。

政府の財政負担を軽減するため、ハミルトンは内債の部分的支払い拒否をすべきだと考えた――ただし、本人は部分的支払い拒否という言葉を使ってはいない。たとえ利率が下がっても満期まで償還されない信頼できる債券（現代用語でいう満期償還債券）と交換するということなら、債権者は低い利率を受け入れてくれるだろうと踏んだのだ。

しかも、国内の債権者を釣ろうと、任意の選択肢をいくつも――もっとも、結局はその一部しか法制化されなかったが――提示した。たとえば、債権者は支払いの一部を当初設定の利率六パーセントで、一部を西部の土地で受け取る、という選択肢があった。これを選択した場合、債権者は辺境の土地の値上がりといううまみにあずかることができる。また、利率が低くなる代わりに期間が延びるという選択肢もあった。この場合には、利払いが年一回ではなく年四回になるというのが特典となる。しかし、何よりも重要だったのは、この公債の償還は、これの償還という特定の目的に当てられた税金を財源とすることだった。ハミルトンの支持者は、この複雑で見事な計画を称賛した。だが政敵から見れば、この計画はややこしくて訳のわからないもの、人々を騙そうとしているものでしかなかった。

支払いを履行するには、外国から多額の借り入れを行うだけでなく、今では裁量権のある輸入関税以外にも国内で税金を新設する必要があった。そこでハミルトンは、米国内で製造されるワインと蒸留酒にも紅茶とコーヒー同様に課税することを提案した。これら最初の「悪行税」について、ハミルトンはこう述べている。課税される製品は「すべて贅沢品であり、その多くは外国の贅沢品だ。しかもその一部は、過剰に使用されれば、命にかかわることになる贅沢品だ[*28]」。

ただし、このような課税は消費を鈍らせ、収入の減少を招く恐れがある。彼はこれも承知していたが、それでも、そのようなことにはまずならないだろうと思っていた。というのも、「どのような贅沢品であれ、人間の愛着心をきわめて強くつかんでおり、その愛着心は、特に習慣によって強められている場合、容易に贅沢から引き離せない」からだ[*29]。

報告書の最後でハミルトンは、資金的裏付けの十分にある公債ならば、「国家的恩恵」となり、アメリカの繁栄を守ることになる、と再び述べている。ただし彼は、このような意見が公的債務の永続化の呼びかけに誤解されることを恐れてもいた——いずれにしても、この永続化はまさに現実のものとなっているが。そして実際、この後彼は終生、自分の見解が故意にねじ曲げられていることにぎょっとさせられることになる。

ハミルトンによれば、政敵は報告書の重要な箇所を無視しているのだという。それは次のように述べているところだ。「債務の設定はつねにその消滅方法と抱き合わせで行われるべきであり、このことが合衆国の公信用制度の基本的原則の一つとなることを強く願うものである」。財務長官としては、これこそ「公信用を不滅のものとするための真の秘訣」であると考える。[30]

三年後にもハミルトンは、債務を消滅させるべきだ、と「かつて公債に関して述べた」うちの「一番最初の文書で」、つまり「公的債務は公共の恩恵だという見解の主張だということに[現在]歪曲されている表現を含むあの当の報告書で」主張したはずだと苛立たしそうに念押ししている。[31]実際、彼の著作を見ると、過重な公債についての警告のほうが、公債を流動資本の財源として称賛する言葉よりもはるかに多い。

最初の報告書から五年たった後も、ハミルトンはまだ怒りを込めてこう警告している。負債の累積が進行していることは、「いかなる政府にとっても天災と言えるだろう。そして、このこと以上に国家に突発的な大革命をもたらす恐れの大きいものなど、容易には思い描けない」。[32]

いずれは負債が確実に消滅するよう、ハミルトンは減債基金の創設を提案した。これは郵便の収入を財源とし、政府の高官が管理することになっていた。（減債基金とは、総予算とは別に設けられる基金で、負債の償還に当てる収入を積み立てておくところ）。こうすれば、貪欲な政治家が目先の利益のために国庫を空にするようなまねを突然思い立ったとしても、この特定財源を守ることができる。

この減債基金からは、返済完了まで毎年負債の約五パーセントが償還されることになっていた。また、当時、既発債は当初の額面価格よりも低い価格で取引されていたため、それを購入しておけば、債券価格が上昇したときに政府の利益となる。つまり、個人投資家と同様に政府も、価格上昇から利益を得るのだ。ハミルトンはこう結論づけている。「財務長官の意見としては、（中略）価格をできるだけ速やかにその真の標準まで上昇させることが政府方針となるべきであると考える」[*33]。ただしこの時には、彼がどれほどすばやく成功に至ることになるのか、その成功の結果どれほど大きな問題が生じることになるのか、本人はよくわかっていなかった。

ハミルトンの頭脳から生まれた金融制度

ハミルトンがこの大作をまとめていた最中でさえ、公債の価格はこの報告書の発表を見越して上昇していた。心理的影響がハミルトンの予想以上に大きかったのだ。財務長官にとって、これは新政府に対する信頼の素晴らしい表明だった。利率も急落しており、アメリカの信用に対する信頼は回復しつつあった。

ハミルトンの報告書の正確な内容は、一月中旬まで明らかにされなかった。連邦議会が始まると、いわゆるジョッバー――裕福な証券ディーラー――がフェデラルホールの周りに押し寄せ、議員を捕まえてはハミルトンの計画の詳細を突き止めようとした。ハミルトンの意図を正しく見抜くことができれば、投機家は大儲けできるのだ。ニューヨークで開かれるディナーパーティの席でも、彼らはハミルトンの言葉を一語たりとも聞き逃すまいと耳をそばだてた。すでに多くの裕福な商人は、南部の片田舎にまで人をやって、市場価格の下がった州債を掻き集めていた。連邦政府が州債の引き受けを行えば、その価値は上がるはずだからだ。欲に取り憑かれた者がどんどん増えていくこうした狂騒の中、ハミルトンは彼から少しでも情報を引き出そうとする試みをかわしていた。

一一月、ヴァージニアの友人であるヘンリー・リーが手紙をよこし、計画について何でもよいから教えてくれないかと頼んできた。ただし、この頼みが不適当でなければよいのだがとも書かれていた。ハミルトンの返事は、まさに良心的な財務長官の鑑と言えるようなものだった。

私に不適当なことをさせるつもりはないと言ってくれたのは、本心からのことだと信じている。それゆえ、君の質問にいくらかでも答えられることがあるのか、私にはわからない。例のカエサルの妻に関する言葉を思い出してくれたまえ。「疑いをはさむ余地がないようにすべきだという言葉」。この精神は、一国の財政に関与する者全員に当てはまると思う。そうした者の行動に関しては、疑惑の目はつねに鋭く、まったく悪意のないことでも誤解されがちなのだ。[*34]

報告書提出の前夜、ハミルトンは神経質になっていた。「明日、予算案を議会に提出します。想像がおつきでしょうが、今日は非常に忙しく、少なからず懸念しています」とハミルトンはアンジェリカに書き送っている——ちなみに、彼女はこの後まもなく、ロンドンの本屋から金融関係の論文を彼に送り始めた。[*35] ハミルトンが緊張感と怖気にとらわれたのは、自分の提案が激しい論争に火をつけることや、議会内の敵がナイフを研いで待ち構えていることを承知していたからだ。そして、報告書を提出する用意ができたことを議会に告げると、まずは、ハミルトン本人が口頭で行うべきか、それとも書類で出すべきかをめぐって論議が巻き起こった。結局、行政府が立法府を侵略するのではという不安がまだ大きく残っていたため、ハミルトンは本人がじかに提示することを許されず、一月一四日に五一ページにわたる小冊子が下院で読み上げられた。そのあまりの長さに、しまいには、多くの議員が呆然と黙り込んだ。

後年、ダニエル・ウェブスターはハミルトンの報告書について次のように激賞した。「アレグザンダー・ハミルトンの頭脳から合衆国の金融制度が生まれてからは、ユピテルの頭からミネルヴァが生まれたという神話でさえそれほど唐突とも見事とも思われなくなった」[*36]。歴史的評価も同時代人の評価も、長期的視点に立った場合はこれと同様だが、当時は、誹謗中傷の声もすぐに上がった。ハミルトンの計画の複雑さや、債権者の選択肢の多さに当惑したのだ。また、ハミルトンの動きがあまりにも素早く、しかもあまりにも多角的すぎ、これでは彼の意図をつかみきれないと感じて反対に回った者もいる。その上、彼の考案した経済機構は実に巧妙で、その歯車はどれもぴったりとかみ合っていた。一部だけをいじろうとしても、全体を壊さなければできなかった。この精巧な構造について、ハミルトンは後にこう述べている。「信用とは全体だ。その一部分はどれも、他の部分すべてと最高に調和するようになっている。枝が一本折れたら、木全体がしおれて枯れてしまう」[37]。

ハミルトンが闘わなければならなかった偏見のうちでもっとも根深かったものは、少しでも英国流のところがある計画などどんなものでも有害だ、という感情論だったようだ。しかも、大規模な長期公債の発行が英国流に見えたというだけではなかった。ハミルトンが政府内の力関係を変え、「人民の」部門である下院から行政府へ支配力を移そうとしているのではないかという懸念もあった。

ウィリアム・マクレー上院議員は、ハミルトンの計画に対する不快感をこう書き残している。「彼は無差別な償還を提案している。英国の大臣が法案を提出したときのやり方だ」[38]。こうした財務省の権力に関する言い分のほかにも、行政が立法府を完全に腐敗させてしまうのではと懸念する声もあった。マクレー始め何人かは、議員の中にも政府公債に手を出している者が数人いるとにらんでいた。

マクレーはこう断定している。こうした「悪事」は、「ハミルトンの大臣としての評判を永遠に損なう」だろう。[*39]この時、アレグザンダー・ハミルトンをアメリカのメフィストフェレスと見る神話が生まれつつあったと言えよう。そして、マクレーから見れば、ニューヨークの資本家も、ハミルトンと結託して「我が国ではかつてなかったほど邪悪な投機制度」を育てようとしている悪魔の手先だった。[*40]

債券投機熱と批判の声

一方ハミルトンは、議員が政府公債で投機をしているとは思っていなかった。「私の知るかぎり、議員の中に相場師とかペーパーディーラーとか呼んでもよいような者はまったくいない」と彼はワシントンに断言している。もちろん、公債を所有している議員はおり、たいていは戦時中に手に入れていたが、これについては、ハミルトンは問題があるとは考えていなかった。「自国の公債の所有者になったから必ずや腐敗し罪を犯す（中略）などという考えは奇妙な偏見だ。だが、公債をかなり所有している議員はごく少数であると思う[*41]」。

だがマクレーは、こうした考えを嘲笑し、議会もニューヨークの投機家と結託していると見ていた。「街中がこのことにかまけていると言っていい。むろん、皆が議会の措置に影響を与えようとした。［議会の］議員もこの汚い仕事に手を出さないでおこうとはしていない。（中略）

それゆえ、投機を議会の仕事だと見てもかまわないと思う」[42]。マクレーは本気で懸念していたようだ。ただし、反ハミルトン派の多くと同様、マクレーも金融については根本的に無知だった。この年内に減債基金が政府公債の買い取りを始めると、マクレーはこれこそ投機家を儲けさせる陰謀だと考えた。そうした市場操作が債務を減らし、利率を下げ、経済全体に好影響を与えることになるとは、彼には理解できなかったようだ。マクレーにしても他の批判者にしても、いわゆるハミルトン体制が必ずしも正しい者や高潔な者に報いるわけではない、と見ていた点では間違っていない。しかし彼らは、より大きな社会的利益が社会にもたらされたことを見落としていた。

ハミルトンの『公信用に関する報告書』は、衝撃的な影響を及ぼした。債券の取引がアメリカではそれまでなかったほど活発になったのだ。ロバート・R・リヴィングストンによれば、投機熱は「あらゆる階層の人々を襲い」、ジョージ・クリントンやミランクトン・スミスといった筋金入りのアンチ・フェデラリストにまで感染したという[43]。こうした投機の大流行に呆然としたジェームズ・ジャクソン下院議員は、この投機熱に冒された者を「貪り食う獲物を探している貪欲な狼」だと評した[44]。

一月下旬には下院で演説に立って、ハミルトンの報告書がもたらした「混乱と投機と破壊の風潮」に抗議し、多くの投機家は報告書のことを事前に知っていたから儲かったのだと告発してもいる。ジャクソンによれば、ここ二週間の間にも、大勢の投機家が乗った船三隻がニューヨークから南部へ向かって出航したが、それは、まだハミルトンの計画のことを知らない無防備な投資家から州債を掻き集めるためだという。「実に卑しむべき行為の示す貪欲で不道徳な堕落ぶりに、私の魂は憤慨しております」とジャクソンは強く非難している。[*45]

またフィラデルフィアのベンジャミン・ラッシュも、無知な者にありがちな怒りを示してハミルトンの計画を批判した。連邦議会は今や「英国の国民のために法律を作っている」と大袈裟に主張し、公債に異議を唱えたばかりか、いかなる債務も社会に有害なものだとして否定したのだ。「公信用を過大評価すべきではない」と彼は述べている。「これは国にとっての金貸しや質屋だ。借金と浪費と悪徳と破産を生むものだ。（中略）長官の賭博じみた報告書が我々の生まれたての共和国に必ずや持ち込むであろうヨーロッパの悪徳について考えるたびに、私は気分が悪くなる[*46]」。

マディソンの離反

ハミルトンの問題の一つは、南部と北部の潜在的な不和を明るみに出したことだった。当時は一般的な考えとして（ただし、ハミルトンから見ればひどい誤解だったが）、政府公債の原所有者は圧倒的に南部人で、原所有者から「騙し取った」現在の所有者は北部人だと思われていた。ハミルトンはそのような地域的な移動を否定し、現在公債が北部に集中しているのは、ひとえに、戦争の大半が北部で行われ、債務証書を受け取った兵士の数も北部のほうが多いためだ、と主張していたが、それでも、北部の悪徳商人が南部の実直な農民を騙しているというイメージは根強かった。

しかも、そういったイメージがあるにもかかわらず、ハミルトンと親しいニューヨーカーの多く——ジェームズ・ドゥエーン、グーヴァヌア・モリス、ウィリアム・デュア、ルーファス・キング——も、公債の売買ポジションをかなり多量に集めていた。フィリップ・スカイラー一人だけでも六万七〇〇〇ドル分持っており、一説によると、上院がハミルトンの計画をひどく非難していることに仰天し、「まるでインディアンに撃たれたかのように」身の毛がよだつ思いをしたという。[*47] 議員もやはりカエサルの妻のように疑いをはさむ余地がないようにすべきだ、という考えまでは、さすがのハミルトンも思い浮かばなかったようだ。ともあれ、ハミルトンの公債償還計画をめぐる論争から、大都市の資本家に対する農村部の根強い不安がアメリカ政界に浸透し始めた時期がわかる。

ハミルトンの政策で得をすることになる現在の債権者に、高潔とは言えない者が多いことは、ハミルトン本人も承知していた。しかし、ハミルトンの目が見据えていたものは、当時の党派的な論争などではなく、アメリカの未来だった。彼は大国を築くための下地を作っていたのだ。「財産に関する一般的規則、そして社会的関係を形成する一般的規則すべては、その通常の施行においても独特の苦難や不正を伴うことが多いものです」と彼はワシントンに語っている。「けれども、社会秩序と全体の幸福のためには、そうした規則をしっかりと遵守することが必要です。原則が破られるくらいなら、一部の悪を甘受するほうが必ずや好ましいと思われます」[*48]。

一七九〇年二月八日、下院はハミルトンの『公信用に関する報告書』の審議に移り、この審議は初代連邦議会の第二会期の大半を占めた。マクレーの日記によれば、苛々していたハミルトンは、一週間前から議員への働きかけを始めており、議員の間を飛び回っていたという。「私の知るかぎり、ハミルトン氏は自分の償還制度のことをかなり心配している。早くからここに来て議長を訪ねた。もっぱら議員の間をあちらこちら駆け回って過ごしていたようだ」[*49]。多くの議員は、ハミルトンの働きかけを容赦のない圧力だと感じた。ハミルトンは精神力だけでなく、組織力も動員していたからだ。

下院での審議が始まった翌日には、ハミルトンの昔の恩師の一人である神学者のジョン・ロジャーズがマクレーを訪ねてきて、「まるで説教壇に立っているかのような」調子でハミルトンの制度を滔々と解説したという。「シンシナティ［協会］も［ハミルトンの］組織の一つで、ニューヨーク市全体もだ」[*50]。まもなく、気分を害したマクレーは、容赦なくやいやい言ってくるハミルトンの「手先」と「闘士」を叱りつけたという[*51]。アメリカ人は英国流の議会制度を拒否し、行政府の高官が立法府に出席するのを禁じたが、ハミルトンが連邦議会であちこちに出没しているさまは、その取り決めに違反しているように見えた。

ところで、計画の作成に当たってハミルトンは、当時ヴァージニア代表の下院議員となっていたジェームズ・マディソンの支援を期待した。ワシントン大統領も、就任演説以来定期的にマディソンに相談し、儀礼から大使の選定に至るまでさまざまなことを話し合っていた。憲法制定会議での重要な役割、権利章典、そして『ザ・フェデラリスト』での仕事によって、今やマディソンはもっとも影響力のある下院議員だった。

だが、マディソンが手を貸してくれるものと思っていたハミルトンは、一七九〇年二月一一日、いきなり思い違いを教えられることになった。マディソンが公債償還計画を厳しく非難する演説をしたのだ。マディソンは、現在の公債所有者が過去の価格上昇から利益を得るのは構わないと思っていたが、ハミルトンの計画がもたらす今後の価格上昇に関しては、その棚ぼた式の儲けは、原所有者の債券売却時期を問わず原所有者の手に渡るべきだと考えていた。

マディソンから見れば、こうした原所有者は、ハミルトンの言うような政府に対する忠誠を放棄した者などではなく、切羽詰まって売っただけだった。罪のない愛国者が犠牲になり、投機家が無知な田舎者から公債を買い集めていることは、彼の正義感が許さなかった。マディソンはアメリカ独立革命に対する背信行為が行われていると見ていた。

ハミルトンは面食らった。原所有者を突き止めるのに必要となる書類が紛失している場合など、そうした「差別待遇」を不可能とする実施上の問題をすべて提示ずみだったからだ。しかも、マディソンの提案は、証券購入者がその後の配当と利益をすべて手に入れる、という重要な原則を壊すことになる。ハミルトンから見れば、この権利に政府が介入することは、私有財産の没収に等しかった。マディソンの主張は、愛国的な退役軍人たちの感情に強く訴えるものだったが、ハミルトンの主張には、感傷に流されない実際性という核があった。

審議が長引くにつれ、フェデラルホールの傍聴席は、結果に賭けている投機家たちで溢れるようになった。そして、マディソンの提案についての投票が近づくにつれ、緊張が高まっていった。二月二〇日、アビゲイル・アダムズは、差別待遇に関する大論争を見に行くつもりだと姉妹に告げている。「明日はあの問題に関して決戦の日になると思われます。（中略）下院に行くのはこれが初めてです」[*52]。

ハミルトンは戦力を効果的に配置していたが、対するマディソンのほうは不器用で融通が利かなかった。マディソンの「プライドは、問答を一切受け付けないたぐいのものらしい」と落胆したマクレーは二月二二日に書いている。「この男の頑固さが」ハミルトンの計画に対する「反対を潰してしまった」[*53]。この日、下院はマディソンの動議を三六票対一三票で否決した。しかし、ハミルトンに異を唱えた一三票のうちの九票が、最大の人口を抱えるヴァージニア州から出たことは、ハミルトンにとっては凶兆だった。

マディソンはハミルトンから離れ始めていた。マディソンはハミルトンの計画の一部に反対なだけだと言っていたが、もっと根本的な不満を抱えていることを密かに認め、こう手紙に書いたこともある。「私の主義からすれば、公債とは公災だ」[*54]。ハミルトン、マディソン、ジェイの「パブリアス」チームは、自由に対する最大の脅威は州レベルで出現すると見ていたが、今やマディソンは、有能な財務長官の手に委ねられた連邦の権力に批判の矛先を向け始めていた。

特にジョン・アダムズは、議員としてのマディソンに幻滅したらしい。四月には友人にこう言っている。「マディソン氏はよく勉強する学者だが、有能な男だという評判は、フランスのほら吹きどもの産物だ。いくつかの最悪の方策、いくつかのばかばかしいことこの上ない動議、これらは記録に残る彼の汚点だ」[*55]。

ハミルトンにとって、マディソンの変節は個人的にもつらい裏切りだった。ハミルトンの支持者で牧師兼投機家だったマナセ・カトラーが友人に語ったところでは、ハミルトンはマディソンがハミルトンの計画に反対したことを「［マディソンも］守ると厳粛に誓った原則を不誠実にも捨てた」と受け取ったという[*56]。

この不和は、ただ個人的なレベルだけにとどまらなかった。というのも、二人の間の亀裂がアメリカの二大政党制の出現を早めたからだ。公債償還をめぐる論争は、新しい政府をもたらした政治的合意を短命のうちに打ち砕いた。この後五年間、アメリカ政界の勢力図は、人々がアレグザンダー・ハミルトンの計画を支持するか反対するかによって決まることになる。

奴隷問題をめぐる対立

マディソンがハミルトンの償還計画を叩いていたころ、下院ではもう一つ、一見無関係なドラマが奴隷問題をめぐって上演されていた。ニューヨークとペンシルヴェニアのクエーカー教徒が、奴隷貿易を廃止するようにという請願書を提出したうえ、八四歳のベンジャミン・フランクリン率いるペンシルヴェニア奴隷制度廃止促進協会が、奴隷制度そのものを廃止するようにというさらに積極的な請願書を出したのだ。この微妙な問題に関しては、南部の議員たちは当然ながら激怒した。

サウスカロライナのイディナス・バークなどは、クエーカー教徒が「扇動のラッパを吹いている」と非難したばかりか、このような異端の主張に耳が汚されるといけないから、傍聴人には傍聴席から出て行ってもらったほうがよいとまで提案した。[*57] ジョージアのジェームズ・ジャクソンも、奴隷制度は聖書が認めていることだと言った。南部出身の議員の猛烈な勢いからすると、この問題については、いかなる妥協も受け入れそうにないのは明らかだった。サウスカロライナのウィリアム・ラウトン・スミスも、憲法が奴隷制度に干渉しないことを条件に、南部諸州は憲法を承認したのだ、と議会で改めて念を押した。この約束を破ろうとするなら、連邦の存続を脅かすことになるという。

この騒動は、合衆国初期の歴史の小話ではすまされない。当時、北部の多くの地域では奴隷制度が徐々に消えつつあったが、南部では、奴隷制度が年々ますます深く経済に組み込まれていったからだ。マサチューセッツのフィッシャー・エームズは、南部の憤慨ぶりについて次のように友人に不満を漏らしている。「下品で無作法で罰当たりな言葉が使われた。（中略）南部のお偉方は、南部の重要性と黒人奴隷のことになると、短気と頑固な偏見とプライドに支配されてしまう」[*58]。

奴隷制度廃止論者の請願書は下院の委員会に付託された。この委員会が三月に下院に提出した報告は、憲法制定会議が奴隷貿易廃止までに二〇年の猶予期間を設けることを採択した点に言及していた。つまり、一八〇八年までは下院には奴隷貿易をやめさせる権限がないということだった。ましてや奴隷を解放する権限などあろうはずもなかった。仕方なしに実利を取ったのか、それともまったく勇気がなかったのか、いずれにしても、奴隷制度の廃止は公式にはこれで完全に消えた。

下院委員会の報告が出た後、ちょうど権利章典の仕事を終えたばかりだったマディソンも、南部は奴隷問題については見て見ぬふりをするべきだ、とエドマンド・ランドルフに語っている。「南部の議員の本音は、できるだけ事を荒立てず成り行き任せにすることだ」[*59]。マディソンは理屈の上では奴隷制度廃止論を支持していたが、怒った南部の反応を心配してもいた。連邦存続を願ってのことか、それとも奴隷制度を維持したいと思ってのことか、どちらの動機のほうが強かったにせよ、彼はこの後、ヴァージニアの有権者の顔色をうかがっては、徐々に個人的地域的利己主義に染まっていった。

奴隷問題の棚上げが一七八七年に連邦成立の条件だったが、こうして一七九〇年にも再び棚上げとなった。ハミルトンも、奴隷制度を厳しく批判していたものの、この一触即発の問題が連邦を破壊しかねないことを承知していた。彼は極度のナショナリストになることも、極度の奴隷制度廃止論者になることもできなかった。奴隷問題を持ち出せば、ただでさえ物議をかもしている公債償還計画を進められなくなるのは確かだった。そこでこの論客は、奴隷問題と言う非常に重要な問題についてはとりあえず口を噤んだ。ただし、翌年になってから、密かに一撃を加えたようだ。

歴史家のフィリップ・マーシュによれば、ハミルトンは「シヴィス」というペンネームを用い、一七九一年二月二三日の新聞で次のようにマディソンとジェファーソンを痛烈に皮肉ったという。「黒人に関しては、貴殿らはその問題に気を配らなければならない。（中略）自由と平等を誰よりも多く語っているのは誰だ（中略）？ それは、片手に権利章典を持ち、もう片手に恐れおののく奴隷を打ち据える鞭を握っている者らではないのか？」[*60]。ハミルトンがこれを書いたとしたら、ハミルトンは英国の急進主義者トマス・デイが一七七六年に書いたこのような皮肉を更新したことになる。「この世でまさしくばかげたものがあるとするなら、それはアメリカの愛国者だ。片手で独立の決議に署名し、もう片手で恐れおののく奴隷に鞭を振り下ろしているのだから」[*61]。

奴隷問題を棚上げするという超党派的決定は、ハミルトンの経済政策に大きな影響を及ぼした。というのも、この棚上げ決定で、南部の経済が批判を免れたからだ。一七九〇年年代、アメリカの変革の活力は、もっぱら北部の経済とハミルトンが編み出した金融・製造の制度に向けられていた。このことは、彼の公債償還制度をめぐる白熱した議論の中でただちに明らかになった。北部の資本家こそ悪人で、南部の奴隷所有者は有徳のポピュリストにして高潔な農民だ、と南部の奴隷所有者が主張できたのも、このためだった。

トマス・ジェファーソンとジェームズ・マディソンの政治家としての才能の証拠と言えようが、二人は、ハミルトンの制度を巨悪の不気味な権化に仕立ててスポットライトを当てることによって、南部の奴隷制度の陰惨な現実が注目を浴びないようにしたのだ。北部の商人に富が集中していることを二人が激しく糾弾していたとき、明らかに、南部の奴隷プランテーションは極悪非道な富の集中の典型だった。一七九〇年代を通じ、こうした農園主たちは小農民の権利の擁護者を気取り、株や債券や銀行や製造業の邪悪さを非難した——つまり、ハミルトン流資本主義の装置は何もかも邪悪だというのだった。

抑え切れない激しい感情

三月、下院が奴隷制度廃止の請願書の審議を終え、またハミルトンの『公信用に関する報告書』の審議に戻ると、ハミルトンが連邦政府に与えようとしている権限に対し、多くの南部人は前以上に怒っているように見えた。財務長官が「州債引き受け」計画によって連邦の強化を狙っているのだとしたら、その強化された連邦の権限が奴隷制度に干渉してくるのではなかろうか？　ならば南部は、ハミルトンの計画に反対し、州の権利を守るべきではないのか？　この時の南部の憤慨ぶりは、イデイナス・バークの奇矯な振る舞いに端的に表れた。バークは濃いもじゃもじゃの白髪に尖った鼻の男で、その射貫くような眼が激しやすい性格をよく示していた。その春、彼は政治的に窮地に陥った。彼の南部の有権者の多くがハミルトンの「州債引き受け」計画に反対しているのに、彼がこの計画を支持したためだった。

バークは自分の政治的名声を取り戻そうと、賢明な陽動作戦を考えた。一七九〇年三月三一日、ハミルトンが九ヶ月も前の七月四日にナサニエル・グリーンに捧げたあの追悼演説に対し、下院で厳しい攻撃演説を仕掛け、ハミルトンが演説の中で民兵を「軍人の物真似」と言ったことを持ち出したのだ。バークはこの言葉を侮辱と考え、こう反論した。多くの南部の民兵は「自らの命を自由の聖なる祭壇に捧げた。彼らの墓は我らのいたるところの湿地や森であちこちに見られるはずだ。今や彼らはもういない[*62]」。それから彼は傍聴席に目を向け——傍聴席は美しい女性たちでいっぱいだったため、ハミルトンが女性たちに交じって座っていると思ったのだ——政治の世界としては礼を失した言葉でハミルトンを公然と非難した。「この議会において、そしてこの傍聴の皆様方のおられる前で（中略）私はハミルトン中佐が嘘つきだと申し上げる[*63]」。この露骨な侮辱はあまりにも衝撃的だったため、下院議員たちは口々に「議事規則違反だ！」と叫んでバークの暴走を邪魔した。

議員たちが仰天した主な理由は、ハミルトンを嘘つきと決め付けることで、バークのほうも、自らの名誉を重んじる心に背いていたからだった。当時の政治家にはよくあることだったが、ハミルトンも二つの世界に住んでいた。一つは憲法を頂く近代的な世界、もう一つは、名誉と威厳に基づく古い封建的な秩序の世界だ。人の名誉を真っ向から問題にしたら、正式に撤回しないかぎり、法の領域の外にある名誉の場で決着をつけねばならない――つまり決闘場で決着をつけなければならない。下院の議場の外で審議を立ち聞きしていたウィリアム・マクレー上院議員は、日記に「サウスカロライナのバーク判事のハミルトンに対するひどい個人攻撃」についてこう書いている。「若い者の話では、間違いなく決闘になるという」[*64]。

もっとも、バークの侮辱的振る舞いをあまり深刻に受け止めなかった者もいた。ウィリアム・ラウトン・スミスは、バークの「話し方と野暮ったさが笑いを誘っただけ」だったと言っている[*65]。しかし、ハミルトンは笑ってはいなかった。議員の中にはまだ知らない者もいたが、ハミルトンは手に負えないほど喧嘩っ早いところがあったうえ、自らの名声を守るためならひどく獰猛にもなれた。フィッシャー・エームズはこう述べたこともある。「高潔さや名誉にかかわるとなると、いかなることに関しても、あるいは、かかわるように見えるだけのことについてもそうだが」、ハミルトン「以上に融通の利かない」者はなく、「ローマのカトーその人でさえ比ではなかった」[*66]。

スミスがこのごたごたについてハミルトンと話し合ったとき、ハミルトンは政策批判と個人攻撃とをこうはっきり線引きしてみせたという。「財務長官という公務に対する意見ならまったく意に介さないが、これは見過ごしにはできない、と彼は言った」[*67]。またスミスによれば、バークはジョージ・クリントン知事と「驚くほど親しく」、知事の娘の一人に求愛したという話もあったという。「クリントンはハミルトンをひどく嫌っていたから、たぶんクリントンがバークをけしかけたのだろう」とスミスは推測している。[*68]

翌日、ハミルトンは早速、短いが憤激ぶりが表れた手紙をバークへ送った。そして、あの追悼演説からの引用は、文脈を無視して引用されたものであり、文全体は、グリーン将軍が「少数の逃げ出した義勇兵、つまり軍人の物真似に困惑した」と言っているのだ、と主張した。さらに、これはサウスカロライナの民兵について言ったものではなく、北部の不正規の民兵のことだとも告げた。「かように事の真相を述べたからには、この説明の結果、貴殿がいかに身を処するべきかを判断なさるのは、貴殿のお役目です[*69]」。

バークはその日のうちにハミルトンへ返事を出したが、それはいっそう威圧的な調子のものだった。故郷で読まれることを意識したものだろう、バークはまず、南部の民兵の勇気を褒め称えた。また、なぜ九ヶ月もたってから公然と非難したのかを説明する必要がある、とバーク自身わかっていたらしい。ハミルトンの人気を考えると、あの時そうしていたら、ハミルトンは「完全に逆上していただろう」とも述べている。当時の政治的に緊張した空気の中、今や対立は悪化し、主役二人のどちらに味方するかの党派争いまで生じた。「バークとハミルトンの決闘をめぐって、町は大騒ぎだ」とマクレーは書いている。「非常に多くの関係者が、愚か者らを本当に闘わせることになるかもしれない[*71]」。

だが結局、六人の下院議員が仲裁に入り、二通の手紙を書かせることで争いに終止符を打った。まずハミルトンが手紙を書いて、南部の民兵の名を汚すつもりなどなかったと明言し、次にバークが手紙を書いて、ハミルトンのこの言葉を受け入れると共にハミルトンに謝罪したのだ。これは「名誉にかかわること」に関する暗黙のルールに則った実に巧みな演出だった。そして、ひと騒動起こしてやぶ蛇に終わったバークは、影響力が低下することになった。

とはいえ、ハミルトンの完全勝利というわけでもない。彼はグリーン将軍の追悼演説で必要もないのに南部の兵士を叩いたうえ、民主政治を尊重する気持ちに十分配慮してはいなかった。バークは世論の持つとげの痛みを彼に思い知らせたのだ。しかも、彼が不必要な無分別のツケを払ったのはこれが最後ではない。トラブルを起こすたびに、彼の無敵の仮面の下にある素顔が見えた。そのハミルトンは、いまだに西インド諸島出身の神経過敏な少年のままだった。彼が攻撃的な姿勢を取ったのは、政治的な計算があってのことだけではなかった。名誉を傷つけられると、くよくよと気にかけてしまうのだ。この上ない合理主義者であり、民衆の感情の暴発を建国の父たちの中で一番恐れていたにもかかわらず、彼自身、きわめて感情的な男、抑え切れないほど激しい感情を秘めた男だった。

CHAPTER

16

Dr. Pangloss

楽天家

国務長官ジェファーソン登場

ハミルトンがその公債償還計画をめぐる論争の嵐に巻きこまれていた一七九〇年、トマス・ジェファーソンは三月一日になってからようやく初代国務長官の職に就くためモンティセロを出発した。彼は一七八九年一〇月、五年間の駐仏公使の任務を終えパリから帰国の途に就いたが、閣僚ポストの打診をする大統領ワシントンの手紙を目にしたのは、一一月末にヴァージニア州ノーフォークに入港したときだった。当時まだ発足まもない上院議会は、ジェファーソン本人が指名を知る前にすでにこの指名を了承していた。何事にも突っ走るハミルトンが財務長官任命に飛びつき、即行動に移ったのに対し、ジェファーソンはその冬の間、長官職を引き受けるか否か迷い続け、結局、翌年二月中旬まで承諾の回答を引き延ばしたのだ。

これは、合衆国憲法制定のときと同様だった。ハミルトンとマディソンとジェイが『ザ・フェデラリスト』を発表していち早く憲法を擁護したのに対し、ジェファーソンはいつまでも態度が揺れていた。時折、連合規約を少し手直しするだけでいいようなことも言っていた。この新憲法について、「非常に良い条項と悪い条項と両方がある」とパリから書き送ったこともある。「だが、どちらが多いのかはわかりかねる」[*1]。

また、政府機関を三つの部門に分けたいとマディソンに相談しつつも、例によって、行政部の権限については大いに疑問を抱いているとも言っている。フィラデルフィアの憲法制定会議では、ハミルトンが功績ある大統領なら終身任期も認めるとしたのに対し、ジェファーソンは、いかなる大統領でも四年の任期を何期も務めることには抵抗を覚えていた。「私は強力な政府は支持できない」とマディソンに語っている。「そういう政府は必ず圧制的になるからだ」[*2]。こうした考え方の人間はまずハミルトンとぶつかるし、今度の新しい中央政府でやっていくというのは不安なことだった。

一七八九年春に開かれた初の連邦議会でも、ジェファーソンはまだ憲法について曖昧な態度を取り続けていた。フェデラリスト（連邦派）かアンチ・フェデラリスト（反連邦派）かと問われても明確な回答を避け、特定の党派の所属と見られるのも嫌がった。ペンシルヴェニア州の裁判官で独立宣言の署名者の一人でもあるフランシス・ホプキンソンにはこう説明している。「したがって私は、フェデラリストに属しているのではないということを申し上げておきたい。しかしアンチ・フェデラリストとはさらにかけ離れている」[*3]。こうして、ジェファーソンは数々の条件を付けたうえで新政府への参加を了承した。

フランスの彫刻家ジャン・アントワーヌ・ウードンが一七八九年に制作したジェファーソンの胸像は、物静かで自信に満ちたハンサムな男性に仕上がっている。しかし、その用心深い目つきからは、行動の前にあらゆることを考慮し、ゆっくりと慎重に動く人物であることがうかがえる。また、固く結ばれた唇は、貴族的な落ち着きの下に潜む、何か謎めいたものを伝えている。アーロン・バーと同じくジェファーソンも、内には静かな強さを秘めていた。内気でよそよそしく、目を合わせて話すこともめったになかったが、気心の知れた仲間内では温かく愛嬌のある男だったし、たまに口を開けば、その会話には、相手の心にいつまでも残るすばらしい洞察がちりばめられていた。穏やかな魅力と上品な物腰を併せ持つ彼は、おいしい食事と八種類のワインで彩られるディナーで人々を惹きつけるコツも心得ていた。

細身の長身にそばかすのある顔、赤茶けた髪に金褐色の目。そんなジェファーソンには、大理石の胸像には表現しきれない一つの特徴があった。締まりのない動作だ。この新しい国務長官に会ったとき、その猫背の姿勢のせいで閣僚としての品格が欠けているように感じたというウィリアム・マクレーは、不満げにこう述べている。「大抵は片側の腰に体重をかけた、だらしない腰掛け方をしていて、片方の肩だけが異様に高くなっていた。(中略) 身体全体には締まりのない、だらけた空気が漂っている」[*4]。服装はくだけた、というより、だらしないに近かった。しかしこの庶民的な雰囲気があったからこそ、彼は民衆を惹きつけることができ、民衆の本心を引き出すことができた。質素な身なり、穏やかな物腰、謙虚な雰囲気は、民衆の代弁者との印象を与えたい悪賢い男には、完璧な装いだった。

しかし現実には、両親とも名門の出だったジェファーソンは、とても庶民とはいえない身分だった。父親のピーター・ジェファーソンは、タバコ農園主、衡平法裁判所の裁判官、ヴァージニア植民地議会の議員という三つの顔を持っており、母親のジェーン・ランドルフも名家の生まれだった。ピーターは、奴隷六〇人以上、馬二五頭、牛七〇頭、豚二〇〇匹、三〇〇〇へクタールの土地を子供たちに遺したが、この豊富な遺産の三分の二は、長男トマスのものとなった。

父ピーターは、この長男に完璧な古典教育を受けさせた。五歳で家庭教師についたジェファーソンは、九歳で全寮制の学校に入学し、そこでギリシャ語とラテン語の基礎を徹底的に叩き込まれた。このため、伝記作家デュマ・マローンによれば、ジェファーソンにとっては、「キリスト教の聖人や近代の歴史的人物よりも、古代の英雄のほうが実在感が強かった」という。[*5] その後ジェファーソンは、ヴァージニアの上流階級の子弟が学ぶウィリアム・アンド・メアリー大学を卒業し、法曹界に入った。

ハミルトンと同じく、向上心が強かったジェファーソンは、毎朝夜明け前には起床し、一時間一時間を有益に使い、勉強には最高で一日一五時間を充てた。生活習慣は規律正しく、書物に囲まれた静かな世界に籠ることを楽しんだ。その一方で、何事にも幅広く関心を持った。娘にこう言ったこともある。「素晴らしいことに、つねに何かやっていればかなり多くのことができる」[*6]。乗馬だろうがバイオリン演奏だろうが、はたまた建物の設計だろうが、奇抜な道具の発明だろうが、とにかくトマス・ジェファーソンはあらゆることに長けていたようだ。

何かに堪能な人の多くがそうであるように、ジェファーソンも自己完成の探究に魅せられていて、簡単に官職におびき寄せられはしなかった。この自信過剰な気質と哲学的な冷静沈着さが、彼を普通とは異質の政治家にしていた。こう書いたこともある。「苦痛に晒されないためのもっとも有効な手立ては、余裕を残して引き下がることと、自分自身の幸福を充実させることだ」[*7]。

このわがままな生活は、奴隷制度の上に成り立っていた。ただし、奴隷が引く馬の背で鞍に揺られている場面が人生最初の記憶というジェファーソンだったが、奴隷制を正当化することはなく、「この悲しむべき悪習を廃止できる」日を待ち焦がれていると言ったこともある[*8]。州の奴隷輸入を禁じようとしてヴァージニア州議会から撥ね付けられたときは、「世論はこの問題を受け止められないのだ」と悔しがった[*9]。しかし、いくら奴隷制の「道徳的、政治的堕落」を非難していたとしても、自分自身は、仕事と手に負えない浪費生活のために奴隷を束縛していた[*10]。モンティセロの山の頂に家を建てたときも、奴隷に強いる代償のことはすっかり頭になかったらしく、奴隷たちは建材を相当な高地まで運ばなければならなかった。

一七六九年、一四歳のハミルトンがセントクロイ島から脱出することを夢見ていたころ、二六歳のジェファーソンは、ヴァージニア植民地議会の議員に選出されていた。貴族階級に属するジェファーソンには出世街道が用意されていたのだ。彼は二八歳で、若き未亡人マーサ・ウェイルズ・スケルトンと結婚し、同時に、彼女が亡き父から受け継いだ一三五人の奴隷も引き取った。だが、この愛情に満ちた一〇年間の結婚生活も、相次ぐ子どもの死で——六人の子どものうち成人したのは二人だった——、悲惨なものになってしまった。さらに一七八二年の九月には、妻マーサ自身が三四歳の若さで死去した。当時三九歳だったジェファーソンはその後、妻よりも四四年長く生きたが、再婚はせず、モンティセロで本や発明品、実験装置に埋もれながら、誰からも理解されない、孤独な老人生活を送った。

もしアメリカ独立革命が起きていなかったら、トマス・ジェファーソンはモンティセロの山頂で、教養に富んだ農園主、哲学者として、人生をゆったり過ごしたことだろう。独立革命は、ハミルトンにとっては、島からの脱出と立身出世に結びつく絶好の機会だったが、ジェファーソンにとっては、大切な私生活の邪魔をするありがたくない出来事だった。だが、ハミルトン同様ジェファーソンも、その巧みな弁舌でもって政界で名を成した――新しい国の希望を捉えた明るい楽観的な言葉だった。

知事として農場主として

当時は、個人の自由や尊厳といった考え方が格調高い言葉で語られることはなく、庶民の知恵を真剣に信頼する者もいなかったが、独立宣言の起草を主導したジェファーソンは、平凡な考え方に威厳を持たせて伝えることも多かった。しかし、新政府が立ち上がったころは、彼の独立宣言はまだ「アメリカの経典」というほどの高い位置づけではなかった（また、それまでは大抵の場合、匿名にしていた）。ジェファーソンが著作物では身元を明かしたほうが政治的に得策だと気づいたのは一七九〇年代のことで、それまでは大抵の場合、匿名にしていた）。そのためハミルトンも、一七九〇年に初めてジェファーソンに会ったときは、現代の認識とは違い、それほど尊ぶべき人物だとは思っていなかった。

国家への貢献度としてはジェファーソンのほうが劣る、とハミルトンは考えていたのだろう。自分は憲法制定のために働いたという思いが念頭にあったからだが、理由はそれだけではない。彼はワシントンの手紙の処理を任されていたし、何より、五年間も戦場に身を置き、何度も敵の砲弾に晒されたという自負があった。かたやジェファーソンは戦場に足を踏み入れたことはない。それどころか、一七七九年にはヴァージニア邦知事に選出されたものの、執務が嫌になり、辞任したいと言い出していた。このとき邦の最高上訴裁判所長官エドマンド・ペンドルトンはマディソンにこう不満をぶつけている。「ごたごたにまぎれて職を辞するというのはいささか卑怯ではないか！」[*11]。また、一七八一年一月に、ヴァージニアの首都リッチモンドが裏切り者ベネディクト・アーノルドに焼き払われ略奪された事件では、事前にワシントンがジェファーソンに警告を発していたにもかかわらず、邦は何も手を打っていなかった。しかも、ジェファーソン知事は早々に逃げ出してしまい、まったく反撃することなくリッチモンドを英軍に明け渡し、軍需品も政府の記録もすべて相手の手に渡してしまった。

さらに、ジェファーソン知事の任期終了間際の六月には、イギリス軍は今度はシャーロッツヴィルに襲いかかった。この時、シャーロッツヴィルではちょうどヴァージニア邦議会が開かれており、議員たちは皆、危うく敵軍に捕らえられるところだった。その後、英国軍の騎兵隊がモンティセロに接近中だと伝えられると、ジェファーソンは慌てて馬に乗って森に逃げ込んだ。このため、彼の職務怠慢と後任への権限委譲不履行に非難が集中した。ヴァージニア邦議会はジェファーソンに非はないとしたが、これはハミルトンでなくてもジェファーソンの臆病を疑わざるを得なかった。ハミルトンは後にこのような嘲りの言葉を書いている。「真の危険が迫っているとわかると、古代の統治者は貧しい、気弱な哲学者に成り下がった。勇敢な同郷人も集めず、数人の軽騎兵から逃げ出し、恥ずかしいことに責任を投げ出した！」[*12]。

独立革命は、ジェファーソンに英国人への終生消えがたい憎しみを残した。彼に言わせれば、英国人は「裕福で高慢で、威張りちらし、罵りや口喧嘩ばかりしている肉食動物」的人種だった[*13]。英国に対しては、堕落した君主制社会への嫌悪感よりも、個人的な不満のほうが多かった。コーンウォリスには農場を荒らされ、大量の家畜を殺され、作物を焼き払われたうえ、奴隷三〇人がさらわれた。また、ヴァージニアでは多くの農場主がそうだったが、ジェファーソンも土地は豊富にあったものの現金はあまりなく、英国人からの借金が慢性的に続いていた。ジェファーソンはヴァージニアの農園主たちをこのように皮肉っている。「ロンドンの商社に属する一種の所有物だ[*14]」。

一七八〇年代末にはタバコの価格が急落したため、ロンドンへの返済が苦しくなったヴァージニアの農園主たちは、英国軍に連れ去られた奴隷の返還を求めた。ジェファーソンも英国の銀行家に莫大な返済を強いられており、奴隷制への嫌悪感を公言していたにもかかわらず、その多大な労働力は保持せざるを得なかった。「借金がゼロになるときが来るまで耐えるべき精神的苦痛は、人生の価値をほとんどなくしてしまうほどつらいものだ」と一七八七年にお抱えの財産管理人に語っている。だが、返済のために土地を売る気はなく、「奴隷の労働で返済できる見通しが残っているかぎり、彼らを売るつもりもない」[*15]。

自らの浪費で積み上げたとはいえ、トマス・ジェファーソンが理想の人物になれなかったのはおそらくこの借金のせいだろう。国務長官の在任中も、彼は七〇〇〇ポンドというとんでもない額を英国人から借金していた。ジェファーソンは結局、一八二六年に他界するまでこうした巨額の借金を抱え続け、亡くなった半年後にはモンティセロの奴隷一三〇人が売り払われるような有り様だった。民衆の哲学者たる人物が後世に残したかったのは、このようなイメージではなかったはずだ。

パリでのゴシップ

一七八四年、ベンジャミン・フランクリンの後任として駐仏公使（minister）――当時は「ambassador（大使）」という語は君主制の名残だとしてまだ避けられていた――に就いたジェファーソンは、この期間に絶対主義政府を直接身をもって体験した。「この国の人々は皆、叩く側のハンマーか、叩かれる側の鉄床か、いずれかにならねばならない、というヴォルテールの言葉どおりのことがたえず起きている」と友人に語ったこともある。[*16] また、ジョージ・ワシントンにもやはりはっきりと自分の気持ちをこう伝えた。「ヨーロッパに行く前から君主制は非常に嫌っていましたが、実際の姿を見た今、嫌悪感はそれをはるかに超えるものになっています」[*17]。このフランス滞在で急進的になったジェファーソンは、同時に、アメリカ国内で貴族政治や君主制への共感が生まれれば大変なことになるのではないかとの思いも強めた——この疑念は後に、アレグザンダー・ハミルトンという人物を中心にして明確な形を取るようになる。

それでもジェファーソンは、この間ずっと、フランスはアメリカの友愛的な同盟国だと思い続けていた。「この国をつないでおくためには、わが国は何物をも惜しむべきではない」とマディソンに書いている[*18]。彼は、フランスの政治制度は軽蔑していたが、そのデカダン的な社会生活は大変気に入り、パリの街——社交、ワイン、女性、音楽、文学、建築——を謳歌していた。そして反貴族的思考が強くなる一方で、貴族的な楽しみになじんでいった。ジェファーソン本人は、自分を地味で素朴、無邪気な人間だと思っていたが、実際は、グルメで快楽主義の高官であり、野心に満ちた如才ない政治家だった。

フランスの階級社会の不公平を非難しながらも、シャンゼリゼ通り沿いの壮麗なオテル・ランジャックに住み、ルイ一五世の大臣の情婦のために建てられたというこの館を、流行の店で買った新古典主義の高級家具で飾り立てた。また、髪粉を愛用していたこの哲学者は、御者、召使、近侍も雇い、全部で七、八人いた使用人は、特に家事の担当に重きが置かれ、ただ床をぴかぴかに磨き上げるだけが仕事という「磨き屋」までいた。

そして、パリでの途方もない買い物道楽——書籍二〇〇〇冊と絵画六三枚を購入——は、彼が膨大な負債のことにも、その返済を支えていた奴隷のことにも、まったく無頓着だったことの表れだった。こうしたジェファーソンのパリ生活は、彼の政治観とは矛盾するように思われるが、彼の周りにいた啓蒙思想の貴族たちも、同じく大いなる矛盾を露呈していた。

パリ滞在中の一七八七年、ジェファーソンは二人の娘をアメリカから呼び寄せた。幼い実の娘ポリーと、その付き添いの一四歳の奴隷サリー・ヘミングズだ。黒人としては色白で、モンティセロでは「別嬪《ダッシング》サリー」と呼ばれていたサリーについて、後に奴隷仲間の一人は、「別格の準白人」で「後ろに長いストレートの髪をたらした」「超美人」と記している。[*19] 奴隷のヘミングズ一家は、ジェファーソンが結婚するとき妻マーサが連れてきたのだが、現在では、サリーがマーサの腹違いの妹だったとの説もある。一方、ジェファーソンとサリーとの間で生まれたと言われるロマンスが、この時期に始まったのか、あるいはアメリカ帰国後だったのかは、よくわかっていない。女性に弱い男やもめのジェファーソンは、結婚生活は素晴らしいと褒め称えていたにもかかわらず、既婚女性との恋愛遊びは何とも思っていなかった。

一七八六年にはパリの方々で、イタリア生まれの英国人芸術家マリア・コズウェーをエスコートしている姿が見られた。このときジェファーソンは四三歳、ブロンドのあだっぽいマリアは二六歳で、彼女の夫の画家リチャード・コズウェーはほとんどパリを空けていた。この男女の戯れはずいぶんと長く続き、ジェファーソンがマリアの親友アンジェリカ・チャーチと知り合ったのもこの時期だった。コズウェー夫妻はこのころ、アンジェリカ主宰の盛況なサロンに出入りするようになっていたのだ。

一七八七年の年末にジェファーソンがパリで初めてアンジェリカ・チャーチと知り合ったのは、アンジェリカが彼とコズウェー夫人のパイプ役を務めたからだった。これを見ると、アンジェリカが不倫について独自の自由な考え方を持っていたことがうかがえる。その冬のクリスマス、マリア・コズウェーはジェファーソンに、「美しいチャーチ夫人にはもうお会いになりました？」と書いている。「もし私自身がこんなに彼女のことを気に入っていなければ、彼女のライバル心を恐れるところですが、あなたが全身全霊で彼女を愛されるのであればお許しいたしましょう」[20]。

アンジェリカはジェファーソンに、コズウェー夫人からと言って小さな陶製の茶筒を渡した。ジェファーソンもハミルトンと同じく、世慣れていて魅力的なアンジェリカにすっかり魅了されてしまった。彼女の温かい快活さや、ジェファーソンの言う彼女の「温厚で落ち着いた」気性に惹かれたのだ[21]。ジョン・トランブルに細密肖像画を二枚描いてもらったときには、一枚をマリア・コズウェーに、もう一枚をアンジェリカ・チャーチに贈った。このとき同封したアンジェリカ宛ての手紙にはこう記されている。「この思い出の品に、トランブルは私のもっとも価値のない部分を描いてしまいました。あなたへの友愛の情を描いてくれれば、並外れた傑作になったでしょうに」[22]。

一方、アンジェリカも、同じく色っぽい返事の中で、自分とマリアは「あなたに手紙を書ける喜びがとても自慢ですし、あなたの好きな考え方を共有できることがうれしい」と書いている。[*23] アンジェリカ・チャーチは人妻で四人の子持ちだったが、にもかかわらず、ジェファーソンは口説き続けた。一七八八年、翌年の帰国を計画している最中には、アンジェリカにモンティセロの自宅を訪れるよう勧め、それができなければ自分がニューヨークまで彼女を訪ねるから、一緒にナイアガラの滝に旅行しようと誘っている。このように当時二人がかなり親密な関係にあったことは、ジェファーソン所有の『ザ・フェデラリスト』に記された次の驚くべき献辞を見てもわかる。「妹エリザベス・ハミルトンよりチャーチ夫人へ」。[*24] どうやらアンジェリカは、イライザが英国に急いで送ってきた冊子をジェファーソンに渡してしまったらしい。

結局、アンジェリカ・チャーチはジェファーソンの媚を含んだ申し入れを断り、その後、この恋愛遊びからは何も生まれなかった。ハミルトンとジェファーソンの反目により、二人のどちらかを選ばざるを得なくなったアンジェリカは、必然的に義弟を取ることにしたのだ。しかし、この束の間の密通が政治に影響を与えた可能性は否めない。一七八九年にニューヨークを訪れたアンジェリカは、おそらく、ジェファーソンとマリア・コズウェーの情事のことや、自分もアメリカで旅行しようと誘いを受けたことをハミルトンに話しただろう。また、サリー・ヘミングズとの関係を怪しむ発言をしたかもしれない。サリーの息子マディソンは後に、「母がジェファーソン氏の愛人になった」のはパリであり、さらに「ジェファーソン氏がアメリカに呼び寄せられたとき母は彼の子を身籠っていた」と明かしている。[*25]

こうしたパリ滞在中のジェファーソンにまつわるゴシップを知ったハミルトンは、ジェファーソン本人が世間に示そうとしていた禁欲主義的な人物像とはまったく異なる新国務長官像を抱いただろう。また、ハミルトンが後に、自分のとらえた真のジェファーソン像、すなわち「隠れ好色家」であることを暴露する作戦を展開したときには、アンジェリカの話に出てきた彼の色恋沙汰が人物描写に役立ったかもしれない。この二人はいつしか互いを偽善的な放蕩者と見るようになり、ここからまた相互の皮肉な視点が生まれた。ハミルトンはこの不倫という同じ領域で、弁解不可能な過ちを犯したことを告白したが、謎の男ジェファーソンは断固、沈黙を守り通した。そのため、サリー・ヘミングズとの性的関係を明かそうと二〇〇年かけて行われた入念な調査でも、ごく一部の確証しか得られていない。

ハミルトンの不吉な予感

根っからの楽観主義者だったジェファーソンは、フランスもアメリカにならい、専制政治の束縛を振り払えるものと確信していた。アメリカの自由を愛する精神を吸収して帰国したラファイエットなどフランスの上流階級が、同様の変革をフランス社会で成し遂げるはずだと考えていたのだ。

一七八八年一一月、ワシントンにあてた手紙では、フランスは明るい希望に満ちていると書いている。「国民は我々の革命を見て目が覚めました。自分たちの力に気づき、啓蒙され、その知識は広まりつつあります。彼らはもう後戻りはしないでしょう[*26]」。また、ジェームズ・モンローにも同じように平穏な口調で、フランスは二年ないしは三年で「一滴の血も犠牲にすることなく」、「かなり自由な体制」になると語った。[*27] さらに、一七八九年三月一五日になってもまだ、フランス民衆の胸の内でわきかえる暴力的な感情に気づいていないようだった。このときマディソンにはこう述べている。「フランスは今年は静かだろう。少なくとも将来の体制の安定のためにはこの一年が必要だからだ[*28]」。

しかしこのころには、自暴自棄になったフランスの農民たちが穀物用の荷馬車を略奪していた。翌四月には、壁紙製造業者が賃金を引き下げようとしているというただの噂がきっかけとなって、労働者らが「金持ちは死ね、貴族は死ね」と叫びながら経営者の家に押し寄せるというデモ事件が起きた。[*29] この結果、徹底的な弾圧が加えられ、何十人、いやおそらく何百人という死者が出た。

多分に逆説的なのは、長年フランス政治を見てきたジェファーソンが、事態が殺人的な方向に向かっていることに気づかなかった一方で、一度もヨーロッパに足を踏み入れたことのないハミルトンのほうが、フランス革命への視界が開けていたという点だ。最初のうちは、ジェファーソンが威勢よくなるのも無理はなかった。一七八九年六月、議会は国民議会に名称が変わり、ルイ一六世は立憲君主制を受け入れるかに見えたし、七月一一日にはラファイエットが、ジェファーソンに見直してもらった権利宣言を議会に提出した。

だがその後、凄惨な数々の残虐行為が起こり始めた。これらは一七八九年七月一四日のバスティーユ牢獄陥落の前兆だった。街頭では、切り落とされた頭部を刺した槍先が立てかけられ、切断した身体が引きずり回され、街灯から死体がぶらさがっていた。時代の兆候が読み取れる者には、こうした血染めの風景に革命の未来が見えていた。サイモン・シャーマは、この革命には初めから暴力が不可欠だったと述べている。「一七八九年から一七九一年までのフランスが、ギロチン設置前のある種の自由主義の恩恵に浴していたとする説は、まったくの幻想である」[*30]（邦訳『フランス革命の主役たち』サイモン・シャーマ著、中央公論社）。

物事を非常に選択的に見るジェファーソンは、現状の希望的な側面を強調したがり、大量殺戮は意図的に避けようとした。一七八九年八月三日には友人にこのような手紙を書いている。

パリで起きた混乱より大規模なものは想像できないし、これまでこれほどの大混乱で人々への害がこれほど小さかったことはないと思っている。私は日々あの渦中に生き、群衆の目的を確かめるためにこの目で彼らを観察したが、今はっきりと言えるのは、彼らが正当であることは明らかであり、私は非常に平穏なときとまったく同じように、部屋で静かに眠れたということだ。（中略）この国で万事うまく収まらなければ、私は偽予言者だといって石を投げつけられるだろう。[*31]

ジェファーソンはマリア・コズウェーに、貴族の首切りをネタに、ちょっとした冗談を言ったこともある。「首切りがあまりに流行っているおかげで、朝になると、自分の首が肩に載っているかどうか触って確かめてみる人が多いようだ」。そして彼は、フランス革命がアメリカ革命の立派な後継者になるとほぼ確信していた。「これまで見たこともなかったこうした革命に、一四年間で二度も立ち会えたとは、私の運命は非常に珍しい[*32]」。だが、その秋、ジェファーソンがフランスを発つころにも、自暴自棄になった貧しい女たちがヴェルサイユ宮殿周辺に押し寄せ、王室一族をパリに引っ張って行こうとしていた。

多くのアメリカ人は、自分たちの革命が同じく法を尊重する後継者をヨーロッパにも生み出した、と考え得意になっていた。それを考えると、ハミルトンがフランス国民軍司令官だった旧友ラファイエットに宛てた一七八九年一〇月六日付の手紙は、なおのこと予言的だ。ニューヨークから動かず、『公信用に関する報告書』の執筆に追われていたこの新しい財務長官は、五年間現地に滞在したジェファーソンよりもフランスの事件をより深く掘り下げて見ていた。「最近そちらで起きた事件の推移を、喜びと懸念が入り混じった気持ちで見守ってきました」と、ハミルトンは慎重に言葉を選んで書き送っている。「人類と自由を支持する者として、君が成し遂げようとしている仕事をうれしく思います。が、その一方で、この試みが最終的に成功を見るのか、これに携わるであろう者の運命がどうなるのか、大変懸念しております」。

そしてハミルトンは、自分の「この不吉な予感」をラファイエットが怪訝に思うだろうということを見越して、その理由を四つ示した。最初の三つは、フランスの政治体制をめぐって表面化する意見の食い違い、フランス国民の「激しい性質」、自らに課される犠牲への貴族階級の抵抗だ。そして四つ目は、おそらくこれがもっとも説得力があっただろうが、次のようなものだ。「私が恐れているのは、哲学的な政治家が思い描く妄想です。彼らは時に大きな影響を与えますが、ただの思索家にすぎない彼らは、人間性や国民性に合わせることよりも、社会を洗練させようとすることに重きを置きかねないからです[*33]」。

当時帰国の途にあった将来の国務長官についても、後にハミルトンは人間の本質をわかっていない「哲学的な政治家」との印象を抱くようになる。後年には政治家仲間に、パリのジェファーソンについてこう語った。彼は「宗教についても、科学についても、政治についても、フランスの思想にどっぷりつかった。そして、自らも興奮を覚えた動乱の最中に、気質と状況の両面からおすそ分けに与った情熱と感情を携えて帰国した[*34]」。まだフランス革命の記憶も鮮明なジェファーソンは、新ポストのために出向いたニューヨークで、まったく予想もしなかった衝撃を受けることになる。

ジェファーソンの不満

一七九〇年三月二一日、ジェファーソンはメイデンレーンの宿舎に移り住んだが、そこでの生活ぶりは共和主義的な質素なものとはほど遠かった。パリから送った八六個に及ぶ箱には書籍や絵画、版画のほかに、高価なフランス家具、磁器、銀製品も入っていたし、それとは別にフランスワインを二八八本も持ち帰っていた。また、帰国後もフランス料理を強く望んだ彼は、パリのシェフに最高級の調理法を仕込まれた奴隷ジェームズ・ヘミングズ（サリーの兄）も連れて来た。結局、その後の国務長官の任期中は、使用人五人、馬四頭、パリから呼び寄せた給仕長（メートル・ドテル）を抱えていた。

一見こうした貴族風生活スタイルと反するが、ジェファーソンは純朴な国というアメリカ像を大切にしていた。パリからアンジェリカ・チャーチに宛てた手紙には、「本当に、我が国ほど素晴らしい国はどこにもないでしょう」と書いている。「学者たちは、まさにこれは新しい産物だと言っています。私も同感ですが、その理由は彼らとは違っていて、この国が十分に練られた計画に則って作られているからだと思うのです。ヨーロッパは最初の思いつきで作られた、荒削りな創造物です。創造者がまだ仕事を飲み込んでいないうちに、あるいは自分の作りたいものが決まらないうちに作ってしまったものなのです[35]」。

自身は壮麗なパリ風の住まいを構えていたジェファーソンだったが、純真なアメリカ人が贅沢な生活に屈しつつあることを嘆いていた。「人々が取り憑かれた贅沢とは、戦時中のトーリー主義よりもはるかに致命的な害悪だと思う」とある手紙にも書いている[36]。そこで彼は、自分が国を長期間離れていた間にアメリカの「気風」がどうなったのかを熱心に探り始めた[37]。

ニューヨークで暮らし始めてまもなく、ジェファーソンは、留守のあいだにアメリカは堕落してしまい、独立革命は致命的な危険に瀕しているのだと考えるようになった。そして、裕福なニューヨーカーたちにとっては、「共和制より君主制寄りになるというのが、明らかに喜ばしいことなのだ」と結論づけた。[*38] また、ディナーに出るたびに、多くの商人が親英国派に傾き、その妻たちも豪華なナイトガウンや宝石で着飾っていることに非常に驚かされた。街全体にトーリーや強欲な公債投機家がはびこっているように思われ、そうした人間は皆、ハミルトンに尊敬の眼差しを向けていると感じた。

一七七六年の独立宣言の英雄たちは、一七八七年の憲法制定会議の主人公たちにすでに道を明け渡していた。ハミルトンに代表されるように、新たな主人公はより保守的な別種の人々だった。ジェファーソンから見れば、このように共和主義の純粋性が堕落したのは、英国的な流儀と英国の製造業者の悪影響のせいにほかならなかった。

年齢的に一二歳の開きがあるジェファーソンとハミルトンは、それまで一度も出会ったことがなかった。ジェファーソンが独立宣言を起草していたころ、まだ若いハミルトンは下級の砲兵隊長だったし、その後ハミルトンが輝かしい昇進を遂げたときには、ジェファーソンは海外赴任中だった。ただ、ハミルトンには、おそらくアンジェリカ・チャーチやジェームズ・マディソンから、ジェファーソンの好意的な話が伝わっていただろう。そして二人を引き合わせたのも、マディソンだったようだ。

この二人は、初対面からいきなり容赦ない血なまぐさい争いを繰り広げたのではない。むしろ初めは、きわめて友好的な関係だった。ハミルトンとイライザはこの新しい友人の歓迎晩餐会も開いている。青いコートに真紅の半ズボンといういでたちで現れたジェファーソンは、フランス国民のことや、彼らが君主制の廃止を望んでいることを好意的に語った。やがてイライザとかなり親しくなったジェファーソンは、六月にアンジェリカ・チャーチに宛てた手紙で、なかなか返事が来ないという愚痴とともに、残念そうにこう書いている。「あなたからの連絡はハミルトン夫人経由でしか期待できません」[*39]。この後、ともに就任したての国務長官と財務長官は親しげな書簡もやり取りした。

ジェファーソンはハミルトンの無比の才能を過小に評価していたわけではない。『ザ・フェデラリスト』読了後、「政府の根本的主義に関するこれまでで最高の注釈書」と評してもいる[*40]。また、ハミルトンの美点を軽んじていたわけでもなく、二人の壮大な戦いが歴史に埋もれてしまった後年にはこう書いている。「ハミルトンは非常に奇特な人物で、どんな個人的な付き合いでも、理解が鋭く、私心がなく、正直で真面目なところを見せていたし、社会では人当たりがよく、私生活では物事の価値を正しく評価できた――しかし、英国の前例に魅せられ、道を踏み誤った結果、一国の政府に腐敗は不可欠だという絶対的な信念を抱くようになってしまった」[*41]。

ジェファーソンの「腐敗」というのは、必ずしもあからさまな不正報酬のことではない。名誉、役職など官僚の特権という形で立法者に与えられる不適切な行政的権限のことだった。腐敗した英国内閣は、官職や手当てを利用して議会を買収し、そこから得られる過剰な影響力を使って入植者に課税するとともに、彼らから旧来の英国人としての自由を奪った。アメリカ革命ではこの事実が中心的教義だった。ジェファーソンはつねにこれに似た不安を持ちながらハミルトンのことを見ていたのだ。

ジェファーソンがニューヨークに到着したころには、「差別待遇案」決議でマディソンに圧勝したハミルトンが、すでにその公債償還計画を盾に猛進していた。帰国したジェファーソンは、時すでに遅しと悔んだにちがいない。公債の原所有者は正当な取り分を投機家に騙し取られた、と彼は確信した。ジェファーソンに言わせれば、投機家は「証書の不当購買者だ。（中略）莫大な金が無知な貧民から奪われ、以前は自身が極貧だった人間が財を積み上げている」[*42]。

ジェファーソンがハミルトンの計画に反対したのは思想的な理由からだった。政府の規模が小さいほど自由を確保しやすくなると考えていた彼は、中央政府が必要とする範囲内において、行政の力が弱く、議会の力は強い政体を理想としていた。とりわけ、州の主権を連邦政府の侵害から守りたいと思っていた。一方、ハミルトンの計画は、中央政府の力を強め、立法府は犠牲にして行政部を強化し、州は連邦政府に従うことを主方針にしていた。すなわちここには、ジェファーソンが嫌うもののすべてが包含されていた。

ジェファーソンが恐れたのは、この財政計画によって裕福になった者の中から、恐ろしく忠実なハミルトン支持者が生まれることだった。後にはワシントンに、ハミルトンが推進しているのは、財務省の言いなりになる「私心ある者」のための「正規の制度」だと語っている[*43]。さらに、議員が公債に投資しており、「その中には、政府の誕生というこの期に及んでも強欲きわまりなく、責務など忘れて私利に走り、公益よりも個人の利益にばかり目が行く者もいる」と確信していた[*44]。また、ハミルトンに本気で政府債を返済する気があるとは思っておらず、ワシントンには「明日にでも負債が清算されることを願っています」と述べている。「ハミルトンは返済は望んでいません。この債務で議会を腐敗させ、支配できたら、と常々思っているのです」[*45]。債務を永久に残すというこの考え方は、そもそもハミルトンの言葉とは真っ向から対立するものだったが、こうした見方をすれば、彼の公債償還計画は露骨な権力掌握計画に変わってしまう。

しかし、こうしたイデオロギーの違いが、二人が急に公然と反目し合うきっかけになったわけではなかった。就任まもないころは、この博識の二人が個人的に意見を交わすことも多かった。だが、ジェファーソンはこのころのハミルトンの発言を記録しておいて、後の攻撃に利用した。

ジェファーソンは態度も非の打ち所のない優雅な紳士で、意見の衝突は極力避けたがった。討論好きで向こう見ずのハミルトンとは違って、論争を嫌い、自分の意見を言うときもハミルトンより用心深かった。言葉は場面に合わせて選んでいたし、相手の気に入るような意見を口にしていたが、それが自分の意見は表に出さず、相手にしゃべらせることにつながった。周りなどおかまいなしで率直かつ頑固に自説を披露するハミルトンには、こうした慎重タイプは受け入れられなかった。ジェファーソンは謎を秘めた沈黙というものの利点もわかっていた。大陸会議で同席したジョン・アダムズはこう述べている。「彼の口から一度に三つの文章は聞いたことがない」[*46]。また別のところでは、アダムズはこのヴァージニア人を「闇の男」と呼び、その性格を「目でも耳でも底の様子がわからない、静まりかえった大河」になぞらえた[*47]。結局、口もペンもどちらも抑えることができないハミルトンは、最終的にはその自己表出の癖が災いし、しっかり自分を抑制できるジェファーソンのなすがままになってしまった。

大将マディソンと総司令官ジェファーソン

「差別待遇案」の敗北を見て恐れをなしたジェファーソンは、まだ誕生まもない共和国において初めてとなる大きな政治的提携を結んだ。今や下院のリーダーとなっているマディソンとの共同戦線だ。この提携は、以前のハミルトンとマディソンのケースと同様、アメリカの将来に重要な結果をもたらすことになった。ジェファーソンとマディソンの結束という、この謎ともいえる事態を、ジョン・クインシー・アダムズは「物理界における磁石の、目に見えない不可解な動きのような現象」とたとえている[*48]。

ハミルトンとマディソンとは思想を軸に結ばれていたため、政治のことで意見が合わない場合、人間的な相性だけで友好関係を維持していくのはほぼ不可能だった。『公信用に関する報告書』をまとめる際も早い段階から相談するなど、マディソンに絶大なる尊敬の念を抱いていたハミルトンにとって、彼の裏切りは大きな打撃となった。マディソンからの全般にわたる支援が見込めなければ、財務長官の職は受けなかっただろう、と後に言ったほど信頼していたのだ。

ジェファーソンが帰国したとき、議会は、州債の政府引き受け案――連邦政府が州の債務二五〇〇万ドルを肩代わりするというハミルトンが提案した計画――をめぐって激論を戦わせている最中だった。この論争のあまりの激しさには、差別待遇論争もおとなしく見えたほどで、ジェファーソンも後に、「連邦成立の前後を問わず、議会でこれほど荒れ狂った激しい衝突が起きたのは初めてだった」と述べている。*49

一七九〇年二月二四日、マディソンがそれまでの立場を翻し、肩代わり案に反対の意を示したのには、ハミルトンも仰天した。マディソンはそれまでのナショナリズム的な見方を引っ込め、出身州を含む南部の一部の州は戦時公債の大半をすでに償還しており、「義務をすでに果たした」のに「義務をまだ果たしていない州へ金銭的協力を」強いられるというのは不公平だ、と訴えたのだ。*50

ハミルトンには、こうしたマディソンの主張は、『ザ・フェデラリスト』に述べられたような国益のためでなく、出身州の選挙人のためのように思われた（もちろんのことながら、財務長官であるハミルトンは、国家全体の利益という観点だけから見ればよいという贅沢を享受していた）。こうした反発は、ハミルトンにとって不意打ちだったばかりか、その主導役がマディソンというのは実にむごい仕打ちだった。ハミルトンは、憲法制定会議でマディソンと「午後の散歩」をしながら、肩代わり案について話し合ったことをはっきりと憶えていた。「我々は、こうした方法が得策で妥当であるという意見でぴったり一致していた」[*51]。

マディソンの外見――青白くにこりともしない顔、超然とした雰囲気、低い身長――は、周りに小心者との印象を与えていた。政治家仲間の中には、「リトル・ジェミー」（マディソンの呼び名）は、成功した政治家にふさわしい堂々とした断固たる態度に欠けると感じる者もいた。彼にはハミルトンにはない精神的な強さがあったが、だからといって、思考を行動に移す力があるわけではなかった。「彼の政治家としての大きな欠点は、決断力の欠如と敵対者の強みを増長させてしまう気質にあるように思われる」とエドワード・リヴィングストン議員は、兄のロバート・R・リヴィングストンに語っている。「彼は、完全に圧力に屈し、自分が好機を逸したことを後悔するまで、動こうとしない」[*52]。

この小心者のイメージがあまりに強かったことから、周囲は、彼が八歳年上の抜け目ない師ジェファーソンに牛耳られているにちがいないと思っていた。ハミルトンも後年、「マディソン氏は、ジェファーソン氏の才能、知識、徳を常日ごろから高く評価していた」と記している。しかし当時のハミルトンは、自分の公債償還計画に反対する決意を二人がたがいに強めあっているのだと思っていた。「ジェファーソンは閣僚の席に初めて座ったときから、分別なくあからさまにマディソン氏の主義に賛成の意を示した。分別なく、というのは、行政府の一部局の長官が別部局の長官の敵に回ったりすべきではないからだ」[*53]。

ジェファーソンがマディソンを御していたと考えるのは、誤解のもとになりかねない。これには、マディソンが、ジェファーソンの帰国前からすでにハミルトンとは距離を置いていたという理由もあるが、しかしそれだけではない。彼もジェファーソン同様、陰で動き、巧妙な悪知恵と不正な手段に頼る人間だった。また、その学者ぶった雰囲気のおかげで、内に秘めた鉄の意志と異常なほどの自信は見た目にはわからなかった。後にジェファーソン、マディソン両政権下で財務長官を務めたアルバート・ギャラティンはマディソンのことを「自分の意見を決めるのは遅いが、騒ぎが起きても動揺しない」と述べている[*54]。

マディソンはどちらかといえば、ジェファーソンよりも柔軟で独自の考えを持っていたし、憲法の問題も深く理解していた。一七八〇年代は「哲人王」だったが、九〇年代には恐ろしく実践的な政治家に変容し、取引の切れ味鋭い捌きぶりから、「ビッグナイフ」と渾名された。マディソンの集票力を恐れたハミルトン支持者は、やがて彼を「大将」と呼ぶようになり、ジェファーソンのことは「総司令官」と呼んだ[*55]。コネティカットのゼファナイア・スウィフト議員は後に、マディソンにはハミルトンのような気迫がないというのはでたらめだろうと述べている。

彼には情熱、熱意、活気はないが、用心深さと勤勉さにかけては計り知れない。表向きは最大限、公平無私を装いながら、あらゆることをきわめて精密、正確に計算している。下院で誰よりも個人的影響力を持っていることは疑いない。名声は控えめに利用しつつ、才能は最大限に活用する術を、彼ほどよくわかっている人間をほかに知らない。そして、あれほど外面を作り、わざとらしい人間もこの世にいない。[*56]

州債引き受け案をめぐる攻防

一七九〇年二月から七月にかけて、マディソンは巧妙にも四回にわたって、州債引き受け案の立法化を妨害した。ハミルトンには、マディソンが自分の力に嫉妬しているとか、役職をほしがっているという話も伝わってきていたが、やがて政治的な対立が鮮明になるにつれて、個人的な問題は目立たなくなっていった。

一方、各州でも、ハミルトンの公債償還計画がきっかけで、州への忠節心が表面化した。マサチューセッツやサウスカロライナといった莫大な負債に苦しんでいた州は、中央政府の救いの手を喜び、一方、それ以外のヴァージニアやノースカロライナなどの州は、すでに債務のほとんどを償還していたため、助けてもらう理由がなかった。こうした違いがあると、かつて憲法制定会議でもなかなかまとまらなかった脆弱な総意など、吹き飛ぶ恐れがあった。

計画の有効性を訴えるにあたっては、ハミルトンは無味乾燥な専門用語は使わず、正義、公平性、愛国主義、国家の名誉などについて語った。彼の公債償還制度が前提としていたのは単純な概念だった。債務は独立革命によって発生したものであるが、全アメリカ国民はこの革命で等しく利益を得ている以上、そうした負債には集団で責任を負うべきだ、というものだ。州間で負債額がまちまちであれば、革命中に払った犠牲の度合いも異なるはずという発想だった。

たとえばハミルトンは、まだ負債を抱えていたマサチューセッツが革命中「全力で努力」したことを称賛し、「彼らが革命できわめて中心的な役目を果たしたと言っても過言ではない」と述べる一方で、なかには卑劣なやり方で償還した州もあると指摘した。[*57] たとえばニューヨーク州は、利子払いの約束を破って州債の市場価格を下げ、州が安く買い戻せるようにしていた。

ハミルトンはまた、高度で複雑な議論も展開した。政府の州債引き受けがなければ、負債を抱えた州は税金を上げなければならないが、完済した州は税負担を減らすことができる。すると、税金の高い州から低い州へという、危険を伴う住民大移動が起きるかもしれず、これによりさらに「特定の州の住民が暴力的に他州に移動させられる事態になる可能性もある」というのだ。[*58]

ハミルトンには州債引き受け案は死活問題だったが、展望は厳しいように思われた。彼は後にこう述べている。「マディソン氏をはじめ南部の名士たちがこの案に反対し始めたのは偶然だった。ただ、彼らの評判は高かったことから、南部では、反対運動は当然成功すると思われていた」。[*59] ハミルトンはいつものように猛烈な勢いで戦いに飛び込んでいったが、この非常に厳しい戦いにワシントンの姿はなく、自ら先頭に立たなければならなかった。ワシントンは引き受け案は支持していたものの、ハミルトン派だといって責められたくはなかったため、公的な発言は控えていたのだ。さらに困ったことに、ワシントンは五月に肺炎で寝込んでしまった。この時のことをジェファーソンはこう語っている。「衰弱が激しく、居合わせた医師三人のうち二人が臨終間近と断言した。(中略) こうした事態に一般の人々が感じる不安は、想像を絶するものだ[*60]」。

ワシントンの弱り方は相当ひどく、五月一〇日から六月二四日にかけては日記もつけていない。そしてこの間は、ハミルトンが事実上の国家元首の役目をしていたようだ。このころ記した未公表のコメントでは、ハミルトンはジェファーソンが大統領不在につけこんでその椅子を狙っていると非難している。

ジェファーソン氏は、ハミルトン氏が次期大統領の椅子をめぐる争いで手ごわいライバルになると恐れている。(中略) 彼［ジェファーソン］が長官職に就いた後、大統領が病に倒れた。この間、愛国者たちは誰もが失望と懸念を抱いたが、危険な敵はすべて退けようという国務長官の野心的な熱意だけは燃え上がっていた。あの沈鬱な雰囲気から、彼は、大統領の椅子が空席になる日が近づいている可能性があると感じていた。そして、自分がその後継者として民衆の目を引けば、人気の高い財務長官を退けられると考えた[*61]。

ハミルトンがこの回想を伏せておくことにしたのは、自分もジェファーソンと同様、大統領職への夢を抱いていたことがばれてしまうからだろう。

ワシントンの病臥中、ハミルトン派は素晴らしい組織力を発揮し、議員たちを州債引き受け案賛成派に転向させた。財務長官はフェデラルホールを飛び回り、回廊は彼の支持者で埋め尽くされた。この事態に誰よりも憤慨していたウィリアム・マクレーは、その日記で、ハミルトンのことを「聖下」と揶揄したり、「いまいましい悪党」と呼んだりしている[*62]（この程度ならましなほうだった。ジョン・アダムズは、マクレーに「半ズボンを履いただけのサル」などと言われている[*63]）。

その精力的な大車輪のせいで、ハミルトンは行政府が強力になることを恐れる議員の激しい抵抗に遭った。彼の活動ぶりは、一七二〇年代に英国で大蔵大臣を務めた後に絶大な力を得て初代首相となったロバート・ウォルポールを髣髴とさせた。フィラデルフィアでも、ベンジャミン・ラッシュがハミルトンの高圧的なロビー活動を非難していた。「（賄賂は除き）英国の大臣が施策遂行のために用いた恥ずべき圧力に比べれば、財務大臣の報告書を承認させるための圧力など知れているというが、いかがなものだろうか。何しろこの圧力は、ニューヨークで見られる夜毎の訪問、約束、妥協、犠牲、脅しといったことだけにとどまらない[*64]」。

アレグザンダー・ハミルトンは、州債引き受け案を通じて連邦を維持しようとしていたのだが、当面は州間の亀裂を広げる者はいなさそうだった。政治力とは妥協術に秀でていることだとすると、ハミルトンはある意味、この職業に向いていなかったことになる。彼が目指していたのは勇敢に人々を先導していく政治家であり、妥協の政治家ではなかった。小さな策を小出しするのではなく、巨大な財政施策をひとまとめに提示し、それを一括で承認させるほうを好んだ。

新聞での対ハミルトン戦争が激しさを増してくるにつれ、マディソンの支援者たちは勝利の匂いを感じるようになった。四月八日、ウィリアム・マクレーはハミルトン支持者の憂鬱な顔を満足げに眺めている。「今日の午後の下院での財務大臣一派のしおれた様子、惨めでどんよりした雰囲気は、これまで見たことがないものだった。（中略）［ルーファス・］キングなどは鞭打たれた少年のようだった」[*65]。このマクレーの溢れんばかりの喜びは、まもなく正しかったことが証明された。一七九〇年四月一二日、議会はハミルトンの州債引き受け案を三一対二九で否決し、さらに二週間後にはこの問題に関するすべての議論を打ち切ることが決まった。そして六月初めには、すでにこの計画は忘却のかなたへ向かっていた。そこでハミルトンは、経済政策全体の要となるこの案を救うべく、妥協の道を模索し始めた。

ハミルトノポリス

ハミルトンが飛びついたのは、どこに首都を設置するかという異論の多い問題だった。大陸会議では、具体的な場所は未定ながら、一〇マイル四方（約二五キロ四方）の連邦区を作ることが決まっていた。この決定は、突飛な憶測も生んだ。たとえば、特権的な地区ができるのではと懸念して、州と分離した特別区を首都とする案など危険な考えだという主張もあった。ジョージ・クリントン知事などは、一〇マイル四方の地区全体が大統領「宮殿」になると思っていた。そして、そこは王室風の飾りつけで醜くなり、「怠惰ながら野望を抱き、プライドはあるも卑しく、労働せずに富は渇望する、(中略)おだて、(中略)反逆、(中略)裏切り、そして何より徳を永続的に嘲笑う」特徴を持つものと想像していた。[*66]

首都の所在地をめぐっては、それまでにすでに激しいロビー活動と陰謀が始まっていた。誘致合戦の当事者が必死になったわけは、設置が決まった州には巨万の富、強大な権力、莫大な人口が流れ込むからだったが、何よりも重要なのは、連邦政府の姿勢に影響を与えられることだった。連邦政府は周辺地域の政治的状況をいくらかは加味するはずだからだ。輸送手段に乏しい広大な国の場合、連邦の立法者の耳には、地元の民衆の声がひときわ大きく響くことになる。

この議論を複雑にしていたのは、まずは暫定的な首都ができるだろうとの予測だった。有力なのはニューヨークやフィラデルフィアだったが、そこには、永久の首都が準備できるまで一時的に政府が置かれることになる。ハミルトンとしては、基本的にはナショナリズム志向だったけれども、ニューヨークを少なくとも今のまま暫定首都にしておきたいと考えていた。

一七八八年八月、彼は旧知の師、ニュージャージー州のウィリアム・リヴィングストン知事に会い、リヴィングストンが「ペンシルヴェニア州の罠」に引っかかって第一回の議会でフィラデルフィアの暫定首都案に傾いた、との噂にショックを受けたことを伝えた。[67] 当時、大陸北東部の州は、ペンシルヴェニア州に暫定首都（これはそのまま永久首都になるかもしれない）が置かれると、結果的に同州が力を強めることになると恐れていた。そこでハミルトンは、リヴィングストンに魅力的な取引をちらつかせた。ニューヨーク市暫定首都案を支持してくれたら、ニュージャージー州トレントンを永久首都とするよう推薦するというものだ。

　ワシントンの大統領就任式が近づくにつれ、ハミルトンのニューヨーク首都化願望も強くなっていった。一七八九年二月、ハミルトンは当時ニューヨーク市から連邦議会選挙に出馬していた友人ジョン・ローランスのために気迫のこもった応援演説をした。「議会の設置場所はおそらく、ニューヨークの町にとっていくらか重要な意味をもつと考えられます。（中略）我々の代表は、この都市がそのような名誉ある機関を置くのに最適の場であるということを、雄弁に語れるだけの人材でなければなりません」[68]。ハミルトンの公債償還計画をめぐる議論が紛糾をきわめていた翌年の一月一七日、ウィリアム・マクレーは、権力の急拡大により自信を持ったハミルトンが首都ニューヨークを維持する決意を固めていると見て、こう書いている。「私はこれまで細心の注意を払って、ハミルトンとニューヨーク市民の動きを見守ってきた。彼らに誠実さはない。絶対に議会を手放そうとはしないだろう」[69]。

　この誘致合戦では、ニューヨークという選択肢には異論が多かった。ハミルトンとの結びつきが強くなりつつあったからで、政敵は「ハミルトノポリス（ハミルトンの都市）」と呼んでいたほどだった。多くの南部人、とりわけジェファーソンは、ニューヨークは親英国派の砦で、共和制への試みを阻害しようとする銀行家や商人に牛耳られていると思っていた。彼らにとっては、ニューヨークはすなわちロンドンの害悪だった。

フィラデルフィアを推していたベンジャミン・ラッシュはマディソンにこう語っている。「わが町の影響力が、［財務］長官の不正と腐敗に満ちた制度の歯止めになると確信している。（中略）この制度と戦う拠点としては、フィラデルフィアのほうがニューヨークよりも適している」[*70]。

この首都問題は、言い換えれば、アメリカが取るべき道は都市化か農業化かという問題だった。南部人の多くは、北部に首都を置けば都市部の豪商たちは恩恵を得られるが、農民の生活は冷遇されると考えていた。南部の奴隷保持の現実といかに差があったにせよ、独立した小農場が集まった国、というジェファーソンの田園風景的な夢は、アメリカ人の心に大きな魅力として映った。

ジェファーソン、マディソン、ワシントンは、マウントヴァーノンに程近いポトマック河畔に恒久の首都を据えたいと思っていた。ジェファーソンとしては、ここなら奴隷制廃止論者の勢力からも、また「拡大しすぎた商業都市」の誘惑からも安全で、牧歌的な環境になると思われたからだった[*71]。そしてマディソンとヘンリー・リーは、この地域が首都になったら棚ぼたで稼げると期待し、ポトマック河畔の土地をすでに投機買いしていた。

さらにこの問題は、最大の人口集積地に近いほうがよいのか、それとも地理上の中心地に近いほうがよいのか、という政治的問題も考慮しなければならなかった。ニューヨークが国の北端、南端から等距離にあるとはとても言えず、ニューヨークでの議会開催となると、長距離を移動しなければならない南部議員たちは大変だった――ちなみに、第一回選出の二四人の議員のうち一六人がニューヨーク以南の出身だった。

また、首都設置都市の選択は、将来のアメリカの発展に対する国民の意思の反映とも考えられていた。国は将来、西方に拡大していく――この見方は特に、西境がフロンティアへの扉となっていた南部州で広がっていた――と考えていた者にとって、北東に位置する首都では、アメリカの将来の政治的展望にほとんど寄与するところがないように思われた。こうしてくすぶり続けていた種々の問題は、その後勃発した論争をきっかけに一気に表面化した。

晩餐会の取引

一七九〇年の春、州債引き受け案と首都設置問題をめぐる論争は激烈をきわめ、この問題が連邦の崩壊を招いても無理からぬことのように思われるまでになった。南部側は、かつて英国に向けたのと同じ痛烈な批判をますますハミルトンに浴びせるようになっていた。ヘンリー・リーはマディソンへの手紙の中で、州債引き受け案阻止の戦いは、独立革命を思い出させると述べている。「われわれ南部の人間は事実上の奴隷になるか、非常手段に出て一挙に問題解決に至るかだと思っている」[*72]。ジェファーソンは、その春ニューヨークを覆いつくしていた毒気を帯びた不快な雰囲気をいつまでも忘れられなかった。「議会は会期中だというのに、来る日も来る日も何もせず休会状態で、激怒してしまった各派は協力し合うこともなかった」[*73]。

ハミルトンは、議会承認を望んでいた二つの政策案——連邦による州債引き受け案とニューヨークの首都選出案——では、州債引き受け案のほうがはるかに重要だと考えていた。各州を結合させ恒久的な連邦体制を作るには、これがもっとも効果的であるばかりか、後戻りもできないからだった。そのため、マディソンが州債引き受け案の阻止を支持していると知った彼は、ニューヨーク首都案を手放し、それと引き換えに南部一派の引き受け案支持を取りつけようと考えた。

この駆け引きの兆候は、早くも五月一六日付の、フィリップ・スカイラーからスティーヴン・ヴァン・レンセラーへの手紙に表れている。「政府所在地を移転させるという動議はいまだ何も提出されていないが、州債引き受け案が否決された場合、サウスカロライナ州の議員たちが（彼らの非常に重要な目的を果たすために）移転推進派との交渉の席に着く恐れがある」[*74]。この九日後のウィリアム・マクレーの日記には、必死の交渉の様子が記されている。「ニューヨークの議員は今、ヴァージニアとの取引計画に忙しい。ポトマック河畔を永久首都にするから、代わりにニューヨークを暫定首都にしてほしいと持ちかけているのだ」[*75]。

一七九〇年六月二日、下院はハミルトンの公債償還法案を可決した。ただし、州債引き受けに関する箇所は除かれた。ハミルトンには早急に手を打たなければならないことがわかっていた。そこで、妥協を許さない男という評判は捨てたくなかった彼は、代理人を使っての懐柔的な予備交渉に乗り出した。

後世では当たり前のこととなるが、共和制初期の当時は、立法時の根回しに政治家自身がかかわるのは難しかったので、ハミルトンは使いを出して、フィラデルフィア首都計画の中心的提議者であるペンシルヴェニア州議員のロバート・モリスに探りを入れたのだ。これについてモリスはこう述べている。「彼らを信用しようと思ったのではない。だが、ハミルトン中佐宛てのメモには、自分は早朝にバッテリーを散歩していると書いたので、何か提案があれば使いをそこに来させるだろう」[*76]。しかし驚いたことに、モリスがバッテリーに行くとそこに来ていたのはハミルトン自身だった。ハミルトンが持ちかけた取引は単純明快で、州債引き受け案の採択にあたって、モリスが上院で一票、下院で五票を集めてくれれば、ジャーマンタウンかトレントン——ともにフィラデルフィアのすぐ近く——を永久首都にする案を支持するというものだった。これで一流戦略家ハミルトンが考えていた取引の手の内はばれてしまった。ペンシルヴェニア州議員のピーター・ミューレンバーグはベンジャミン・ラッシュにこう述べている。「明らかに、財務長官が東方軍団の動きを導いていることがわかった」[*77]。

しかし、こうしたハミルトンの努力も水の泡となった。このころすでに、ペンシルヴェニアとヴァージニアの議員団は、フィラデルフィアを暫定首都にし、ポトマック河畔に永久首都を置くという計画で合意に達していたのだ。これぞまさに、ハミルトンが必死で避けようとしてきた結果だった。これではニューヨークの役目はなくなるうえ、恒久的首都は南部に行ってしまうからだ。一方、ペンシルヴェニア州の議員たちがこの案に同意した背景には、おそらく、暫定的にでも一度フィラデルフィアに置かれた首都はなかなか移動できないはず、との希望的観測があったのだろう。ハミルトンもこのころには、デラウェア川沿いの永久首都という希望は断念していたため、ゆっくりとポトマック河畔派に移行していった。六月一八日のウィリアム・マクレーの日記によれば、ハミルトンは「ニューイングランドの人間はポトマック河畔かボルティモアを永久首都にすることで交渉に入るだろう、とモリス氏に話した」という。[*78]

ここで、この新たな合意を背景にして、重要性を評価しなければならないことがある。首都をポトマック河畔に決めた「晩餐会の取引」という有名な逸話だ。ジェファーソンが語ったこの逸話によると、北部諸州が連邦の「脱退と解体」を持ち出して脅しをかけていたころ、彼は偶然ワシントン邸の外で疲れきったハミルトンに会ったという。ハミルトンは普段はこざっぱりとした身なりの上品な男なのだが、このときは、ジェファーソンも驚いたことに、だらしない格好でひどく落胆していた。「げっそりとやつれて暗く沈んだ表情で、しょげかえっていた。(中略)服装までもが野暮ったく、かまっていない様子だった」[*79]。まるで自暴自棄になっているようだった。

彼は私を連れて、大統領宅の玄関前を三〇分ほど行ったり来たりしながら、いたましい口調で、議会が冷静さを失ってしまったことや、債権州と呼ばれることの苛立ち、同胞が「脱退」したり諸州が分裂したりすることの危険などを語った。また、行政府は協力して行動しなければならない、この問題は国務省のことではないが、義務も関心も共通であるはずだとも言っていた。（中略）この案を退けたのはごく一部の人間だけであるため、私が友人何人かの判断力と分別に訴えれば、彼らは投票行動を変えるかもしれないとも言った。[*80]

ハミルトンが、州債引き受け案がつまずいた折には辞任もありうると仄めかすと、ジェファーソンは落ち着いた口ぶりで、「自分自身、州債引き受けの問題全体をよく把握できていなかった」――彼は自分を政治的偏りのない人間に見せる術をよく知っていた――が、実際、議論の推移はずっと一心に追ってきていたし、ちょうどジョージ・メーソンにもこの件で歩み寄るよう、説得の手紙を書いたところだと語った。[*81]そして、おそらくこのことを念頭に置きつつ、翌日、財務長官を自宅の晩餐に招いた。

ジェファーソンの話が信頼できるとすれば、首都の場所が決まったのは、一七九〇年六月二〇日にメイデンレーンの自宅で催されたこの晩餐会だった。アメリカ史上もっとも有名かもしれないこの夕食会の席には、ジェファーソン、マディソン、ハミルトンのほか、たぶんもう一、二名が顔をそろえた。当時ジェファーソンは、ひと月以上偏頭痛に苦しんでいたのだが、この時は最高に丁寧なもてなしをした。自身は州債引き受け案をよく思っていなかったが、公債償還計画が行き詰まれば、連邦が崩壊しかねないとわかっていたうえ、国務長官としても、海外でのアメリカの信用に影響が及びはしないかとの懸念もあった。

ここでもマディソンは、それまで再三述べてきたように、この州債引き受けは負債を清算したヴァージニアなどにはひどい仕打ちになると主張した。しかし、もし何らかの交換条件が認められれば、この案を支持してもよい――少なくとも反対はしない――との譲歩も示した。ジェファーソンは後にこう述べている。「南部州にとっては手痛い話であるため、彼らをなだめる何らかの手は打つべき（中略）だと思われた」[*82]。

その懐柔策が、一〇年間はフィラデルフィアに暫定的な首都を置き、その後、ポトマック川沿いに永久移転させるという案だった。さらにマディソンは、出身州ヴァージニアに利益の多いこの譲歩の中で、諸州と中央政府との貸借関係の最終清算に関しても、ヴァージニアに有利となる処遇を取りつけたようだ。一方、ハミルトンはお返しとして、この暫定および永久の首都設置案をペンシルヴェニア議員団に容認させるべく、最大限の努力をすると約束した。

この晩餐会は、すでに完了間近まで来ていたらしい取引を最終的に確定させた。惨めにも、ニューヨークが将来、第二のロンドンかパリ――政治面でも金融面でも文化面でも国の中心である都市——になれるチャンスを手放したのは、皮肉なことに、典型的なニューヨーカーであるハミルトン自身だった。苦しい妥協案しか示せなかったのは、彼の中で州債引き受け計画に重きが置かれていたことのあかしだ。

だが多くのニューヨーカーは、この決定に納得がいかなかった。ルーファス・キング上院議員も、公債償還計画を救うために首都は放棄することに「もう決めた」というハミルトンの言葉を聞いて激怒した。ただでさえ、ハミルトンが独断的にこそこそ動いていると思っていたキングは、友人としてこう怒鳴りつけた。「偉大かつ立派な計画は、策謀や不正な手を使って成功させるべきものではない」[*83]。

その後ハミルトンは、晩餐会での約束どおり、ペンシルヴェニア議員団の説得に当たった。ここでも、この時の密室の討議を追うには、マクレーの日記が非常に役立つ。それによれば、ハミルトンが「忌まわしい」公債償還計画とポトマック河畔首都案を結びつけたことを知ったマクレーは、ワシントンのことをハミルトンの手先、「あらゆる汚い憶測をきれいにぬぐい去ってくれる布巾」だと非難している[*84]。また六月二三日には、上院にロバート・モリスが召喚されたことを記している。「やっと現れた彼は、私にこう囁いた。『ついに取引が成立する。ハミルトンはニューヨークの暫定首都を諦めるぞ[*85]』」。翌日、ペンシルヴェニア議員団は、フィラデルフィアを一〇年間暫定首都にするという案を受け入れた。

六月二八日、ハミルトンとジェファーソン、そしてノックス戦争省長官は、取引に決着をつけようとペンシルヴェニア議員団と会食した。このディナーについても、マクレーの日記が実に有益だ。ジェファーソンのことは、よそよそしく形式張って、「高尚な厳粛感」に満ちていたと書いているが、ノックスに対しては好意的な目を向け、太めでおおらかで、おそらく飲みすぎていたのだろう——いわく「飲み騒ぎ屋」——が、何とか威厳のオーラは発していたと述べている。そして、次のハミルトンの描写などはどこか思わせぶりだ。「ハミルトンはまったく大人気なく、浮ついていて、スコットランド系アイルランド人なら『skite』と言うところだろう」[*86]。『オックスフォード英語辞典』によると、このスコットランド語「skite」は、自惚れが強い、あるいは軽薄な、あるいは奔放な少女という意味だ。こうした言葉を選んでいるところを見ると、ハミルトンの軍人らしい態度の下に何か女性的な側面が隠れていたことがうかがえる——彼の両性具有的な側面を指摘した者もいた。また、この言葉には、公債償還計画の決定的な支持を得られたハミルトンが、惨めな絶望の淵から言い表せないほどの高揚状態に変わっていた様子も表れている。

建国の父三人の連携

一七九〇年七月一〇日、下院は「首都設置法」を承認し、フィラデルフィアを暫定的に首都とし、その後ポトマック河畔の一〇マイル四方の土地に永久首都を置くとする計画が決まった。失望感いっぱいのマクレーは、ハミルトンがいまや全権を手にしているのだと考えた。「彼の闘士たち（中略）のせいで、我々はここで何ヶ月も費やすことになった。（中略）ハミルトンと仲間の理論家たちは、委員会の命名にいたるまで、あらゆることで事前に手を打っている」[*87]。

そして、七月二六日、州債引き受け法案はかろうじて上院を通過した。あの有名な「晩餐会の取引」が政治的魔法の威力を発揮したのだった。この時マディソン自身は反対票を投じたが、ヴァージニアとメリーランドの四人の議員には、賛成派に鞍替えするよう申し入れていた。

後の視点から見ると、この時がハミルトン、マディソン、ジェファーソンの連携が最高にうまくいった瞬間だった。政治家らしい解決策を考え出し、連邦の崩壊を防いだのだ。しかし、理想に満ちたこの共和国黎明期においては、こうした政治的歩み寄りには批判の声が殺到した。裏での取引には必ず汚職のにおいがつきまとう。議員たちは不安になりながら世間の反応を待った。ペンシルヴェニア州選出のトマス・フィッツサイモンズ議員は、ポトマック首都案に賛成したため、フィラデルフィアで「石を投げられるかもしれない」と怯えた[*88]。

また、ニューヨークの街頭では、ペンシルヴェニア出身者が通りすがりの地元民に吐きかけられる汚らわしい悪口に耐え忍んでいた。ニューヨーク市はすでに大統領の新公邸建設に着工しており、計画の消失に苛立つニューヨーカーが当たり散らすのだった。なかでも憤慨の極致にあった一人、フィリップ・スカイラーはこう嘆き悲しんでいる。「議会の利便性のためにもよかろうと首都設置に尽力した当市に対して、礼儀を欠いている」[*89]。

ジェファーソンは、州権を弱体化させる取引に加担したことを後世に弁明しなければならないと考えたのかもしれない。連邦の危機を理由に挙げるだけですませることもできたろうが、しかし彼はそうはせず、ハミルトンをスケープゴートにすることにした。

州債引き受け案の通過にあたって自分が果たした役目について、彼は後年ワシントンにこう語っている。「私は財務長官に騙されて加担してしまいました。当時、彼の計画をよく理解していなかった私は、その推進のだしに使われたのです。政治人生で犯した過ちのなかでもこれは最大の後悔になっています」[*90]。一八一八年には、さらに具体的な表現で主張している。ハミルトンはこの法案を通じて、おいしいアメを「相場師どもに投げた。これによって財務省支持者の数はさらに増え、財務長官は議会のあらゆる票決を自由に操れるようになったため、自分の政策実現に向けて政府を動かせるようになった」[*91]。ジェファーソンは、二大派閥――共和派と連邦派――が形成された原因は、ハミルトンが州債引き受け案で勝利したことにあるとし、さらにこのせいで、議会は純粋で高潔な共和派と、「大部分が君主制主義者」で「もちろんハミルトンをその主義の主導者として信奉する」「金目当て集団」の二つに分裂してしまったと考えていた[*92]。

では、なぜジェファーソンはこのように過去に遡ってまで、州債引き受け案における自分の役目を過小に見せようとしたのか。当時ジェファーソンは、自分で思っていたよりこの案をずっとよく理解していたのだが、これがアメリカの連邦の権力の揺るぎない基盤を作るということについては、おそらくハミルトンほど明確にはわかっていなかったのだろう。だがこれによって、連邦政府は永遠に、国内における課税権限の大半を掌握することができたのだ。それに比べれば、首都の場所など二の次の問題だった。ジェファーソンはハミルトンに騙されたのではない。ハミルトンの持論の説明があまりに長くて惑わされたにすぎなかった。ハミルトンの公債償還計画の細部には、不朽の政治制度が埋め込まれていた。彼のほうがジェファーソンより一枚上手だっただけのことだ。

　ハミルトンはその九月に書いた「公債債権者の皆さんへ」と題する新聞投稿の中で、自分の政治術の秘密を明かしている。「鋭い洞察力をもって我が政府の性質を考えればわかることだが、良策の採択にあたっては邪魔や進行の遅延が妨げになることが多いものの、いったん採択されればそこに根づき、永続していく可能性が高い。そのまま遂行するよりも元に戻すことのほうがはるかに難しいからだ」[*93]。ジェファーソンはこれに激怒した。

　州債引き受け案の承認とポトマック河畔の首都設置を決めた「晩餐会の取引」は、ハミルトンとジェファーソン、マディソンの三人が協力して共通の目標を進めようとした最後の機会となった。そしてこの後は、次第に表立った闘争へと移行していった。

CHAPTER

17

The First Town in America

アメリカ第一の町

猛烈男の日常生活

公債償還計画を議会に承認させた後も、ハミルトンは息つく間もなく仕事に邁進した。恵まれなかった少年時代の埋め合わせをするかのように疾走していたこの男の頭の中では、新しいアイディアが絶えずどくどくと湧いていた。アメリカが直面する問題となると、彼は持ちうる知識を総動員して考えた。何事も中途半端にはできず、第二の母国の運命をまるで我がことのように心底、気にかけすぎるほど気にかけた。

さまざまな思考が溢れ返る彼の頭脳は、仕事上の壮大な欲求と細々した日常生活の変化とがバランスよく共存できるものではなかった。延々と書きつづられる手紙は概して理論的で、イメージ的な表現は皆無だった。天候や景色、会った相手の服装や振る舞い、住まいの家具についてもほとんど書かず、休日や長期休暇、余暇について触れることもない。アンジェリカ・チャーチへの手紙では、いつかヨーロッパを訪れることが「大きな望み」だと書いていたが、実際には国を出ることはおろか、オールバニーとフィラデルフィアより遠くへ行くこともほとんどなかった。[*1] また、逸話や無駄話を入れた明るい手紙を書くこともきわめて稀だった。もっともこれは、彼が後世に遺すことを考えて書いていたためではない。ハミルトンが歴史という大きな枠組みでの自分の立場を意識していたのは確かだが、むしろ、彼の壮大な計画にはつまらない日常茶飯事など入る余地がなかったのだ。
ハミルトンが財務長官になってまだまもないころ、フィリップ・スカイラーはイライザに、ハミルトンの上の空を伝える面白い逸話を聞かせている。オールバニーに向かう途中立ち寄ったニューヨーク州北部の町でのこと、ハミルトンは、ロジャーズ氏という商人の店の前を行ったり来たりしていた。おそらく裁判の準備書面か弁論の内容を頭の中で組み立てていたにちがいない。この時の様子を見ていた人物は次のように話している。

彼は深い黙想に耽っていたらしく、誰かと話しているかのように唇を小刻みに動かしながら店に入っていき、両替してほしいと五〇ドル札を差し出した。だがロジャーズが断ると、この紳士［ハミルトン］はあきらめて出て行った。店にいた者がロジャーズに偽札だったのかと尋ねると、そうではないとの返事だった。では、なぜ両替してやらなかったのかと再度問うと、あの哀れな紳士は正気を失っていたからだ、とロジャーズは答えた。そこでまた別の者が、彼はまったく普通に見えたが、と言うと、ロジャーズは、そうかもしれないが、たぶん彼は正気の時とそうでない時があるのだろう、と返事し、続いてこう言った。彼は店の前を時々立ち止まりながらうろついていた三〇分間、ずっと独り言を言っていた。もし私が両替してやって、彼がそれをなくしたら、私が非難されることになったろう、と。[*2]

アメリカの新政府建設の中心人物だったハミルトンは、仕事漬けの毎日だった。これはスカイラー家でもたびたび話題になり、イライザは家族から、うまく夫を宥めて新鮮な空気を吸わせなさいとか、使いすぎの頭を休めるよう運動させなさい、などと言われていた。一七九一年にはヘンリー・リーが、健康のため「毎日風に当たり、短時間でも乗馬ができるように」と、ヴァージニアから馬を送ってきた。[*3] 革命中はかなり乗り回して、乗馬はお手のものだったハミルトンだが、リーには特別穏やかな馬を送ってほしいと頼んだ。このころのハミルトンは、腎臓病の再発になお悩まされており（友人は「腎臓の持病」と言っている）、馬で揺られるというのはつらかったからだ。[*4]

ワシントン大統領一期目の半ば、アンジェリカ・チャーチは、ハミルトンが仕事のしすぎで太ったという噂を聞き、妹のイライザにこのような手紙を書いている。「ベックウィス大佐から、親愛なるハミルトンが書き物ばかりしていて、運動不足から太りすぎてしまったと聞きました。私が何か言ったりしたりするわけにはいきませんから、彼の健康と見た目はあなたにお任せします。でも、今度私が帰ったとき、のろまな巨体になっていたらどうしましょう！」。[*5]

もっとも、仕事に全精力を傾けていたこの猛烈男も、仕事後は陽気な宴会好きに変身したらしい。弁護士のウィリアム・サリヴァンが書き残したスケッチを読むと、ハミルトンに男っぽいたくましさと、女性的とも言える繊細さが不調和に混在していたことがよくわかる。

彼は痩せ型だったが、背筋をぴんと伸ばし、態度も威厳に満ちていた。（中略）髪粉をふった髪は額から後方になでつけられ、後ろで一つに束ねられていた。非常に色白で、頬だけが女性のようにほんのり赤く染まっていた。色といい形といい、稀なほどハンサムな顔立ちと言えるのかもしれない。*6

サリヴァンはある宴会でのハミルトンの様子も描いている。それによれば、少し遅れて劇的な登場の仕方をした彼は、宴会中、思索家とウィットに富んだ話好き人間の顔を交互に見せていたという。とりわけ女性陣に憧れの眼差しで見つめられると、それはさらに顕著になったようだ。

部屋に入ってきた彼が特別な存在であることは、周囲の尊敬の眼差しを見れば明らかだった。きらきらと輝くボタンの付いた青いコートは並外れて長く、その下には、白いベストとぴったりした黒い絹シャツを着て、白い絹のストッキングを履いていた。ハミルトンを迎え入れた紳士は、初対面の人々に彼を紹介した。ハミルトンはその一人一人に深々と頭を下げて正式なお辞儀をしたが、握手はしなかった。（中略）ディナーの席では、彼が口を開けばいっせいに皆が耳を傾けた。話し方は真面目で落ち着きがあり、声は快く魅力的だった。一方、その晩、男女入り混じった中に入っていったときには、食事時の物静かな堅苦しさは消え、社交的で陽気な雰囲気に変わった。まるで、自分だけが目立ちたがっているようだった。[*7]

ユーモラスで女性的な性格

多くの人は、ハミルトンに対し大変好感の持てる人物という印象を抱いていた。サリヴァンはこう書いている。「公の場でも私的な場でも、彼とじっくり接する機会に恵まれた人は皆、一様に、気さくで愛想がよく、高潔で率直な紳士だと評した。（中略）個人的に親しい間柄だと、特別に感じがよく、また深く愛されていたと言われている」。[*8]

逆に、彼を悪く言う数少ない証言は、当然のことながら政敵のものであることが多い。圧倒的な知性と強硬な意見の持ち主だったハミルトンは、ジョン・クインシー・アダムズによれば、逆らうとうまくやっていけなかったという。また、本人も、自分に独断的な傾向があることはわかっており、あるところではこんな冗談めいた書き方で自身を表現している。「あの高官にもいいところ、悪いところ、いろいろあるだろうが、柔軟性はない」。[*9]ジョン・アダムズはおそらく、ハミルトンにも自分と同じ虚栄心を見たのだろう。後にジェファーソンにこう語っている。「傲慢な気取り屋で、親しい仲間とワイン片手に食事をすれば、必ずばか話をし、自分の役所を自慢する。少女が自分のおもちゃの宝石を威張って見せびらかすようなものだ」[*10]。

一方、ハミルトンには忠実な友人も大勢いた。グーヴァヌア・モリス、ルーファス・キング、ニコラス・フィッシュ、エグバート・ベンソン、ロバート・トループ、ウィリアム・デュア、リチャード・ヴァリック、オリヴァー・ウルコット・ジュニア、イライアス・ブードノー、ウィリアム・バイアード、ティモシー・ピカリング、ジェームズ・ケントなど、少し挙げるだけでもこれだけの面々だ。孫によると、生涯を通じて、彼の周りには「そのユーモラスで女性的な性格に惹かれた」仲間が集まってきたという[*11]。

戦時中に衝突したものの、その後関係を修復していたジェームズ・ウィルキンソンは、ハミルトンへの手紙にこう書いたこともある。「君がいないと寂しいのは、［これほど］理解しているものも心惹かれるものも他にないからだ」[*12]。また、政敵が言いふらしていたような冷酷なイメージを考えれば、彼の書簡に散見される数々の寛大な行為は注目しておくべきだろう。モーガン・ルイスは、具体的には記していないが、ハミルトンの「私心のない友情」による行為にこう感謝している。「実際、私の記憶が間違っていなければ、今回のようなことは本当にこれまで一度もなかった」[*13]。

ハミルトンに借りた金で保釈されたニューヨークの医師ジェームズ・ティラリーも、次のように礼を述べた。「友人を思っての行動から負債を抱えていたのですが、そのような中、お金を貸していただいたおかげで助かりました。ここにお金をお返しいたします。まことにありがとうございました」[14]。ハミルトンは身分の低い者にも親切だった。たとえば、床屋のジョン・ウッドをおどけた調子でジョージ・ワシントンの秘書にこう推薦したこともある。「彼はご家族の頭と顎のお世話をさせていただきたいと申しておりますので、彼をうまく言いくるめて（中略）ご紹介にあがろうと思います」[15]。

その重大な責務を考えると、ハミルトンは、イライザの支援なくしては幸福な安定した社会生活は送れなかっただろう。自宅は優雅だが質素に整えられ、ルイ一六世時代風の椅子やフェデラル様式のマホガニーのソファなど、素晴らしい家具がそろっていたほか、フリードリヒ二世の陶器の嗅ぎタバコ入れ（シュトイベン男爵の好意による）やルイ一六世の肖像画（フランス大使からの贈り物）など飾り物も多かった。後にはこれらに、ギルバート・スチュアート作の威厳に満ちたジョージ・ワシントンの肖像画が加わった。また、ロンドンからはアンジェリカ・チャーチが、金の浮き彫り模様の磁器の食器や、青と金で彩られたフランス製の植木鉢など、数々の精巧な品物を送ってくれた。イライザは、こうした家庭内のことだけに埋もれる生活でも満足だったが、実際には夫の仕事のために必要な交際なども快く引き受けていた。たとえば、マーサ・ワシントンが催すお茶会にはいつも陽気な様子で出席した。晩年、彼女は次のように追想している。

当時、私にはプライベートな生活というものがほとんどありませんでした。ワシントトン夫人も私と同じく、家のことがとても好きな人で、「無駄な時間」を耐えなければならないとしょっちゅう嘆いていました。「国の第一の婦人（ファーストレディ）」と呼ばれていますし、自分はとても幸せにちがいないとは思います」と言いながら、彼女は時々悲痛なほどの表情を見せ、「私には、国の第一の捕虜という呼び名のほうが適しているのでしょうね」と言い添えていました。彼女より年下だったせいか、あのころ人の集まりには私のほうがよく出ていました。[*16]

マーサ・ワシントンのもてなしは、美しさ、センス、慎み深さが絶妙に混ざり合っていて、イライザは強く影響を受けた。現在残っている数少ないイライザの身の回り品の一つに、マーサがスカイラー家に置いていったピンクのサテン生地のスリッパがあるが、イライザはこれを喜んで使っていた。

夫と同様活動的なイライザだったが、家の中の仕事に不満を言ったことはなかった。ハミルトンが財務長官になるころには、後に八人になる子供のうちすでに四人が生まれていた。イライザは膨大な量の家事を巧みにこなす抜群に優れた主婦だった。ジェームズ・マッケンリーはかつて、イライザが優秀だとの評判を聞きつけ、ハミルトンをからかったことがある。「合衆国の財務担当として君が優秀なのと同じぐらい、奥方も君の管理に優れているというではないか」[*17]。ハミルトンは、彼女が自分の生活をつねに支えてくれていることに感謝していた。頻繁に書いていた妻への手紙では、かばうような気遣う口調で、たえず彼女の様子を尋ねていた。仕事のことにはめったに触れなかったが、それはあたかも、政治の荒っぽい世界から彼女を守ろうとしているかのようだった。

子育ての大半は、厳しくも愛情溢れる母親、イライザが引き受けていた。家族ぐるみの付き合いの友人に、「自分をよく見て助言をしてくれる友人ができるまでは、子供に夜を自由に過ごさせるのは危険」だと話したこともある。[*18] しかしハミルトンも、どんなに仕事に時間を取られていても、妻に子育ての全責任を押しつけたりはしなかった。町を離れるときは、下の子供たちは妻と自宅に残したが、上の男の子は一人か二人をよく一緒に連れて行き、夜は同じベッドで眠ったりしていた。家族に対するハミルトンの心配性は一生直らなかったが、これはおそらく、子供時代から続いていたものだろう。アンジェリカは一度、妹にこの義弟のことをこのように言ったことがある。「あなたや子供のことをまったく心配しなくていいというほうが、彼の細やかな神経にはつらいのです」[*19]。

ハミルトンは子供の教育を楽しみにしていた。子供たちに対する期待は大きく、優秀な人物になってほしいと願っていた――ハミルトン自身、生まれつき厳格で野心的な人間だった――が、わずかに現存する子供宛ての手紙には、我慢強い愛情も見て取れる。長男のフィリップは一七九一年、九歳のときに、アレグザンダー・ジュニアといっしょにトレントンの寄宿学校に入った。その後、彼からとても満足しているとの手紙を受け取ったハミルトンは、次のような返事を書いた。

先生からは、授業初日に君が課題を暗誦したという話も聞いた。先生は大変満足している。先生からの手紙にいつも、君の進歩を示す新しい話題が書いてあればと思う。その気があれば、君にはたくさんのことができると私にはわかっているから。君は精神的に大変しっかりしているので、自分を追い詰めずに、私たちが日に日に君を誇りに思うようにしてくれることだろう。[*20]

ハミルトンは、自分の並外れた業績を手本にさせるつもりなどなく、その子の持って生まれた天分に合わせて、ゆっくりと人格を形成していけばよいと考えていた。九歳の娘アンジェリカがオールバニーに祖父スカイラーを訪ねていたときには、仕事の合間を縫って、穏やかに教え諭すような手紙を書いている。

親愛なる娘よ、君がフランス語の勉強を始めようとしていると知り、とても嬉しく思った。さまざまな面で、周りの人から好意と尊敬を得られるような行動をしてくれればと、私たちは願っている。偶然にも相手の気に障るようなことがあれば、必ず、素直に謝りなさい。しかし一番は、謝ることなどないよう、丁寧に、礼儀正しく、慎重に行動することだ。君を愛する気持ちはお母さまも一緒だ。では、ごきげんよう。[*21]

彼が一人の父親として示しているこの思いやりと如才なさは、ハミルトン自身の子供時代の過酷な環境を考えると、なおのこと素晴らしい。彼は、子供たちへの約束を守ることは名誉にかかわる問題だと思っていた。

また、芸術好きのハミルトンは、子供たちと一緒にこの趣味を楽しんだ。とりわけ音楽が好きだった彼は、娘のアンジェリカのため、アンジェリカ・チャーチにロンドンでできるだけいいピアノを探してもらい、娘と二重唱を歌って楽しい息抜きにしていた。そして、芸術品を見る目も高かった。アンジェリカ・チャーチはイライザに、「ハミルトンはどんなことでも、美しいものがお好きなのね」と語ったことがある。「彼には自然の美観や芸術の美がわかってもらえます[*22]」。

ハミルトンはマーサ・ワシントンが絵画を購入するときには助言をし、自分もマンテーニャやデューラーなどの版画を集めていた。後には、一七八〇年代にラルフ・アールを債務者監獄から救い出したときと同じように、イライザと二人でウィリアム・ウィンスタンリーという英国人画家も助けた。ハドソン川の風景画を得意としていたこの若い画家に仕事を世話したり、金を貸したりした。マーサ・ワシントンの客間を飾った彼の二枚の絵も、ハミルトンが依頼したものかもしれない。

ハミルトン大学

もう一つ、ハミルトンが私生活の中心的テーマにしていたのが、教育活動と学術研究の継続的支援だった。ハミルトンは一七九一年一月二一日、アメリカでもっとも古い学術団体、アメリカ哲学協会への入会が認められた。彼が大学を正式に卒業していないことから、入会をめぐって学界は大いに揺れたが、しかし当時、ハミルトンはすでにコロンビア大学の理事を務めており、これ以前には、四〇歳にもならないというのに、コロンビア、ダートマス、プリンストン、ハーヴァード、ブラウンの各大学から名誉博士号も受けていた。

アメリカ先住民の教育でも、金銭面で貢献したことから、ハミルトンの名は大学の名前にもなっている。先住民との関係は、独立革命時以来だ。当時、フィリップ・スカイラーはオールバニー周辺のインディアン部族と交渉し、彼らの中立を守る約束をした。こうしたときには、六部族からなるイロクォイ同盟に伝道をしていたサミュエル・カークランド牧師にたびたび通訳兼使者として協力を仰いだ。カークランド牧師は特に親しかったオナイダ族に愛国派になるよう説得もしてくれた。そして、人道的かつ見識あるインディアン政策を支持していたハミルトンも、ニューヨーク西部のインディアンが不動産投機を目論む者たちに追い出されそうになったとき、クリントン知事にこう忠告した。インディアンと友好関係を持つ「だけで、辺境地域が平和に保てる。（中略）彼らを無計画に完全に追放しようとするのは、非現実的であり致命的だ」[*23]。

またハミルトンは、当時辺境開拓者の間で横行していたインディアンに対する略奪行為に激怒することも多かった。後には、彼が起草したワシントンの演説に、従来の政府の政策は、「辺境地域住民の一部に見られる不埒者や無法者の暴力からインディアンを保護する対策が不十分であった」という一文を盛り込んでいる[*24]。インディアンとの問題が発生すると、彼は必ず、力の手段に訴える前に調整の道を取ることを好んだ。

このようにインディアンの窮状に同情していたハミルトンは、一七九三年一月にカークランド牧師から、白人とアメリカ先住民両方の生徒を受け入れる新設校の理事会に加わってほしいと依頼されたときも、気持ちよく承諾した。ニューヨーク北部に建てられるこの学校では、先住民の子供には英語とインディアン語で教えることになっていた。カークランドは日記にこう書いている。「ハミルトン氏は、この学校の理事を快く承諾してくれた。できるかぎりの支援をしてくれるということだ」[*25]。その月のうちには、ニューヨーク議会がハミルトン・オナイダ・アカデミー設立を認可し、そして翌年、シュトイベン男爵がハミルトンの代理として出席して定礎式が行われた。ハミルトンが実際に学校を訪れることはなかったが、その後援の力は絶大で、定款を拡張した新たな認可が降りた一八一二年には、ハミルトン大学という名がついた。

政府最強省庁

一七九〇年七月に可決されたフィラデルフィアを暫定首都とする首都設置法では、一二月初めまでに全政府機関の移転を完了させることになっていた。連邦政府は、一斉にというわけではなかったが、ぼつぼつとペンシルヴェニアに移動していった。一七九〇年八月一二日、フェデラルホールで最後の議会が開かれ、また月末には、ワシントン大統領が船上からマンハッタンに別れを告げた。そして九月一日、周りには安堵のため息が聞こえただろうが、ジェファーソンとマディソンが、悪の巣窟マンハッタンを後にし、四輪馬車でニュージャージーから南へ向かった。もっともアビゲイル・アダムズは、強制的に南に行かされるのが面白くなかったらしく、一一月までは出発しなかった。フィラデルフィアを楽しもうと思っていると言いつつも、「結局は［歓楽街］ブロードウェイではないのよね」とぼやいていた。[*26]

だが実際には、当時のフィラデルフィアは国際的な都市だった。フィラデルフィアについて、町を訪れたある高貴な英国人は、「世界の驚異の一つ」で「アメリカ第一の町」、「ヨーロッパのほぼどんな都市にも劣らないのではなかろうか」と称賛している。[*27] 規模はニューヨークやボストンよりも大きく、新聞社は一〇社、書店は三〇軒もあった。そして、ベンジャミン・フランクリンを筆頭にした市民の尽力のおかげで、二つの劇場から、会員制の貸出し図書館、有志による消防隊、病院など、文化施設や公共施設が驚くほど充実していた。

政府最大の省庁の長だったハミルトンは、まるで軍事行動のような正確さでフィラデルフィアへの移転手続きを行った。ハミルトン自身は八月初めに、三丁目沿い、チェスナットストリートとウォルナットストリートの間にある二階建てレンガ造りの建物を確保した。ハミルトンは毎日午前中を接客に充てていたが、訪問者は皆、今や政府最強省庁の司令部となる建物なのにひどく間に合わせの感があると感じた。フランス人のモロー・ド・サンメリーは「大臣の仮官舎があまりにみすぼらしくて仰天し」、さらに、正面玄関には足を引きずった年老いた使用人が出てきたので、これまた驚いたという。一階にあったハミルトンの質素な執務室についてはこう書いている。「シンプルなマツ材の机には緑のクロスがかけられていた。架台と厚板でできた台の上には記録や書類が載っていて、台の片方の端には小さな中国花瓶の模造品と、プレートに載ったメガネがあった。(中略)要するに、どこもかしこもスパルタ流に質素だった」[*28]。

財務省のオフィスは、以前はごく並みの規模だったが、今度は街の一区画全部を占めるまでに拡大された。一七九一年の市民名簿には、この急成長した機関の内部構成が詳細に記されている。ハミルトン直属としては八人の部下がいたほか、会計検査担当に一三人、監査担当に一五人、登記担当に一九人、財務担当に三人、連邦・州両政府間の清算担当に一四人、二丁目の税関事務所に二一人、そして方々の港にはさらに一二二人の関税徴収官と調査官が配置されていた。当時のものさしで言えば、これは強大な官僚機構の典型だった。このため批判派は、これは将来の怪物の前兆であり、財務省が長官の個人的なスパイ団、軍事機構になると懸念していた。

財務省がこれほどまでに大所帯になったのは税関があるためで、ハミルトンが抱える職員は五〇〇人以上に上った。一方、ヘンリー・ノックス率いる戦争省の一般職員はたった一二人で、ジェファーソンが国務省で使っていたのは国内わずか六人とヨーロッパの代理大使二人だけだった。巨体のノックスとその職員は、全員が財務省の大規模な施設群のすぐ西にある小さなニューホールに押し込められていた。こうなると、他の機関を全部合わせたものより何倍も大きい省のトップとして、どれほど慎重に振る舞おうともハミルトンが反感を招くことは必至だった。

また、この仕事熱心な財務長官は、「職場のできるだけ近くに」家族で住む家がほしいと考え、商人のウォルター・スチュワートにその旨を伝えた。熱帯育ちではあったが、今やすっかり北部の住人で、ニューヨーカーらしさも身についていたハミルトンは、「もちろんニューヨーカーにとっては、涼しい環境と冷たい空気が重要なポイントになる」とスチュワートに要望している。「部屋は少なくとも六つ必要だ。上等な食堂と客間は必須だし、庭にはゆとりがほしい。条件に適した家が手に入るかぎり、賃貸料に関しては安ければ安いほうがいい」[*29]。そして一〇月一四日には、職場から一ブロックしか離れていない三丁目とウォルナットストリートの交差地点に居を構えていた。ベッドからそのまま職場に直行できるようにと考えたかのような近さだった。この転居は、彼がいかに真面目だったか、いかに過密なスケジュールだったかをよく示している。

税務官のネットワーク

ハミルトンの財務長官時代は、歴史的にはその見事な報告書が高く評価されているが、就任一年目は、大半の時間を税関の確立に費やしたと思われる。その並み外れた知性はともかく、実務上の手紙は、灯台の建設に関するものがもっとも多かった。当時政府の歳入の九〇パーセントが輸入関税だったことを考えれば、彼がこれほどまでに専心したのも無理はない。関税収入がなければ、政府の計画も機能しないのだ。そのためハミルトンは、貿易周辺のありとあらゆることにたえず目を光らせていた。

議会から「該当する各州の灯台、航路標識、ブイ、公共の桟橋の保全管理」を任されたハミルトンは、管理担当者を雇ってその監督に当たった。[*30] また、これらの航行支援システムの発注に際しても、強大な権限をふるった。大西洋岸一帯に航路標識、ブイ、灯台を設置するときには、自ら契約を一つ一つ見直してから、ワシントンの承認を得ていた——これぞお決まりのお役所仕事で、二人は頭に来るような細々とした業務に押し潰されそうだった。州債引き受けと首都移転が話し合われた例の有名な晩餐会の翌日、ハミルトンがワシントンに頭文字の署名を頼んだのは、「材木、板、釘、技術作業」の契約書だった。これらは、ニューヨーク港の外側、サンディフック灯台の近辺に設置する航路標識用の資材だった。[*31] このころにはハミルトンは、灯台の光線を明るくするにはどんな鯨油や灯心、ろうそくが最適か、といったきわめて瑣末なことにも相当詳しくなっていた。

革命前、密輸は英国に対する愛国的抵抗の一つの形であり、入植者たちにとって、その妨げとなる関税徴収官は心底嫌な存在だった。そこでハミルトンは、こうした無法の悪習を排する策を講じなければならなかった。まず一七九〇年四月、税関監視船という一本マスト船の船団の配置を議会に求めた。これで沖をパトロールし、密輸を阻止しようというのだった。八月初めには、後に沿岸警備隊となる新部署を立ち上げる法案にワシントンが署名した。そして、まず税関監視船一〇隻を建造することになったが、その際ハミルトンはワシントンに、これは「合衆国各地」に割り当てるようにし、一部地域だけ優遇するようなことは避けたほうがいいと助言した。[*32] また、未発表の産業政策を事前に見せて、帆布には外国製でなく、国産の生地を使うことも勧めた。ここでもハミルトンは、執行上のリーダーシップの才、天性の指揮統率力を発揮したと言える。

一方、監視船の備品に関しても、驚くほど専門的な指示を与え、マスケット銃、銃剣合わせて一〇〇丁、拳銃二〇丁、のみ二本、鉞《まさかり》一本、ランタン二つを積むことを指定した。さらに、明らかにカリブ海時代に培われたと思われる航海についての詳細な知識を披露し、監視船が風に吹かれて航路を外れ、「西インド諸島にまで行ってしまう可能性もあるため、そうした事故があっても生き延びられるだけの塩漬け肉とビスケットと水を積んでおいたほうがよい」とも関税徴収官に指示している。[*33]

沿岸警備隊の組織化については、ハミルトンは厳格なプロ意識と完璧な業務遂行にこだわった。税関監視船の船長が横暴な姿勢で貨物船を探すと、そうした高圧的な態度から世間の支持が弱まることを承知していたため、強硬な姿勢は抑えるべきだと説き、船長たちにはこう注意している。「つねに念頭に置いてほしいのだが、あの同郷人たちは自由人であり、だから少しでも傲慢さが感じられるようなものには我慢ができない。したがって、（中略）傲慢さや無礼、侮辱を感じさせる行動は慎んでほしい」[*34]。外国船への乗り込みに関するこのハミルトンの指示はかなり的確だった。一九六二年のキューバ危機でも依然取り入れられていたほどだ。

ハミルトンの権力は、管轄の税関部門だけにとどまらず広範囲に及んだが、一方、それと同じぐらい重要なのは、当時の原始的な通信手段のせいで基本的な情報伝達もおぼつかない広大な国で、彼が経済活動を包括的に把握できていたことだった。財務省の全職員の八割以上は、フィラデルフィア以外の土地で働いていており、ハミルトンのところにはそうした各地からの貴重な情報がとめどなく流れ込んできた。ジェファーソンの政治スパイの中心人物、ジョン・ベックリーはこのネットワークを「税務官という媒体を使ったスパイ組織」と罵っている[*35]。

徴収額を監視するため、ハミルトンは徴収官に毎週の報告を厳しく義務づけ、アメリカの港を通るすべての船を確認できるようにした。また、飽くなき好奇心——船の大きさ、定員、構造から、日程、通商ルート、船荷まで何でも知りたがった——から、データを収集するための質問票も考案した。

さらに彼は、荷送人との間で起きる揉め事も数え切れないほど仲裁し、難解な法律問題にたびたび取り組んだ。ある日、ボルティモアの関税徴収官から、馬も輸入関税を徴収すべきかと問い合わせを受けたときには、馬と家畜は課税対象品とみなすことにした。そして、これを伝える手紙には次のような意見を付け足した。「だが、黒人を関税免除とするかどうかは様子を見る必要がある」[*36]。馬の輸入関税の質問から即、奴隷のケースを連想するというところに、当時の悲しむべき現実が表れている。

また、税関を握っていたことで、ハミルトンは通貨制度に対しても大きな影響力を持つことになり、莫大な金が彼の手を経て動いた。あるヴァージニア人は、マディソンにこう懸念を伝えている。「私は財務省のトップに座るあの紳士と個人的に面識がないわけではなく、（中略）八六〇〇万ドルという巨額の金を――そして合衆国の歳入を――彼が握っていると思うと恐ろしくなります」[*37]。しかし実際には、ハミルトンのキャッシュフローの処理は申し分ないものだった。

当時、財務省の徴収する歳入のうち四分の三は、旧宗主国である英国との通商から得ていた。そのため、対英貿易がハミルトンのあらゆる仕事の中核だった。債務の償還、銀行支援、製造業の奨励、政府の強化など、どれをするにも大英帝国との良好な貿易関係を維持しておかねばならなかった。当時の英国の貿易政策は、米国にとって不利な点もあり、たとえば、米国船は西インド諸島植民地に近づけず、英国へ輸送できるものも米国製品だけだった。

ハミルトンはむろんこうした状況を承知していたが、これがいかに腹立たしい邪魔物であれ、それ以上に優先しなければならない大きな政策があった。アメリカは関税に依存すると決めていたことだ。これは、対英貿易に依存するということだった。こうした経済事情が中心にあったため、ハミルトンは国務省のジェファーソンの管轄を何度も侵犯した。このように財務省と国務省との関心が一部重複したことが、この二人の終わりなき不和の原因となった。

ウィスキー税導入と暴動

その一方、ハミルトンは国内税によって歳入経路の多角化を図ろうとした。彼は一七九〇年一二月に議会に増税の必要性を報告したが、このころには、輸入関税は限界近くまで上がりきっているのではと考えるようになっていた。税負担をより均等にすべき時期が来ていると見た理由は、主に、ハミルトンのニューヨークの政治基盤であり友人でもある港湾地区の商人が、輸入関税に痛めつけられていたからだった。

新たな財源の必要が生じたのは、緊急の危機があったからではない。実際、一七九〇年末には、ハミルトンの手元には政府の余剰金がかなり貯まっていた。彼の保護の下、政府債の価値も三倍になっており、連合規約時代の混乱に比べれば、彼の政策は飛躍的な経済成長を生んでいた。ボストンの知人の手紙にはこう書かれている。「合衆国がこれほど繁栄の輝きに包まれたことはこれまでなかったように思います。(中略)実際、この町であらゆる階層の人々に広く満足感が行き渡っている様子は喜ばしいことです。(中略)農業関係者は笑みを浮かべ、商業は活発になり、製造業も繁栄しています[*38]」。

とはいえ、当時すでに連邦政府は州債の引き受けを行っていたため、ハミルトンとしては、第二の収入源がなければ利払いができないと考えたのだ。だが厄介な問題があった。課税に対する嫌悪感が国民に浸透していることだ。対象が人であれ建造物であれ、直接課税は誰もが嫌っており、農業関係者と不動産投機家の力を考慮すると、土地税《ランド・タックス》の立法化も不可能に思われた。では、他に課税できるものは何なのか。

一七九〇年一二月、他に選択肢のなかったハミルトンは、以前に『公信用に関する報告書』の中で提案した案をまた持ち出した。ウィスキーなど国内の蒸留酒に物品税を課すことだ。これが安ウィスキーで儲けている地方では嫌われることはわかっていたが、農家には土地税よりまだましだろうと考えたからだった。また、ワシントンには打ち明けたことだったが、この酒税には秘められた政治的動機もあった。「州政府に握られてしまう前に、貴重な収入源を押さえて」おくことだ。州債引き受けのときと同様、これで州の収入を減らし、連邦政府の財政を強化したいと思っていたのだ。ハミルトンには専門的な言葉で政治目的を覆い隠す抜け目ない能力がある、とジェファーソンは言っているが、これはあながち誇張ではない。ハミルトンの経済政策には、確かに、隠れた意図が埋め込まれていた。そして、そうした意図については、彼は上層部の仲間には知らせることが多かったけれども、いつも公表するとは限らなかった。

うれしいことに、マディソンもこの蒸留酒税を支持してくれた。他に妥当な策がないと彼も考えたからだった。「一般に直接税は批判を受けやすく、輸入品への負担はすでに最大限に達している。したがって、物品への課税が唯一の収入源となるが、課税対象としては蒸留酒がもっとも抵抗が少ないと考えられる」とマディソンは断言している。[*39] 彼はまた、ウィスキー税なら「節酒する人が増え、結果、病気や早死にを防ぐ」ことになるため、間接的に社会への貢献になるだろうとも考えた。[*40]

しかし、ペンシルヴェニア州下院は、ハミルトンの税制案に反対する動議を可決した。これは、数年後に勃発するウィスキー反乱の最初の兆候だったと言えるだろう。ペンシルヴェニア西部の山間では、自家製の醸造酒は伝統的な地元文化の一つだったため、政府の干渉に猛烈な怒りが巻き起こったのだ。

一方、ハミルトンはこの酒税法を成立させようと精力的に動いていた。そうした彼は、ウィリアム・マクレーの目には、またぞろ議会の邪悪な魔術師が動き回っているように映ったようだ。議事堂一階の下院から二階の上院へとせかせか移動し、手下の議員にあれこれ政策を指示していたという。しかも、マクレーは国内産蒸留酒の統計資料を提出しようとしたが、ハミルトンに先を越されて断念した。「会議室のドアに向かった（中略）が、ハミルトンがもうそこにいたため、私は引き返した」[*41]。そして、上院がこの物品税を承認した日、マクレーは日記に恐ろしいほど正確な予想を書き込んだ。「この結果、戦争と流血の惨事を招くことはまず間違いない」[*42]。彼も記しているように、西側の奥地にある無法地帯の郡では、ペンシルヴェニア議会でさえ、これまで物品税の強制的施行はできずにいたからだ。

もっとも、ハミルトンもウィスキー税に対する抵抗はある程度予測していたため、強大な強制力を持たせた少人数の検査官部隊を準備した。また『公信用に関する報告書』でもすでに、たとえば隠し蒸留酒を押収するためなら住居や倉庫にいつでも入れるなど、検査官に与える権限の概略は示していた。たとえボロ倉庫で一人で作業しているような業者でも、正式な免許状の提示と継続的かつ正確な記録が求められた。

その後、一七九一年五月には、行き過ぎと思われるほど詳細な規則を並べた通達が発表された。しかも、もともと税徴収官嫌いが激しい地域には特に細かい指示を与えた。この中でハミルトンは、すべての蒸留酒製造業者を「最低、一日二回」回り、毎週報告書を提出するよう検査官に求めている。「報告書には以下の項目を明記のこと。蒸留所の所有者あるいは管理者の氏名と、蒸留所が所在する郡と（中略）市か町もしくは村、各蒸留所の蒸留器の数、容量（ガロン数）、（中略）通常蒸留する材料、通常の使用時間」[*43]。

だが、ペンシルヴェニア西部で暴動が勃発するまでそれほど時間はかからなかった。一七九一年七月に課税が施行されたとたん、地元民は検査官を避けたり脅したりし始めたのだ。ハミルトンは、検査官の権力に関しては細心の注意を払って、厳しく制限したつもりだった――「関係者の住居や施設を見境なく立ち入ったり調べたりしてはならない」――が、多くの蒸留酒業者は、彼らのやり方を高圧的で強制的だと感じた。[*44] そして、酒税に対する不満が増すにつれ、ハミルトン反対派は、彼の公債償還計画などあらゆる政策を標的にして広範な批判を展開し始めた。

ハミルトンはジレンマに陥った。連邦政府を支えるためには、公信用を回復しなければならない。公信用を回復するためには、不人気な課税を実施しなければならないが、後にハミルトンも認めたように、これは同時に、敵に連邦政府への「攻撃のチャンスを与えることになった」からだ。[*45] しかし、酒税以外の税であれば、もっと評判が悪かったはずだ。フィラデルフィアにもペンシルヴェニア西部の暴動に関する報告は入ってきたが、ハミルトンは施行の手を緩めなかった。たとえ自分の人気は落ちても、不評だが必要な政策を遂行することこそ、自分の責務だと思っていたのだ。彼は法律違反を大目に見るような人間ではなく、これからも物議を醸す政策を数多く提議していくつもりだった。

CHAPTER

18

Of Avarice and Enterprise

貪欲と事業

経済成長に必要な法的文化的環境

蒸留酒への課税を提案して議会を揺さぶった日の翌日の一七九〇年一二月一四日、アレグザンダー・ハミルトンはもう一つ、先駆的な報告を提出し、アメリカ初の中央銀行の設立認可を高らかに呼びかけた。この財務長官がわずか一五ヶ月の間に次々と生み出した大量の計画に、アメリカはまだ揺れていたが、彼の頭脳が素晴らしい創造力を備えていることだけはわかり始めていた。公信用を皮切りに、有効な税制、税関、そして今度の強大な中央銀行と、ハミルトンは強力な国家を作るための土台を着々と築きつつあった。そして、こうした歴史的意義の大きい計画のうち、合憲性の問題がもっとも厳しく問われたのが、この合衆国銀行設立の提言だった。

独立革命とその後の混乱期には、同時に、一八世紀末の二つの大きな変化も起きた。政治面では、個人の自由、多数決原理、小さな政府が重んじられるようになり、これによって王政を拒絶する風潮が広がった。ハミルトンがこの方面に格別な貢献をしたとするなら、それはフランクリンもアダムズも、ジェファーソンも同じだった。それに対し、もう一つの変化、すなわち経済界の大変動——産業革命、世界貿易の拡大、銀行や証券取引所の成長——はというと、アメリカでの主導者は断然ハミルトンしかいなかった。
政治と経済両分野の革命で活躍した建国の父は他にいない。唯一フランクリンが後一歩まで迫っただけだ。ハミルトンの斬新さと偉大さはまさにここにあった。彼はアメリカ経済の未来を鋭く予見した。そのビジョンは、一部の動揺を招きつつ多くの人を魅了し、最終的にはスタンダードとなった。歴史に境界線を引くとすれば、ハミルトンが立っていたのは明らかに現代の側だった。他の建国の父との違いはそこにあるように思われる。その意味では、彼が懸念や混乱を巻き起こしたのもむしろ当然のことだった。

過去二〇〇年、アメリカの実業家は称賛の的となった時代もあれば非難の的となった時代もあった。この変化につれて、ハミルトンの評価も上下した。歴史家ゴードン・ウッドはこう書いている。「一九世紀末、ハミルトンはアメリカ資本主義の創始者と称えられたが、この栄誉も、二〇世紀になると大抵の場合マイナスに受け取られるようになった」[*1]。

資本主義――その効率性重視と極端な不公平――が生む相反する感情はすべて、ハミルトンのイメージに結びつけられていた。市場経済の中心的推進者の彼としては、私欲を経済活動の原動力と考え、人々の物欲を駆り立てなければならなかったが、かといって、考えもなくただ煽っていたわけではなく、利益への欲求が有害な欲に変化しうることもわかっていた。『ザ・フェデラリスト』第一二篇、繁栄が貴金属の普及を促すことについて述べている箇所でも、「人間の貪欲さと事業の大事な目標」として金と銀に言及している――この言葉は、私利の蓄積を促すことに関する彼の迷いがうまく集約されているものと言えよう。

自力でたたき上げた人々の集まる国アメリカにおいて、ハミルトンがその象徴的な存在となったのは、彼自身、政府は自己実現、自己改善、自立を奨励すべきであると考えていたからだった。また、彼の人生こそ、社会移動の格好の実例だったうえ、何事にも最大限のエネルギーをぶつけるその姿には、有益なる労働の力は心身の鍛錬につながるとの熱い信念が表れていた。そして、財務長官として彼は、経済の原動力とみなしていた企業家のための場所を社会に確保したいと考えた。フランクリン同様、彼もアメリカの特殊な企業精神を直観的に理解していた。「事業にかかわる物事なら、それが何であれ、他国の人間に負ける可能性を心配する必要はない。事業は我々の本領だと言っても過言ではないだろう[*2]」。

ハミルトンはアメリカの市場経済を創造したと言うよりも、経済発展に必要な文化的法的環境を整備したと言うべきだろう。資本主義社会が成立するためには一定の前提条件が必要となる。なかでも必須なのは、強制執行できる契約を通じた法の支配の確立、私的財産の尊重、法的紛争を仲裁できる信頼するに足る官僚組織の整備、発明を促進するために特許などの保護を与えることだ。連合規約では、こうした環境はまったく整えられていなかった。そのことが、ハミルトンが憲法擁護に努めた主な動機の一つでもあった。これについては、彼は次のように述べている。「周知のとおり、財産と信用に対する州政府のずさんな対応は、もっとも深刻な病弊の一つであり、現行憲法が採択される以前は、国家の悩みの種だった。またこれが、世論を憲法採択に至らせた重要な要因でもあった」[*3]。

ハミルトンは新憲法を柔軟に解釈し、これを経済成長に必要な法的枠組みを作るための手段として利用した。つまり、当時はまだ解釈が確立されていなかった三つの条項——必要かつ適切条項（第一条八節一八項）、一般福祉条項（第一条八節一項）、通商条項（第一条八節三項）——を活用し、これらを根拠に、政府が経済に対し積極的に働きかけられるようにしたのだった。

金融活動は悪魔の企み?

ワシントン大統領第一期の大半は、経済問題に費やされたが、その中心にいたのはハミルトンだった。このことをウッドロー・ウィルソンは的確に言い表している。「初代政権の政策を振り返ってみると、思い浮かぶのはワシントン大統領ではなくハミルトン氏だ」[*4]。ハミルトンの知識量には誰も太刀打ちできなかった。当時のアメリカでは、まだ財務は未知の「知識体系」であったことから、フィッシャー・エームズもこのような言葉を残している。「それゆえ、趣旨は素晴らしいが施策としては最悪の案が提出される可能性がある」[*5]。

政治では先見の明があっても財務にはまったく疎い善意の人と言えば、一七九〇年代にハミルトンをもっとも厳しく批判した三人、ジェファーソンとマディソン、アダムズもその部類だった。こうした建国の父たちは、旧態依然の世界観に固執し、銀行も信用貸しも株式市場も蔑んでいた。こうした観点から見れば、ハミルトンは当時の進歩派であり、批判者側は保守派だった。

ヴァージニア州の農園族だったジェファーソンとマディソンは、市場価値に対し本能的とも言える軽蔑を抱いていた。彼らにとっては、商業など、往々にして汚く下劣なたかり同然のものにすぎなかった。また、過去の地主貴族と同様、商業や金融投機を見下していた。ジェファーソンが夢見ていたアメリカとは、かぎられた家内工業しかない農業の楽園だった。穏やかで変化に乏しい田舎の生活リズムを好み、ハミルトンが示したような都会の野放図な活力など嫌悪していた。ジェファーソンはこう書いている。「農業を主としているかぎり、我が政府は今後何世紀にもわたって高潔さを失わずにいられるだろう。（中略）ヨーロッパのように、大都市でたがいに積み重なるように生活するようになれば、やがて同様に崩壊するだろう」[*6]。

ジェファーソンに言わせれば、銀行とは、貧乏人から金を巻き上げ、農家を圧迫し、質素な共和主義を堕落させる贅沢好きを生むための仕掛けだった。不思議なことに、彼は多くの奴隷を雇っていながら、農業は平等主義の産業で、製造業は階級意識の強い社会を生み出すものと考えていた。

ジェファーソンに比べれば、ニューイングランドの商業界の代表であるジョン・アダムズなら、ハミルトンの経済制度に賛同する見込みが高そうだが、しかし実際には、彼も昔の質素な時代を志向していた。後年には、「銀行券貴族は、フランスや英国の貴族と変わらず悪質だ」とジェファーソンに語っている。彼に言わせれば、銀行制度とは、富裕層が貧困層を食い物にする信用詐欺だった。「アメリカの銀行はどこも、個人の利益に関して国民に大きな負担を強いている」と考え、銀行家を「詐欺師で泥棒」だと切り捨てていた。[*7]「これまで銀行制度はすべて避けてきた」と明言したこともある。「そして今後も、死ぬときまでずっと（中略）利子を払ってくれる銀行も、当証人のもたらすいかなる利益も受け入れるつもりはない」。[*8]

ただし、明敏なアダムズは、銀行がなくてもすむとまでは思っていなかった。必要なのは州支店を持つ中央銀行だけで、個人銀行は不要だと考えていた。ジェファーソンもアダムズも、金融証書を動かして生計を立てているような人間は大嫌いだった。後年、アダムズが銀行制度を不正だと厳しく攻撃し始めると、ジェファーソンも、商業は「際限のない凶悪窃盗」だと言って応援した。[*9] 銀行はあらゆる経済目的に使えるという考え方――銀行のもたらす繁栄は、一部の人間だけを豊かにするかもしれないが、商業界全体の潤滑剤にもなりうる――は、この二人にはなじまなかったらしい。ハミルトンが悪意に満ちたひどい言葉でけなされたのも、二人が、銀行などの金融活動を悪魔の企みのように考えていたからだ、ということは記憶にとどめておくべきだろう。

中央銀行設立構想

中央銀行の必要性については、ハミルトンは絶対の確信を持っていた。当時はまだ、各州共通の統一通貨がなかったうえ、市場ではなお外国の貨幣が混在していた。そのため、さまざまな機能——通貨供給の拡大、政府や実業界への融資、税の徴収、負債の返済、外国為替の取り扱い、国庫の提供——を備えた総合的な機関が必要だった。ハミルトンは、ひと月でも財務長官をやれば誰でも、「政府の財務には銀行が不可欠だと確信」するようになる、と明言している。[*10]

ハミルトンにはフィラデルフィア、ニューヨーク、ボストンの個人銀行とのつながりもあったが、こうした地元密着型の銀行からは中央銀行設立の参考になる情報はあまり得られなかった。ただ、幸い彼は、独立革命の大混乱の最中に時間を見つけて金融史を学んだおかげで、ヨーロッパの銀行の先例には詳しかった。

一七八〇年当時、二五歳にして中佐であったハミルトンは、九月にジェームズ・ドゥエーンに驚くほど早熟な手紙を書いている。この中で語られる洞察は、彼が考える中央銀行論——公的、私的両方の資金を効果的に混在させる——を今に伝えている。「イングランド銀行は公的権威と公信用を個人の信用に結びつけています。アムステルダムの銀行も基盤は似たようなものです。それなのに、アメリカの銀行が作れないわけがありましょうか」。[*11]この混合性——本質的には、個人銀行も公的権威によって支えられるとする考え方——は、後に彼の中央銀行の特徴となった。

ヨーロッパの中央銀行についてさらに詳しく知るため、ハミルトンはマラキ・ポッスルスウェイトの『商工業大辞典』や、アンジェリカ・チャーチにロンドンから送ってもらったアダム・スミスの『国富論』も熟読したが、手引きとして主に利用したのは、ウィリアム三世時代の一六九四年に設立されたイングランド銀行の設立特許状だった。銀行に関する報告書を書いていたときには、つねにこの写しを手元に置いて参考にしていたが、無批判に丸写しすることはなく、重要な点を外すこともあった。ハミルトンの提案する銀行は、政府を助けると同時に経済を活性化するものだった。そして彼は、これがごく一部の投機家たちの不正な道具だと誤解されないよう、広く一般に利益をもたらすものだとつねに強調していた。

ハミルトンの報告書では、冒頭から、ヨーロッパの経験に追いつきたいという意思が強調されている。「周知の事実だが、主要な先進的商業国では、公立銀行はすでに容認され支持されている。こうした銀行は合衆国だけでなく、イタリア、ドイツ、オランダ、英国、フランスでも次々と成立してきた」[*12]。ただし、ハミルトンは銀行の悪印象が広がっていることを承知していたため、まずは利点を示さなければならないと考えた。そこで彼は、アダム・スミスの言葉を借りた。つまり、金貨も銀貨も、商人の家の箱に仕舞い込まれているかぎり何も生み出さないが、銀行に預ければ、この死んでいる金属が「国家の富の苗床」として命を吹き返し、結果的に、銀行の金庫室に積まれる硬貨の何倍もの信用供給が可能になる、と説明したのだ[*13]。

今風に言えば、ハミルトンは通貨の供給量と流通速度を上げたいと考えていたということだ。当時は、通貨不足が原因で、取引の多くが物々交換になっていた。南部では、タバコの倉庫証券が現金の価値の二倍になることもたびたびだった。これに対し、中央銀行は、商業の簡易化と自由化と効率化を促す流動資本を供給しようとするものだった。

ハミルトンが銀行を目の敵にする歪んだ社会通念と延々と戦い続けていたことは、銀行嫌いの蔓延を如実に物語る。たとえば彼は、銀行は必ず証券取引での投機熱を生むという説に反論しなければならなかった。ハミルトンは、政府に対する信頼が増せば、次第に、政府債の投機も減ると考えた。同時に、投機の悪癖は、「一般的な善人にありがちな稀に起こる病気」であり、銀行の貸付の利点全般を凌ぐものではないとも信じていた。「有益な物事が悪用のせいで非難されるというのなら、束の間では終わらない公共の繁栄を生み出す源はほとんど存在しないことになる[*14]」。

この時期が投機ブーム発生の直前だったことを考えると、ハミルトンの投機に対する公正な姿勢は注目に値する。「あらゆる予防措置を講じたにもかかわらず、銀行はうっかりして記載の人物に不適切な信用を与えてしまうこともあるが、それでも、正直で勤勉なるも手持ち資金は小額もしくは皆無という事業者が、自分や地域のためになる事業を始めたり推進したりできるようになる機会のほうが多い[*15]」。

一方、政治的法的な理由から、ハミルトンは、山積している紙幣に関する問題も片づけなければならなかった。憲法では、州が紙幣を発行することは禁じられていたが、一方、人々の頭にはまだ、革命中に連合会議が発行した価値のない紙幣コンチネンタルダラーのことが残っていた。はたして連邦政府は今、紙幣を発行すべきなのだろうか？　インフレの危険性を懸念したハミルトンは、この意見を潰しにかかった。「紙幣の発行は、課税よりも大いに簡単な手続きであるため、紙幣発行を担当する行政部門は、どんなに緊急な事態でもそれにかかりきりになることはまずない[16]」。

逆にハミルトンは、中央銀行では、硬貨と引き換え可能な銀行券という形の紙幣が発行できると喧伝した。この仕組みだと、自動修正システムが働くことになる。すなわち、銀行が紙幣を発行しすぎると、紙幣保有者はその価値に疑問を抱き、金や銀と交換しようとする。すると銀行は、紙幣の供給を縮小せざるを得なくなり、紙幣の価値はもとに戻るという理論だ。

ハミルトンは、中央銀行が公益を生みつつ個人投資家にも魅力的な有益な機関になることを望んでいたが、その場合、取締役会の構成が、人々の感情を刺激する重大な問題になることも認識していた。取締役は「少数精鋭」で構成するつもりだったが、信用の濫用を防ぐため、役員を強制的に入れ替えることも提案した。役員の人事に「必須の秘密」は、「想像力を無限に拡げてしまい、何か問題がある、もしくはあるかもしれないとの推測を招くことになる。そしてこの不可避の秘密こそ、銀行の定款に役員交代の必要性の項目を盛り込む厳然たる理由だ[17]」。

それにしても、このような謎めいた金融の砦を誰が管理するのか。その資本金一〇〇〇万ドルは、既存銀行の全資本の合計の何倍にもなり、アメリカでは史上存在したことのない大金だった。この銀行は民間人が中心になって運営するのが望ましいと考えていたハミルトンは、中央銀行では自明の論理を唱えた。つまり、通貨政策は悪用される可能性が高いため、政治家の干渉から切り離しておくための何らかの絶縁体が必要だということだ。「こういった性質の機関を完璧に信頼できるものにするためには、その機関が公人ではなく民間人の管理下にあること、公共政策ではなく個人の利益を指針としていること、この二点が不可欠な要素と考えられる」[*18]。

同時にハミルトンは、銀行が公的支配から保護されると、悪用される恐れもあると懸念していた。そこで、公共の利益を守るため、政府が銀行の少数株主になり、役員選出の投票権を持てるようにした。また大統領は、資本金一〇〇〇万ドルのうち、最高二〇〇万ドル分の銀行株を買う権利が与えられる。この大幅な関与は、政府に大きな影響力を与えることになるだろうが、それでも利己主義的な政策を命じられるほど大きなものではない。しかも財務長官が、毎週、銀行業務に関する報告を受け取ることができ、帳簿を調べられる権利も持っていた。

財務長官としてのハミルトンの業績の特徴は、彼の各計画がそれぞれたがいに噛み合って、一つの連動的な統合体をつくるよう考えられていることだった。中央銀行も例外ではない。ここで個人投資家に割り当てられる資本八〇〇万ドルのうち、四分の三は国債で支払われることになっていた。こうしてハミルトンは、中央銀行計画と公債計画を見事に連動させ、一方を施行しないともう一方も成り立たないようにしたのだ。このように複雑に関係し合う計画を目の当たりにした政敵たちは、ハミルトンをますます厄介な脅威と思うようになった。

束の間の勝利

二〇年間の期限付きで合衆国銀行の設立を認める法案は、一七九一年一月二〇日、ほぼ何の問題もなく上院を通過した。この時点ではまだ、アメリカ政界を真っ二つに分断する溝、つまり、初の政党誕生を招く事態が目前に迫っているような気配などなかった。そして二月初め、下院が合衆国銀行特許法案を検討しているころになってようやく、ハミルトンとマディソンの友好関係が崩壊寸前にあることが明白になった。二人の関係は、蒸留酒税問題で一時的に修復されていたが、今度ばかりは取り返しがつかなかった。

マディソンが異議を唱えた理由の一つは、またもや出身地にあった。中央銀行反対派の一部には、この銀行は南部の農家を犠牲にし、北部の商人の力を強めるとの考えがあったが、中でもマディソンの出身州は全米最大の農業州だったのだ。これに対しハミルトンは、都市が有利になることはないと主張し、ワシントンにも、これまでも銀行を開設したところでは「農業、製造業、商業の新しい飛躍がもたらされた」と訴えた。[*19]

しかし、これは事実だとしても、農家は本来借り手であり、それゆえ銀行家をはじめ貸し手を軽蔑しているという現実は考慮しなければならなかった。とりわけ南部の農園主は、銀行家を非常に嫌っていた。歴史家ジョン・C・ミラーはこう書いている。「銀行取引は不法収入のための金の悪用にすぎないと見られていたため、あるヴァージニアの農園主などは、銀行に足を運ばないのは、悪評の高い家に行く気にならないのと同じだと断言していた」。[*20]

ハミルトンは、新銀行はフィラデルフィアに置きたいと考えていた。ワシントンへの手紙にも、「巨額の資本と多くの事業を抱える大商業都市が合衆国銀行に最適であることは明らかです」と書いている。[*21] 一方マディソンは、フィラデルフィアに開設すると、首都が約束どおりポトマック河畔へ移設されず、永久にそのままになるのではないかとやきもきしていた。ロードアイランド州出身のベンジャミン・ボーン議員は、もし「南部の紳士たち」が銀行設置をポトマック河畔への「議会の移動に反する」流れだと思っていなければ、マディソンも銀行に反対しなかっただろう、と推測している。[*22] これらさまざまな理由から、パトリック・ヘンリーはハミルトンの経済計画を「制度の中でも私が恐れてきた部分――南部の北部実業界への従属だ」と非難した。[*23]

だが、この地理的側面での分裂も、中央銀行の合憲性という重大な問題に比べれば大したことではなかった。『ザ・フェデラリスト』執筆時には、マディソンも憲法を柔軟に解釈することに賛同していたが、このころ下院で行った演説では劇的な方向転換を見せ、憲法はそこに明確に列挙されていない連邦政府の権限についても認める、という考えは否定していた。「憲法を見直してみると(中略)銀行設立の権限を述べた箇所は見当たらない」。[*24]

一方ハミルトンは、第一条第八節の包括的な条項を示し、議会は列挙された権限を行使するために「必要かつ適切」なすべての法律を制定する権限を有する、と主張した。すると、これに対しマディソンは、ハミルトンはその権力を不当に利用し、「連邦政府の権限を制限して州政府の権限を守ってくれる防壁をすべて崩そうとしている」と非難した。[*25] マディソンは、切れ者のハミルトンが制約が課せられない事業を考え出し、それを「必要かつ適切」と合理化することを恐れ、厳格解釈派に変身したのだった。

マディソンは、ハミルトンが連邦政府の手綱を握る金持ちのスポークスマンになりかけていると見て、旧友に裏切られたと感じていた。しかし、憲法の解釈の仕方を変えたのはマディソンのほうだった。イライアス・ブードノーはマディソンを困らせようと、かつて彼が『ザ・フェデラリスト』第四四篇で述べた「必要かつ適切」条項に関する項目を議会で読み上げ、特に次の一節を強調した。「法や道理において何よりも明確に確立されている原理は、目的が何であろうと、手段が認可されていること。執行上の全権がどこにあろうと、個々の行使権限がすべて含まれていることである」。[*26] おそらくハミルトンは、マディソンがこうした不利な言葉を書いていたことを旧友ブードノーにあらかじめ知らせておいたのだろう。

二月八日、銀行案は三九対二〇で下院を通過し、ハミルトンは見事な勝利を手にした。だが、政府が完全に彼の手中に収まったかに見えたのはほんの束の間で、逆に、この勝利は事態をもつれさせる結果になった。このころにはすでに、ポトマック川より北方の議員はほぼ全員がハミルトン支持派で、一方、南側の議員は、これもほぼ全員が反ハミルトン派になっていた。こうして思想的な見解が次第に地理的な利害と結びついてくるにつれ、二つの政党の輪郭が見え始めた。そして、個々の問題が積み重なるたびに、同じ顔触れが集合して党派を作るようになっていった。

首席裁判官のジョン・マーシャルは著書『ワシントンの生活』(*Life of Washington*) の中で、アメリカの政党の始まりが、この合衆国銀行をめぐる怨恨に満ちた論争であったことを明らかにしている。彼によれば、この議論によって、「性格のまったく異なる二つの政党が明確に組織として完成した。権力をめぐるその長く先行き不透明な戦いにおいて、(中略) アメリカはこれら政党に芯まで揺さぶられた[*27]」。

ジェファーソンの抵抗

ハミルトンが絶大な権能を握っているかのように見えることにマディソンが狼狽したのは、ハミルトンが力を振るえば、マディソンの考える行政権限と立法権限の適切なバランスがいっそう崩れてしまうからだった。一七八七年の憲法制定会議に集まった者の多くは、議会こそ政府の中心部門であり、人民の自由の守護者となって英国の専制政治の復活を阻止することになると考えていた。憲法第一条に立法の責務が謳われているのもこのためだった。マディソンも同じ考えで、財務長官は議会の補佐役であるべきで、議員が法案作成に利用する報告書を提出することがその役目だと考えていた。またジェファーソンも、ハミルトンが報告書の提出だけでなく、それをもとにした法案の起草にも手を出すことに戸惑いを覚えていた。一方ハミルトンは、行政部門こそ政府の主エンジンであって、政策に実行力と指針を与えられる唯一の機関だと考えていた。結局これは、時がハミルトンの考え方の正しさを証明した。

もっともハミルトンは、自分の合衆国銀行特許法案のせいで憲法に危機が忍び寄ることになろうとは思ってもいなかった。だがジェファーソンとマディソンは、ハミルトンが自分たちの基本方針を打ち砕く構造を作るだけでなく、その構造を定着させてしまうのではないかと懸念した。そして、連邦政府の権限を拡大解釈するハミルトンに、不吉な予感を覚えていた。後からは取り消すことができない先例が作られつつあった。ハミルトンは後に当時を振り返り、中央銀行設立は連邦の権限を最大限に拡大解釈した結果だと認めている。新政府は今や決定的瞬間を迎えていた。

マディソンは、ワシントンがハミルトンの合衆国銀行特許法案を潰すなり、アメリカ史上初の拒否権を発動するなりしてくれることを望んだ。だがワシントンは、まず法案の合憲性を判断しようと、顧問の数人に意見を求めた。最初に声をかけた司法長官のエドマンド・ランドルフは、根拠は薄弱ながら、銀行は非合憲であるとする見解をまとめた。その次にはジェファーソンに相談したが、長年、独占企業や公的承認を受けた会社を英国王が与えた特権領域だとして嫌ってきたジェファーソンは、中央銀行と共和主義の融和点を認めようとしなかった。また、このころのジェファーソンは、ワシントン政権内で自分にあまり力が与えられていないことを腹立たしく思うようにもなっていた。ハミルトンの庇護の下、商業地域の北部が、農業地域の南部よりも優位に立ちかけていることも心配の種だった。彼はジョージ・メーソンにこう話している。「現政府の堕落状態を矯正できる唯一の策は、農業寄りの議員が増えるよう下院の議員数を増やすことだ。そうすれば、農業側が相場師側を上回るだろう」[*28]。

さらにジェファーソンは、その簡潔な意見書の中で、ハミルトンが「必要かつ適切条項」を曲解しているということを論拠に、合衆国銀行は非合憲だと厳しく非難した。彼によれば、ある施策の合憲性が認められるためには、その施策が連邦政府に与えられている権限の行使にただ好都合であるというだけでなく、本当に必要――すなわち、絶対に不可欠なものでなければならないという。そして彼は、憲法に挙げられた議会の権限を文字どおりに解釈してみせ、こう述べた。「このように明確に引かれた境界線から一歩でも踏み出せば（中略）もはやまったく説明のしようがないほどの限りなく大きい権力を手にすることになる」[*29]。

ジェファーソンの新銀行への抵抗がいかに激しかったかは、翌年マディソンに送られた攻撃的な手紙からも推測できる。このころヴァージニアのヘンリー・リー知事は、合衆国銀行の支店に匹敵する地方銀行を州内に一つ設立したいと思っていた。だがジェファーソンにすれば、中央銀行に合法性を与える法案はどんなものでも心配だった。次の書簡を見ても、連邦法は州法よりも上位だとする憲法の基本理念を彼が認めていないのは明らかだ。

銀行や会社を設立する権限は、全体政府には与えられておらず、当該の州政府が有する。いかなる者でも、当該州に属しながら外部の立法機関［連邦議会のこと］を認めることは、その州に対する裏切り行為になる。また、その外部の立法機関の権威を口実に、草案に署名したり、承認したり公布したり、取締役や支配人などの管理職に就いたりした場合は、それがいかなる人物であっても、反逆の重罪を宣告され、州裁判所の判断によりそれ相応の罰として死刑に処されるだろう。これがわが州に相応する唯一の抵抗であり、唯一実効性を伴うものとなる。(中略)私にはまさに、このこと以外他に望みはない。[30][傍点付加は著者による]

つまりこれは、独立宣言の中心起草者が合衆国憲法の中心起草者に対して、ハミルトンの銀行に協力的なヴァージニアの銀行の職員は、誰であれ反逆罪に相当するから処刑されるべきだ、と提言しているということだ。

ワシントンを動かした意見書

基本的には新銀行支持に傾いていたものの、ジェファーソンとランドルフの否定的な意見に動揺したワシントンは、二月一六日、ハミルトンに二人の意見書を急送した。法案に署名するか、それとも拒否権を発動するか、ワシントンは一〇日以内に決めなければならなかった。ハミルトンはこれに文書で返答したが、彼の著作集の編者によれば、この返事は「アメリカ政治の文献の中で、憲法の広義な解釈としては最高の論証」だという。[31]

いつものようにハミルトンは、物量作戦で敵を圧倒しようと考えた。そして、考えをまとめると、まずフィラデルフィアの大物弁護士ウィリアム・ルイスに相談しに行き、二人して庭で午後の散歩をしながら論点を吟味した。その後、一週間あまりの間に約一万五〇〇〇語、つまり彼の著作集で言うと約四〇ページ分に相当する大作を猛烈な勢いで仕上げた。そして、二一日の月曜日には、「これまでになく精励して」弁明書を整えているので、火曜の晩か水曜の朝には完成したものを届けられる、とワシントンに連絡した。ただし、この時には、「綿密な検証」を加えたいなどと、妙に控えめな書き方をしている。[*32] 結局、この意見書は締め切りぎりぎりに仕上がり、ワシントンに送られたのは水曜の午前中だった。もう疲労困憊していたハミルトンは、発送直後、「昨晩は最終稿の仕上げに大半を費やし」たと記した。[*33]

イライザ・ハミルトンも、夫が憲法の恒久的原理を不朽の言葉で綴っていたあの眠れぬ夜のことは、いつまでも記憶にとどめていた。ある青年の日記には、喪服に身を包んだ一老女の話として次のような記録が残っている。

頭脳明晰で矍鑠《かくしゃく》とした（中略）ハミルトン老夫人は、（中略）ワシントンやジェファーソンなど建国の父たちのことを親しげに話した。私が、ハミルトンと政府との関係を述べた話に（中略）非常に関心を持ったと伝えると、彼女は「夫があなたの住むこの国の政府を作ったのです」と話しだした。「アメリカの銀行を作ったのも夫です。私も夜を徹してそのお手伝いをしました。ジェファーソンは銀行を作るべきでないとの考えでしたし、ワシントン大統領も同じでしたが、夫は『我々には銀行が必要だ』と言っていました。私も徹夜で原稿を清書しました。そして翌朝、夫がそれをワシントン大統領に届けました。こうして銀行はできたのです[*34]」

最後の晩の「大半」を起きていたというハミルトン自身の言葉も、彼がこの途方もない偉業を電光石火で仕上げたこと、最後に素晴らしい閃きを得て完成したことの証明だ。その数多くの知的偉業と同じく、この意見書も、彼のすぐれた体力の賜物でもあると言えよう。

この意見書には、論文と見まごうほどに豊富な知識と宣言書を思わせる熱意が盛り込まれていた。中核となっているのは、政府は、政府樹立の目的を達成する手段を持たねばならず、さもなければ社会は絆が解けて崩壊してしまう、という論理だった。またハミルトンは、政府が憲法を柔軟に解釈できるよう、「黙示的権限」の法理――つまり、政府は、憲法に記された権限を行使するためには、必要となるあらゆる手段を用いる権利があるという考え方――の精緻化を提言した。

「必要かつ適切」条項に対する自分の自由な解釈については、ハミルトンは下書きの段階では、憲法制定会議の議事録を見れば「十分な承認」を受けていることがわかるはずだ、と書いたが、会議の守秘義務を破るのはためらわれた――あるいは、マディソンがこの論点を利用して反撃してくる恐れがあると思ったのかもしれない――ので、最終的にはこの箇所は消し、憲法そのものに語らしめることにした。意見書には次のように記されている。「国務長官や司法長官が支持するような解釈方法は、合衆国の正当かつ必須な権限には致命的となる」[*35]。そして趣旨は、目立つようイタリック体を多用して高らかにこう謳われた。「財務長官としては、この一般原則は政府の定義そのものに元来含まれており、合衆国政府の歩みによってなされる前進の一歩一歩に不可欠だと思われる。すなわち、政府に授けられた権限はどれも、本質的に主権であり、その言葉の意味を考慮すれば、そうした権限の目的の達成に必要かつ明らかに適切なあらゆる手段を用いる権利も含むことになる」。また、ジェファーソンやランドルフの見解が支持されれば、「合衆国は、主権のない政治社会、あるいは、政府がないのに統治されている国民、などという奇妙な光景が繰り広げられることになろう」[*36]。

さらにハミルトンは、憲法は銀行に関して明確に言及していないとする反対派の主張も一蹴した。「明示的権限と並んで黙示的権限も存在すること、そして、権限委任の有効性に関しては、後者も前者と変わらないことは否定できない」[*37]。また、ジェファーソンらの主張に従えば、政府の政策はすべて、特定の責務の遂行に「絶対必要」かどうか厳しく検証され承認されなければならないが、そのような論理では、政府は麻痺してしまうことになる。それが絶対に必要なのかなどどうしたら確実にわかるというのだろう？　ここでハミルトンは、税関を立ち上げたときのことを引き合いに出し、その際、灯台や航路標識やブイも設置したが、そうした設備は厳密に言えば必要ではないにしても、やはり社会には有益であると指摘した。彼は、今後もさまざまな形で連邦の権限が行使されることを想定して、その理論的根拠を作っていた。合衆国銀行ができれば、政府は、憲法に明示された四つの権限――徴税権、金銭を借り入れる権限、州際通商を規制する権限、陸海軍を維持する権限――が行使できるようになる。またジェファーソンは、連邦政府に営利法人設立の権限は一切持たせるべきでないと考えていたが、一方、ハミルトンは、それではアメリカの実業界の将来を潰すことになると考えた。

当時は、営利法人はほんのわずかしかなく、しかもその大半が、有料道路を整備するためのものだった。先見性のあったハミルトンは、この営利法人という事業形態の計り知れない有用性を認識していたため、有限責任の営利法人が法人格のない合名会社よりいかに優れているかを、ワシントンに根気強く説いた。最後にハミルトンは、憲法解釈だけでなく歴史の知識も基盤にしてこう銀行論をまとめた。「この種の問題では、いかなる場合も、個人の理論ではなく、人類の営為に重きを置くべきである[*38]」。

この重大な抗弁書は、二月二三日水曜日の正午前にワシントンに送られた。翌日、これをよく検討したワシントンは、多少疑念は残ったものの非常に強い感銘を受けた。わざわざジェファーソンに送ったりもしなかった。そして、その翌日、合衆国銀行特許法案に署名した。

ハミルトンの銀行設立の嘆願書は、この後もアメリカ史で生き続けた。首席裁判官ジョン・マーシャルがこの影響を受けたことも、その一因だ。一八一九年の画期的事件、マカロック対メリーランド事件で、ダニエル・ウェブスターが第二合衆国銀行について口頭弁論を行った際には、マーシャルは、ハミルトンが一七九一年にワシントン宛てに書いた「必要かつ適切条項」に関するメモを引用した。そして、ハミルトンの言葉をなぞっているのが明らかな言葉を用い、必要とは、不可欠という意味というよりも、むしろ適切という意味だと述べた。その後も、このハミルトンの「必要」に対する柔軟な定義は、アメリカ政府を何度も不測の緊急事態から救い出した。

ヘンリー・カボット・ロッジは後に、ハミルトンが言明した黙示的権限の法理は、「憲法という兵器庫の中でもっとも恐るべき武器であり（中略）連邦政府はこれによって無限と言ってもよいほど大きな権限を得ることができた」と述べている。[*39] 憲法制定の立役者という点では、栄誉を得るべきは明らかにジェームズ・マディソンであり、ハミルトンではない。しかし憲法解釈に関しては、『ザ・フェデラリスト』以来、自らの目的を果たすために憲法を解釈する必要があった財務長官時代まで、ハミルトンが第一人者だった。理論でも実践でも、彼は憲法の一言一言を実行してみせた。歴史家のクリントン・ロシターが、「我々の憲法の形成において、「ハミルトンの」業績と言葉ほど重大な意味をもつものはない」と述べたのも、こうした理由からだった。[*40]

『造幣局設立に関する報告書』

ハミルトンが解決を迫られていた数多くの難題の一つが、貨幣鋳造の問題だった。この件に関しては、アメリカは非常に遅れており、連合会議でドルを通貨単位とすることが決まっていたにもかかわらず、ワシントン政権では依然、日々の経費計算に英国のポンドとシリングとペンスを使っていた。一方、商業界でも、まだ大量に流通していた外国通貨の価値は各州で異なったままで、卑金属が混じった金貨、銀貨が多かったため、多くの商人はごまかしを心配して、硬貨での取引を嫌がった。偽造も蔓延しており、ハミルトンが財務長官に就任したころ、ニューヨーク州では偽造はまだ死刑となる犯罪だった。

どういうわけか、ハミルトンは合衆国銀行特許法案の報告書を書いている最中も、外国の貨幣制度に関する著作をこつこつと読んでいた。特によく読んでいたのが、サー・ジェームズ・ステュアートの『経済学原理』だった。また、貨幣鋳造の大家アイザック・ニュートンが英国の大蔵委員会のために作成した表――ポンドの正確な価値を貴金属で換算した表――もじっくり研究していた。そして、外国通貨の特殊な分析を命じ、合金に含まれる金、銀、銅の含有量を測定させた。

上院が合衆国銀行特許法案を承認してから一週間後の一七九一年一月二八日、ハミルトンは悩める議員たちに、また一つ、書類の山を渡した。この『造幣局設立に関する報告書』にはすぐれた提言が数多く散りばめられていた。たとえば、「国の経済においては、通貨単位の本質価値を一定不変に維持することこそ、まず何よりも重要なことである」とし、「本質的に、財産の安全と安定はこれにかかっている」と述べている。[*41] 彼はドルを基本通貨とすることを支持したうえで、十進法に基づき小額硬貨に分割することを求めた。

当時アメリカでは、まだ多くの人々が物々交換をしていたので、硬貨を普及させたいと考えていたハミルトンは、市場経済育成戦略の一環として、ドル金貨、ドル銀貨、一〇セント銀貨、一セントもしくは半セントの銅貨など、さまざまな種類の通貨の発行を提案した。彼は富裕層のことしか頭になかったわけではなく、小額硬貨のほうが「必要としている生活必需品を少量ずつ、しかもより手ごろな値段で買える」ため、貧困層に有益だと考えたのだった。[*42]

また、愛国心をかき立てるよう、硬貨は大統領の顔など象徴的なデザインにし、美しく精巧なつくりにすることも提案した。「『硬貨の完成度が高いと有効な偽造防止策になる』という説は正しい」。[*43] さらに、例によって細かなところにも注意が行くハミルトンは、硬貨は大きくて薄いよりも、小さく、厚くし、こすっても金属が落ちないようにすべきだと述べた。

硬貨の材料は金、銀どちらにすべきかという問題については、ハミルトンは両方を選択した。この「金銀複本位制」は、当初は好評だったものの、やがて無限の害を及ぼし始め、アメリカ金融史の災いの種となった。彼がこのような失策をしてしまったのも、金と銀のどちらか一つだけを貨幣材料に選ぶと、通貨供給の拡大と経済活動の活性化という最大の目的に反して、逆に「通貨の流通量が縮小」してしまう懸念があったからだった。[*44] また、このころハミルトンが改善したいと思っていた大きな問題の一つが、多くの州でドルの価値が固定されていないことだった。そこで彼は、その彼ならではの厳正さを発揮し、硬貨一つ一つの貴金属含有量を確定しようとした。たとえば、銀ドル硬貨なら、「純銀三七〇と一〇〇〇分の九三三グレインを含有する」という具合だ。[*45]

『造幣局設立に関する報告書』の起草中はまだ、ハミルトンはジェファーソンと礼儀正しく会話を交わしたり、通貨について意見交換したりしていた。硬貨鋳造はジェファーソンの得意分野の一つだった。前年の夏には、議会に関連する報告書も提出している。実際、ハミルトンもこれを参考にした。今回だけは、二人の意見は一致しそうだった。ハミルトンの議会提出前の報告書を読んだジェファーソンは、返却時にこう書いている。「造幣局に関する報告書をお返しします。全体を拝読しましたが、非常に満足しています」。[*46] ジェファーソンはパリ駐在中、王立の造幣局を訪れ、スイスの発明家ジャン・ピエール・ドローが作った硬貨鋳造機——硬貨の両面に同時に図柄を刻印できる鋳造機——を見て驚嘆したこともあった。

一七九二年春にようやく議会の承認を得られたアメリカ造幣局は、初の連邦硬貨の鋳造を開始した。後々までハミルトンが悔しがったのは、この時ワシントンが、造幣局を国務省のジェファーソンの管轄下に置いたことだった。これはワシントンが、造幣を得意分野とするジェファーソンのしつこいアピールに折れたからでもあり、財務長官は多忙だろうという考えもあったからだった。しかしあいにく、ジェファーソンの貨幣鋳造計画はうまくいかなかった。そこでハミルトンは、郵便局を国務省下に置き、造幣業務は財務省下にするという管轄の交換を試みたが、これも成功しなかった。ただ、こうした不安定な出発であったにもかかわらず、造幣局はフィラデルフィアの施設として定着してしまったため、政府が一八〇〇年にワシントンに移った後も、これだけは元暫定首都にそのまま残された。

合衆国銀行株売り出しの熱狂

ハミルトンの提案した中央銀行すなわち合衆国銀行が激論を誘発し、国の分裂まで招いたという重大事のせいで、一七九一年七月四日という歴史的な日は、これまでなおざりにされてきた感がある。だがこの日は、フィラデルフィアで合衆国銀行の株式の申し込みが始まった重要な日だ。そして申し込み開始と同時に、待ちわびていた世間は狂乱状態に陥った。この株は一二パーセント以上という高率配当になるらしいとの憶測もあって、フィラデルフィアの町は一週間も前からこの売り出しを当て込んだ人々で溢れ返っていた。そして激しい欲求が鬱積した結果、裕福な未来像に惑わされた大衆はビルを襲撃し、店員が身動きできなくなる事態となった。予定数を大きく上回って発行された新株は一時間もしないうちに完売し、多くの投資家には何の収穫もなく不満が残った。ジェファーソンはジェームズ・モンローにこう語っている。「銀行は開店と同時に人で溢れ返った[*47]」。

確かに、ハミルトンはこうした公開株取引市場の活発化は期待していたが、これほどの騒動は予想していなかった。ただ六月の終わりには財務省内でも、来る株式申し込みには大量の金が流れ込むだろうとの噂が広まっていた。「どう見ても、合衆国銀行の株式の申し込みは驚くべき速さで集まりそうだ」とハミルトンもある議員に認めている。「一週間で完売しても不思議ではない」[*48]。世間がこれほどすごい反応を示し、一時間もしないうちに申し込みを締め切ることになろうとは、ハミルトンでさえ夢にも思っていなかった。

株の売買が始まると、アメリカでは前代未聞という金融熱のおかげで、株価が急上昇した。当時の投資家は、株を即金で買ったわけではなかった。頑強な市場をつくり株主の裾野を広げたいと思っていたハミルトンは、銀行株をまず「分割払込み証書」の形で売ることにしていた。仕組みはこうだ。投資家は最初に二五ドルを支払って分割払込み証書（スクリップ）を受け取る。この証書によって、投資家はまず一定数の株式を額面で買い、その後一八ヶ月の間に残額を支払うことができる。ところがその後、この証書自体の取引が熱狂的に盛り上がり、多くの投資家たちの資金も数日で倍増した。この証書に始まった狂乱状態は、「証書狂（スクリッポマニア）」と呼ばれた。

これは他の都市へもあっという間に伝播した。フィラデルフィアとボストンで急騰中の株価は、専門の速報伝達人によってニューヨークに伝えられ、新聞も、急騰情報が出るたびにそれを書きたてた。たまたまニューヨークにいたマディソンは、株取引熱がマンハッタンに押し寄せる様子を驚いて見ていた。このヴァージニアの農園主にとっては、投機騒ぎはあまり好ましい光景ではなかった。

七月一〇日にはジェファーソンに、「合衆国銀行の株価はこちらの市場でもフィラデルフィアと同じぐらいの上がりようです」と伝え、さらに、この沸き返る市場を「公然の略奪品をめぐる単なる争奪戦」だと非難している。[*49] 同じくジェファーソンも、この「投機の狂乱」はハミルトン崇拝の印どころか浪費だと思っていた。ワシントンにはこう述べている。「資金が足りず、国内の通商もままならなかったり、製造業の設立やビル建設ができなかったりする国で、はたして、相当額の金をこうした有益な事業から引き出して投機に回すべきだったのかどうか。これは現時点では不明です」[*50]。

ハミルトンは現代的な金融の世界を米国にもたらした。だが、これは同時に、社会を揺るがすことにもなった。彼としては、銀行の所有者を拡大したいと思ってやったことだったが、結果的には、ハミルトンこそ北部の策略の首謀者ではないか、という南部側の疑念を裏書しただけの大失策だった。銀行株売り出しにあたっては、フィラデルフィアが主会場で、ここに金や銀を携えた大勢の投資家が各地から買い付けにやってきたが、実はハミルトンは、ボストンとニューヨークでも、それぞれマサチューセッツ銀行とニューヨーク銀行を窓口として証書を買えるようにしていた。この結果、証書を手にできた人がフィラデルフィアとボストン、ニューヨークに偏ってしまったのだ。人々は、こうなったのは北部だけが贔屓されているからだと受け取り、ボストンとニューヨークには販売窓口となれるだけの銀行があるからだというふうには思わなかった。ハミルトンはこうした体制にしたことを悔やんだ。というのも実は、前々から南部の人々にも銀行株の購入を誘う手紙を書いていたからだ。

北東部の投資家の優位という厄介な事態によって、北部の支配が着々と進行しているという印象が強くなったが、この印象形成には別の要因もからんでいた。新株申し込み者の大半は、商人と法律家――ハミルトンの政治的基盤の一部――で、ウィリアム・デュアを始めとする有名な投機家の中にもハミルトン一派に属す者がいたのだ。また、ジェファーソンとマディソンが英国議会と同じ堕落を連邦議会でも指摘しようと手ぐすねを引くなか、議員の少なくとも三〇人とノックス陸軍長官が分割払込み証書を申し込んでいた。これもハミルトンには仇となった。

株価急落と金融制度の危機

証券の投機騒ぎが自分の計画を損なう可能性があることをハミルトンは承知していた。熱心なのは歓迎だが、狂った投資家はご免だった。この年にもすでにこう警告を発していた。「こうした度を越した投機熱は、政府にも公信用全体にも害になる」[*51]。彼は金融業者の手下ではなかった。むしろ、彼らを新しい国の事業に参加させたいと望んでいた。当時の多くの思想家と同じく、ハミルトンも、財産のある人間は独立した判断ができる、と考えていたため、債権者は賢明で公平無私な視点を政府に示してほしいと思っていた。しかし、彼らが投機に屈し、支えるはずだった体制を逆に混乱させたらどうなるのか？　また、国の利益を長期にわたって管理・保護するどころか、短期的な破壊行動に走ったらどうなるのだろう？　そのようなことになれば、ハミルトンの政治計画全体が台無しになってしまう。

どの投機バブルでもそうだが、分割払込み証書の場合も、相応だった信頼感が高揚感にまで達したのはいつなのか、その具体的な時期を突き止めることは難しい。ボストンのフィッシャー・エームズは七月三一日になっても、銀行株売り出しを称賛する手紙をハミルトンに書いている。「こちらの人々は、歓喜と感謝の念に満ち溢れています」[*52]。その後、八月の初めには、価格が急上昇した。マディソンは八月八日、ジェファーソンに動揺の気持ちを伝えている。「投機屋は政府の味方につき、その手先にも支配者にもなるのでしょう。政府からの巨額の援助に買収される一方で、騒ぎを起こしたり連帯行動をしたりして政府を威圧するからです」[*53]。

一方ジェファーソンは、アメリカの道徳心に害が及ぶことを気に病んでいた。「賭け事の精神に心を奪われてしまうと、もう手の施しようがない。一日で何千ドルと稼いでしまった仕立て屋は、たとえ翌日それらすべてを失ったとしても、自分の針で、時間がかかるわりにほどほどにしかならない金を稼ごうなどという気にはもう二度となれない」[*54]。ベンジャミン・ラッシュは、フィラデルフィアでも同じ投機騒ぎが起きていたことを報告している。商人から店員まで皆が皆、日々の仕事を放り出し、分割払込み証書に賭けていた。「数日間、フィラデルフィアの町は巨大な賭博場の様相を呈していた。（中略）これほど誰も彼もが熱狂的になっているのは見たことがない。どの会社でも証書の話しかしておらず、その気がない者も話の輪に加わっていた」[*55]。

上院議員のルーファス・キングが後にハミルトンに語ったところでは、ニューヨークでも人々が銀行株の投機に殺到したため、経済活動が停止してしまったという。「商業は非常に憂慮すべき状態だった。機械工は店を見捨て、小売店の店主も商品を競売にかけていた。この町の商売はいつもどおりやれば儲かるのに、商売を顧みない商人も少なくなかった」[*56]。

そして一七九一年八月一一日、とうとうアメリカ史上初めて、政府債の暴落が発生した。この直前には、ひと月少し前に二五ドルで売り出された分割払込み証書が、三〇〇ドル以上に跳ね上がっていた。しかし、銀行が大物投機家への追加の信用貸しはしないと決めたことから、バブルが弾けたのだ。弱気筋が売りに走り、株価は急落した。この市場の大荒れは、金融調整の主導的立場にあったハミルトンを危機的状況に追い込んだ。参考となる先例はなかった。本来彼は、市場介入しない方針を取り、政府証券の価値について自分の見解を公にするのは不適切だと考えていたが、今や、金融制度の保護は自らの責務だとの思いもあったため、即席で対応していくことにした。

そして八月一五日、ハミルトンはルーファス・キングからの手紙で、銀行株の下落を狙う投機家らが、証書は過大評価されすぎだとハミルトンが言った、と言いふらしていると知った。「彼らはさらに、財務省も認める価値だとして、現在の市場価格を下回る値を口にしている」[*57]。

実はこれは、根も葉もない噂というわけではなかった。ハミルトンはいつもなら株価の適切な水準についての意見など公にしないのだが、キングへの手紙でも認めているように、この時は、高すぎると実際に仄めかしたことがあったのだ。「はっきり言ったほうが賢明だと思ったのは、私の戦略に端を発したバブルは、警戒すべき敵の中でももっとも手ごわいものと判断したからだ。（中略）頼るべき唯一の安全な土台は、誤った思い込みを正すことだと思われる。そのため、思い込みを解くのに役立つことを思い切ってやるほうが得策だと考えた」[*58]。

現代の金融用語でいえば、ハミルトンはうまく「トークダウン」して大暴落を回避しようとしたのだった。ただ、この時には同時に、自分が示した証書の適正価格は、投機家たちが言いふらしている値ほど低くないことも強調した。

八月一六日、ハミルトンはニューヨーク銀行出納係のウィリアム・シートンに内々に、一五万ドル分の政府債を買い上げるよう指示した（今で言う「公開市場操作」だ）。株価を上げて銀行株市場にも有益な効果を波及させようと考えたのだ。この作戦は当たった。ただし、ハミルトンが気にかけていたのは、投機家の損害ではなく、むしろ金融制度の危機だった。特に、現金不足に陥った証券業者が株を現金化し、株価の自律的な急落を招くことを懸念していた。これについては次のように述べている。「一番の狙いは、証券業者の経済的困難が捨て売りにつながるような場合に、株価の極端な下落を防ぐことだ」[*59]。

アメリカにとって危険な人物

問題を複雑にしていたのは、ニューヨークでもっとも派手な投機家が、ハミルトンのキングズカレッジ時代の友人ウィリアム・デュアであることだった。デュアは財務次官補を七ヶ月間務め、退職したとたん、財務省時代の知識を活用して州債の買い占めに乗り出し、買付代理人たちを各州の僻地へと送り込んでいた。また、多額の借金をして銀行株の分割払込み証書の取引に投じた。これが事態をさらに悪化させていることに、ハミルトンは気づいていた。

そこで八月一七日、ハミルトンはデュアに感傷を排した手紙を書き、一七二〇年の南海泡沫事件も引き合いに出しつつデュアの動きを咎めた。また、騙されやすい市民に少しでも株を買わせようと、デュアらが「空買い」で銀行株の証書の価格を操作している、という噂があることも伝えた。そして、デュアがそのような不誠実なことをするとは思えない、とそつなく言い添えながらも、こうした噂を深刻に受け止めていることを明かした。「正直、私は真剣に君のことを気にかけていた——君の資金のことも評判もだ。その両方ともが心配になったため、こうして嘘偽りない言葉を綴ったのだ[*60]」。ハミルトンはこの手紙でも、いつもどおり誠意を見せている。デュアを友人として心配していること、しかも、証券市場の健全さも懸念していることがよく表れた手紙だ。ただ、この後に続く文では、うっかり銀行株の適正価格を教えるという自ら信用を落とすようなことをしている。「事態の好転を期待して、私としては一九〇ドル前後に収まるべきだと見ている。だから君の株が、君の言うあたりの価格で維持できることを心底願っている」[*61]。

ハミルトンにとっては、ニューヨーク銀行を使って株価を支えることと、精力的な投機家である長年の友を株価維持の仲介者にすることは、まったく別の話だった。一方、当然ながら、デュアは悪いことは何もしていないと主張し、「この種の株式が市場で真の価値以上に値上がりしたことを私の策謀のせいにする者は、私を完全に誤解している」と言い張った[*62]。結局、ハミルトンの手紙は、デュアに内部情報を利用すれば稼げるとの自信を与えただけだったのかもしれない。この後もデュアは、財務長官と接点があることをひけらかし続けたため、何も疑わない投資家たちは、彼が内々に政府の計画に通じていると信じ込んでいた。

ハミルトンのこうした対応で、さしあたり金融市場の下落は食い止められ、株価の大崩れも防ぐことができた。証書の価格もまずそこそこの一一〇ドルまで戻し、その後九月には一四五ドルまで回復した。金融調整者が舞台裏で巧妙に操作することで、パニック状態の市場は安定させられる。ハミルトンはアメリカ史上初めてこのことを実際に示したのだった。だが残念なことに、彼はウィリアム・デュアを信頼するという過ちを犯し、そのデュアはその後も、投機を控えたほうがいいというハミルトンの忠告を無視しつづけた。

一方、次第に増えつつあった反ハミルトン派から見れば、この金融の大混乱は、彼の財政の魔術がもたらす害悪でしかなかった。ニューヨークの商人セス・ジョンソンは、銀行株の高額取引が招いた行動をこう嘆いた。「儲けた者はいっそう儲かることを願って取引にいそしみ、損した者は幸運を祈りつつ取引を続ける」[*63]。またジェファーソンは、証書狂をきっかけにして、ハミルトン体制に抱いていたあらゆる嫌悪感をはっきりと自覚するようになり、純粋な農業国アメリカは絶対に維持しなければならないという思いを強めた。この夏、彼はこう書いている。「船は波止場に停泊したままだし、建物は閉鎖されている。資金も、商業や製造業、工芸や農業から投機に回されている。世界中でもおそらく前例のない公共の繁栄の流れは、いつか豊かになってやるという猛烈な欲望に行く手をさえぎられて前に進めなくなってしまった」[*64]。ジェファーソンから見れば、アレグザンダー・ハミルトンは政策が完全に間違っているだけはなかった。アメリカという実験場にとって危険人物になりつつある存在、何としても抑え込まなければならない相手だった。

アレグザンダー・ハミルトン 年譜

●＝ハミルトン個人史 ★＝アメリカ史その他

1755
●ハミルトン、英国領西インド諸島に生まれる
★フレンチ・インディアン戦争（〜60）

1764
★英国、砂糖税法

1765
★英国、印紙税法

1768
●母レイチェル死亡、兄ジェームズと共に孤児となる
●クリューガーの商社で働きはじめる

1770
★ボストン虐殺事件

1771
●セントクロイ島の新聞に詩を発表

1772
●襲来したハリケーンを描写した手紙が新聞に掲載される

1773
●アメリカに渡る
●エリザベスタウン・アカデミーに入学
★英国、茶法／ボストン茶会事件

1774
●キングズカレッジ入学（73年末の可能性もあり）
●「反駁された農夫」を執筆
★第1回大陸会議

1775
●ニューヨークの市民軍に入隊
●カレッジのクーパー学長をデモ隊から守る
●新聞に寄稿を始める
●ニュー＝ヨーク・ジャーナルに「モニター」を寄稿開始
★英国軍とレキシントンで交戦、独立戦争始まる（〜83年）／第2回大陸会議／ワシントン、大陸軍総司令官に就任

1776
●**ニューヨーク植民地会議の砲兵中隊の中隊長となる**
●ワシントンの目にとまる
★トマス・ペイン「コモン・センス」を出版／大陸軍、英国軍からボストンを奪還／独立宣言発布／英国軍、ニューヨークを占領

1777
●**ワシントンの副官として大陸軍将校団の一員となる**
●2階級特進、中佐となる
●思想、行政手腕、政策知識をワシントンに進言し続ける
●ラファイエット侯爵と知り合う
★ニューヨーク北部タイコンデロガ砦を英国軍が占領／ゲーツ将軍、サラトガで英国軍を撃破／ラファイエット侯爵の義勇軍の参戦

1778
●軍法会議でリー将軍の罪状を証言
●パブリアスの筆名で寄稿を始める
★フランスがアメリカの独立を承認、同盟関係を結ぶ／モンマスで英国軍を撃破

1780
●インフレに対する対応を発表
●イライザ・スカイラーと結婚、スカイラー家の後ろ盾を得る
★大陸会議、新ドル紙幣を発行し通貨秩序の回復を目指す／チャールストン、キャムデンで英国軍に敗退

1781
●**ワシントンと対立、副官を辞任**
●中央政府の強化を説く「ザ・コンチネンタリスト」を発表

●ニューヨーク軽歩兵大隊司令官としてヨークタウンで戦う
★大陸軍内部で給与未払い等が原因の反乱が発生／ヨークタウンの戦いに勝利／初の公認銀行、北アメリカ銀行をフィラデルフィアに設立

1782

●長男フィリップ誕生
●軍を退役
●弁護士資格を得る
●連合会議のニューヨーク代表の一人に選出される

1783

●軍事委員会の委員長となる
●講和に関する委員会の委員長となる
★給与の支払いをめぐり大陸軍内で反乱の危機が相次ぐ／輸入関税制度成立、財源の確保を目指す／フィラデルフィアで反乱が起きる／英国、アメリカの独立を認める（独立戦争終結）／ワシントン、大陸軍総司令官を辞任

1784

●ニューヨークの反トーリー的法律を批判
★ニューヨーク銀行設立、金融の中心となる第一歩となる／北西部で奴隷制度の禁止（16年の猶予つき）

1785

●長女アンジェリカ誕生
★連合会議、公式の通貨単位をドルに制定

1786

●次男アレグザンダー誕生
●ニューヨーク議会の議員に選ばれる
●アナポリス会議にニューヨーク代表として出席

1787

●**憲法制定会議にニューヨーク代表として出席**
●憲法案の文案を練る
●**憲法案の解説「ザ・フェデラリスト」の執筆**（～88年）
★ワシントン、憲法制定会議の議長となる

1788

★合衆国憲法、承認される

1789

●ニューヨーク知事、クリントンと対立
●ニューヨーク、連邦政府の暫定首都となる
●**初代財務長官に就任。**ジェファーソン国務長官
★ワシントン、初代大統領に就任。アダムズ副大統領／フランス革命始まる（バスチーユ襲撃）

1790

●**「公信用に関する報告書」**
●ウィスキー税（蒸留酒税）の成立を画策
●中央銀行設立を提案
★奴隷制度廃止問題、棚上げされる／フィラデルフィア、連邦政府の首都に決まる

1791

●「造幣局設立に関する報告書」
●マリア・レノルズとの不倫関係の始まり
●マリアの夫から恐喝される
●**「製造業に関する報告書」**
★ウィスキー税施行／ウィスキー税に反対する暴動の発生／合衆国銀行設立（銀行株式の申し込み開始）

1792

●「有用製造工業設立協会」（SEUM）
●マリアの夫に金銭を渡している現場を政敵に目撃される
●ジェファーソン、マディソンとの対立
●バーとの対立
●マリアの夫の執拗なゆすり
●五男ジョン・チャーチの誕生
●財務長官留任
●政府の借り入れ金の使途に関する疑惑を持たれる
★ウォールストリートで金融恐慌起きる／政党の誕生／フランス、王権を廃止し共和制に移行／ワシントン大統領再選。アダムズ副大統領も再選／国務長官ジェファーソン留任

1793

●アメリカの中立をめぐりジェファーソン等と激論
●黄熱病にかかる
★フランス王ルイ16世処刑される／ジュネ、駐米フランス公使として着任／フランスの戦争に対し、アメリカは中立を宣言／フィラデ

ルフィアで黄熱病の流行／ジェファーソン、国務長官を辞任／英国が仏領西インド諸島で米商船を拿捕

1794

- 疑惑に関する身の潔白を証明
- ジェイの果たすべき役割の素案を作成
- 反乱の鎮圧に向かう
- イライザの流産

★共和派が議会に「反英国通商政策」を提出／ジェイを特命全権大使として英国に派遣／フランスからタレーランが亡命／ピッツバーグでウィスキー税に対する反乱が起きる／ジェイ、英国でジェイ条約の最終案に署名

1795

- 「政府財政に関する報告書」
- **財務長官を辞任**
- ジェイ条約を支持し、反対派を攻撃

★政府がジェイ条約を秘密裏に討議／ジェイ条約の内容が公になり、各地で批判の嵐が起こる／条約をめぐり連邦派と共和派の溝が深まる

1796

- ワシントンの告別原稿の草案を書く
- 大統領選に際し、反ジェファーソンの論文を発表

★ジェイ条約が議会で僅差で承認される／ワシントンの告別演説が新聞紙上で発表される

1797

- 以前の公権乱用疑惑を蒸し返される
- **自ら不倫を告白した「レノルズ・パンフレット」を発表**
- 六男ウィリアム・スティーヴン誕生
- 長男フィリップ、チフスに感染するが一命を取りとめる

★アダムズ、大統領に当選。ジェファーソン副大統領／フランスへ外交使節団を派遣

1798

- 論文「見解」を発表し、フランス擁護の共和派を非難
- **「臨時軍」のNo．2である監察官に就任**
- 軍隊の組織化に取り組む

★XYZ文書の公表。連邦派の追い風となる／議会が「臨時軍」の創設を承認、ワシントン指揮官となる／「外国人・反政府活動取締法」制定

1799

- 対仏政策や臨時軍をめぐり、アダムズ大統領と対立

★ペンシルヴァニア州で、フリーズの反乱が起きる／ナポレオン、クーデターにより統領政府を樹立／ワシントン死去

1800

- 「仕官学校設立法案」を起草
- リーヴァイ・ウィークス事件をバーと共に弁護
- **「アダムズ・パンフレット」を発表**

★議会が「臨時軍」への入隊停止を決定／「臨時軍」解隊／ニューヨーク州議会議員選挙で共和派が勝利／米、フランスと条約を締結、宣戦布告なき戦争の終了／ワシントンDC、新首都となる

1801

- 論文「検討」でジェファーソンを攻撃
- 長男フィリップ、決闘で死亡

★ジェファーソン、大統領に就任。アーロン・バー副大統領

1802

- 新しい家、グレーンジが完成
- 長女アンジェリカ、兄の死のショックで精神錯乱に陥る
- 「ザ・フェデラリスト」の新版を刊行

★俗悪ジャーナリズムのパンフレットによる中傷合戦

1803

- ハリー・クロズウェル事件の弁護に参加

★財政難に苦しむフランスよりルイジアナを買収

1804

- **アーロン・バー副大統領との決闘で死亡**

注

略記

CU-DWCP : Columbia University, New York, N.Y., De Witt Clinton Papers
CU-FFP : Columbia University, Fish Family Papers
CU-HFP : Columbia University, Hamilton Family Papers
CU-HPPP : Columbia University, Hamilton Papers Publication Project
CU-JCHP : Columbia University, John Church Hamilton Papers
LC-AHP : Library of Congress, Washington, D.C., Alexander Hamilton Papers
LC-WPP : Library of Congress, William Plumer Papers
LPAH : The Law Practice of Alexander Hamilton. Ed. Julius Goebel, Jr., et al. 5 vols. New York: Columbia University Press, 1964-1981.
MHi-TPP : Massachusetts Historical Society, Boston, Timothy Pickering Papers
NYHS-DGFP : New-York Historical Society, New York, N.Y., De Groot Family Papers
NYHS-MM : New-York Historical Society, Miscellaneous Microfilms
NYHS-NPP : New-York Historical Society, Nathaniel Pendleton Papers
NYHS-NYCMS : New-York Historical Society, New York City Manumission Society Papers
NYHS-RTP : New-York Historical Society, Robert Troup Papers
NYHS-WVNP : New-York Historical Society, William Van Ness Papers
NYPL-AYP : New York Public Library, Abraham Yates, Jr., Papers
NYPL-JAHP : New York Public Library, James A. Hamilton Papers
NYPL-KVB : New York Public Library, Pamphlet Collection for New York election, spring 1804
NYPL-PSP : New York Public Library, Philip Schuyler Papers
NYSL : New York State Library, Albany, N.Y.
PAH : The Papers of Alexander Hamilton. Ed. Harold C. Syrett et al. 27 vols. New York: Columbia University Press, 1961-1987. (Unless otherwise stated, all letters cited are written either to or from Alexander Hamilton. Documents written neither by nor to Hamilton are cited only by volume and page number.)

プロローグ
独立戦争を知る最高齢の未亡人

1. *Atlantic Monthly*, August 1896.
2. CU-HFP, box 3, letter from Elizabeth Hamilton Holly to John C. Hamilton, February 27, 1855.
3. Cooke, *Alexander Hamilton*, p. vii.
4. Malone, *Jefferson and His Time*, vol. 2, p. 271.
5. Cooke, *Alexander Hamilton*, p. 149.
6. *The Political Science Quarterly*, March 1890.
7. Knott, *Alexander Hamilton and the Persistence of Myth*, p. 87.
8. Ibid., p. 259.

第1章　漂流

1. Van Doren, *Benjamin Franklin*, p. 312.
2. Hubbard, *Swords, Ships, and Sugar*, p. 40.
3. Ibid., p. 33.
4. *PAH*, vol. 25, p. 88, letter to William Jackson, August 26, 1800.
5. Ibid.
6. Flexner, *Young Hamilton*, p. 9.
7. *PAH*, vol. 25, p. 89, letter to William Jackson, August 26, 1800.
8. Ramsing, *Alexander Hamilton's Birth and Parentage*, p. 4.
9. Hamilton, *Intimate Life of Alexander Hamilton*, p. 11.
10. Ramsing, *Alexander Hamilton's Birth and Parentage*, p. 8.
11. *The American Genealogist*, January 1945.
12. Mitchell, Alexander Hamilton: Youth to Maturity, p. 7.
13. Schachner, Alexander Hamilton, p. 1.
14. The American Genealogist, January 1945.
15. PAH, vol. 16, p. 276, letter to George Washington, April 14, 1796.
16. Ibid., vol. 2, p. 539, letter to Margarita Schuyler, January 21, 1781.
17. Ibid., vol. 25, p. 88, letter to William Jackson, August 26, 1800.
18. Kilmarnock Standard, April 5, 1924.
19. Castle, John Glassford of Douglaston, pp. 22-23.
20. LC-AHP, reel 29, "Agreement of November 11, 1737."
21. Ragatz, Fall of the Planter Class in the British Caribbean, pp. 16-17.
22. PAH, vol. 25, p. 89, letter to William Jackson, August 26, 1800.
23. Ibid.
24. LC-AHP, reel 29, letter from John Hamilton to Thomas Reid, 1749 [n.d.].
25. Ibid.
26. St. Kitts Archives, Government of St. Kitts and Nevis, Basseterre, St. Kitts.
27. PAH, vol. 25, p. 89, letter to William Jackson, August 26, 1800.
28. Hamilton, Life of Alexander Hamilton, vol. 1, p. 42.
29. Hamilton, Intimate Life of Alexander Hamilton, p. 13.
30. PAH, vol. 3, p. 573, letter from Hugh Knox, July 28, 1784.
31. Schachner, Alexander Hamilton, p. 8.
32. Hamilton, Life of Alexander Hamilton, vol. 1, p. 42.
33. PAH, vol. 26, p. 774, "Comments on Jews," n.d.
34. Hamilton, Life of Alexander Hamilton, vol. 7, pp. 710-11.
35. London Magazine, August 1753.
36. Ibid.
37. Brookhiser, Alexander Hamilton, p. 14.
38. Andrews, Journal of a Lady of Quality, p. 127.
39. Nevis Historical and Conservation Society, RG MG 2.25, Charlestown, Nevis.
40. Emery, Alexander Hamilton, p. 13.
41. The William and Mary Quarterly, April 1952.
42. Ramsing, Alexander Hamilton's Birth and Parentage, p. 8.
43. Ibid.
44. PAH, vol. 21, p. 77, letter to William Hamilton, May 2, 1797.
45. Ibid.
46. Ibid., vol. 22, p. 223.
47. Tyson and Highfield, Kamina Folk, p. 46.
48. Flexner, Young Hamilton, p. 31.
49. PAH, vol. 20, p. 458, "From Ann Mitchell" [1796].
50. Ramsing, Alexander Hamilton's Birth and Parentage, p. 28.
51. PAH, vol. 15, p. 331, "To the College of Physicians," September 11, 1793.
52. Ibid., vol. 1, p. 369, letter from Edward Stevens, December 23, 1777.
53. MHi-TPP, reel 51.
54. Ibid.
55. Lodge, Alexander Hamilton, p. 286.

第2章　ハリケーン

1. Hamilton, Life of Alexander Hamilton, vol. 1, p. 44.
2. NYHS-NPP, "Draft Obituary Notice for Hamilton," n.d.
3. PAH, vol. 1, p. 4, letter to Edward Stevens, November 11, 1769.
4. Ibid., p. 21, letter to Nicholas Cruger, late 1771 or early 1772.
5. Ibid., p. 23, letter to Tileman Cruger, February 1, 1772.
6. Ibid., p. 24, letter to Captain Newton, February 1, 1772.
7. Royal Danish American Gazette, January 23, 1771.
8. Flexner, Young Hamilton, p. 39.
9. PAH, vol. 1, p. 7.
10. Proceedings of the New Jersey Historical Society,

vol. 69, April 1951.
11. Knox, Letter to the Rev. Mr. Jacob Green, p. 48.
12. PAH, vol. 3, p. 573, letter from Hugh Knox, July 28, 1784.
13. Royal Danish American Gazette, September 9, 1772.
14. Ibid., October 3, 1772.
15. PAH, vol. 3, p. 573, letter from Hugh Knox, July 28, 1784.
16. Royal Danish American Gazette, February 3, 1773.
17. PAH, vol. 26, p. 307, letter to Elizabeth Hamilton, July 10, 1804.
18. Royal Danish American Gazette, May 15, 1773.
19. PAH, vol. 1, p. 147, "The Farmer Refuted," February 23, 1775.
20. Ibid., vol. 5, p. 125, "New York Ratifying Convention, Third Speech," June 28, 1788.
21. St. Vincent Registry, deed book for 1784-1787, entered at Grenada on May 27, 1786, but first signed on March 14, 1774.

第3章　大学生

1. The William and Mary Quarterly, April 1947.
2. The American Historical Review, January 1957.
3. Bowen, Miracle at Philadelphia, p. 65.
4. Burrows and Wallace, Gotham, p. 180.
5. Davis, Memoirs of Aaron Burr, vol. 1, p. 37.
6. Flexner, Young Hamilton, p. 150.
7. Davis, Memoirs of Aaron Burr, vol. 2, p. 434.
8. Mitchell, Alexander Hamilton: Youth to Maturity, p. 42.
9. Bobrick, Angel in the Whirlwind, p. 468.
10. PAH, vol. 1, p. 43.
11. Flexner, Young Hamilton, p. 56.
12. Schachner, Alexander Hamilton, p. 25.
13. Mitchell, Alexander Hamilton: Youth to Maturity, p. 50.
14. Ketcham, James Madison, p. 38.
15. Wills, Explaining America, p. 15.
16. The William and Mary Quarterly, April 1947.
17. Ibid.
18. Ketcham, James Madison, p. 38.
19. Humphreys, Catherine Schuyler, p. 103.
20. The Columbia Monthly, February 1904.
21. Burrows and Wallace, Gotham, p. 214.
22. Van Amringe and Smith, History of Columbia University, p. 53.
23. PAH, vol. 25, p. 560, letter from Gouverneur Morris, March 11, 1802.
24. Parton, Life and Times of Aaron Burr, p. 142.
25. Ibid., pp. 143-44.
26. New York Mirror, n.d. Copy in LC-AHP, reel 31.
27. PAH, vol. 25, p. 436.
28. Ibid., vol. 22, p. 340, letter to Elizabeth Hamilton, December 10, 1798.
29. Ibid., vol. 7, p. 40, letter to George Washington, September 15, 1790.
30. Hamilton, Life of Alexander Hamilton, vol. 1, p. 47.
31. LC-AHP, reel 30, "Memo of Robert Troup on the Conway Cabal, October 26, 1827."
32. Tripp, "Robert Troup," p. 167.
33. Davis, Memoirs of Aaron Burr, vol. 1, p. 307, and Tripp, "Robert Troup," p. 64.
34. The William and Mary Quarterly, April 1947.
35. Flexner, Young Hamilton, p. 63.
36. Wood, American Revolution, p. 37.
37. LC-AHP, reel 31, "Robert Troup Memoir of General Hamilton, March 22, 1810."
38. Hibbert, George III, p. 144.
39. Burrows and Wallace, Gotham, p. 216.
40. Mitchell, Alexander Hamilton: Youth to Maturity, p. 63.
41. Hamilton, Life of Alexander Hamilton, vol. 1, p. 56.
42. Callahan, Royal Raiders, p. 139.
43. New-York Gazetteer, March 30, 1774.
44. Mitchell, Alexander Hamilton: Youth to Maturity, p. 53.
45. Columbia University Quarterly, September 1899.
46. New-York Journal; or, The General Advertiser, September 8, 1774.
47. Van Amringe and Smith, History of Columbia University, p. 46.
48. Columbia University Quarterly, September 1899.
49. Tyler, Literary History of the American Revolution, p. 394.
50. Columbia University Quarterly, September 1899.
51. Miller, Alexander Hamilton, p. 9.
52. Callahan, Royal Raiders, p. 143.
53. New-York Gazetteer, January 12, 1775.
54. PAH, vol. 4, p. 613.
55. New-York Gazetteer, December 15, 1774.
56. PAH, vol. 1, p. 65, "A Full Vindication of the Measures of Congress," December 22, 1774.
57. Ibid., p. 68.
58. Ibid., p. 48.
59. Ibid., p. 50.
60. Ibid., p. 86, "The Farmer Refuted," February 23, 1775.
61. Ibid., p. 82.
62. Ibid., p. 164.
63. Ibid.,p. 122.
64. Bobrick, Angel in the Whirlwind, p. 201.
65. PAH, vol. 1, p. 125, "The Farmer Refuted," February 23, 1775.
66. Ibid., pp. 135-36.
67. Ibid., p. 128.
68. Ibid., pp. 157-58.
69. The William and Mary Quarterly, April 1947.

第4章　ペンと剣

1. Bobrick, Angel in the Whirlwind, p. 119.
2. Burrows and Wallace, Gotham, p. 223.
3. CU-FFP, box 1818-1828, letter from Nicholas Fish to Timothy Pickering, December 26, 1823.
4. The William and Mary Quarterly, April 1947.
5. Van Amringe and Smith, History of Columbia University, p. 48.
6. O'Brien, Hercules Mulligan, p. 184.
7. LC-AHP, reel 31, letter from Robert Troup to Timothy Pickering, March 27, 1828.
8. Ibid.
9. The Columbia Monthly, February 1904.
10. Callahan, Royal Raiders, p. 139.
11. Gentleman's Magazine, July 1776.
12. "The Presidents of Columbia," Columbia University Archives, New York, N.Y.
13. Ferling, John Adams, p. 98.
14. Wood, American Revolution, p. 75.
15. Bobrick, Angel in the Whirlwind, p. 142.
16. Wood, American Revolution, p. 74.
17. PAH, vol. 1, p. 174, "Remarks on the Quebec Bill," June 15, 1775.
18. Wood, American Revolution, p. 53.
19. Maier, American Scripture, p. 24.
20. O'Brien, Hercules Mulligan, p. 182.
21. New-York Journal; or, The General Advertiser, September 1, 1774.
22. Royal Danish American Gazette, April 10, 1776.
23. O'Brien, Hercules Mulligan, p. 184.
24. PAH, vol. 1, pp. 176-77, letter to John Jay, November 26, 1775.
25. LC-AHP, reel 31, "Robert Troup Memoir of General Hamilton, March 22, 1810."
26. Schachner, Alexander Hamilton, p. 32.
27. "The Monitor No. I," New-York Journal; or, The General Advertiser, November 9, 1775.
28. "The Monitor No. VII," New-York Journal; or, The General Advertiser, December 21, 1775.
29. Ibid.
30. "The Monitor No. I," New-York Journal; or, The General Advertiser, November 9, 1775.
31. "The Monitor No. VIII," New-York Journal; or, The General Advertiser, December 28, 1775.
32. "The Monitor No. I," New-York Journal; or, The General Advertiser, November 9, 1775.
33. "The Monitor No. III," New-York Journal; or, The General Advertiser, November 23, 1775.
34. PAH, vol. 21, p. 77, letter to William Hamilton, May 2, 1797.
35. "Extract of a Letter from a Gentleman in New York, Dated February 18th," Royal Danish American Gazette, March 20, 1776.
36. Mitchell, Alexander Hamilton: Youth to Maturity, p. 79.
37. Valentine, Lord Stirling, p. 170.
38. PAH, vol. 23, p. 122, letter to James McHenry, May 18, 1799.
39. Hamilton, Reminiscences of James A. Hamilton, p. 11.
40. PAH, vol. 23, p. 122, letter to James McHenry, May 18, 1799.
41. The William and Mary Quarterly, April 1947.
42. Bobrick, Angel in the Whirlwind, p. 150.
43. "Extract of a Letter from a Gentleman in New York, Dated February 18th," Royal Danish American Gazette, March 20, 1776.
44. Flexner, Young Hamilton, p. 92.
45. "NEW YORK. Sandy Hook, June 21, 1776," Royal Danish American Gazette, August 14, 1776.
46. Callahan, Royal Raiders, p. 69.
47. Ibid., p. 73.
48. "Extract of a Letter from New York, June 24," Royal Danish American Gazette, August 14, 1776.
49. Callahan, Royal Raiders, p. 74.
50. "Extract New York, July 1," Royal Danish American Gazette, August 28, 1776.
51. Maier, American Scripture, p. 44.
52. Burrows and Wallace, Gotham, p. 227.
53. Ibid., p. 231.
54. Bobrick, Angel in the Whirlwind, p. 203.
55. Parton, Life and Times of Aaron Burr, p. 143.
56. The New York Times, July 4, 2003.
57. O'Brien, Hercules Mulligan, p. 183.
58. Schecter, Battle for New York, p. 104.
59. Ibid.
60. Bobrick, Angel in the Whirlwind, p. 208.
61. Ibid.
62. Schecter, Battle for New York, p. 150.
63. "Extract of a Letter from New York, August 30," Royal Danish American Gazette, December 14, 1776.
64. McCullough, John Adams, p. 158.
65. Flexner, Washington, p. 83.
66. O'Brien, Hercules Mulligan, p. 183.
67. Hamilton, Life of Alexander Hamilton, vol. 1, p. 126.
68. The William and Mary Quarterly, April 1947.
69. McCullough, John Adams, p. 159.
70. Hamilton, Life of Alexander Hamilton, vol. 1, p. 128
71. Ibid., p. 133.

第5章　小さな獅子

1. Wood, American Revolution, p. 78.
2. Brookhiser, Alexander Hamilton, p. 32.
3. Custis, Recollections and Private Memoirs of Washington, p. 344.
4. Mitchell, Alexander Hamilton: Youth to Maturity, p. 96.
5. Bobrick, Angel in the Whirlwind, p. 229.

6. PAH, vol. 1, p. 200, letter to the Convention of the Representatives of the State of New York, March 6, 1777.
7. Bobrick, Angel in the Whirlwind, p. 235.
8. Hamilton, Life of Alexander Hamilton, vol. 1, p. 137.
9. Ibid.
10. Flexner, Young Hamilton, p.132.
11. PAH, vol. 1, p. 195.
12. Brookhiser, Alexander Hamilton, p. 29.
13. PAH, vol. 22, p. 37, letter to George Washington, July 29[-August 1], 1798.
14. Ibid., vol. 1, p. 209, letter to the New York Committee of Correspondence, March 20, 1777.
15. Ibid., vol. 2, p. 359, letter to Hugh Knox, July 1[-28], 1777.
16. Ibid., vol. 1, p. 202, letter to Alexander McDougall, March 10, 1777.
17. Smith, Patriarch, p. 4.
18. The Wall Street Journal, February 10, 2000.
19. Custis, Recollections and Private Memoirs of Washington, p. 214.
20. Ferling, John Adams, p. 136.
21. McCullough, John Adams, p. 593.
22. Smith, Patriarch, p. 8.
23. Mitchell, Alexander Hamilton: Youth to Maturity, p. 108.
24. Hamilton, Life of Alexander Hamilton, vol. 1, p. 177.
25. Steiner, Life and Correspondence of James McHenry, p. 572.
26. MHi-TPP, reel 51, p. 189.
27. PAH, vol. 1, p. 255, letter to Gouverneur Morris, May 19, 1777.
28. Kaminski, George Clinton, p. 21.
29. Custis, Recollections and Private Memoirs of Washington, pp. 345-46.
30. Flexner, Young Hamilton, p. 143.
31. Ibid., p. 146.
32. Ibid., p. 148.
33. Otis, Eulogy on Alexander Hamilton, p. 7.
34. Graydon, Memoirs of His Own Time, p. 276.
35. Hamilton, Life of Alexander Hamilton, vol. 1, p. 170.
36. Graydon, Memoirs of His Own Time, p. 277.
37. PAH, vol. 3, p. 150, letter to Richard Kidder Meade, August 27, 1782.
38. Ibid., vol. 1, p. 551, letter from James McHenry, September 21, 1778.
39. Ibid., vol. 2, pp. 53-54, letter to John Laurens, May 22, 1779.
40. Flexner, Young Hamilton, p. 149.
41. Ibid.
42. Ibid.
43. PAH, vol. 1, p. 225, letter to Catharine Livingston, April 11, 1777.
44. Ibid., p. 259, letter to Catharine Livingston, May 1777.
45. Wallace, Life of Henry Laurens, p. 470.
46. PAH, vol. 2, p. 17, letter to John Jay, March 14, 1799.
47. CU-JCHP, box 20.
48. Hamilton, Intimate Life of Alexander Hamilton, p. 245.
49. Lafayette, Lafayette in the American Revolution, vol. 3, p. 302.
50. Emery, Alexander Hamilton, p. 244.
51. Baxter, Godchild of Washington, p. 225.
52. Van Doren, Benjamin Franklin, p. 578.
53. Wilson and Stanton, Jefferson Abroad, p. 123.
54. PAH, vol. 2, p. 321.
55. Hamilton, Intimate Life of Alexander Hamilton, p. 245.
56. Lafayette, Lafayette in the American Revolution, vol. 3, p. 310.
57. Flexner, Young Hamilton, p. 316.
58. Bobrick, Angel in the Whirlwind, p. 253.
59. Flexner, Young Hamilton, pp. 166-67.
60. Gerlach, Proud Patriot, p. 309.
61. PAH, vol. 1, p. 314, letter to Robert R. Livingston, August 18, 1777.
62. Ibid., p. 285, letter to John Jay, July 5, 1777.
63. Ibid., p. 300, letter to Hugh Knox, July 1777.
64. Ibid., p. 321, letter to Gouverneur Morris, September 1, 1777.
65. Ibid., pp. 326-27.
66. Ellis, Passionate Sage, p. 111.
67. PAH, vol. 1, p. 330, letter from George Washington, September 21, 1777.
68. Mitchell, Alexander Hamilton: Youth to Maturity, p. 121.
69. Bobrick, Angel in the Whirlwind, p. 244.
70. Flexner, Young Hamilton, p. 185.
71. PAH, vol. 1, p. 347, letter from George Washington, October 30, 1777.
72. Ibid.
73. Ibid., p. 350, letter to George Washington, November 2, 1777.
74. Ibid., p. 351, letter to Horatio Gates, November 5, 1777.
75. Ibid., p. 353, letter to George Washington, November 6, 1777.
76. Ibid., vol. 2, p. 36, letter to John Laurens, April 1779.
77. Mitchell, Alexander Hamilton: Youth to Maturity, p. 138.
78. Gerlach, Proud Patriot, p. 304.
79. Lomask, Aaron Burr: The Years from Princeton to Vice President, p. 45.
80. Burrows and Wallace, Gotham, p. 236.
81. PAH, vol. 1, p. 356, letter to Israel Putnam, November 9, 1777.
82. Ibid., p. 365, letter from George Washington, November 15, 1777.
83. Ibid., pp. 360-61, letter to George Washington, No-

vember 12, 1777.
84. Flexner, Young Hamilton, pp. 204-5.
85. McCullough, John Adams, p. 173.
86. Flexner, Young Hamilton, p. 210.
87. Mitchell, Alexander Hamilton: Youth to Maturity, p. 149.
88. Ibid., p. 150.
89. Ibid., p. 151.
90. PAH, vol. 2, p. 420, letter to James Duane, September 6, 1780.
91. Ibid., vol. 1, p. 428, letter to George Clinton, February 13, 1778.
92. Wallace, Life of Henry Laurens, p. 267.
93. Bobrick, Angel in the Whirlwind, p. 306.

第6章　狂乱の武勇

1. Bobrick, Angel in the Whirlwind, p.291.
2. Ibid., p. 287.
3. PAH, vol. 1, p. 435, letter to Henry E. Lutterloh, February 1778.
4. Ibid., p. 426, letter to George Clinton, February 13, 1778.
5. Ibid.
6. Ibid., p. 427.
7. Ibid., vol. 1, p. 418, memo to George Washington, January 29, 1778.
8. Ibid., p. 440, letter to George Clinton, March 12, 1778.
9. Bobrick, Angel in the Whirlwind, p. 333.
10. PAH, vol. 1, pp. 497-98, letter to William Duer, June 18, 1778.
11. Ibid., vol. 3, p. 588, letter to John Jay, December 7, 1784.
12. Lodge, Alexander Hamilton, p. 241.
13. PAH, vol. 3, p. 101, "The Continentalist No. VI," July 4, 1782.
14. Ibid., vol. 1, p. 411, "Pay Book of the State Company of Artillery."
15. Ibid., p. 373.
16. Ibid., p. 381.
17. Ibid., p. 390.
18. Ibid., p. 397.
19. The American Historical Review, January 1957.
20. PAH, vol. 1, p. 400.
21. Ibid., pp. 399-400.
22. Ferling, John Adams, p. 206.
23. Hamilton, Intimate Life of Alexander Hamilton, p. 295.
24. Hamilton, Reminiscences of James A. Hamilton, p. 11.
25. Rosenfeld, American Aurora, p. 356.
26. PAH, vol. 1, p. 510, letter to Elias Boudinot, July 5, 1778.
27. Flexner, Washington, p. 120.
28. Ibid.
29. Ibid., p. 121.
30. PAH, vol. 1, pp. 507-8, "Proceedings of a General Court-Martial for the Trial of Major General Charles Lee, July 4, 1778."
31. Flexner, Young Hamilton, p. 231.
32. Bobrick, Angel in the Whirlwind, p. 345.
33. Ibid.
34. Custis, Recollections and Private Memoirs of Washington, p. 220.
35. Ibid., p. 221.
36. PAH, vol. 1, p. 512, letter to Elias Boudinot, July 5, 1778.
37. Ibid.
38. Custis, Recollections and Private Memoirs of Washington, pp. 232-33.
39. PAH, vol. 23, pp. 546-47.
40. Ibid., vol. 1, p. 513, letter to Elias Boudinot, July 5, 1778.
41. Ibid.
42. Lee, Charles Lee Papers, p. 62.
43. Davis, Memoirs of Aaron Burr, vol. 1, p. 135.
44. Lee, Charles Lee Papers, p. 393.
45. PAH, vol. 1, p. 593, letter from John Laurens, December 5, 1778.
46. Journal of the Early Republic, spring 1995.
47. PAH, vol. 1, p. 603, "Account of a Duel Between Major General Charles Lee and Lieutenant Colonel John Laurens," December 24, 1778.
48. Lee, Charles Lee Papers, p. 285.
49. PAH, vol. 1, p. 603, "Account of a Duel Between Major General Charles Lee and Lieutenant Colonel John Laurens," December 24, 1778.
50. Ibid., pp. 562-63, first "Publius" letter, October 16, 1778.
51. Ibid.
52. Ibid, p. 569, second "Publius" letter, October 26, 1778.
53. Ibid., p. 580, third "Publius" letter, November 16, 1778.
54. PAH, vol. 19, p. 521, "Relations with France," [1795-1796].
55. Hamilton, Life of Alexander Hamilton, vol. 1, p. 563.
56. Kennedy, Burr, Hamilton, and Jefferson, p. 103.
57. Hamilton, Life of Alexander Hamilton, vol. 2, p. 36.
58. Mitchell, Alexander Hamilton: Youth to Maturity, p. xv.
59. LC-AHP, reel 30, "Robert Troup Memo on the Conway Cabal," October 26, 1827.
60. PAH, vol. 1, pp. 246-47, letter to William Duer, May 6, 1777.
61. Ibid., vol. 20, p. 509, "The Warning No. II," February 7, 1797.
62. Ibid., vol. 2, p. 53, letter to John Laurens, May 22, 1779.
63. Ibid., p. 35, letter to John Laurens, April 1779.

64. Wallace, Life of Henry Laurens, p. 474.
65. PAH, vol. 2, pp. 17-18, letter to John Jay, March 14, 1779.
66. McCullough, John Adams, p. 133.
67. Bobrick, Angel in the Whirlwind, p. 101.
68. Ibid., p. 102.
69. PAH, vol. 2, p. 166, letter to John Laurens, September 11, 1779.
70. McDonough, Christopher Gadsden and Henry Laurens, p. 240.
71. PAH, vol. 2, pp. 34-35, letter to John Laurens, April 1779.
72. Ibid., p. 165, letter to John Laurens, September 11, 1779.
73. Ibid., p. 91, letter from John Brooks, July 4, 1779.
74. Ibid., p. 99, letter to Francis Dana, July 11, 1779.
75. Ibid., p. 154, letter to William Gordon, September 5, 1779.
76. Ibid., p. 167, letter to John Laurens, September 11, 1779.

第7章　恋煩い

1. Smith, John Marshall, p. 68.
2. PAH, vol. 2, p. 37, letter to John Laurens, April 1779.
3. Rosenfeld, American Aurora, p. 377.
4. PAH, vol. 2, p. 255, letter to John Laurens, January 8, 1780.
5. Ibid., p. 261.
6. Brooks, Dames and Daughters of Colonial Days, p. 237.
7. Mitchell, Alexander Hamilton: Youth to Maturity, p. 198.
8. Lossing, Hours with the Living Men and Women of the Revolution, p. 140.
9. Van Doren, Benjamin Franklin, p. 544.
10. Humphreys, Catherine Schuyler, p. 136.
11. PAH, vol. 2, p. 270, letter to Margarita Schuyler, February 1780.
12. Flexner, Young Hamilton , p. 277.
13. Chastellux, Travels in North America, p. 375, and Warville, New Travels in the United States of America, p. 148.
14. Hamilton, Intimate Life of Alexander Hamilton, p. 105.
15. Ibid., p. 106.
16. Baxter, Godchild of Washington, p. 222.
17. Atlantic Monthly, August 1896.
18. The William and Mary Quarterly, January 1955.
19. PAH, vol. 2, p. 354, letter to Anthony Wayne, July 6, 1780.
20. Hamilton, Intimate Life of Alexander Hamilton, p. 126.
21. CU-HFP, box 1, letter from Elizabeth Hamilton to Philip Church, n.d.
22. LC-AHP, reel 30, letter from Elizabeth Hamilton to Mrs. Cochran, October 25, 1819.
23. PAH, vol. 2, p. 348, letter to John Laurens, June 30, 1780.
24. Ibid., p. 431, letter to John Laurens, September 16, 1780.
25. Ibid., vol. 21, p. 177, letter to Elizabeth Hamilton, July 21, 1797.
26. Steiner, Life and Correspondence of James McHenry, p. 45.
27. Ibid.
28. PAH, vol. 21, p. 481, letter to Oliver Wolcott, Jr., June 2, 1798.
29. Riedesel, Letters and Memoirs Relating to the War of American Independence, p. 196.
30. Humphreys, Catherine Schuyler, p. 88
31. Graydon, Memoirs of His Own Time, p. 144.
32. Gerlach, Proud Patriot, p. 320.
33. PAH, vol. 2, pp. 286-87, letter to Elizabeth Schuyler, March 17, 1780.
34. Ibid., pp. 309-10, letter to Catherine Schuyler, April 14, 1780.
35. Hamilton, Life of Alexander Hamilton, vol. 2, p. 336.
36. Ketcham, James Madison, p. 90.
37. PAH, vol. 2, p. 250, "Letter on Currency," December 1779-March 1780.
38. Ibid.
39. Ibid., p. 242.
40. Ibid., p. 237.
41. Emery, Alexander Hamilton, p. 48.
42. PAH, vol. 2, p. 422, letter to Elizabeth Schuyler, September 6, 1780.
43. Ibid., p. 401, letter to James Duane, September 3, 1780.
44. Ibid., p. 405.
45. Ibid., p. 406.
46. Ibid., p. 347, letter to John Laurens, May 12, 1780.
47. Ibid., p. 428, letter to John Laurens, September 12, 1780.
48. Bobrick, Angel in the Whirlwind, p. 412.
49. Van Doren, Secret History of the American Revolution, p. 346.
50. Flexner, Young Hamilton, p. 308.
51. PAH, vol. 2, pp. 440-41, letter to Nathanael Greene, September 25, 1780.
52. Ibid., p. 439, letter from Benedict Arnold to George Washington, September 25, 1780.
53. Flexner, Young Hamilton, p. 314.
54. PAH, vol. 2, p. 442, letter to Elizabeth Schuyler, September 25, 1780.
55. Ibid., p. 467, letter to John Laurens, October 11, 1780.
56. Van Doren, Secret History of the American Revolution, p. 366.
57. PAH, vol. 3, p. 92, letter to Henry Knox, June 7, 1782.

58. Bobrick, Angel in the Whirlwind, p. 420.
59. PAH, vol. 2, p. 468.
60. Ibid., p. 467.
61. Ibid., p. 449, letter to Elizabeth Schuyler, October 2, 1780.
62. Ibid., p. 474, letter to Elizabeth Schuyler, October 13, 1780.
63. Ibid., p. 385, letter to Elizabeth Schuyler, August 31, 1780.
64. Ibid., p. 455, letter to Elizabeth Schuyler, October 5, 1780.
65. Ibid., p. 374, letter to Elizabeth Schuyler, August 8, 1780.
66. Ibid., p. 422, letter to Elizabeth Schuyler, September 6, 1780.
67. Ibid., p. 351, letter to Elizabeth Schuyler, July 2-4, 1780.
68. Ibid., p. 493, letter to Elizabeth Schuyler, October 27, 1780.
69. Ibid., p. 398, letter to Elizabeth Schuyler, August 1780.
70. Ibid., vol. 21, p. 78, letter to William Hamilton, May 2, 1797.
71. Ibid., vol. 2, p. 418, letter to Elizabeth Schuyler, September 3, 1780.
72. Ibid., p. 374, letter to Elizabeth Schuyler, August 8, 1780.
73. Rogow, Fatal Friendship, p. 59.
74. Gerlach, Proud Patriot, pp. 437-38.
75. PAH, vol. 2, p. 350, letter to Elizabeth Schuyler, June-October 1780.
76. Ibid., p. 521.
77. Ibid., p. 539, letter to Margarita Schuyler, January 21, 1781.
78. Mitchell, Alexander Hamilton: Youth to Maturity, p. 202.
79. Gerlach, Proud Patriot, p. 403.
80. Ibid., p. 191.
81. Mitchell, Alexander Hamilton: Youth to Maturity, p. 568.
82. PAH, vol. 2, p. 509, letter to George Washington, November 22, 1780.
83. Ibid., p. 255, letter to John Laurens, January 8, 1780.
84. Ibid., p. 565, letter to Philip Schuyler, February 18, 1781.
85. Ibid., p. 549, letter to John Laurens, February 4, 1781.
86. Ibid., pp. 563-64, letter to Philip Schuyler, February 18, 1781.
87. Ibid., p. 564.
88. Ibid., p. 565.
89. Ibid., pp. 566-67.
90. Ibid., p. 569, letter to James McHenry, February 18, 1781.

第8章　栄光

1. "Hamilton's Quarrel with Washington, 1781," The William and Mary Quarterly, April 1955.
2. Flexner, Young Hamilton, p. 338.
3. PAH, vol. 2, p. 595, letter to Nathanael Greene, April 19, 1781.
4. Hamilton, Life of Alexander Hamilton, vol. 2, p. 191.
5. PAH, vol. 2, p. 601, letter to George Washington, April 27, 1781.
6. Ibid., p. 602, letter from George Washington, April 27, 1781.
7. Ibid., p. 235.
8. Ibid., p. 606, letter to Robert Morris, April 30, 1781.
9. Ibid., p. 605.
10. Ibid., p. 618.
11. Ibid., p. 631.
12. Ibid., p. 635.
13. Ibid., p. 554, letter to the marquis de Barb_-Marbois, February 7, 1781.
14. Smith, John Marshall, p.5.
15. PAH, vol. 2, p. 650, "The Continentalist No. I," July 12, 1781.
16. Ibid., p. 651.
17. Ibid., p. 674, "The Continentalist No. IV," August 30, 1781.
18. Cooke, Alexander Hamilton, p. 136.
19. PAH, vol. 2, p. 636, letter to George Washington, May 2, 1781.
20. Ibid., p. 641, letter from John B. Church, May 18, 1781.
21. Ibid., p. 647, letter to Elizabeth Hamilton, July 10, 1781.
22. Kaminski, George Clinton, p. 40.
23. NYPL-PSP, reel 17.
24. Cunningham, Schuyler Mansion, p. 205.
25. NYPL-PSP, reel 17.
26. PAH, vol. 2, p. 666, letter to Elizabeth Hamilton, August 16, 1781.
27. Ibid., p. 667, letter to Elizabeth Hamilton, August 22, 1781.
28. Ibid., p. 675, letter to Elizabeth Hamilton, September 6, 1781.
29. Tuchman, First Salute, p. 267.
30. Flexner, Young Hamilton, p. 357.
31. Tuchman, First Salute, p. 281.
32. McDonald, Alexander Hamilton, p. 25.
33. Rosenfeld, American Aurora, p. 420.
34. PAH, vol. 2, p. 678, letter to Elizabeth Hamilton, October 12, 1781.
35. Flexner, Young Hamilton, p. 364.
36. Bobrick, Angel in the Whirlwind, p. 461.
37. Hamilton, Life of Alexander Hamilton, vol. 2, p. 270.
38. Bobrick, Angel in the Whirlwind, p. 461.
39. Mitchell, Alexander Hamilton: Youth to Maturity, p.

259.
40. PAH, vol. 2, p. 683, letter to Elizabeth Hamilton, October 18, 1781.
41. Ibid., vol. 26, p. 421, letter to the vicomte de Noailles, November-December 1781.
42. Ibid., pp. 424-25, letter to the vicomte de Noailles, April 4, 1782.
43. Mitchell, Alexander Hamilton: Youth to Maturity, p. 261.
44. PAH, vol. 5, p. 348, "Eulogy for Nathanael Greene, July 4, 1789."

第9章 怒濤

1. PAH, vol. 3, p. 69, letter to Richard Kidder Meade, March 1782.
2. Ibid., pp. 150-51, letter to Richard Kidder Meade, August 27, 1782.
3. Ibid., pp. 69-70, letter to Richard Kidder Meade, March 1782.
4. McDonald, Alexander Hamilton, pp. 60-61.
5. LPAH, vol. 1, p. 52.
6. PAH, vol. 3, p. 192, letter to the marquis de Lafayette, November 3, 1782.
7. Ibid., p. 471.
8. NYPL-PSP, reel 17, letter from Alexander McDougall to Philip Schuyler, October 12, 1781.
9. The New-York Packet and the American Advertiser, April 18, 1782.
10. PAH, vol. 3, p. 78, "The Continentalist No. V," April 18, 1782.
11. Ibid., p. 89, letter to Robert Morris, May 18, 1782.
12. Ibid., p. 105, "The Continentalist No. VI," July 4, 1782.
13. Ibid., p. 102.
14. Ibid., p. 169, letter to Robert Morris, September 28, 1782.
15. Ibid., p. 135, letter to Robert Morris, August 13, 1782.
16. LC-AHP, reel 30, letter from James Kent to Elizabeth Hamilton, December 20, 1832.
17. PAH, vol. 3, p. 121, letter from John Laurens, July 1782.
18. Ibid., p. 145, letter to John Laurens, August 15, 1782.
19. Wallace, Life of Henry Laurens, p. 489.
20. McDonough, Christopher Gadsden and Henry Laurens, p. 262.
21. PAH, vol. 3, p. 192, letter to the marquis de Lafayette, November 3, 1782.
22. Bowen, Miracle at Philadelphia, p. 97.
23. PAH, vol. 3, p. 226, letter to Elizabeth Hamilton, December 18, 1782.
24. Ibid., p. 238, letter to Elizabeth Hamilton, January 8, 1783.
25. Ibid., p. 424, memo of July 1783.
26. Ketcham, James Madison, p. 112.
27. Wills, James Madison, p. 19.
28. Brodie, Thomas Jefferson, p. 301.
29. Wills, James Madison, p. 20.
30. Ibid., p. 35.
31. Ketcham, James Madison, p. 119.
32. The American Historical Review, January 1957.
33. PAH, vol. 3, p. 216, "Continental Congress Report on a Letter from the Speaker of the Rhode Island Assembly," December 16, 1782.
34. Elkins and McKitrick, Age of Federalism, p. 102.
35. The American Historical Review, January 1957.
36. Mitchell, Alexander Hamilton: Youth to Maturity, p. 292.
37. PAH, vol. 3, p. 256, letter to George Clinton, February 14, 1783.
38. Ibid., p. 254, letter to George Washington, February 13, 1783.
39. Brookhiser, Gentleman Revolutionary, p. 72.
40. PAH, vol. 3, p. 254, letter to George Washington, February 13, 1783.
41. Ibid., p. 264, James Madison notes on the conversation on the evening of February 20, 1783.
42. Ibid., p. 278, letter from George Washington, March 4, 1783.
43. Bobrick, Angel in the Whirlwind, p. 474.
44. PAH, vol. 3, p. 286, letter from George Washington, March 12, 1783.
45. Ibid., p. 287.
46. Flexner, Washington, p. 174.
47. Ellis, Founding Brothers, p. 130.
48. PAH, vol. 3, p. 291, letter to George Washington, March 17, 1783.
49. Ibid., p. 293.
50. Ibid., p. 310, letter from George Washington, March 31, 1783.
51. Flexner, Young Hamilton, p. 412.
52. PAH, vol. 3, p. 335, letter from George Washington, April 22, 1783.
53. Ibid., p. 397, letter to William Jackson, June 19, 1783.
54. Ketcham, James Madison, p. 142.
55. PAH, vol. 3, p. 451, letter to John Dickinson, September 25-30, 1783.
56. Ibid., p. 401, "Continental Congress Resolutions on Measures to Be Taken in Consequence of the Pennsylvania Mutiny," June 21, 1783.
57. Ibid., p. 406, "Continental Congress Report of a Committee Appointed to Confer with the Supreme Executive Council of Pennsylvania on the Mutiny," June 24, 1783.
58. Ibid., p. 407, letter to George Clinton, June 29, 1783.
59. Ketcham, James Madison, p. 142.
60. Malone, Jefferson and His Time, vol. 1, p. 404.

61. PAH, vol. 3, p. 412, letter to James Madison, July 6, 1783.
62. Ibid., p. 376, letter to Nathanael Greene, June 10, 1783.
63. Ibid., "Continental Congress Unsubmitted Resolution Calling for a Convention to Amend the Articles of Confederation," July 1783.
64. Wood, American Revolution, p. 148.
65. PAH, vol. 3, p. 413, letter to Elizabeth Hamilton, July 22, 1783.
66. Ibid., p. 431, letter to Robert R. Livingston, August 13, 1783.
67. Wood, American Revolution, p. 87.
68. LPAH, vol. 1, p. 223.
69. Bobrick, Angel in the Whirlwind, p. 421.
70. PAH, vol. 3, p. 492, "Letter from Phocion," January 1784.
71. Schecter, Battle for New York, p. 377.
72. Lomask, Aaron Burr: The Years from Princeton to Vice President, p. 82.
73. PAH, vol. 3, p. 481, letter to Samuel Loudon, December 27, 1783.
74. King, Life and Correspondence of Rufus King, vol. 4, p. 407.

第10章　重々しく物静かで奇妙な代物

1. Hamilton, Intimate Life of Alexander Hamilton, p. 240.
2. NYPL-JAHP, box 1.
3. Ames, Sketch of the Character of Alexander Hamilton, pp. 7-8.
4. Kent, Memoirs and Letters of James Kent, p. 228.
5. Sullivan, Public Men of the Revolution, p. 260.
6. Hamilton, Intimate Life of Alexander Hamilton, p. 37.
7. LPAH, vol. 1, p. 46.
8. King, Life and Correspondence of Rufus King, vol. 3, p. 460.
9. NYPL-JAHP, box 1.
10. Ibid.
11. Hamilton, Reminiscences of James A. Hamilton, p. 6.
12. Ibid.
13. LPAH, vol. 1, p. 689.
14. McDonald, Alexander Hamilton, p. 63.
15. Ibid., p. 314.
16. LC-AHP, reel 30, letter from James Kent to Elizabeth Hamilton, December 20, 1832.
17. Ibid., letter from Robert Troup to Timothy Pickering, March 31, 1828.
18. Ames, Sketch of the Character of Alexander Hamilton, p. 10.
19. LPAH, vol. 1, p. 7.
20. PAH, vol. 26, p. 239.
21. Parton, Life and Times of Aaron Burr, p. 368.
22. Lomask, Aaron Burr: The Years from Princeton to Vice President, p. 14.
23. Ibid., p. 97.
24. LC-WPP, reel 1, diary entry of January 22, 1807.
25. The New York Review of Books, February 2, 1984.
26. Hamilton, Intimate Life of Alexander Hamilton, p. 427.
27. PAH, vol. 25, p. 321, letter to James A. Bayard, January 16, 1801.
28. Ibid., p. 296, letter to John Rutledge, Jr., January 4, 1801.
29. Rogow, Fatal Friendship, p. 91.
30. Ibid., p. 93.
31. Lodge, Alexander Hamilton, p. 188.
32. Parton, Life and Times of Aaron Burr, p. 153.
33. PAH, vol. 25, p. 298, letter to John Rutledge, Jr., January 4, 1801.
34. LC-WPP, reel 1, diary entry, January 22, 1807.
35. Brookhiser, Alexander Hamilton, p. 150.
36. Parton, Life and Times of Aaron Burr, p. 149.
37. PAH, vol. 3, p. 141, letter to Robert Morris, August 13, 1782.
38. Ibid., p. 459, letter from John Jay, September 28, 1783.
39. Bobrick, Angel in the Whirlwind, p. 481.
40. PAH, vol. 3, p. 484, "Letter from Phocion," January 1784.
41. Ibid., p. 485.
42. Ibid., p. 556, "Second Letter from Phocion," April 1784.
43. Hamilton, Intimate Life of Alexander Hamilton, p. 152.
44. LPAH, vol. 1, p. 307.
45. Brookhiser, Alexander Hamilton, p. 58.
46. Hamilton, Intimate Life of Alexander Hamilton, p. 153.
47. LPAH, vol. 1, p. 301.
48. Cheetham, Narrative of the Suppression by Col. Burr, p. 55.
49. PAH, vol. 3, p. 524, letter to Gouverneur Morris, March 21, 1784.
50. Ibid., p. 521, letter to John B. Church, March 10, 1784.
51. Ibid.
52. Ibid., p. 514, "Constitution of the Bank of New York."

第11章　ゴースト

1. Hamilton, Reminiscences of James A. Hamilton, p. 3.
2. PAH, vol. 4, p. 279, letter from Angelica Church, October 2, 1787.
3. Ibid., vol. 3, p. 620, letter to Angelica Church, August 3, 1785.
4. Ibid., pp. 3-4.

5. Ibid., p. 3.
6. Ibid., vol. 4, p. 120.
7. Menz, Historic Furnishing Report, pp. 70-71.
8. Hamilton, Reminiscences of James A. Hamilton, p. 65.
9. Original Will Transcript Book of South Carolina, 1780-1783, "Will of Peter Lavien." Copy in the South Carolina Room, Charleston County Public Library, Charleston, S.C.
10. PAH, vol. 3, p. 235, letter to Elizabeth Hamilton, 1782.
11. Hamilton, Intimate Life of Alexander Hamilton, p. 184.
12. PAH, vol. 3, p. 474, letter from Hugh Knox, October 27, 1783.
13. Ibid., p. 573, letter from Hugh Knox, July 28, 1784.
14. Proceedings of the New Jersey Historical Society, April 1951.
15. PAH, vol. 3, p. 617, letter to James Hamilton, June 22, 1785.
16. Ibid.
17. Ibid.
18. Ibid., vol. 20, p. 459, "From Ann Mitchell," [1796].
19. Ibid., vol. 1, p. 484, letter from Edward Stevens, May 8, 1778.
20. Ibid., vol. 3, p. 574, letter from Hugh Knox, July 28, 1784.
21. Bailyn, Ideological Origins of the American Revolution, p. 244.
22. Hamilton, Intimate Life of Alexander Hamilton, p. 96.
23. PAH, vol. 2, p. 642, letter to George Clinton, May 22, 1781.
24. McDonald, Alexander Hamilton, p. 373.
25. PAH, vol. 19, p. 204, letter from Philip Schuyler, August 31, 1795; LPAH, vol. 5, p. 409, cashbook entry for March 23, 1796.
26. William-Myers, Long Hammering, p. 23.
27. McCullough, John Adams, p. 134.
28. Ferling, John Adams, p. 172.
29. Ibid., p. 173.
30. Morgan, Benjamin Franklin, p. 105.
31. The New York Review of Books, November 4, 1999.
32. Ketcham, James Madison, p. 374.
33. Rakove, James Madison and the Creation of the American Republic, p. 144.
34. Ibid., pp. 144-45.
35. PAH, vol. 18, p. 519, "The Defence No. III," July 29, 1795.
36. Brookhiser, Gentleman Revolutionary, p. 34.
37. NYHS-NYCMS, reel 1, February 4, 1785.
38. Burrows and Wallace, Gotham, p. 286.
39. Lomask, Aaron Burr: The Conspiracy and Years of Exile, p. 403.
40. NYHS-NYCMS, reel 2, [ca. August-September 1786].
41. Ibid., [ca. March 1786].
42. Wood, American Revolution, p. 120.
43. PAH, vol. 3, p. 639, letter from George Washington, December 11, 1785.
44. Extract from the Proceedings of the New-York State Society, of the Cincinnati, p. 6.
45. Ibid., p. 10.
46. Ibid., p. 12.

第12章　威厳ある立派な会議

1. PAH, vol. 25, p. 479, "The Examination," no. 5; New-York Evening Post, December 29, 1801.
2. Ibid., vol. 3, p. 609, letter to Robert Livingston, April 25, 1785.
3. The New-York Packet, April 7, 1785.
4. Kaminski, George Clinton, p. 107.
5. Knott, Alexander Hamilton and the Persistence of Myth, p. 87.
6. Kaminski, George Clinton, p. 246.
7. PAH, vol. 3, pp. 137-38, letter to Robert Morris, August 13, 1782.
8. Ibid., vol. 5, p. 290, "H. G. Letter XI," March 6, 1789.
9. Kaminski, George Clinton, p. 18.
10. LC-WPP, reel 1, diary entry, March 15, 1806.
11. PAH, vol. 21, pp. 77-78, letter to William Hamilton, May 2, 1797.
12. The William and Mary Quarterly, April 1947.
13. Kaminski, George Clinton, p. 115.
14. Mitchell, Alexander Hamilton: Youth to Maturity, p. 356.
15. Wood, American Revolution, p. 152.
16. Hamilton, Federalist, pp. lviii-lix.
17. PAH, vol. 3, p. 684, letter to Elizabeth Hamilton, September 8, 1786.
18. Wills, Explaining America, p. 12.
19. PAH, vol. 3, p. 687, "Address of the Annapolis Convention," September 14, 1786.
20. Mitchell, Alexander Hamilton: Youth to Maturity, p. 367.
21. Cooke, Alexander Hamilton, p. xviii.
22. Bowen, Miracle at Philadelphia, p. 5.
23. Brookhiser, Gentleman Revolutionary, p. 80.
24. Ferling, John Adams, p. 309.
25. Wills, Explaining America, p. 7.
26. Wilson and Stanton, Jefferson Abroad, p. 120.
27. McCullough, John Adams, p. 371.
28. PAH, vol. 19, p. 18, "The Defence of the Funding System," July 1795.
29. Ibid., vol. 4, p. 312, "The Federalist No. 6," November 14, 1787.
30. LC-AHP, reel 30, letter from Samuel Jones to Elizabeth Hamilton, June 1, 1818.
31. PAH vol. 4, p. 86, speech to New York Assembly, February 1787.
32. Ibid., pp. 89-90.

33. CU-HPPP, box 261, letter from Margaret Livingston to Robert R. Livingston, March 3, 1787.
34. The Daily Advertiser, February 10, 1787.
35. Ibid.
36. Kaminski, George Clinton, p. 119.
37. "Hamilton and Washington: The Origins of the American Party System," The William and Mary Quarterly, April 1955.
38. Bobrick, Angel in the Whirlwind, p. 488.
39. Ketcham, James Madison, p. 195.
40. PAH, vol. 12, p. 355, "Amicus," National Gazette, September 11, 1792.
41. Bowen, Miracle at Philadelphia, p. 30.
42. Ibid., p. 236.
43. Butzner, Constitutional Chaff, p. 162.
44. Ketcham, James Madison, p. 195.
45. Bowen, Miracle at Philadelphia, p. 61.
46. Ketcham, James Madison, p. 196.
47. Ibid.
48. Bowen, Miracle at Philadelphia, pp. 104-5.
49. PAH, vol. 4, p. 178, "Constitutional Convention Speech on a Plan of Government."
50. Ibid., p. 187, Madison's notes, June 18, 1787.
51. Ibid., p. 195, Robert Yates notes, June 18, 1787.
52. Bowen, Miracle at Philadelphia, p. 113.
53. PAH, vol. 4, p. 194, Madison's notes, June 18, 1787.
54. Ibid., p. 186, Hamilton's notes, June 18, 1787.
55. Ibid., p. 192, Madison's notes, June 18, 1787.
56. The Mississippi Valley Historical Review, March 1950.
57. PAH, vol. 4, p. 165, "Notes Taken in the Federal Convention."
58. Ibid., p. 186, Hamilton's notes, June 18, 1787.
59. Ibid., p. 192, Madison's notes, June 18, 1787.
60. Bowen, Miracle at Philadelphia, p. 101.
61. Mitchell, Alexander Hamilton: Youth to Maturity, p. 391.
62. Ibid.
63. Bowen, Miracle at Philadelphia, p. 114.
64. Ibid., p. 188.
65. Ibid., p. 14.
66. Rosenfeld, American Aurora, p. 471.
67. Ferling, John Adams, p. 309.
68. Isaacson, Benjamin Franklin, p. 451.
69. The William and Mary Quarterly, 1955.
70. PAH, vol. 4, p. 221, "Remarks on Equality of Representation of the States in the Congress," June 29, 1787.
71. Ibid.
72. Ibid., pp. 224-25, letter to George Washington, July 3, 1787.
73. Ibid., p. 225, letter from George Washington, July 10, 1787.
74. Jefferson, Anas of Thomas Jefferson, p. 87.
75. PAH, vol. 4, p. 235, letter to Rufus King, August 20, 1787.
76. Bowen, Miracle at Philadelphia, p. 311.
77. PAH, vol. 5, p. 289, "H.G. Letter XI," March 6, 1789.
78. Mitchell, Alexander Hamilton: Youth to Maturity, p. 407.
79. The Daily Advertiser, July 21, 1787.
80. New-York Journal, September 20, 1787.
81. PAH, vol. 4, p. 280, letter to George Washington, October 11-15, 1787.
82. Ibid., p. 284, letter from George Washington, October 18, 1787.
83. Ibid., p. 226, letter to Nathaniel Mitchell, July 20, 1787.
84. Bowen, Miracle at Philadelphia, p. 208.
85. Ellis, Founding Brothers, p. 91.
86. Ibid., p. 92.
87. Ibid., p. 201.
88. NYHS-NYCMS, reel 1, August 1787.
89. Ibid., January 26, 1788.
90. Emery, Alexander Hamilton, p. 103.
91. Berkin, Brilliant Solution, p. 113.
92. Brookhiser, Gentleman Revolutionary, p. 88.
93. Ibid., p. 60.
94. Bowen, Miracle at Philadelphia, p. 42.
95. Fleming, Duel, p. 22.
96. Brookhiser, Alexander Hamilton, p. 7.
97. PAH, vol. 7, p. 72, "Conversation with George Beckwith," September 25-30, 1790.
98. Elkins and McKitrick, Age of Federalism, p. 317.
99. Bowen, Miracle at Philadelphia, p. 195.
100. Brookhiser, Gentleman Revolutionary, p. 26.
101. Bowen, Miracle at Philadelphia, p. 263.
102. PAH, vol. 4, p. 253, "Remarks on Signing the Constitution," September 17, 1787.
103. Colimore, The Philadelphia Inquirer's Guide to Historic Philadelphia, p. 9.

第13章　パブリアス

1. Kaminski, George Clinton, p. 131.
2. Bowen, Miracle at Philadelphia, p. 271.
3. Burrows and Wallace, Gotham, p. 289.
4. Kaminski, George Clinton, p. 125.
5. Ibid.
6. Ibid., p. 127.
7. The Daily Advertiser, September 15, 1787.
8. Ibid.
9. New-York Journal, September 20, 1787.
10. Ibid., October 4, 1787.
11. PAH, vol. 4, p. 276, "Conjectures About the New Constitution," September 17-30, 1787.
12. Custis, Recollections and Private Memoirs of Washington, p. 215.
13. Kent, Memoirs and Letters of James Kent, pp. 301-2.
14. Baxter, Godchild of Washington, p. 219.
15. PAH, vol. 4, p. 288.

16. Ibid.
17. Ibid., vol. 25, p. 558, "The Examination," no. 15, New-York Evening Post, March 3, 1802.
18. PAH, vol. 4, p. 308, letter from George Washington, November 10, 1787.
19. CU-HPPP, box 261, letter from Archibald McLean to Robert Troup, October 14, 1788.
20. Mitchell, Alexander Hamilton: Youth to Maturity, p. 418.
21. Knott, Alexander Hamilton and the Persistence of Myth, p. 89.
22. Mitchell, Alexander Hamilton: Youth to Maturity, p. 417.
23. Bailyn, To Begin the World Anew, p. 102.
24. Madison, Papers of James Madison, vol. 10, p. 260.
25. The William and Mary Quarterly, April 1947.
26. NYHS-NPP.
27. Sullivan, Public Men of the Revolution, p. 261.
28. Ketcham, James Madison, p. 236.
29. Warville, New Travels in the United States of America, p. 147.
30. Ibid.
31. Scigliano, Federalist, p. 290.
32. Ibid., p. 331.
33. Ibid.
34. Bailyn, To Begin the World Anew, p. 113.
35. PAH, vol. 4, p. 301, "The Federalist No. 1," October 27, 1787.
36. Ibid.
37. Ibid., p. 304.
38. Ibid., p. 313, "The Federalist No. 6," November 14, 1787.
39. Ibid., p. 331, "The Federalist No. 8," November 20, 1787.
40. Ibid., p. 333, "The Federalist No. 9," November 21, 1787.
41. Ibid., p. 340, "The Federalist No. 11," November 24, 1787.
42. Ibid., p. 347, "The Federalist No. 12," November 27, 1787.
43. Ibid., p. 356, "The Federalist No. 15," December 1, 1787.
44. Ibid., p. 395, "The Federalist No. 20," December 11, 1787.
45. Ibid., p. 400, "The Federalist No. 21," December 12, 1787.
46. Ibid., p. 409, "The Federalist No. 22," December 14, 1787.
47. Ibid.
48. Ibid., p. 426, "The Federalist No. 25," December 21, 1787.
49. Ibid., p. 420, "The Federalist No. 24," December 19, 1787.
50. Ibid., p. 421.
51. Ibid., p. 439, "The Federalist No. 28," December 26, 1787.
52. Ibid., p. 450, "The Federalist No. 30," December 28, 1787.
53. Ibid., p. 451.
54. Ibid., p. 472, "The Federalist No. 34," January 5, 1788.
55. Ibid., p. 456, "The Federalist No. 31," January 1, 1788.
56. Ibid., p. 472, "The Federalist No. 34," January 5, 1788.
57. Ibid., p. 461, "The Federalist No. 32," January 2, 1788.
58. Ibid., p. 482, "The Federalist No. 35," January 5, 1788.
59. Ibid., p. 483, "The Federalist No. 36," January 8, 1788.
60. Ibid., p. 548, "The Federalist No. 60," February 23, 1788.
61. Ibid., p. 567, "The Federalist No. 63," March 1, 1788.
62. Ibid., p. 575, "The Federalist No. 66," March 7, 1788.
63. Ibid., p. 599, "The Federalist No. 70," March 15, 1788.
64. Ibid., p. 605.
65. Ibid., p. 609, "The Federalist No. 71," March 18, 1788.
66. Ibid., p. 612, "The Federalist No. 72," March 19, 1788.
67. Ibid., p. 625, "The Federalist No. 74," March 25, 1788.
68. Ibid., p. 636, "The Federalist No. 76," April 1, 1788.
69. Ibid., vol. 25, p. 550, "The Examination," no. 14, New-York Evening Post, March 2, 1801.
70. Ibid., vol. 4, p. 658, "The Federalist No. 78," May 28, 1778.
71. Ibid., p. 697, "The Federalist No. 83," May 28, 1788.
72. Ibid., p. 706, "The Federalist No. 84," May 28, 1788.
73. Ibid., p. 705.
74. Ibid., p. 721, "The Federalist No. 85," May 28, 1788.
75. Ibid.
76. PAH, vol. 4, p. 650, letter to Gouverneur Morris, May 19, 1788.
77. Wills, Explaining America, p. xvi.
78. Bailyn, To Begin the World Anew, p. 101.
79. Jefferson, Papers of Thomas Jefferson, vol. 13, p. 156.
80. PAH, vol. 4, p. 409, "The Federalist No. 22," December 14, 1787.
81. LC-AHP, reel 30, letter from James Kent to Elizabeth Hamilton, December 20, 1832.
82. PAH, vol. 4, pp. 649-50, letter to James Madison, May 19, 1788.
83. NYPL-AYP.
84. PAH, vol. 4, p. 649, letter to James Madison, May 19, 1788.
85. Bowen, Miracle at Philadelphia, p. 293.
86. PAH, vol. 5, p. 3, letter to James Madison, June 8,

1788.
87. Ibid., vol. 4, p. 641, "Federalist No. 77," April 2, 1788.
88. Hamilton, Intimate Life of Alexander Hamilton, p. 49.
89. The William and Mary Quarterly, July 1967.
90. PAH, vol. 5, p. 10, letter to James Madison, June 19, 1788.
91. Cooke, Alexander Hamilton, p. 15.
92. LC-AHP, reel 30, letter from James Kent to Elizabeth Hamilton, December 20, 1832.
93. Burrows and Wallace, Gotham, p. 292.
94. PAH, vol. 5, p. 16, speech of June 19, 1788.
95. Ibid., p. 18, speech of June 20, 1788.
96. Ibid., p. 26.
97. Ibid., p. 43, speech of June 21, 1788.
98. Ibid., p. 37.
99. Kaminski, George Clinton, p. 151.
100. Ibid.
101. The William and Mary Quarterly, July 1967.
102. PAH, vol. 5, p. 68, speech of June 24, 1788.
103. Ibid., p. 67.
104. Ibid., p. 91, letter to James Madison, June 27, 1788.
105. The Daily Advertiser, July 4, 1788.
106. NYPL-AYP.
107. NYHS-MM, reel 4, letter from Abraham Bancker to Evert Bancker, June 28, 1788.
108. Smith, John Marshall, p. 119.
109. Berkin, Brilliant Solution, p. 188.
110. The Daily Advertiser, July 12, 1788.
111. Kaminski, George Clinton, p. 166.
112. Burrows and Wallace, Gotham, p. 293.
113. The William and Mary Quarterly, July 1967.
114. Ibid.
115. Burrows and Wallace, Gotham, p. 293.
116. Brookhiser, Alexander Hamilton, p. 74.

第14章　始動

1. PAH, vol. 5, p. 202, letter to George Washington, August 13, 1788.
2. Ibid., p. 207, letter from George Washington, August 28, 1788.
3. Ibid., p. 221, letter to George Washington, September 1788.
4. Ibid., p. 223, letter from George Washington, October 3, 1788.
5. Ibid., p. 234, letter to George Washington, November 18, 1788.
6. Ferling, John Adams, p. 298.
7. PAH, vol. 5, p. 248, letter to James Wilson, January 25, 1789.
8. Ibid., p. 225, letter to Theodore Sedgwick, October 9, 1788.
9. Ibid., p. 231, letter to Theodore Sedgwick, November 9, 1788.
10. Ferling, John Adams, p. 299.
11. McCullough, John Adams, p. 409.
12. PAH, vol. 25, p. 191, Letter from Alexander Hamilton, October 24, 1800.
13. Kaminski, George Clinton, p. 178.
14. PAH, vol. 26, p. 479, letter to Isaac Ledyard, February 18, 1789.
15. Ibid., vol. 5, p. 263, "H. G. Letter I," The Daily Advertiser, February 20, 1789.
16. Ibid., p. 265, "H. G. Letter II," The Daily Advertiser, February 21, 1789.
17. Ibid., p. 269, "H. G. Letter IV," The Daily Advertiser, February 24, 1789.
18. Ibid., p. 292, "H. G. Letter XI," The Daily Advertiser, March 7, 1789.
19. Ibid., p. 298, "H. G. Letter XIII," The Daily Advertiser, March 9, 1789.
20. Kaminski, George Clinton, p. 182.
21. Ibid., p. 187.
22. Ibid., p. 182.
23. Ibid., p. 186.
24. Ibid., p. 187.
25. Mitchell, Alexander Hamilton: The National Adventure, p. 560.
26. PAH, vol. 5, pp. 321-22, letter of April 7, 1789, to the New York State Electors.
27. Burrows and Wallace, Gotham, p. 297.
28. Ketcham, James Madison, p. 283.
29. Baxter, Godchild of Washington, p. 224.
30. Ibid.
31. Sullivan, Public Men of the Revolution, p. 117.
32. Van Doren, Benjamin Franklin, p. 772.
33. Ferling, John Adams, p. 302.
34. Elkins and McKitrick, Age of Federalism, p. 48.
35. Hamilton, Intimate Life of Alexander Hamilton, p. 315.
36. Smith, Patriarch, p. 291.
37. McCullough, John Adams, p. 413.
38. Hamilton, Intimate Life of Alexander Hamilton, p. 208.
39. Freeman, Affairs of Honor, p. 40.
40. LC-AHP, reel 30, letter from James Kent to Elizabeth Hamilton, December 20, 1832.
41. Freeman, Affairs of Honor, p. 9.
42. PAH, vol. 4, p. 375, letter to Angelica Church, December 6, 1787.
43. Ibid., p. 279, letter from Angelica Church, October 2, 1787.
44. Humphreys, Catherine Schuyler, p. 201.
45. Foreman, Georgiana, p. 45.
46. CU-HPPP, box 264, letter from Angelica Church to Elizabeth Hamilton, January 23, 1792.
47. Ibid.
48. Ibid., June 3, 1792.
49. Emery, Alexander Hamilton, p. 126.

50. PAH, vol. 5, p. 501, letter to Angelica Church, November 8, 1789.
51. Ibid.
52. Ibid.
53. Ibid., p. 502, letter from Elizabeth Hamilton to Angelica Church, November 8, 1789.
54. Flexner, Washington, p. 219.
55. PAH, vol. 6, p. 334, Greenleaf's New York Journal and Patriotic Register, April 15, 1790.
56. MHi-TPP, reel 51, p. 153.
57. PAH, vol. 5, p. 348, "Eulogy on Nathanael Greene," July 4, 1789.
58. Ibid., p. 350.
59. Meleny, Public Life of Aedanus Burke, p. 193.
60. PAH, vol. 5, p. 351, "Eulogy on Nathanael Greene," July 4, 1789.
61. Lomask, Aaron Burr: The Years from Princeton to Vice President, p. 138.
62. Ibid., p. 139.
63. PAH, vol. 5, p. 360, letter from Robert Troup, July 12, 1789.
64. Custis, Recollections and Private Memoirs of Washington, pp. 349-50.
65. McDonald, Alexander Hamilton, p. 128.
66. Custis, Recollections and Private Memoirs of Washington, p. 351.
67. Mitchell, Alexander Hamilton: The National Adventure, p. 22.
68. LC-AHP, reel 31, "Additional Facts Relative to the Life and Character of General Hamilton," January 1, 1821.
69. PAH, vol. 21, p. 78, letter to William Hamilton, May 2, 1797.
70. Madison, Papers of James Madison, vol. 12, p. 185.
71. NYHS-MM, reel 4, letter from Abraham Bancker to Evert Bancker, July 16, 1789.
72. PAH, vol. 2, p. 417, letter to James Duane, September 3, 1780.
73. Cooke, Alexander Hamilton, p. 27.
74. PAH, vol. 9, p. 30, "Conversations with George Beckwith," August 12, 1791.
75. Ellis, Founding Brothers, p. 124.
76. PAH, vol. 25, p. 214, Letter from Alexander Hamilton, October 24, 1800.
77. Custis, Recollections and Private Memoirs of George Washington, p. 214.

第15章　悪事

1. Callahan, Henry Knox, pp. 235-36.
2. Freeman, Affairs of Honor, p. 46.
3. PAH, vol. 5, p. 579, letter to Elizabeth Hamilton, November 1789.
4. Ibid., p. 422, letter to Jeremiah Wadsworth, October 3, 1789.
5. Ibid., vol. 18, p. 292, letter to Joseph Anthony, March 11, 1795.
6. Ibid., vol. 5, p. 369, letter to Samuel Meredith, September 13, 1789.
7. "William Duer and the Business of Government in the Era of the American Revolution," The William and Mary Quarterly, July 1975.
8. Ibid.
9. PAH, vol. 13, p. 526, "On James Blanchard," January 1793.
10. Ibid., vol. 5, p. 486, "Conversation with George Beckwith," October 1789.
11. Ibid., p. 482.
12. Ibid., p. 488.
13. Ibid., p. 482.
14. Ibid.
15. Ibid., p. 487.
16. Ibid., vol. 6, p. 53.
17. Ibid., p. 54.
18. Ibid., vol. 5, p. 464, letter from John Witherspoon, October 26, 1789.
19. Ibid., p. 439, letter to James Madison, October 12, 1789.
20. Elkins and McKitrick, Age of Federalism, p. 114.
21. PAH, vol. 5, p. 526, letter from James Madison, November 19, 1789.
22. Ibid., vol. 6, p. 69, Report on Public Credit, January 1790.
23. Ibid., p. 67.
24. Ibid., p. 96.
25. Ibid., p. 73.
26. Ibid., p. 78.
27. Knott, Alexander Hamilton and the Persistence of Myth, p. 95.
28. PAH, vol. 6, p. 98, Report on Public Credit, January 1790.
29. Ibid., p. 100.
30. Ibid., p. 106.
31. Ibid., vol. 12, p. 570, "Fact No. II," National Gazette, Philadelphia, October 16, 1792.
32. Ibid., vol. 18, p. 102, "Report on a Plan for the Further Support of the Public Credit," January 16, 1795.
33. Ibid.
34. PAH, vol. 6, p. 1, letter to Henry Lee, December 1, 1789.
35. Ibid., p. 50, letter to Angelica Church, January 7, 1790.
36. Gordon, Hamilton's Blessing, pp. 40-41.
37. PAH, vol. 18, p. 116, "Report on a Plan for the Further Support of the Public Credit," January 16, 1795.
38. Maclay, Journal of William Maclay, p. 177.
39. Ibid.
40. Ibid., p. 188.
41. PAH, vol. 12, p. 249, letter to George Washington,

August 18, 1792.
42. Maclay, Journal of William Maclay, p. 332.
43. Burrows and Wallace, Gotham, p. 304.
44. Elkins and McKitrick, Age of Federalism, p. 141.
45. Mitchell, Alexander Hamilton: The National Adventure, p. 45.
46. Madison, Papers of James Madison, vol. 13, p. 98.
47. Gordon, Hamilton's Blessing, p. 28.
48. PAH, vol. 6, p. 436, letter to George Washington, May 28, 1790.
49. Maclay, Journal of William Maclay, p. 189.
50. Ibid., p. 194.
51. Hamilton, Intimate Life of Alexander Hamilton, p. 279.
52. Adams, New Letters of Abigail Adams, p. 37.
53. Maclay, Journal of William Maclay, p. 201.
54. Madison, Papers of James Madison, vol. 13, p. 147.
55. Ibid.
56. Ketcham, James Madison, p. 310.
57. Ellis, Founding Brothers, p. 84.
58. Hamilton, Life of Alexander Hamilton, vol. 4, p. 99.
59. Ellis, Founding Brothers, p. 114.
60. New York Historical Society Quarterly, October 1948.
61. The New Yorker, March 10, 2003.
62. Greenleaf's New York Journal and Patriotic Register, April 15, 1790.
63. Freeman, Affairs of Honor, p. 30.
64. Ibid., p. 29.
65. Ibid., p. 30.
66. Ames, Sketch of the Character of Alexander Hamilton, p. 8.
67. Meleny, Public Life of Aedanus Burke, p. 194.
68. Ibid., p. 196.
69. PAH, vol. 6, pp. 333-34, letter to Aedanus Burke, April 1, 1790.
70. Ibid., p. 336, letter from Aedanus Burke, April 1, 1790.
71. Maclay, Journal of William Maclay, p. 227.

第16章　楽天家

1. Wilson and Stanton, Jefferson Abroad, p. 205.
2. Ibid., p. 210.
3. Ibid., p. 279.
4. Maclay, Journal of William Maclay, p. 272.
5. Malone, Jefferson and His Time, vol. 1, p. 69.
6. Ibid., p. 55.
7. Ibid., vol. 2, p. 77.
8. Bailyn, Ideological Origins of the American Revolution, p. 236.
9. Bobrick, Angel in the Whirlwind, p. 359.
10. McCullough, John Adams, p. 633.
11. Hamilton, Life of Alexander Hamilton, vol. 2, p. 168.
12. "Phocion No. IX," Gazette of the United States, October 21, 1796.
13. Wilson and Stanton, Jefferson Abroad, p. 11.
14. Malone, Jefferson and His Time, vol. 1, p. 201.
15. Ibid., vol. 2, p. 204.
16. Wilson and Stanton, Jefferson Abroad, p. 42.
17. Malone, Jefferson and His Time, vol. 2, p. 171.
18. Ibid., p. 46.
19. Brodie, Thomas Jefferson, p. 216.
20. Ibid., p. 227.
21. Jefferson, Papers of Thomas Jefferson, vol. 14, p. 554.
22. Ibid., p. 261.
23. Malone, Jefferson and His Time, vol. 2, p. 142.
24. PAH, vol. 4, p. 294.
25. Brodie, Thomas Jefferson, p. 228.
26. Wilson and Stanton, Jefferson Abroad, p. 268.
27. Elkins and McKitrick, Age of Federalism, p. 314.
28. Wilson and Stanton, Jefferson Abroad, p. 283.
29. Schama, Citizens, p. 326.
30. Ibid., p. 436.
31. Wilson and Stanton, Jefferson Abroad, p. 292.
32. Ibid., pp. 290-91.
33. PAH, vol. 5, p. 425, letter to the marquis de Lafayette, October 6, 1789.
34. Ibid., vol. 11, p. 439, letter to Edward Carrington, May 26, 1792.
35. Wilson and Stanton, Jefferson Abroad, p. 215.
36. Ibid., p. 73.
37. Ibid., p. 270.
38. Ferling, John Adams, p. 306.
39. Jefferson, Papers of Thomas Jefferson, vol. 16, p. 549.
40. Malone, Jefferson and His Time, vol. 2, p. 170.
41. Hamilton, Intimate Life of Alexander Hamilton, p. 49.
42. Jefferson, Anas of Thomas Jefferson, p. 30.
43. Ibid., p. 91.
44. Ibid.
45. The William and Mary Quarterly, January 1992.
46. Ellis, Passionate Sage, p. 64.
47. Ibid., p. 115.
48. Ellis, Founding Brothers, p. 53.
49. Jefferson, Complete Anas of Thomas Jefferson, p. 32.
50. Ellis, Founding Brothers, p. 57.
51. PAH, vol. 11, p. 428, letter to Edward Carrington, May 26, 1792.
52. Madison, Papers of James Madison, vol. 16, p. 248.
53. PAH, vol. 11, p. 440, letter to Edward Carrington, May 26, 1792.
54. Ketcham, James Madison, p. 473.
55. Ellis, Founding Brothers, p. 149.
56. Ketcham, James Madison, p. 360.
57. PAH, vol. 12, p. 238, letter to George Washington, August 18, 1792.
58. Ibid., vol. 19, p. 39, "The Defence of the Funding System," July 1795.

59. Ibid., vol. 12, p. 256, letter to George Washington, August 18, 1792.
60. Flexner, Washington, p. 232.
61. Cooke, Alexander Hamilton, pp. 225-26.
62. Freeman, Affairs of Honor, pp. 27, 234; McCullough, John Adams, p. 407.
63. McCullough, John Adams, p. 407.
64. Madison, Papers of James Madison, vol. 13, p. 146.
65. Maclay, Journal of William Maclay, p. 234.
66. Bowen, Miracle at Philadelphia, p. 210.
67. PAH, vol. 5, p. 209, letter to William Livingston, August 29, 1788.
68. Ibid., pp. 276-77.
69. Maclay, Journal of William Maclay, p. 178.
70. Madison, Papers of James Madison, vol. 13, p. 145.
71. Elkins and McKitrick, Age of Federalism, p. 170.
72. Ellis, Founding Brothers, p. 58.
73. Jefferson, Anas of Thomas Jefferson, p. 32.
74. NYPL-PSP, reel 17, letter from Philip Schuyler to Stephen Van Rensselaer, May 16, 1790.
75. Maclay, Journal of William Maclay, p. 273.
76. Ibid., p. 292.
77. Freeman, Affairs of Honor, p. 51.
78. Maclay, Journal of William Maclay, p. 299.
79. Elkins and McKitrick, Age of Federalism, p. 155.
80. Jefferson, Anas of Thomas Jefferson, p. 32.
81. Ibid.
82. Ellis, Founding Brothers, p. 49.
83. Freeman, Affairs of Honor, p. 49.
84. Malone, Jefferson and His Time, vol. 2, p. 303.
85. Maclay, Journal of William Maclay, p. 304.
86. Ibid., p. 310.
87. Ibid., p. 331.
88. Freeman, Affairs of Honor, p. 32.
89. CU-HPPP, box 262.
90. Mitchell, Alexander Hamilton: The National Adventure, p. 83.
91. Ibid.
92. Jefferson, Anas of Thomas Jefferson, p. 35.
93. Gazette of the United States, September 1, 1790.

第17章　アメリカ第1の町

1. PAH, vol. 7, p. 608, letter to Angelica Church, January 31, 1791.
2. Hamilton, Intimate Life of Alexander Hamilton, pp. 42-43.
3. PAH, vol. 9, p. 404, letter from Henry Lee, October 18, 1791.
4. CU-HPPP, letter from Tench Coxe to William Duer, September 6, 1791.
5. LC-AHP, reel 29, letter from Angelica Church to Elizabeth Hamilton, April 25, 1792.
6. "Life Portraits of Alexander Hamilton," The William and Mary Quarterly, April 1955.
7. Ibid.
8. Sullivan, Public Men of the Revolution, pp. 261-62.
9. PAH, vol. 12, p. 571, "Fact No. II," National Gazette, October 16, 1792.
10. Freeman, Affairs of Honor, p. 106.
11. Hamilton, Intimate Life of Alexander Hamilton, p. 241.
12. PAH, vol. 24, p. 64, letter from James Wilkinson, November 21, 1799.
13. Ibid., vol. 6, p. 511, letter from Morgan Lewis, July 26, 1790.
14. Ibid., vol. 13, p. 480, letter from James Tillary, January 14, 1793.
15. Ibid., vol. 7, p. 132, letter to Tobias Lear, October 29, 1790.
16. Baxter, Godchild of Washington, p. 224.
17. Steiner, Life and Correspondence of James McHenry, p. 129.
18. NYHS-NPP, letter from Elizabeth Hamilton to George Cabot, September 20, 1804.
19. Hamilton, Intimate Life of Alexander Hamilton, p. 227.
20. Ibid., p. 216.
21. PAH, vol. 15, p. 432, letter to Angelica Hamilton, November 1793.
22. Menz, Historic Furnishing Report, p. 13.
23. PAH, vol. 3, p. 468, letter to George Clinton, October 3, 1783.
24. Ibid., vol. 19, p. 460, "Draft of George Washington's Seventh Annual Address to Congress," November 28-December 7, 1795.
25. Ibid., pp. 146-47, "Hamilton-Oneida Academy Mortgage," August 15, 1795.
26. Burrows and Wallace, Gotham, p. 305.
27. Furnas, Americans, p. 197.
28. St. Méry, Moreau de St. Méry's American Journey, p. 135.
29. PAH, vol. 6, p. 545, letter to Walter Stewart, August 5, 1790.
30. Ibid., p. 297, letter to Benjamin Lincoln, March 10, 1790.
31. Ibid., p. 469, letter to George Washington, June 21, 1790.
32. Ibid., vol. 7, p. 31, letter to George Washington, September 10, 1790.
33. Ibid., vol. 6, p. 408, "Treasury Department Circular to the Collectors of the Customs," June 1, 1791.
34. Ibid., vol. 8, p. 432, "Treasury Department Circular to the Captains of the Revenue Cutters," June 4, 1791.
35. Freeman, Affairs of Honor, p. 88.
36. PAH, vol. 9, p. 370, letter to Otho Williams, October 11, 1791.
37. Madison, Papers of James Madison, vol. 13, p. 143.
38. PAH, vol. 7, p. 197, letter from Benjamin Lincoln, December 4, 1790.

39. Madison, Papers of James Madison, vol. 13, p. 344.
40. Ibid., p. 366.
41. Maclay, Journal of William Maclay, p. 385.
42. Ibid., p. 387.
43. PAH, vol. 8, p. 375, "Treasury Department Circular to the Collectors of the Customs," May 26, 1791.
44. Ibid., vol. 11, p. 77, "Report on the Difficulties in the Execution of the Act Laying Duties on Distilled Spirits," March 5, 1792.
45. Ibid., vol. 19, p. 41, "The Defence of the Funding System," July 1795.

第18章　食欲と事業

1. The New York Review of Books, April 13, 2000.
2. PAH, vol. 19, p. 190, "The Defence No. XI," August 28, 1795.
3. Ibid., p. 32, "The Defence of the Funding System," July 1795.
4. Mitchell, Alexander Hamilton: The National Adventure, p. 351.
5. Ibid., p. 61.
6. Marsh, Monroe's Defense of Jefferson and Freneau Against Hamilton, p. 31.
7. Ellis, Passionate Sage, p. 161.
8. The William and Mary Quarterly, April 1955.
9. Ellis, Passionate Sage, p. 136.
10. PAH, vol. 14, p. 112, "Report on the State of the Treasury at the Commencement of Each Quarter During the Years 1791 and 1792," February 19, 1793.
11. Ibid., vol. 2, p. 414, letter to James Duane, September 3, 1780.
12. Ibid., vol. 7, p. 305, "Report on the Bank," December 13, 1790.
13. Ibid., p. 308.
14. Ibid., p. 314.
15. Ibid., p. 315.
16. Ibid., p. 321.
17. Ibid., p. 327.
18. Ibid., p. 331.
19. PAH, vol. 8, p. 218, "Notes on the Advantages of a National Bank," March 27, 1791.
20. Miller, Alexander Hamilton, p. 272.
21. PAH, vol. 8, pp. 218, 221, letter to George Washington, March 27, 1791.
22. Ketcham, James Madison, p. 322.
23. Ammon, James Monroe, p. 86.
24. Mitchell, Alexander Hamilton: The National Adventure, p. 95.
25. PAH, vol. 8, p. 113, "Opinion on Constitutionality of Bank," February 23, 1791.
26. Ibid., p. 290.
27. Smith, John Marshall, p. 170.
28. Malone, Jefferson and His Time, vol. 2, p. 338.
29. Cooke, Alexander Hamilton, p. 77.
30. PAH, vol. 12, p. 85, letter from Thomas Jefferson to James Madison, October 1, 1792.
31. Cooke, Alexander Hamilton, p. 77.
32. PAH, vol. 8, p. 58, letter to George Washington, February 21, 1791.
33. Ibid., p. 62, letter to George Washington, February 23, 1791.
34. Mitchell, Alexander Hamilton: The National Adventure, p. 99.
35. PAH, vol. 8, p. 97, "Final Version of an Opinion on the Constitutionality of an Act to Establish a Bank," February 23, 1791.
36. Ibid., p. 98.
37. Ibid., p. 99.
38. Ibid., p. 132.
39. Lodge, Alexander Hamilton, p. 103.
40. Cooke, Alexander Hamilton, p. xvii.
41. PAH, vol. 7, p. 586, Report on the Mint, January 28, 1791.
42. Ibid., p. 601.
43. Ibid., p. 598.
44. Ibid., p. 577.
45. Ibid., p. 572.
46. PAH, vol. 7, p. 451, letter from Thomas Jefferson, January 24, 1791.
47. Mitchell, Alexander Hamilton: The National Adventure, p. 104.
48. PAH, vol. 7, p. 516, letter to Benjamin Goodhue, June 30, 1791.
49. New York Historical Society Quarterly, October 1948.
50. Smith, Patriarch, p. 108.
51. New York Historical Society Quarterly, October 1948.
52. PAH, vol. 8, p. 589, letter from Fisher Ames, July 31, 1791.
53. Ibid.
54. McDonald, Alexander Hamilton, p. 223.
55. Smith, Patriarch, p. 109.
56. PAH, vol. 9, p. 60, letter from Rufus King, August 15, 1791.
57. Ibid.
58. Ibid., p. 75, letter to Rufus King, August 17, 1791.
59. Ibid., p. 71, letter to William Seton, August 16, 1791.
60. Ibid., p. 74, letter to William Duer, August 17, 1791.
61. Ibid., p. 75.
62. Ibid., vol. 26, p. 617, letter from William Duer, August 16, 1791.
63. Davis, Essays in the Earlier History of American Corporations, p. 208.
64. Ibid.

図版の出典

Alexander Hamilton (1755-1804), by John Trumbull (1756-1843)
Oil on canvas, 1792
Collection of Credit Suisse First Boston

Myles Cooper, D.D. (1737-1785), by John Singleton Copley (1738-1815)
Oil on canvas, ca. 1768
Columbia University, gift of The New-York Historical Society, 1820 (COO.735)
Courtesy of the Frick Art Reference Library

View of Columbia College in the City of New York, by Cornelius Tiebout (ca. 1773-1832) after J. Anderson
Copper engraving from the New-York Magazine, May 1790
Collection of The New-York Historical Society (PR 020 Geographic File, negative #20415)

George Washington at Princeton, by Charles Willson Peale (1741-1827)
Oil on canvas, 1779
Pennsylvania Academy of Fine Arts, Philadelphia; gift of Maria McKean Allen and Phebe Warren Downes through the bequest of their mother, Elizabeth Wharton McKean

John Laurens (1754-1782), by Charles Willson Peale (1741-1827)
Watercolor on ivory, set in gold with enamel and gemstones, ca. 1784
Independence National Historical Park

Marquis de Lafayette (1757-1834), by Joseph Boze (1745-1826)
Oil on canvas, 1790
Massachusetts Historical Society

Elizabeth Schuyler Hamilton, Mrs. Alexander Hamilton (1757-1854), by Ralph Earl (1751-1801)
Oil on canvas, 1787
Museum of the City of New York, gift of Mrs. Alexander Hamilton and General Pierpont Morgan Hamilton (1971.31.2)

Major General Philip John Schuyler (1733-1804), by John Trumbull (1756-1843)
Oil on wood panel, 1792
Collection of The New-York Historical Society, bequest of Philip Schuyler (1915.13, negative #29012)

Mrs. John Barker Church (Angelica Schuyler Church), with Child and Servant, by John Trumbull (1756-1843)
Oil on canvas, ca. 1785
Belvidere Trust Collection through Mr. and Mrs. Robert Bromeley

Philip Schuyler Mansion, Albany, New York, by Philip Hooker (1766?1836)
Ink and watercolor on paper, 1818
Collection of The New-York Historical Society (1961.13, negative #38794)

James Madison (1751-1836), by Charles Willson Peale (1741-1827)
Oil on canvas, 1792
Collection of the Gilcrease Museum, Tulsa, Oklahoma

John Jay (1745-1829), by Joseph Wright (1756-1793)
Oil on canvas, 1786
Collection of The New-York Historical Society, gift of John Pintard (1817.5, negative #6066)
The Federalist number 1
From the New-York Independent Journal, October 27, 1787
Collection of The New-York Historical Society (negative #52128)

George Clinton (1739-1812), by Ezra Ames (1768-1836)
Oil on canvas, 1814
Collection of The New-York Historical Society, gift of George Clinton Tallmadge (1858.84, negative #6108)

本書は、小社が二〇〇五年に刊行したロン・チャーナウ著『アレグザンダー・ハミルトン伝』全三巻を改題・再編集した新装版です。

著者略歴

ロン・チャーナウ（RON CHERNOW）

米国屈指の歴史家・評伝作家。1949年ニューヨーク生まれ。イェール大学、ケンブリッジ大学卒業。2011年に*Washington: A Life*でピューリッツァー賞受賞。他に『タイタン　ロックフェラー帝国を創った男』（日経BP）、『モルガン家　金融帝国の盛衰』（全米図書賞受賞）、『ウォーバーグ　ユダヤ財閥の興亡』（以上、日本経済新聞出版社）など。最新作は*Grant*。

訳者

井上廣美（いのうえ・ひろみ）

翻訳家。名古屋大学卒業。訳書に『タイタン』、『新聞王ウィリアム・ランドルフ・ハーストの生涯』（以上、日経BP）、『イスラエル人とは何か』（徳間書店）、『図説呪われたロンドンの歴史』、『ジンの歴史』（以上、原書房）、『バルカン――「ヨーロッパの火薬庫」の歴史』（中公新書）ほか。

ハミルトン　アメリカ資本主義を創った男　上

２０１９年９月24日　第１版第１刷発行

著　者　ロン・チャーナウ
訳　者　井上廣美
翻訳協力　バベルトランスメディアセンター
発行者　村上　広樹
発　行　日経ＢＰ
発　売　日経ＢＰマーケティング
〒１０５-８３０８　東京都港区虎ノ門４-３-12
https://www.nikkeibp.co.jp/books
デザイン　鯉沼恵一（ピュープ）
製　作　アーティザンカンパニー
印刷・製本　中央精版印刷

ＩＳＢＮ９７８-４-８２２２-８９８０-５
本書に関するお問い合わせ、ご連絡は左記にて承ります。
https://nkbp.jp/booksQA